D1726508

Jahrbuch der Oswald von Wolkenstein-Gesellschaft

Herausgegeben von Sieglinde Hartmann und Ulrich Müller

Band 17 (2008/2009)

Reichert Verlag Wiesbaden 2009

Kaiser Maximilian I. (1459-1519)

und die Hofkultur seiner Zeit

Unter redaktioneller Mitarbeit von Robert Steinke

herausgegeben von

Sieglinde Hartmann und Freimut Löser

19. 11. 2009

Hno Mentel-Reuters
mit herzlichen Geburtstagswünschen
und auf viele weitere so schöne
gemeinsame Unternehmungen!
Freimut Löser

Reichert Verlag Wiesbaden 2009

Gedruckt mit Förderung
durch das Amt der Tiroler Landesregierung, Abteilung Kultur

Kaiser Maximilian I. (1459-1519) und die Hofkultur seiner Zeit
Beiträge des interdisziplinären Symposiums der Oswald von Wolkenstein-Gesellschaft
veranstaltet in Verbindung mit der Universität Augsburg und dem Tiroler
Landesmuseum Ferdinandeum, Innsbruck, vom 26. bis 30. September 2007
in der Cusanus Akademie, Brixen, Südtirol

Umschlagabbildungen
Vorderseite: Maximilian I., Porträt von Bernhard Strigel,
Tiroler Landesmuseen, kunstgeschichtliche Sammlungen,
InvNr Gem136. Foto: Frischauf
Rückseite: Wappenblatt „Wolckenstein", Wende des 19. zum 20. Jahrhundert,
unbekannter Herkunft, Maße 31 x 15,5 cm
(Privatbesitz von Prof. Dr. Georg Glowatzki, Bern)

Bibliographische Informationen Der Deutschen Nationalbibliothek
Die Deutsche Nationalbibliothek verzeichnet diese Publikation in der Deutschen
Nationalbibliographie; detaillierte bibliographische Daten sind im Internet über
http://dnb.ddb.de abrufbar.

Gedruckt auf säurefreiem Papier
(alterungsbeständig – pH7, neutral)

© 2009 Dr. Ludwig Reichert Verlag, Wiesbaden
ISBN 978-3-89500-664-7
ISSN 0722-4311

Inhaltsverzeichnis

Mitteilungen der Oswald von Wolkenstein-Gesellschaft

Vorbemerkung der Herausgeber

Der vorliegende Band bringt ein doppeltes Novum. Erstmals erscheint das Jahrbuch der Oswald von Wolkenstein-Gesellschaft im Dr. Ludwig Reichert Verlag Wiesbaden, äußerlich ablesbar an der neuen Ausstattung und Umschlaggestaltung. Gleichzeitig bildet erstmalig eine Thematik der Frühneuzeitforschung den ausschließlichen Jahrbuchinhalt: „Kaiser Maximilian I. (1459-1519) und die Hofkultur seiner Zeit".

Diesem Thema war das interdisziplinäre Symposium gewidmet, das die Oswald von Wolkenstein-Gesellschaft in Verbindung mit der Universität Augsburg und dem Tiroler Landesmuseum Ferdinandeum, Innsbruck, vom 26. bis 30. September 2007 in der Cusanus Akademie, Brixen, Südtirol durchgeführt hat.

Beabsichtigt war in erster Linie, Maximilians Hofkultur und ihre Medienwirksamkeit unter neueren methodischen Ansätzen in den Blick zu nehmen, wie sie beispielsweise in den mediävistischen Forschungen zu intermedialen Bezügen, zu Text-Bild-Relationen, zur symbolischen Kommunikation oder zu quellenbezogenen, geschichtlichen Fragestellungen entwickelt worden sind. Auf diese Aspekte bewusst angestrebter Medienwirksamkeit in Hofhaltung, Herrschaftsausübung und fürstlicher Selbstdarstellung beziehen sich explizit oder implizit die einzelnen Beiträge. Dabei kristallisierten sich folgende Untersuchungsfelder heraus, die von Maximilianforschern unterschiedlicher Fachrichtungen beleuchtet werden: Rekonstruktionen des Hoflebens; der Hof als innen- und außenpolitisches Entscheidungszentrum; Maximilians Verhältnis zur Geschichte und die Begründung einer eigenen Memorialkultur; Maximilians mediale Selbstdarstellung in Bildwerken, Schriften und Baukunst; Maximilian als (möglicher) Autor und Sammler ritterlich-höfischer Literatur; Maximilians Förderung zeitgenössischer Kunst, Musik, Wissenschaft und humanistisch-lateinischer Literatur. Hinzu kommt Maximilians Ausstrahlung über die eigene Zeit hinaus: seine neuzeitliche Rezeption in Literatur, Musiktheater, Ausstellungen und Museen.

So haben insgesamt rund 40 Maximilianforscher aus Europa und den Vereinigten Staaten daran mitgewirkt, ein breit gefächertes Spektrum der Medienwirksamkeit dieses Herrschers zu entwerfen. Ihnen allen gebührt der Dank der Herausgeber. Einen künstlerischen Höhepunkt markierte das Konzert des Wiener *Consortium Margaritari*, welches unter der Leitung von Professor Margaretha Novak *Kaiser Maximilian I. und die Musik seiner Zeit* in einer Inszenierung von höfischer Pracht vor Augen führte (siehe Bericht in der Konzert-Chronik am Schluss des Bandes).

Der Gedankenaustausch in Brixen und der hier vorgelegte Ertrag des interdisziplinären Maximilian-Symposiums wären ohne die Zuwendungen nicht zustande gekommen, welche die Veranstalter von vielen Seiten erfahren durften. Deshalb danken die Symposiumsleiter besonders herzlich der Autonomen Region Trentino-Südtirol, vertreten durch den Landeshauptmann, Herrn Dr. Luis Durnwalder, für die großzügige Übernahme der Kosten, welche die gastliche Aufnahme aller Referenten und Musiker in der Cusanus Akademie Brixen verursachte. Ebenso dankbar sind die Tagungsveranstalter den beiden Hauptsponsoren verbunden, die das Gastkonzert ermöglicht haben: der Gemeinde Brixen, vertreten durch ihren Bürgermeister, Herrn Albert Pürgstaller, sowie dem Österreichischen Kulturforum · Forum Austriaco di Cultura Milano. Schließlich ist es dank der Vermittlung von Herrn Privatdozent Dr. Wolfgang Meighörner, Generaldirektor des Tiroler Landesmuseum Ferdinandeum, gelungen, das Amt der Tiroler Landesregierung, Abteilung Kultur, für eine finanzielle Förderung der Drucklegung zu gewinnen. So konnte dank der Unterstützung durch den Tiroler Landesrat für Kultur, Herrn Dr. Erwin Koler, der Tagungsband in seiner neuen Form erscheinen.

Den Band beschließen Mitteilungen der Oswald von Wolkenstein-Gesellschaft, u. a. mit einem Bericht von Maryvonne Hagby (Münster) über die internationale Tagung zum Thema „Eulenspiegel trifft Melusine. Der frühneuhochdeutsche Prosaroman im Licht neuerer Methodenparadigmen.", veranstaltet von der Section d'allemand der Universität Lausanne in Zusammenarbeit mit der Oswald von Wolkenstein-Gesellschaft vom 1.10. bis 5.10.2008.

Abschließend danken wir Robert Steinke für die Übernahme der redaktionellen Arbeiten ebenso herzlich wie Rebecca J. Davies und Michael Schurk für Übersetzungen und Korrekturen.

Sieglinde Hartmann · Freimut Löser · Ulrich Müller

Editors' Preface

This volume marks a new departure in two senses. For the first time, the yearbook of the Oswald von Wolkenstein-Gesellschaft has been published by Dr Ludwig Reichert Verlag in Wiesbaden, as can be seen from the new layout and cover design. What is also new is that the entire content of the volume is based around a research topic from the Early Modern period: "Emperor Maximilian I (1459-1519) and the court culture of his time".

This was the focus of an interdisciplinary symposium organized by the Oswald von Wolkenstein-Gesellschaft in conjunction with the University of Augsburg and the Ferdinandeum (museum of the province of Tyrol) in Innsbruck, which took place from 26-30 September 2007 at the Cusanus Akademie in Brixen, South Tyrol.

The main aim was to scrutinize the culture of Maximilian's court and how it presented itself to the outside world, using new methodical approaches such as have been developed in medieval studies research into cross-media and text-image relationships, communication through symbols, and source-based historical procedures. The individual papers that were contributed deal explicitly or implicitly with aspects of the way in which the court presented itself to the outside world in terms of the holding of court, the exercising of power, and the self-portrayal of those in power. A series of areas for investigation crystallized out of these aspects, and the following areas are elucidated by researchers from a range of disciplines: reconstructions of life at court; the court as a hub of decision-making in both domestic and external policy; Maximilian's relationship to the history and establishment of a culture of memorial; Maximilian's self-portrayal through images, texts and architecture; Maximilian as the (possible) author and collector of courtly literature; and Maximilian's patronage of contemporary art, music, scholarship and humanistic literature in Latin. These areas are supplemented by consideration of Maximilian's legacy beyond his own times in the form of his reception in literature, music theatre, exhibitions and museums in the modern age.

A total of around forty specialists on Maximilian from Europe and the United States have contributed to establishing a wide-ranging spectrum of research into the way in which this ruler presented himself to the outside world. The editors would like to express their gratitude to all of them. An artistic highlight of the symposium was the concert given by the Vienna *Consortium Margaritari* ensemble which, under the direction of Professor Margaretha Novak, presented *Emperor Maximilian I and the Music of his Time* in a spectacular production of courtly grandeur (see the report towards the end of this volume).

The exchange of ideas in Brixen and the fruits of the interdisciplinary Maximilian symposium presented here would not have been possible without the financial support the organizers received from many different quarters. They would like particularly to thank the autonomous region of Trentino-Alto Adige/Südtirol, represented by its governor, Dr Luis Durnwalder, for generously covering the costs of accommodating all the speakers and musicians at the Cusanus Akademie in Brixen. The organizers are also most grateful to the two major sponsors of the concert, namely the town of Brixen, represented by its mayor, Albert Pürgstaller, and the Austrian Cultural Forum (Forum Austriaco di Cultura) in Milan. Last but not least, it is thanks to the efforts of Dr Wolfgang Meighörner, director general of the Ferdinandeum, that it was possible to obtain financial support for the printing of the conference proceedings from the culture department of the provincial government of Tyrol, and we are thus grateful to Dr Erwin Koler, the culture minister for Tyrol, for enabling this conference volume to appear in its new form.

At the end of the volume you will find notices and memoranda relating to the Oswald von Wolkenstein-Gesellschaft, including a report by Maryvonne Hagby (Münster) on the international conference on the topic "Eulenspiegel meets Melusine: the Early New High German prose romance in the light of new methodological paradigms", which was organized by the German department of the University of Lausanne in conjunction with the Oswald von Wolkenstein-Gesellschaft, and which took place from 1-5 October 2008.

Lastly, we would like to thank Robert Steinke for taking on the editorial work, together with Rebecca J. Davies and Michael Schurk for translations and corrections.

Sieglinde Hartmann · Freimut Löser · Ulrich Müller

Vorwort

Maximilian ging als jener Herrscher in die Geschichtsschreibung ein, der durch kluge Heiratspolitik und erfolgreiche Kriegszüge die Fundamente für ein Weltreich schuf. Dieser Aspekt vermag allerdings nur ein unzureichendes Bild jenes Kaisers an der Wende vom Mittelalter zur Neuzeit zu zeichnen. Maximilian war eine vielseitige Persönlichkeit, die auch im Geistes- und Kulturleben bleibende Spuren hinterließ; manches davon nahm seinen Anfang in Tirol, manches empfing vom Land im Gebirge Impulse und Anregungen, manches ist bis heute in unserem Land präsent.

Tirol und Maximilian werden vor allem mit dem Landlibell, der Eroberung der Festung Kufstein oder der Kaiserproklamation in Trient in Verbindung gebracht. Dabei wird, ohne die Bedeutung der genannten Ereignisse für die Geschichte Tirols zu verkennen, oftmals übersehen, dass Kaiser Max nach seinen frühen und ihn zweifellos prägenden Jahren in Burgund eine besondere Bindung zu Tirol entwickelte. Ein Land, das er nicht nur wegen seiner reichen Silbervorkommen und seiner strategischen Lage schätzte, sondern auch zu einem seiner bevorzugten Aufenthaltsorte erkor. Neben seiner Vorliebe für Jagd und Fischerei, die in großartigen bibliophilen Zeugnissen ihren Eingang fand, wurde insbesonders Innsbruck zu einem Zentrum maximilianeischen Hoflebens, das seinen sinnbildlichen Ausdruck im Goldenen Dachl, jenem bekannten Prunkerker mit seinem großartigen Bildschmuck, fand. Wiewohl Maximilian, mittelalterlichen Traditionen verhaftet, ein reisender Herrscher war und daher eine Reichshauptstadt im heutigen Sinne nicht existierte, zählte Innsbruck doch zu einer seiner Lieblingsresidenzen; seine zweite Gemahlin Bianca Maria Sforza verbrachte den größten Teil ihrer Ehejahre hier und fand auch in der Grablege der Tiroler Landesfürsten in Stams ihre letzte Ruhestätte.

Das Geistes- und Kulturleben kennt naturgemäß keine Grenzen, es überwindet räumliche und zeitliche Beschränkungen. Aus diesem Grunde können die zahlreichen literarischen Werke von und über Maximilian, die vielen Zeugnisse höfischen Lebens, seine Impulse für das Geistesleben und die Wissenschaften auch nicht bestimmten Regionen und Ländern alleine zugezählt bzw. von diesen in Anspruch genommen werden. Allerdings darf der Tiroler Raum von sich behaupten, Impulse und Anregungen gegeben zu haben. Unser Land hat von Maximilian viel erhalten, besonders im Bereich der Architektur trifft man noch heute auf großartige Zeugnisse: Goldenes Dachl, Zeughaus, die gotische Hofburg mit dem Wappenturm, Burg Hasegg und nicht zuletzt das großartige Grabdenkmal in der Innsbrucker Hofkirche, das wie kein zweites Monument Maximilians Persönlichkeit in all ihren Facetten der Nachwelt zu überliefern versucht.

Aus all diesen Gründen freue ich mich als Kulturreferentin des Landes Tirol, dass aus Anlass des 550. Geburtstages Kaiser Maximilians der Protokollband des internationalen Symposiums vom September 2007, an dem nicht

weniger als 40 führende Maximilian-Forscher und führende Mediävisten teilgenommen haben, erscheinen kann. Ich bin davon überzeugt, dass dieses Buch
unsere Kenntnis über eine auch unser Land prägende Epoche wesentlich erweitert, und wünsche diesem eine möglichst weite Verbreitung.

Dr. Beate Palfrader
Landesrätin

Jan-Dirk Müller

Maximilian und die Hybridisierung frühneuzeitlicher Hofkultur.

Zum Ludus Diane und der Rhapsodia des Konrad Celtis

Die Suche nach einer literarischen Renaissancekultur auf deutschem Boden scheint vergeblich. Während in den Bildenden Künsten, zumal in der Architektur, ein an der Antike geschulter Formenkanon nicht nur dort, wo romanischer Einfluss herrscht, sich im 16. Jahrhundert durchsetzt, wenn auch häufig mit autochthonen Formen amalgamiert, scheint Entsprechendes vor allem in der volkssprachigen, aber auch in der neulateinischen Literatur in Deutschland zu fehlen. Die Gründe sind unterschiedlich: Durch die konfessionelle Spaltung verschiebt sich das Interesse in Bezug auf volkssprachige Texte ganz auf die Inhalte, die an ihrer religiösen oder moralischen Aussage gemessen werden (J.-D. Müller, 2007a; J.-D. Müller, 2007b). Das neulateinische Schrifttum ist einer kleinen gelehrten Elite vorbehalten. Die Auseinandersetzung, die in den west- und südeuropäischen Literaturen um den Vorrang des Latein bzw. der Volkssprache geführt wird,[1] fällt weitgehend aus, genauer: wird nicht auf dem literarischen Feld, sondern auf dem der Religion geführt; die Anwälte der Volkssprache kommen nicht aus den weltlichen Oberschichten – in Italien spielt die Gestalt des *cortegiano* eine herausragende Rolle –, sondern primär aus geistlichen Berufen oder dem Lehrerstand, und es sind ihre Interessen, die die Debatte lenken. Es geht nicht darum, in der Volkssprache das gleiche kulturelle Niveau wie im klassischen Latein zu erreichen, sondern sie als Medium einer allgemein verbindlichen Wahrheit durchzusetzen. Die Volkssprache wird vorwiegend instrumentell verstanden: Das Evangelium darf nicht denen vorenthalten werden, die nicht lateinisch lesen können.

Nun ist das die Situation etwa seit 1520, wobei, wie mir scheint, die Verhältnisse sich seit der Jahrhundertmitte rasch ändern, so dass die Frage nach einer deutschen Renaissance-Literatur vor Opitz näherer Untersuchung bedarf.[2] Trotzdem werden mit dem Beginn der reformatorischen Auseinandersetzungen im Reich die Weichen anders gestellt als im restlichen Europa. Umso reizvoller ist die Frage, ob nicht am Ausgangspunkt noch ganz andere Möglichkei-

---

1 Vgl. etwa S. Speroni, 1975; J. du Bellay, 1904.; in Deutschland Ansätze in J. Fischart, 1895: die Vorrede von Bernard Jobin zum *Ehzuchtbüchlein*.
2 Dies ist das Programm des Teilprojekts A3 des Sonderforschungsbereichs 573 „Pluralisierung und Autorität in Spätmittelalter und Früher Neuzeit", in dem sich Philologen, Historiker, Kunsthistoriker und Philosophen um ein nicht „teleologisch gekämmtes" Bild der Epoche zwischen 1450 und 1650 bemühen.

ten erkennbar sind. Die Frage richtet sich besonders an die Hofkultur zu Beginn des 16. Jahrhunderts. Die Repräsentationsbedürfnisse des Hofes decken sich nur teilweise mit den Interessen einer gelehrten Erneuerung der Antike. Allenfalls kann diese ihnen neue Ausdrucksformen zur Verfügung stellen. Die Frage nach dem Vorrang der Sprachen und nach der Wiederherstellung eines an der Antike geschulten Lateins wird am Hof jedenfalls anders beantwortet als an den Universitäten oder in gelehrten Sodalitäten. Trotzdem ist, wie ich in meinem Buch über die Hofkultur um Maximilian zu zeigen versuchte (J.-D. Müller, 1982), das Bild von der im wesentlichen stadtbürgerlichen Prägung des deutschen Humanismus falsch. Gerade führende Repräsentanten haben die Nähe des Fürstenhofs gesucht, einmal um dort einträglichere Aufgaben und Ämter zu finden, als sie der städtische Lehrbetrieb bot, dann aber auch, weil sie hier einen repräsentativen Resonanzraum ihrer Dichtung zu finden glaubten. Dabei entsteht im Rahmen einer erneuerten Rezeption der Antike eine neue Hofkultur. Anders als in Italien oder Frankreich (Kammerer, Creuset - ersch. 2009) ist ihr Medium allerdings die lateinische Sprache.

Die Hofkultur des ‚letzten Ritters' galt lange Zeit als Versuch, spätmittelalterlich-chevalereske Traditionen fortzuführen, wobei das Burgund des 15. Jahrhunderts unerreichtes Muster blieb. Mein inzwischen 25 Jahre alter Versuch hatte demgegenüber den Anteil der gelehrten Literaten am Hof stark gemacht und zu zeigen versucht, wie auch die volkssprachige *gedechtnus* von Ruhmvorstellungen der Renaissance geprägt ist. Heute möchte ich mich mit zwei Beispielen jener gelehrt-chevaleresken Mischkultur befassen, dem *Ludus Diane* und der *Rhapsodia* des Konrad Celtis.[3] Der *Ludus Diane* wurde 1501 in der Burg von Linz vor Maximilian und seiner Frau Bianca Maria Sforza und ihren mailändischen Verwandten aufgeführt und im gleichen Jahr zunächst als Anhang der *Norimberga* des Celtis, des Lobs der Stadt Nürnberg, gedruckt, sodann ein weiteres Mal im folgenden Jahr als Anhang zu Celtis' Elegiensammlung *Amores*. Die *Rhapsodia* entstand zur Feier eines Siegs Maximilians im Pfälzischen Erbfolgekrieg am 12.9.1504; aufgeführt wurde sie vermutlich wenig später; veröffentlicht wurde sie im folgenden Jahr.

Es handelt sich um zwei der frühesten humanistischen Festspiele auf deutschem Boden. Der Aufwand scheint eher bescheiden gewesen zu sein; Schauspieler waren beim *Ludus* gelehrte Hofleute, meist Mitglieder der königlichen Kanzlei; bei der *Rhapsodia* Söhne aus dem österreichischen Amtsadel, die sich dadurch für höhere Aufgaben wie ihre Väter empfahlen.[4]

---

3 F. Pindter, 1945. Nach dieser Ausgabe die folgenden Versangaben im Fließtext (im ‚Ludus' und der ‚Rhapsodia' getrennt gezählt); Regieanweisungen und Prosatexte werden mit Seitenangaben zitiert. Vgl. C. Dietl, 2004; C. Dietl, 2005.
4 Vgl. die Liste im Wiener Exemplar (F. Pindter, 1945, VII); es sind andere Namen als die der Schüler aus den im Anhang aufgeführten Poetenklassen. Im Kolophon werden sie Mitglieder der *sodalitas Danubiana* genannt. Doch gehören sie allesamt der jüngeren Generation an, während von einigen ihrer Väter bekannt ist, daß sie zu der *sodalitas* zählten.

1. Gedechtnus und gelehrter Panegyricus

Der *Ludus* (V. Gingerick, 1940) nimmt wesentliche Elemente der maximilianeischen Herrschaftsverständnisses auf. Thematisch deckt er sich mit Maximilians Ruhmeswerk. Die Huldigung an den Herrscher lässt typische spätmittelalterliche Herrschertugenden erkennen, kleidet sie nur in einen klassisch-vergilischen Ton. So rühmt etwa Diana den neuen Aeneas-Maximilian: *Per varios casus, per tot pericula rerum/ Hoc peperit regnum* (v. 20: ,durch mancherlei Wechselfälle, durch so viele Gefahren schuf er dieses Reich'). Gegenstand ihres Lobs sind genau die *gferlicheiten*, die auch die autobiographisch intendierten volkssprachigen Romane *Theuerdank* und *Weißkunig* feiern. Konkretisiert werden jene *pericula* – typisch für Maximilian – als Jagd und Krieg.

Für die Jagd ist in der frühneuzeitlichen Herrschermythologie immer Diana zuständig. Die Jagd ist ja nicht nur eine Vorliebe Maximilians, der er exzessiv oblag, sondern allgemein feudales Privileg und standesgemäße Freizeitbeschäftigung eines Fürsten. Die Göttin der Jagd wird deshalb *ad nauseam* für Herrscherlob instrumentalisiert, in unzähligen mythologischen Festspielen und Kantaten, bis hin zu Bachs ,Was mir behagt ist nur die muntre Jagd'. Regelmäßig triumphiert der Fürst über die antike Gottheit. Auch hier kündigt Mercurius den Auftritt der Göttin Diana – *Venationis et magistra regia* (v. 8) – an und fährt, wie üblich, fort:

> *Victam se dicet per egregium virum*
> *Venationis omnem expertissimum* (v. 14f.)
> (,Sie wird sich für besiegt erklären, durch den hervorragenden Mann, den besten aller Jäger').

Wie unzählige Göttinnen nach ihr beugt die Theater-Diana vor dem Herrscher das Knie (*Advenio supplex genubus prostrata sacratis*, v. 23) und überreicht ihm ihre Insignien, die rechtens ihm, dem *venator maximus* (v. 54), gebühren. In der Formel *Rideris prisca vetustas* (v. 46) – salopp zu übersetzen mit: ,mach halblang, Antike' – ist das Paradox höfischer Renaissance- (und noch Barock-)Kultur gefasst: an der normativen Geltung der Antike festhalten zu müssen, ohne die eigene Unterlegenheit einzugestehen. Nur die Antike, ihre Mythologie und ihr Formenkanon verleihen dem Hof und an seiner Spitze dem Herrscher Glanz und Ruhm, aber die Adaptation muss stets das Adaptierte zu überbieten behaupten.

Das Bild des letzten Ritters wird mythologisch überformt. Diana spielt auf die verschiedenen Formen und Situationen kühner Jagdabenteuer an (verschiedene Jagdtiere, verschiedene Waffen, verschiedene Umgebungen), die Maximilian in seinen Gedenkbüchern aufzeichnen und die er später im Rahmen eines mittelalterlichen Ritterromans, des *Theuerdank*, bis zum Überdruss aneinanderreihen ließ. Anders als dort die ritterlichen Helden des Mittelalters ist hier der Perspektivpunkt der antike Herkules, der nichts ist im Vergleich mit Maximilian: *Calydonius heros/ iam nihil est* (v. 47f.); der Kult der antiken Göttin muß vor der *Austriaca aula* (v. 37) zurückstehen.

Auch die Genealogie, zu deren Erforschung Maximilian ein Heer von Gelehrten beschäftigte, die er in literarischen und bildlichen Medien dokumentieren ließ und die immer kühnere Spekulationen hervortrieb, bis zuletzt Jacob Mennel die Habsburger nicht nur auf das Gralsgeschlecht, sondern noch weiter auf die biblischen Urväter zurückführte, ist Gegenstand des gelehrten Festspiels. Diana führt, entsprechend der damals offiziellen, bescheideneren Version, Maximilians Geschlecht auf römische Ursprünge zurück (*Auentina [...] ex arce*, v. 38). Bacchus nimmt das auf (*qui stemmata Aventina geris sacra*, v. 110), stellt Maximilian dann in die Reihe der *Romulides Caesares* und erwähnt (hier noch nicht als Ahnherrn, sondern als vergleichbaren Kulturheros) Osiris, und auch der Silen redet Maximilian als Herrscher aus uraltem römischem Blut an. Die Gelehrten bei Hof standen den immer waghalsigeren genealogischen Gebäuden und ihren dubiosen Quellen eher reserviert gegenüber, aber eine Abkunft von einem stadtrömischen Adelsgeschlecht konnte den Gedanken einer humanistischen *translatio* stützen.

Ähnlich wird die Kaiseridee aufgenommen und antikisierend gedeutet. Scheinbar an hochmittelalterlichen Universalismus anknüpfend, heißt es von Maximilian, er sei der Herrscher der Welt: *qui dirigis orbem* (v. 18). Diana misst Maximilian an den Kaisern der Antike (*qui cedere nescis/ Caesaribus priscis*, v. 21f.). Antike Herrscheradoration kreuzt sich mit dem Ideal des *princeps Christianus*: Maximilian wird in den Worten des Silvanus[5] ausgerechnet dort, wo mittelalterliches Kreuzzugsdenken aufgegriffen wird, *venerabile numen* (v. 81) genannt; seinen Namen erhielt er vom Himmel: *Rex, cui Maximium praestant pia sidera nomen* (v. 69); er ist vom Himmel gesandt (*ab aethereo missus mortalibus orbe*, v. 70). Gott heißt zwar antikisierend *Olympiacus tonans* (v. 71), doch gemeint ist der christliche Gott. Als dessen Stellvertreter auf Erden hat der König, der *Austriacus pastor* (v. 77), die Aufgabe, die *oues Christi* zu hüten (v. 72), sie ihrer himmlischen Bestimmung zuzuführen und vor dem Einbruch des Wolfs (v. 75) zu bewahren.

Auch an konkrete politische Konflikte erinnert der Waldgott, an Maximilians Auseinandersetzungen um Süditalien, Mailand, Frankreich. Verschlüsselt wird an die Erfolge des Sultans in Ungarn erinnert und an dessen erfolgreichen Versuch, unter den christlichen Fürsten Zwietracht zu säen; die Türken sind Werkzeuge der Hölle, sie niederzuwerfen Aufgabe des Herrschers. Zuletzt wendet sich Silvanus noch aktuelleren Problemen zu: der Anmaßung der Venezianer, der Perfidie der Franzosen und der Unbotmäßigkeit der Schweizer. Das alles gibt die Politik jener Jahre nicht sehr genau wieder, spielt aber auf den Anspruch der *docti* bei Hof an, nicht nur Lobredner, sondern auch Ratgeber des Herrschers zu sein, die in paränetischer Rede Einfluss auf die Tagespolitik nehmen. Zur epideiktischen Rede, dem *genus demonstrativum*, die im Huldi-

---

5   Gespielt von Celtis? (C. Dietl, 2005, 194).

gungsspiel im Vordergrund steht, tritt in römischer Tradition das *genus delibe-rativum*, das Teilhabe an einer rationalen Gestaltung der Politik beansprucht. Die *docti* stilisieren sich, unbekümmert um die tatsächlichen politischen Strukturen im frühneuzeitlichen Fürstenstaat, zu *oratores* im Sinne der ausgehenden römischen Republik.

2. Drama oder Fest?

Anders als die *Rhapsodia* wurde das Spiel in Gegenwart des Königs, der Königin, ihrer Verwandten, der Herzöge von Mailand und des ganzen Hofes wirklich aufgeführt. Das Spiel als ganzes ist ein Huldigungsritual an den König und seine Gemahlin. Die Worte wiederholen immer wieder, was die Spieler und Sänger performativ zum Ausdruck bringen: *Maximus Aemilius, coniunx et Blanca Maria/ Cantentur nostris hic et ubique choris* (v. 106f.). Die lateinischen Verse sind aber nur **ein** Medium der Huldigung. Hinzu kommen Musik und Tanz. Es gibt drei- und vierstimmige Chöre (Dankgesang im dritten Akt bzw. Gesang der Nymphen und Faune im ersten, der Bacchanten im zweiten, den Schlussgesang im fünften).[6] In der Erstausgabe sind dem Chor der Faune und Nymphen im zweiten und der sapphischen Ode im dritten Akt Noten der vier Stimmen (*armonia*) beigegeben (die in der zweiten Ausgabe fehlen). An einer Stelle ist von Instrumentalbegleitung (*ad fistulam et citharam*, S. 3), ein anderes Mal nur von Instrumentalmusik (*pulsata tympana et cornua*, S. 6) die Rede.

Zum mehrstimmigen Gesang wird getanzt (erster und zweiter Akt), mit festgelegter Choreographie, gelegentlich legen Regieanweisungen die Art des Tanzes fest: *Lascivis pedibus chorea nostra strepet* (v. 105). Es gibt eine komische Darbietung eines betrunkenen Silen, der im vierten Akt schwankend auf einem Esel hereingeritten kommt. In das Huldigungsritual ist ein anderes Ritual eingebettet, die Dichterkrönung durch den König, der mithin selbst ins Spiel einbezogen wird. Der zu Krönende bittet:

> *Si qua mihi est virtus doctrinaque, maxime Caesar,*
> *Imponas capiti laurea serta meo.*
> *Per superos ego iuro tibi et per sceptra tonantis:*
> *Cantabo laudes hic et ubique tuas. (v. 156-159)*
> (‚Wenn ich irgend tüchtig und gelehrt bin, höchster Kaiser, kröne mein Haupt mit dem Lorbeerkranz. Dann schwöre ich bei allen Göttern und Jupiters Zepter, hier und überall dein Lob zu singen‘).

Der Dankgesang des ganzen Chores bestätigt: Der Herrscher ehrt den Poeten, und der macht dafür Propaganda gegen seine Feinde und verbreitet

---

6   Zur Musik: V. Gingerick, 1940, 162, 166-168; vgl. ihre Edition 173 und 178; das Spiel zeige den Übergang vom kontrapunktischen zu homophonem Stil, wie er sich in den protestantischen Chorälen durchsetzt.

sein unsterbliches Lob allenthalben. Was im Spiel durchgängig performativ
vollzogen wird, das erscheint noch einmal als explizites Programm der Dichterkrönung.

Es wird so getan, als habe dieses Ritual, das doch erst vor wenigen Jahren (1487) von Kaiser Friedrich III. erstmals in Deutschland zelebriert worden war, längst eingeführte Formen: *Poeta igitur caeremoniis solitis per ma-
nus regias creato* (,nachdem der Dichter von der Hand des Königs mit den
gewöhnlichen Zeremonien gekrönt worden ist'), führt der ganze Chor einen
dreistimmigen Dankgesang auf. Wer das liest, mag sich fragen, worin die gewöhnlichen Zeremonien wohl bestanden; doch wird ihm bedeutet, dass man
das zu wissen hat, weil es eben Tradition ist. Ein prekäres, noch keineswegs
etabliertes Ritual, um dessen Anerkennung Celtis sich ebenso unablässig wie
letztlich erfolglos bemühte und das in der späteren Regierungszeit Maximilians zur Auszeichnung verdienter (und natürlich auch wortgewandter) Sekretäre und Propagandisten des Kaisers verkam, erhält die Aura eines unvordenk-
lichen Brauchs. Das Spiel legt Zeugnis ab von einer traditionsgeheiligten Allianz zwischen Herrscher und Poet.

Haben wir ein Theaterstück oder einen Festakt vor uns? Der *Ludus* ist
durch das Krönungsritual einmalig und nicht auf Wiederholung angelegt. Der
Text nennt einen bestimmten Dichter aus Schlesien (Vincentius Longinus), der
den Lorbeer empfing. Die Grenze zwischen Spiel und Fest ist durchlässig. Es
ist ein Fest der Herrschaft und der Poesie. Nach der Rede des betrunkenen Silen wird ein gemeinsamer Umtrunk mit Begleitung von Hörnern und Pauken
inszeniert. Die Mundschenke des Königs tragen goldene Becher und Schalen
herum, und es wird getrunken. Dieser Umtrunk ist Bestandteil des Spiels so
wie das Spiel Bestandteil des Festes. Die Regieanweisung bestimmt, dass das
Königspaar, der Hof und Spieler und Tänzer gemeinsam tranken. Im Anhang
des *Ludus* wird außerdem vermerkt, dass Maximilian am nächsten Tag alle
Mitspieler, 24 an der Zahl, mit einem *convivio regio* bewirtete und beschenkte:
das Fest ging weiter, als das Stück schon aus war.[7]

Von hier aus betrachtet ist der *Ludus* kein Drama (als das er in Literatur-
geschichten manchmal figuriert), sondern die Inszenierung eines Aktes höfischer Repräsentation unter der Regie des gelehrten Poeten (J.-D. Müller, 1982,
373). Der gemeinsame Umtrunk zeigt ähnlich wie die Dichterkrönung, dass
die gelehrten Lobredner des Königs nicht irgendwelche subalternen Unterhal-
tungskünstler sind, sondern mitfeiernde Trinkgenossen. Das Spiel inszeniert
eine Gemeinschaft von spätmittelalterlicher Hofgesellschaft und gelehrter So-
dalität. Es ist Bestandteil einer höfischen Festkultur, erweitert um das gelehrte Ritual der Dichterkrönung. Der König hat nach der Regie des Poeten die
Dichterkrönung vorzunehmen; der zu Krönende fällt gewissermaßen aus sei-

---

7   Der Titel hat die Form eines Trinkgefäßes (C. Dietl, 2005, 191).

ner Rolle – er wird nur noch *Recitator choriambi* genannt – und erbittet für sich selbst, nicht für die von ihm verkörperte Gestalt, den Lorbeer.[8] Solch eine Inszenierung steht nicht vereinzelt. Die Humanisten bemühen sich um Teilhabe an der Hofkultur: Konrad Peutingers *Sermones convivales* berichten von einem Mahl, das der erste Minister Maximilians, Matthäus Lang, 1505 in Augsburg gab, bei dem zu gutem Essen und Wein der Kirchenfürst mit Peutinger und einigen weiteren gelehrten Augsburgern vorwiegend über Themen zur Frühgeschichte Deutschlands konversierten (J.-D. Müller, 1997, 177-179). Langs Sekretär Ricardo Bartolini berichtet – wieder in gedruckter Form – in seinem *Hodoeporicon*, wie er vor dem Wiener Fürstenkongress mit gelehrten Kollegen anderer Fürsten und diesen selbst geselligen Umgang pflegte (J.-D. Müller, 1982, 260). Oder man widmet beim Augsburger Reichstag 1518 dem Bischof von Triest eine Blütenlese neulateinischer Poesie, die bezeugen soll, wie der inzwischen avancierte Kirchenfürst auf früheren Reichstagen gebildeten Umgang mit Poeten pflegte (J.-D. Müller, 1982, 261). Die neulateinische Poesie jener Jahre hat immer auch eine strategische Funktion: eine höfische Festkultur zu entwerfen, deren integraler Bestandteil humanistische Gelehrsamkeit ist. Daher die zahllosen Panegyriken in Vers und Prosa, die Festreden auf Deutschland, seine Geschichte, seine Errungenschaften, die kunstvoll stilisierten Aufforderungen zum Türkenkrieg, die alle ‚Teilhabe' der Gelehrten am frühneuzeitlichen Staat signalisieren sollen. Daraus erklärt sich auch im Erstdruck des *Ludus*, dass auf dem Titel Maximilians Herrschaftszeichen, der königliche Doppeladler, erscheint.

3. Fest und Fastnacht

Doch die Verbindung mit der spätmittelalterlichen Festkultur ist noch enger. Die Aufführung findet in der Fastnacht (*Kalendis Martii et ludis Saturnalibus*) statt,[9] und in der Tat scheinen volkssprachige Fastnachtspiele den Prätext abzugeben, gerade auch in der Durchlässigkeit zwischen Fest und Spiel.[10] Ein Übergang zwischen Spielrealität und Festrealität ist nämlich typisch für die

---

8 Vinzenz Lang hat zuvor den Bacchus gespielt. Zur Unterbrechung des Fiktionszusammenhangs vgl. C. Dietl, 2004, 240; C. Dietl, 2005, 191: „Aufführungsort und Handlungsort sind miteinander identisch. Publikum und Darsteller sind ebenfalls kaum voneinander zu trennen".
9 V. Gingerick, 1940, 164: der Tag der Aufführung, der 1. März, war 1501 der Faschingsdienstag; auch im Spiel wird auf die Feier der Fastnacht angespielt.
10 V. Gingerick, 1940, 164f.: „a Fastnachtspiel written in allegorical form"; Dietl, 2005, 191: Das Spiel sei „Teil der Fastnachtfeierlichkeiten". Dietl hat an anderer Stelle (2004, 238f.) vor allem für die *Rhapsodia* auf die Tradition der Geistlichen Spiele verwiesen. In der Tat lassen sich Divinisierung des Herrschers und Huldigung Gottes vergleichen. Vom Aufführungsanlass, der Einbettung des Spiels und seiner Struktur her (Geistliche Spiele sind überwiegend Handlungsspiele; Huldigung erscheint allenfalls als Nebenaspekt!) scheint mir aber der Reihentypus des Fastnachtspiels als Prätext näherzuliegen. In jedem Fall ist die Verbindung mit volkssprachiger Literatur evident.

frühen Formen des sog. weltlichen Spiels, das sich an bestimmte brauchtümliche oder festliche Gelegenheiten anlagert und die Grenze zwischen theatraler Repräsentation und Partizipation verschwimmen läßt. Es mag der fiktionalen Realität des Spiels noch einen eigenen Raum zugestehen, wenn die späten Fastnachtsspiele nur zum Schluß in Aufforderungen, gemeinsam zu trinken oder zu tanzen, münden (A. von Keller, 1853, z. B. Nr. 51, 59, 62, 95 und öfter; ebenso V. Gingerick, 1940, 165). Gerade in den Anfängen des ‚weltlichen‘ Spiels greifen häufig Fest und theatrales Spiel ineinander.[11] Wo ist die Grenze zwischen Feier des Frühlings und Darstellung des Veilchenschwanks im Neidhartspiel? Welchen Spiel-Raum in wörtlichem Sinne haben die Rotten Maskierter, die zur Fastnacht durch die Straßen laufen? Sind die Blinden, die zur Belustigung der Menge eine Sau totschlagen müssen und sich dabei unabsichtlich gegenseitig blutig prügeln, Spieler oder ganz einfach hungrig nach Schweinebraten? Die Fastnacht ist Anlass zu gemeinsamen Mählern und Trinkgelagen. Sie ist Rahmen für Theateraufführungen und zwar keineswegs nur von Farcen (E. Simon, 2003, 353).

Celtis' *Ludus* kann insofern durchaus an bekannte Traditionen anknüpfen, und diese wirken bis ins Detail: Der Silen auf einem Esel mit einem Humpen in der Hand, der schwankt und den König lallend und mit schlotternden Gliedmaßen anredet, der seine unsicheren Bewegungen und das faule Tier, auf dem er einherreitet, für die Zuschauer auslegt, ist unschwer als Fastnachtsnarr identifizierbar.

Wie im zeitgenössischen Fastnachtspiel kommentieren die Akteure in Reden sich selbst, weniger ihre Narrheit (das tut nur der Silen), als ihre (meist mythologischen) Attribute; sie erläutern mit Worten, was theatralisch vorgeführt wird. Redend wird die Bühnenhandlung verdoppelt.

4. Spiel und gelehrtes Wissen

Die Selbstauslegung ist hier freilich didaktisch, indem die für die mythologischen Figuren typischen Requisiten vorgeführt und erklärt werden. Das Spiel ist eine Veranstaltung der gelehrten Sekretäre bei Hof, doch ist mit Longinus, dem zu krönenden Poeten, auch ein Mitglied des *Collegium poetarum und mathematicorum* beteiligt, das Maximilian 1501 in Wien gegründet und der Leitung des Celtis unterstellt hatte. Das Spiel verfolgt damit sowohl einen Zweck nach innen, indem den Zöglingen spielend Wissensgehalte nahegebracht werden sollen, wie nach außen, indem den Zuschauern das im *Collegium* vermittelte gelehrte Wissen vorgeführt wird.

So eröffnet Mercurius das Spiel, indem er seinen Auftritt mit Flügelschuhen und Haube erklärt: *Pennata gesto calcibus vestigia/ Tectus galero et in hac*

---

[11]   Zur schwierigen Abgrenzung von Brauch, textloser Fastnachtunterhaltung, gemeinsamen Feiern und theatermäßigen Aufführungen vgl. E. Simon, 2003, passim; so etwa am Beispiel Nürnberg: 295-348.

aula prodeo (v. 1f.). Er stellt Diana mit ihrem mythologischen Namen als *Trivia dea* vor und nennt ihre Attribute als Göttin der Jagd: Bogen, Fächer, Schild, Hunde und Netz. Seine Ankündigung, er fliege zum Himmel zurück (*Alis levatus ipse ad astra evolo*, v. 17) deutet noch einmal auf seine Ausstattung mit Flügeln. Von Dianas Gefolge heißt es, alle seien *suis insignibus ornati et induti* (S. 1). Bacchus ist der *thyrsiger*.

Auch Geschichte und Funktion der Götter werden erläutert. Mercurius erzählt von seiner Herkunft, erinnert an seine Aufgaben als stabtragender Götterbote (*caducifer*) und führt Diana als Herrin der Wälder und der Faunen, Satyrn und Nymphen ein. Diana erinnert an ihren Kult in Ephesus und fügt, wenn sie ihr Gefolge nennt, detaillierend Oreaden und Dryaden hinzu. Auch Bacchus beschreibt und erklärt sein Gefolge und erinnert an seinen Zug von Indien nach Westen, zuletzt nach Deutschland, dessen Flüsse und Landschaften er aufzählt, wobei er insbesonders die habsburgisch-österreichischen Länder erwähnt und den Namen der Hauptstadt Wien etymologisch mit seinem Getränk, *vinum*, zusammenbringt. Solche Ausführungen rekapitulieren Schulstoff, wie er vermutlich am *Collegium poetarum et mathematicorum* gelehrt wurde. Die Spieler demonstrieren, wie sie über dieses Wissen verfügen und belehren zugleich die Zuschauer. So enthält das Huldigungsspiel für die vornehmen Gäste auch einen Schnellkurs in Mythologie.

Weiter werden im *Ludus* verschiedene antike Versmaße exemplifiziert:[12] der jambische Senar als antiker Dramenvers (*praeludium*, die Rede des Bacchus im dritten), der epische Hexameter (die Rede der Diana im ersten Akt, des Silvanus im zweiten), das elegische Distichon (das *carmen* der Nymphen und Faune im ersten Akt, des Chors der Bacchanten im zweiten, die Bitte um den Poetenlorbeer im dritten, die Rede des trunkenen Silen im vierten und Schlussrede und Schlusschor im fünften), die sapphische Ode (der Dank für die Dichterkrönung im dritten Akt). Auch wo die Szenenanweisung (*alloquitur*) auf gesprochene Rede schließen lässt, wird diese im Rückblick meist *carmen* genannt; der Begriff *carmen* wird also als poetischer Gattungsbegriff eingeführt. Präsentiert wird vor den Vertretern der ‚alten' Hofkultur von den Vertretern der ‚neuen' eine Musterkarte gelehrter Hofpoesie. Höfische Repräsentation und Schulactus sollen miteinander verschmelzen.

5. Virtuelle Repräsentation: der Druck

Dabei ist der Medienwandel einkalkuliert. Der Vollzug allein genügt nicht. Die Aufführung war deshalb nur eine Form der Realisation des panegyrischen Textes, denn Celtis sorgte dafür, dass der Vorgang im Druck veröffentlicht wurde und so die gelehrte Welt insgesamt Zeuge des Ereignisses wurde. Der Vollzugscharakter tritt in den beiden frühen Ausgaben des *Ludus* sukzessive zurück. Die Einzelveröffentlichung als Spiel und die Veröffentlichung im Anhang von

---

12 Mit etwas anderer Zuweisung vgl. V. Gingerick, 1940, 162.

Celtis' *Amores* unterscheiden sich nämlich dadurch, dass in letzterer die Noten fehlen (F. Pindter, 1945, VII). Der zweite Druck zielt damit eindeutig nicht
mehr auf Vortrag oder Wiederholung, sondern auf Dokumentation eines ohnehin einmaligen Vorgangs.

Der doppeldeutige mediale Status wird an einem unscheinbaren Detail
sichtbar. Szenenanweisungen werden nämlich nur zum Teil, wie sich dies für
eine Spielvorlage gehört, im Präsens gegeben (*loquitur, alloquitur, cantat,
agunt*), zum Teil aber im erzählenden Präteritum (*stabat, saltabant, conticue-
re*). Der Druck verlängert höfische Repräsentation und Huldigungstheater
über die Anwesenden hinaus in eine Öffentlichkeit, in der virtuell jeder Zeuge
werden kann, und er bezeugt damit das Ansehen humanistischer Gelehrsamkeit und humanistischen Wirkens vor dem höchsten Herrscher.

Das Spiel ist von vorneherein doppelt adressiert. Wenn die *Sodalitas*, die
das Spiel trägt, am nächsten Tag noch einmal bewirtet wird und dafür mit sechs
Distichen dankt, dann richten sich diese ebenso wie an den anwesenden Herrscher an eine virtuelle Öffentlichkeit, die aufgefordert wird: *Perlege [...] Ger-
manas musas* (Appendix A 2, S. 14, v. 1), ‚geh gegen die *barbaries* vor, vor allem
gegen die stinkenden Mönche, gegen die Anfeindungen der Poeten durch die
Kirche, gegen den Neid und die Verleumdung, die sie verfolgen‘.

Auch das Huldigungsspiel richtet sich nicht nur an das anwesende Publikum. Die Hexameter-Rede des Silvanus enthält nämlich ein Akrostichon und
ein Telestichon, auf die im Druck eine Prosanotiz hinweist: *Praecedens carmen
sex versus in capite et unum in litteris finalibus continet* (Appendix A 1, S. 14).
So etwas ist in der Aufführung natürlich nicht wahrnehmbar, sondern, wie die
an die Prosanotiz anschließenden, ebenfalls nicht im Spiel gesprochenen Verse
ausführen, für ein Lesepublikum, den kundigen *lector* bestimmt.[13] Das Telestichon besteht aus Versalien, die am rechten Rand aus dem Verstext heraus-
gerückt sind, während das Akrostichon sich aus aus dem jeweils ersten Wort
jeder Verszeile, das gleichfalls in Versalien gesetzt ist, ergibt. Die sechs Verse
des Akrostichons lauten, hintereinander gelesen:

> *Rex verus, cultor iuris, mens vivida. Serva*
> *Iustitiam nobis. Victa impia culmina tolles.*
> *Occurras telis Urbis. Tunde agmina Maumet.*
> *Suscitat urbanos bellator perdere ritus,*
> *In nos constrictos intendens perfidus enses.*
> *Vexati Imperii turgentes attere motus.* (S. 3)[14]

---

13 Wenn deshalb Pindter die Notiz und die anschließenden drei Distichen aus dem Text des
Ludus entfernte und nur als Appendix druckte, dann verkennt sie die eigentümliche Doppel-
medialität des Textes; dagegen an der richtigen Stelle abgedruckt bei V. Gingerick, 1940.
14 Die Segmentierung ist nicht leicht; es gibt andere Möglichkeiten; doch könnte dies ungefähr der Sinn sein.

(‚In Wahrheit König, Pfleger des Rechts, lebhafter Geist, bewahre uns die Gerechtigkeit. Du wirst die gottlosen Mächte besiegen und beseitigen. Tritt Roms Geschossen entgegen; erschüttere die Heerscharen Mohameds; der Krieger arbeitet darauf hin, die römischen Riten zu vernichten, wobei der Ruchlose auf uns die gezückten Schwerter richtet; mach zu Schanden die anmaßenden Erhebungen des geschundenen Imperiums‘).

Das lässt sich, wenn auch die Einzelheiten nicht klar sind, als politisches Manifest lesen. Es sind mahnende Worte an den Herrscher angesichts einer schwierigen politischen Situation. Auf das genaue Verständnis der Einzelheiten scheint es gar nicht anzukommen; in der gesprochenen Aufführung war der Text ohnehin nicht wahrnehmbar; bei der Lektüre stechen einige Reizworte heraus: *Rex, ius, iustitia*, Kampf und Sieg über mächtige Gegner, die Heiden, das unbotmäßige Reich. Aus diesen Reizworten aber läßt sich auch ohne diskursive Ausfüllung ein politischer Appell ableiten. Er bestätigt für den Leser die Aufgabe des Gelehrten, politischer Ratgeber des Fürsten zu sein.

Die Leseanleitung sagt nicht, dass – mit einer kleinen Unstimmigkeit[15] – auch die Anfangsbuchstaben jedes Verses einen Hexameter ergeben. Zusammengelesen mit dem Telestichon ergibt sich wieder ein panegyrischer Text, von epigrammatischer Kürze:

> *[D]ucimus invicto tutam sub principe vitam.*
> *Nestereos vtinam videat feliciter annos* (S. 3)
> (‚Wir führen unter dem unbesiegten Fürsten ein sicheres Leben;
> ach, dass er doch glücklich das Alter des Nestor erreichte!‘).

So spiegelt der Druck, jenseits des Hofes, die formale Virtuosität einer neuen, an der klassischen Antike geschulten Poesie, eine Kunstfertigkeit, wie sie in Deutschland lange unbekannt gewesen sei (*diu qua nulla fuere/ Forsitan in nostris condita temporibus*, Appendix A, S. 14). Der *Ludus* ist zugleich Panegyrikus auf den Herrscher, Inszenierungsprotokoll eines höfischen Festes, Schulactus und Dokument gelehrter Kunstfertigkeit und gelehrten Wissens, insgesamt Zeichen des Beginns neuer kultureller Blüte.

---

15 Der erste Buchstabe wäre lt. Text *R[ex]*, erforderlich aber ist *D [Dux?]*, so schon V. Gingerick, 1940, 174, Anm. 83. Wahrscheinlich wurde in der Aufführung der passendere Königstitel anstelle von *dux* verwendet und dann im Druck anstelle des im Akrostichon notwendigen Buchstabens *D* beibehalten: der Medienwechsel funktionierte nicht vollständig. Dies mag der Grund sein, warum Celtis diesen Vers, anders als das durch die jeweils ersten Worte eines Verses gebildete Akrostichon und das Telestichon, in seiner Leseanleitung nicht erwähnt. V. Gingerick, 1940, 175 zieht den Vers zu dem aus den ersten Wörtern gebildeten Text, doch spricht Celtis' Prosanotiz ausdrücklich da nur von sechs Versen; auch passt er besser zu dem aus den Endbuchstaben gebildeten Vers.

6. Rhapsodia I: Laudes als bloße Literatur

Diese Synthese gelang nicht immer. Schon die wenig später entstandene *Rhapsodia* zeigt, wie die Elemente wieder auseinandertreten. An ihr kann man auf der einen Seite den Rückzug des höfischen Humanismus in die Schule, auf der anderen aber auch den Übergang einer höfischen Festkultur in die Schriftlichkeit und damit in die Virtualität beobachten. Die Möglichkeit einer rein medialen Festkultur hat Maximilian später selbst in seinen Holzschnitt-Triumphen genutzt, die nur noch auf dem Papier, nicht mehr in Wirklichkeit stattfanden (J.-D. Müller, 1982, 148-159, 273f.).

Die *Rhapsodia* ist ebenfalls ein lateinisches Festspiel, diesmal zur Erinnerung an Maximilians Sieg über die Böhmen im Pfälzischen Erbfolgekrieg.[16] Angelegt ist das Spiel wieder als Huldigungsritual der Götter und Halbgötter vor dem Herrscher. Zuletzt greift der König selbst ein, krönt einen der Spieler zum Poeten und verpflichtet dadurch die Poesie, seine Taten der Mit- und Nachwelt zu künden.

Auf den ersten Blick scheint also die Machart ähnlich: ein *Heroldus proclamator* (wie im Fastnachtspiel), der die jugendlichen Spieler, diesmal aus dem Poetenkolleg (vgl. die Liste bei F. Pindter, 1945, VII und die Appendix C a 1, 19), zum Herrscherlob auffordert, verdoppelt durch einen *evocator*, der Phoebus und die Musen herbeiruft, die in eben jenem Kolleg jetzt eine Heimstatt gefunden haben. Die Götter – Phoebus mit der *cithara*, Mercurius, Bacchus, die Musen – rühmen den Herrscher und erinnern an seine Taten. Wie im *Ludus Diane* legen die mythologischen Figuren sich selbst aus.[17] Die Divinisierung des Herrschers, wie sie später der Absolutismus betreibt, ist gesteigert: Wie die sieben Planeten in ihrer Mitte die Sonne haben, so tritt der Kaiser inmitten der Kurfürsten auf: *Sic Caesar residet septeno numine cinctus* (v. 3).

Der Stoff der panegyrischen Verse, die die Musen vortragen, – zuerst der Sieg über die Böhmen bei Regensburg, dann Maximilians hohe Abkunft, seine schon in der Kindheit hervortretenden Geistesgaben und Körperkräfte, seine Geschicklichkeit in unterschiedlichen Waffengattungen, die Gefahren, die er meisterte, seine Jagden, Turniererfolge, Kriege, Belagerungen, Feldschlachten in Deutschland, Frankreich, Italien, den Niederlanden – stimmen wieder mit dem der kaiserlichen *Gedechtnus*-Werke überein. In Einzelheiten sind entsprechende Kapitel aus *Theuerdank* und *Weißkunig* erkennbar. Es entsteht das

---

16 Als Datum der Aufführung vermutet C. Dietl, 2004, 247 das Fest der hl. Katharina 1504, der Patronin der Artistenfakultät (25.11.), das an den Universitäten gefeiert wurde. Terminus ante quem ist ein Brief des Augustin Moravus vom 30.11., der auf die Aufführung reagiert (H. Rupprich, 1934, 575f.). Dann liegt aber näher als die Verbindung mit dem Fronleichnamsfest und Fronleichnamsspielen (C. Dietl, 2004, 245) diejenige mit einem (quodlibetarischen?) Schulakt; dazu passt die Mitwirkung und anschließende Selbstdarstellung des Poetenkollegs, „seiner Leistungen und seines Gründers, des Siegs über die kulturelle und politische *barbaries*" (C. Dietl, 2004, 247).

17 So erklärt Merkur ausführlich die astrologische Bedeutung der Planetengötter.

gleiche Bild des Herrschers: nie *mollia luxu tempora* (v. 104), immer in Bewegung, wenn es nichts zu tun gab, dann zur Übung; *nulla dies immunis erat* (v. 121); *cunctos patiens tolerare labores* (v. 126). Maximilian übertrifft die Heroen der griechischen Mythologie ebenso wie die Römer oder seine Vorgänger – im Reich, Karl d. Gr. (v. 154f.), die Ottonen (v. 157), Barbarossa (v. 158), die *Chunradi, Henrici, Ludovici aliique corrusci* (v. 167): Der neulateinische Poet hat sich in der deutschen Geschichte kundig gemacht.

Die Musen kündigen Künftiges an: die Kaiserkrone, den Kreuzzug und Sieg über die Türken, die endgültige Niederwerfung der gottlosen Böhmen, ein Friedensreich unter seiner Herrschaft, in das *Pax, Sancta Fides, superum Pietas, Concordia, Virtus, / Integritas sancta redient cum Religione* (v. 181f.), schließlich nach einem langen Leben die Apotheose. Spätmittelalterliche *übertreffnlichait* wird durch lateinische Verse geadelt; antike Mythologie und deutsche Geschichte verschmelzen zur Herrscherapotheose. Die Spieler, allesamt Söhne des habsburgischen Amtsadels, erweisen ihre Qualifikation für künftige Aufgaben durch die Rezitation panegyrischer Verse.

Der Kandidat für die Dichterkrönung (*Persona interposita laureanda*) ist der Sohn des königlichen Sekretärs Johannes Fuchsmagen,[18] der aus dem Quell der Musen zu trinken wünscht, um den Lorbeer bittet und dafür verspricht: *Ipse tuas laudes famaque sub aethera tollam* (v. 201). Die eigentliche Krönung ist ausgespart. Muss man sie sich als gespielt denken? Ein Gesang der Musen, die um Phoebus mit der *cithara* tanzen[19], bestätigt Maximilians Ruhm im gesamten *orbis*.[20] Den Gegenakzent setzt Bacchus mit den Satyrn, ebenfalls *ad numerum* tanzend, mit vier sapphischen Strophen, offenbar eine komische Einlage?[21] Die ersten beiden Strophen rühmen die *electi poetae* in Österreich, die Bacchus begeistert (v. 212-216), und den Herrscher, der das ermöglichte, indem er die *artes* in seine Länder zurückführte (v. 217-220). Die letzten beiden aber fallen wieder aus dem Spiel heraus, indem die *iuvenes* – d. h. die Schauspieler, die das Spiel aufführen, – bekunden, für künftige Triumphe des Herrschers zu beten, damit er die Feinde des Reichs vertreibt. Merkur schließt das Spiel, indem er dem *rex invictissimus* die *casta cohors* der Schüler empfiehlt (v. 229), die offenbar mit einem Kniefall dem Herrscher verspricht, sein Lob zu den Sternen zu erheben. Dieser, der *Rex* (und keine Theaterfigur) kündigt an, alle zu belohnen und die Poetenschar hier und überall zu unterstützen (v. 233f.). Merkur entlässt die Zuschauer nach Hause.

---

18 Er spielte der Wiener Liste zufolge (Pindter, 1945, VII) auch noch den Mercurius. In der Rolle des *coronandus* wird er *orator* genannt; das ist eine gängige Bezeichnung für den *doctus* in einem Hofamt: als Diplomat, Unterhändler, Kanzleibeamter und dgl.
19 Was heißt *ad numerum*? Im Takt? Im Rhythmus der Hexameter bzw. später – beim Tanz des Bacchus mit den Satyrn – im Rhythmus der sapphischen Ode?
20 Die Umschreibung der Weltgegenden (vv. 203-212) erinnert an die Anlage der ‚Amores'.
21 Es heißt *raptis Musis*: Offenbar bemächtigen sich die Bacchanten der Halbgöttinnen.

Soweit der Spieltext. Aber wird auch hier ein höfisches Fest inszeniert? Wer spricht, wenn der König das Wort ergreift? Anders als beim *Ludus Diane* war Maximilian nicht anwesend. Der König ist eine Theaterrolle. Auch das Kurfürstenkollegium, das zu Beginn des Spiels zusammentritt, ist nur noch gespielt (S. 7: *personati electores*). Der König ist zwar als anwesend gedacht, fehlt tatsächlich aber. Ein Schauspieler, vielleicht Celtis selbst (C. Dietl, 2004, 246, Anm. 24), agiert *in persona regis*. Seine Rede soll vor der Öffentlichkeit, an die sich der Druck richtet, das Ansehen der Poeten bei Hof bekunden. Der Rahmen des höfischen Festes ist gesprengt; das Spiel simuliert nur noch eine Aufführung; die Huldigung an den Herrscher ist nur noch literarisch, und sie erfolgt vor der größeren Öffentlichkeit des Reichs. Das bedeutet auch, dass Spieler und politische Akteure nicht mehr auf einer Ebene agieren. Die *docti* sind unter sich. Das gemeinsame Fest und die Teilhabe an der Politik sind hier ganz in die Repräsentation verlagert. Die Dichterkrönung ist nicht mehr ein imperiales Ritual, sondern erfolgt nur noch namens des Königs. Celtis war von Maximilian das Recht verliehen worden, selbst Dichter zu krönen, und eben dies wird als Spiel inszeniert. Damit ist das Ritual aus dem höfischen Zusammenhang ausgeschieden. Diese Spannung zwischen innerakademischer und politischer Auszeichnung hat das Ritual übrigens seit seiner Stiftung nie abgestreift. Sie ist Grund dafür, dass es rasch in Bedeutungslosigkeit versinkt (A. Schirrmeister, 2003).

7. Rhapsodia II: Laudes als Schulactus

Wie das Spiel aus dem höfischen Rezeptionsrahmen herauswächst, zeigen erst recht die Appendices der einzigen Ausgabe (1505), die sich an die *sodalitas eruditorum* insgesamt richten.[22] Dem Spiel geht im Erstdruck eine Polemik von Celtis gegen konkurrierende deutschsprachige Hofpoeten voraus sowie ein weiteres Lobgedicht auf Maximilian. Hinzu tritt Celtis' briefliche Auseinandersetzung mit Augustinus Moravus, dem Vizekanzler Wladislaus' II. von Ungarn und Böhmen, über die antiken und heutigen Böhmer. Es folgt ein Holzschnitt mit einer Darstellung der Böhmerschlacht, die Ausgangspunkt des Huldigungsspiels ist. Dem Spieltext folgt ein Epigramm gegen Jan Hus, das mit dessen Namen spielt (= *anser*, Gans), und eine sapphische Ode an den gelehrten Freund Bohuslav Lobkowitz von Hassenstein *de situ Pragae et sectis haeresibus in Bohemia.*[23]

---

22 Sie werden von der Herausgeberin (Anm. 6) in den Anhang (S. 16-27) verbannt, was den Charakter der Publikation völlig verfälscht.

23 C. Dietl, 2004, 242 vermutet als Hintergrund der ‚böhmischen' Thematik die damals virulente Auseinandersetzung über die siebte Kurwürde für Böhmen: Die sieben Kurfürsten sollen der Siebenzahl der Planeten entsprechen; doch die Sonne (*Phoebus*) in ihrer Mitte, die den Kaiser symbolisiert, gehört eigentlich dazu, so dass für ein achtes Gestirn (Kur-Böhmen) kein Platz bleibt.

In einer weiteren Appendix stellt sich das Wiener Poetenkolleg vor, dessen Zöglinge Träger des Spiels waren: zuerst werden die drei Klassen mit den Namen der Schüler aufgeführt,[24] dann ein Epigramm, das als Wahlspruch des Kollegs gelten könnte (*Crescite virtutes Germanica gloria surgat!*) und schließlich ein Brief des Celtis an Maximilian, in dem er die Ziele des Kollegs empfiehlt (S. 19f.).[25] Zwei Distichen *ex persona* des Kaisers enthalten die Verleihungsformel des Poetenlorbeers, den Celtis an seiner Statt (*vice*) weiter verleihen könne. Dies ist offenbar im Spiel geschehen. Dann stellt ein Holzschnitt von Hans Burgkmair diese *Insignia poetarum* vor der Öffentlichkeit aus (S. 20), die damit nachträglich zum Zeugen der Verleihung wird.

Eine dritte Appendix geht über den Verleihungsakt noch hinaus. Es folgen zwei Distichen des Celtis *Ad lectorem*, die die Leistungsfähigkeit des Kollegs in Wien betonen, sowie eine Invektive in drei Distichen gegen einen Kritiker, der meinte, kein Deutscher könne richtig Latein schreiben – wo doch der Lorbeer die Alpen überschritten habe (S. 20f.). Daran schließt sich eine Leistungsschau des Kollegs an: *carmina* der Kollegiaten aus den zuvor aufgeführten drei Klassen, die in unterschiedlichen Versmaßen das Lob des Herrschers singen. Dahinter stehen noch Verse des Johannes Sturnus, eines böhmischen Humanisten. Zuletzt ergreift noch einmal Celtis das Wort[26] und verspricht größere Werke zum Ruhm des Herrschers; ein Orakel des Apoll an Celtis bestätigt, dass Großes nie ohne Mühen vollbracht werde. Die gesamte Publikation ist mit dem Gütesiegel der Augsburger Gelehrtensodalität versehen.[27]

Das ist eine der typischen Publikationen, in denen die *sodalitas eruditorum* sich selbst feiert. Das Spiel ist Teil eines übergreifenden Diskussionszusammenhangs. Sein Anlass, die Böhmerschlacht vor Regensburg gibt das Stichwort für die Aufnahme von Texten aus oder zu Böhmen; die Mitspieler erklären den zweiten Schwerpunkt, die Selbstdarstellung des Kollegs und ihres Gründers. Der Huldigungsakt mag in Wien gespielt worden sein; vollendet wird er erst vor der virtuellen Öffentlichkeit, die der Druck zusammenführt. Der Leser ‚sieht' die Schlacht, die gefeiert wird, und er ‚sieht' die Insignien, die den Poeten auszeichnen.

---

24 Die Liste weicht von der der adligen Spieler der *Rhapsodia* ab. In Pindters Ausgabe sind die Vornamen ergänzt um die weiteren Namen, die den jeweiligen *carmina* der Zöglinge vorausgehen (F. Pindter, 1945, X; Appendix, 18).

25 Dieser Teil sollte anfangs selbständig bei Aldus Manutius erscheinen (F. Pindter, 1945, IX).

26 Diese Distichen wurden offenbar später angebunden; sie finden sich nur in den unverkauften Exemplaren.

27 Von F. Pindter, 1945, X im kritischen Apparat zitiert: *Finiunt panegyrici decantati Max. August per Soda. Littera. Danubianam censoribus Chunra. Peutingero, Ioann. Foeniseca, Sebast. Sperantio.* Die Schrift wurde nämlich bei Otmar in Augsburg gedruckt. Celtis hielt sich zur Zeit des Drucks in Augsburg auf (Müller, 1997, 176; 169).

8. Deutsch-lateinische Hofkultur

Dies alles bleibt freilich Wunschbild oder mindestens Entwurf. Die humanistischen Lobredner haben sich gegen Konkurrenz zu behaupten. Daher setzt Celtis an die Spitze der *Rhapsodia* eine Polemik gegen die *rhematarii* Maximilians, die Silbenzähler (*arithmarii*), die gleichfalls das Lob seiner *gesta* singen und es dem Druck übergeben. Ihnen werden die gelehrten Literaten (*nos*) gegenübergestellt, *qui Latiis scribimus acta notis*. ‚Unsere' Werke können in ganz Europa gelesen werden, die *Rhemata* jener *rhematarii* nur bei ‚uns' (S. 16). Ich habe vorgeschlagen, die Barbarolexis *rhematarii* auf Maximilians Reimsprecher zu beziehen, die die Nachrichten von seinen militärischen Unternehmungen, Repräsentationsereignissen oder wichtigen politischen Beschlüssen in Verse fassten und auf diese Weise im Reich bekanntmachten (J.-D. Müller, 1982, 75). Einige ihrer Erzeugnisse finden sich in Rochus von Liliencrons ‚politischen Volksliedern' (R. v. Liliencron, 1966). Das Volk hat damit allenfalls in dem Sinne zu tun, dass sich die Gelehrten durch Gebrauch des Latein von den *vulgares* absetzten. Bestimmt sind die Lieder für ein lateinunkundiges, weithin noch illiterates Publikum, das lesend oder hörend informiert und beeinflusst werden soll (J.-D. Müller, 2004). Celtis' *carmen* bezeugt das weiterhin unvermittelte Nebeneinander der beiden Kulturen. Um nämlich die angeblich europäische Wirkung der lateinischen Verse zu beschreiben, muss er die vielen Volkssprachen nennen, die in Europa gesprochen werden und in denen man allein die politisch Verantwortlichen und weiter noch: die ständischen Eliten der spätmittelalterlichen Gesellschaft erreicht. Noch behauptet sich Latein als *lingua franca* oberhalb dieser Einzelsprachen. Im Laufe des 16. Jahrhunderts wird sich dies mindestens in West- und Südeuropa ändern. Dann wird nicht mehr das gelehrte Latein Gefäß der Repräsentationsformen spätmittelalterlich-frühneuzeitlicher Hofkultur, sondern die Volkssprachen nehmen die Repräsentationsformen der lateinischen Gelehrtenkultur in sich auf.

Hier haben wir es noch mit einer humanistisch geprägten Mischkultur zu tun. Die Schule soll gewissermaßen in den Hof integriert werden, oder auch: der Hof lässt sich in die modischen Gewänder der Schule kleiden. Das hat, zumal im *Ludus Diane* noch etwas angestrengt Didaktisches; in der *Rhapsodia* bleibt es bloßes Programm, dem kein gemeinsames Ritual mehr entspricht. Im gemeinsamen Fest soll die Integration der beiden Kulturen gelingen; im Spiel sollen die Sphären von Theater und höfischem Fest verschwimmen. In der *Rhapsodia* geschieht das nur noch auf dem Papier. Die beiden Appendices spiegeln den Unterschied. In dem zum *Ludus Diane* setzt sich die Aufführung am nächsten Tag in einem gemeinsamen Mahl mit allen Spielern fort, die mit einem Dank-*carmen* antworten. Die *Rhapsodia* findet keine Fortsetzung, weil es von vorneherein kein höfisches Fest gab. Hier weitet sich im Druck der Blick einerseits auf die (vorreformatorisch dringende) Böhmenfrage und auf die Leistungsbilanz des Wiener Poetenkollegs. Sie nimmt die virtuelle Repräsentation vorweg, die Maximilian vor allem in seinen volkssprachigen Triumphen virtuos für die kaiserliche *gloria* einsetzt.

Gelehrte theatralische *Actus* in Anwesenheit des Königs hat es einige zur Zeit Maximilians gegeben, mal mehr aufs Herrscherlob konzentriert, mal mehr eine Herrscherethik explizierend,[28] mal mehr mit unmittelbarem politischen Appellcharakter (C. Dietl, 2005 zu Locher). Celtis' Festspiele gehen einen Schritt weiter, indem sie sich um eine wirkliche Integration von spätmittelalterlicher Hof- und humanistischer Gelehrtenkultur bemühen. Doch das scheint auf der Basis jener Hofkultur noch nicht möglich, nur vor der virtuellen Öffentlichkeit des Drucks.

---

28 Dies vor allem in den beliebten Herkulesspielen nach der Prodikos-Fabel; vgl. J.-D. Müller, 1982, 176; 169; ein elaboriertes Beispiel bei D. Wuttke, 1964.

Bibliographie

I. Quellen

Joachim du Bellay: La deffence et illustration de la langue françoyse. Éd. Critique par H. Chamard. Paris 1904.

Johann Fischart: Das Philosophisch Ehzuchtbüchlein. In: *Johann Fischarts Werke. Eine Auswahl.* Hrsg. von A. Hauffen. Bd. 3. Stuttgart 1895 (= Deutsche National-Litteratur 18, 3).

Jobin: Vorrede. In: Johann Fischart: Das Philosophisch Ehzuchtbüchlein. In: *Johann Fischarts Werke. Eine Auswahl.* Hrsg. von A. Hauffen. Bd. 3. Stuttgart 1895 (= Deutsche National-Litteratur 18, 3). S. 117-124.

Adelbert von Keller: Fastnachtspiele aus dem fünfzehnten Jahrhundert. 4 Bde. Stuttgart 1853 (= BLV 28-30).

Rochus von Liliencron.: Die historischen Volkslieder der Deutschen vom 13. bis 16. Jahrhundert, 4 Bde. (Repr.). Hildesheim 1966.

Felicitas Pindter (Hrsg.): Conradus Celtis Protucius: Ludi scaenici (Ludus Dianae – Rhapsodia). Budapest 1945 (= Bibliotheca scriptorum medii recentisque aevorum, Saecula XV-XVI, 13).

Hans Rupprich (Hrsg.): Der Briefwechsel des Konrad Celtis. München 1934 (= Humanistenbriefe 3).

Sperone Speroni: Dialogo delle lingue. Hrsg., übersetzt und eingeleitet von H. Harth. München 1975 (= Humanistische Bibliothek II,11).

II. Sekundärliteratur

Cora Dietl: Die Dramen Jacob Lochers und die frühe Humanistenbühne im süddeutschen Raum. Berlin/ New York 2005. In: QF 37 [271]. S. 190-195.

Cora Dietl: Repräsentation Gottes – Repräsentation des Kaisers. Die Huldigungsspiele des Konrad Celtis vor dem Hintergrund der geistlichen Spieltradition. In: Das Theater des Mittelalters und der Frühen Neuzeit als Ort und Medium sozialer und symbolischer Kommunikation. Hrsg. v. C. Meier, H. Meyer und C. Spanily, Münster 2004 (= Symbolische Kommunikation und gesellschaftliche Wertesysteme 4). S. 237-248.

Virginia Gingerick: The Ludus Diane of Conrad Celtis. In: The Germanic Review 15. 1940. S. 159-180, mit einem Textabdruck S. 170-180.

Elsa Kammerer: Le Creuset Lyonnais. Thèse du doctorat (cotutelle München - Lille 2006). Ersch. Genf 2009.

Jan-Dirk Müller: Fischarts Gegenkanon. Komische Literatur im Zeichen der *imitatio*. In: Maske und Mosaik. Poetik, Sprache, Wissen im 16. Jahrhundert. Hrsg v. J.-D. Müller und J. Robert. Berlin 2007. S. 281-321 (= 2007a).

Jan-Dirk Müller: Formung der Sprache und Formung durch Sprache. Zur anthropologischen Interpretation des *imitatio*-Konzepts. In: Maske und Mosaik. Poetik, Sprache, Wissen im 16. Jahrhundert. Hrsg. v. J.-D. Müller und J. Robert. Berlin 2007. S. 159-199 (= 2007b).

Jan-Dirk Müller: Publizistik unter Maximilian I. Zwischen Buchdruck und mündlicher Verkündigung. In: Sprache des Politischen. Medien und Medialität in der Geschichte. Hrsg. v. U. Frevert und W. Braungart. Göttingen 2004. S. 95-122.

Jan-Dirk Müller: Konrad Peutinger und die Sodalitas Peutingeriana. In: Der polnische Humanismus und die europäischen Sodalitäten. Akten des polnisch-deutschen Symposions, Krakau, hrsg. v. S. Füssel und J. Pirozynski. Wiesbaden 1997 (= Pirckheimer Jahrbuch für Renaissance- und Humanismusforschung 12). S. 167-186.

Jan-Dirk Müller: Gedechtnus. Literatur und Hofgesellschaft um Maximilian I. München 1982.

Albert Schirrmeister: Triumph des Dichters. Gekrönte Intellektuelle im 16. Jahrhundert. Köln, Weimar und Wien 2003 (= Frühneuzeitstudien, NF. 4).

Eckehard Simon: Die Anfänge des weltlichen Schauspiels 1370-1530. Untersuchungen und Dokumentation. Tübingen 2003 (= MTU 124).

Dieter Wuttke: Die Histori Herculis des Nürnberger Humanisten und Freundes der Gebrüder Vischer, Pangratz Bernhaubt gen. Schwenter. Materialien zur Erforschung des deutschen Humanismus um 1500. Köln [u. a.] 1964.

Jan-Dirk Müller
Institut für Deutsche Philologie
Ludwig-Maximilians-Universität
Schellingstr. 3
80799 München
E-Mail: jan-dirk.mueller@lrz.uni-muenchen.de

Ursula Schulze

Dietrich von Bern und König Artus –
Maximilian / Theuerdank

Ein verändertes Heldenbild und die intermediale Kohärenz des Buches

Unter den Ahnen, die um das Grabmal Maximilians in der Innsbrucker Hofkirche zum Totengeleit versammelt sind, befinden sich König Artus und Dietrich von Bern [Abb. 1 und 2, s. Farbabb.]. Beide sind zwar historische Herrscher gewesen, aber ihr Erinnerungsbild ist poetisch geprägt. Was man über sie weiß, stammt überwiegend aus Dichtungen, wie sie Maximilian im *Ambraser Heldenbuch* zusammenstellen ließ, u. a. Hartmanns beide Artusromane *Erec* und *Iwein*, das *Nibelungenlied*, die *Klage*, historische und aventiurenhafte Dietrichepik. Diese Texte geben Hinweise auf das Interesse an der höfischen Epik des 12. und 13. Jahrhunderts und bezeugen deren Kenntnis. Da Maximilian das Grabmonument selbst geplant hat (E. Egg, 1974, 10), wollte er sich offenbar in Verbindung mit den beiden dichterisch geprägten Figuren sehen. Sie sind als elegante zeitgenössische Ritter gestaltet. Die sonst von Maximilian für die Statuen geforderte, an alten Bildern zu orientierende Porträtähnlichkeit der Skulpturen (E. Egg, 1974, 18) war hier nicht zu leisten. Dietrich und Artus konnten frei modelliert werden. Die künstlerische Qualität beider Bronzeplastiken – wohl nach Entwürfen Albrecht Dürers in der Werkstatt Peter Vischers in Nürnberg 1513 gegossen (E. Egg, 1974, 32) – hebt sie aus dem Ensemble besonders heraus, von Höhepunkten der deutschen Renaissance-Plastik wird gesprochen (E. Egg, 1993, 30 und 32).

Ähnlich wie sich Maximilian die beiden Herrscher bildlich angesippt hat, soll im *Theuerdank* umgekehrt etwas von seinem Leben in Anlehnung an die höfische Epik literarisch gestaltet werden – in einer Art Schlüsselroman, in dem sich der Kaiser in einen ritterlichen Helden verwandelt und eigene Erfahrungen, einen Ausschnitt aus seinem Leben, zu erinnerungswürdigen Ereignissen stilisiert werden (J.-D. Müller, 1982, 108-111). Seine Heirat mit Maria von Burgund alias Königin Ehrenreich wird zu einem Brautwerbungszug, zeitverschoben kombiniert mit Erinnerungswertem: Gefahren, Kämpfe mit Konkurrenten und verschiedenen Gegnern, auch Unfälle, Unwetter, Intrigen; denn – wie episch bezeugt – ist ein Brautwerbungsunternehmen gefährlich. Literarische Vorstellungs- und Erzählmodelle werden aufgenommen und umgeformt, um Zeitgenössisches zu beschreiben und für die Zukunft als *gedechtnus* zu bewahren (K. Schmid, 1984; J.-D. Müller, 1987, 208f.). Der Rückgriff auf die Literatur der Vergangenheit verbürgt Dignität und Dauer. Das entspricht dem auch in anderen Zusammenhängen dokumentierten Geschichtsverständnis Maximilians (J.-D. Müller, 1982, 80-95).

In meinen Betrachtungen gehe ich von terminologischen Beobachtungen aus. Es gibt in der hochhöfischen Epik eine Art Leitterminologie für die Bezeichnung der Protagonisten (St. Fuchs, 1997; H. R. Jauß, 1982; U. Schulze, 2002). Sie ist signifikant, auch wenn sie nicht exklusiv gebraucht wird. Für die heroische Epik (repräsentiert durch das *Nibelungenlied*) hat *helt* den Vorrang, wie aus der Prologstrophe hervorgeht, die *alte maeren* von *heleden lobebaeren* ankündigt (Hs. C, Str. 1). Andere Bezeichnungen stehen daneben, darunter auch *ritter*. Dies aber ist das Leitlexem für die Protagonisten des höfischen Romans. König Artus selbst handelt mit *rîters muote* (Iwein 6), und Kalogrenant beginnt seine Erläuterung, was *âventiure* sei, mit der Selbstbezeichnung: *ich heize ein riter* (Iwein 530); und die erste Begegnung des jungen Parzival mit Artusrittern führt zu Definitions- und Identifikationsfragen über *ritter* und *ritterschaft* (Parzival III, 122,28-123,11). Im Verständnis des Helden der heroischen Epik dominiert die Bedeutung des hervorragenden Kämpfers gegen starke, auch anderweltliche Gegner. Von verschiedenen Definitionen arturischer Ritter greife ich die Erläuterung aus dem *Iwein* auf:[1]

- Ein Ritter bewährt sich im konkurrierenden Kampf mit einem gleichartigen Gegner.
- Sein ritterliches Ansehen wird durch Sieg oder Niederlage gesteigert oder gemindert.
- Er sucht die Herausforderung zum Kampf selbst.

In der *Iwein*-Interpretation wird zu Recht hervorgehoben, dass diese explizite Definition von Ritter und Aventiure auf die bloße Selbstwertsteigerung reduziert sei (vgl. Th. Cramer, 2001, Iwein-Ausg., Anmerkung zu v. 526), während die erzählte Geschichte eine soziale Komponente hinzubringt, indem die Kämpfe des Ritters Einsatz und Hilfe für andere in Konfliktsituationen leisten und die gesellschaftliche Ordnung wiederherstellen. Vor diesem Hintergrund sollen die Bezeichnungen für den Protagonisten und seine Aktionen im *Theuerdank* betrachtet werden, beginnend mit dem Titel des Werkes in der Druckausgabe von Melchior Pfinzing (1517).

> *Die geuerlicheiten vnd einsteils der geschichten*
> *des loblichen streytparen vnd hochberůmbten*
> *helds vnd Ritters herr Tewrdannckhs.*

Die beiden Leitwörter *helt* und *ritter* sind hier verbunden, eine Kombination, die in der höfischen Epik kaum vorkommt. Ob die Doppelformel ein reines Stilistikum darstellt, in dem beide Lexeme synonyme Bedeutung haben, oder ob eine steigernde, komplettierende Semantik angestrebt ist, lässt sich schwer entscheiden. Die Reihung gleichartiger Satzglieder ist allerdings in dem gesamten *Theuerdank*-Text auffällig, wie sie ebenfalls der Titel mit den

---

1   Gespräch zwischen Kalogrenant und dem Waldmenschen (Iwein, 524-542).

Attributen *loblich, streytpar, hochberůmbt* belegt. Die häufig vorkommende Doppelbezeichnung für den Protagonisten hat Melchior Pfinzing auch in seinem Vorwort aufgenommen, in dem er die Geschichte und die Taten *Eines loblichen Teuern vnnd hochberůmbten Helds vnnd Ritters* ankündigt (fol. a₂ʳ), entsprechend dem gedruckten Titel.

Auch in anderen Syntagmen des *Theuerdank* erscheinen die Signalwörter Ritter und Held verbunden, so als „ritterlicher Held" (Kap. 9). Theuerdanks Vater gibt trotz anfänglicher Bedenken die Erlaubnis zur Brautfahrt seines Sohnes unter der Erwägung, was einen Helden ausmacht:

> *Herwider das erlich gemůet*
> *Dem alten vater riet*
> *Das Er nach allen eren*
> *Dem Held das nit solt weren*
> *Dann ein ritterlicher Held*
> *Drumb wer khomen in die welt*
> *Das Er sein leib nit solt sparn*
> *Sonnder in dem lannd vmbfarn*
> *Vnnd treiben ritterlich tatt.* (Kap. 9, fol. c₃ᵛ-c₄ʳ)

Dem Sohn muss zugestanden werden, sich als ritterlicher Held zu bewähren. Dessen Existenzbestimmung besteht darin, unter mutigem Einsatz seines Lebens im Land umherzuziehen und ritterliche Taten zu vollbringen. Welcher Art diese sind, wird nicht gesagt. Die weitere Erzählung erweist, dass der neue Held mit dem im *Iwein* definierten Ritter nicht zur Deckung kommt. Es geht nicht um den selbst gewählten konkurrierenden Kampf mit einem prinzipiell gleichartigen Gegner, geschweige denn um eine gesellschaftsbezogene Funktion des Kampfes, sondern es geht einfach um das Bestehen in Gefahren, die von Menschen, Tieren und Naturgewalten ausgehen. Auf die mutige Bewältigung der Situationen kommt es an. Man kann sagen, die *geuerlicheiten*, von denen das Buch laut Titel handelt, stehen für die *aventiuren* im höfischen Roman. Das bevorzugte neue Wort signalisiert die Veränderung. Dass die „ritterlichen Taten", die Theuerdank vollbringt, die Gefahren, die er besteht, keine zielgerichtete Dynamik besitzen, die die Figur des Helden konstituiert und vervollkommnet, liegt an der Handlungsstruktur. Zwar kann man die Geschichte grosso modo als Brautwerbungsepos ansehen, doch die narrativen Muster des Typs sind wesentlich verändert. Die „Werbung" geht von Seiten der Braut aus, genauer: die Entscheidung für den künftigen Ehemann der Königin Ehrenreich hat ihr Vater testamentarisch festgelegt (Kap. 3-5). Die Tochter akzeptiert den ihr bestimmten Bräutigam, und dieser tut mit Zustimmung seines Vaters das gleiche (Kap. 6, 8, 9). Daraufhin steht das Ergebnis von Anfang an fest, nicht nur gattungsbedingt im Prinzip, sondern bereits ausformuliert. Eine Werbung im eigentlichen Sinne gibt es nicht, nur die Zusammenführung des Bräutigams mit der Braut in ihrem Land. Doch Theuerdank will sich der Braut würdig erweisen, quasi nachträglich Minnedienst leisten für die ihm erwiesene

Gunst der Wahl. Er bezieht sich für seine Absicht ausdrücklich auf literarisch vermittelte Lehren:

> *Dann yetz ist komen der tag*
> *Das Ich wol bewern mag*
> *Das so Ich aus den Cronicken*
> *Gelernt hab vnnd historien*
> *Drumb so sag deiner frawen*
> *Ich wôl Sy nicht beschawen*
> *Ich hab dann vor souil than*
> *Gûter sach · das Sy môg han*
> *Mich zû der Ee mit eren.* (Kap. 8, fol. c₂ʳ)

Diese Reise des Bräutigams aus dem Osten, aus dem Land, wo die Sonne aufgeht, nach Westen bietet den Vollzugsrahmen für die Bewährung. Ein Bote informiert die Königin Ehrenreich über die grundsätzliche positive Antwort Theuerdanks.

Wie sehen nun die zu bestehenden Gefahren aus? Zunächst werden religiöse Vorzeichen gesetzt durch den Hinweis auf teuflische Intrigen. An Ehrenreichs Hof gibt es drei Hauptleute (Fürwittig, Unfalo, Neidelhart), die sich als Theuerdanks Rivalen betrachten und die Heirat verhindern wollen (Kap. 7). Vom Teufel geleitet schrecken sie vor Mordabsichten nicht zurück. Doch den teuflischen Plänen steht eine positive Prognose entgegen, die alle Bedrohung auffängt. Der Vater gibt seinem Sohn den Rat mit auf den Weg, bei allen Taten immer Gott vor Augen zu haben, und damit verbindet er die Verheißung beständigen Glücks. Der Erzähler bestätigt sie unter Hinweis auf Theuerdanks tägliches, inbrünstiges Gebet und Gottes Lob:

> *Darumb Im got hat gefrist*
> *Sein leben wider all list*
> *Vnnd betrug auf diser erd.* (Kap. 9, fol. c₄ʳ)

Vor Beginn der Fahrt steht also eine Heilsvorausdeutung: Der Held reist von Gott beschützt.

Die religiöse Dimension wird vor dem Aufbruch vertieft durch eine Szene, die der Versuchung Christi nachgebildet scheint (Kap. 10). In Gestalt eines Gelehrten mit Krallenfüßen [Abb. 3, s. Farbabb.] versucht der Teufel Theuerdank dreimal auf verwerfliche Wege zu locken, doch dieser erkennt den bösen Geist und entscheidet sich für ein Leben in Gerechtigkeit, geleitet von Vernunft und ausgerichtet auf Gott. Dieser postfigurative Bezug auf Christus gibt dem Werk ein eigenes Gepräge. Die Intrigen des Teufels sind nach der bestandenen Versuchung allerdings nicht beendet. Der höllische Geist kündigt an, er werde durch seine Dienstleute, eben jene Hauptleute von Ehrenreichs Hof, weiterwirken, die Theuerdank mit Neid und Hass verfolgen und in Bedrängnis bringen. Damit sind die Gefahren vorab als Teufelswerk deklariert, was im Zuge der folgenden Darstellung nicht dauernd präsent gehalten wird. Theuerdank reitet mit seinem Begleiter Ernhold aus, und der Hauptteil des Buches umfasst die Überwindung der Gefahren, die die drei Teufelswerkzeuge in der Alltagswelt inszenieren: Fürwittig 11 Abenteuer (Kap. 13-23), Unfalo 48 Abenteuer (Kap. 26-73), Neidelhart 21 Abenteuer (Kap. 76-96).

Diese anscheinend beliebige, auch in den drei Teilen nicht annähernd ausgeglichene Verteilung der gefährlichen Situationen lässt sich poetologisch schwer erklären, sie beruht offenbar auf dem gesammelten und ausgewählten biographischen Material, das auf Maximilians Veranlassung verarbeitet werden sollte, um die *gedechtnus* des kaiserlichen Helden zu sichern. Auch die erklärenden Bemerkungen in der von Pfinzing angefügten Clavis ergeben keine bindende innere Struktur.[2] In vielen Fällen weisen sie durch eine geographische Angabe auf einen realen Bezug.

Pfinzings allegorische Deutungen eröffnen andere Dimensionen neben oder hinter der Erzählung. Jan-Dirk Müller hat sie als konkurrierende Deutungsperspektiven bezeichnet, die die panegyrische Intention des Werkes z. T. in Frage stellen (J.-D. Müller, 1982, 124), aber er hat auch gesehen, dass sich das in den erzählten Episoden nicht unmittelbar niederschlägt. Hier bleibt m. E. die religiöse Deutung präsent: die drei Hauptleute erscheinen als Handlanger des Teufels, die gefährliche Situationen herbeiführen und die Zusammenkunft mit der Braut verzögern.

Die Kohärenz, die in der narrativen Struktur fehlt, wird intermedial hergestellt. Sie ergibt sich durch den Einsatz der kolorierten Holzschnitte, jedenfalls in der 1517 von Hans Schönsperger d. Ä. gedruckten Ausgabe.[3] Die Bilder verbinden das Ganze zu einem fortlaufenden Text.[4] Vor jedem Kapitel resümieren und visualisieren ein Titulus und ein Bild die folgende Episode [Abb. 4, s. Farbabb.]. Sie erregen das Erwartungsinteresse an dem, was dann narrativ ausgeführt wird. (Eine frühere Version des Werkes mit kürzeren Texten zu den *figuren* (J.-D. Müller, 1987, 220) unterstreicht die strukturelle Bedeutung der Bilder.)

Es handelt sich weniger um erkenntniseröffnende als vielmehr um anschauungvermittelnde Bilder, die das Geschehen in ein konkretes Milieu versetzen und in der zeitgenössischen Welt verorten [Abb. 5, 6, 7, s. Farbabb.]: realistische Landschaften mit Bergen, Wald, wilden Tieren, Wasserläufen und Schiffen, Burgen, Städten, Stadttoren, Treppen, Innenräumen mit Feuer, Geschützen, Krieg, Turnieren, Gerichts- und Hinrichtungsszenen sowie repräsentative Begegnungen. Ihre Plastizität geht weit über die verbale Darstellung hinaus. Zwar wird keine kontinuierliche Geschichte in Bildern erzählt, aber

---

2   P. Strohschneider, 1986, 444f., wertet die Clavis als Beitrag im Interesse der panegyrischen Darstellungsintention.

3   Der im Kolophon angegebene Ort Nürnberg statt Augsburg ist ein Druckfehler, St. Füssel, 2003, 86.

4   J.-H. Ziegeler, 1982, hat sich mit dem Zusammenhang von Text und Bild im *Teuerdank* beschäftigt, aber die Ausrichtung auf die Einzelabenteuer konstatiert.

die Merkbilder mit relativ konstantem Personal in veränderten, aufregenden Gefahrensituationen tragen das Wahrnehmungsinteresse weiter. Diese Visualisierung mit zunehmender Dynamisierung der Bilder zum Schluss hin gibt dem Buch eine eigene Dimension, die die Vorstellung von dem Helden Theuerdank entscheidend mitprägt. Dabei entfalten die Bilder semantische und emotionale Energie. Dem tut es keinen Abbruch, dass wiederholt ähnliche Jagdszenen auftauchen, es gibt – abweichend von anderen zeitgenössischen Büchern – keine direkten Bildwiederholungen, sondern jeweils neue Arrangements. Die Namen der Bildkünstler (Hans Schäufelein, Hans Burgmaier, Leonhard Beck; vgl. St. Füssel, 2003, 44-46) stehen für die qualitätvolle Ausführung.

In den meisten Bildern erscheint unabhängig vom Verstext außer der Veranschaulichung der eigentlichen Gefahren eine figürliche Gegenüberstellung des jeweils agierenden dämonischen Hauptmannes und des Ehrnholds, der Theuerdank wie ein Schutzgeist und Zeuge durch die bedrohlichen Situationen begleitet. Auf seinem roten Gewand sieht man stets das Rad der Fortuna, so dass Hans-Joachim Ziegelers Deutung überzeugt, der Ernhold stehe für das Glück im positiven Sinne, das Theuerdanks Erfolge bestimmt (J.-H. Ziegeler, 1982, 83). Die Gegenüberstellung beider Figuren bringt das Widerspiel von Gefährdung und glücklicher Überwindung der Gefahr immer neu ins Bewusstsein [Abb. 8, s. Farbabb.] und macht damit ein Kontinuum deutlich, in dem gleichwohl die einzelnen Kapitel auch für sich genommen verständlich sind.

Nach der Hinrichtung von Fürwittig, Unfalo und Neidelhart taucht in Bild und Versen ein Engel zur Lenkung der Geschicke auf (Kap. 115). Er ist als himmlischer Geist die Gegenfigur zu dem teuflischen Verführer am Anfang (Kap. 10). Seine Ratschläge entsprechen bestätigend Theuerdanks Antworten, mit denen er den als Gelehrten verkappten Teufel abgewehrt hatte.

Während beim Vortrag höfischer Epen die Vorstellung von den Helden und ihren Taten allein durch differenzierte Wortkunst in der Imagination der Zuhörer evoziert wurde, sehen die Betrachter des Theuerdank-Buches primär Bilder, denen dann die narrative Ausführung folgt. Die Anschauungsimpulse tragen wesentlich zum Eindruck von Kohärenz bei. Pfinzings allegorische Deutung bleibt demgegenüber ein unvermittelter Nachtrag, auch wenn man ihr im Gesamtkonzept eine Funktion zuschreiben kann (P. Strohschneider, 1986, 444f.).

Der Charakter der *geuerlicheiten*, von denen das Buch handelt, kann nur durch wenige Beispiele knapp erläutert werden, doch wird an ihnen deutlich, wie unähnlich sie den Aventiuren im klassischen Artusroman und den Kämpfen etwa im *Nibelungenlied* sind.

Ein traditionelles Motiv, die Konfrontation des Helden mit einem Löwen, ist auch im *Theuerdank* aufgenommen. Im *Nibelungenlied* gehört es zur Jagdapotheose vor Siegfrieds Tod (16. Aventiure). Iwein befreit einen Löwen aus der Gewalt eines Drachen, den er tötet, und gewinnt einen treuen Begleiter (Iwein 3828-3882). Den charakteristischen Merkmalen von elementarem

Krafteinsatz und gesuchter Aventiure als Herausforderung steht im *Theuer-dank* eine Mutprobe gegenüber, die Fürwittig hinterhältig veranlasst (Kap. 16). Theuerdank soll seine Hand in den Rachen eines gefangengesetzten Löwen halten, der angeblich einem mutigen Mann nichts tue. Gegen Fürwittigs Er-wartung, der Theuerdank gefährden will, hält sich der Löwe auf wunderba-re Weise zurück und lässt Theuerdank unversehrt. Eine Variante inszeniert Unfalo (Kap. 42). Er führt Theuerdank in ein Haus mit zwei angeblich ge-genüber Mutigen friedlichen Löwen, doch sie stürzen auf Theuerdank los. Er wehrt sich mutig und kraftvoll, mit einer Schaufel schlägt er die Löwen in die Flucht. Die Transformation der Motivik ist evident. Die Handlungsinitiative liegt nicht mehr bei dem Protagonisten.

Ein anderes Beispiel: Unfalo will Theuerdank durch absichtlich ausgelö-ste Schneelawinen töten lassen. Mit Geschick vermag Theuerdank auszuwei-chen (Kap. 36). Auch hier sind Gefahr und Reaktion fremdgesteuert, nicht einmal naturbedingt. Die Absicht, Theuerdank umzubringen, bleibt erfolglos.

Neidelhart lanciert in Kämpfen Verrat, Hinterhalt und direkte Schüsse, doch Theuerdank, der sich ahnungslos auf alles einlässt, kommt nicht zu Tode. So besiegt er z. B. einen gedungenen Mörder im Zweikampf. Er steht unter Gottes Schutz, wie vor Beginn der Fahrt prognostiziert. Fall für Fall bestätigt das Grundmuster.

Am Schluss der Geschichte, als das Ziel der Brautfahrt eigentlich erreicht ist, wird auf Kosten der glücklichen Vereinigung des Paares wiederum die re-ligiöse Dimension zur Geltung gebracht. Durch Verurteilung und Hinrich-tung sind die Verkörperungen des höllischen Geistes, Fürwittig, Unfalo und Neidelhart, aus der Welt geschafft. Theuerdanks weltliche Ehre ist nahezu vollkommen, seine Turniersiege sind durch eine Lorbeerkrönung anerkannt. Doch nun verlangt die Königin, die vorher keinerlei Bedingungen für die Ver-mählung gestellt hatte, Theuerdanks Einsatz zur Ehre Gottes: einen Kreuzzug (Kap. 113 und 115). Ein Engel als Bote Gottes vermittelt diesen Plan an die Königin wie an den neuen König. Die Ehe wird zwar kirchlich eingesegnet, aber nicht vollzogen. Theuerdank reitet als Georgsritter unter dem Zeichen des Kreuzes ins Heilige Land [Abb. 9, s. Farbabb.]. So veranschaulicht es ein Bild zum 117. Kapitel.

Den biographischen Hintergrund für diese Szene bildet Maximilians le-benslanges Anliegen, einen Zug gegen die Türken zu unternehmen (H. Wies-flecker, 1971-1981, Bd. 1, 2, 3, 4 passim; J. Plösch, 1959). Die Durchführung scheiterte an verschiedenartigen Widerständen. Im *Theuerdank* wird sie als Höhepunkt der Heldentaten anvisiert, abweichend von den Schluss-Szenarien der arturischen Romane.[5] Allerdings findet die Verpflichtung des *Theuerdank* auf historische Faktenwahrheit (ungeachtet chronologischer Umdispositio-nen) darin Ausdruck, dass Kapitel 117 verbal nicht ausgeführt und im Druck

---

5   Analoge Motive enthalten die Brautwerbungsgeschichten der sog. Spielmannsepen *Oren-del* und *Oswald*.

entsprechender Raum leergelassen ist, da der Zug nicht stattgefunden hat. Nur ein Bild macht den angestrebten Höhepunkt der Lebensleistung sichtbar.[6] Dieser Aufbruch ins Heilige Land rückt den Schluss von der Brautfahrt- und Vermählungsgeschichte ab und bildet den Auftakt zu einer neuen, freilich unausgeführten Erzählung. Wenn zum Epilog (Kap. 118) gehörig ein letztes Bild Theuerdank auf einem aus 14 Schwertern gebildeten Rad stehend zeigt [Abb. 10, s. Farbabb.], so lässt sich das, abgesehen von der üblichen Deutung des Sieges über die Macht der Fortuna (J.-D. Müller, 1982, 129), auch als imaginierter Sieg im Heidenkampf interpretieren, dessen militärische Gefahrendimension durch die Schwerter veranschaulicht wird. Das wäre die gewünschte Krönung des christlichen Heldenlebens.

Das Bild des Schlusskapitels steht für verschiedene Deutungen offen, weil es weder in der Kapitelüberschrift noch in den weiteren Ausführungen auf ein konkretes Ereignis bezogen ist. Auf jeden Fall zeigt es den Triumph des Helden und stellt ihn allein mit seinem Glücksträger Ernhold in der heimischen Landschaft dar. Verbal bringt das letzte Kapitel die Bewunderung zum Ausdruck, dass ein Mensch, von so vielen anderen bösartig bedrängt, aus allen Anschlägen unversehrt hervorgehen konnte. Möglich war das nur, weil Gott ihn erwählt und beschützt hat, um durch ihn Gutes für die Christenheit zu bewirken. In den Wirrnissen der gegenwärtigen Welt wird ein solcher Mensch auch künftig gebraucht. Die religiöse Akzentuierung ist nochmals deutlich.

Bei diesem zusammenfassenden Blick zurück und in die Zukunft leuchtet ein, dass es in der *History*, von der im letzten Titulus die Rede ist, auf die Vielzahl der *geuerlicheiten* und der Erfolge ankommt, nicht auf eine insgesamt besonders strukturierte Geschichte.[7] Es sind viele Schwerter, mit denen und über die Theuerdank gesiegt hat. Das bleibt im Gedächtnis. Was Wort und Bild gemeinsam vermitteln, soll – dem *prodesse* der Dichtung entsprechend – zur Belehrung und Nachahmung für viele dienen. Die Reihung von jeweils abgeschlossenen Einzelabenteuern korrespondiert mit der in der Vorrede angesprochenen Rezeptionsweise, nämlich in dem Buch zu lesen (fol. a₂ʳ), d. h. einzelne Kapitel zu betrachten, wenn es Zeit und Gelegenheit erlauben.

Melchior Pfinzing hat in der Vorrede außerdem als Orientierungsmodell für die verschlüsselte Geschichte des „loblichen teuern und hochberühmten Helds und Ritters" Heldenbücher genannt. Bezieht man die Bemerkung auf das *Ambraser Heldenbuch*, das Maximilian aufzeichnen ließ, so handelt es sich um ein Opus mixtum, vor allem aus arturischer und heroischer Epik, während sich der literaturwissenschaftliche Terminus Heldenbuch eingeschränkt auf Sammlungen heroischer Dichtung bezieht (J. Heinzle, 1981, 947). Für Pfinzing ist eine Differenzierung zwischen höfischer und heroischer Epik kaum rele-

---

6   Auch in der zweiten Ausgabe von 1519 sind drei Seiten leer geblieben. In dem faksimilierten Exemplar der Bayerischen Staatsbibliothek sind sie durch einen handschriftlichen Eintrag gefüllt.

7   P. Strohschneider, 1986, 414, wertet die Funktion der Abenteuer, durch die der Held Ruhm erwirbt, als einheitsstiftend.

vant. Er meint im Heldenbuch die Literarisierung vergangenen Geschehens und tatsächlich vollbrachter Taten von besonderen Persönlichkeiten, eben von Helden, zu finden (fol. a$_2$^{r}). Diesen Vorgang will er in Bezug auf Maximilian wiederholen. Besondere Affinität besitzt der *Theuerdank* zu keinem der im *Ambraser Heldenbuch* aufgenommenen Erzählwerke. Das religiöse Raster ergibt eigene Akzente. Die von Pfinzing beigefügten Anmerkungen zu einer allegorischen Aufschlüsselung eröffnen weitere, wenn auch nur punktuell anwendbare Deutungsmöglichkeiten, die aber nicht zu einer eigenen Gattungsbestimmung führen. Sie wirken wie ein nachträglicher Versuch verallgemeinernder Überhöhung.[8] Evident ist die memoriale Funktion des Werkes.

Der *Theuerdank* soll ein Denkmal sein, das den vergänglichen Körper des Kaisers überdauert. Obwohl er von den verschiedenen geplanten Werken (*Weißkunig* und *Freydal*) als einziges vollendet wurde und 1517 gedruckt vorlag (Maximilian war damals 58 Jahre alt), ist es erst nach Maximilians Tod 1519 der Öffentlichkeit übergeben worden. Die monumentalisierende Absicht wird durch einen Bericht verstärkt, dass der Kaiser auf seinen Reisen einen Sarg als *memento mori*-Zeichen mitführte, in dem einige Exemplare des *Theuerdank* lagen. Im Fall seines Todes sollten sie dem Leichnam Platz machen und ihn als *gedechtnus*-Träger überdauern (St. Füssel, 2003, 41).

Wieweit das literarische Werk die erhoffte Wirkung als *monumentum aere perennius* erfüllen konnte, ist eine andere Frage, auch wenn der *Theuerdank* bis zum Ende des 17. Jahrhunderts bearbeitet und nachgedruckt wurde (J.-D. Müller, 1987, 220). Die Bronzegestalten Dietrich von Bern und König Artus im dreidimensionalen plastischen Medium scheinen der Dichtung überlegen als Kunstwerke und als Zentralfiguren der großen Literatur des Mittelalters, an die Maximilian erinnern und denen er sich anverwandeln wollte.

---

8   Vgl. P. Strohschneider, 1986, 444f. Positiv für die Bedeutungsleistung beurteilt H. Wenzel, 1980, 314, die Allegorien.

Bibliographie

I. Quellen

Kaiser Maximilian I.: Die Abenteuer des Ritters Theuerdank. Kolorierter Nachdruck der Gesamtausgabe von 1517 [auf der Grundlage des Exemplars der Bayerischen Staatsbibliothek München (Sig. Rar. 325a)]. Köln 2003. [Zitate nach dieser Ausgabe].

Das Nibelungenlied. Nach der Handschrift C der Badischen Landesbibliothek Karlsruhe. Mittelhochdeutsch und Neuhochdeutsch. Hrsg. und übers. von Ursula Schulze. Düsseldorf/Zürich 2005.

Hartmann von Aue: Iwein. Text der 7. Ausgabe. Hrsg. von Georg F. Benecke, Karl Lachmann und Ludwig Wolff. Übers. und mit einem Nachw. von Thomas Cramer, 4. überarb. Aufl. 2001.

Wolfram von Eschenbach: Parzival. Hrsg. von Karl Lachmann. 6. Aufl. Berlin 1926.

II. Sekundärliteratur

Erich Egg: Die Hofkirche in Innsbruck. Innsbruck/Wien/München 1974.

Ders.: Die Hofkirche in Innsbruck. Das Grabmal Kaiser Maximilians I. 2. Aufl. Ried i. T. 1993.

Stephan Fuchs: Hybride Helden: Gwigalois und Willehalm. Beiträge zum Heldenbild und zur Poetik des Romans im frühen 13. Jahrhundert. Heidelberg 1979 (= Frankfurter Beiträge zur Germanistik 31).

Stephan Füssel: Kaiser Maximilian und die Medien seiner Zeit. Der Theuerdank von 1517. Eine kulturhistorische Einführung. Köln 2003.

Joachim Heinzle: Heldenbücher. In: VL 3. 1981. Sp. 947-956.

Hans Robert Jauß: Ästhetische Identifikation. Versuch über den literarischen Helden. In: Ders.: Ästhetische Erfahrung und literarische Hermeneutik. Frankfurt a. M. 1982. S. 244-292.

Jan-Dirk Müller: Gedechtnus. Literatur und Hofgesellschaft um Maximilian I. München 1982 (= Forschungen zur Geschichte der älteren deutschen Literatur 2).

Ders.: Kaiser Maximilian I. In: VL 6. 1987. Sp. 204-236.

Josef Plösch: Der St. Georgsritterorden und Maximilians I. Türkenpläne von 1493/94. In: Festschrift Karl Eder zum 70. Geburtstag. Hrsg. von Helmut Mezler-Andelberg. Innsbruck 1959. S. 33-56.

Karl Schmid: Andacht und Stift. Zur Grabmalplanung Kaiser Maximilians I. In: Memoria. Der geschichtliche Zeugniswert des liturgischen Gedenkens im Mittelalter.

Hrsg. von Karl Schmid und Joachim Wollasch. München 1984 (= Münstersche Mittelalter-Schriften 48). S. 750-786.

Ursula Schulze: Siegfried – ein Heldenleben? Zur Figurenkonstitution im „Nibelungenlied". In: Literarische Leben. Rollenentwürfe in der Literatur des Hoch- und Spätmittelalters. Festschrift für Volker Mertens zum 65. Geburtstag. Tübingen 2002. S. 669-689.

Peter Strohschneider: Ritterromantische Versepik im ausgehenden Mittelalter. Frankfurt a. M./Bern/New York 1986.

Horst Wenzel: Höfische Geschichte. Literarische Tradition und Gegenwartsdeutung in den volkssprachigen Chroniken des hohen und späten Mittelalters. Bern/Frankfurt a. M./Las Vegas 1980 (= Beiträge zur Älteren Deutschen Literaturgeschichte 5).

Hermann Wiesflecker: Kaiser Maximilian I. Das Reich, Österreich und Europa an der Wende zur Neuzeit. 4 Bde. München 1971-1981.

Hans-Joachim Ziegeler: Der betrachtende Leser. Zum Verhältnis von Text und Illustration in Kaiser Maximilians I. „Teuerdank". In: Literatur und bildende Kunst im Tiroler Mittelalter. Hrsg. von Egon Kühebacher. Innsbruck 1982 (= Innsbrucker Beiträge zur Kulturwissenschaft. Germ. Reihe 15). S. 67-110.

III. Abbildungen

Abb. 1: König Theoderich, Hofkirche Innsbruck.

Abb. 2: König Artus, Hofkirche Innsbruck.

Abb. 3: Theuerdank, Titulus und Bild zu Kapitel 10.

Abb. 4: Theuerdank, Titulus und Bild zu Kapitel 11.

Abb. 5: Theuerdank, Ausschnitt aus dem Bild zu Kapitel 16.

Abb. 6: Theuerdank, Ausschnitt aus dem Bild zu Kapitel 36.

Abb. 7: Theuerdank, Ausschnitt aus dem Bild zu Kapitel 117.

Abb. 8: Theuerdank, Ausschnitt aus dem Bild zu Kapitel 13.

Abb. 9: Theuerdank, Bild zu Kapitel 117.

Abb. 10: Theuerdank, Bild zu Kapitel 118.

Prof. Dr. Ursula Schulze
Franzensbader Str. 2
D – 14193 Berlin
E-Mail: uschulze@zedat.fu-berlin.de

Cora Dietl

Zwischen Christus und Tristan:
Bilder einer kaiserlichen Kindheit

In seinem 1502 begonnenen *Gedenkbuch* notiert Maximilian, er wolle *daz Sloss Runcklstain mit dem mel lassen ... vernewen wegen der guten alten Istory und diesselb Istory in schrift zu wegen bringen* (33ᵛ: Th. Gottlieb, 1900, 55). Im Jahr 1503 erhielt der Maler Jörg Kölder den Auftrag, Runkelstein zu „visieren" (J.-D. Müller, 2000, 461), und 1508 schloss Maximilian mit Marx Reichlich einen Vertrag, *Unser sloss Rungklstein ... zu maln* (ebda, 462). Im Sommerhaus ließ er Räume für sich selbst einrichten und diese mit seinen Wappen versehen, zum Teil in Übermalung der Wappen der Vintler (ebda, 459). Das 1504 von Maximilian bei Hans Ried in Auftrag gegebene *Ambraser Heldenbuch* ist zuweilen als die Ausführung des Plans, die auf Runkelstein dargestellten *Istory* auch zu verschriftlichen, betrachtet worden (Runkelstein, 2000, 11; dagegen J.-D. Müller, 2000, 462). Die Texte im *Ambraser Heldenbuch* aber stimmen nicht mit den Wandgemälden in Runkelstein überein; das Heldenbuch enthält weder den *Garel* noch den *Tristan* noch den *Wigalois*, weder den *Wilhelm von Österreich* noch den *Willehalm von Orlens*, zu denen sich Abbildungen auf Runkelstein finden. Wolframs *Titurel* ist zwar im *Ambraser Heldenbuch* enthalten, nicht aber Albrechts *Jüngerer Titurel*, auf den sich einige der Runkelsteiner Fresken beziehen, wie etwa das Liebespaar Anfortas und Secundille in der Arkadenreihe des *Garel*-Zimmers oder der mit dem Anker-Wappen abgebildete Parzival in der Reihe der ritterlichen Helden auf der Wand des Sommerhauses (Abb. in: Ch. Domanski, 2000, 101). Allein der *Iwein* und einige heldenepische Stoffe sind sowohl in Runkelstein als auch im *Ambraser Heldenbuch* vertreten. Vielleicht aber muss man die Verschriftlichung und Erneuerung der alten Geschichten nicht unbedingt in einer Sammelhandschrift suchen. Im Folgenden möchte ich mich bei dieser Suche nach den „Erneuerungen" v. a. auf eine der *Istory* konzentrieren.

Die Räume im Obergeschoss des Sommerhauses, in denen Maximilian sich einrichtete, sind mit Abbildungen zum *Garel* und zum *Tristan* ausgemalt. Davon sind die Tristanfresken unter Maximilian besonders stark renoviert worden, so dass heute nicht mehr klar ist, was an diesen Fresken auf Vintler und was auf das 16. Jahrhundert zurückgeht (Ch. Domanski, 2000, 133). Da 1868 die Nordwand des Sommerhauses abgestürzt ist, müssen wir uns bei der Rekonstruktion der Fresken in Maximilians Räumen z. T. auf Zeichnungen aus dem 19. Jahrhundert verlassen (vgl. V. Schupp, 2000, Abb. 523): Demnach endete der Tristanzyklus positiv, mit dem Triumph des Paares im Gottesurteil (ebda., 338). Das bedeutete eine Positivierung des Helden; eine solche lässt sich auch auf der vollständig erhaltenen Südwand erkennen [Abb. 1, s. Farbabb.].

Dargestellt sind hier der Morold-Kampf und der Drachenkampf Tristans, nur durch die Überfahrt nach Irland getrennt. In beiden Abbildungen ist mit roter Farbe, die auffällig gegen die Monochronie der Terraverde-Technik verstößt (vgl. Ch. Domanski, 2000, 133), das Blut des jeweiligen Gegners Tristans hervorgehoben, dazu die Zunge des Drachen. Der siegreiche Held (der selbst nicht verletzt erscheint), ist so betont (ebda., 126), während durch die Zusammenstellung die Parallelität der beiden Szenen unterstrichen ist. Domanski sieht durch die Engführung der beiden Szenen einen besonderen Akzent auf den Dienst am König gelegt (ebda., 138); sie erkennt aber zugleich, dass der Drachenkampf nach dem ikonographischen Muster des Samson-Kampfes gestaltet ist (ebda., 139). Dieser aber gilt traditionell als ein Typus des Sieges Christi über Satan. Näher liegt es daher, die Parallele zwischen den beiden Siegesszenen Tristans in der Erlöserrolle statt im Königsdienst zu sehen.

Der Kampf Tristans gegen den Tyrannen Morold wird in Gottfrieds *Tristan* als von Gott unterstützter Kampf des *kindeschen* Mannes (*Tristan*, 6228) gegen einen Giganten zu einer Parallele mit Davids Goliath-Kampf stilisiert. Eine ähnliche Stilisierung findet sich auch in der Prosafassung des Eilhartschen *Tristrant*, die eventuell für die Renovierung der Bilder Pate gestanden hat. Es ist der Kampf eines Gotteskämpfers gegen das Widergöttliche. Entsprechendes aber gilt für den erlösenden Kampf gegen den Drachen, der als solcher bereits an den (apokalyptischen) Kampf anklingt, hier aber noch zusätzlich mit Samsons Löwenkampf parallelisiert wird. Alle drei Kämpfe sind typologisch auf den Sieg Christi über Satan zu beziehen. So dürfte auch Maximilian die Tristanfresken in Runkelstein verstanden haben, bedenkt man v. a. seine große Verehrung des Heiligen Georg: Bereits 1468 hatte Friedrich III. den Ritterorden vom Hl. Georg gegründet, dessen Ziele die Wahrung des Gedächtnisses des Hauses Habsburg und die Abwehr der Türken waren (J. Plösch, 1959). Maximilian wertete später diesen Orden auf. Der Georgsbund sollte seiner Vorstellung nach die hauptsächliche Waffe gegen die Türken sein (C. Dietl, 2005, 56-58). Drachentöter finden daher im Umkreis Maximilians besondere Beachtung (ebd., 222f.).

Die Messiasfigur Tristan steht allerdings auch in Runkelstein nicht allein, sondern neben den Minnenden: Die Baumgartenszene war, der Minnetrank, die Mehlfalle und das Gottesurteil sind noch abgebildet – wobei hier das glühende Eisen besonders hervorgehoben ist: der Nachweis von Gottes Unterstützung für die Liebenden. Sowohl über der Tür zum Tristanzimmer als auch neben den drei Liebespaaren an der Außenwand des Sommerhauses – mit Tristan und Isolde in der Mitte – ließ Maximilian sein Wappen anbringen. Offensichtlich war ihm Tristan sowohl als der große Liebende als auch als eine Georgsgestalt gegenwärtig und wichtig. Sollte der *Tristan* dennoch in keiner der von Maximilian in Auftrag gegebenen Schriften vertreten sein?

Dass man hierzu nicht nur unter den von Maximilian in Auftrag gegebenen Sammelhandschriften, sondern auch unter den Werken schauen muss, die in *form mass vnd weis der heldenpücher* neu gedichtet sind (*Theuerdank*, aii^r), zeigt eindringlich der Parallelfall des *Wigalois*. Die Bogenhalle im Erdgeschoss des Sommerhauses war mit Terraverde-Illustrationen von Wirnts von Grafenberg Roman ausgestattet: Wigalois, der Sohn Gawans, führt ein Glücksrad im Wappen, das aber nicht für den Wankelmut der Fortuna, sondern für die Beständigkeit des Glücks und damit den Sieg über Fortuna steht (*Wigalois*, 1050-52). Er ist ein von Anfang an perfekter und alle Artusritter übertreffender Held, der den Drachen Phetan und anschließend, an dem von der Vorsehung bestimmten Tag, den Teufelsbündner Roaz tötet und damit ein Land von Höllenzauber befreit. Er ist eine sehr eindeutige Parallele zum Hl. Georg – und verdient daher die besondere Wertschätzung Maximilians. Der Ritter mit dem Rad ist, wie der *Tristan*, in keiner von Maximilian in Auftrag gegebenen Sammelhandschrift zu finden, wohl aber in dem „nach Art eines Heldenbuchs" verfassten autobiographischen Roman *Theuerdank*: gespiegelt in der Hauptfigur. Wie Wigalois führt Theuerdank das Rad im Wappen; wie dieser trotzt er allen Anfechtungen des Unglücks und der teuflisch gezeichneten Feinde. So dient der Drachen- und Teufelstöter Wigalois zur Verherrlichung Maximilians, der ebenfalls das Böse, die Osmanen, besiegen will.

Sucht man nun nach einer ähnlichen Adaption des *Tristan* am Hofe Maximilians, darf der Blick zunächst wieder aufs Wappen fallen. Tristans Schild bei Gottfried von Straßburg, der *was ... niuwan silberwîz* (*Tristan*, 6612): Tristan ist Thronfolger mit blank weißem Schild, so wie der junge Weißkunig. – Ist der zweite autobiographische Roman Maximilians also der Text, den wir suchen?

Der von Marx Treitzsaurwein ab 1506 nach Vorgaben Maximilians zusammengestellte, nie vollendete *Weißkunig* ist in drei ungleiche Teile gegliedert. Teil I (Kap. 1-12) beschreibt die Vorgeschichte der Eltern des Helden, speziell die Hochzeit des alten Weißkunig mit Leonora aus Portugal sowie seine Kaiserkrönung. Teil II (Kap. 13-57) schildert die Geburt des Helden und seine Kindheit, genauer seine Erziehung. Am Schluss des II. Teils, als Abschluss der Ausbildung, stehen die Vorbereitungen für die Hochzeit mit Maria von Burgund (Kap. 51-57). Teil III (Kap. 58-222) beginnt mit des Helden Bewährung im Ungarnkrieg vor seiner Hochzeit mit Maria. Genau diese Hochzeit führt zum Konflikt mit dem Blauen König (dem König von Frankreich), der für seinen hässlichen Sohn gleichfalls um Maria geworben hatte. Mit dem Ausbruch des Kriegs gegen Frankreich (Kap. 70) verschwinden alle historischen Personen-, Dynastie- und Ländernamen. Der Weißkunig kämpft nun gegen allerlei durch Farben oder Wappentiere bezeichnete „Könige" und „Gesellschaften". Damit nimmt das Geschehen den Charakter eines universalen Turniers an. Ein Sieg des Weißkunigs, eine Intrige und ein Verrat des Blauen Königs jagt den bzw. die andere. Das Ende der Handlung bleibt offen.

Anders als der *Theuerdank* verzichtet der *Weißkunig* nicht auf eine Vorgeschichte und eine *enfance* des Helden, um dessen Auserwähltheit zu betonen und auf dessen Leben vorauszudeuten. So kommt noch vor Maximilians Geburt ein von den Türken vertriebener osteuropäischer Fürst an den Hof des alten Weißkunig.

... als derselb furst, sein Not geklagt het, die dann zuhören gannzt erparmklich was, da ersach Er das die kunigin Swanger was, und redet darauf diese wort: „Mein gemuet hat sich erhebt, und mein geist, der underweist mich, der genaden von got, dem almechtigen, Das Ich hoffen solle, das kindt, des die kunigin Swanger ist, werde mich an meinen veindten rechen, und Sy diemuetigen, durch die genad gots, in unsern glauben." In sölicher Redt erhueb sich das kindt im mueterleib, an zu bewegen, des sich der vertribn furst erfrewet, Dann durch dise bewegung des kindts waren Ime seine wort in seinem hertzen bestät. Und belib bey dem alten weißen kunig, bis auf die Zeit der gepurt des kindts (Weißkunig, 54).

Diese Szene ist offensichtlich an die Heimsuchungsszene in Lk 1,39-56 angelehnt, in der sich Johannes im Leib Elisabeths bewegt, als die schwangere Maria sie grüßt und Johannes so seinen Herrn erkennt; Maria entgegnet darauf: *Magnificat anima mea Dominum* (Vulgata, Lk 1,46). Die Szene ist hier freilich verkehrt, denn nicht die Mutter, sondern der Fremde preist sich selig, da er in dem ungeborenen Kind seinen künftigen Retter erkennt, der sein Land zurückerobern werde. Das Kind aber bewegt sich im Mutterleib, weil ihm seine künftige Aufgabe genannt wird: für Gott gegen die Türken zu kämpfen.

Kurz vor der Geburt des Kindes geht ein hell strahlender Komet auf, der allen Freude verkündet. *Mit senfften smertzen (Weißkunig,* 55) gebiert daraufhin die Königin das wunderhübsche Kind; alle Glocken werden geläutet und unzählige Freudenfeuer entzündet; der Komet zieht sich langsam wieder zurück. Explizit wird die hier deutliche Christus-Analogie endlich im folgenden Kapitel, wenn der vertriebene Fürst das Kind aus der Taufe hebt und dabei spricht:

... so glaub Ich, dann mich mein geist dartzu bewegt, das mir got die genad gethan, wie Symony in dem templ, Der da gesehen hat seinen hailand und erleser des menschlichen geschlechts. Also hab Ich das kindt mit verleihung der götlichen genad aus der tauf gehebt, der mich durch sich oder sein frucht gegen meinen veindten, die mich vertriben haben, Rechen, und die turcken mit streitperer hanndt diemuettigen wirdt (Weißkunig, 57).

Maximilian wird die Türken besiegen – so wie Christus den Satan. Das ist die Mission des Kaisers, die er auch andernorts immer wieder betont (Füssel, 2003, 32-35).

Kaum ist der Knabe getauft und ein Opfer (sic!) für ihn dargebracht (*Weißkunig,* 57f.), da beginnt die Geschichte des Wunderkinds, das in kürzester Zeit alles aufnimmt und bald seine Lehrer übertrumpft und belehrt. Als der Vater ihn fragt, wozu die Anhäufung seines Wissens diene, entgegnet ihm der junge Weißkunig:

Den gueten samen der tugent vnd kunst, den Jch gesaet hab, mit meinem vleiss, der wird in meinen Jaren schöne pluemen tragen, Dardurch dein garten vol solle werden, des suessn geschmack, vnd Jch wirdt mei-

nen gueten samen, under dem pösen krut, das sich selbs säet, vnd uber-
flüßig wahst, nit lassen stehen, Sonnder in aller maß, wie meinen gueten
samen, mit Emsigem vleyss gesaet hab, Also wil Jch das pöß krawt mit
Ernst davon aufwerffen, und vertilgen, Der Allt weiß kunig vestundt die
Redt seins Suns gar wol Und sprach dein gelichnus, wirdt geoffenbart, mit
deinen wercken (Weißkunig, 63).

Offensichtlich hat das biblische Gleichnis vom Unkraut und dem Weizen (Mt
13,24-30) hier Pate gestanden. So schwingt bei der offensichtlichen Bedeutung des Gleichnisses als einer Rede von guter und schlechter Bildung auch die
Deutung des biblischen Gleichnisses (Mt 13,36-43) mit, die Maximilian in die
Rolle des Weltenrichters versetzt und ihn allein deshalb, weil er in Gleichnis-
sen spricht, mit dem Messias, der nur *in parabolis* spricht (Mt 13,34f.), gleichsetzt. Die Illustrationen zu dem entsprechenden Kapitel im *Weißkunig* verdeutlichen noch einmal die Christus-Analogie des jungen Weißkunig: Beck
und Burgkmair fertigen jeweils einen Holzschnitt an, in dem der junge Held
mit seinen Lehrern der Freien Künste nach dem ikonographischen Muster des
12jährigen Christus im Tempel dargestellt ist (Abb. 2).

Abb. 2: Der junge Weißkunig und die Lehrer der Sieben Freien
Künste (Beck).

Die vielleicht gewagteste Formulierung des vergöttlichenden Lobpreises auf den jungen Weißkunig findet sich etwas später, in Kap. 22, in welchem die raschen Lernerfolge des Helden im Bereich der Astronomie geschildert werden, die, wie der Erzähler erklärt, sich auch später in seiner Regierung zeigten, in der er nie vorschnell, sondern immer im rechten Zeitmaß gehandelt habe.

> *Ich nenn und haiß den Jungen weißen kunig in seiner handlung nit ein mensch, sonnder Ich hais Ine die Zeit, Aus ursach Er hat gehandlt, das der Menschen gemuet ubertrifft, und sich der Zeit geleicht, etc. (Weißkunig, 66).*

In seinen Handlungen überragt der König die Menschen derart, dass er nicht mehr als ein Mensch bezeichnet werden kann, sondern eher der Zeit oder der Schöpfungsordnung entspricht. Über die Versuchungen des Teufels ist er erhaben (*Weißkunig*, 66f.) wie Christus in der Wüste. Deutlich also erscheint hier Maximilian in Christus-Analogie, als eine Präfiguration des Endchrist, der die Mächte des Antichrist besiegen wird – und doch ist Christus nicht die einzige Vorlage, nach der er hier charakterisiert ist. Wenn es in Kap. 24 heißt, dass der Weißkunig in verschiedensten Bibliotheken zahlreiche Bücher sammeln und aus ihnen Informationen über alle Herrscher zusammentragen ließ (*Weißkunig*, 68), dann betrifft das auch ihn selbst, dessen Bild sich aus verschiedenen Büchern zusammensetzt.

Der 12jährige Christus im Tempel kann die Hohepriester aus göttlichem (Voraus-)Wissen belehren; Maximilian muss sein Wissen und sein Können erwerben. Er wird in den Tugenden unterwiesen, erlernt das Schreiben und die Sieben Freien Künste, die verbotenen Künste, Schwarzkunst und Medizin, verschiedene Sprachen, die Malerei, Baukunst und Musik, er erwirbt kulinarisches Wissen, lernt höfische Feste mit Schauspiel und Tanz auszurichten, er lernt die *artes mechanicae* und die Kriegs-, Fecht- und Turnier- sowie Jagdkunst. Die Schilderung der Ausbildung Maximilians kommt einer Fürstenlehre gleich und übertrifft zugleich alle üblichen Darstellungen der Ausbildung eines literarischen Ritters; so betont auch der Erzähler, dass es nur aufgrund göttlicher Gnade und nicht mit normalen menschlichen Mitteln möglich gewesen sei, dass der junge König so viel hätte lernen und nebenbei noch Kriege führen können (*Weißkunig*, 122). Eine andere literarische Figur aber kennen wir, die *der buoche lêre mêre / lernete in sô kurzer zît / danne kein kind ê oder sît* (*Tristan*, 2087–89): Tristan, der Ritter mit dem weißen Wappen, dessen Geschichte verherrlichend in den Räumen abgebildet war, die Maximilian zur Zeit der Abfassung des *Weißkunig* für sich renovieren ließ. Tristan lernt Sprachen, Buchwissen, Musik, alle Arten von höfischer Unterhaltung und höfischem Spiel und Kampf, Jagd, er bereist fremde Länder, um fremde Kulturen kennen zu lernen, und erwirbt *tugende* in so reicher Zahl, *daz in den zîten unde dô / in allem dem rîche / nie kint sô tugentlîche / gelebete alse Tristan* (*Tristan*, 2138–41). In Cornwall, das anfangs als ein ideales Land höfischer Bildung geschildert wird, attestiert man dem jungen Helden: *Tristan, dir ist der wunsch*

gegeben / aller der fuoge, die kein man / ze dirre werlde gehaben kan (*Tristan,*
3510–12); er könne *al die liste, die nu sint* (*Tristan,* 3718). Der König erklärt:
an dir ist allez, des ich ger. / dû kanst allez, daz ich wil, / jagen, sprâche, seitspil
(*Tristan,* 3720–22). Alles, was ein König können möchte, Jagdkunst, Fremd-
sprachen und Musik, beherrscht Tristan. Diese drei königlichen Künste, die
keineswegs das ganze Spektrum der Ausbildung Tristans abdecken, sich aber
im Laufe der Handlung (neben der Kampfeskunst) als besonders nützlich für
den Helden erweisen, stellen auch das Zentrum der Ausbildung des jungen
Weißkunig dar (neben der Kampfeskunst).

1. Jagdkunst

Tristan weiß als Jugendlicher nicht nur, wie man einen Hirsch erjagt, sondern
v. a. auch, wie man ihn sachgerecht zerlegt; dazu beherrscht er den französischen Fachwortschatz der Waidkunst. Sein enormes Wissen über die Jagd
lässt ihn zum ersten Mal in der Rolle des Lehrenden auftreten; dabei belehrt er
keine Unkundigen, sondern (wie der 12jährige Jesus) „Meister": *wie nû, meister, waz sol diz sîn?* (*Tristan,* 2790), ruft er ihnen zu. Seine Worte, die ihnen
fremder als *sarrazînisch* erscheinen (ebd., 2962) und seine Kunst erstaunen die
Meister und Marke so, dass er als Jägermeister an den Hof aufgenommen wird.
Für Tristan also öffnet die Jagdkunst die Tore zu einem höfischen Leben.

Keine Kunst wird im *Theuerdank* so sehr hervorgehoben wie die Jagdkunst, die nicht zuletzt eine Übung und ein Abbild des Kriegs ist. Neben den
Kriegen tritt diese „Übungskunst" im *Weißkunig* deutlich zurück – und doch
kommt ihr eine große Bedeutung zu, als einer speziell königlichen Kunst. Der
junge Weißkunig nämlich liest in einem Buch: *du kunig nym war, der valcken
vnd der hirschen, vnd Ergötz dich in der gejagt, das dir zugeben ist, das du nit
einfallest, in die sundtlichen und weltlichen laster* (*Weißkunig,* 85). Als einem
Schutz vor dem widergöttlichen Laster erfährt die Jagd hier eine gleichsam religiöse Aufwertung.

2. Fremdsprachen

Während die Jagdkunst eher ein Standard der höfischen Künste ist, fällt ein po-
lyglotter Ritter oder König in der Literatur aus dem Rahmen. Tristan singt am
Hof Markes in verschiedenen Sprachen, worauf man ihn fragt, ob er all diese
Sprachen auch beherrsche. Sogleich wird er getestet: Jeder spricht ihn in einer
Fremdsprache an; *hier under antwurte er dô / höfschliche ir aller mæren: / Nor-
wægen, Irlandæren, / Almânjen, Schotten unde Tenen* (*Tristan,* 3698–3701).
Dieses „Pfingstwunder" ruft Erstaunen hervor; jeder wünscht sich so zu sein
wie Tristan. Später, in Irland, wird ihm seine Sprachbegabung das Leben retten
und es ihm schließlich ermöglichen, nach der Tötung des Drachens Friedensverhandlungen mit Irland aufzunehmen.

Der junge Weißkunig lernt zuerst Windisch und Böhmisch (*Weiß-kunig*, 74), später Burgundisch (ebd., 117), Flämisch (ebd., 118), Englisch (ebd., 119), Spanisch (ebd., 120), Welsch (ebd., 121), bis er schließlich mit den sieben Fürsten der ihm unterstellten Länder in der jeweiligen Muttersprache sprechen kann (ebd., 122). Der Erzähler erklärt dazu, *Es were sölichs alles nit muglichn gewest, Wo Er die genad von got, vnd den Einflus aus himlischer Ordnung, nie gehabt het* (ebd., 122). Die Sprachbeherrschung gilt hier als eine göttliche Gabe; sie hilft nicht zuletzt im Krieg. Damit aber sind hier sprachliche (humanistische) Bildung und Kriegskunst, wie so oft in der Dichtung aus Maximilians Umkreis, aufs Engste miteinander verstrickt.

3. Musik

Tristans musikalische Fähigkeiten zeichnen den Helden nicht nur vor anderen aus, sondern leisten ihm auch höchste Dienste: bei seiner Aufnahme an den Hof Markes, bei der Besänftigung seiner Todfeinde in Irland, bei der Befreiung Isolds. Gerade in Irland kommt es für den Rezipienten zu einer Engführung zwischen dem Kleinen, der mit Gottes Unterstützung den Riesen erschlagen hat, und dem Harfe spielenden König: Das aber sind zwei Bilder König Davids, die sich hier in Tristan verbinden.

Das Vorbild Davids ist es auch, das den jungen Weißkunig dazu inspiriert, die Musik zu erlernen: *Auf ein Zeit, gedacht Er an kunig david, das der almechtig got, Jme sovil genad het gethan, und loaß den psaltern, darynnen Er gar offt fandt, lob got mit dem gesang, vnd in der herpfen, da beweget Er, wie groß gefellig söllichs got were* (*Weißkunig*, 78). Zugleich aber erinnert sich der junge Weißkunig auch daran, dass Alexander der Große, der viele Länder erobert hat, sich durch Musik zum Kampf ermutigen ließ: *der groß kunig Alexannder ist oftmalen durch der menschen lieblich gesang und durch die frölichen Saytenspil bewegt worden, das Er seine veindt geschlagen hat* (ebd., 78). So will also Maximilian David im Lob Gottes und Alexander in der streitbaren Überwindung der Feinde nachfolgen. Hierin sieht er (wie der Erzähler) die obersten Tugenden eines Königs. Deshalb errichtet der Weißkunig eine Kantorei für Kirchenmusik, *Darnach trat Er, in nachfolgung kunig Alexanders, mit dem frölichen saitenspil der streitperkait, und folget nach Julius Cesars mit taten, Und ubertraff die beide* (ebd., 78).

Die Musik steht ebenso wie die Jagd für den Krieg und für den Dienst an Gott sowie die Abwehr des Widergöttlichen, während die Sprachkunst als göttliches Gnadengeschenk dem Krieg dient. Immer wieder geht es in der Ausbildung des Weißkunig darum, ihn für den Kampf gegen den widergöttlichen Feind zu stärken. Die gleichen Künste verhelfen Tristan zu seiner Position am Hof und retten ihm das Leben: ein Leben, das im ersten Teil darauf ausgerichtet ist, in zweimaligem Kampf das Böse (symbolisiert in Morold und im Drachen) zu besiegen, dann aber gänzlich auf die Minne ausgerichtet wird.

Die Wandlung Tristans von der David-/Georgsfigur zum Minneritter durch den Minnetrank scheint einer Parallelität zwischen dem Weißkunig und Tristan zu widersprechen. Eher versteckt aber erfährt auch der Weißkunig am Ende seiner Ausbildung eine Stilisierung zum Minneritter. Ein Holzschnitt Becks (Abb. 3), der die Begegnung des Weißkunigs mit seiner Braut Maria von Burgund illustriert, spricht trotz des gänzlich unerotischen Textes (es geht hier um das gegenseitige Erlernen des Burgundischen bzw. Deutschen) eine deutliche Bildersprache. In einem geschlossenen Baumgarten der Minne, in dem verschiedene Paare unterschiedlichen Alters wandeln (als Ausdruck dessen, dass die Minne vor keinem Alter Halt macht), sitzen sich Maximilian und Maria

Abb. 3: Der junge Weißkunig und Maria von Burgund.

in einer Haltung gegenüber, die dem ikonographischen Muster höfischer Liebesgespräche entspricht. Auf der Mauer des Gartens, direkt neben dem Tor, befindet sich eine Abbildung Samsons mit dem Löwen. Sie ähnelt deutlich der Darstellung des Drachenkampfes Tristans in Runkelstein [Abb. 1, s. Farbabb.]. Samson aber ist nicht nur ein Typus Christi, er gehört auch zu der topischen Reihe der Minnesklaven. Der Kampf gegen das Widergöttliche und die Verlorenheit an die Minne gehören bei ihm ebenso wie bei Tristan zusammen. Wiederholt hat Maximilian auch in anderen Kontexten seine Ehe mit Maria von Burgund als eine ideale Liebesverbindung stilisiert. Daher kann Tristan – der Tristan der Runkelsteiner Fresken, dessen Geschichte mit dem Triumph der Liebenden endet – auch in dieser Hinsicht ein Vorbild für Maximilian sein. Wichtig ist es aber v. a., im anschließenden Konflikt mit dem Blauen König um Maria (ebda., 123) und später (beim sog. Brautraub von 1491) um Anne de Bretagne Maximilian als einen idealen Minneritter darzustellen, der gegen einen Minneverbrecher wie Karl VIII. das beste Recht hat, Krieg zu führen (vgl. C. Dietl, 2005, 85f.).

Im *Weißkunig* ist die *alte Istory* aus Maximilians Runkelsteiner Gemächern neu schriftlich gefasst. Der „neue" Tristan freilich, der Weißkunig, übertrifft den alten. War zwar auch der alte auf David, Samson und Georg, auf Typen Christi, zu beziehen, so ist der neue bereits sehr deutlich in Christus-Analogie entworfen – mit den Qualitäten Tristans: Er ist ein Wunderkind höfischer/humanistischer Bildung, die ihn, der wahrhaft zu lieben versteht, darin unterstützt, seine Aufgabe, den Kampf gegen die Feinde Gottes und der Minne, mit Gottes Hilfe zu bestehen.

Bibliographie

I. Quellen

Biblia Sacra iuxta Vulgatam versionem. Hrsg. v. Robert Weber (†). Stuttgart [4]1994.

Gottfried von Straßburg: Tristan. Hrsg. von Karl Marold. Mit einem Nachw. v. Werner Schröder. Berlin / New York 2004.

Maximilian I.: Die Abenteuer des Ritters Theuerdank. Kolorierter Nachdruck der Gesamtausgabe von 1517. Köln 2003.

Maximilian I: Der Weiß Kunig. Von Marx Treitzsaurwein auf dessen Angaben zusammengetragen, nebst den von Hannsen Burgmair dazu verfertigten Holzschnitten. Wien 1775. Nachdr. Leipzig 2006.

Wirnt von Grafenberg: Wigalois. Nach der Ausgabe von J. M. N, Kapteyn übers., erl. u. mit einem Nachw. vers. von Sabine und Ulrich Seelbach. Berlin / New York 2005.

II. Forschungsliteratur

Cora Dietl: Die Dramen Jacob Lochers und die frühe Humanistenbühne im süddeutschen Raum. Berlin / New York 2005.

Christina Domanski und Margit Kreun: Die profanen Wandmalereien im Sommerhaus. In: Schloss Runkelstein. Die Bilderburg. Hrsg. von der Stadt Bozen unter Mitwirkung des Südtiroler Kulturinstituts. Bozen 2000, S. 99-154.

Stephan Füssel: Kaiser Maximilian und die Medien seiner Zeit. Der Theuerdank von 1517. Eine kulturhistorische Einführung. Köln 2003.

Thomas Gottlieb: Die Ambraser Handschriften. Beiträge zur Geschichte der Wiener Hofbibliothek. Büchersammlung Kaiser Maximilians I. Leipzig 1900.

Jan-Dirk Müller: Kaiser Maximilian I. und Runkelstein. In: Schloss Runkelstein. Die Bilderburg. Hrsg. von der Stadt Bozen unter Mitwirkung des Südtiroler Kulturinstituts. Bozen 2000, S. 459-468.

Josef Plösch: Der St. Georgsritterorden und Maximilians I. Türkenpläne von 1493/94, in: FS Karl Eder. Hrsg. von Helmut J. Mezler-Andelberg. Innsbruck 1959, S. 33-56.

Schloss Runkelstein, die Bilderburg. Kurzführer. Bozen 2000.

Volker Schupp: Der Bilderzyklus von Tristan und Isolde im Sommerhaus. In: Schloss Runkelstein. Die Bilderburg. Hrsg. von der Stadt Bozen unter Mitwirkung des Südtiroler Kulturinstituts. Bozen 2000, S. 331-350.

III. Abbildungsverzeichnis

Abb. 1: Runkelstein. Südwand des Tristanraums (Ausschnitt). Stiftung Bozner Schlösser.

Abb. 2: Holzschnitt von Leonhard Beck aus der Sammlung der Holzschnitte zum Weißkunig in der Sächsischen Landesbibliothek Dresden. Reproduziert nach: Maximilian I: Der Weiß Kunig. Von Marx Treitzsaurwein auf dessen Angaben zusammengetragen, nebst den von Hannsen Burgmair dazu verfertigten Holzschnitten. Wien 1775. Nachdr. Leipzig 2006, Abb. 13 (nach S. 63). Edition Leipzig, Seelmann Henschel GmbH & Co. KG.

Abb. 3: Holzschnitt von Leonhard Beck, ebd., Abb. 52 (vor S. 116). Edition Leipzig, Seelmann Henschel GmbH & Co. KG.

Prof. Dr. Cora Dietl
JLU Gießen, Institut für Germanistik
Otto-Behaghel-Straße 10B
D – 35394 Gießen
E-Mail: cora.dietl@germanistik.uni-giessen.de

Cordula Politis

Das „lanndt der frawen" im *Priester Johannes* des *Ambraser Heldenbuches:*

Zur Verwendung des Amazonenmotivs und seiner Bedeutung für das mythologische Selbstverständnis Maximilians I.[1]

Das *Ambraser Heldenbuch*, das die aus Kaiser Maximilians' I. Sicht wichtigsten Zeugnisse der Literatur des deutschen Mittelalters versammelt, schließt mit einer Überlieferung des *Priester Johannes*-Briefes. Die im Auftrag Maximilians publizierte Version der *epistola* enthält eine Beschreibung des Amazonenvolkes, welches der Herrschaft des in Indien beheimateten legendären Priesterkönigs untersteht. Bemerkenswerterweise ist die Passage über das *lanndt der frawen*, die wohl auf die *Historia de preliis Alexandri Magni* zurückgeht, als Bestandteil welcher sie zu den Topoi mittelalterlicher Indien-*descriptio* zählt (Lex MA, Bd. I, 514), in der Mehrzahl der deutschen Übersetzungen der *epistola* (d. h. in der Berliner Hs., im *Jüngeren Titurel*, in der Münchner Hs. und in der Pariser Hs.) nicht enthalten.

Vor diesem Hintergrund erforscht der folgende Beitrag die Bedeutung des Amazonenmotivs für das mythologische Selbstverständnis Maximilians. Eine Analyse der Amazonenpassage im *Priester Johannes* wird zunächst die provokante Rolle der Kriegerinnen in dem Bericht über den östlichen Herrscher und sein mächtiges Reich herausstellen. Darauf aufbauend soll der Amazonenmythos im Kontext der mythologischen Genealogie betrachtet werden, welche der Kaiser für sich beanspruchte. Zu untersuchen ist, inwieweit die ideelle Präsenz amazonischer Frauen über den *Priester Johannes*-Brief hinaus konkrete Gestaltung in literarischen Zeugnissen erfuhr und in welcher Beziehung diese zu dem jeweiligen textuellen *alter ego* des Herrschers stehen. Abschließend wird die Frage gestellt, welche Implikationen die Verwendung dieser mythologischen Frauenfiguren für die politische Selbstdarstellung Maximilians im Hinblick auf die Ostasienpolitik des Kaisers und dabei insbesondere sein Interesse an der Eroberung Indiens hat. Ist die Unterwerfung der heidnischen „Mannweiber" in ihrer Fremdheit als ein Symbol für die globalen Eroberungsträume Maximilians zu verstehen? Ziel des Beitrags ist, zu zeigen, dass die kriegerischen Frauen eine vitale Präsenz in der auf Anregung und in Verehrung Maximilians geschaffenen literarischen Vorstellungswelt haben, welche ihre Erwähnung im *Priester Johannes*-Brief des *Ambraser Heldenbu-*

---

1   Für die großzügige finanzielle Unterstützung dieses Projekts danke ich dem Irish Research Council for the Humanities and Social Sciences.

ches über das Zufällige hinaushebt und ein prägnantes Detail lebendiger Antikenrezeption darstellt.

1.

Der sogenannte *Brief des Priesterkönigs Johannes* findet sich auf den Blättern 235va-237^vc^ des *Ambraser Heldenbuches*. Es handelt sich um die deutsche Übersetzung eines lateinischen Textes (vgl. K. Amann, 2007, 130), in dem sich eine Gestalt der Sage an den byzantinischen Kaiser Manuel I. Komnenos (1118-1180) wendet. Ein fiktiver, in Indien regierender Großkönig, der zugleich das Amt des obersten Klerikers innehat, berichtet Manuel in einem Brief von den sagenhaften Reichtümern und Wundern seiner fernöstlichen Heimat. Obwohl der Brief den Byzantiner nie erreichte, erfuhr er am Hof Papst Alexanders III. (1159-1181) eine intensive Rezeption. Der Inhalt des Briefes besteht in einem Bericht, den der Bote des Großkönigs über dessen gewaltiges Reich, seine ungeheure Macht und die geradezu unglaublichen Wunder und Schätze Indiens abgibt. Johannes gebietet über 72 Könige und ein Imperium, in dem es Elefanten, Dromedare, Kamele, Krokodile, weiße Löwen und den Vogel Phönix ebenso gibt wie Kopflose, Einäugige, unter Wasser lebende Kinder, Brahmanen und Amazonen. Zugleich ist das Staatswesen ein Modell an Perfektion, in dem ausgeprägte Tugendhaftigkeit herrscht und jegliche Kriminalität abwesend ist.

Insgesamt liegen uns sechs Übersetzungen der *Epistola Presbyteri Johanni* ins Deutsche vor, welche in aus dem 14. bis frühen 16. Jahrhundert stammenden Handschriften überliefert sind (vgl. B. Wagner, 2000, 467ff.). Wenngleich eine endgültige Datierung der deutschen Übersetzung des *Ambraser Heldenbuchs* noch aussteht, nimmt Friedrich Zarncke das 14. Jahrhundert als Entstehungszeit an, ohne jedoch eine leicht frühere Datierung vollkommen auszuschließen (F. Zarncke, 1879, 956). Diese Übersetzung stützt sich auf die uninterpolierte, d. h. älteste lateinische Fassung der *epistola*, weist aber gegenüber dem lateinischen Text zwei Prologe sowie verschiedene Exkurse und Sacherklärungen, darunter die Beschreibung des Amazonenlandes, als Zusatz auf.

Ins *Ambraser Heldenbuch* wurde die Reimpaardichtung vor 1516 von Hans Ried eingetragen. Der *Priester Johannes* und das vorangehende *Titurel*-Fragment sind, nach Wierschin, „die einzigen beiden Texte, die Maximilian persönlich, nach dem Tode seiner Beauftragten Waldauf und Lichtenstein, für sein *Heldenbuch* ausgewählt hat" (M. Wierschin, 1976, 563). Kommt dem Brief schon durch die persönliche Auswahl des Kaisers besondere Bedeutung zu, so wird diese durch seine Positionierung am Ende des Codex noch gesteigert. Die inhaltliche Relevanz des Texts für die Selbstdarstellung Maximilians besteht vor allem darin, dass mit dem in der *epistola* dargestellten Idealbild Indiens eine gesellschaftliche Utopie formuliert und durch den Priesterkönig zugleich eine Idealherrschaft verkörpert wird, die mit der kaiserlichen Geschichtskonzeption in besonderem Einklang stand (vgl. B. Wagner, 2000, 547). Im Mittelpunkt steht dabei die Einheit von Priester- und Königtum; der Priester ist *herre aller künige* (V. 83, in F. Zarncke, 1879, 957-968), der über ein geeintes Christentum herrscht, nachdem die Feinde der Christenheit besiegt sind. Diese Personalunion hat gewisse Parallelen in Maximilians Bestreben, ausgelöst von der Aussicht eines drohenden neuen Schismas sowie einer schweren Erkrankung Papst Julius' II., als „Papst-Kaiser" die Reichskirche zu führen (vgl. H. Wiesflecker, 1963, 316f). Angesichts dieser Parallelen lässt sich der Priesterkönig unschwer als legendäres *alter ego* Maximilians lesen (vgl. K. Amann, 2007), zumal der Kaiser den indischen Priesterkönig in genealogische Verbindung mit seiner eigenen Dynastie bringt, wenn er sich als Nachkomme des Gralsgeschlechtes stilisiert, dem auch Johannes abstammen soll (B. Wagner, 2000, 547).

Betrachten wir nun die Amazonenpassage, die sich von Vers 753 bis 771 des *Priester Johannes*-Briefes erstreckt (F. Zarncke, 1879, 965):

> *Es stet auch in vnnser hanndt*
> *vnder wilden hayden ein lanndt,*
> *da sint frawen vnd hayssent Amazones;*   755
> *wundern sol dich des:*
> *die sint ze allem streit also gut,*
> *ich w[ee]n dhain ritter s[oe]lches nicht entut*
> *mit sturme oder mit manhait.*
> *Wisse bey der warhait,*   760
> *daz sy gegenn einem k[ue]nige riten*
> *vnd wolten mit im han gestriten,*
> *der Allexander was genant,*
> *den alle die welt vnd alle die landt*
> *ze zinss waren vndertan,*   765
> *die ich auch in meinem gepot han.*
> *Ir wonunge ist ein einlant,*
> *daz mere sy darumbe gebant,*
> *vnd sint hundert gausen [vo]beral:*
> *also gicht vnns die zal;*   770
> *vnd sint nicht wann ainueltige maget.*

Hier werden die Amazonen zunächst als *mirabile* eingeführt (*wundern sol dich des*, V. 756). Der verwundernswerte Tatbestand besteht darin, dass die Amazonen im Kampf den Männern nicht nur in nichts nachstehen, sondern diese sogar übertreffen (V. 758f). Dies konnte etwa in ihrer kriegerischen Begegnung mit Alexander dem Großen bewiesen werden. Durch die *manheit* der Kriegerfrauen, darauf deutet die Etymologie dieses Attributes hin, werden traditionelle Geschlechterrollen ins Gegenteil verkehrt, was die Kriegerinnen in die Nähe jener Kategorie exotischer Wesen verweist, der auch die kopflosen Acephali oder die unter Wasser lebenden Kinder angehören. Doch ist das Land der Frauen als der Regierung des Priesterkönigs unmittelbar und dauerhaft untergeordnet dargestellt und somit die herkömmliche Ordnung der Geschlechter letzten Endes bestätigt.

Die Nennung Alexanders deutet darauf hin, dass die Briefpassage auf die *Historia de preliis Alexandri Magni* zurückgeht. Die romanhafte griechische Darstellung des Lebens Alexanders des Großen, verfasst von Pseudo-Kallisthenes im dritten nachchristlichen Jahrhundert, wurde durch den neapolitanischen Archipresbyter Leo zwischen 869 und 951 ins Lateinische übersetzt. Im 11. Jahrhundert wurde die *Nativitas et victoria Alexandri Magni regis* revidiert, kleinere Traktate über Indien wurden interpoliert. Die resultierende Neufassung des Stoffes zirkulierte fortan unter dem Titel *Historia de preliis* (vgl. M. Wehrli, 1997, 194) und bot die Version, in welcher die Alexandersage in der mittelhochdeutschen Literatur hauptsächlich rezipiert wurde.[2] Die Begegnung Alexanders mit den Amazonen ist ein traditionelles Motiv, das auf Fassungen des Alexanderstoffs bei Quintus Curtius Rufus und Julius Valerius zurückgeht. Im Rahmen seines Eroberungszugs ans Ende der Welt trifft der antike Held immer wieder auf die kriegerischen Frauen. Bisweilen gipfelt dieser Ausflug in einem erotischen Austausch; so etwa stilisieren die Alexanderromane Rudolfs von Ems und Ulrichs von Etzenbach die Begegnung als höfische Minnebegegnung (vgl. Rudolf, V. 18233ff.; Ulrich, V. 17561ff.). In der *Historia de preliis* wie auch in der vorliegenden Passage aus dem *Priester Johannes* jedoch kommt es allein zu einem kriegerischen bzw. diplomatischen Aufeinandertreffen.

Lokalisiert ist der indische Amazonenstaat auf einer Insel (*ein einlant*, V. 767). Die dadurch erwirkte Isoliertheit des Frauenlandes ist typischer Bestandteil von Beschreibungen des mythischen Volkes, welches die literarische Vorstellungskraft seit der Antike beschäftigte. Die einbrüstigen Kriegerinnen, die wie Männer und gegen Männer kämpfen, sind traditionell an der Peripherie der bekannten Welt angesiedelt. Sie bevölkern die äußere Abgrenzung des Vertrauten und verkörpern das „Andere" nicht nur in geographischer, sondern auch in kultureller Hinsicht (vgl. I. Baumgärtner, 2003, 66f). Historiographische Quellen liefern u. a. Herodot, Plutarch, Diodor, Strabo und Orosius, die den Kriegerinnenstamm im Fernen Osten, entlang des Schwarzen Meers, in Nordafrika oder an anderen Orten weit entfernt vom Zentrum der Zivilisation positionieren.

Dass die Existenz amazonischer Völker bis ins späte Mittelalter als genuine geopolitische Möglichkeit verstanden wurde, lässt sich an ihrer Präsenz auf mittelalterlichen Weltkarten ablesen. So findet sich eine *Provincia Amazonum* in der Wolfenbütteler Überlieferung der hemisphärischen Weltkarte des

---

2   Aufgrund seiner Rezeption als Idealbild des vorbildlichen Herrschers sowie exemplarischen Ritters eignete sich die Figur Alexanders des Großen ebenfalls äußerst gut als Facette der literarischen Selbstdarstellung Maximilians. Dies wird etwa im *Weißkunig* angedeutet, wenn ein Zusammenhang zwischen dem Protagonisten als *alter ego* des Kaisers und dem antiken Alexander hergestellt wird (Weißkunig, 1775/2006, 78).

Lambert von Saint Omer von 1180; auf der Ökumenekarte, die Ende des 12. oder Anfang des 13. Jahrhunderts entstand, gibt es das Land *Amazonia* ebenso wie auf der Londoner Psalterkarte von 1262 und der Herefordkarte sowie auf der nicht vor der zweiten Hälfte des 13. Jahrhunderts entstandenen Ebstorfer Weltkarte. Auf der Eveshamkarte vom Ende des 14. Jahrhundert ist *Amazonia* verschrieben als *Aviazonna* eingetragen. Obwohl die Skepsis der Kartographen im Laufe der Zeit wuchs, finden sich die Amazonen bis ins 15. Jahrhundert auf den *mappae mundi*, so etwa auf der gesüdeten Borgia-Karte. Die Weltkarte des Andreas Walsperger von 1448 verzeichnet die *Amazonum mulierum regio* auf halber Strecke zwischen Jerusalem und dem Paradies. Die Vorstellung vom Amazonen- oder Frauenland findet sich also in fast allen mittelalterlichen Weltkarten vom 12. bis 15. Jahrhundert (vgl. I. Baumgärtner, 2003, 73). Die Randlage bzw. Marginalisierung der fremdartigen Frauen deutet darauf hin, wie stark deren Gebräuche als Abweichung von oder Umkehrung der sozialen und kulturellen Geschlechterordnung der eigenen abendländischen Zivilisation empfunden wurden.

Die Ubiquität der Amazonen geht auch aus ihrer Anwesenheit in mittelalterlicher Heilsgeschichte und Weltchronistik hervor. Man denke etwa an ihre heilsgeschichtliche Bedeutung in Thomas Cantimpratensis' *Liber de natura rerum*: dort bewachen sie als Gehilfinnen Alexanders des Großen die Kaspischen Tore, welche die Völker Gog und Magog sowie die 13 Stämme der Roten Juden einschließen und so die Ausbreitung des Antichrist verhindern (Thomas Cantimpratensis, I, 31, Z. 26ff.). Andernorts dagegen sind die Amazonen mit dem Antichrist verbündet, so z. B. in Heinrichs von Neustadt *Gottes Zukunft* (vgl. Heinrich, V. 5810-5825). Hier lässt sich erkennen, welche Bedeutung das Auftreten der Amazonen für das Aufeinandertreffen von Christentum und Heidentum besitzt. Die Christen-Heiden-Thematik wird auch in der *Priester Johannes*-Passage des *Ambraser Heldenbuches* angesprochen, wenn die Amazonen mit *wilden hayden* (V. 754) assoziiert werden. In dieser Hinsicht nämlich stehen sie in Kontrast zum christlichen Priesterkönig, dessen Unterwerfung heidnischer Stämme die Macht und Ausstrahlung seiner Religion sowie seine Herrscherkapazität noch unterstreicht. Zur Zeit der ältesten Überlieferung der Indienfahrt Alexanders war dieser Gegensatz freilich weniger stark ausgeprägt; in den klassischen Texten und ihren Übertragungen entsprechen die Götter der Amazonen weitgehend dem anthropomorphen Polytheismus der griechischen Antike. Während es dem vorchristlichen Herrscher aus diesem Grund möglich war, die fremdartigen Frauen als bloßes Kuriosum abzutun und ungestört von ihrer Existenz seiner Wege zu gehen, bringt das Heidentum der Frauen in der Konfrontation mit einem Vertreter christlicher Herrschaft einen neuen, gewichtigen Gesichtspunkt ins Spiel. Ihre Präsenz erscheint unter diesen Umständen als weitaus ernstzunehmendere Bedrohung, die im *Priester Johannes* durch die Integration bzw. Unterwerfung der Amazonen innerhalb des christlichen Raums gelöst wird.

Zusätzlich zu ihrem Auftreten in welt- und heilsgeschichtlichen Werken spielen die Amazonen, wie bereits angedeutet, im mittelalterlichen Antikenroman eine wichtige Rolle. Dort treten die Kämpferinnen nicht nur im Rahmen der Alexandertradition, sondern auch im Trojaroman in Erscheinung, wo sie anders als im Alexanderroman in Kleinasien beheimatet sind. Unter der Anführung ihrer Königin Penthesilea kommen sie den Trojanern im Kampf gegen die Griechen zu Hilfe. Während sich den Amazonen generell der Status des nichtvereinnahmbaren Fremden zuschreiben lässt, erfahren sie im mhd. Trojaroman eine grundsätzlich andere Behandlung als im Alexanderroman. Betrachtet man Penthesileas Schicksal etwa in Herborts von Fritzlar *liet von Troye*, welches in Verstümmelung, Ertränkung und Entehrung besteht, wird deutlich, dass hier die Ausrottung des Anderen versucht wird. Jedoch greifen die kleinasiatischen Amazonen unmittelbar in zentrale politisch-historische Ereignisse ein, während sich ihre fernasiatischen Cousinen am Rand des Weltgeschehens aufhalten. Aus diesem Grund mag es den mittelhochdeutschen Verfassern eher akzeptabel erschienen sein, die Kriegerinnen im fernen Indien relativ unbehelligt die ihnen angeborene Existenzform pflegen zu lassen. Im Mittelpunkt der abendländischen Zivilisation dagegen muss das Sichhinwegsetzen über konventionelles Geschlechterverhalten ein dezidiertes Eingreifen provozieren, um die bestehende Ordnung zu sichern. Bezeichnenderweise sind es die Amazonen Alexanders, die als exotische Wunderwesen toleriert werden können, welche sich im Blickfeld des Priesterkönigs bzw. Maximilians bewegen.

2.

Welche Bedeutung nun hat der Verweis auf den Amazonenmythos im *Priester Johannes* über den vom ihm möglicherweise persönlich für das *Ambraser Heldenbuch* ausgewählten Text hinausgehend für den Kaiser?

In Maximilians familiär-höfischem Umkreis befanden sich mehrere amazonenartige Frauen, die sich durch körperliche Stärke und für ihr Geschlecht ungewöhnliche Angewohnheiten hervortaten. Maximilians Großmutter väterlicherseits, Zimburgis von Masovien (1394/97-1429), war der Sage nach imstande, mit der bloßen Hand Hufeisen zu verbiegen, Nägel in die Wand zu schlagen oder Heufuder anzuschieben. Maximilians erste Ehefrau, Maria von Burgund (1457-1482), machte sich als passionierte Reiterin einen Namen und teilte Maximilians Leidenschaft für Jagd und Falkenbeize uneingeschränkt. Auch in schwangerem Zustand ließ sie nicht von diesen Beschäftigungen ab und starb, nachdem sie sich bei einem Jagdausflug durch einen Sturz vom Pferd schwere innere Verletzungen zugezogen hatte (vgl. M. Holleger, 2005, 48). Als leibhaftige Amazone galt die Halbschwester der zweiten Frau des Kaisers. Bianca Maria Sforzas Schwester Caterina (1463-1509) war in ganz Italien bekannt und gefürchtet. Die kühne, bisweilen skrupellose Frau, besonders berühmt für ihre beherzte Besetzung der Engelsburg, war gemeinhin unter dem

Beinamen „Tigerin" bekannt. Man beschrieb sie als Mannweib, als rücksichts-
lose, herrschsüchtige, stolze und sehr mutige Person, die stets einen Män-
nergürtel trug und ein Sichelmesser bei sich führte; auch Schwangerschaften,
selbst im neunten Monat, hielten sie nicht davon ab, tagelang auf dem Pferd zu
sitzen (vgl. S. Jansen, 2002, 40).

Diese anekdotischen Begebenheiten leiten über zu der Frage nach der Bedeutung des Amazonenmotivs im Kontext der mythologischen Genealogie,
die Maximilian für sich beanspruchte (s. S. Laschitzer, 1888). Diese Genealogie
umfasste Figuren der griechisch-römischen Mythologie, die traditionell mit
dem Stamm der Amazonen in Verbindung gebracht wurden. An erster Stelle
ist hier der bereits erwähnte Alexander der Große zu nennen, der seinerseits
dem amazonischen Heer in Indien begegnete. Zu den erklärten Vorfahren bzw.
Vorbildern Maximilians gehört auch der antike Hercules, wenngleich dieser
im Rahmen einer politisierten Adaptation zum Hercules Germanicus abge-
wandelt wurde (s. G. Braungart, 1991, 85f). Hercules raubt bekanntlich in der
sechsten seiner *labores* den Gürtel der Amazonenkönigin Hippolyte. Einen
weiteren, inhaltlich entgegengesetzten Ansatzpunkt bietet die Rückführung
des Hauses Habsburg auf die Trojaner und insbesondere auf Hektor (z. B. in
der panegyrischen Dichtung *Austrias / De bello Norico*), als dessen direkter
Nachkomme Maximilian sich verstand: in der homerischen *Ilias* erfährt Hek-
tors Vater Priamos im Kampf gegen die Griechen Unterstützung durch die
Truppen der Amazone Penthesilea.

Mögen die genealogischen Darstellungen auch nur spärliche konkrete
Verweise auf Amazonen beinhalten, so deuten die angesprochenen Verbindun-
gen dennoch auf eine latente Präsenz der Amazonen in der mythologischen
Vorstellungswelt Maximilians. Die mit Hektor/Priamos assoziierte Amazone
Penthesilea tritt denn auch in anderem Zusammenhang durchaus explizit in
Erscheinung, und zwar im Bereich der kaiserlichen Waffen. Maximilian heg-
te großes Interesse an Waffen, deren Verbesserung und Inventarisierung. Aus
Urkunden wird ersichtlich, dass er an der Abfassung der Zeugbücher, d. h. der
Bücher, welche die Waffen in seinem Besitz inventarisierten, bis ins Detail un-
mittelbaren Anteil nahm (s. W. Boeheim, 1892, 99).

Das *Große Zeugbuch* (Wien, Kunsthistorisches Museum, Inv. Nr. P
5074), wohl unter der Aufsicht von Hauszeugmeister Michael Ott von Ach-
terdingen zusammengestellt (vgl. W. Boeheim, 1892, 115), verzeichnet ein aus-
führliches Inventar des kaiserlichen Waffenarsenals. Was die Namensgebung
der inventarisierten Geschütze betraf, so folgte Maximilian bei den Haupt-
stücken der Tradition, nach der die Benennungen „launigen Söldnerwitzen"
(W. Boeheim, 1892, 118) entsprangen. Als Beispiele seien nur der *alt Adler von
Tyrol*, die *Tirolerin*, die *Turkische Kayserin* und das *Weible im Haus* genannt.
Von besonderem Interesse jedoch ist die Abteilung der Scharfmetzen, leich-
teren Geschützen, deren technische Bezeichnung sich aus dem italienischen
Begriff *mezza-bombarda*, halbes Hauptstück, ableitet. In der Namensgebung
dieser Geschütze sind von obengenannter Tradition abweichende Ideen zu er-

kennen, die klassisches Bildungsgut reflektieren und insofern humanistisch angehaucht sind. Maximilian beabsichtigte, die einzelnen Stücke auf die Namen berühmter Frauen der antiken Mythologie zu taufen und schrieb zu diesem Behuf im Jahr 1515 Konrad Peutinger in Augsburg um Vorschläge an (vgl. W. Boeheim, 1892, 119). Peutinger antwortete ein Jahr später mit einer Liste von 137 Frauennamen, darunter *Andromache, Polixena, Medea, schön Helena, Delila, Dido, Lucretia, Cleopatra, Thysbe, Proserpina, Medusa* sowie der Amazonenname *Penthesilea*.

Die Scharfmetze Penthesilea ist im ersten Band des *Großen Zeugbuches* aufgeführt. Blatt 24 bildet eine Scharfmetze in der Lafette ab, Aufschrift ist *Di schon Pentesilea*. Auf Blatt 23' ist eine Randverzierung mit dem Initiale P zu sehen, am linken Rand ein fliegendes Insekt. Vervollständigt wird die Darstellung mit der Inschrift eines nicht namentlich erwähnten Verfassers in Gedichtform (vgl. W. Boeheim, 1892, 134):

> *»Pentesilea« kham daher*
> *Fur Troja mit irem sper,*
> *Hilf zu thun dem kunig Priamo;*
> *Des ward er von herzen fro.*
> *Darumb bin ich nach ir genennt,*
> *Das ich khain zug nie hab gewendt.*

Hier wird der mythologische Kontext, in welchem die Amazone in Erscheinung tritt, *in nuce* angerissen, die Nennung Priamos' und Trojas impliziert Maximilians persönliche Verbindung über seine selbstgewählte Genealogie. Die Metze *Pentesilea* leitet ihre Bedeutung aus der überlieferten Geschichte der literarisch-mythologischen Figur ab. Dies deutet auf ein Bewusstsein für die angeborene Waffentüchtigkeit der Amazone hin, die dem Kaiser bei der Erhaltung und Vermehrung seines Ruhms behilflich ist, wie dies eben Penthesilea für die Trojaner tat. Die Gehilfinnenrolle, die der Amazone dabei im übertragenen Sinn zugewiesen wird, entspricht der Untergebenheit der Amazonen gegenüber dem Priesterkönig in Indien, welche über die *alter ego*-Konstellation ebenfalls als die Überlegenheit des Kaisers unterstreichend gesehen werden kann.

Die Präsenz der Amazonen in der Vorstellungswelt Maximilians wird noch deutlicher, zieht man die Abbildung der ihnen zugehörigen Göttin Artemis bzw. Diana hinzu. Die Darstellung kriegführender Göttinnen ist ein wichtiger Bestandteil der literarischen Ausgestaltung kaiserlicher Errungenschaften. Hier sind insbesondere die Figuren der Diana und Venus in der panegyrischen Dichtung *Austrias / De bello Norico* zu nennen. Der historische Hintergrund für diesen Text sind die Kämpfe gegen Ruprecht von der Pfalz, die 1504 mit Maximilians Erfolg in der Schlacht am Wenzenberg bei Regensburg endeten. Der Humanist Riccardo Bartolini lieferte mit seinem lateinischen panegyrischen Epos den wohl bedeutendsten Beitrag zur Verherrlichung dieses Ereignisses (vgl. E. Klecker, 1994/95, 616).

Im Mittelpunkt der Dichtung steht ein Zweikampf Maximilians mit dem gegnerischen Anführer Oebalus, welcher Ruprecht entspricht. In einem Szenario, das einer Schlüsselszene der homerischen *Ilias* nachempfunden ist, begleiten Venus und Diana als Schutzgöttinnen der Kontrahenten den Kampf. Oebalus wird von Maximilian verwundet, seine Beschützerin Venus greift ein, wird aber ihrerseits von Maximilian verwundet und gezwungen, in den Himmel zu fliehen. Im Vergleich zur homerischen Vorlage erscheint Diana geschwächt (vgl. E. Klecker, 1994/95, 625). Sie ist unfähig, Maximilian erfolgreich zu verteidigen und gerät selber in Bedrängnis. Die Abwertung der von der Göttin bekleideten Rolle resultiert aber in einer Aufwertung der menschlichen Leistung. So kommt Maximilians überlegenes Heldentum zum Ausdruck: er benötigt keine göttliche Hilfe, um sich zu verteidigen, seine menschlichen Fähigkeiten sind also gleichsam übermenschlich. Die gottähnlichen kämpferischen Fähigkeiten Maximilians werden auch in einem später folgenden Zweikampf deutlich, als der Kaiser gegen die Pallas/Minerva antreten muss. Der Leser erfährt, dass Maximilian von dieser nicht so leicht zu besiegen sei wie etwa Ares (vgl. *Austr.* 5, 731ff.), womit auf den Sieg Athenes über Ares in der Theomachie der *Ilias* angespielt wird. Nachdem Maximilian anfangs durch die gegnerische Göttin in Gefahr gerät und von Diana in Schutz genommen wird, rettet er letzten Endes Diana vor Minerva und erweist sich so als mächtiger als der Kriegsgott Ares selbst.

In einer späteren Szene des Panegyrikums kommt es zum Zweikampf zwischen einer leibhaftigen Amazone, Pantho, die für den vor dem historischen Endgefecht verstorbenen Ruprecht einsteht, und Maximilians Verbündetem Kasimir von Brandenburg, welcher als Stellvertreter des Kaisers zu verstehen ist. Pantho ist den amazonischen Protagonistinnen aus *Ilias*, *Aithiopis* und *Aeneis* nachgebildet und dient zunächst dazu, „Maximilians Parteigänger durch den Sieg über die widernatürlich kämpfende Frau als Vertreter der Ordnung zu charakterisieren" (E. Klecker, 1995, 56). Sie unterliegt, geht jedoch dank der Milde des Gegners anders als ihre antiken Vorbilder lebend aus dem Kampf hervor. Somit dient die Amazonenfigur einem doppelten Zweck, indem an ihr die militärische Überlegenheit der kaiserlichen Seite ebenso demonstriert wird wie die moralische, deren *clementia* die Gegnerin ihrer Widernatürlichkeit zum Trotz am Leben lässt.

3.

Aus den betrachteten Szenen geht hervor, dass die untergeordnete Rolle, welche kriegerischen Frauen, sei es in Gestalt von Göttinnen, Heroinnen oder Sterblichen, im Rahmen der mythologischen Selbstdarstellung Maximilians zugewiesen wird, letzten Endes seiner Profilierung, oder der seines *alter ego*, als Herrscher dient. Bartolinis *Austrias* bringt die Amazonen in Verbindung mit den Türken, welche sie bei der Eroberung Konstantinopels im Jahr 1453 unterstützt haben sollen (s. Buch 3). Vor diesem Hintergrund möchte ich ab-

schließend fragen, ob die Unterwerfung der heidnischen Kriegerinnen im *Prie-*
ster Johannes als Symbol der globalen Eroberungsträume Maximilians aufgefasst werden kann. Diese umfassten die Entmachtung weit entfernter Völker
ebenso wie den Sieg über die Heiden und die Beherrschung des Wunderbaren
(s. H. Wiesflecker, 1986, 447ff). War die Ostpolitik Maximilians im näheren
Raum von der Türkenfrage geprägt, so stand in geographisch weitreichende-
rer Hinsicht die Indienfrage zur Debatte. Im März 1505 segelte eine große
portugiesische Flotte von Lissabon nach Indien ab, begleitet von Augsburger
Kaufleuten, die von Fuggern und Welsern ausgerüstet waren und ein Empfehlungsschreiben des christlichen Kaisers mitführten. Maximilian lässt darin die
Großfürsten Indiens grüßen, *wie er als der erste Römische König die [ersten*
Deutschen, die India suchen] schicke, dan solchs von keinem Römischen Kö-
nig vor nie geschehen (Peutinger an Hölzl ddo 1505 Jänner; s. E. König, 1932,
49f.). In dieser Konstellation lässt sich eine realpolitische Spiegelung des im
Priester Johannes-Brief entwickelten fiktiven Szenarios aus umgekehrter Perspektive sehen.[3]

Die neuartige Erfahrung des Ostens dürfte auch bei den Daheimgebliebe-
nen für große Aufregung gesorgt haben. Am kaiserlichen Hof redete man bereits von der zukünftigen Herrschaft über Europa, Asien und Afrika (s. Brief
ddo 1506 Januar 28 Arlberg in *Innsbruck* TLA, MaxAkt I/40, fol. 160). Bezeichnenderweise wurden die europäischen Bestrebungen, einen Seeweg nach
Indien zu finden, maßgeblich durch die Erzählung vom Priesterkönig ange-
spornt (vgl. W. Baum, 1999). Dieser Seeweg sollte an den Muslimen des vorderen Orients vorbei zu den legendären Reichtümern Indiens führen und die
Verbindung mit einem vermeintlichen mächtigen christlichen Herrscher ermöglichen, der im Dienst der römischen Kirche den „Ungläubigen" in den
Rücken fallen und sie im Verbund mit den Europäern endgültig besiegen würde. Als wichtiges Element der *Priester Johannes*-Legende ist das Amazonen-
motiv in diesem Zusammenhang bisher unbeachtet geblieben. Jedoch verleiht
gerade die Berücksichtigung dieses Motivs der Überschneidung zwischen literarischer Fiktion und politischer Realität in der Begegnung mit Indien besondere Schärfe. Denn die Fremdartigkeit der sagenhaften Kriegerfrauen verbindet eine exotische Lokalität nicht nur mit dem Heidentum, sondern auch
mit der Umkehrung zentraler gesellschaftlicher westlicher Werte, die, auf ge-
schlechterrollenspezifisches Verhalten bezogen, beinahe an die Umkehrung
der menschlichen Natur heranreicht. Aus diesem Grund kann die symbolische
Beherrschung dieser Frauen, die dazu dient, die militärisch-kriegerische wie
zivilatorisch-moralische Überlegenheit der Herrscher zu demonstrieren, als

---

3   Von dieser sicherlich sehr eindrucksstarken Reise gibt auch die Holzschnittserie des *Tri-*
umphzugs Zeugnis, die *wilde Frauen aus Kalikutt* abbildet. Letztere jedoch sind in entscheidender Hinsicht gerade nicht wie die Amazonen, welche ein hohes Maß an Zivilisation verkörpern.

Voraussetzung für die Unterwerfung des fremden, fernen Ostens unter abend-
ländisch-christliche Werte gesehen werden.

4.

Am literarisch-medialen Horizont Maximilians existieren neben den Amazonen des *Priester Johannes*-Briefs, von denen man annahm, dass sie möglicherweise tatsächlich in fernen Ländern existierten, weitere Kriegerinnen, deren Darstellung sich aus der klassischen Antike speist (Penthesilea, Pantho,
Diana). Vor der Bandbreite der im Umfeld des Kaisers literarisch gestalteten
kämpferischen Frauenfiguren wird deutlich, dass die Erwähnung der Kriegerinnen im *Ambraser Heldenbuch* weit mehr als ein bloßes *mirabile* im Katalog fernasiatischer Exotika darstellt, weshalb ein Bestehen Maximilians auf
das Einfügen der Amazonenpassage schlüssig erscheint. Die Verwendung des
Amazonenmythologems hat vielschichtige Resonanzen für die mythologische
Untermauerung von Maximilians Beanspruchung weltlicher wie geistlicher
Universalherrschaft in Okzident und Orient und damit für das herrscherli-
che Selbstverständnis des Kaisers. Zugleich manifestiert sich in der vielseitigen
Verwendung des Amazonenmotivs eine lebendige Antikenrezeption humanistischer Prägung, im Rahmen derer Versatzstücke klassischer Überlieferung
und Bildung gemäß den Bedürfnissen der kaiserlichen Agenda adaptiert und
der Selbstinszenierung Maximilians angepasst wurden.

Bibliographie

I. Quellen:

Ad divum Maximilianum Caesarem Augustum Ricardi Bartholini De bello Norico Austriados libri XII. Straßburg 1516.

Heinrich von Neustadt: Apollonius von Tyrland nach der Gothaer Handschrift, Gottes Zukunft, und Visio Philiberti nach der Heidelberger Handschrift. Hrsg. von Samuel Singer. Berlin 1906 (= DTM 7). Nachdruck Dublin und Zürich 1967.

Maximiliana-Akten, Tiroler Landesarchiv (= TLA, MaxAkt), Innsbruck, I/40, fol. 160.

Rudolf von Ems: Alexander. Hrsg. von Victor Junk. Leipzig 1928/29 (= StLV 272/274). Nachdruck Darmstadt 1970.

Thomas Cantimpratensis Liber de Natura Rerum. Hrsg. von H. Boese. Berlin 1973.

Ulrich von Eschenbach [eigentlich: Etzenbach]: Alexander. Hrsg. von Wendelin Toischer. Tübingen 1888 (= BLV 183). Nachdruck Hildesheim und New York 1974.

Der Weiß Kunig. Eine Erzehlung von den Thaten Kaiser Maximilian des Ersten. Von Marx Treitzsaurwein. Wien 1775 [repr. Leipzig 2006].

Friedrich Zarncke (Hrsg.): Der Priester Johannes. Erste Abhandlung. Leipzig 1879 (= Abhandlungen der philologisch-historischen Classe der Königlich-Sächsischen Gesellschaft der Wissenschaften, Bd. VII, Nr. VIII).

Die Zeugbücher Kaiser Maximilians I., Band Tirol, Wien, Kunsthistorisches Museum, Sammlung für Plastik und Kunstgewerbe, Inv. Nr. P 5074.

II. Sekundärliteratur:

Klaus Amann: Kaiser Maximilians erfolgreiches *alter ego* im Kampf um weltliche und geistliche Macht. Zum *Priesterkönig Johannes* im *Ambraser Heldenbuch*. In: cristallîn wort. Hartmann-Studien 1. Wien etc. 2007, 129-148.

Wilhelm Baum: Die Verwandlungen des Mythos vom Reich des Priesterkönigs Johannes. Rom, Byzanz und die Christen des Orients im Mittelalter. Klagenfurt 1999.

Ingrid Baumgärtner: Biblische, mythische und fremde Frauen. Zur Konstruktion von Weiblichkeit in Text und Bild mittelalterlicher Weltkarten. In: X. von Ertzdorff und G. Giesemann (Hrsg.): Erkundung und Beschreibung der Welt. Zur Poetik der Länder- und Reiseberichte. Amsterdam 2003 (= Chloe 34). 31-86.

Wendelin Boeheim: Die Zeugbücher des Kaisers Maximilian I. In: Jahrbuch der Kunsthistorischen Sammlungen in Wien. XIII. Wien 1892. 94-201.

Georg Braungart: Mythos und Herrschaft: Maximilian I. als Hercules Germanicus. In: Traditionswandel und Traditionsverhalten. Hrsg. von Walter Haug und Burghart Wachinger. Tübingen 1991 (= Fortuna Vitrea, 5). 77-95.

Manfred Hollegger: Maximilian I. (1459-1519). Herrscher und Mensch einer Zeitenwende. Stuttgart 2005.

Sharon L. Jansen: The Monstrous Regiment of Women. Female Rulers in Early Modern Europe. New York 2002.

Elisabeth Klecker: Kaiser Maximilians Homer. In: Wiener Studien 108. Wien 1994/95. 613-637.

Elisabeth Klecker: Impius Aeneas – pius Maximilianus. In: Wiener Humanistische Blätter. Heft 37. Wien 1995. 50-65.

Harald Kleinschmidt: Das Ostasienbild Maximilians I. Die Bedeutung Ostasiens in der Kaiserpropaganda um 1500. In: Majestas 8/9. 2000/2001. 81-170.

Erich König (Hrsg.): Konrad Peutingers Briefwechsel. München 1932 (= Veröffentlichungen der Kommission für Erforschung der Geschichte der Reformation und Gegenreformation. Humanisten-Briefe I).

Simon Laschitzer: Die Genealogie des Kaisers Maximilian I., Jahrbuch der kunsthistorischen Sammlungen des Allerhöchsten Kaiserhauses 7. 1888. 1-200.

Lexikon des Mittelalters. Bd. I (darin: „Amazonen", Sp. 514f.). München 2003.

Bettina Wagner: Die ‚Epistola presbiteri Johannis' lateinisch und deutsch. Überlieferung, Textgeschichte, Rezeption und Übertragungen im Mittelalter. Mit bisher unedierten Texten. Tübingen 2000 (= MTU 115).

Max Wehrli: Geschichte der deutschen Literatur im Mittelalter. Stuttgart 1997.

Martin Wierschin: Das Ambraser Heldenbuch Maximilians I. Teil 3: Probleme, Konstellationen und Details der Ausführung; der typologische Aspekt. In: Der Schlern 50, 1976. 557-570.

Hermann Wiesflecker: Neue Beiträge zur Frage des Kaiser-Papstplanes Maximilians I. im Jahre 1511. In: Mitteilungen des Instituts für Österreichische Geschichtsforschung 71. 1963. 311-332.

Hermann Wiesflecker: Kaiser Maximilian I. Das Reich, Österreich und Europa an der Wende zur Neuzeit, 5 Bände, Wien-München 1971-86. Bd. 5 (1986).

Dr. Cordula Politis
Dept. of Germanic Studies
Trinity College Dublin
IRLAND - Dublin 2
E-Mail: cpolitis@tcd.ie

Uta Goerlitz

Maximilian I., Konrad Peutinger und die humanistische Mittelalterrezeption*

Im literarischen Nachlass des Augsburger Humanisten und Juristen Konrad Peutinger befindet sich ein Faszikel mit der von Peutinger geschriebenen Aufschrift *Carmina ad me*. In dieser erst vor einigen Jahren wiederaufgefundenen und größtenteils noch ungedruckten Sammlung, die seit dem frühen 20. Jahrhundert als verloren galt, befinden sich unter anderem lateinische Briefe und Gedichte des italienischen Humanisten *Chrysostomus*, in denen Peutingers Verdienste um die Erforschung der deutschen *vetustas* gerühmt werden (Staats- und Stadtbibliothek Augsburg, 2° Cod. Aug. 406ᵃ, fol. 14r-16v).[1] Zugleich werfen die Briefe ein bezeichnendes Licht auf die Rolle, die Peutinger in der genannten Hinsicht für Kaiser Maximilian spielte. Sie bieten sich an, um einige Charakteristika humanistischer Mittelalterrezeption aufzuzeigen, wie sie im Humanistenkreis um Maximilian I. in den Arbeiten Peutingers in besonderer Weise Gestalt annehmen. Interesse verdienen dabei insbesondere die in den Briefen fallenden Stichwörter *vetustas*, *Germania*, und *fera Germaniæ pubes* – die „wilde (Krieger-)Schar aus Deutschland" –, dann, damit zusammenhängend, das Begriffspaar von *litterae* und *bonae artes* und schließlich die Namen des Kaisers *Maximilian* selbst sowie seines vermeintlichen Urahnen *Hercules*, womit wiederum die Nennung des Briefadressaten *Peutinger* und von Peutingers weithin berühmter *bibliotheca* aufs engste verbunden ist.

In einem dieser Schreiben, die undatiert sind, bittet Chrysostomus, nachdem er offenbar kurz zuvor bei Peutinger in Augsburg zu Gast gewesen ist, seinen Gastgeber um ein Verzeichnis der berühmtesten Geschlechter Deutschlands (fol. 15r; vgl. im folgenden ebda.). Unbedingt wolle er den Stammbaum Kaiser Maximilians kennenlernen, *genus et proavos* der kaiserlichen Majestät. *Audio enim*, so fügt er hinzu, *Caesarem ipsum genus suum ad Herculem authorem referre*. Der Kaiser, so sei zu hören, führe sein Geschlecht bis auf Herkules zurück. Darüber aber wisse niemand besser Bescheid als Peutinger: *Haec omnia explicare mihi melius quam tu nemo poterit*. Denn Augsburg und ganz

* Nachweise und Anmerkungen beschränken sich im Folgenden den Vorgaben entsprechend auf das Notwendigste.

1 Zur Hs. vgl. Goerlitz, 2008. Bei Chrysostomus handelt es sich möglicherweise um Chrysostomus Lucanus, der als Beiträger zur zweiten, von Hieronymus Gebwiler hrsg. Ausgabe der *Historia violatae crucis* Dietrich Gresemunds des Jüngeren, Straßburg: Renatus Beck 1514 (VD 16 G 3183) bekannt ist (fehlt im DBI, 1960-[2007], sowie bei Cosenza, 21962, und bei J.-F. Maillard / J. Kecskeméti / J. Portalier, 1995). – Zitate sind im folgenden hinsichtlich Rechtschreibung und Interpunktion normalisiert, e-caudata ist durch æ wiedergegeben.

Deutschland, *Augusta tua et Germania tota* stünden, so Chrysostomus an anderer Stelle, in Peutingers Schuld (fol. 14r-v; im folgenden ebda.). Beiden verleihe der Augsburger Stadtschreiber durch seine altertumskundlichen Arbeiten großen Ruhm. Am meisten aber verdanke ihm jene *vetustas* selbst, die Peutinger *a carie ac situ, immo ab ipso interitu* bewahre, „vor der Zersetzung und der Verwitterung, ja vor dem Untergang selbst". Welche Zeiten Chrysostomus dabei anvisiert, lässt er anschließend durchblicken: Italien habe einst den Erdkreis beherrscht, doch die wilde Schar aus Deutschland, die *fera Germaniae pubes* – gemeint sind die mit den Deutschen gleichgesetzten Germanen der Völkerwanderung – habe *Italia* den Kriegsruhm entrissen. Italien zeichne sich jedoch durch den *principatus litterarum* sowie den *cultus bonarum artium* aus. Gleichwohl, so gesteht Chrysostomus zu, habe Peutinger die Musen an den *Lycus*, den durch Augsburg fließenden Lech, gebracht, und zwar weniger aus Italien, aus *Latium*, als aus Griechenland selbst, *ex ipso Helicone ac Permessi flumine*. Und mit einer in Humanistenkreisen ebenso geläufigen Wendung wie dieser gibt Chrysostomus der Hoffnung Ausdruck, sein Schreiben möge es wert sein, in einem Winkel der Peutinger'schen *bibliotheca* Platz zu finden, die Chrysostomus in einem begleitenden Gedicht in einem Zuge mit der durch die *cura Peuti[n]geri* zusammengetragenen Kunst- und Altertumssammlung des Augsburger Humanisten preist (fol. 14v).

Konrad Peutinger erscheint in den beiden Briefen des Chrysostomus in doppelter Hinsicht als Erforscher der *vetustas*, die der Italiener über den zäsursetzenden Einfall der Germanen in Italien wie die meisten seiner Zeitgenossen nur indirekt in ‚Antike' und ‚Mittelalter' unterteilt, nicht auch schon terminologisch.[2] Ihr Profil gewinnt die Vergangenheit dabei zum einen in Hinblick auf die *Germania* (und kontrastiv dazu der *Italia*), zum anderen aber in bezug auf den Stammbaum des Kaisers Maximilian und dessen Rückführung auf *Hercules*. In beiderlei Hinsicht wird Peutinger als erstrangiger Kenner ausgewiesen, wie es dem Ruf des Augsburger Humanisten bereits zu Lebzeiten entspricht. Gleichzeitig ist mit dem Stichwort *Hercules* ein Anhaltspunkt für die Datierung der an Peutinger gerichteten Worte des Chrysostomus gegeben: spätestens 1518. Die von Maximilian angeregten Forschungen zahlreicher Literaten über die Genealogie der Habsburger im Kontext seines umfassenden Projektes zur *gedechtnus* des Herrscherhauses nahmen damals eine neue Richtung. Hatte man den Stammbaum der Habsburger zuvor mit Erfolg in Anbindung an die fränkische Trojafabel über die Merowinger auf Priamus und Hektor von Troja zurückgeführt, so plante Maximilian seitdem eine Weiterverlängerung des Stammbaums in die biblische Urzeit. Aus dem Jahr 1518 ist nun ein Stammbaum überliefert, der von Hektor und Priamus weiter zurück bis auf Noah führt, und als Nummer 4 der Spitzenahnen folgt nach Cham und Osiris

---

2   Zur Genese des Mittelalterbegriffs in der Renaissance vgl. einschlägig U. Neddermeyer, 1988, hier besonders 101-128. Der älteste Beleg aus dem Heiligen Römischen Reich findet sich in der Tacitus-Ausgabe des Beatus Rhenanus von 1519 (*media antiquitas*).

ebenjener von Chrysostomus erwähnte *Hercules Libycus* (vgl. S. Laschitzer, 1888, 39, Stammbaum Nr. 19; A. Lhotsky, 1971, 68ff., 99; zur Indienstnahme der Herkulesfigur zur herrscherlichen Selbstdarstellung vgl. zudem G. Bruck, 1953; W. C. McDonald, 1976; J.-D. Müller, 1982, 234-238; G. Braungart, 1991, 77-85).

Konrad Peutinger war 1518 53 Jahre alt und hatte einen glänzenden Aufstieg hinter sich (vgl. besonders E. König, 1914, und H. Lutz, 1958). Er stammte aus einer wohlhabenden Augsburger Kaufmannsfamilie und hatte seine Studienzeit in Basel sowie in Padua und Bologna verbracht. Dort sowie bei Aufenthalten in Rom und Florenz kam er mit berühmten Humanisten seiner Zeit in Kontakt. Zurück in Augsburg, wurde er, inzwischen promovierter Jurist, 1497 zum Stadtschreiber auf Lebenszeit ernannt und stand damit an der Spitze der reichsstädtischen Verwaltung. Ein Jahr später begann sich sein Kontakt- und Einflussradius durch die Heirat mit Margarethe Welser aus dem neben den Fuggern zweitgrößten Augsburger Handelshaus nochmals beträchtlich zu erweitern. Als Stadtschreiber vertrat Peutinger Augsburg in den folgenden Jahrzehnten in wichtigen politischen und wirtschaftlichen Fragen seiner Zeit. Auch war er ein gesuchter Gutachter oberdeutscher Reichsstädte. In dieser Position machte er die nähere Bekanntschaft mit Kaiser Maximilian I., den er seit längerem persönlich kannte und der ihn nun mit zahlreichen politischen und diplomatischen Missionen betraute. Schon bald wurde Peutinger zum Kaiserlichen Rat ernannt. Er war mit Maximilian geradezu freundschaftlich verbunden, wozu auch die häufigen Aufenthalte des Kaisers in Augsburg beitrugen, der Peutingers Interessen an der *vetustas* teilte.

Der Augsburger Stadtschreiber war ein *uomo universale* der Renaissance, der seinen Einfluss und seine Kontakte, wo immer er konnte, nutzte, um seine gelehrten Interessen zu vertiefen. Über Jahrzehnte hin trug er so die wohl reichhaltigste Privatbibliothek seiner Zeit nördlich der Alpen zusammen und wurde bekannt als Sammler von Altertümern aller Art: von Inschriften und Münzen bis hin zu Kunstdenkmälern. Darunter befindet sich Vieles aus der Antike, doch galten seine Forschungen auch dem Mittelalter. Dieser letztgenannte Aspekt gerät in der Forschung jedoch oftmals in den Hintergrund. Im besonderen gilt das hinsichtlich der Frage nach dem wissenschaftsgeschichtlich-literarhistorischen Standort der in der Person Peutingers zusammenlaufenden Bemühungen um das Mittelalter.

Die Anregungen zur Beschäftigung mit der Vergangenheit im allgemeinen und dem im Zeitalter des Humanismus neu in den Gesichtskreis rückenden Mittelalter im besonderen kamen zu einem guten Teil von Kaiser Maximilian. Für Maximilian war Peutinger, wie es zuerst Paul Joachimsen treffend formuliert hat, das „historische Orakel" seiner Zeit schlechthin (P. Joachimsen, 1910, 205), an den man die schwierigsten, aber auch die seltsamsten Anliegen herantragen konnte: von der Bestimmung alter Münzen – so auch einer Münze mit dem Abbild des *Hercules* (vgl. u. a. K. Giehlow, 1903/04, sowie G. Bruck, 1953, 193f.) – bis hin zur Aufgabe, *hundert frauennamen* des Altertums für

Seiner Majestät neueste Geschütze beizusteuern (K. Peutinger, Briefwechsel, hrsg. E. König, Nr. 167). Infolgedessen nahm Peutinger bei den von Maximilian angeregten Arbeiten zur kaiserlichen *gedechtnus* eine prominente Rolle ein, indem er für die Übermittlung der Aufträge des Kaisers an die Augsburger Drucker, Maler, Bildhauer und Handwerker zuständig war, den Fortgang der Arbeiten überwachte und die Zahlungen vornahm. Peutingers eigene Forschungen hängen damit teils mehr, teils weniger eng zusammen, und sie führen tendenziell in eine neue Richtung.

Sehr deutlich ist der Konnex mit dem Großprojekt Maximilians etwa dort, wo Peutinger – so in einigen Münchener Codices aus seinem Literarischen Nachlass – einen auf die Habsburger-Genealogie bezogenen Kalender der Heiligen und Seligen aufstellt (*Memoria beatorum [...]*) oder wo er Materialien für sein bekanntes *Kaiserbuch* sammelt, eine Geschichte der Römischen Kaiser, die nie zum Abschluss gelangte (P. Joachimsen, 1910, 205-209, 291-293; E. König, 1914, 43-60). Gerade im letztgenannten Fall ist gleichzeitig zu erkennen, dass es Peutinger dabei nicht primär um eine pragmatische Aneignung der Vergangenheit geht und auch nicht um ein umfassendes Sammeln zum Zweck von Herrscherlob und Stabilisation gegenwärtiger Herrschaft sowie zur Legitimation des kaiserlichen Führungsanspruches für die Zukunft, wie man es als das eigentliche Anliegen Kaiser Maximilians formuliert hat (J.-D. Müller, 1982, 81; G. Scholz-Williams, 1986, 36). Im Ziel steht bei Peutinger vielmehr ein Erkenntnisinteresse, das die historische Distanz markiert und eben dadurch den Blick vermehrt von der Antike auch auf das Mittelalter im Sinne der von den italienischen Humanisten ins Spiel gebrachten Epochentrias richtet.

Zeigen lässt sich das insbesondere anhand der maßgeblich von Peutinger besorgten Ausgabe der Geschichtsschreiber der Goten und Langobarden Iordanes und Paulus Diaconus, die 1515 in Augsburg erschien.[3] In der vorangestellten Widmung an Hieronymus von Nogarola betont Peutinger, dass es Maximilians Ansporn zu verdanken sei, wenn viele Bücher und insbesondere in Vergessenheit geratene historische Werke, an denen Maximilian die größte Freude habe – *his enim maxime delectatur* – wieder ans Licht geholt würden.[4] In derselben Widmung stellt Peutinger die von ihm edierten Geschichtswerke der Goten und der Langobarden explizit als Werke über die frühe deutsche Geschichte vor, indem er wie seine humanistischen Zeitgenossen Germanen und Deutsche gleichsetzt. Zugleich betont er, dass das *regnum* dieser *Germani* in Italien keineswegs *crudele* oder *intolerabile* gewesen sei, im Gegenteil. Allerdings dürfe man sich nicht wundern, wenn sowohl Paulus (Diaconus)

---

3   Peutinger veranstaltete die Ausgabe gemeinsam mit Johannes Stabius, doch hebt das Druckprivileg Maximilians I., dat. Freiburg, März 1, den Anteil Peutingers hervor (Iornandes [Iordanes] / Paulus Diaconus, hrsg. K. Peutinger / J. Stabius, 1515, fol. [A]v).

4   K. Peutinger, Dedikationsepistel an Graf Hieronymus von Nogarola (dat. Augsburg, 1515, Febr. 28) zu: Iornandes [Iordanes] / Paulus Diaconus, hrsg. K. Peutinger / J. Stabius, 1515, fol. Aijr-v, gedr. in: K. Peutinger, Briefwechsel, hrsg. E. König, Nr. 156.

als auch Iordanes *nudas res ipsas sine aliquo verborum splendore posuerunt*: wenn ihr Stil recht einfach sei. Denn was sei anderes von den Menschen jener Zeiten zu wünschen *praeter verae historiae traditionem*, als dass sie sich an die Überlieferung der wahren Begebenheiten hielten. Schließlich sei zu ihrer Zeit, *eo tempore*, die *lingua* Roms ebenso darniedergelegen wie Rom selbst,[5] und in diesem Zusammenhang verwendet Peutinger ausdrücklich eine Formulierung, die aufhorchen lässt: *res Romanae declinare coeperunt.*

Was damit genau gemeint ist, wird in einer bisher mehr oder weniger übersehenen kleinen Abhandlung Peutingers deutlich, die sich in demselben Druck im Anschluss an die Gotengeschichte des Iordanes findet, bevor die Geschichte der Langobarden des Paulus Diaconus folgt. Sie trägt den Titel *De inclinatione Romani imperii et exterarum gentium, praecipue Germanorum commigrationibus epitome.*[6] Peutinger greift im ersten Teil dieses Titels mit der Wendung *De inclinatione Romani imperii* eine Terminologie auf, die dem historiographisch bewanderten Literaten im Zeitalter Maximilians bekannt vorkommen musste. Zugleich weist der zweite Teil des Titels mit dem Stichwort *Germanorum conmigrationibus* voraus auf diejenige Arbeit, die das Thema von Peutingers Abriss rund vierzig Jahre später zum Programm erheben und als wegweisende, umfassende Geschichte der Völkerwanderung bekannt werden sollte: auf *De gentium aliquot migrationibus* des kaiserlichen Hofhistoriographen Wolfgang Lazius.

Auf diese Zeit der *Germanorum conmigrationes* und des Niedergangs Roms spielt auch der italienische Humanist Chrysostomus in dem anfangs zitierten Schreiben aus Peutingers Sammlung *Carmina ad me* an, wenn er den Rang seiner Heimat als Pflegestätte der *bonae artes* hervorhebt und ihn dem Verlust des einstigen Kriegsruhms entgegensetzt, den die *fera Germaniæ pubes* Italien zugefügt habe.[7] Von der Sache her ruft auch Chrysostomus damit genau jene Trias von Antike, Mittelalter und Neuzeit auf, die (ohne auch schon eine ausgeprägte Terminologie zu verwenden) zuerst Petrarca zum Thema machte, indem er sich in die Nachfolge des klassischen Altertums stellte und dieses von der „dunklen", weil an vergleichbaren, „illustren" Autoren armen Zeit danach absetzte (vgl. U. Neddermeyer, 1988, 101f.; E. Keßler, 1978, 37-40 mit Anm. 49 auf S. 219).

Petrarcas Periodisierung war eine literarhistorisch-kulturgeschichtliche, noch nicht auch eine allgemein-historiographische. Als solche etablierte sie sich erst nach und nach nicht zuletzt im Gefolge der *Decades* des päpstlichen Notars und apostolischen Sekretärs Flavio Biondo aus der Mitte des 15. Jahr-

---

5 Im vollen Wortlaut der Dedikationsepistel (wie Anm.4): *[...] eo tempore, quo Latialis ["von Latium"] lingua una cum rebus ipsis [i. e. "res Italiae" bzw. "res Romanae"] iam interierat.*
6 In: Iornandes [Iordanes] / Paulus Diaconus, hrsg. K. Peutinger / J. Stabius, 1515, fol. [Dv]r-v.
7 Chrysostomus [Lucanus?], Brief o. O. u. o. J. in: K. Peutinger, Carmina ad me, Staats- und StadtB. Augsburg, 2° Cod. Aug. 406a, fol. 14r-v.

hunderts, wobei aber der literatur- und kulturgeschichtliche Ausgangspunkt noch lange präsent bleiben sollte (vgl. insbesondere U. Muhlack, 1991, 164ff.). Biondo ist der erste humanistische Altertumsforscher und Historiograph, der den Untergang Roms, den er auf die Eroberung der Stadt durch Alarich und die Westgoten im Jahre 412 (eigentlich: 410) datiert, zum Ausgangspunkt einer historischen Darstellung macht. Mit seinen *Historiarum ab inclinatione Romani imperii decades* hatte Biondo die erste humanistische Geschichte des Mittelalters vorgelegt, die seit ihrer erstmaligen Drucklegung im späten 15. Jahrhundert (1483) größten Erfolg erzielen sollte. Dazu trug insbesondere die stilistische und zugleich kürzende Bearbeitung durch die berühmte humanistische Leitgestalt Enea Silvio Piccolomini bei, die den Blick noch verstärkt auf das Mittelalter konzentriert (*Supra decades Blondi, ab inclinatione imperii [...] epitome*).[8]

Konrad Peutinger, in dessen Bibliothek sich sowohl Drucke der *Decades* Biondos wie auch der Kurzfassung des Enea Silvio Piccolomini befanden (vgl. K. Peutinger, Katalog I/II, hrsg. H.-J. Künast / H. Zäh, Register, s. v.), setzt mit seinem Abriss über den Niedergang Roms und die Völkerwanderung sowie mit der zugehörigen Doppelausgabe des Iordanes und des Paulus Diaconus an genau dieser Stelle an. Die italienischen Humanisten machten den Vorfahren der Deutschen, wie auch bei Chrysostomus anklingt, den Vorwurf, die kulturelle Blüte Roms zerstört zu haben. Mit der Fokussierung des Untergangs der Antike war jedoch auch die Frage nach dem Mittelalter und dessen Anfängen aufgeworfen (vgl. U. Goerlitz, 2007, 299-313). Die Völkerwanderungszeit bildet infolgedessen den eigentlichen Kristallisationspunkt, von dem aus über die *inclinatio* Roms reflektiert wurde; dadurch war zugleich – was von der Forschung aber meist ausgeblendet bleibt – der Blick auf das Mittelalter freigegeben. „Von diesem epochalen Wendepunkt aus wurde dann nach den Germanen auch während des Altertums gefragt, trat die Suche" nach der *vetustas* der *Germania* ein „in das Spannungsfeld von Mittelalter-Rezeption und Wiederentdeckung der Antike" (ebda., 309f.). Die in doppelter Hinsicht einerseits auf die klassische Antike, andererseits auf die Gegenwart der Renaissance behauptete *obscuritas* des später so benannten Mittelalters im Sinne eines Mangels an Glanzlichtern unter den Schriftstellern und Gelehrten wurde damit zugleich zum Auslöser für eine nähere Beschäftigung mit ebenjener „dunklen" Zeit. In dem Maße, in dem das Mittelalter dadurch zum Gegenstand historisch-philologischer Interessen wurde, entdeckte man auch seine Schrifsteller neu.

Am Anfang stehen auf diese Weise so bekannte Editionen wie die der Opera der Hrotswith von Gandersheim des Conrad Celtis von 1501, deren

---

8   Die Epitome des Enea Silvio Piccolomini konzentriert den Blick durch die Verkürzung auf nur zwei der ursprünglich vier Dekaden, die bei Biondo von 412 bis 1410 geführt sind, noch weit stärker auf das Mittelalter bzw. auf dessen Beginn als das ausführliche Opus Biondos selbst. Vgl. insbesondere D. Hay, 1959.

Latinität man rühmte, oder des 1507 von Peutinger herausgegebenen Hexameter-Epos *Ligurinus* über die Taten Kaiser Friedrich Barbarossas, das Peutinger in seinen Bibliothekskatalogen ebenso wie die Werke der Hrotswith in der Rubrik *Historiae* verzeichnet.[9] Es sind Werke, die kulturelle Höhepunkte markieren und beweisen sollten, dass auch die deutsche Vergangenheit ihre *viri illustres* hatte. Aus diesem Anliegen heraus hatte der Benediktinerabt Johannes Trithemius – auch er ein Gelehrter, der Maximilians historisch-genealogische Interessen teilte und sie als Historiograph zu bedienen suchte – 1495 auf Betreiben Jakob Wimpfelings einen *Catalogus illustrium virorum Germaniae* zusammengestellt, um genau dies aufzuzeigen: dass man *Germaniam nostram* eben nicht wie so mancher als *quasi sterilem et bonis artibus vacuam* geringschätzen könne (vgl. K. Arnold, ²1991, 132-137).[10] Der Katalog setzt im 4. Jahrhundert n. Chr. ein und konzentriert sich ausschließlich auf christliche Schriftsteller der *Germania*. Es handelt sich gleichsam um die „erste deutsche Literaturgeschichte‟‘ (ebda., 132). Indem sie bis in die Gegenwart geführt ist, wird die implizite Epochengrenze des Mittelalters in ihr überspielt. Dennoch stellt der Katalog in seinem Versuch einer Abwehr des italienischen Barbarenverdikts eine Reaktion auf dieses dar und damit auf das diesem zugrundeliegende kulturgeschichtliche triadische Epochenschema.

Bezeichnend ist dabei die daraus resultierende Überlagerung von dreistelligem und zweistelligem Schema: Im ersten Fall erhält das Mittelalter in literatur- und kulturhistorischer Hinsicht, ursprünglich abwertend, epochalen Charakter, im zweiten hingegen bleibt es (als Epoche) ausgeblendet zugunsten einer dichotomischen Entgegensetzung von Gegenwart und Vergangenheit mit variabler Abgrenzung: sei es, dass die Abgrenzung primär über die Opposition ‚heidnisch-barbarisch‘ versus ‚christlich‘ erfolgt, wie es Enea Silvio Piccolomini in seiner unter dem Titel *Germania* bekannt gewordenen Entgegnung auf die *Gravamina* der deutschen Nation gegen die ausbeutende Finanzpolitik der römischen Kurie nahelegt, indem er die von Rom christianisierte, in der Gegenwart so blühende und finanzkräftige *nova Germania* mit ihrer rauhen heidnischen Vorzeit (*vetus Germania*) kontrastiert; oder sei es etwa, dass die entscheidende Zäsur gemäß dem tradierten mittelalterlichen Schema der Translatio imperii angesetzt und bei Karl dem Großen gesehen wird, den die deutschen Humanisten programmatisch zum „Deutschen‟ erklärten und damit zu einem frühen Höhepunkt „deutscher‟ Macht und Kultur (vgl. insbesondere F. J. Worstbrock, 1965 und 1974; U. Muhlack, 1991, 163ff., 202ff.; D. Mertens, 1992 und 1998; H. Münkler / H. Grünberger / K. Mayer,

---

9 K. Peutinger, hier Katalog I, Fachkatalog der nicht-juristischen Bücher, hrsg. H.-J. Künast / H. Zäh, Bd. 1, S. 625 (*Rosuitha*, Signatur *B 89*) u. S. 630 (*Historia Friderici Aenobarbi*, Signatur *BB 10*). Bibliographische Angaben ebda., Nr. 416.3, S. 362f. [Hrotswith, VD 16 H 5278], und Nr. 565, S. 438 [*Ligurinus* des Guntherus, VD 16 G 4135/4136].

10 Das Zitat ist dem beigegebenen Brief des Trithemius an Jacob Wimpfeling, dat. Sponheim, 1491, Febr. 8, entnommen (J. Trithemius, Cat. ill. vir. Germ., hrsg. M. Freher, 122).

1998, 175-209; H. Jaumann, 1999; J. Robert, 2002; U. Goerlitz, 2007, 306-315 mit Anm. 103).

So verwundert es nicht, dass Karl auch im Katalog der berühmten Schriftsteller Deutschlands des Abtes Trithemius einen herausragenden Platz einnimmt, habe Karl sich doch, so Trithemius, um die *artes liberales* und insbesondere um die deutsche Sprache verdient gemacht, so dass er in keiner Weise in einem *catalogus illustrium virorum germaniae* fehlen dürfe (J. Trithemius, Cat. ill. vir. Germ., hrsg. M. Freher, 125). Frühmittelalterliche Autoren wie Einhard, Hrabanus Maurus, Walahfrid Strabo, Otfrid von Weißenburg sind Schriftsteller, die Trithemius im folgenden heraushebt (ebda., 125-128), und es ist bekannt, dass Trithemius der erste ist, der Otfrid für seine Zeit wiederentdeckte (vgl. E. Hellgardt, 1989). Der Abt preist ihn wegen seiner Verdienste um den rechten Gebrauch der deutschen Sprache seiner Zeit, die, wie er hinzufügt, *nostra aetate* allerdings schwer verständlich sei (J. Trithemius, Cat. ill. vir. Germ., hrsg. M. Freher, 127f.).

Dass Trithemius explizit auch auf deutschsprachige Werke hinweist, ist singulär in seinem Katalog und zeigt, wie die gezielte Recherche nach vergessenen Autoren der vermeintlich „dunklen" Zeiten in mehrfacher Hinsicht zu deren Um- und in der Folge Aufwertung führt: Solange die Antike zum alleinigen Maßstab erhoben wurde, galten unklassisches Latein und Volkssprache gleichermaßen als Ausdruck mangelnder Gelehrsamkeit. In dem Augenblick aber, in dem mit der *inclinatio Romani imperii* zugleich die *Germanorum conmigrationes* in den Fokus gerieten[11] und dadurch der Blick auch auf das Mittelalter grundsätzlich geöffnet war, änderte sich sukzessive auch die Einstellung gegenüber denjenigen Schriftstellern, die über die neu entdeckte Epoche Auskunft gaben und in ihr tätig waren.

Mit der Umdeutung des von den italienischen Humanisten angeführten Barbarentums der völkerwanderungszeitlichen Germanen in Kriegstüchtigkeit ging infolgedessen eine Aufwertung auch der darüber berichtenden Schriftsteller einher, wie sie in der zitierten Widmung Peutingers zu seiner Ausgabe des Iordanes und des Paulus Diaconus deutlich ausgesprochen ist: Wie zu sehen, entschuldigt Peutinger das schlichte Latein der beiden frühmittelalterlichen Geschichtsschreiber der Goten und Langobarden nicht nur, sondern er stellt eine Parallele von ungekünstelter Sprache und „nackter" Tatsachenwahrheit her.[12] Damit korrespondiert seine Editionstechnik, die Vorbehalte gegenüber der Sprache der edierten Werke aufgibt und am Ende der Edition genauestens die Errata auflistet.[13] Dem entsprechen aber auch Peutingers Anstrengungen, alle

---

11 Vgl. die Formulierungen von K. Peutinger, De inclinatione Romani imperii, in: Iornandes [Iordanes] / Paulus Diaconus, hrsg. K. Peutinger / J. Stabius, 1515, fol. [Dv]r-v.

12 Wie oben nach Anm. 4 zitiert.

13 Vgl. zu dem beschriebenen Öffnungsprozess gegenüber mittelalterlicher Latinität und Volkssprache im Kontext der zeitgenössischen Imitatio-Debatte grundsätzlich auch J.-D. Müller, 1999.

erreichbaren Materialien zu der solchermaßen neue Konturen gewinnenden deutschen *vetustas* in seiner großen Bibliothek zu sammeln. Das gilt nicht nur für die frühesten Drucke, die der Augsburger Humanist sich nach Möglichkeit stets sogleich besorgte, sondern auch für schwer zugängliche Handschriften, die er sich auslieh und abschrieb, exzerpierte oder auch abschreiben ließ.[14]

So besaß Peutinger etwa die *Vita Karoli* Einhards in einer Abschrift (zusammengebunden mit Exzerpten aus den *Gesta Karoli imperatoris* des Notker Balbulus), die aufgrund einer Vorlage aus Tegernsee entstand, und man weiß, dass Peutinger weitere Einhard-Handschriften in Klosterneuburg und in St. Ulrich und Afra in Augsburg eingesehen hatte.[15] Nach einer Vorlage aus Kloster Petershausen bei Konstanz ließ er die *Annales Laureshamenses* sowie die *Annales regni Francorum* abschreiben.[16] Die Reihe ließe sich fortsetzen: Hrabanus Maurus, Walahfrid Strabo, Regino von Prüm und so weiter sind in Peutingers Bibliothek und in seinem Nachlass versammelt und ausgewertet. Dabei trug Peutinger zugleich zu den Ausgaben anderer bei: Beispielsweise hatte er um 1510 eine Abschrift des *Chronicon* des Regino von Prüm anfertigen lassen, das bis 906 reicht und unter Verwendung unter anderem des Paulus Diaconus entstand. Die Abschrift basiert auf zwei wertvollen Vorlagen aus Reichenau sowie aus Freising.[17] Peutinger stellte sie für den durch Sebastian von Rotenhan besorgten Erstdruck zur Verfügung, der 1521 gleichzeitig wie auch Einhards *Vita Karoli* in Köln erschien[18] und in dem der Herausgeber Regino explizit als Schriftsteller der G e r m a n o r u m res gestas bezeichnet.[19]

Als herausragender Kenner dieser und anderer mittelalterlicher Autoren wurde Peutinger immer wieder auch von Kaiser Maximilian in Anspruch genommen, so auch im Vorfeld der Drucklegung des *Compendium* über die Geschichte der Franken des Johannes Trithemius, das 1515 in Mainz erschien und im Umkreis Maximilans für lebhafte Auseinandersetzungen sorg-

---

14 Vgl. K. Peutinger, Katalog I und Katalog II, hrsg. H.-J. Künast / H. Zäh, und weiterweisend U. Goerlitz, 2008.

15 Vgl. die Anmerkungen zur betreffenden Sammelhandschrift: K. Peutinger, Katalog II, Standortkatalog der nicht-juristischen Bücher, Signatur *B 152*, hrsg. H.-J. Künast / H. Zäh, Bd. 1, Nr. 480, S. 396-399, vor allem zur Abschrift Einhards und Notkers Balbulus, Nr. [480.4], S. 397f. Soweit nicht anders angegeben, vgl. zum folgenden jeweils ebda., Register, s. v.

16 Die Abschrift befand sich in derselben Sammelhandschrift *B 152* wie Einhards *Vita Karoli*, vgl. oben Anm. 15.

17 K. Peutinger, Katalog II, Standortkatalog der nicht-juristischen Bücher, Signatur *BB 2*, hrsg. H.-J. Künast / H. Zäh, Bd. 1, Nr. 557, S. 428f.

18 [Einhard:] Vita et gesta Karoli Magni [...]. Hrsg. v. Hermann von Neuenar. Köln 1521 [VD 16 E 726]. Vgl. das Exemplar Peutingers, Katalog II, Standortkatalog der nicht-juristischen Bücher, Signatur *CC 83*, hrsg. H.-J. Künast / H. Zäh, Bd. 1, Nr. 298, S. 313.

19 Sebastian von Rotenhan in seinem Begleitbrief an Wolfgang Capito, dat. Mainz, 1521, Juli 15, zu Regino monachi Prumiensis Annales [...]. Hrsg. v. dems. Mainz 1521 [VD 16 R 599]. Vgl. das Exemplar Peutingers, Katalog II, Standortkatalog der nicht-juristischen Bücher, Signatur *B 141*, hrsg. H.-J. Künast / H. Zäh, Bd. 1, Nr. 469, S. 393.

te (vgl. K. Arnold, [2]1991, 164ff.; auch S. Laschitzer, 1888, 17ff.; A. Lhotsky, 1971, 59f., 93; G. Althoff, 1979, 77ff.). Trithemius geht darin der fränkischen Geschichte von den Anfängen bis ins Jahr 749 nach und beteiligte sich mit seiner Herleitung der *origo* der *gens Francorum* an den damaligen Konstruktionen des Habsburger-Stammbaums. Er verlegt die Einwanderung der Franken *in germaniam* (J. Trithemius, Compendium, fol. Aijr) aus dem 4. Jahrhundert nach Christus in das 5. Jahrhundert vor Christus und nahm Änderungen an der Abfolge der fränkischen Könige vor. Auf diese Weise „korrigierte" er den Stammbaum der Habsburger, der im Auftrag Maximilians zuvor von Jakob Mennel vorgelegt worden war (vgl. zu Mennel auch P. Kathol, 1998, und zuletzt T. Reinhardt, 2006). In dem von Maximilian ausgestellten Druckprivileg zum *Compendium* des Trithemius (Rückseite des Titelblattes) wird deshalb eigens darauf hingewiesen, dass Konrad Peutinger das Kompendium des Trithemius auf kaiserliche Anordnung hin kritisch durchzusehen hatte, und aus Peutingers Einträgen in seinen erhaltenen Bibliothekskatalogen geht hervor, was er von den Konstruktionen des Trithemius, die Maximilian durchaus gelegen kamen, tatsächlich hielt: Unter der Signatur *B 139* heißt es in Peutingers Standortkatalog *Annales sed minus verae de Gente Francorum Ioannis Tritemii*.[20] Ähnlich fügt Peutinger auch im parallelen Fachkatalog zum Eintrag *Abbas Tritemius de Francis* hinzu: *quem fictum credo*.[21]

Peutinger lag damit richtig: Das Kompendium über Ursprung und Geschichte der Franken des Trithemius beruht in großen Teilen auf fiktiven Gewährsmännern wie insbesondere Hunibald aus – vorgeblich – der Zeit Chlodwigs um 500, deren vielbeklagte Quellenarmut damit partiell verringert schien. Trithemius wusste, wie er verfahren musste, um wenn nicht bei Peutinger, so doch bei Maximilian und vielen seiner Zeitgenossen Glauben zu finden (vgl. grundsätzlich K. Arnold, [2]1991, 167-179, und N. Staubach, 1988; zu Kritikern des Trithemius ergänzend U. Goerlitz, 1999). Die Fiktion eines bei Zugrundelegung der Epochentrias „frühmittelalterlichen" Geschichtsschreibers der Franken mag ihm nicht nur legitim, sondern angesichts anderer, tatsächlicher Entdeckungen mittelalterlicher Schriftsteller auch plausibel erschienen sein. So unterschiedlich in diesem Zusammenhang die Zugriffsweisen einerseits des Trithemius, andererseits Peutingers zur Erhellung der „dunklen" Zeiten methodisch auch sein mögen – unter Anwendung der euhemeristischen Mythenexegese k o n struierend im ersten,[22] historisch r e konstruierend im zweiten Fall, pragmatisch-aneignend mit Blick auf die genealogischen Interessen der

---

20 K. Peutinger, Katalog II, Standortkatalog der nicht-juristischen Bücher, hrsg. H.-J. Künast / H. Zäh, Bd. 1, Nr. 467, S. 392.

21 K. Peutinger, Katalog I, Fachkatalog der nicht-juristischen Bücher, Signatur *B 139*, hrsg. H.-J. Künast / H. Zäh, Bd. 1, S. 630.

22 Zur euhemeristischen Mythenexegese vgl. in diesem Kontext grundsätzlich J.-D. Müller, 1982, 198ff.

Gegenwart bei Trithemius, historisch-philologisch distanzierend bei Peutinger – so sehr sind sie doch beide von Maximilian I. inspiriert.

Beide Zugriffsweisen führen in der Aetas Maximilianea zu einer Beschäftigung mit dem Mittelalter, die in Vergessenheit Geratenes ans Licht holt. Nur im zweiten, durch Peutinger repräsentierten Fall aber ist damit eine s y s t e m a t i s c h e historische Distanzierung verbunden, wie sie die Voraussetzung einer weitergehenden historisch-philologischen Auseinandersetzung bildet und langfristig eine neuartige Hinwendung zur Epoche des Mittelalters und ihrer Literatur ermöglichte: zu einer, wie Chrysostomus es vom italienischen Standpunkt aus formulierte, *a carie ac situ* bedrohten Zeit zwischen Roms Machtverlust und der Wiederbelebung des *bonarum artium cultus*,[23] deren Literatur ihren Wert für Peutinger zuerst und vor allem unter dem Gesichtspunkt der historisch-literarhistorischen Erschließung der Epoche erhielt. Unter demselben Kriterium konnte dann sukzessive auch die antiker Latinität gänzlich ferne deutschsprachige Literatur des Mittelalters ihren Einzug in die gelehrte, historisch-philologische Beschäftigung mit der *media aetas* halten. Sie wird in gelehrt-lateinischem Kontext zitierfähig. Ein Beispiel dafür ist die 1557, ein Jahrzehnt nach Peutingers Tod, erschienene Völkerwanderungsgeschichte des Wolfgang Lazius, in der das *Nibelungenlied* zitiert wird (vgl. G. Jaspers, 1983, 61ff., 66). Wie angedeutet (oben nach Anm. 6), gleicht ihr Titel im Kern demjenigen der kleinen Abhandlung Peutingers über die *Germanorum gentium commigrationes* am Anfang des Mittelalters: jener Epoche, deren Abgrenzung die kleine Schrift voraussetzt und zu deren in einem umfassenden Sinn historisch-kulturellen Erforschung Peutinger, in den Worten des italienischen Humanisten Chrysostomus ebenso wie Kaiser Maximilians, *magna industria et labore*[24] und *in communem omnium vtilitatem*[25] einen zukunftweisenden Beitrag leistete.

---

23 Chrysostomus [Lucanus?], Brief in: K. Peutinger, Carmina ad me, Staats- und StadtB. Augsburg, 2° Cod. Aug. 406ᵃ, fol. 14r-v.

24 Ebda.

25 Kaiser Maximilian I., Druckprivileg zu: Iornandes [Iordanes] / Paulus Diaconus, hrsg. K. Peutinger / J. Stabius, 1515, dat. Freiburg, März 1, fol.[A]v; auch das Druckprivileg hebt die *industria* jener Gelehrten hervor, die sich wie *Conradus Peutinger* um die *libri et monumenta venerandæ vetustatis* verdient machten.

Bibliographie

I. Quellen

Handschriften sind in diesem Verzeichnis mitaufgeführt. – Im Fall von mittelalterlichen Texten, die von Humanisten herausgegeben worden sind, sind zusätzlich zu den mittelalterlichen Verfassern/Werken auch die humanistischen Herausgeber aufgeführt.

Flavius Blondus: Historiarum ab inclinato Romano imperio Decades III. In: ders.: [Opera]. Basel 1559 [VD 16 B 5536].

Chrysostomus [Lucanus?]: [Briefe und Gedichte an Konrad Peutinger. O. O., o. J.]. In: → Peutinger, Konrad: Carmina ad me, fol. 14r-16v.

[Einhard:] Vita et gesta Karoli Magni [...]. Hrsg. v. Hermann von Neuenar. Köln 1521 [VD 16 E 726].

[Guntherus:] Ligurini de gestis imperatoris Caesaris Friderici primi Augusti libri decem [...]. Hrsg. v. Konrad Peutinger. [Augsburg], April 1507 [VD 16 G 4135/ 4136].

Iornandes [Iordanes]: De rebus Gothorum./ Paulus Diaconus Foroiuliensis: De gestis Langobardorum. Hrsg. v. Konrad Peutinger u. Johannes Stabius. Augsburg, 21. März 1515 [VD 16 J 932].

Wolfgang Lazius: De gentium aliquot migrationibus, sedibus fixis, reliquijs, linguarumque initijs et immutationibus ac dialectis, libri XII [...]. Basel 1557 [VD 16 L 849].

Hermann von Neuenar (Hrsg.) → [Einhard]...

Paulus Diaconus Foroiuliensis: De gestis Langobardorum. Hrsg. v. Konrad Peutinger u. Johannes Stabius. Augsburg, 21. März 1515 [hrsg. zusammen mit → Iornandes (Iordanes)...].

Konrad Peutinger: [...] Briefwechsel. Gesammelt, hrsg. u. erl. v. Erich König. München 1923 (= Humanisten-Briefe 1).

Ders.: Carmina ad me, Staats- und Stadtbibliothek Augsburg, 2° Cod. Aug. 406ᵃ [= Sammlung von Briefen und Gedichten an Peutinger, fehlt in K. Peutinger, Briefwechsel, hrsg. E. König].

Ders.: De inclinatione Romani imperii et exterarum gentium, praecipue Germanorum commigrationibus epitome. In: → Iornandes [Iordanes] / Paulus Diaconus, hrsg. K. Peutinger / J. Stabius, 1515, fol. [Dv]r-v.

Ders.: [Katalog I. Bibliothekskatalog von um 1515 mit Nachträgen bis 1522/23]. Bayerische Staatsbibliothek München, Clm 4021ᵇ. Hrsg. v. → Sekundärliteratur: H.-J. Künast / H. Zäh, 2003-2005.

Ders.: [Katalog II. Bibliothekskatalog von 1523 mit Nachträgen bis um 1540/ um 1545 (nicht-juristische Bücher) bzw. um 1535/36 (juristische Bücher)]. Bayerische Staatsbibliothek München, Clm 4021^c. Hrsg. v. → Sekundärliteratur: H.-J. Künast / H. Zäh, 2003-2005.

Ders.: Memoria beatorum et eorum qui in divos relati sunt ex maioribus et progenitoribus Imperatoris Caesaris Maximiliani Augusti Kalendario Romano coniuncta. München, Bayerische Staatsbibliothek, Clm 4012^d (Konzept), Clm 4012^e (Reinschrift).

Ders. (Hrsg.) → [Guntherus:]...

Konrad Peutinger und Johannes Stabius (Hrsgg.) → Iornandes [Iordanes]...

Konrad Peutinger und Johannes Stabius (Hrsgg.) → Paulus Diaconus...

[Enea Silvio Piccolimini] Aeneas Sylvius Piccolomineus: Supra decades Blondi, ab inclinatione imperii usque ad tempora Joannis vicesimitertii pontificis maximi, epitome. In: ders.: [...] opera quae extant omnia [...]. [Hrsg. v. Marcus Hopperus]. Basel 1571, Ndr. Frankfurt am Main 1967, S. 144-281 [VD 16 P 3094].

Enea Silvio Piccolomini: Germania. Zusammen mit Jakob Wimpfeling: Responsa et replica ad Eneam Silvium hrsg. v. Adolf Schmidt. Köln, Graz 1962.

Regino monachi Prumiensis Annales, non tam de augustorum vitis, quam aliorum Germanorum gestis et docte et compendiose disserrentes, ante sexingentos fere annos editi. Hrsg. v. Sebastian von Rotenhan. Mainz 1521 [VD 16 R 599].

Sebastian von Rotenhan (Hrsg.) → Regino monachi Prumiensis...

Johannes Trithemius: Catalogus illustrium virorum Germaniae. [Mainz: Peter Friedberg, nicht vor 1495, Aug. 14] [H 15615].

[Dass. unter dem Titel:] Catalogus illustrium virorum Germaniam suis ingeniis et lucubrationibus omnifariam exornantium [...]. In: ders.: Opera historica [...]. Bd. 1. Hrsg. v. Marquard Freher. Frankfurt am Main 1601, Ndr. Frankfurt am Main 1966, S. 121-183 [zit.: J. Trithemius, Cat. ill. vir. Germ., hrsg. M. Freher].

Johannes Trithemius: Compendium sive Breviarium primi voluminis annalium sive historiarum, de origine regum et gentis Francorum. Mainz 1515 [VD 16 T 1973].

[Dass. unter dem Titel:] Compendium sive breviarium primi voluminis chronicarum sive annalium de origine regum et gentis Francorum. In: ders.: Opera historica [...]. Bd. 1. Hrsg. v. Marquard Freher. Frankfurt am Main 1601, Ndr. Frankfurt am Main 1966, S. 1-62 [zit.: J. Trithemius, Compendium, hrsg. M. Freher].

II. Sekundärliteratur

Gerd Althoff: Studien zur habsburgischen Merowingersage. In: Mitteilungen des Instituts für österreichische Geschichtsforschung 87. 1979, S. 71-100.

Klaus Arnold: Johannes Trithemius (1462-1516). 2., bibliographisch u. überlieferungsgeschichtlich neu bearb. Aufl. Würzburg 1991 (= Quellen und Forschungen zur Geschichte des Bistums und Hochstifts Würzburg 23).

Georg Braungart: Mythos und Herrschaft: Maximilian I. als Hercules Germanicus. In: Walter Haug und Burghart Wachinger (Hrsgg.): Traditionswandel und Traditionsverhalten. Tübingen 1991 (= Fortuna vitrea 5), S. 77-95.

Guido Bruck: Habsburger als „Herculier". In: Jb. der Kunsthistorischen Sammlungen in Wien 50 (N. F. 14). 1953, S. 191-198.

Mario Emilio Cosenza: Biographical and bibliographical dictionary of the Italian humanists and of the world of classical scholarship in Italy, 1300-1800. 5 Bde. 2., durchges. u. erw. Aufl. Boston, MA 1962.

[DBI:] Dizionario biografico degli Italiani. Hrsg. v. Istituto della Enciclopedia Italiana. Bd. 1-[68]. Rom 1960-[2007].

Karl Giehlow: Dürers Stich ‚Melencolia I' und der maximilianische Humanistenkreis. Ein Gutachten Konrad Peutingers über die Melancholie des Hercules Aegyptius. In: Mitteilungen der Gesellschaft für vervielfältigende Kunst 26. 1903, Nr. 2, S. 29-41, und 27. 1904, Nr. 3, S. 6-18, Nr. 4, S. 57-78.

Uta Goerlitz: Literarische Konstruktion (vor-)nationaler Identität seit dem *Annolied*. Analysen und Interpretationen zur deutschen Literatur des Mittelalters (11.-16. Jahrhundert). Berlin / New York 2007 (= Quellen und Forschungen zur Literatur- und Kulturgeschichte 45).

Dies.: *Minerva* und das *iudicium incorruptum*. Wissensspeicherung und Wissenserschließung in Bibliothek und Literarischem Nachlass des Konrad Peutinger. In: Martin Schierbaum (Hrsg.): Enzyklopädistik zwischen 1550 und 1650. Typen und Transformationen. Internationale Tagung des Teilprojektes B4 ‚*Poetica* und *historica* in frühneuzeitlichen Wissenskompilationen' des Münchener Sonderforschungsbereiches 573 ‚Pluralisierung und Autorität in der Frühen Neuzeit (15.-17. Jh.)', Tagungsstätte Kloster Irsee, 8.-11.9.2005. Münster 2008 (= Pluralisierung und Autorität in der Frühen Neuzeit – P & A –) [im Druck].

Dies.: Wissen und Repräsentation: Zur Auseinandersetzung des Hermannus Piscator mit Johannes Trithemius um die Rekonstruktion der Vergangenheit. In: Artes im Mittelalter. Hrsg. v. Ursula Schaefer. Berlin 1999, S. 198-212.

[H:] Ludwig Hain: Repertorium bibliographicum in quo libri omnes ab arte typographia inventa usque ad annum MD. typis expressi, ordine alphabetico vel simpliciter enumerantur vel adcuratius recensentur. 2 Bde. [Stuttgart, Tübingen, Paris 1826-1838], Ndr. Berlin 1925.

Denys Hay: Flavio Biondo and the Middle Ages. In: Proceedings of the British Academy 45. 1959, S. 97-128.

Ernst Hellgardt: ...*nulli suo tempore secundus*. Zur Otfridrezeption bei Johannes Trithemius und im 16. Jahrhundert. In: Albrecht Greule und Uwe Ruberg (Hrsgg.): Sprache – Literatur – Kultur. Studien zu ihrer Geschichte im deutschen Süden und Westen. Wolfgang Kleiber zu seinem 60. Geburtstag gewidmet. Stuttgart 1989, S. 355-375.

Gerard Jaspers: Die deutschen Textfragmente in den lateinischen Werken des Wolfgang Lazius. In: Amsterdamer Beiträge zur älteren Germanistik 20. 1983, S. 56-73.

Herbert Jaumann: Das dreistellige Translatio-Schema und einige Schwierigkeiten mit der Renaissance in Deutschland. Konrad Celtis' *Ode ad Apollinem* (1486). In: Gregor Vogt-Spira und Bettina Rommel unter Mitwirkung v. Immanuel Musäus (Hrsgg.): Rezeption und Identität. Die kulturelle Auseinandersetzung Roms mit Griechenland als europäisches Paradigma. Stuttgart 1999, S. 335-349.

Paul Joachimsen: Geschichtsauffassung und Geschichtsschreibung in Deutschland unter dem Einfluß des Humanismus. Leipzig 1910, Ndr. Aalen 1968.

Peter Kathol: Alles Erdreich ist Habsburg Untertan. Studien zu genealogischen Konzepten Maximilians I. unter besonderer Berücksichtigung der „Fürstlichen Chronik" Jakob Mennels. In: Mitteilungen des Instituts für österreichische Geschichtsforschung 106, 3/4. 1998, S. 365-376.

Eckhard Keßler: Petrarca und die Geschichte. Geschichtsschreibung, Rhetorik, Philosophie im Übergang vom Mittelalter zur Neuzeit. München 1978 (= Humanistische Bibliothek. Reihe 1,25).

Erich König: Peutingerstudien. Freiburg im Breisgau 1914 (= Studien und Darstellungen aus dem Gebiete der Geschichte 9,1/2).

Simon Laschitzer: Die Genealogie des Kaisers Maximilian I. In: Jb. der kunsthistorischen Sammlungen des Allerhöchsten Kaiserhauses 7 (1888), S. 1-199.

Alphons Lhotsky: Apis Colonna. Fabeln und Theorien über die Abkunft der Habsburger. Ein Exkurs zur Cronica Austrie des Thomas Ebendorfer. In: ders.: Das Haus Habsburg. Wien 1971 (= Alphons Lhotsky. Aufsätze und Vorträge 11), S. 7-102.

Heinrich Lutz: Conrad Peutinger. Beiträge zu einer politischen Biographie. Augsburg 1958 (= Abhandlungen zur Geschichte der Stadt Augsburg 9).

William C. McDonald: Maximilian I of Habsburg and the veneration of Hercules. On the revival of myth and the German Renaissance. In: The Journal of Medieval and Renaissance Studies 6 (1976), S. 139-154.

J.-F. Maillard, J. Kecskeméti und J. Portalier: L'Europe des humanistes (XIVe-XVIIe siècles). Répertoire. Paris 1995 (= Institut de Recherche et d'Histoire des Textes. Documents, études, répertoires 65).

Dieter Mertens: Mittelalterbilder in der Frühen Neuzeit. In: Gerd Althoff (Hrsg.): Die Deutschen und ihr Mittelalter. Themen und Funktionen moderner Geschichtsbilder vom Mittelalter. Darmstadt 1992, S. 29-54.

Ders.: Deutscher Renaissance-Humanismus. In: Humanismus und Europa. Hrsg. v. der Stiftung ‚Humanismus heute‘ des Landes Baden-Württemberg, mit einem Geleitwort v. Helmut Engler. Heidelberg 1998 (= Bibliothek der Klassischen Altertumswissenschaften. N. F. 2,103), S. 187-210.

Jan-Dirk Müller: *Gedechtnus*. Literatur und Hofgesellschaft um Maximilian I. München 1982 (= Forschungen zur Geschichte der älteren deutschen Literatur 2).

Ders.: Warum Cicero? Erasmus' Ciceronianus und das Problem der Autorität. In: Scientia Poetica 3. 1999, S. 20-46.

Herfried Münkler, Hans Grünberger und Kathrin Mayer: Nationenbildung. Die Nationalisierung Europas im Diskurs humanistischer Intellektueller. Italien und Deutschland. Berlin 1998 (= Politische Ideen 8).

Ulrich Muhlack: Geschichtswissenschaft im Humanismus und in der Aufklärung. Die Vorgeschichte des Historismus. München 1991.

Uwe Neddermeyer: Das Mittelalter in der deutschen Historiographie vom 15. bis zum 18. Jahrhundert. Geschichtsgliederung und Epochenverständnis in der frühen Neuzeit. Köln / Wien 1988 (= Kölner historische Abhandlungen 34).

Tanja H. Reinhardt: Die Habsburgischen Heiligen des Jakob Mennel, Diss. Freiburg im Breisgau 2006, als E-Book unter URL: <http://deposit.d-nb.de/cgi-bin/dokserv?idn=979471214>.

Jörg Robert: *Carmina Pieridum Nulli Celebrata Priorum*. Zur Inszenierung von Epochenwende im Werk des Conrad Celtis. In: PBB 124. 2002. S. 92-121.

Gerhild Scholz Williams: Historiam narrare: Geschichte und Mittelalter-Rezeption im spätmittelalterlichen Deutschland. In: Peter Wapnewski (Hrsg.): Mittelalter-Rezeption. Ein Symposion. Stuttgart 1986, S. 32-45.

Nikolaus Staubach: Auf der Suche nach der verlorenen Zeit: Die historiographischen Fiktionen des Johannes Trithemius im Lichte seines wissenschaftlichen Selbstverständnisses. In: Fälschungen im Mittelalter. Internationaler Kongreß der Monumenta Germaniae Historica, München, 16.-19. September 1986. Bd. 1. Hannover 1988 (= MGH Schriften 33,1), S. 263-316.

[VD 16:] Verzeichnis der im deutschen Sprachbereich erschienenen Drucke des 16. Jahrhunderts (VD 16). Hrsg. v. d. Bayerischen Staatsbibliothek in München in Verb. mit d. Herzog August Bibliothek in Wolfenbüttel. Abt I: Verfasser – Körperschaften – Anonyma. 22 Bde. Stuttgart 1983-1995; Abt. II: Register der Herausgeber, […]. 2 Bde. Stuttgart 1997; Abt. III: Register der Druckorte, […]. Stuttgart 2000.

Franz Josef Worstbrock: Tranlatio artium. Über Herkunft und Entwicklung einer kulturhistorischen Theorie. In: Archiv für Kulturgeschichte 47. 1965. S. 1-22.

Ders.: Über das geschichtliche Selbstverständnis des deutschen Humanismus. In: Walter Müller-Seidel in Verb. mit Hans Fromm u. Karl Richter (Hrsgg.): Historizität in Sprach- und Literaturwissenschaft. Vorträge und Berichte der Stuttgarter Germanistentagung 1972. München 1974, S. 499-519.

PD Dr. Uta Goerlitz
Institut für Deutsche Philologie
Abt. Germanistische Mediävistik
Ludwig Maximilians-Universität
Schellingstr. 3, Rgb.
D-80799 München
E-Mail: uta.goerlitz@lrz.uni-muenchen.de

Regina Toepfer

Mäzenatentum in Zeiten des Medienwechsels.

Kaiser Maximilian als Widmungsadressat humanistischer Werke

Die Oppositionspaare, letzter Ritter und Gelehrtenkaiser, Bewahrer und Reformer, mit denen die Forschung Kaiser Maximilian I. zu charakterisieren sucht (Schmidt-von Rhein, 2002), kennzeichnen in ihrer Gegensätzlichkeit seine Person ebenso wie sein Zeitalter. Maximilian I. lebt in der Übergangsphase zwischen Spätmittelalter und Früher Neuzeit, in der einerseits ereignis- und epochengeschichtliche Wandlungen erfolgen, andererseits mittelalterliche Traditionen kontinuierlich fortgesetzt werden. Diese komplexen Bezüge lassen sich auch bei den bedeutenden Neuerungen des 15. Jahrhunderts, der Erfindung des Buchdrucks und der Ausbreitung des Humanismus, beobachten.

Durch den Buchdruck sind Rezipienten nicht länger auf persönliche Beziehungen angewiesen, um ein Werk lesen zu können. Traditionelle Kommunikationssysteme werden erweitert, neue Zugangswege zu dem vorhandenen Wissen erschlossen und Informationen leichter verfügbar. Die Bezeichnung dieses Wandels als eine Medienrevolution (Eisenstein, 1983, in Anlehnung an McLuhan, 1962) vernachlässigt indes den allmählichen Übergang von der Handschrift zum gedruckten Buch. Noch fünfzig Jahre nach der Erfindung Gutenbergs gibt Maximilian 1504 die Abschrift eines Heldenbuches in Auftrag, die den Schreiber Hans Ried bis zu seinem Lebensende zwölf Jahre später beschäftigen wird (Janota, 1977, 324). Ungeachtet seiner Wertschätzung der illuminierten Handschrift in ihrer Einmaligkeit (Unterkircher, 1981, 9) weiß der Kaiser die Vorteile einer massenhaften Vervielfältigung für seine Ziele zu nutzen. Während seine Flugblätter der Propaganda dienen und eine größtmögliche Verbreitung erreichen sollen, orientiert sich der Druck seiner autobiographischen Werke an der Gestaltung von Handschriften, um durch die kostbare Ausstattung eine Aura der Exklusivität zu erzeugen (Müller, 1982, 268-275; 2002, 148).

Ungefähr zeitgleich mit dem Beginn der Druckkultur erreicht die humanistische Bildungsbewegung, gefördert durch intensive kulturelle Kontakte und die zahlreichen deutschen Studenten an den Universitäten Norditaliens, den deutschen Sprachraum (Noe, 1993). Aufgrund der Skepsis der Angehörigen etablierter Institutionen, vor allem der Scholastiker und Theologen, entsteht eine Auseinandersetzung über die Legitimität der Antikenrezeption, die in aktuellen Streitschriften und antiken Editionen öffentlich ausgetragen wird. In ihrem Kampf für die *studia humanitatis* sind die Befürworter der neuen Bildungsideale auf Unterstützung angewiesen. Maximilian erweist sich als wichtiger Bündnispartner, der humanistische Autoren entscheidend fördert und die Publikation ihrer poetischen Werke sowie theologischer und historiographischer Übersetzungen ermöglicht. Zeugnis dieser Beziehung sind die Widmungsbriefe, die Konrad Celtis, Johannes Trithemius, Benedictus Chelidonius, Dietrich von Pleningen und Willibald Pirckheimer an ihn richten. Anhand ihrer Dedikationsmotive und Argumentationsstrategien werden im Folgenden die im Buchdruck dokumentierten und durch ihn evozierten Charakteristika, die den Literaturbetrieb am Hof Kaiser Maximilians I. kennzeichnen, erarbeitet.

Gattungsbeschreibung der Widmungsbriefe: Mäzenatentum und Druckkultur

Durch den Buchdruck wird der unmittelbare Zusammenhang zwischen Produzent und Rezipient, der in der Manuskriptkultur besteht, aufgehoben. Texte werden nicht mehr für einen konkreten Auftraggeber, sondern für eine anonyme Teilöffentlichkeit hergestellt. Weil die Werke aus ihrem Entstehungskontext gelöst werden, müssen wissenswerte Informationen schriftlich vermittelt werden. Während das Ambraser Heldenbuch nicht eines Schreibervermerks bedarf, um die Umstände seiner Anfertigung rekonstruieren zu können, wäre dies bei den Drucken nur schwer möglich; in keiner der Maximilian gewidmeten Ausgaben des frühen 16. Jahrhunderts fehlt die Angabe der ausführenden Offizin. Die buchgeschichtliche Entwicklung, von der *Incipit*-Formel bis zur Einführung des Titelblatts, und die Zunahme der Paratexte zeugen von der allmählichen Lösung der Drucke von dem handschriftlichen Vorbild.

Für das Dedikationswesen gewinnt der Paratext an Bedeutung, der im antiken Prolog seine Vorläufer hat und von den Humanisten in der Form eines Briefes neu gestaltet wird: Die Widmungsvorrede gilt als „selbständige literarische Erscheinung des 16. Jahrhunderts mit eigenen Lebensgesetzen" (Schottenloher, 1953, 1). Nach den Regeln der mittelalterlichen *Ars dictandi* aufgebaut, besteht sie aus Salutatio, Narratio, Petitio und Conclusio und erfüllt die Aufgaben, die die antike Rhetorik dem Eingang der Rede zuschreibt, den Adressaten aufmerksam, aufnahmebereit und wohlwollend zu stimmen (Toepfer, 2007, 87-96). Dieser Empfehlung folgend, weisen die Humanisten auf die Bedeutung des publizierten Werks hin, sie informieren über den Inhalt und versuchen, Maximilian durch Panegyrik für sich einzunehmen.

Bei der Formulierung können die Verfasser der Widmungsbriefe auf zahlreiche Topoi zurückgreifen, die mit Hilfe der rhetorischen Inventio im passenden Argumentationszusammenhang eingesetzt werden. Zur Schau gestellte Bescheidenheit, Zweifel an der Angemessenheit des Geschenks, die Überwindung von Widerständen bei der Veröffentlichung, die Würdigkeit des Inhalts und der besondere Nutzen des Werks gehören zu den typischen Wendungen. So betont Pirckheimer die Aufrichtigkeit seines Willens, um sein vermeintlich geringes Talent zu kompensieren. Bei seiner Übersetzung von Lukians *De ratione conscribendae historiae* handle es sich zwar hinsichtlich seines Umfangs um ein unbedeutendes Werklein, doch gleiche es inhaltlich einem kleinen Edelstein (1515, A1b-A2a).

Während diese Wendungen, die der *captatio benevolentiae* dienen, auch in mittelalterlichen Prologen zu finden sind, fehlt der für das Handschriftenzeitalter typische Auftragstopos (Simon, 1958, 59-68) in den humanistischen Widmungsbriefen weitgehend und wird gemäß den geänderten Produktionsbedingungen durch eine selbstgewählte und begründete Zuschreibung ersetzt. In den hier berücksichtigten Texten beruft sich einzig Trithemius in den *Octo quaestiones* auf den Auftrag Maximilians, der ihn um die Beantwortung der theologischen Fragen gebeten habe (1515, A1a). Alle anderen Autoren versuchen, ihre Wahl durch eine Entsprechung zwischen Adressat und Thematik inhaltlich zu motivieren und so Interesse zu wecken. Sein Werk lehre das für einen Fürsten sehr notwendige Geheimnis, mit Geheimnissen zu herrschen, verspricht Trithemius in der *Polygraphia* (1518, A2b). Dietrich von Pleningen wiederum stellt die Ähnlichkeit Maximilians mit den alten Kaisern, besonders Trajan heraus, als er ihm seine Plinius-Übersetzung übereignet (1515a, AA3a). Ihre Eigeninitiative bei der Wahl des Texts ermöglicht den Humanisten, das Werk nicht als geforderte Auftragsarbeit abzuliefern, sondern feierlich als Geschenk zu überreichen. An Stelle der allgemeinen Petitio erfolgt im Widmungsbrief die versprachlichte Übergabe, die im Lateinischen mit den Worten *Accipe* oder *Suscipe* klar markiert wird (z. B. Celtis, 1502, A5b, A6a; Pirckheimer, 1515, A2a).

In den meisten hier untersuchten Drucken wird dieser Moment auch bildlich festgehalten, dem Brief ist ein Widmungsholzschnitt beigegeben (mit Ausnahme von Chelidonius, 1519; Pirckheimer, 1515). Diese Illustration ist um so auffälliger, weil fast alle Drucke sonst auf eine Ausstattung mit Bildern verzichten und nur die Übergabe des Werks an Maximilian optisch in Szene setzen (mit Ausnahme von Celtis, 1502). Dies kann als ein Zugeständnis an das Literaturprogramm des Kaisers gewertet werden, das insgesamt durch seine Text-Bild-Relation gekennzeichnet ist (Müller, 2002, 143). Auf den Widmungsbildern wird Maximilian, etwa in der Plinius-Ausgabe Pleningens, in vollem Ornat und mit seinen Herrscherattributen, Krone und Szepter, gezeigt (vgl. Abb. 1). Vor ihm kniet demütig der Übersetzer, der auf die Vermittlung eines fürstlichen Fürsprechers, rechts im Bild, angewiesen ist. Dessen adlige Abstammung kommt in der stehenden Haltung zum Ausdruck, mit der er Maximilian auf Augenhöhe begegnet. Gemeinsam mit diesem zweiten Widmungsadressaten, Wilhelm von der Pfalz, übergibt Pleningen sein Werk, das im Zentrum des Bildes, unter dem kaiserlichen Wappen im Torbogen, plaziert ist. Alle inhaltlichen Aussagen zum Werk sind ausgeblendet, die elaborierte Zueignung wird auf den Moment der Übergabe reduziert. Gleichzeitig ermöglicht das Widmungsbild die an den Schreiber gebundene Perspektive des Briefes zu überschreiten. Der Betrachter richtet den Blick von einem äußeren Standpunkt auf alle Beteiligten und kann so die Huldigung des Autors,

Abb. 1: Dietrich von Pleningen

die freundliche Annahme des Kaisers und das zwar hierarchisch strukturierte, aber doch nahe Verhältnis beider sehen. In der Buchwissenschaft ist eine signifikante Zunahme von Widmungsbriefen im 16. Jahrhundert beobachtet worden, die eine neue Blüte erlebten und zu einer festen Einrichtung würden (Toepfer, 2007, 82f.). Entscheidende Beweggründe für die Beliebtheit der Widmungsbriefe im 16. Jahrhundert sind nicht nur die Vorliebe der Humanisten für Epistolographie (Schmitz, 1989, 237) oder ihr Selbstwertgefühl (Schottenloher, 1953, 2), sondern die beliebige Reproduzierbarkeit durch den Buchdruck. Die Möglichkeit, auf diese Weise eine literate Öffentlichkeit zu erreichen, macht die Attraktivität der Widmungen für Autoren wie für ihren Mäzen aus.

Widmungsmotive der Humanisten: Materielle und ideelle Unterstützung

Die Biographien sämtlicher hier untersuchter Humanisten weisen Berührungspunkte zum kaiserlichen Hof auf, auch wenn sich die Intensität der Kontakte unterscheidet und sie im Dienst anderer Institutionen, seien es Kloster, Universität oder Stadt, stehen. So verdankt Konrad Celtis Maximilian die Finanzierung seines Lebensunterhalts, als er mit der Leitung des neugegründeten Wiener Poetenkollegs betraut wird (Luh, 2001, 28; Robert, 2003, 169f.; Wiener, 2002). Benedictus Chelidonius verbindet ebenso wie Johannes Trithemius, der sich gegen das Angebot einer Stellung am Hof entscheidet, aber in seinem Kloster die historiographischen Arbeiten des Kaisers unterstützen will (Arnold, 1991, 167f.), seine Rolle als Abt mit der des kaiserlichen Gelehrten (Posset, 2005, 63-65). Willibald Pirckheimer und Dietrich von Pleningen sind als juristische Berater und Gesandte zunächst unabhängig vom Hof tätig, werden dann für ihre Leistungen mit der Ernennung zum kaiserlichen Rat und die Aufnahme in den *consiliarium domesticum* (Pirckheimer, 1515, A2b) belohnt und auf die Ziele Maximilians verpflichtet (Gerlach, 1993, 76-78; Holzberg, 1981, 225).

Die persönliche Verbundenheit und die z. T. auch finanzielle Abhängigkeit schlagen sich in den Vorworten nieder, in denen alle Briefsteller ihre Ergebenheit beteuern und dezidiert Gründe für ihre Widmung nennen. Sie reichen vom Dank für erhaltene Wohltaten über die Bitte um weitere Förderung oder die Empfehlung für künftige Dienste bis hin zur Hoffnung auf Verteidigung vor unliebsamer Kritik. Diese Motive können unterschiedlich akzentuiert werden, sich aber auch gegenseitig überlagern, wie die Vorrede zu den *Amores* exemplarisch zeigt: Konrad Celtis möchte sich zunächst der Dichterkrönung würdig erweisen, die er bereits vor einigen Jahren von Maximilians Vater, Friedrich III., empfangen habe. Dann dankt er Maximilian für die Einrichtung des Wiener Poeten- und Mathematikerkollegs, die jüngst erfolgt sei (1502, a2a). Mit dieser Stiftung hat Celtis neben der materiellen zugleich ideelle Unterstützung erhalten, so daß er Maximilian als Beistand in dem Streit um die Dichtkunst anrufen kann. Er sei geradezu gezwungen gewesen, ihm

sein Werk zu widmen, um jenen, die die humanistischen Studien mit einem
unvergänglichen Haß verfolgten, die Gelegenheit zum Tadeln zu nehmen. Als
Widmungsadressat soll Maximilian eine Signalfunktion ausüben und diejenigen Lügen strafen, die die Schriften der Dichter als unnütz, fabulös und ver-
derbenbringend darstellen, *vt nihil apud illos inpudentius et a religione nostra
christiana profanius sit quam poetas legisse et audiisse*. (a3a) Schließlich spielt in
Celtis' Widmungsbrief der Beweggrund, weitere Förderung zu erhalten, eine
Rolle. Er wolle Maximilian seine Hochachtung zeigen, um von ihm zu größeren Taten, einer ‚Maximilianeis' oder ‚Annalen', ermutigt zu werden (a2b).

Von den drei grundlegenden Funktionen der Vorrede, *attentum, docilem
et benevolum facere*, gewinnt vor allem letztere im Hinblick auf den kaiserlichen Widmungsadressaten an Bedeutung. Sowohl der Bescheidenheitsgestus
der Autoren als auch die Ruhmestitel für Maximilian dienen dem Zweck, ihn
wohlwollend zu stimmen. Selbst aufgezeigte Parallelen zwischen Mäzen und
literarischen Figuren sollen nicht nur die Aufmerksamkeit für das Werk wek-
ken, sondern auch das Lob des Adressaten steigern und ihn in seiner positiven
Haltung gegenüber dem Lobenden bestärken.

Stilisierung des Mäzens: Größter Feldherr und gelehrter Fürst

Schon bei der Eröffnungsformel des Briefes, der Salutatio, wird Maximilian
mit zahlreichen Superlativen bedacht, INVICTISSIMO AC GLORISSIMO DIVO […]
*Romanorum Imperatori Augustissimo, orbisque Christiani principi omnium
potentissimo foelicissimoque* (Pirckheimer, 1515, A1b), die in der Narratio aufgegriffen und entfaltet werden. Er wird als der Größte unter den Großen, der
Mächtigste unter den Mächtigen und der Weiseste unter den Weisen bezeichnet, dessen Mildtätigkeit und Menschenfreundlichkeit zu rühmen sind (Trithemius, 1518, a2a).

Unter den zahlreichen Topoi wie Freigebigkeit, Gerechtigkeit und Frömmigkeit prägen vor allem die *fortitudo* und die *eruditio* das Herrscherlob Maximilians, die ihn als erfolgreichen Feldherrn und gebildeten Fürsten ausweisen. So feiert Celtis seinen Mäzen als mächtigen Erneuerer (*restauratorem*),
Beschützer (*defensorum*) und Vater (*parentem*) der Musen, der die *translatio
imperii* mit der *translatio litterae* vereine (Wiener, 2002, 81) und deshalb als
zweiter Augustus zu gelten habe: *O dignum regem qui cum Rhomano imperio:
vt alter Caesar Augustus: priscas nobis artes rhomanas et graecas litteras resti-
tuis.* (Celtis, 1502, a3b)

In ähnlicher Weise wie Celtis hinsichtlich der Dichtkunst preist Chelidonius den Kaiser als Beschützer und Förderer der christlichen Religion, die
wahre Weisheit beinhalte. Dank Maximilian werde das vorliegende Werk, *Bandinus noster*, endlich aus seiner langwährenden Gefangenschaft befreit (*long-
aevo carcere liberatus*) und wieder ans Licht gebracht (*productus in lucem* –
1519, a3a). In dieser Formulierung wird das Argumentationsmuster von der
Befreiung antiker Werke aus den Klosterbibliotheken, als deren Retter sich die

Humanisten präsentieren (Toepfer, 2007, 315), aufgegriffen und auf den Kaiser als einen der ihren projiziert.

Die Würdigung Maximilians in den Widmungsbriefen geschieht vor der Folie der für den Humanismus charakteristischen Antikenrezeption, wobei das Verhältnis des Kaisers zur Vergangenheit im Sinne einer *imitatio et aemulatio* produktiv gestaltet wird. Einerseits gilt die Antike mit ihren herausragenden Führerpersönlichkeiten als Ideal, in deren direkte Nachfolge Maximilian gestellt wird. Hinsichtlich seines Mäzenatentums wird er als *alter* Augustus gerühmt, hinsichtlich seiner Wißbegier als neuer Kaiser Hadrian (Celtis, 1502, a2b-a3b) und hinsichtlich seiner Kriegsführung als zweiter Julius Cäsar. Andererseits weise der Kaiser jene rühmenswerte Verbindung zwischen Tapferkeit und Gelehrsamkeit auf, die so selten zu finden sei:

> *Siquidem verissime affirmare ausim, non solum inter bellicosos imperatores te esse doctissimum, verum et inter doctos bellicosissimum nec aliquem aeque post magnum illum Alexandrum, ac Caesarem Iulium militarem disciplinam, tam egregie literarum studiis ac te copulasse / rara haec foelicitas, ac omni aeuo vix vni aut alteri concessa /*

(Insofern sollte ich mich wagen, völlig zutreffend zu behaupten, daß du nicht nur unter den kriegsführenden Feldherrn der gelehrteste bist, sondern auch unter den Gelehrten der kriegstüchtigste und keinem anderen in der Kriegsführung gleichst, außer Alexander dem Großen und Julius Caesar, was du so ausgezeichnet mit den literarischen Studien verknüpft hast. Selten ist dieses Glück, das in jedem Zeitalter kaum dem einen oder anderen zugestanden wird. – Pirckheimer, 1515, A2a)

Die Antike liefert nicht nur die Leitbilder, an denen sich Maximilians Taten messen lassen, sondern sie wird durch die technischen Innovationen und kulturellen Entdeckungen seiner Zeit gar in den Schatten gestellt. Aus der neuen militärischen Ausrüstung, die zu unzähligen Siegen geführt habe, leitet Chelidonius größtmöglichen Ruhm für den Kaiser als Kriegsherrn und Friedensfürsten ab. Wie Hercules, Baccus, Pompeius, Julius und viele andere römische Führer habe er zahlreiche Nationen besiegt, überrage diese jedoch durch die Ausdehnung seines Herrschaftsgebietes:

> *Te autem ferme nascente, atque subinde parente tuo fortissimo imperatore, posteaque te fortissime imperante, alius nobis terrarum orbis, aliaeque nullis antea saeculis cognitae, ac ne somniatae quidem gentes, Hispanis, et unde tibi maternum genus est Lusitanis praecipue nauali ac prope insana (si dicere liceat) indagatio ne tropicos ambos, et extremum qui Antipodum est pelagum superantibus Christiano accessere imperio.*

(Nachdem du jedoch ungefähr geboren warst und gleich darauf dein Vater als sehr mächtiger Herrscher und später du am mächtigsten herrschtest,

kamen zu uns ein anderer Erdkreis und andere, in keinen Jahrhunderten
vorher bekannte und nicht einmal erträumte, Völker zu dem christlichen
Reich hinzu, weil die Spaniern, von denen du von deiner Mutter her ab-
stammst, besonders von den Lusitanern, durch eine Schiffs- und geradezu
(wenn es erlaubt ist, dies zu sagen) wahnsinnige Expedition wahrlich beide Wendekreise und das äußerste Meer überquerten, das den ‚Gegenfüß-
lern' gehört. – 1519, a2b)

Über seine Mutter, Eleonore von Portugal, wird Maximilian zum Ent-
decker der neuen Welt und über seine Kriegstüchtigkeit zu ihrem Herrscher
stilisiert.

Die Widmungen könnten im 16. Jahrhundert nicht einen solchen Auf-
schwung erfahren, ohne ein wechselseitiges Interesse von Briefstellern und
Empfängern. Daß Maximilian zu den bevorzugten Adressaten gehört (Schottenloher, 1953, 177f.), erklärt sich durch seine generelle Haltung gegenüber Literatur und Kunst, die er für sein Ruhmeswerk zu vereinnahmen sucht (Müller, 1982; 2002). In seinem Streben nach *memoria* knüpft Maximilian an das
antike Dichterverständnis, die Taten eines Herrschers literarisch in Erinnerung
zu halten, an (Füssel, 2003, 8). Auch die humanistischen Widmungsvorreden,
die durch den Buchdruck wirksam verbreitet werden, können diese Funktion
übernehmen und lassen sich hervorragend in das *gedechtnus*-Programm des
Kaisers integrieren. Als Textsorte sind sie auf panegyrisches Adressatenlob angelegt, das sie im Unterschied zu ephemeren Gelegenheitsschriften an ein be-
deutendes Werk binden und so seine langfristige Überlieferung sichern. Überdies stellen sie durch die Zueignung eines humanistischen Werks die Gelehrsamkeit des Adressaten aus, der als Förderer der Wissenschaften und Freund
der Gebildeten gelten kann.

Selbstpräsentation der Humanisten: Herrschernähe und Bildungsstolz

Die Widmungen für den Kaiser leben von ihrer Reziprozität. Indem die Humanisten Maximilian zum größten Fürsten aller Zeiten deklarieren, steigern
sie zugleich ihre eigene Bedeutung. Ihr Dienst, den Maximilian für sein Ruhmeswerk nutzt, verleiht ihnen höchste soziale Anerkennung. Die Nähe zum
Herrscher, die bei fehlendem Geburtsadel nie ohne Bildungswissen zu erreichen gewesen wäre, bestärkt die Autoren in ihrem Selbstwertgefühl, wie sich
in den Drucken niederschlägt. Der beste Fürst werde von einem eben solchen
Dichter geliebt, erklärt etwa Chelidonius unter Berufung auf Vergil. Geschickt
verbindet er das Lob Maximilians mit einem Selbstlob, wenn er an sein ihm
bereits übergebenes Werk erinnert (1519, a2b). Aus seiner Förderung leitet er
seine Wertschätzung ab und erhebt den Anspruch, zu den besten Autoren zu
zählen.

Eine sehr positive Selbstbeurteilung dokumentiert auch der Widmungsholzschnitt, den Celtis für seine *Amores* von Albrecht Dürer erstellen läßt, um sein besonderes Verhältnis zu Maximilian hervorzuheben. Die Abbildung (Abb. 2) zeigt

QVI MALEDICT PRINCIPI SVO MORTE MORIATVR . EX .XXI

Abb. 2: Konrad Celtis

den Herrscher, der, von Weinreben umgeben, unter seinem Wappen thront, und Celtis, der zu seiner Rechten kniet. Die jeweiligen Insignien, Mantel, Krone, Zepter und Reichsapfel sowie Dichterlorbeer und Werk, weisen auf die Herrschaftsgewalt des Kaisers und die Profession seines Poeten hin. Die Formen der Bildgestaltung, Frontalität, Achsialität und Symmetrie, lehnen sich an Vorbilder der Sphragistik an und vermitteln den Eindruck des Feierlichen und Bedeutenden (Luh, 2001, 57f.). Im Unterschied zum Widmungsbild Pleningens (Abb. 1) sind der Hofstaat ausgeblendet und das Figurenpersonal auf Celtis und Maximilian reduziert. Dem Dichter, der keiner vermittelnden Instanz bedarf, wird das Privileg unmittelbarer Herrschernähe zuteil. Er kniet auf der obersten Stufe des Thrones, so daß sich sogar die Faltenwürfe ihrer Gewänder vereinen. Dieses Widmungsbild, bei dem das aufgeschlagene Buch das Interesse Maximilians signalisiert und ihr Blickkontakt den Eindruck enger Verbundenheit verstärkt, kann als eine „einzigartige stolze Selbstpräsentation des Celtis" gelten (Luh, 2001, 58).

Aus dem Stolz auf die eigene Leistung auf der einen und der geforderten Demut gegenüber dem kaiserlichen Mäzen auf der anderen Seite resultiert eine interne Spannung, die mehrere Widmungsbriefe kennzeichnet. So berichtet Trithemius in seiner Vorrede zur *Polygraphia* ausführlich von seinem rhetorischen Unvermögen, Zweifeln an der Angemessenheit des Geschenks und seiner Furcht vor dem Urteil des Kaisers. Ehrfurchtsvoll und auf den Boden gestreckt, wie einst in der Priesterweihe vor Gott, überreiche er Maximilian sein Werk. Dennoch kann seine ergebene und unterwürfige Haltung als *servus domini* nicht darüber hinwegtäuschen, daß das soziale und machtpolitische Gefälle bezüglich des vorgelegten Gegenstandes aufgehoben, ja geradezu ins Gegenteil verkehrt wird. Die *Polygraphia* vermittelt nach Aussage ihres Autors Kenntnisse, die nur Auserwählten zuteil werden dürfen. Da seine kaiserliche Majestät aufgrund vieler Beschäftigungen nicht die Zeit habe, sich mit diesen Geheimnissen auseinanderzusetzen, wolle er ihr das Verständnis erleichtern, damit seine Arbeit nicht ihrer Frucht beraubt werde. Er übergebe Maximilian seine Clavis, *quo duce facilius omnia intelliges figuris isthic obstrusa*. (1518, a2b) Die Schlüsselgewalt zum Geheimwissen besitzt allein Trithemius.

Die Kompetenz der Humanisten, exklusives Wissen zu erschließen, beinhaltet die Möglichkeit, selbstbestimmt damit umzugehen. Dies zeigt die Widmungsvorrede Pirckheimers, der auf eine Anordnung Maximilians Bezug nimmt, die Geschichte des Johannes Zonaras zu übersetzen. Bevor er mit der ihm übertragenen Aufgabe begänne, wolle er eine Probe seines Talents ablegen, damit seine Majestät erführe, ob er die Erzählung angemessen übersetzen könne. Deswegen widme er ihr nun diesen Text Lukians, der sich durch seine scharfsinnige Schreibweise auszeichne. Daraus solle der Kaiser wie aus einem Vorspiel eine Vorahnung des Künftigen entnehmen (1515, A1b). Diese *captatio benevolentiae* ändert jedoch nichts daran, daß der Humanist dem Wunsch Maximilians nicht Folge leistet, sondern eigene Akzente setzt. Seine Emanzipation von den kaiserlichen Wünschen zeugt von einem ausgeprägten Selbstbewußtsein, das in seiner herausragenden Gelehrsamkeit gründet.

Fazit

Anknüpfend an die Studie Jan-Dirk Müllers zur Literatur und Hofgesellschaft Maximilians (1982, 273-275), kann die Relevanz des Buchdrucks für ihn und seine Humanisten nicht hoch genug veranschlagt werden. Sowohl das Ruhmeswerk des Kaisers als auch die *res publica litteraria* werden durch das neue Medium nicht nur propagiert, sondern konstituiert. Gezielt nutzt Maximilian die Multiplikationsmöglichkeiten, um politische Propaganda zu betreiben und seine Taten dauerhaft im kollektiven Gedächtnis zu verankern. Aufgrund ihrer Herrscherpanegyrik lassen sich die humanistischen Widmungsbriefe für sein *memoria*-Programm funktionalisieren, sie stilisieren Maximilian zum größten Feldherrn und Gelehrten. Die beliebige Reproduzierbarkeit dieser Bilder im gedruckten Buch des 16. Jahrhunderts macht die Attraktivität der Widmungen für den Kaiser aus, der sich mit Gegenleistungen revanchiert.

Die Humanisten ihrerseits setzen das neue Medium ein, um für ihre Ideen zu werben, ihre Herrschernähe zu betonen und ihr Bildungswissen zu präsentieren. Durch interpersonale Verweise errichten sie ihre *res publica litteraria*, die in den Paratexten der Drucke öffentlich in Erscheinung tritt. In ihren Widmungsbriefen verleihen sie auserwählten Gebildeten Bürgerrecht und ernennen Maximilian zum Fürsten der Gelehrtenrepublik von ihren Gnaden. Dem Mäzenatentum wird somit ein virtueller Wert zugeschrieben, der wiederum mit dem *gedechtnus*-Programm des Kaisers übereinstimmt. Durch die literarischen Proklamationen wird als erreicht verkündet, was erst durch sie hergestellt werden kann: Maximilians Ziel, in dauerhafter Erinnerung zu bleiben. In den Widmungsbriefen, die gedruckt unabhängig von ihrer Entstehung rezipiert werden können, wird sein Ruhm attestiert und aktualisiert. Im Medium des Drucks konvergieren somit die Anliegen und Formen der Humanisten mit denen ihres Kaisers. Diese besondere zeitgeschichtliche Konstellation, die Erfindung des Buchdrucks und die Ausbreitung des Humanismus, die das Mäzenatentum Maximilians begünstigen, ist nach Aussage eines Zeitgenossen kein Zufall. Chelidonius stellt einen Ursache-Wirkungs-Zusammenhang zwischen der Person des Kaisers und den epochalen Veränderungen her und feiert Maximilian als Initiator des Medienwechsels und wissenschaftlichen Fortschritts:

> *Quibus etiam temporibus nouum quoddam Palladi uel ipsi, ut opinor, eo usque ignotum scribendi genus quod Calcographiam uocamus in lucem prodiit. Cuius occasione praeclarissima illa nunc late proueniunt ingenia, crescunt litterae, et ad Philadelphicam quoque aemulationem complentur passim bibliothecae. Quae singula pluraque multo alia tuo fato, tuisque iure auspiciis adscribenda* [...].

(In diesen Zeiten kam auch eine neue, sozusagen auch Pallas selbst, wie ich meine, bis dahin unbekannte Art des Schreibens ans Licht, die wir Chalkographie nennen. Durch diese Erfindung kommen nun jene ganz ausgezeichneten Begabungen weithin hervor, wachsen die Wissenschaften und werden die Bibliotheken ringsum infolge eines brüderlichen Wettstreits gefüllt. Dieses einzelne und noch vieles andere mehr muß deinem Geschick und deiner Führung mit Recht zugeschrieben werden [...]. – 1519, a2b)

Bibliographie

I. Quellen

Konrad Celtis: Quattuor libri amorum secundum quattuor latera Germaniae. Nürnberg: Sodalitas Celtica 1502.

Benedictus Chelidonius (Hrsg.): Bandinus, Sententiae theologicae. Wien: Johann Singriener d. Ä. 1519.

Johannes Cono (Übers.): Gregor von Nyssa, Libri octo. Straßburg: Matthias Schürer 1512.

Willibald Pirckheimer (Übers.): Lukian, De ratione conscribendae historiae. Nürnberg: Friedrich Peypus 1515.

Dietrich von Pleningen (Übers.): Plinius, Lobsagung vom heyligen Kaiser Traiano. Landshut: Johann Weißenburger 1515a.

– Sallust, Von des Catilinen und auch des Jugurthen kriegen. Landshut: Johann Weißenburger 1515b.

Johannes Trithemius: Octo quaestiones. Oppenheim: Johannes Hasselberg 1515.

– Polygraphia. Basel: Adam Petri 1518.

II. Forschungsliteratur

Klaus Arnold: Johannes Trithemius (1462-1516). 2. Aufl. Würzburg 1991 (= Quellen und Forschungen zur Geschichte des Bistums und Hochstifts Würzburg 23).

Elizabeth L. Eisenstein: The Printing Revolution in Early Modern Europe. Cambridge 1983.

Stephan Füssel: Kaiser Maximilian und die Medien seiner Zeit. Der Theuerdank von 1517. Eine kulturhistorische Einführung. Köln u. a. 2003.

Annette Gerlach: Das Übersetzungswerk Dietrichs von Pleningen. Zur Rezeption der Antike im deutschen Humanismus. Frankfurt/M. 1993 (= Germanistische Arbeiten zu Sprache und Kulturgeschichte 25).

Niklas Holzberg: Willibald Pirckheimer. Griechischer Humanismus in Deutschland. München 1981 (= Humanistische Bibliothek 1: 41).

Johannes Janota: Das Ambraser Heldenbuch. In: VL 1. 1977. S. 323-327.

Peter Luh: Kaiser Maximilian gewidmet. Die unvollendete Werkausgabe des Conrad Celtis und ihre Holzschnitte. Frankfurt/M. u. a. (= Europäische Hochschulschriften 28: 377).

Marshall McLuhan: The Gutenberg Galaxy. The Making of Typographic Man. Toronto 1962.

Jan-Dirk Müller: Gedechtnus. Literatur und Hofgesellschaft um Maximilian I. München 1982 (= Forschungen zur Geschichte der Älteren Deutschen Literatur 2).

– Literatur und Kunst unter Maximilian I. In: Schmidt-von Rhein, 2002. S. 140-151.

Alfred Noe: Der Einfluß des italienischen Humanismus auf die deutsche Literatur vor 1600. Ergebnisse jüngerer Forschung und ihre Perspektiven. Tübingen 1993 (= Internationales Archiv für Sozialgeschichte der deutschen Literatur 5. Sonderheft).

Franz Posset: Renaissance Monks. Monastic Humanism in Six Biographical Sketches. Leiden u. a. 2005 (= Studies in Medieval and Reformation Traditions 108).

Jörg Robert: Konrad Celtis und das Projekt der deutschen Dichtung. Studien zur humanistischen Konstitution von Poetik, Philosophie, Nation und Ich. Tübingen 2003 (= Frühe Neuzeit 76).

Georg Schmidt-von Rhein (Hrsg.): Kaiser Maximilian I. Bewahrer und Reformer. Ramstein 2002.

Wolfgang Schmitz: Dedikation. In: Lexikon des gesamten Buchwesens 2. 1989. S. 236f.

Karl Schottenloher: Die Widmungsvorrede im Buch des 16. Jahrhunderts. Münster 1953 (= Reformationsgeschichtliche Studien und Texte 76/77).

Gertrud Simon: Untersuchungen zur Topik der Widmungsbriefe mittelalterlicher Geschichtsschreiber bis zum Ende des 12. Jahrhunderts. In: Archiv für Diplomatik, Schriftgeschichte, Siegel- und Wappenkunde 4. 1958. S. 52-119; 5/6. 1959/60. S. 73-153.

Regina Toepfer: Pädagogik, Polemik, Paränese. Die deutsche Rezeption des Basilius Magnus im Humanismus und in der Reformationszeit. Tübingen 2007 (= Frühe Neuzeit 123).

Franz Unterkircher: Maximilian I. Ein kaiserlicher Auftraggeber illustrierter Handschriften. Hamburg 1983.

Claudia Wiener: *Et spes et ratio studiorum in Caesare tantum.* Celtis' Beziehungen zu Maximilian I. In: dies. u. a. (Hrsg.): Amor als Topograph. 500 Jahre *Amores* des Conrad Celtis. Ein Manifest des deutschen Humanismus. Schweinfurt 2002. S. 75-92.

III. Bildnachweise:

Abb. 1: Dietrich von Pleningen, 1515a, AA1b. - Exemplar: Göttingen SUB: 4°Auct.lat. V, 2770.

Abb. 2: Konrad Celtis, 1502, A1b. - Exemplar: Göttingen SUB: 8°P.lat.rec. II, 467 Rara.

Dr. Regina Toepfer
Institut für Deutsche Sprache und Literatur II
Goethe-Universität
Grüneburgplatz 1
D – 60629 Frankfurt/M.
E-Mail: R.Toepfer@lingua.uni-frankfurt.de

Seraina Plotke

Maximilian-Verehrung im Spiegel lateinischer Basler Drucke:

Die Druckerstadt Basel und die Schweizer Eidgenossenschaft

Nicht zuletzt aufgrund des hohen Bedarfs an Papier, der sich während des beinahe zwei Jahrzehnte dauernden Basler Konzils einstellte, wurden Mitte des 15. Jahrhunderts bei und in Basel die ersten Papiermühlen in Betrieb genommen. Dies sollte nicht ohne Folgen für die Entwicklung der Stadt bleiben. Das Wissen um die Herstellung von Papier war nur langsam bis nördlich der Alpen gelangt, wo erst 1390 in Nürnberg die erste Papiermühle installiert wurde. Vorher hatte Papier, das sich nach und nach zum wichtigsten Beschreibstoff entwickelte, oft weite Wege zurückzulegen, was das ohnehin kostbare Produkt zusätzlich verteuerte. Mit der Erfindung des Buchdrucks stieg die Nachfrage nach Papier sprunghaft in die Höhe.

Da es für Drucker aus Kostengründen attraktiv war, möglichst nahe am Herstellungsort des für sie so wichtigen Produkts zu sein, ließen sich in Basel ab Ende der 1460er Jahre zahlreiche wandernde Druckergesellen nieder und eröffneten ihre eigenen Offizinen. Allein für die Zeit bis zur Jahrhundertwende sind die Namen von nicht weniger als 70 Druckern bekannt. Einen zusätzlichen Anziehungspunkt bildete die eben erst gegründete Basler Universität. Für die vornehmlich auf Lateinisch verfassten Bücher brauchte es Redaktoren und Korrektoren, nicht selten waren auch die Drucker selbst humanistisch gebildet.

Die vielen Offizinen und ihr guter Ruf zogen Humanisten aus ganz Europa an. Viele Gelehrte kamen nach Basel, um hier ihre Werke drucken zu lassen. Erasmus von Rotterdam, um nur das bekannteste Beispiel zu nennen, fand seinen Weg 1514 in die Stadt am Rheinknie, weil er von der Qualität der Arbeit Johann Frobens so beeindruckt war. Erasmus ließ sich darauf mehrere Jahre in Basel nieder und vertraute von da an seine Schriften und die von ihm herausgegebenen Werke fast nur noch Frobens Offizin an. Andere kamen zwar nicht selbst nach Basel, sorgten aber dafür, dass ihre Werke dort veröffentlicht wurden. Thomas Morus etwa hat seine gesammelten Epigramme, weit mehr als 200 Gedichte, über die Vermittlung seines Freundes Erasmus 1518 erstmals bei Froben publiziert.

Im Unterschied zu den meisten anderen mitteleuropäischen Druckerstädten zeichnete sich Basel dadurch aus, dass es seit 1501 zur Schweizer Eidgenossenschaft gehörte, die sich unmittelbar davor de facto aus dem Reichsverband verabschiedet hatte. Schon seit 1471 nahmen die Eidgenossen nicht mehr an den Beratungen der Reichsstände teil. Auch dem Reichskammergericht gegenüber war ihre Haltung ablehnend. Das gleiche galt für den Gemeinen Pfennig, eine

Reichssteuer, welche die Schweizer nicht zu zahlen bereit waren. Dies führte 1499 zum sogenannten Schwaben- oder Schweizerkrieg, in welchem die Eidgenossen die Reichstruppen in sämtlichen Schlachten besiegten. Der Frieden von Basel vom 22. September desselben Jahres brachte zwar nicht rechtliche Unabhängigkeit – welche die Eidgenossen jüngeren historischen Darstellungen gemäß auch nicht suchten –, bedeutete aber doch die faktische Ablösung der Schweiz vom Heiligen Römischen Reich Deutscher Nation.[1]

Nicht alle begrüßten den Schritt Basels, sich der Eidgenossenschaft anzuschließen. Sebastian Brant etwa, der schon seit über 25 Jahren in Basel lebte und die Stadt zu seiner Wirkungsstätte gemacht hatte, kehrte unmittelbar nach Basels Beitritt in seine Geburtsstadt Straßburg zurück. Die Gründe, warum der kaiser- und reichstreue Brant Basel verließ, werden in der Forschung allerdings kontrovers beurteilt.[2] Alles in allem aber tat der Beitritt zur Eidgenossenschaft dem Ruf der Stadt jedoch keinen Abbruch. Basel blühte im ersten Viertel des 16. Jahrhunderts noch mehr auf und wurde dank der diversen Offizinen zum Treffpunkt der Humanisten aus ganz Europa.

Maximilian-Verehrung in Basels Offizinen

Angesichts der beschriebenen Situation drängt sich die Frage auf, inwiefern, trotz der Ablösung Basels vom Reich, an diesem Ort reichsfreundliche Literatur gedruckt wurde. Wie zu zeigen sein wird, lässt sich in den ersten Jahrzehnten des 16. Jahrhunderts auch in Basler Drucken eine Maximilian-Verehrung nachweisen. Deshalb gilt es insbesondere zu untersuchen, ob bzw. inwiefern sich die spezielle politische Situation der Eidgenossenschaft in der panegyrischen Dichtung spiegelt, wie sie in Basels Offizinen zum Druck gelangt ist.

Um diese Problematik möglichst perspektivenreich zu beleuchten, werden im Folgenden sowohl Autoren herangezogen, die aus dem Gebiet der Eidgenossenschaft stammen, als auch solche, die nur kurz in Basel Station machten. Für die Drucke, in welche die zu untersuchenden Gedichte integriert sind, soll jedoch gelten, dass sie ihre konzeptionelle Form in Basels Offizinen erhalten haben, es sich also nicht um Raub- oder Nachdrucke handelt. Es geht hier um eine gleichsam zweistufige Auseinandersetzung mit der Materie. Zum einen ist zu ermitteln, in welchem Werkverbund Lyrik, die den Kaiser verehrt, in Basel zum Druck gekommen ist. Zum zweiten sollen einzelne solcher Gedichte eine detailliertere Betrachtung erhalten. Ich werde auf je zwei Drucke mit einerseits ganz kurzen panegyrischen Stücken, andererseits mit etwas umfangreicheren Gedichten eingehen, um das Spektrum auszuleuchten, innerhalb dessen sich die Maximilian-Panegyrik in der in Basel edierten lateinischen Dichtung bewegt.

---

1   Was die politische Situation Basels im ausgehenden 15. Jahrhundert anbelangt, s. C. Sieber-Lehmann, 2000.
2   Eine Übersicht über die Argumente bietet A. Niederberger, 2004.

Hermann von dem Busche (1468-1534) und der Basler Humanist Johannes Atrocianus

Jeweils zwei sehr kurze Carmina auf den Kaiser finden sich im Anschluss an eine umfangreichere Dichtung von Hermann von dem Busche und innerhalb der Epigrammensammlung des Basler Humanisten Johannes Atrocianus. Was die erstgenannten Gedichte anbelangt, so bilden sie den Abschluss eines 1520 bei Andreas Cratander erschienenen Drucks, der zur Hauptsache die *editio princeps* der über 1200 Hexameter umfassenden Dichtung *Hypanticon* von Hermann von dem Busche enthält. Bei den beiden Gedichten handelt es sich um zwei Epicedien von sieben bzw. drei Distichen auf Maximilian, die sonst nicht ausgewiesen sind, Busches Autorschaft also lediglich anzunehmen ist (fol. H3^{r+v}). Die Dichtung, welche den Epicedien vorausgeht, feiert den Einzug des Pfalzgrafen Georg, Bischof von Speyer, in dessen Residenzstadt. Ihr Titel *Hypanticon* ist vom griechischen Verb *hypantiao* bzw. *hypantiazo* abgeleitet, das so viel wie ‚entgegengehen‘, ‚entgegenziehen‘ bedeutet. Wie der Einleitungsbrief von Wolfgang Fabricius Capito zu Beginn des Drucks festhält, hat Busche ihm die Dichtung – wohl während eines Basler Aufenthalts – überlassen. Capito war von 1515 bis Anfang 1520 Prediger am Basler Münster, nahm danach eine Anstellung in Mainz an, wo der Einleitungsbrief abgefasst wurde. Der Adressat des Widmungsschreibens ist Thomas Truchsess, der zu Speyer das Amt des Domdekans bekleidete.

Das erste der beiden Epicedien auf den eben erst verstorbenen Kaiser lobt diesen als den größten Heerführer – selbst unter tausend Heerführern –, der allen königliches Recht gebracht habe: eine Tatsache, die weder der Veneter noch der Gallier bestreite (V. 1-6). Und hätte nicht das böseste aller Schicksale den siegreichen Bewegungen der kaiserlichen bewaffneten Hand ein Ende gesetzt, dann würden die Kriege keinen Tag schweigen (V. 7-10). Der Schluss des Carmens benennt nochmals die Größe des verstorbenen Regenten und schlägt den Bogen zum neuen Herrscher Karl V. (V. 11-14). Das zweite Gedicht vergleicht die Größe der Regierenden mit derjenigen der himmlischen Götter und nennt Gerechtigkeit, Güte und Tapferkeit als notwendige Eigenschaften von beiden (V. 1-4). Maximilian sei durch alle diese Gaben hervorgestochen, weshalb das Gedicht nicht als Altar des Grabes, sondern als Altar der Göttlichkeit und hohen Majestät des Kaisers angesehen werden solle (V. 5/6).

Das Verhältnis der beiden Epicedien zum vorausgehenden Werk ist ambivalent. Grundsätzlich ist festzuhalten, dass es sich beim *Hypanticon* ebenfalls um panegyrische Dichtung handelt. Der Verstext ist Asträa in den Mund gelegt, der jungfräulichen Göttin der Gerechtigkeit, welche im Goldenen Zeitalter unter den Menschen lebte, sich in Eherner Zeit jedoch in den Himmel flüchtete und dort zum Sternbild der Virgo wurde. Diese beschreibt den Einzug des Bischofs und fordert die Musen auf, dem großartigen Ereignis ihre Ehre zu erweisen. Der erste Teil der Dichtung ist dem Gedanken an die Gerechtigkeit gewidmet, unter deren Herrschaft alles blüht, während tyrannische Macht als Inbegriff der Ungerechtigkeit gesehen wird. Ähnlich wird das Lob des Friedens besungen und der Krieg verdammt. Mit den Lastern, nicht mit den Menschen müsse Krieg geführt werden. Im zweiten Teil werden den zu bekämpfenden Lastern die Tugenden gegenübergestellt. Auch hier ist wiederum der Blick auf den Herrscher gerichtet. Es werden verschiedene Gesichtspunkte behandelt, unter welchen sich ein Regent lobenswert verhalten kann. Lob lässt sich durch Besonnenheit, Gerechtigkeit, Mäßigung, Fleiß, Beredsamkeit, wissenschaftlichen Eifer und Wohltätigkeit gegenüber Gelehrten sowie durch Beharrlichkeit und Güte ernten. Explizit wird die Vorbildfunktion des Herrschers angesprochen, dessen gute Sitten das Volk beeinflussen würden.

Werden demgegenüber die Epicedien auf Maximilian in den Blick genommen, so fällt auf, dass sie – selbst in der Kürze – ein sehr einseitiges Herrscherbild transportieren. Maximilian wird fast ausschließlich auf seine Rolle als Feld- und Kriegsherr reduziert. Diese Rolle steht bis zu einem gewissen Grad im Widerspruch zu dem, was im *Hypanticon* vom idealen Herrscher verlangt wird. Dass das von Maximilian gezeichnete Bild vom erfolgreichen Heerführer von Busche nicht zufällig gewählt, sondern topisch ist, zeigt der Blick in andere Texte.

Ebenfalls zwei vergleichsweise kurze Gedichte auf Maximilian finden sich in der Epigrammensammlung des Basler Humanisten und Pädagogen Johannes Atrocianus, die zusammen mit dessen antireformatorischer Dichtung *Elegia de bello rustico* veröffentlicht wurde.[3] Der Druck ist im Jahre 1528 in der Offizin Johann Fabers erschienen. Die Sammlung der Epigramme umfasst dreißig Gedichte heterogenen Inhalts, die bis auf eine einzige Ausnahme in elegischen Distichen gehalten sind. Als Adressaten finden sich Figuren aus der Mythologie und anonyme, lediglich durch eine bestimmte Charaktereigenschaft gekennzeichnete Empfänger, vornehmlich aber Freunde und gelehrte Zeitgenossen Atrocians. Die beiden Gedichte an Kaiser Maximilian sind die einzigen Epigramme der Sammlung auf eine Herrscherpersönlichkeit, wobei das eine zudem dadurch heraussticht, dass es im Asclepiadeus minor abgefasst ist. Nur dieses richtet sich an den lebenden Kaiser (fol. C2^r), beim zweiten handelt es sich – wie schon bei Hermann von dem Busche – um ein Epitaph (fol. C2^v).

Das Epitaph besteht aus lediglich drei Distichen und hält die Fiktion der Grabinschrift nicht nur durch den Titel, sondern auch durch den Wortlaut der Verse aufrecht, indem es festhält, dass die Gebeine des Kaisers hier in der Erde ruhten, sein Geist jedoch in der Himmelsburg regiere. Ergiebiger ist das in Asklepiadeen gehaltene Gedicht mit der Überschrift *Ad Maximilianum Caesarem*, das vierzehn Verse umfasst und mit der Feststellung anhebt, dass, wenn irgendjemand je würdig war, den Namen eines hochherzigen und mutigen Regenten zu tragen, es der Adressat sei (V. 1-3). Viele würden seine Gerechtigkeit loben, das Volk nenne ihn *pater patriae*, was dessen Aufrichtigkeit und Herzensgüte bezeuge (V. 3-6). Während barbarische Völker dem Kaiser Krieg bereiteten, habe dieser das blitzende Schwert gezückt und das Vaterland be-

---

3   *Zur Elegia de bello rustico* s. J. Hamm, 2001, 225-244 u. 304-328.

freit, die Völker gelehrt, zur Ruhe zu kommen (V. 7-12). Um die weitreichende Macht des Kaisers zu demonstrieren, nennt Atrocian zum Schluss die Santonen und die Sithonier – also eine Völkerschaft im Südwesten Frankreichs und eine aus Nordgriechenland –, welche die Waffen Maximilians gleichermaßen fürchteten (V. 12-14).

Dass Atrocian den Kaiser mit seinem Epigramm speziell hervorheben möchte, macht er schon durch die Besonderheit des Versmaßes deutlich, welches in der Sammlung einzigartig ist. Der Umstand, dass es neben den beiden Epigrammen auf Maximilian keine weiteren panegyrischen Gedichte gibt, lässt den Kaiser als die einzige Herrscherpersönlichkeit erscheinen, die der Humanist für verehrungswürdig hält. Dies ist als Hinweis darauf zu lesen, dass der Basler zwar keine anderen Herren, den Kaiser des Heiligen Römischen Reichs Deutscher Nation aber durchaus als obersten Regenten anerkennt.

Ob Atrocian mit den *gentes barbaricae* (V. 8), deren Kriegstreiben Maximilian im Herzen des Reichs zur Ruhe gebracht habe, auch die Helvetier meint, ist nicht zu beantworten, aber auch nicht auszuschließen. Als vehementer Verfechter des alten Glaubens steht der Humanist dem Kaiserhaus näher als den reformatorischen Bemühungen, wie sie in den eidgenössischen Landen seiner unmittelbaren Umgebung gerade im Gange sind.[4] Augenfällig ist, dass Maximilian wie schon bei Hermann von dem Busche wesentlich als Kriegsherr gepriesen wird. Ebenso sind die Parallelen im Argumentationsgang der beiden Dichter nicht zu übersehen. Sowohl im ersten Epicedion Busches als auch in Atrocians Epigramm werden verschiedene Völker als Kontrahenten Maximilians angeführt, die dessen Kriegskunst fürchteten, wobei die Ähnlichkeiten bis ins Einzelmotiv reichen: Explizit genannt wird in beiden Gedichten das niederschmetternde Blitzen der Waffen des Kaisers. So spricht Hermann von dem Busche von *armatae uictricia fulmina dextrae* (V. 7), bei Atrocian ist von *ensem fulmineum* (V. 9) die Rede. Abgesehen vom militärischen Erfolg wird bei beiden Autoren auf die *iustitia* des Kaisers aufmerksam gemacht (bei Busche im zweiten Epicedion).

Caspar Ursinus Velius (1493-1539)

Caspar Ursinus Velius, im Jahre 1493 in Schlesien geboren, hatte schon sehr früh mit seinen Epigrammen und Elegien die Gunst des Breslauer Bischofs und Humanistenfreunds Johann Thurzó erworben, trat 1509 – durch Vermittlung Thurzós – in die Dienste von Matthäus Lang (G. Bauch, 1886, 7-11). Im Gefolge Langs, der im Auftrag Maximilians 1512 Verhandlungen mit dem Papst führte, reiste Ursinus nach Rom, blieb dort allerdings länger als sein Herr, um weitere humanistische

---

4 In seiner *Elegia de bello rustico* macht Atrocian die Bildungsfeindlichkeit der Reformatoren für den Bauernkrieg verantwortlich. Ebenfalls im Jahr 1528 erschien in Basel Atrocians Dichtung *Nemo Evangelicus*, die sich mit ähnlicher Vehemenz gegen die Reformatoren richtet.

Studien zu betreiben. Wiederum als Sekretär Langs gelangte Ursinus in der Mitte des Jahrzehnts nach Wien, wo er sich niederließ und im Kreis der dort versammelten Humanisten verkehrte, aber auch immer wieder Reisen unternahm (G. Bauch, 1886, 12-40).

Als im Sommer 1521 in Wien die Pest zu wüten begann, floh Ursinus wie viele andere aus der Stadt. Er machte sich nach Basel auf, weil er den von ihm hoch verehrten Erasmus persönlich kennenlernen wollte (G. Bauch, 1886, 40/41). Der Schlesier fand glückliche Aufnahme und hielt sich mehrere Monate in Basel auf, machte auch Bekanntschaft mit Johann Froben und fasste den Entschluss, bei diesem erstmals eine Gesamtausgabe der eigenen poetischen Werke zu verwirklichen – ein Unterfangen, das sich als gar nicht so einfach herausstellte, da Ursinus die meisten seiner Gedichte gar nicht mehr selbst besaß.[5]

Die Ausgabe erschien im März 1522 – kurz nachdem Ursinus wieder Richtung Wien aufgebrochen war – und ist in fünf Bücher eingeteilt, nach Gattungen gegliedert: Auf zwei Bücher mit Sylven folgt eines mit Episteln, danach ein Buch mit Elegien und Epigrammen und zum Schluss eines mit Übersetzungen griechischer Epigramme. Das erste Buch ist ganz den Habsburgern und deren Verbündeten gewidmet. Es enthält zwei Epithalamien, zudem einen Paian auf den heiligen Leopold, der als Stammvater der *domus Austria* besungen wird, ein als *lusus poeticus* bezeichnetes Gedicht auf Kaiser Karl V., sowie zwei Gedichte auf Maximilian I.: Ein Carmen zum Lobe des Kaisers und seines Verbündeten Heinrich VIII., König von England, und ein Epicedion auf Maximilian I., als Trauerlied zum ersten Jahrestag des Hinscheidens des Kaisers verfasst. Ein drittes umfangreiches Gedicht auf Maximilian I., ebenfalls ein Epicedion, befindet sich im Appendix der Ausgabe. Dieser Anhang enthält Gedichte, welche erst in Basel eintrafen, als der Autor schon wieder aus der Druckerstadt aufgebrochen war, und deswegen nicht mehr am zutreffenden Ort innerhalb der fünf Bücher eingereiht wurden. Zudem finden sich zwei kurze Epigramme auf den Kaiser im vierten Buch der Ausgabe.

Näher betrachtet wird hier das erstgenannte der Gedichte mit dem Titel *In laudem divi maximi Caesaris et Henrici VIII. Britanniae regis, carmen* (fol. e1ᵛ-e3ʳ). Es handelt sich dabei um das erste panegyrische Stück überhaupt, das der Schlesier dem Haus Habsburg widmete, und stammt noch aus Ursinus' Zeit in Rom. Inhaltlich bezieht es sich zur Hauptsache auf die Schlacht bei Guinegate von 1513, die auch als „zweite Sporenschlacht" in die Geschichte eingegangen ist und zu den Italienischen Kriegen gehört. In der Schlacht bei Guinegate bezwangen Maximilian und der englische König Heinrich VIII. die französische Streitmacht von Ludwig XII. Ursinus' Gedicht umfasst 68 Hexameter und zeichnet sich durch eine kunstvolle Komposition aus. Die Struktur ist dreiteilig, wobei der mittlere Teil, der aus nur zwölf Versen besteht, eine Art Übergang bildet. Für die beiden anderen Teile gilt, dass die Vierzahl wesentlich zum Kompositionsprinzip gehört.

---

5   Ursinus wandte sich dafür an seinen Freund Vadian, der viele der Gedichte des Schlesiers als Geschenke bekommen hatte (G. Bauch, 1886, 42).

Der erste Teil von 32 Versen kündet von der Niederlage, welche die Franzosen durch den Zorn des Kaisers und durch den waffengewandten jugendlichen König erhalten hätten. Das Gedicht gibt sich selbst die Stimme eines Herolds, der in der Heimat von den neuerlichen Niederlagen bezwungener Völker berichtet, aber auch ältere Schlachten nennt. Erwähnt werden die *Galli*, die *Morini*, die *Senones*, die *Euganei*, die *Veneti*, die *Patavi* – alles Volksstämme, die gemäß Caesars *Bellum Gallicum* und Livius im Gebiet des heutigen Frankreichs und Oberitaliens siedelten. Den Aufbau hat Ursinus so gestaltet, dass acht Mal vier Verse von den militärischen Errungenschaften des Kaisers und des englischen Königs berichten. Jeder der acht Viererblöcke endet in einer jener zwei sich stereotyp wiederholenden Klauseln, von denen eine dem Kaiser, eine dem englischen König gewidmet ist und die beide die militärische Macht der Herrscher herausstreichen.[6]

Ähnlich sequentiell hat Ursinus den Auftakt der Viererblöcke angelegt. Die Hälfte der acht Blöcke beginnt mit der Formel: *Si qua ... nondum patria ... novit, discat ...*, die Ursinus in kunstvoller Weise modifiziert. Der Duktus der Heroldsverkündigung verläuft also gemäß dem Prinzip des „Wer weiß noch nicht, dass...?", das allerdings eine Zuspitzung erfahren hat und zum Prinzip des: „Wenn einer noch nicht weiß, dass..., dann soll er lernen, dass...!" geworden ist. Diese Formel hat einen unterschwellig drohenden Charakter: Gedroht wird mit der militärischen Gewalt des Kaisers und des englischen Königs, gelernt werden soll an den Exempla der französischen (und italienischen) Niederlagen. Auffällig ist hier der Blickwinkel: Nicht die Siege der Herrscher, sondern die Niederlagen der unterworfenen Völker werden immer wieder benannt, auf sie wird das Augenmerk gerichtet. Die Rede ist von *clades, casus, strages*, auch von *acies caesa* (V. 1/2, 5/6, 10, 14, 17, 21). Immer wieder werden über dieselbe formelhafte Phrasierung neue Schlachtplätze auf- bzw. in Erinnerung gerufen, anhand derer die militärischen Erfolge der gefeierten Kriegsagenten gleichsam vor Augen gestellt werden. Mit Hilfe der Wiederholung wird eine additive Überlegenheit aufgebaut: Durch die stereotype Repetition der beiden Schlusssätze wird die inhaltliche Verlässlichkeit des immer wieder gleichen militärischen Ausgangs rhetorisch suggeriert und suggestiv untermalt. Dabei arbeitet Ursinus sowohl mit Parallelismen als auch mit Antithesen, die er mehrfach verschränkt. Parallel verwendet er die *Si-qua*-Formel zum Auftakt der Blöcke. Antithetisch dazu, jedoch wiederum in paralleler Konstruktion, beginnen drei der restlichen vier Blöcke mit *iamdudum*. Über die beiden sich wiederholenden Schlusssätze werden der Kaiser und der englische König

---

6 Die beiden Teilsätze, welche den jeweiligen Schluss eines Viererblocks bilden, lauten: *...quid lenta Deorum / Ira potest, & lenta potest quid Caesaris ira* und *...quid possit in armis / Rex iuvenis, nouus Aeacides, fortissimus heros*. Die Aufteilung innerhalb der 32 Verse ist erst kreuzweise, dann parallel: d. h. von den acht Viererblöcken enden der erste, der dritte, der fünfte und der sechste mit der Hommage an den Kaiser, der zweite, vierte, siebte und achte mit derjenigen auf den englischen König.

parallel als Kriegsherren aufgebaut. Antithetisch dazu setzt Ursinus die französischen und oberitalienischen Stämme mit ihren Niederlagen.
Im mittleren, lediglich zwölf Verse umfassenden Teil des Gedichts erfolgt der Musenanruf, der gleichzeitig den Übergang zum Schlussteil bildet. Ursinus zieht hier den antikisierenden Topos des Musenquells heran und fordert die Wasser des heiligen Quells auf, den Dichtern den Mund zu bespülen, so wie sie das bei Homer und Vergil getan hätten. Über dieses Bild wird nicht nur die Natur der Panegyrik dienstbar gemacht, sondern – mit Blick auf den Schlussteil – auch der Ruhm der Helden Homers und Vergils auf Maximilian übertragen. Die 24 Hexameter des dritten und letzten Teils fordern nämlich die Dichter immer wieder auf, von den erfolgreichen Schlachten des Kaisers und den Niederlagen der Franzosen zu berichten, wobei der Fokus vornehmlich auf die Schlachten mit ihrem Brennen und Blutvergießen gerichtet ist. Auch der Schlussteil ist in Blöcke von jeweils vier Hexametern unterteilt, von denen jeder mit dem Vers *Dicite Pierij divino carmine vates* beginnt. Eine Ausnahme bildet der Schlussblock, der diesen Auftaktvers mit den Klauseln des Anfangsteils kombiniert und so die beiden Hauptteile des Gedichts in kunstvoller Weise zusammenführt. Alles in allem stilisiert Ursinus Maximilian zum mächtigen und höchst erfolgreichen Kriegsherrn, wobei die rhetorische Durchgestaltung und die kompositorische Proportioniertheit der Verse huldigenden Charakter haben.

Heinrich Glarean (1488-1563)

Fast zur gleichen Zeit wie Ursinus' Carmen ist das *Panegyricon* auf Maximilian von Heinrich Glarean entstanden, das in seiner Basler Version von 1514 beleuchtet werden soll. Heinrich Glarean war 1488 als Heinrich Loriti geboren worden und stammte aus Glarus, einem Kanton, der damals schon seit über 150 Jahren zur Eidgenossenschaft gehörte und durch die Schlacht bei Näfels von 1388, bei der die Schweizer den Habsburgern eine empfindliche Niederlage beigebracht hatten, eine gewisse Berühmtheit erlangt hatte. Seine erste Ausbildung bekam Heinrich Glarean bei Michael Rubellus in Bern und Rottweil, immatrikulierte sich dann 1507 an der Universität zu Köln (F.-D. Sauerborn, 2006, 66/67). Dort wurde er während des Kölner Reichstags von 1512 von Kaiser Maximilian zum *poeta laureatus* gekrönt. Das aus diesem Anlass in dorischer Tonart vorgetragene *Panegyricon* wurde im selben Jahr noch in Köln gedruckt, zwei Jahre später erschien es dann im Verbund mit Glareans Doppelgedicht *Descriptio Helvetiae* in Basel bei Adam Petri (s. F.-D. Sauerborn, 1997).
Dichterkrönungen stellen ein ideales Instrument der Hofpropaganda dar (s. grundsätzlich A. Schirrmeister, 2003). Kaiser Maximilian hat dieses Instrument rege benutzt (J.-D. Müller, 1982, 74). Die Krönung war mit dem Anspruch an den Poeten verbunden, dem Kaiser zu huldigen und positiv zu seiner *gedechtnus* beizutragen. Der öffentliche Vortrag eines panegyrischen Stückes, das den Ruhm des Kaisers mehren sollte, war Teil des Krönungszeremoniells. Glarean, der zwei Jahre

vor seiner Krönung ein *Carmen de pugna Confoederatorum Helvetiae commissa in Naefels* verfasst hatte, ein Gedicht also, das den Sieg der Eidgenossen über die Habsburger in der Schlacht von Näfels verherrlichte, ging mit seiner Krönung die selbstverständliche Verpflichtung ein, das Lob des Kaisers zu mehren. Dies bedeutete auch, schlechte Propaganda zu verhindern, worin wohl der Grund zu sehen ist, warum das erwähnte *Carmen* über die Schlacht bei Näfels nie zum Druck gelangte (F.-D. Sauerborn, 2006, 71). Entsprechend stellt auch die Textkombination, wie sie in der Basler Ausgabe von 1514 verwirklicht wurde, durchaus eine Herausforderung dar, vereinigt der Druck doch zwei Dichtungen, die beide den Titel *Panegyricon* tragen, wovon eine dem habsburgischen Kaiser, eine der Schweizer Eidgenossenschaft gewidmet ist. Wie Glarean diese Problematik löst, ist nun genauer zu betrachten.

Glareans *Panegyricon* auf Kaiser Maximilian umfasst im Druck von Adam Petri 80 Hexameter (fol. A2^r-A4^r).[7] Der Kaiser wird angesprochen als vielgerühmter unter den Nachkommen von Romulus, wobei Glarean gleich zum Auftakt zweimal auf die *pietas* des Besungenen aufmerksam macht; ebenfalls hervorgehoben wird die gefällige Art, mit der Maximilian den weiten Erdkreis verwalte (V. 1-6). Glarean zählt sodann diverse Stammväter großer Herrschergeschlechter aus der antiken Geschichte und Mythologie auf, deren Ruhm durch Sänger über die Erde getragen worden sei, so Arsaces, den ersten König und Dynastiestifter der Arsaciden in Parthien, Achaemenes, den Ahnherr der altpersischen Könige, Laomedon und Priamus, Könige von Troja, Cecrops und Theseus als Könige von Attika und Athen, die syrischen Antiochi (V. 7-15). Glarean hält darauf fest, dass auch dem römischen König, als den er Maximilian anspricht, die östliche und die westliche Sonne, der südliche und der nördliche Pol lange Zeit dienen würden.

Damit hat Glarean den Weltkreis von Maximilians Ruhm aufgespannt, den er im Weiteren noch spezifiziert. So sei der Kaiser verehrungswürdig im Nordosten, wo die kalten Wellen des Flusses Don fließen, aber auch bei den dunkelfarbigen Indern, ja selbst zu den Chinesen dringe dessen Kunde. Im Westen, beim Wasser des Atlantik und der Meerenge von Gibraltar werde Maximilian gerühmt und verehrt. So auch jenseits des Äquators. Im Nordwesten bei den Orkneys-Inseln, aber auch beim Bosporus finde der Ruhm des Kaisers Niederschlag. Schließlich zählt Glarean verschiedene afrikanische Gebiete und Völker auf, die vom Lob und auch von den Angriffen Maximilians hören würden (V. 21-47).

Sed redeo ad praesens, ruft sich der Dichter daraufhin zurecht und kommt auf die *Burgundi* und *Morini* zu sprechen, nennt Flüsse im Innern des Reichs, so die Etsch, den Rhein und die Donau (V. 48-51). Er erwähnt verschiedene germanische und keltische Volksstämme, nennt darauf die *Helvetii*, denen er

---

7   Die Basler Ausgabe von 1514 ist gegenüber der Kölner Erstausgabe aus dem Jahre 1512 um drei Verse gekürzt, da Maximilian dort auch als siegreich gegenüber Venedig dargestellt wurde. Von einem solchen Sieg war der Kaiser Ende 1514 weit entfernt (F.-D. Sauerborn, 1997, 173).

einen besonderen Platz einräumt. Glarean schreibt: *Idque unum adiciam, quo nil mihi gratius orbe / Helvetia aeterno Caesar tibi foedere adiuncta est. / Gens aquilam, gens terribiles imitata leones* (V. 54-56).[8] Zum Abschluss seiner Tour d'horizon hebt Glarean zudem noch die *Suevi* hervor, die er als *gens prisca Deorum, / Et dura, & fortis, nulloque exhausta labore* rühmt (V. 57/58). Glarean heißt sich darauf schweigen und meint, die Zeit fehle, noch mehr aufzu-zählen, nur Vergil und Homer hätten Größeres zu berichten. Auch er ruft den Topos des Musenquells auf, dessen Becher er trinkend labe. Mit dem Wunsch, Gott möge dem Kaiser noch viele Jahre schenken, in denen er unbesiegt den Erdkreis lenke, endet das Gedicht.

Die zitierten drei Verse über die *Helvetii* verknüpfen das *Panegyricon* auf Maximilian mit der zweiteiligen *Helvetiae descriptio*, ja stellen regelrecht die Schnittmenge der beiden Dichtungen dar (F.-D. Sauerborn, 1997, 157). For-muliert Glarean doch fast zu Beginn seiner *Beschreibung der Schweiz* wie folgt: *Helvetia est cantanda mihi, gens inclyta bello, / Gens aquilam, gens ter-ribiles imitata leones* (V. 4/5).[9] Schon im Widmungsbrief an Heinrich Uttinger (fol. A1ᵛ) streicht der Dichter den großartigen Ruhm heraus, den die Eidge-nossen im Krieg geerntet hätten. Zeichneten sich die Schweizer doch dadurch aus, dass sie ihre Freiheit mit den Mitteln des Rechts, aber auch mit Waffen verteidigten, so dass sie auch Neid und Hass auf sich zögen, weil sie sich nicht wie Sklaven den Tyrannen fügten. Die Dichtung selbst stellt eine einzige Huldi-gung an die Schweiz dar, was der Zwischentitel zum zweiten Teil – *Panegyri-con* – ja auch verdeutlicht.

Stellt man Glareans *Panegyricon* auf Kaiser Maximilian neben das fast zeit-gleich entstandene *Carmen* von Caspar Ursinus Velius, so sticht ein Punkt sofort ins Auge: Die topische Vorstellung vom erfolgreichen Kriegsherrn Ma-ximilian, die sich auch in den beiden analysierten Epigrammen von Hermann von dem Busche und Johannes Atrocian als Kernpunkt herauskristallisierte, fehlt bei Glarean fast vollständig. Der Schweizer Humanist lotet zwar den Wirkungsradius der Macht des Kaisers aus, dehnt den Bekanntheitsgrad Maxi-milians gleichsam auf den ganzen Erdkreis aus, bringt diesen aber gerade nicht in Zusammenhang mit dessen Kriegsruhm. Ist von Kriegsruhm die Rede, dann nicht in Bezug auf den Kaiser, sondern hinsichtlich der Eidgenossen, denen in-nerhalb Glareans Dichtung auf Maximilian eine ganz besondere Position ein-geräumt wird. Zwar nicht im *Panegyricon* auf den Kaiser, jedoch zum Auftakt der *Helvetiae descriptio* werden die Schweizer sogar explizit als *gens inclyta bello* bezeichnet. Über die Verbindung des einen Verses, der wörtlich in beiden Dichtungen als Charakterisierung der Eidgenossen vorkommt – nämlich der

---

8   „Das eine will ich hinzufügen, zumal nichts mir lieber ist auf Erden: Helvetien ist Dir, Kai-ser, durch ein ewiges Bündnis verbunden, ein Volk, das dem Adler, den schrecklichen Löwen gleicht."
9   „Besingen will ich Helvetien, ein ruhmvolles Kriegsvolk, ein Volk, das dem Adler, den schrecklichen Löwen gleicht."

Vers *Gens aquilam, gens terribiles imitata leones* – dringt die Wendung von der *gens inclyta bello* mittelbar auch ins *Panegyricon* auf Maximilian, die dort so natürlich nicht Verwendung finden kann, gehört das Lob erfolgreicher Kriegstaten doch zum festen Inventar der kaiserlichen Panegyrik und ist allein dem Kaiser – oder höchstens noch seinem engsten Verbündeten – vorbehalten. Glarean stellt diese Prämisse jedoch unvermerkt – und ungestraft – auf den Kopf, hebelt dabei die Grundsätze der Hofpropaganda beinahe aus. Indem Glarean nämlich die schweizerische Kriegstüchtigkeit als dem Kaiser eng verbunden preist, übergeht er geschickt die frühere Gegnerschaft und bindet sogar noch den Kriegsruhm der Schweizer an die Herrschaft Maximilians.[10]

Fazit

Auch wenn die kleine Zahl der herangezogenen Gedichte kaum Verallgemeinerungen zulässt, ist doch augenfällig, wie einseitig das Bild ist, das von Maximilian in diesen lateinischen Carmina gezeichnet wird. So erscheint der Kaiser fast ausschließlich als erfolgreicher Kriegsherr und – wo nicht als Kriegsherr, wie bei Glarean, so doch – als ruhmreicher Herrscher. Andere Auszeichnungen, Fähigkeiten und Tugenden, die etwa in panegyrischen Reden oder auch in Vorreden und Widmungsschreiben thematisiert werden, bleiben ungenannt (vgl. etwa: St. Füssel, 1987, 19-21, sowie den Beitrag von Regina Toepfer im vorliegenden Band). Besonders hervorzuheben ist denn auch der Umstand, dass der Kaiser an keiner Stelle in seiner Eigenschaft als *imperator litteratus* gerühmt wird und die Bezugnahme auf Maximilian als Förderer von Kunst, Wissenschaft und Literatur vollständig fehlt.

---

10 In späteren Jahren verbindet sich Glarean dem Hause Habsburg noch stärker (s. dazu: F.-D. Sauerborn, 2001; A. Schirrmeister, 2004).

Bibliographie

I. Quellen

Johannes Atrocianus: Ioannis Atrociani elegia de bello rustico, anno redempti orbis M.D.XXV. in Germania exorto; Praeterea eiusdem Ioannis Atrociani epigrammata aliquot selectiora; Praemissa etiam Epistola ad bonas literas hortatoria. Johann Faber: Basel 1528.

Hermann von dem Busche: Hermanni Buschii Pasiphili hypanticon, illustrissimo principi, & clementissimo antistiti Spirensi, Georgio comiti Palatino Rheni super solenni suo in Spiram urbem introitu dicatum. Andreas Cratander: Basel 1520.

Heinrich Glarean: Ad divum Max. Aemilianum Romanorum imperatorem semper Augustum, Henrici Glareani Helvetii poe. laure. panegyricon; Eiusdem de situ Helvetiae & vicinis gentibus: de quattuor Helvetiorum pagis: pro iustissimo Helvetiorum foedere panegyricon, Adam Petri: Basel 1514.

Thomas Morus: Epigrammata clarissimi disertissimique viri Thomae Mori Britanni, pleraque e Graecis versa, Johann Froben: Basel 1518.

Caspar Ursinus Velius: Casparis Ursini Velii e Germanis Slesii poematum libri quinque, Johann Froben: Basel 1522.

II. Sekundärliteratur

Gustav Bauch: Caspar Ursinus Velius. Der Hofhistoriograph Ferdinands I. und Erzieher Maximilians II. Budapest 1886.

Stephan Füssel: Riccardus Bartholinus Perusinus. Humanistische Panegyrik am Hofe Kaiser Maximilians I. Baden-Baden 1987.

Joachim Hamm: Servilia bella. Bilder vom deutschen Bauernkrieg in neulateinischen Dichtungen des 16. Jahrhunderts. Wiesbaden 2001.

Jan-Dirk Müller: Gedechtnus. Literatur und Hofgesellschaft um Maximilian I. München 1982.

Antje Niederberger: Sebastian Brant, das Reich und die Eidgenossen. In: Humanisten am Oberrhein. Neue Gelehrte im Dienst alter Herren. Hg. v. Sven Lembke u. Markus Müller. Leinfelden-Echterdingen 2004, S. 189-208.

Franz-Dieter Sauerborn: Die Krönung des schweizerischen Humanisten Glarean zum poeta laureatus durch Kaiser Maximilian I. im Jahre 1512 und seine Helvetiae Descriptio von 1514/1515. In: Zeitschrift des Breisgau-Geschichtsvereins „Schau-ins-Land" 116 (1997), S. 157-192.

Franz-Dieter Sauerborn: „... atque suum familiarem nominarint": Der Humanist Heinrich Glarean (1488-1563) und die Habsburger. In: Zeitschrift des Breisgau-Geschichtsvereins „Schau-ins-Land" 120 (2001), S. 57-75.

Franz-Dieter Sauerborn: „… hic est celebris ille Glareanus" – Glareans Leben und Persönlichkeit. In: Heinrich Glarean oder: Die Rettung der Musik aus dem Geist der Antike? Hg. v. Nicole Schwindt. Kassel et al. 2006, S. 65-76.

Albert Schirrmeister: Triumph des Dichters. Gekrönte Intellektuelle im 16. Jahrhundert. Köln 2003.

Albert Schirrmeister: Die zwei Leben des Heinrich Glarean: Hof, Universität und die Identität eines Humanisten. In: Humanisten am Oberrhein. Neue Gelehrte im Dienst alter Herren. Hg. v. Sven Lembke u. Markus Müller. Leinfelden-Echterdingen 2004, S. 237-254.

Claudius Sieber-Lehmann: Schwierige Nachbarn. Basel, Vorderösterreich und die Eidgenossen im ausgehenden 15. Jahrhundert. In: Die Habsburger im deutschen Südwesten. Neue Forschungen zur Geschichte Vorderösterreichs. Hg. v. Franz Quarthal u. Gerhard Faix. Stuttgart 2000, S. 273-286.

Dr. Seraina Plotke
Universität Basel, Deutsches Seminar
Nadelberg 4
CH – 4051 Basel
E-Mail: seraina.plotke@unibas.ch

Carola Redzich

...in zeiten des fridens ein gelerte gab.

Zu Thomas Murners Übertragung der *Aeneis* (1515) und ihrer Widmungsvorrede an Kaiser Maximilian I.

I.

Im August des Jahres 1515 erscheint beim Straßburger Drucker Johann Grüninger eine vollständige Übertragung von Vergils *Aeneis* in deutschen Reimpaarversen. Sie stammt von dem elsässischen Franziskaner Thomas Murner.[1] Die großformatige, mit thematischen Holzschnitten ausgestattete Druckausgabe trägt den Titel *Vergilij maronis dryzehen Aeneadischer Bücher von Troianischer zerstörung und vffgang des Römischen Reichs durch doctor Murner vertütst.*[2] In einem dem Druck beigefügten Brief widmet Murner seine Übertragung dem *unüberwindtlichen durchlüchtigen* Kaiser Maximilian.[3]

Die Übertragung und ihre Widmung lassen sich nicht ohne weiteres in die Reihe zeitgenössischer dem Kaiser gewidmeter gelehrter Übersetzungen antiker Werke vornehmlich historiographischer und epischer Natur sowie Fachprosa stellen, die zum Teil von Maximilian selbst in Auftrag gegeben wurden, zum Teil mit der Bitte um Gewährung verschiedener Privilegien an seine Adresse gerichtet wurden. Aus Murners Widmung geht weder hervor, dass die Übertragung in Maximilians Auftrag entstand, noch lassen sich in seinem Fall überhaupt direkte Kontakte zum Hof nachweisen. Auch für die von der Forschung auf das Jahr 1505 in Wien terminierte Dichterkrönung Murners durch Maximilian (H. Heger, 1993, 297; vgl. J. Flood, 2007, 1390) lassen sich bislang nur Indizien anführen, und im Gegensatz zu der überwiegenden Mehrzahl der von Maximilian gekrönten *poetae laureati* (vgl. D. Mertens, 1983) lässt sich in Murners Fall bis zum Jahr 1515 auch kein Zusammenhang zwischen seinen literarischen Aktivitäten und der besagten Ehrung herstellen. Über ein persönliches Interesse des Habsburgers an einer Übertragung des römischen Natio-

---

1 Noch immer grundlegend für die Murner-Forschung ist die Biographie von Theodor von Liebenau aus dem Jahr 1913. Die jüngere Literatur verzeichnen H. Heger, 1993 und J. Flood, 2007. Für konstruktive Diskussionen und sachkundigen Rat danke ich herzlich Dieter Mertens (Freiburg i. Br.) und Felix Heinzer (Freiburg i. Br.).

2 Vergils unvollendetes Epos umfasst bekanntlich nur 12 Bücher. Das als *Supplementum* bezeichnete 13. Buch stammt von dem italienschen Humanisten Mapheus Vegius, wurde 1428 erstmals in Pavia veröffentlicht und gehörte seit dem späten 15. Jahrhundert zum festen Bestandteil der meisten Vergilausgaben (vgl. E. Bernstein, 1974, 10-12).

3 Die Vorrede ist abgedruckt bei E. Bernstein, 1974, 105.

nalepos, das er selbst durchaus im Original zu lesen imstande gewesen sein
dürfte, lässt sich ebenfalls nur spekulieren: Eine deutsche *Aeneis* vermochte
weder dem Wunsch des Kaisers nach einer lateinischen *Maximilianeis* zu entsprechen – das 12 Bücher umfassende lateinische Hexamter-Epos *Austrias* des
Ricardo Bartolini, der ein Jahr später zum *poeta laureatus* gekrönt wurde, erschien ein Jahr nach Murners Übertragung, im Jahr 1516 – noch spielte Aeneas
als Referenzfigur im Kontext der genealogischen Rekonstruktionsversuche
des Habsburgers eine besondere Rolle. Dazu kommt die ganz eigene funktionale Ausrichtung von Murners Übertragung, die sich auf den ersten Blick
kaum plausibel auf ein persönliches Interesse des Kaisers beziehen lässt.

In den folgenden Ausführungen möchte ich unter Einbeziehung der genannten Aspekte Überlegungen zu Murners Verhältnis zu Maximilian anstel-
len, das durch die schlechte Quellenlage einerseits und Murners schlechten
Ruf bei den Humanisten und in der Humanismusforschung andererseits bislang kaum Beachtung gefunden hat, und damit eine mögliche Erklärung für
Murners Beweggründe für die Widmung seiner *Aeneis* an den Kaiser sowie für
die Art und Weise liefern, in der er seiner Arbeit vor dem Hintergrund der aktuellen politischen Situation Geltung zu verschaffen sucht.

II.

Murners Übertragung der *Aeneis* stellt keine geringe Gesamtleistung dar. Sie
wird ihn Jahre gekostet haben, zumal die Arbeit durch seine anderen literarischen Aktivitäten und Ortswechsel sicher häufig unterbrochen werden musste.
Es ist sehr wahrscheinlich, dass der Plan dazu bereits in seine Freiburger Zeit
um 1505-1508/9 fällt, in der er neben seiner Vorbereitung auf die theologische
Promotion als Schüler Jakob Lochers an der Artistenfakultät auch Vorlesungen über Vergil und lateinische Prosodie hielt.

In seinem übersetzerischen Vorgehen orientiert Murner sich an Sebastian Brant, insbesondere an dessen für den schulischen Elementarunterricht als
auch für die universitäre Lehre aufbereiteten Paarversübertragungen spätan-
tiker moraldidaktischer Lehrdichtungen wie der *Disticha Catonis*. Murners
Anliegen ist es, einen für sich verständlichen deutschen Gesamttext zu schaffen, der zwar prinzipiell offen bleibt für wort- und syntagmenorientierte Vergleiche mit dem lateinischen Original, aber keine rein oberflächenstrukturelle
imitatio vorstellt. Vielmehr wird die Zielsprache als eigenen Regeln folgendes
und von alterierenden kulturellen Mustern geformtes und geprägtes Übertra-
gungsmedium anerkannt. Murner fokussiert vor allem die rhetorischen Besonderheiten und Qualitäten des Ausgangstextes und sucht diese in ein episches
Äquivalent eigener, dem spezifischen Gebrauchskontext Rechnung tragender
Prägung zu transponieren. Seine besondere Leistung besteht darin, den deutschen Text auf ein sprachlich-stilistisches Register hin moduliert zu haben, das
mit dem intendierten Gebrauch der Übersetzung in der juristischen Grund-

ausbildung korrespondiert, ein Anspruch, den er in seiner Widmung an den
Kaiser explizit formuliert:

> *zů wolgefallen allen denen so sich in Vergilio ieben (als dem anmütigsten*
> *latynschen man vff erden) vnd nach verfaßtem latyn Keiserliche recht be-*
> *geren zů leeren / die vnder allen rechten in dem gezierteschten latyn ver-*
> *schriben sein vssenwendig mit verzeichnetem latyn das menglich schier on*
> *meister Vergilium lesen mồg / vnd was geweltigs dalmetschen sie dabei*
> *erlernen*[4]

Dazu passt auch die Berufung auf einen allseits geachteten Juristen als
Schirmherren der Übersetzung, Konrad Peutinger:

> *das Conrado Püttinger zůgeschickt / als warlich einem gelerten man zů*
> *rechtfertigen / vnd meine menschliche irrungen / wa er die ding zů besse-*
> *ren vnder welchs schirm vnd nomen ich dein Keiserliche gnad mit dieser*
> *gelerten gaben demütigklich vereret haben wil*

Auf die intendierte Funktion als Lehrwerk ist auch das Layout des Drucks
abgestimmt. Jedem Buch wird ein kurzes *argumentum* vorangestellt. An den
Außenrändern des zweispaltig gesetzten Textes werden in regelmäßigen Abständen lateinische Versinitien angegeben, die die Orientierung im Original
erleichtern. Zusätzliche Überschriften gliedern den deutschen Text in kleinere
Erzählabschnitte, die sich in Unterrichtssituationen als ‚Fallgeschichten' herausgreifen und im Sinne der *„historia* als Anschauungsmaterial für die Kausali-
tät politischer Abläufe" (J.-D. Müller, 1982, 90) diskutieren lassen. Die besondere Markierung von Dialogen und Monologen zielt auf die praxisorientierte
Vermittlung exemplarischer Formen der Rede, und dazu bietet die Übertragung ein volkssprachiges Repertoire von Metaphern, Bildern und Vergleichen,
die in der juristischen Redepraxis der eigenen Zeit ihre spezifische Wirksamkeit entfalten können. Es wäre eine lohnende Aufgabe, die Übertragung unter
dieser Perspektive auch mit Blick auf den Einfluss von Quintilians Rhetorik
zu untersuchen.

Dass Murner zur Zeit der Veröffentlichung der Vergil-Übertragung in
Trier Vorlesungen über Justinians *Institutiones* hielt, die er später ebenfalls ins
Deutsche übertrug, dass er 1519 an die Universität Basel ging, um Jura zu studieren, und dass er hier schließlich bereits nach einem Jahr zum *Doctor utrius-*
que iuris promoviert wurde, zeigt, dass und in welchem Maße die universitäre
Juristenausbildung dem Franziskaner am Herzen lag. Das korrespondiert mit
Murners Auffassung vom Bildungsauftrag des Franziskanerordens, demzufolge eine fundierte Bildung als unabdingbare Voraussetzung für die Möglichkeit
zu gelten hat, Gerechtigkeit im institutionellen Rahmen irdischer Rechtsprechung zu erreichen. Mit seiner Übertragung der *Aeneis* als einem Kerntext der

---

4   Alle Zitate aus dem Widmungsschreiben folgen dem Druck Straßburg: Johann Grüninger
1515, fol. Iv.

mittelalterlichen Bildungswelt schließt Murner darüber hinaus an die Bestrebungen anderer Elsässer Humanisten an, die zentralen Texte des klassischen
Altertums in Übersetzungen für breitere Rezeptionskreise verfügbar zu machen (vgl. F. J. Worstbrock, 1977, 58; J.-D. Müller, 1982, 78-79).

III.

Murner beschäftigt sich mit den antiken Dichtern seinem Amt und Stand entsprechend ausschließlich aus theologischer Perspektive, und darin unterscheidet er sich von seinen dichterisch produktiven Zeitgenossen. Von ihm selbst
sind außer einzelnen Epigrammen keine lateinischen Gedichte überliefert. Im
Jahre 1509 erscheint in Straßburg seine theologisch-poetologische Schrift, die
Reformatio poetarum. Murner entwirft hier auf der Basis der *dicta* der Kir-
chenväter eine eigenwillige Typologie antiker *poetae* und *oratores* und beurteilt ihren Nutzen für die verschiedenen Wirkungsbereiche der Rhetorik nach
funktionalen, ästhetischen sowie moralisch-didaktischen Gesichtspunkten.
Ein dem Druck der Abhandlung beigefügter Briefwechsel zwischen Murner,
dem Freiburger Humanisten Ulrich Zasius und dem Drucker Johann Schott
dokumentiert dabei die zeitgenössische Kontroverse um die Frage der geistlichen Legitimation für die Beschäftigung mit antiker respektive heidnischer
Dichtung (vgl. A. Schirrmeister, 2003, 238). Dabei wird evident, dass der eigentliche Stein des Anstoßes nicht etwa Murners *Reformatio poetarum* selbst,
sondern der Titel des *poeta laureatus* ist, mit dem er hier von Johann Schott
angesprochen wird. Schott kritisiert Murner im Folgenden dafür, dass er diesen Titel für sich in Anspruch nehme, der einem Ordensgeistlichen, dessen Redegabe direkt vom Heiligen Geist verliehen sei und deshalb viel höher stehe,
nicht angemessen sei. Murner solle sich vorsehen, Titel verschiedener Macht-
sphären miteinander vereinigen zu wollen, da dies ihm nur Neid, Missgunst
und üble Nachrede einbringen würde, für die er, Schott, dann auch nicht den
Kopf hinhalten wolle.[5]
      In seiner Antwort verteidigt Murner seinen Standpunkt, demzufolge auch
Geistliche den Dichterlorbeer annehmen dürften, außerdem habe er diesen
ausschließlich im Interesse seines Ordens und zur Vergrößerung von dessen
Ansehen, also nicht aus eitlem Streben nach irdischem Ruhm, angenommen.[6]
Er verweist zu seiner Rechtfertigung auf einen Brief des franziskanischen Or-

---

5   Der Briefwechsel ist abgedruckt bei T. v. Liebenau, 1912, 735-736. Alle Zitate folgen dieser
      Ausgabe.
6   Murner hat sich selbst nie mit dem Titel *poeta laureatus* bezeichnet, was nicht weiter er-
      staunlich ist, denn nimmt man den angesetzten Zeitpunkt Ende 1505 ernst, dann dauerte es nur
      noch 4 Monate, bis er einen höherwertigen Titel, nämlich den Doktor der Theologie erwarb,
      der seiner Stellung zudem besser entsprach. In der Folgezeit hatte er kaum Anlass, sich als
      gekrönter Dichter zu positionieren, zumal seine Lehrtätigkeit nicht mit einem Lehrstuhl für
      Poetik verbunden war.

densgenerals Egidius Delphini, der von 1500 bis Anfang 1506 amtierte (vgl. J. Moorman, 1968, 569-573):

> *Lege presentes literas, quas mihi quaeso illaesas servato, quae omnem tibi ambiguitatem excutient et, non quid possimus, sed quid faciamus, ad plenum enodabunt: quas tibi videndas praeter ambitionem et superbiam transmittere placuit ob ordinis reverentiam, non personae meae ostentationem.*

Auch diesen Brief lässt Murner zusammen mit der *Reformatio* abdrukken. In diesem Schreiben fordert der Ordensgeneral Murner mit expliziter Billigung auf, ja, nötigt ihn geradezu, den Titel des *poeta oratorque laureatus* stellvertretend für den gesamten Orden anzunehmen:[7]

> *favemus concedimus et benigne annuimus ob serenissimi clementissimique Maximiliani Romanorum regis semper augusti amores et favores, imo et assiduos ad deum ipsum precatus, quos pro eiusdem invictissimi principis persona totaque Austriae domo ex tota nostra religione indesinenter fecimus quatenus ab eodem pientissimo principo Maximiliano in perpetua tuorum studiorum praemia laureari valeas et in poetam oratoremque laureatum decorari et insignari.*

Der genannte Briefwechsel bleibt bislang die einzige Quelle dafür, dass Murner wohl irgendwann zwischen 1505 und 1508 zum *poeta laureatus* gekrönt wurde. Dass die Krönung tatsächlich stattgefunden haben muss, geht vor allem aus der Tatsache hervor, dass Murner spätestens seit 1508 das mit dem Titel einhergehende Recht, ein Wappen und eine Devise zu tragen,[8] nutzte. Die Forschung hat Murners Status als gekrönter Dichter bislang mit einer Selbstverständlichkeit hingenommen, die wenig Raum für die Frage nach Maximilians Beweggründen für die Auszeichnung ließ. Dass Murner als Franziskaner zu der Ehre kam bzw. sie überhaupt annehmen durfte, ist an sich schon erstaunlich. Weit bemerkenswerter ist aber die Tatsache, dass er, zumindest nach Ausweis der Überlieferung, zum Zeitpunkt der Auszeichnung gegen Ende 1505 keinerlei lateinische Dichtung, geschweige denn Panegyrik verfasst hatte, die seine Kür zum *poeta laureatus* in der Nachfolge eines Konrad Celtis oder Jakob Lochers gerechtfertigt hätte.

---

7   Der Brief (im folgenden zitiert nach T. v. Liebenau, 1912, 730-731) ist im Druck datiert auf den September 1506. Da Egidius zu diesem Zeitpunkt bereits verstorben war und zudem die Anrede Murners als *baccalaureus theologiae* im September 1506 nicht mehr korrekt gewesen wäre, da er im Frühjahr 1506 in Freiburg zum Doktor der Theologie promoviert wurde, ist davon auszugehen, dass September 1505 das korrekte Datum ist (vgl. T. v. Liebenau, 1912, 731). 8   Vgl. T. v. Liebenau, 1913, 41. Wappen und Devise finden sich unter anderem als Ex libris in Büchern, die Murner in seiner Freiburger Zeit (1506 bis 1508) bei der Vorbereitung auf das Lizentiat und die Promotion sowie bei seiner anschließenden Tätigkeit als Lektor des Freiburger Franziskanerkonvents benutzte (vgl. Murner, Kat., 148-149).

Unabdingbare Voraussetzung für eine Dichterkrönung war aber doch der im öffentlichen, in aller Regel repräsentativen Rahmen eines Reichstages vorgetragene lateinische *Panegyricus*, der durch die anschließende Veröffentlichung auch publizistisch wirksam gemacht wurde (A. Schirrmeister 2003, 213-217). Dichterkrönungen wurden in den seltensten Fällen spontan und *motu proprio* (D. Mertens, 1983, 161) vorgenommen, sondern kamen durch Vermittlung zustande, der Absprachen über die Zeremonie, den Ort und den Zeitpunkt bis hin zum Text der Urkunde folgten. Die Krönung zum *poeta laureatus* stellte zwischen Kaiser und Dichter ein rechtlich fixiertes Treueverhältnis her, auch wenn sie von Stellvertretern vorgenommen wurde, und verpflichtete den Dichter zur panegyrisch explizierten Loyalität, nahm ihn in Dienst für die Mitarbeit am Bild von der erwünschten politischen Ordnung, ein Bild, das Dieter Mertens (1986, 116) wie folgt skizziert: „Maximilian, unterstützt von den sich unterordnenden deutschen Fürsten und gefolgt von den verbündeten oder bezwungenen europäischen Königen, an der Spitze der Christenheit im Türkenzug."

Die Panegyriken wurden häufig zusammen mit Briefen, Widmungsgedichten und Empfehlungsschreiben sowie der Krönungsurkunde publiziert, um die literarischen und politischen Beziehungen des ausgezeichneten Dichters augenfällig zu machen und ihn dadurch für zukünftige Aufgaben zu empfehlen (vgl. A. Schirrmeister, 2003, 162-163). Die Publikation nützte auch den Promotoren der Krönung. Die Nennung ihrer Namen im Zusammenhang mit dem kaiserlichen Hof strich ihre kulturelle Kompetenz und ihre Nähe zum Machtzentrum heraus. Ein typisches Beispiel stellen die im Jahr 1505 erschienenen Panegyriken des Georg Sibutus dar, der auf dem Kölner Reichstag 1505, also im selben Jahr wie angeblich Murner, zum *poeta laureatus* gekrönt worden war. Der erste Druck von Sibutus' hymnischem *De divi Maximiliani Caesaris adventu in Coloniam* enthält eine Reihe von Texten, die den Kontakt des Verfassers zum kaiserlichen Hof bzw. zu einflussreichen Persönlichkeiten mit guten Verbindungen zum Hof dokumentieren, allen voran Matthäus Lang, Jakob Spiegel und Blasius Hölzel, zu deren Klientel gerechnet zu werden für die Karriere des Dichters von unschätzbarer Bedeutung war (vgl. ebda., 221).

Ob Murner sich gegen Ende 1505 oder überhaupt jemals entsprechender Promotoren aus diesem Kreis rühmen konnte, ist nicht bekannt. Dass sich etwa Jakob Spiegel, der Neffe Jakob Wimphelings, mit dem Murner zu dieser Zeit nicht auf bestem Fuß stand, für ihn eingesetzt haben könnte, ist in hohem Maße unwahrscheinlich. Die distanzierte, geradezu feindselige Haltung der elsässischen Humanisten um Jakob Wimpheling gegenüber Murner, die neben deren genereller Ablehnung der „Kuttenträger" (F. Rapp, 1976, 90) vor allem aus der Kontroverse um die historisch-politische Zugehörigkeit des Elsass resultierte, lässt eher das Gegenteil vermuten, schon deshalb, weil Wimpheling selbst die Ehrung zwar noch von Friedrich III. in Aussicht gestellt worden war, er aber, wie alle anderen potentiellen Kandidaten aus dem Elsass, unter Maximilian nicht zu der Ehre kam (D. Mertens, 1977, 300-303). Dass in Murners Fall entsprechende Beziehungen nicht dokumentiert sind, heißt natürlich noch nicht, dass es sie nicht gegeben hat. Man könnte zum Beispiel fragen, ob nicht Konrad Peutinger in diesem Zusammenhang eine Rolle gespielt haben könnte. Er ist zumindest der Einzige mit guten Beziehungen zum Hof, den Murner in seinem späteren Widmungsschreiben an den Kaiser explizit als Vermittler nennt. In Erwägung zu ziehen wäre auch die Möglichkeit der Vermittlung durch die Grafen von Moersberg, die im entsprechenden Zeitraum der elsässischen Reichslandvogtei vorstanden (J. Becker, 1905, 80-84) und für die Murner wohl eine Zeit lang als Lehrer tätig war: Werner von Moersberg ist 1495 Widmungsempfänger einer frühen Schrift Murners, die ihn zum ersten Mal explizit mit den politischen Interessen Maximilians in Verbindung bringt (Murner, Kat., 144). Es handelt sich um eine Invektive gegen die Astrologen, die Maximilian im Schweizerkrieg eine Niederlage prophezeit hatten, in der Murner den Einfluss der Gestirne auf den menschlichen Willen verneint und sich durch die Warnung vor dem Abfall vom Reich dezidiert auf der Seite der alten Ordnung positioniert. Zu diesem frühen Zeitpunkt mag Murner dem König also durchaus positiv aufgefallen sein. Im Jahr 1502 hatte Maximilian dann jedoch auf Wimphelings Betreiben Murners Schrift *Germania nova* beschlagnahmen und aus dem Verkehr ziehen lassen, was in merkwürdigem Widerspruch zu der drei Jahre später erfolgenden Dichterkrönung des so Zurechtgewiesenen zu stehen scheint. Die Frage nach den potentiellen Förderern Murners setzt aber doch voraus, dass es einen Grund bzw. einen Anlass für eine für alle Beteiligten nutzbringende Protektion gab. Murners literarische Produktion bis 1505 lässt, wie gesagt, nichts Entsprechendes vermuten. Allerdings hatte er sich zu diesem Zeitpunkt als Prediger und Lehrer einen gewissen Ruf erworben. Seine rhetorische Begabung entsprach aber gerade nicht dem humanistischen Ideal des am antiken *orator* geschulten Redners, sondern lag in ihrer spezifischen Wirksamkeit in der Volkssprache begründet, aber die Auszeichnung als *poeta laureatus*, mit der spezielle Verpflichtungen dem Hof gegenüber einhergehen, will, wie es scheint, nicht recht zu diesem spezifischen Wirkungsbereich der Rede passen.

Jan-Dirk Müller (1982, 242-243) hat im Zusammenhang mit der lateinischen Panegyrik auf eine Akzentverschiebung im Bereich der humanistischen Rhetorik hingewiesen: Bei den gelehrten Panegyrikern trete vor allem die praktisch-politische Wirksamkeit der Rede in den Vordergrund, die den *orator* an die Seite des *miles* rücke, wobei zu differenzieren ist zwischen der Selbstdefinition des *poeta laureatus* und seinen Aufgaben und dem Lob der Rede als Gegenstand der Panegyrik selbst. Jakob Locher, der 1498 in Freiburg den Lorbeer empfing, begriff seine Aufgabe als *poeta laureatus* ausdrücklich als eine militärische Verpflichtung, als einen auf der gelehrten *eloquentia* basierenden Beitrag zur allgemeinen Kriegsmoral (D. Mertens, 1986, 117). Johannes Cuspinian, ebenfalls ein *poeta laureatus*, preist 1515 Maximilians Erfolg als Redner auf dem Wiener Fürstenkongress, wobei hier gerade nicht die an die lateinische Sprache gebundene, gelehrte *eloquentia* fokussiert wird, sondern die politisch wirksame Beredsamkeit des politisch agierenden Herrschers in mehreren Sprachen (J.-D. Müller, 1982, 243). In dieser Hinsicht rückt die politische Rede des Kaisers, insbesondere wenn er, wie beim Wiener Fürstenkongress, als Protektor und Schirmer der Christenheit auftritt, zumindest funktional in die Nähe der Predigt.

Daraus lässt sich die Hypothese ableiten, Murner sei vom König gerade aufgrund seiner Popularität und Wirksamkeit als Prediger als potentieller Berater und Lehrer in Betracht gezogen worden. Dass Maximilian tatsächlich um Murners Rat ersuchte, lässt sich zumindest einmal belegen, aber erst einige Jahre später, und zwar im Zusammenhang mit Murners 1512 erschienener satirischer *Narrenbeschwörung*. Dass Maximilian das Werk kannte und wohl auch schätzte – zurecht, denn Murner verteidigt hier die Kriegspolitik des Königs dezidiert gegenüber den Reichsständen[9] – geht aus einer Anweisung Maximilians an seinen Sekretär Hans Mun hervor, die er am 13. Dezember 1513 erließ. Mun wird beauftragt, sich nach dem *Doctor zu Strasburg, der das ander Narrenschiff gemacht hat*, zu erkundigen und diesen an den Hof zu zitieren, da er ihn in einer Angelegenheit von Wichtigkeit zu konsultieren wünsche.[10]

IV.

Was den Franziskaner selbst dazu gebracht haben könne, sich gegen Ende des Jahres 1505 um den Titel des *poeta laureatus* zumindest zu bemühen, lässt sich aus dem bereits erwähnten Brief des Ordensgenerals Egidius Delphini vom September 1505 schließen. Der Brief beginnt mit einer *laudatio* von Murners Studienleistungen. Egidius würdigt die wissenschaftlich-theologische Auseinandersetzung mit der antiken Poesie und Murners Versuche, diese für das theologische Studium nutzbar zu machen. Im Anschluss daran ergeht die bereits zitierte Erlaubnis an Murner, den Titel des *poeta oratorque laureatus* anzunehmen. Ein Anlass oder ein Zeitpunkt wird nicht genannt, aber aus der Formulierung geht eindeutig hervor, dass die projektierte Krönung noch in der Zukunft liegt. Interessant ist der rhetorische Aufwand, mit dem Delphini seine Erlaubnis rechtfertigt. Murner sei durch seinen wissenschaftlichen Eifer

---

9 *Was vnser vorfar nament yn, / Das ist schier alles sampt do hin; / Künigrych / vnd keiserthuom, / Eins nach dem andern fellet vmb. / Wes ist die schuldt? das wißt ich gern. /Wann die fürsten gehorsam wern, / So gloub ich, das es nymmer wer / Vns zuo lyden also schwer. / Ein künig ist ein eintzig man, / Wann kein fürst wil by im stan, / So ist es biß an in gethan; / Darumb ich fürsten, graffen, herren / Redlich dapffer wil beschweren, / Das sy den frummen künig lon / Vnd so schlechtlich by im ston /Zuo schandt der tütschen nation. [...] So wendt sy syden kleider tragen, / Das kein burgeren zuo stat, / Vnd handlen, als der adel that. / Ich sich wol, warumb das geschicht: / Das in kein narrheit breste nicht! Vnd wann man sy zuo krieg ermant, / Zuo thuon den fynden widerstant, / So clagent sy, sy syent arm. / Hinderm ofen ist es warm!* (Narrenbeschwörung, 92, V. 52-67; 116-124).

10 Überliefert in einer zeitgenössischen Abschrift in Straßburg: Stadtarchiv: Archiv St. Thomas: AST Carton 57/12. Vgl. Murner, Kat., 178.

ein Vorbild für andere Ordensbrüder, und seine Auszeichnung könne diese zu gleichem Eifer anstacheln. Die Ehrung eines einzelnen Ordensbruders durch den König untermauere zudem exemplarisch die traditionell guten Beziehungen zwischen dem Haus Habsburg und dem gesamten Franziskanerorden, die durch die Freundschafts- und Gunsterweise des Königs gegenüber dem Orden und die im Gegenzug durch den Orden erfolgten Gebete für denselben und das Haus Österreich dokumentiert seien. Die Angemessenheit der Auszeichnung eines Gottesmannes durch einen weltlichen Herrscher wird mit dem Verweis auf Christus gerechtfertigt, der selbst befohlen habe, Gott zu geben, was Gottes sei und dem Kaiser, was des Kaisers sei:

> *Namque enim dedignabimur a terreno principe nostrorum laborum suscipere praemia honoresque, quando quidem primum omnium coelesti regi et domino semper invicto, quae eius sunt, tota mente et devotione ontulerimus, exemplo Christi Iesu allecti, qui, quae dei sunt deo, et quae cesaris sunt cesari, prestanda iubebat.*

Murners Auszeichnung wird dabei als ein Wunsch des Königs dargestellt, nicht als Ersuchen des Ordensbruders. Warum Egidius ausgerechnet das Streben nach einem weltlichen Titel, der zudem noch in ambivalenter Weise an heidnische Traditionen erinnert, als geeigneten Anreiz für die Ordensbrüder erachtet, sich dem Studium zuzuwenden, wird plausibel, wenn man den ordenspolitischen Kontext, in dem diese Äußerung steht, miteinbezieht. Auch die idealisierte Darstellung der guten Beziehungen des Ordens zu Maximilian rückt unter diesem Aspekt in ein anderes Licht. Maximilian war zum besagten Zeitpunkt damit beschäftigt, verschiedene Klöster der Konventualen an die Observanten zu übergeben, auch und insbesondere in der österreichischen Provinz (T. v. Liebenau, 1913, 39). Die guten Beziehungen des Königs zum observanten Flügel des Ordens sind Fakt und kommen besonders durch Maximilians Stiftung des 1507 gegründeten Franziskanerklosters Schwaz in Tirol zum Ausdruck (P. M. Straganz, 1926, 176-177), aber die Konventualen, zu denen Egidius und Murner gehörten, verloren überall zusehends an Einfluss. Die gesamte Amtsperiode des Ordensgenerals war dem Ziel der Wiedervereinigung der verfeindeten Flügel des Ordens gewidmet, aber er begab sich mit seinen Bestrebungen sowohl außerhalb als auch innerhalb des Ordens in eine zunehmend isolierte Position (J. Moorman, 1968, 569-585). Er konnte den schwindenden Einfluss der Konventualen an den Universitäten nicht aufhalten – 1502 war das Studium generale der Konventualen in Paris an die Colletaner übergegangen, und in der Folgezeit gingen weitere Studienhäuser und Konvente an die Observanten.

Die von Egidius aufgebotene Ordensrhetorik verbirgt demnach eine inständige Bitte, um nicht zu sagen, einen Hilferuf in einer akuten Notsituation, in der sich der Ordensgeneral zu außergewöhnlichen Maßnahmen veranlasst sieht, dem schwindenden Einfluss der Konventualen zumindest beim König Einhalt zu gebieten. Bereits Theodor von Liebenau (1913, 39) vermutete, Mur-

ner sei gegen Ende 1505 von Egidius in diplomatischer Mission nach Wien geschickt worden, um Maximilian von der Übergabe weiterer Klöster der Konventualen der österreichischen Ordensprovinz an die Observanten abzuhalten. Die Annektierung der besagten Klöster wurde tatsächlich noch eine ganze Weile aufgeschoben, allerdings lässt sich Murners Einflussnahme in dieser
Angelegenheit nicht nachweisen, genauso wenig wie eine entsprechende Reise
nach Wien. Das Schreiben des Ordensgenerals bietet aber immerhin einen Anhaltspunkt dahingehend, wie er sich in Murners Fall Erfolg versprechendes
diplomatisches Handeln vorstellt: *regiam maiestatem tuis semper dictaminibus
magnifacias*. Murner wird dezidiert aufgefordert, die mit dem Status des *poeta
laureatus* verbundene Verpflichtung zum panegyrischen Lobpreis im Interesse
der Konventualen umzusetzen. Die Aufforderung, dem König etwas zu bieten,
was diesem, wie Delphini wohl zurecht vermutet, besonders imponiert, steht
in unmittelbarem Zusammenhang mit der aktuellen ordenspolitischen Situation, und Murners Aufgabe ist nicht wenig anspruchsvoll, soll er doch zugleich
die Loyalität der Konventualen gegenüber dem König demonstrieren und ihre
Position gegenüber den Observanten auf dem Generalkapitel stärken. Auch
diesbezüglich gibt Egidius in seinem Brief klare Anweisungen: Murner möge
sich zu Pfingsten 1506 nach Rom begeben, um auf dem Generalkapitel einen
öffentlichen Vortrag über die Entwicklungen und Möglichkeiten der Reform
des Ordens zu halten: *decantaturus et paraturus, quae ad ordinis unionem re-
formationemque expedire videntur*. Offensichtlich baut der Ordensgeneral auf
Murners rhetorische Talente, aber auch auf die Wirkung des Ehrentitels selbst,
der Maximilians Anerkennung der außergewöhnlichen Begabung eines Konventualen dokumentieren und den bildungspolitischen Anspruch der Konventualen gegenüber den Observanten unterstreichen soll.[11]

V.

Dass Murner um 1505 tatsächlich lateinische Panegyrik für den König verfasst
hat, ohne diese im Rahmen der exklusiven Öffentlichkeit der Hofgesellschaft,
in dem sie ihre spezifische Wirkung erst hätte entfalten können, vorzutragen
und, was wichtiger ist, im Nachhinein auch zu veröffentlichen, ist mit Blick
auf den Stellenwert, den Murner selbst der publizistischen Wirksamkeit seiner
Werke zumaß, in hohem Maße unwahrscheinlich. Das Widmungsschreiben
von 1515 in deutscher Prosa bleibt die einzige Form von Panegyrik, die der

---

11 Murner war 1505 vom Provinzkapitel für ein Jahr zum Kommissar der österreichischen
Franziskanerprovinz gewählt worden und in dieser Eigenschaft zur Unterstützung des Provin-
zials auch und gerade bei den verschiedenen Gremien des Generalkapitels verpflichtet. Die de-
zidierte persönliche Aufforderung des Ordensgenerals, beim Kapitel zu erscheinen, ist deshalb
eigentlich überflüssig, obwohl es grundsätzlich zu dessen Rechten gehörte, selbständig und
auch gegen die Entscheidungen der Provinzen bestimmte Personen als sog. *discreti* zu berufen
(vgl. H. Holzapfel, 1909, § 35-40).

Franziskaner jemals veröffentlicht hat. Als *poeta laureatus* hätte er, so möchte man meinen, genau an dieser Stelle einmal die Gelegenheit ergreifen können, geschliffene lateinische Verse an die kaiserliche Adresse zu richten. Dass er das Ausdrucksmedium der *poetae laureati*, das Medium der klassischen Latinität, hier verweigert, obwohl er es nach Ausweis seiner Zeitgenossen beherrscht, ist somit als Programmatik zu interpretieren. Die recht kurz ausfallende Vorrede in deutscher Prosa ist überschrieben mit dem Titel *Maximiliano dem vnüberwindtlichen durchlüchtigen Keiser in zeiten des fridens ein gelerte gab.* Der Titel gibt Anlass zum Erstaunen. Zum einen lassen das Erscheinungsjahr 1515 und besonders die Jahre zuvor sich kaum mit Recht als Friedenszeiten charakterisieren, und zum anderen lag es eigentlich, wie Dieter Mertens (1986) aufgezeigt hat, nicht im Interesse des Kaisers, sich als milder Friedensfürst preisen zu lassen, wie es Murner hier tut. Ein Vergleich mit konventionellen Panegyriken zeigt, dass vor allem die *poetae laureati* in der Regel die kriegerische Seite des kaiserlichen Handelns hervorheben, seine militärischen Verdienste und seine Triumphe. Mertens (ebda., 106) bringt das Thema Krieg und Frieden, wie es sich in der Panegyrik der *poetae laureati* widerspiegelt, auf den Begriff „Triumph – die Feier also des Siegfriedens, der der einseitige Schlussakt eines Krieges ist." Explizit stellt er den am politischen Tagesgeschehen orientierten Panegyriken die Friedenskonzeption des Erasmus von Rotterdam entgegen, der die Idee des Triumphes als unchristlich ausdrücklich ablehne und entsprechende Formen des literarischen Lobs als Kriegspropaganda entlarve (ebda., 120). Murner positioniert sich mit seiner Widmung gewissermaßen zwischen den Fronten und markiert seine Position rhetorisch durch die nahezu provokativ wirkende Häufung von Formulierungen, die die Wörter *frieden, friedsam* oder *friedenreich* enthalten. Es habe ihm gefallen, *in zeiten des friedens deyn mayestat mit einer gelerten gaben zuo vereren.* Er habe gedacht, dass es dem Kaiser *in fridsamen zeiten nit vnzimlich* sei, die *Aeneis* zu lesen, die der gelehrte Vergilius Maro *dem fridsamen kaiser Augusto* zu dessen ewigem Ruhm gedichtet habe, zumal auch ihm, Maximilian, *einem friedsamen gietigen fürsten* dadurch Ruhm erwachsen könne. Er, Murner, ermahne ihn, den Kaiser, *bei der gedechtnis Vergilii des fridsamen keisers Augusti*, das Reich, welches er wie sein Vater *vor allen antstösseren friedenreich* regiert habe, auch weiterhin *in friden* zu bewahren und dabei seinen Ruhm zu bedenken, der den des Augustus übersteige, da er, Maximilian, sein *fridenreichs regiment mit einem waren got bishar bracht* habe, *darum ewiger friden hie und dort erschiessen* möge.

Es stellt sich die Frage, ob die Rolle des Friedensfürsten, in der der Kaiser hier apostrophiert wird, im September 1515 nicht genau Maximilians Interessen entsprach. Er, dem Papst Leo X. als dem letzten Hindernis zum Frieden angeblich den Tod wünschte (M. Holleger, 2005, 211), konnte sich trotz des drohenden finanziellen Ruins des Hauses Habsburg und der zunehmenden Opposition im Reich nicht dazu durchringen, den Venezianerkrieg zu beenden, und suchte gegenüber den Reichsständen seine Italienpolitik über genau jene Universalismus- und Reichsideologie zu rechtfertigen, auf die Murner

hier durch die Parallele zu dem durch Augustus befriedeten Weltreich anspielt
(ebda., 207-209). Kurz vor dem Erscheinen der *Aeneis* wurde auf dem Wiener
Kongress im Juli 1515 mit der habsburgisch-ungarischen Doppelheirat und
dem gleichzeitig geschlossenen Friedens- und Freundschaftsvertrag zwischen
Maximilian und Sigismund von Polen ja tatsächlich Frieden zumindest an einer Front geschlossen, und das Thema Befriedung und Einung der Christenheit für einen gemeinsamen Kreuzzug gegen die Türken bildet auch den Kern
der Eröffnungsrede, die Maximilian auf dem Kongress hielt. Murners Widmung knüpft entsprechend an den ganz aktuellen Selbstentwurf des Kaisers
als Vereiniger und Verteidiger der Christenheit an, geht allerdings noch einen
Schritt weiter, indem er suggeriert, es sei dem Kaiser – wie Augustus – bereits
gelungen, den anvisierten Frieden unter christlichen Vorzeichen herzustellen
und obliege nun nur noch seiner Pflicht, diesen zu bewahren.[12] Gerade weil
Murner den Kaiser als gelehrter Geistlicher und nicht als *poeta laureatus* dazu
auffordert, erlangt die Widmung ihre spezifische Autorität, da der Geistliche
einer anderen Obrigkeit unterstellt ist als der *poeta laureatus*. Murners Verzicht auf jegliche Spezifizierung seiner eigenen Position innerhalb des Klerus
oder der Gelehrtenwelt – er nennt weder seinen Namen noch seine Ordens-
zugehörigkeit noch seine akademischen Titel – unterstützt den Eindruck des
Grundsätzlich-Exemplarischen einer Beziehungsdefinition, die der alten über-
kommenen – man mag versucht sein zu sagen: mittelalterlichen – Weltordnung
angehört. Die auffällige Aussparung jeglicher Bezüge auf aktuelles politisches
Tagesgeschehen passt ebenso zum Anspruch einer überzeitlichen Geltung der
Kaiser- und Reichsidee und deren grundsätzlicher Billigung durch die Geistlichkeit wie die programmatische Aussparung der großen Titulatur zu Beginn
der Widmung. Dies enthebt den Kaiser, gemäß seiner eigenen genealogischen
Positionierung als Nachfahre der Merowinger und Trojaner der Anbindung an
konkrete geographische Räume und Herrschaftsgebiete, die es gegebenenfalls
noch kriegerisch zu befrieden gilt (vgl. D. Mertens, 2000, 209).

Murner modelliert sein Verhältnis zum Kaiser implizit und gemäß seiner
Devise *nemo poeta nisi theologus* auch als das eines Dichters zu seinem herrscherlichen Gönner. Es passt zu diesem Selbstverständnis, dass er das Verhältnis typologisch auf die Beziehung Vergils zum Kaiser Augustus bezieht und
anschließend moraltheologisch und eben nicht, wie beispielsweise Jakob Locher, humanistisch ausdeutet: Der Ruhm, so konstatiert er, den Vergil durch
seine literarische Leistung und der Kaiser Augustus als Empfänger des lite-

---

12   Man mag das als vage Anspielung auf den eschatologischen Mythos vom Friedenskaiser lesen, möglicherweise auch als Rekurs auf entsprechende Anspielungen in Maximilians *Weißkunig* (vgl. J.-D. Müller, 1982, 146-148), die dazu dienten, den besonderen Status des Herrschers
zu markieren. Die Versuche, Maximilian wie seinen Vater Friedrich III. mit dem Friedenskaiser
zu identifizieren, blieben insgesamt spärlich, nachdem Johannes Trithemius und andere sich
unmissverständlich gegen Prophezeiungen dieser Art ausgesprochen hatten, vgl. H. Möhring,
2000, 252-253.

rarischen Denkmals erworben haben, sei ewig: *dadurch ein sül von im vnd ein gegenwirtigs ewigs lob erlanget zu keinen zeitten ymmer abzelöschen.* Der geistliche Gelehrte, der nun einem Fürsten, der die Verdienste und den Ruhm des Augustus dahingehend übertreffe, dass er um den wahren Gott wisse, dieses Monument literarischer *gedechtnus* von *latynschem todt in tütsches leben* gebracht habe, begehre dagegen weder irdischen Ruhm noch Lob, da er seine Talente allein Gott verdanke. Die deutlichste Abgrenzung gegen die nach weltlichem Ruhm strebenden heidnischen Dichter und (so wird man schließen dürfen) gegen die humanistischen *poetae laureati* bzw. die, die nach diesem Titel streben, beinhaltet schließlich die Formulierung *so ich ein dalmetsch und kein dichter was.*

Murner entwirft in seiner Widmung die Beziehung zwischen dem Geistlichen und seinem Herrscher als ein idealtypisches, überzeitlich gültiges und gleichzeitig hochaktuelles Exemplum für eine Loyalität, die unabhängig von verliehenen Würden und Titeln, von Privilegien und Gunsterweisen, von aktuellem politischen Nutzen besteht. Es ist sicher kein Zufall, dass er wie Egidius Delphini im oben zitierten Brief auf Matthäus 22,21 anspielt: *so ich got in götlichen geschrifften mit erholter meisterschafft was im zůgehörig ist gegeben hab / ietz dem Keiser eerlich erbiete.* Indem er seine Loyalität jedoch von dem rechtlich bindenden Vertrag abkoppelt, den der zum Lob verpflichtete *poeta laureatus* mit dem Kaiser eingeht, positioniert er sich explizit außerhalb der höfischen Klientelstrukturen, denen anzugehören sich seine elsässischen Zeitgenossen stets mit mehr oder weniger Erfolg bemühten. Die Erklärung für Maximilians Beweggründe, ausgerechnet Murner den Titel des *poeta laureatus* zu verleihen, mag genau hierin liegen. Es könnte durchaus in seinem Interesse gelegen haben, sich der Loyalität eines Geistlichen zu versichern, der außerhalb seiner politischen Sphäre und außerhalb des höfischen Machtzentrums agierte, seine Redegabe aber gegebenenfalls im kaiserlichen Interesse einzusetzen in der Lage war.

Murners Lob des Kaisers bleibt untrennbar verbunden mit seinen von der Ordenstradition geformten bildungspolitischen Bestrebungen. Dem Kaiser obliegt als christlichem Friedensfürsten und gelehrtem weisen Herrscher gemäß seiner Rolle im göttlichen Heilsplan die Förderung der Bildung, genauso wie es seine Pflicht ist, sich in Zeiten des Friedens selbst unter Anleitung seines geistlichen Kaplans, wie sich Murner gegen Ende bezeichnet, weiterzubilden. Frieden wird, so impliziert die Widmung, gerade in der Anerkennung der alten Bildungstraditionen, ihren Inhalten und ihren Trägern, der Geistlichkeit, dauerhaft möglich. Analog zur Rolle des Predigers besteht die Leistung des geistlichen Übersetzers darin, die Reichweite und Verfügbarkeit des traditionell für wertvoll erachteten Bildungsgutes durch die Übertragung in die Volkssprache zu vergrößern und damit implizit selbst einen Beitrag zur kaiserlichen Friedenspolitik zu leisten.

Bibliographie

I. Quellen und Werkausgaben

De augustiniana hieronymianaque reformatione poetarum. Straßburg: Johann Schott 1509.

Vergilij maronis dryzehen Aeneadischer Bücher von Troianischer zerstörung und vffgang des Römischen Reichs durch doctor Murner vertütst. Straßburg: Johann Grüninger 1515.

Thomas Murner. Narrenbeschwörung. Hrsg. von M. Spanier. Berlin/Leipzig 1926 (Thomas Murners deutsche Schriften mit den Holzschnitten der Erstdrucke, Bd. II).

Documenta quaedam circa vitam Fr. Thomae Murneri O. M. Conv. Hrsg. von Theodor von Liebenau. In: Archivum Franciscanum Historicum V (1912), 727-736.

II. Forschungsliteratur

Joseph Becker: Geschichte der Reichslandvogtei im Elsass von ihrer Einrichtung bis zu ihrem Übergang an Frankreich. Straßburg 1905.

Eckhard Bernstein: Die erste deutsche Äneis. Eine Untersuchung von Thomas Murners Äneis-Übersetzung aus dem Jahr 1515. Meisenheim am Glan 1974 (Deutsche Studien 23).

John L. Flood: Poets Laureate in the Holy Roman Empire. A Bio-bibliographical Handbook. 3 Vols. Berlin/New York 2007, S. 1390-1396.

Hedwig Heger: Thomas Murner. In: Deutsche Dichter der frühen Neuzeit (1450-1600): ihr Leben und Werk. Hrsg. von Stephan Füssel. Berlin 1993, 296-310.

Manfred Hollegger: Maximilian I. (1459-1519). Herrscher und Mensch einer Zeitenwende. Stuttgart 2005.

Heribert Holzapfel: Handbuch der Geschichte des Franziskanerordens. Freiburg i. Br. 1909.

Theodor von Liebenau: Der Franziskaner Dr. Thomas Murner. Freiburg i. Br. 1913 (Erläuterungen und Ergänzungen zu Jaussens Geschichte des deutschen Volkes IX).

Dieter Mertens: Reich und Elsass zur Zeit Maximilians I. Untersuchungen zur Ideen- und Landesgeschichte im Südwesten des Reiches am Ausgang des Mittelalters. Habil. masch. 1977.

Dieter Mertens: Maximilians gekrönte Dichter über Krieg und Frieden. In: Krieg und Frieden im Horizont des Renaissancehumanismus. Hrsg. von Franz Josef Worstbrock. Weinheim 1986 (Acta Humaniora), 105-123.

Dieter Mertens: „Bebelius...patriam Sueviam...restituit". Der poeta laureatus zwischen Reich und Territorium. In: Zeitschrift für württembergische Landesgeschichte 42 (1983), 145-173.

Dieter Mertens: Zu Sozialgeschichte und Funktion des poeta laureatus im Zeitalter Maximilians I. In: Gelehrte im Reich: Zur Sozial- und Wirkungsgeschichte akademischer Eliten des 14. bis 16. Jahrhunderts. Hrsg. von Rainer Christoph Schwinges. Berlin 1996 (Zeitschrift für Historische Forschung, Beiheft 18), 327-348.

Dieter Mertens: „Landesbewußtsein" am Oberrhein zur Zeit des Humanismus. In: Die Habsburger im deutschen Südwesten: neue Forschungen zur Geschichte Vorderösterreichs. Hrsg. von Franz Quarthal, Stuttgart 2000, 199-216.

Hannes Möhring: Der Weltkaiser der Endzeit. Stuttgart 2000.

John Moorman: A History of the Franciscan Order from its Origins to the Year 1517. Chicago, Illinois 1968.

Jan-Dirk Müller: Gedechtnus. Literatur und Hofgesellschaft um Maximilian I. München 1982 (Forschungen zur Geschichte der Älteren deutschen Literatur 2).

Francis Rapp: Die Elsässischen Humanisten und die geistliche Gesellschaft. In: Die Humanisten in ihrer politischen und sozialen Umwelt. Hrsg. von Otto Herding und Robert Stupperich. Bonn-Bad Godesberg 1976 (Mitteilungen der Kommission für Humanismusforschung III), 87-108.

Albert Schirrmeister: Triumph des Dichters. Gekrönte Intellektuelle im 16. Jahrhundert. Köln u. a. 2003 (Frühneuzeitstudien, N. F. 4).

P. Max Straganz: Das kaiserliche Erzhaus Österreich und der serphische Orden. In: Franziskanische Studien 1926 (H. 1/2), 159-196.

Murner, Kat. = Thomas Murner. Elsässischer Theologe und Humanist 1475-1537. Ausstellungskatalog hrsg. von der Badischen Landesbibliothek Karlsruhe in Zusammenarbeit mit der Bibliothèque nationale et universitaire de Strasbourg.

Franz Josef Worstbrock: Zur Einbürgerung der Übersetzung antiker Autoren im deutschen Humanismus. In: ZfdA 99 (1977), 45-81.

Dr. des. Carola Redzich
Albert-Ludwigs-Universität Freiburg
Deutsches Seminar I
Platz der Universität
D – 79085 Freiburg
E-Mail: carola.redzich@germanistik.uni-freiburg.de

Klaus Wolf

Deutschsprachiges Schrifttum der Universität Freiburg im Breisgau.

Zur habsburgischen Universitätspolitik zwischen ‚Utilitas‘ und ‚Humanismus‘ im Zeitalter Maximilians I.

Bekanntlich hatte sich die 1457 gegründete vorderösterreichische Universität Freiburg im Breisgau bis um 1500 zu einer florierenden Stätte von Forschung und Lehre in lateinischer Sprache entwickelt (D. Mertens u. H. Smolinsky, 2007). Ob es dort aber ein nennenswertes deutschsprachiges Schrifttum gegeben hat, mit dem in Analogie zur ebenfalls habsburgischen Wiener Schule des Spätmittelalters die vier Fakultäten auch deutsche Fachliteratur aus den Gebieten der Artes, der Medizin, der Jurisprudenz und der Theologie zum Nutzen der Landesherrschaft bereitstellten, blieb dagegen bislang im Dunkeln (K. Wolf, 2006).

Die Beantwortung dieser Frage scheint mir deshalb lohnenswert zu sein, weil Maximilian I. sowohl über die Wiener als auch über die Freiburger Universität als König und Landesherr gebieten konnte[1] und seinem Einfluss durchaus Geltung verschaffte. Dies zeigt sich an dem bekannten und gut erforschten Interesse Maximilians für die humanistischen Studien in Wien (etwa mit dem *Collegium poetarum et mathematicorum* des Konrad Celtis) und in Freiburg (etwa mit den Dramen Lochers). Allerdings markieren Celtis wie Locher – auch als *poetae laureati* – bereits eine Epochenwende in der Universitätsgeschichte Wiens und Freiburgs (D. Mertens, 1998. – K. Wolf, 2006, passim). Jedenfalls gab nicht der Humanismus den Anstoß zur Gründung der Universität Freiburg, vielmehr fand der Humanismus in der institutionell bereits konsolidierten Universität eine Heimstatt. Eigentliche Ursache für die Gründung durch den Landesherrn Albrecht VI. war die Ausbildung einer intellektuellen Elite im eigenen Herrschaftsbereich für eine effiziente Landesherrschaft (A. Aurnhammer u. H.-J. Schiewer, 2006, 25-44). Überdies verdankte sich die Freiburger Universitätsgründung auch dem Konkurrenzverhältnis der beiden feindlichen habsburgischen Brüder Friedrich und Albrecht, die einander sogar heftig bekriegten, was Michel Beheim in seinem *Buch von den Wienern* verarbeitete (P. Csendes u. F. Opll, 2001, 154-168). Seit 1457 existierten daher zwei konkurrierende habsburgische Universitäten: Neben der bereits 1365 gegründeten Universität Wien im Osten für König Friedrich III. nun auch die

---

Universität Freiburg im Westen für Erzherzog Albrecht VI. Die Hochschu-
le im Breisgau war einerseits als Schmuckstück von Albrechts VI. Plan zum
Ausbau Freiburgs als glanzvolle Residenz der habsburgischen Vorlande konzipiert, gleichzeitig spielte aber auch die Wiener Konkurrenz – wie die einschlägige institutionengeschichtliche Forschung nachgewiesen hat – eine wichtige Rolle: In ihren Statuten und Insignien, in ihrem Lehrplan und selbst in
ihren Fakultätsheiligen folgte die Freiburger Universität nämlich weitgehend
ihrer älteren Wiener Schwester. Ebenso entsprach dem Wiener Stephansdom
in Freiburg das Münster als Universitätsheiligtum und Schauplatz repräsentativer Veranstaltungen. In Wien wie in Freiburg war man darüber hinaus um
eine nachhaltige materielle Absicherung der Universitäten bemüht. Neben Albrecht VI. reüssierte in Freiburg als großzügiger Stifter zugunsten der Universität Siegmund von Tirol als sein Nachfolger in den Vorlanden. Ihm hatte die
Universität nach Tübinger Vorbild die noch unter Maximilian weiterwirkende
Etablierung von Studien der realistischen Richtung zu verdanken, während bis
dahin die *via moderna* getreu dem Wiener Vorbild (aber auch etwa den Erfurter Verhältnissen entsprechend) quasi eine Monopolstellung ausübte. Dieser
Eingriff in die Studienordnung markiert das landesherrschaftliche Interesse an
den Studieninhalten.[2] Damit vergleichbar sind auch obrigkeitliche Aufträge an
Autoren mit universitärem Hintergrund für die Abfassung von volkssprachigen Texten, was im Falle Wiens mit dem Begriff Wiener Schule erfasst werden
kann. In Entsprechung zu den für die Wiener Schule entwickelten Kriterien,
soll ein gleichlautender Kriterienkatalog für die Zugehörigkeit von Autoren
und Werken zu einem Freiburger Übersetzer- und Autorenkreis universitärer
Provenienz erprobt werden:

1. Inhaltliche Rückbindung an die Freiburger Universität
2. Personelle Rückbindung an die Freiburger Universität
3. ‚Staatstragende' Kreise als Auftraggeber
4. Institutionelle Rückbindung in ein Reformnetzwerk
5. *Utilitas* für das ‚staatliche' Gemeinwesen als Wirkabsicht
6. Multimediale Performanz
7. Deutsche Texte für Laien und *illitterati* als Zielgruppe

Diesen Kriterienkatalog (K. Wolf, 2006, 177-184) gilt es im folgenden auf
Autoren und Werke der Freiburger Universität anzuwenden, wobei alle vier
Fakultäten (Artisten, Mediziner, Juristen und Theologen) stichprobenartig berücksichtigt werden. Bei dieser Prüfung kann es vorerst nur um erste Probe-
bohrungen gehen, denn eine umfassende Sondierung des Terrains im Sinne einer systematischen Zusammenschau des deutschen Schrifttums der Freiburger
Universität steht noch aus.

---

2   Vgl. D. Speck, 2007 (mit weiterer Literatur). – Zu Erfurt vgl. R. Benl, 2001.

In den Bereich der Rhetorik, genauer der *Ars dictaminis* führt die *Nuw practiciert rhetoric und brieff formulary des adels / stetten / vnnd lendern der hochtuschen yetzlouffenden stylums vnnd gebruchs*. Der Inhalt des erfolgreichen Lehrwerks verrät den juristisch geschulten Autor: *Ich Heinricus Geßler keiserlichen rechten schuoler vf der hohen schuol zuo fryburg im bryßgew* (V. Zimmermann, 1981). Vergleichbare deutsche Anleitungen zum Verfassen von Briefen waren auch an der Wiener Universität entstanden (K. Wolf, 2006, 20-22).

Weiter möchte ich als wichtigen Autor Albrecht von Bonstetten erwähnen, für den ein Studium an der Freiburger Artistenfakultät 1466 nachgewiesen ist. Er verfasste für Sigmund von Tirol die historische Schrift: *Germania preli Karoli quondam Burgundiae ducis et finis eius*; seine Übersetzung von 1477 lautete: *Die tütschen stritt Karoli ettwan herzogen zu Burgund und sin ende*. Als Übersetzer orientierte er sich an Niklas von Wyle, der in Wien studiert hatte. Zum gleichen Thema der Burgunderkriege – nun aber mit panegyrischer Tendenz zugunsten Maximilians – verfasste Albrecht von Bonstetten 1479 die Schrift *De provisione vacantis ducatus Burgundie*. Historiographie mit habsburgfreundlicher Tendenz war auch ein Merkmal der Wiener Schule. Dieser Tendenz entspricht ebenso die *Historia Domus Austrie*, die Albrecht von Bonstetten 1491 verfaßte; deren deutsche Übersetzung widmete er 1492 Erzherzog Siegmund von Tirol. Darin begründete er genealogisch das Habsburgergeschlecht in den römischen Scipionen. Dies ist sicher etwas Neues im Vergleich zur *Österreichischen Chronik von den 95 Herrschaften* aus der Wiener Schule[3] mit ihren phantastischen Erfindungen, die schon Enea Silvio Piccolomini, dessen Schriften Albrecht von Bonstetten kannte, gegeißelt hatte. Albrechts literarhistorische Einordnung bleibt gleichwohl problematisch: Die genannten historiographischen Werke lassen an einen Frühhumanisten denken. Man könnte den Dekan des Klosters Einsiedeln in Analogie zu zeitgenössischen Augsburger Verhältnissen an Sankt Ulrich und Afra aber auch im Blick auf seine 1494 gedruckte Schrift *Von der loblichen stiftung des hochwirdigen gotzhus Ainsideln unser lieben Frowen* unter dem Klosterhumanismus subsumieren. Andererseits lässt sich diese Klosterchronik, die wiederum vom Freiburger Universitätsabsolventen Gallus Öhem für seine deutschsprachige Reichenau-Chronik benutzt wurde, ebenso als ein Appell zur Klosterreform verstehen im Sinne des Veränderns durch Erinnern. Albrechts legendarisches Schrifttum in deutscher Sprache dagegen weist bei genauerer Betrachtung eher in Richtung der spätmittelalterlichen Frömmigkeitstheologie, ebenso seine *Septem horae canonice virginis Mariae*, die er 1493 dem Habsburger Friedrich III. widmete (H. Fueglister, 1978. – E. Hillenbrand, 1989. – P. Johanek, 1995).

Nicht weniger problematisch ist die Einordnung des Freiburger Professors Heinrich Gundelfingen, welcher nicht nur das traditionelle Amt eines *Magister regens* der Artistenfakultät versah, sondern auch der erste *poeta*

---

3   Zur Historiographie der Wiener Schule vgl. K. Wolf, 2006, 28-30.

et orator der Universität wurde. Einerseits unterrichtete er an der Freiburger Universität römische Klassiker, andererseits scheute er sich nicht, in seiner Erzherzog Siegmund gewidmeten *Austriae principum chronici epitome triplex* die bereits erwähnte phantastische, der Wiener Schule angehörende *Chronik von den 95 Herrschaften* heranzuziehen. Auch bei anderen Werken kommt man über vage Affinitäten nicht hinaus: An die in Wien gepflegte Gattung der Kriegslehre erinnern etwa die Erzherzog Siegmund gewidmeten *Militaria monimenta*. Und auf den Habsburgerhof scheint die deutsche Übersetzung einer politischen Rede des Hofkanzlers und Freiburger Professors Konrad Stürzel zu weisen (D. Mertens, 1981. – K. Wolf, 2006, 100-103).

Mehr Eindeutigkeit verspricht mein nächstes Fallbeispiel: Der *Novellus musicae artis tractatus* des Konrad von Zabern war *in novo studio Friburgensis* verfasst worden. Konrads Chorallehre besticht durch ihre praxisbezogene Einbeziehung des Tastenmonochords, einer Vorstufe des Klavichords. Dieses Musikinstrument solle im Musikunterricht der Lateinschulen verwandt werden, ja es bringe für die Unterrichtspraxis eine Reihe von *utilitates*, wie das in Mainz bei Peter Schöffer und Johann Fust gedruckte *Opusculum de monochordo* ausführt. Jedenfalls zeigt sich bei Konrad von Zabern eine starke Praxisorientierung universitärer Musikwissenschaft, die sich so auch an der Universität Wien beobachten ließ; sie schloss dort auch eine universitär flankierte Liturgiereform bis hin zu deutschen Gesängen der Melker Reform ein (K.-W. Gümpel u. G. Powitz, 1985. – C. Meyer, 1996. – K. Wolf, 2006, 35-41). Vergleichbare deutsche Gesänge gab es auch in Freiburg: Einen Austausch von Wien nach Freiburg nämlich könnte Johannes Gösseler, der 1473 in Freiburg als *Johannes Gesler de Ravenspurg baccalaureus Wiennensis* (D.-R. Moser, 1981) immatrikuliert wurde, mit seinem deutschen Ursulalied für die gleichnamige Straßburger Bruderschaft anzeigen. Die heilige Ursula wiederum symbolisierte – worauf Cora Dietl aufmerksam machte – im Freiburger Ursulaspiel den Kampf gegen die Türken. Auch dies mag für letztendlich Freiburger Provenienz des genannten Ursulalieds sprechen (C. Dietl, 2005, 53-59).

Dem deutschen geistlichen Lied im universitären Milieu begegnen wir dann auch bei Friedrich von Zollern. Ihm (oder zumindest seinem Umkreis) wird das Bittlied *Frid gyb myr herr vff erden* zugeschrieben. Auch wenn dessen universitäre Provenienz letztlich unbeweisbar bleibt, ist doch die akademische Prägung des Hohenzollern-Sprosses selbst unbezweifelbar: Friedrich von Zollern studierte seit 1468 an der Freiburger Universität und bekleidete dort auch das Amt des Rektors. Als Kandidat der Habsburger war er 1486 Bischof von Augsburg geworden, was insofern einen politisch klugen Schachzug darstellte, da nun Hochstift und Reichsstadt gleichermaßen prohabsburgisch waren und Augsburg strategisch günstig nicht nur an der großen Nord-Süd-Route nach Italien lag, sondern auch von den Vorlanden nicht weit entfernt war, worin einer der Gründe für die späteren zahlreichen Aufenthalte des sogenannten Bürgermeisters von Augsburg zu sehen ist. Jedenfalls betätigte sich Friedrich von Zollern in seinem Bistum als energischer Kirchenreformer (u. a.

Liturgiereform). Zu diesem Zweck holte er auch seinen Freiburger Studienfreund Johannes Geiler von Kaysersberg 1488 für eine Gastprädikatur nach Augsburg. Dort predigte der gefeierte Kanzelredner unter anderem über den sogenannten *Berg des Schauens*. In diesem umfänglichen deutschsprachigen Zyklus, der auf Schriften Gersons gründete, entwarf Geiler eine anspruchsvolle Laienpastoral im Geist der Frömmigkeitstheologie (J. Janota, 1980. – W. Williams-Krapp, 1995). Als deren Mitbegründer, ja als Kirchenvater des 15. Jahrhunderts darf der eben erwähnte Jean Charlier, besser als Gerson bekannt, bezeichnet werden. Er hatte als Exilant und Gast der Habsburger einst in Wien und Melk überaus prägend gewirkt und wurde fleißig in der Wiener Schule ausgeschrieben und übersetzt, unter anderem von Thomas Peuntner.[4]

Auch an der Universität Freiburg wurde Gerson in Theologenkreisen außerordentlich geschätzt. Neben Johannes Geiler, der 1476 seinen theologischen Lehrstuhl nicht zuletzt auf Bitten der Freiburger Bürgerschaft erhielt, weil man den Frömmigkeitstheologen und ebenso den wortgewaltigen Prediger schätzte, ist als Gerson-Jünger ebenfalls der Freiburger Theologieprofessor Johannes Sutter oder Brisgoicus zu nennen. Dieser hatte sich während seines Pariser Studiums so gute Französischkenntnisse erworben, dass er nun als Herausgeber und Übersetzer der französischsprachigen Werke Gersons wirken konnte. Nicht weniger bemerkenswert sind seine gut dokumentierten Bemühungen für eine Kalenderreform im Auftrag König Maximilians; das Gutachten dazu ist erhalten: *Consilium super Calendarii reformatione, conscriptum per Doctorem Joannum Brisgoicum, nomine et jussu Universitatis Friburgensis anno 1514 die penultima mensis Novembris, quod hinc ad caesaream Majeastatem missum fuit*.[5] In diesem Gutachten, mehr noch in der anvisierten Kalenderreform selbst, ist am ehesten ein Baustein zu Maximilians *gedechtnus* zu sehen. Dennoch betrifft das komputistische Problem der Kalenderrechnung nicht nur das Prestige Maximilians, sondern letztlich jeden Gläubigen in der termingerechten und orthodoxen Begehung der Feste im Kirchenjahr. Nicht zuletzt ging es dabei um die Aufrechterhaltung der kirchlichen Ordnung. Dafür war wiederum die Bildung des Klerus unabdingbar, weshalb der Freiburger Theologieprofessor Johannes Pfeffer seine pastoraltheologischen Vorlesungen als *Directorium sacerdotale* publizierte.[6]

Die Klerikerbildung hatte bereits der Gründungsrektor der Universität Freiburg, Matthäus Hummel, als universitäre Zielvorgabe formuliert, wobei er in der selben öffentlichen Rede die Bildungsfeindlichkeit des Weltklerus tadelte: *Sed proh pudor, viceversa his nefandis temporibus Universitatum studia generlia atque privata de domibus Clericorum vi et armis expelluntur. – Nam loca eorumdem occupant nunc canes, nunc aves, nunc hippos phalerata* und so

---

4 Vgl. A. Angenendt, 1997, 74-75. – K. Wolf, 2006, 401 (Register).
5 Vgl. H. Schreiber, 1868, I., 151-154, II., 268-270. – C. Redzich, H.-J. Schiewer u. G. Wünsche, 2007, 63-68.
6 Vgl. H. Schreiber, 1868, I., 109-112. – C. Redzich, H.-J. Schiewer u. G. Wünsche, 2007, 82.

weiter (H. Schreiber, 1868, I., 9-29). In dieser Klerikerschelte trifft sich der
Gründungsrektor mit Johannes Geiler von Kaysersberg, der in seinen Kan-
zelreden den eigenen Stand nicht verschonte. Vermutlich ist darin der Haupt-
grund zu sehen, dass es dem Reformbischof Friedrich von Zollern nicht gelang, seinen alten Studienfreund Geiler als Augsburger Domprediger dauerhaft zu installieren: Das Domkapitel mauerte, weil es nicht wollte, dass Laien
mit den *subtilitaten* und *spitzigkeiten* Geilers in Berührung kommen.

Interessanterweise ist es gerade ein Laie, der für Freiburg einen Bildtext
liefert, welcher durchaus in das Programm der spätmittelalterlichen Frömmigkeitstheologie passt: Der an der Freiburger Universität in der Artistenfakultät
lehrende und später als Professor für Zivilrecht in Freiburg wirkende Jakob
Mennel legte mit seiner 1508 entstandenen und seit 1514 mehrfach gedruckten
Passion in form eines gerichtshandels neben der juristischen Belehrung nicht
zuletzt ein Stück anspruchsvoller und erbaulicher Passionsfrömmigkeit vor,
welches sich in seiner Bildhaftigkeit wie in der Passionsthematik etwa mit der
Himlischen Fundgrub des Erfurter Theologieprofessors Johannes von Paltz
vergleichen lässt, den Berndt Hamm als typischen Vertreter der Frömmigkeitstheologie herausstellt. Mit dem Freiburger Jakob Mennel aber fassen wir
bekanntlich den wohl wichtigsten in deutscher Sprache publizierenden Hofhistoriographen und Genealogen Maximilians, um nicht zu sagen den getreuen
Erfüllungsgehilfen von Maximilians *gedechtnus*-Programm. Bemerkenswert
scheint mir zu sein, dass einige Exemplare des genealogischen Werkes Mennels
vom Freiburger Universitätslehrer Gregor Reisch offenbar zur Beglaubigung
gegengezeichnet wurden. Der Kartäuser Reisch war der Beichtvater Maximilians und zusammen mit Jakob Mennel auch Zeuge von Maximilians letzten
Stunden in Wels. Eben dieser Gregor Reisch wird wie Jakob Mennel kaum
dem Humanismus zugerechnet. Reischs erfolgreiche *Margerita Philosophica*
ist vielmehr ein eher traditionelles Lehrwerk der Artes. Was ihm eine gewisse
Aktualität verlieh, ist die Tatsache, dass es schon die fortschrittlichen Lehren
der Wiener mathematischen Schule um Georg von Peuerbach inkorporierte.
Dennoch wird man Reisch – wie auch Mennel – eher dem traditionellen Lehrbetrieb zuordnen dürfen. Beide waren darüber hinaus im städtischen Leben
etabliert: Reisch als Prior der Freiburger Kartause, Mennel als Stadtschreiber.[7]

Stadtschreiber war auch der Freiburger Jurist (und kaiserliche Rat Maximilians) Ulrich Zasius. Sein deutsches Stadtrecht (für das man freilich auch humanistischen Einfluss geltend gemacht hat) sollte bis weit in die Frühe Neuzeit
hinein überregional als Vorbild ausstrahlen. Auftraggeber war freilich nicht
der Hof, sondern die Stadt Freiburg. Sie spielte schon in der Gründungspha-
se eine wichtige Rolle für die Universität als Geldgeberin; daher wurden alle
wichtigen Dokumente der Universität für die Kommune von Anfang an auch

7   Vgl. K.-H. Burmeister u. G. F. Schmidt, 1987. – K.-H. Burmeister, 1998. – B. Hamm, 1982.
– H. Schadek, 1998, 243-245, 476-479.

in deutscher Sprache ausgefertigt.[8] Die Freiburger Stadtbürger hatten im Gegensatz zu Wien (Maisel, 1993) die Universität als Chance erkannt und sich bemerkenswerte Mitspracherechte gesichert. Die Kommune war damit neben den Habsburgern und ihrem Hof Träger (und Nutznießer) der Universität geworden. Eindeutig dem Habsburger Hof zuzuordnen sind dagegen die Leibärzte. Hier wäre als Beispiel der Freiburger Medizinprofessor Burkhard von Horneck zu nennen, der von Siegmund und Maximilian konsultiert wurde.[9] Vergleichbar mit dem Wiener Leibarzt Jakob Engelin (K. Wolf, 2006, 62-73) verfasste Burkhard von Horneck auch einen deutschsprachigen medizinischen Kurztraktat. Burkhards deutsche, bislang unedierte Haimatoskopie habe ich im folgenden abgedruckt; leider gibt die Handschrift keinen näheren Hinweis auf den Adressaten:

Wanna daz blutt des schumes vil hat so ist dij brust kranc Ist aber bleich
so ist div we an dem milcz
Ist ez grüne so ist div we an dem herczen
Ist ez gele so ist div we an der lebern
Ist ez rod vnd hot ein swarcz zirkel so ist ez ejn zeichen eins cranken
hirns
Item ist ez swarcz vnd stet vil wasszers dar uf so wirt cottidianam oder
contrarietatem
Item ist daz wasszer vnden vnd daz blut oben so forthe dy wasszer suchte
Ist ez als vnschlit daz betütte ein bosen magen
Ist ez vale vnd vnd [!] vbel gestalt vnd wert dor in als saffran oder gesüp-
pe so ist der mensch veyge
Ist ez sere rode vnd ein wenig wassers dor obe daz bedütte ein frölich
antlicz vnd daz ist daz best blutt dor gesunden /
Signum coloricum
(Würzburg, Universitätsbibliothek, M Ch Q 108, f. 342v.)

Im Dunkeln bleibt vorläufig, wie *Der schwangeren Frauen und Hebammen Rosengarten* des Eucharius Rößlin mit der Freiburger medizinischen Fakultät in Beziehung zu setzen ist (G. Keil, 1992). Bis auf weiteres unklar ist auch die Zugehörigkeit des Konrad von Bondorf zur vorderösterreichischen Universität; Kurt Ruh erwog für den von Johannes Geiler in exegetischen Fragen konsultierten Freiburger Theologen die Autorschaft an einer Verdeutschung von Bonaventuras *Legenda maior Sancti Francisci* (K. Ruh, 1985). Zweifelhaft im Sinne der Zugehörigkeit zu einem universitären Autorenkreis ist weiterhin der Bericht über eine Jerusalem-Pilgerfahrt des Augsburger Klerikers Wolf von Zülnhart, obwohl dieser in Freiburg studierte, in der Gunst

---

8 Vgl. H. Schadek, 1998, 233-243, 484-493. – C. Redzich, H.-J. Schiewer u. G. Wünsche, 2007, 76-80.
9 Vgl. P. Assion, 1978. – H. Brunner u. H.-G. Schmidt, 2002, 96-97.

Maximilians stand und deutschsprachige Pilgerberichte innerhalb der Wiener Schule im Umlauf waren.[10] Die Fälle der letztgenannten (ehemaligen) Angehörigen der Freiburger Universität zeigen jedenfalls, dass die Rekonstruktion eines genuin universitären Freiburger Übersetzerkreises oder einer Autorengruppe akademischer Provenienz nicht unproblematisch ist. Positiv lässt sich dagegen für Freiburg neben einem Schwerpunkt bei der Frömmigkeitstheologie eine Tendenz zu einer Schulbildung in Richtung volkssprachiger Chronistik beobachten. Dagegen ist der programmatische Begriff ‚Freiburger Schule' im Freiburger Kontext in Abhebung von den Wiener Verhältnissen (Wiener Schule) eher zu vermeiden. Während die zeitlich frühe Wiener Schule (Universitätsgründung 1365) schon wegen ihrer Pionierrolle beim universitären Übersetzerschrifttum ihren Namen zurecht trägt, ist es – angesichts der Fülle an zeitgenössischer deutscher Fachprosa im 15. Jahrhundert – besser, neutral von einem Freiburger Übersetzerkreis universitärer Provenienz beziehungsweise von einem Kreis akademisch geprägter deutsch schreibender Autoren zu sprechen. Dieser Kreis fällt teilweise mit den *docti* zusammen, die Jan-Dirk Müller als bedeutende Literaten um Maximilian I. herausgestellt hat (vgl. J.-D. Müller, 1982, passim). Darüber hinaus sind vorläufig keine seriösen Aussagen über das deutsche Schrifttum der Universität Freiburg vertretbar: Abgesehen von der umfänglichen heuristischen Aufgabe, die noch zu leisten ist, bleibt die enge zeitliche Verflechtung von traditioneller universitärer Schriftstellerei und neuen Ansätzen des Humanismus ein für Freiburg spezifisches Problem, das in der – verglichen mit Wien – späten Gründung der Universität Freiburg zu sehen ist. Dagegen lässt sich die Blüte der Wiener Schule zeitlich deutlich vom Wirken des *Collegium poetarum et mathematicorum* abheben. Problematisch ist ebenfalls, dass der in den zahlreichen Vorreden der Wiener Texte als *utilitas* oder *nutz* angesprochene Zweck für die Verdeutschungen in den Schriften der Freiburger Universität kaum thematisiert wird. Vielleicht hat dieser Befund seinen Grund darin, dass ein Fachschrifttum in deutscher Sprache mit universitärer Provenienz im ausgehenden 15. Jahrhundert und im beginnenden 16. Jahrhundert keiner großen Rechtfertigung mehr bedurfte. Dennoch ermuntern die vorgestellten Beobachtungen nach meiner Einschätzung, der Möglichkeit eines Freiburger Übersetzer- und Autorenkreises als Pendant zur Wiener Schule (und im Sinne der Übernahme des älteren Wiener Programms in Freiburg) durch eine umfassende Untersuchung auf den Grund zu gehen. Unstrittig ist dagegen bereits heute der große Nutzen, den Maximilian I. von universitär gebildeten Autoren erzielen konnte, gleichgültig ob sie humanistisch geprägt waren oder nicht: Sowohl die Genealogien Jakob Mennels als auch das Türkenkriegsdrama Jakob Lochers, nicht zu vergessen die Reimsprüche des Johann Kurtz (F. Schanze, 1985) dienten der rühmenden Mehrung von Maximilians *gedechtnus*.

---

10 Vgl. D. Huschenbett, 1995, 257-259. – M. Haggenmüller, 1998. – K. Wolf, 2006, 158.

Bibliographie

Arnold Angenendt: Geschichte der Religiosität im Mittelalter. Darmstadt 1997.

Peter Assion: Burkhard von Horneck. In: ²VL. 1. 1978. Sp. 1137-1139.

Achim Aurnhammer und Hans-Jochen Schiewer (Hrsg.): Dichter und Denker in Freiburg. Portraits vom Mittelalter bis zur Moderne. Heidelberg 2006.

Rudolf Benl (Hrsg.): Erfurt – ein spätmittelalterliches Wissenschaftszentrum. Erfurt 2001.

Horst Brunner und Hans Günter Schmidt (Hrsg.): Vom Großen Löwenhof zur Universität. Würzburg und die deutsche Literatur im Spätmittelalter. Wiesbaden 2002.

Karl-Heinz Burmeister: Seine Karriere begann auf dem Freiburger Reichstag. Der Jurist und Historiker Dr. Jakob Mennel (1460-1526). In: H. Schadek, 1998, S. 95-114.

Karl-Heinz Burmeister und Gerard F. Schmidt: Mennel, Jakob. In: ²VL. 6. 1987. Sp. 389-395.

Peter Csendes und Ferdinand Opll (Hrsg.): Wien. Geschichte einer Stadt. Band 1: Von den Anfängen bis zur Ersten Wiener Türkenbelagerung (1529). Wien, Köln, Weimar 2001.

Cora Dietl: Die Dramen Jacob Lochers und die frühe Humanistenbühne im süddeutschen Raum. Berlin, New York 2005 (= Quellen und Forschungen zur Literatur- und Kulturgeschichte 37 (271)).

Hans Fueglister: Albrecht von Bonstetten. In: ²VL. 1. 1978. Sp. 176-179.

Karl-Werner Gümpel und Gerhardt Powitz: Konrad von Zabern. In: ²VL. 5. 1985. Sp. 304-308.

Martina Haggenmüller: Zülnhart. In: Günther Grünsteudel, Günter Hägele und Rudolf Frankenberger (Hrsg.): Augsburger Stadtlexikon. 2., völlig neu bearbeitete und erheblich erweiterte Auflage. Augsburg 1998, S. 949.

Berndt Hamm: Frömmigkeitstheologie am Anfang des 16. Jahrhunderts. Studien zu Johannes von Paltz und seinem Umkreis. Tübingen 1982 (= Beiträge zur historischen Theologie 65).

Eugen Hillenbrand: Öhem, Gallus. In: ²VL. 7. 1989. Sp. 28-32.

Dietrich Huschenbett: Berichte über Jerusalem-Pilgerfahrten von Kaufleuten und adligen Kanonikern aus Augsburg im 15. Jahrhundert. In: J. Janota und W. Williams-Krapp, 1995, S. 240-264.

Johannes Janota: Graf Friedrich von Zollern. In: ²VL. 2. 1980. Sp. 966-968.

Johannes Janota und Werner Williams-Krapp (Hrsg.): Literarisches Leben in Augsburg während des 15. Jahrhunderts. Tübingen 1995 (= Studia Augustana 7).

Peter Johanek: Geschichtsschreibung und Geschichtsüberlieferung in Augsburg am Ausgang des Mittelalters. In: J. Janota und W. Williams-Krapp, 1995, S. 160-182.

Gundolf Keil: Rößlin, Eucharius. In: ²VL. 8. 1992. Sp. 244-248.

Thomas Maisel: ‚Bellum Latinum'. Eine studentische Rebellion des frühen 16. Jahrhunderts in Wien. In: Kurt Mühlberger und Thomas Maisel (Hrsg.): Aspekte der Bildungs- und Universitätsgeschichte. 16. bis 19. Jahrhundert. Wien 1993 (= Schriftenreihe des Universitätsarchivs Wien 7), S. 191-231.

Dieter Mertens: Gundelfingen, Heinrich. In: ²VL. 3. 1981. Sp. 306-310.

Dieter Mertens: Die Universität, die Humanisten, der Hof und der Reichstag zu Freiburg 1497/98. In: H. Schadek, 1998, S. 315-331.

Dieter Mertens und Heribert Smolinsky (Hrsg.): 550 Jahre Albert-Ludwigs-Universität Freiburg. Festschrift. Band 2: Von der hohen Schule zur Universität der Neuzeit. Freiburg, München 2007.

Christian Meyer: Mensura Monochordi: La division du monocorde (IXe-XVe siècles). Paris 1996 (= Publications de la société française de musicologie 15).

Dietz-Rüdiger Moser: Gösseler, Johann. In: ²VL. 3. 1981. Sp. 102-105.

Jan-Dirk Müller: Gedechtnus. Literatur und Hofgesellschaft um Maximilian I. München 1982 (= Forschungen zur Geschichte der älteren deutschen Literatur 2).

Carola Redzich, Hans-Jochen Schiewer und Gregor Wünsche (Hrsg.): Freiburger Büchergeschichten. Handschriften und Drucke aus den Beständen der Universitätsbibliothek und die neue Sammlung Leuchte. Freiburg im Breisgau 2007.

Kurt Ruh: Konrad von Bondorf. In: ²VL. 5. 1985. Sp. 141-145.

Hans Schadek (Hrsg.): Der Kaiser in seiner Stadt. Maximilian I. und der Reichstag zu Freiburg 1498. Freiburg im Breisgau 1998.

Frieder Schanze: Kurtz, Johann. In: ²VL. 5. 1985. Sp. 463-468.

Jürgen Schiewe: Sprachenwechsel – Funktionswandel – Austausch der Denkstile. Die Universität Freiburg zwischen Latein und Deutsch. Tübingen 1996 (= Reihe Germanistische Linguistik 167).

Heinrich Schreiber: Geschichte der Albert-Ludwig-Universität zu Freiburg im Breisgau. I. Theil: Von der Stiftung der Universität bis zur Reformation. Freiburg 1868. II. Theil: Von der Kirchenreformation bis zur Aufhebung der Jesuiten. Freiburg 1868.

Dieter Speck (Hrsg.): 550 Jahre Albert-Ludwigs-Universität Freiburg. Festschrift. Band 1: Bilder – Episoden – Glanzlichter. Freiburg, München 2007.

Werner Williams-Krapp: Johann Geiler von Kaysersberg in Augsburg. Zum Predigtzyklus ‚Berg des Schauens'. In: J. Janota und W. Williams-Krapp, 1995, S. 265-280.

Klaus Wolf: Hof – Universität – Laien. Literatur- und sprachgeschichtliche Untersuchungen zum deutschen Schrifttum der Wiener Schule des Spätmittelalters. Wiesbaden 2006 (= Wissensliteratur im Mittelalter 45).

Volker Zimmermann: Geßler, Heinrich. In: ²VL. 3. 1981. Sp. 22-24.

PD Dr. Klaus Wolf
Universität Augsburg
Deutsche Sprache und Literatur des Mittelalters
Universitätsstr. 10
D – 86159 Augsburg
E-Mail: klaus-stefan.wolf@t-online.de

Winfried Frey

Vnd solt haim suochen ewere obersten.

Der Weg Johannes Pfefferkorns zum Mandatar des Kaisers

I.

Die Fakten sind bekannt:

Am 20. September 1509[1] kam der unter nicht ganz geklärten Umständen aus dem Judentum zum Christentum übergetretene Johannes Pfefferkorn nach Frankfurt am Main und überreichte dem Rat (den man über das Kommen des Mandatars schon informiert hatte) ein Schreiben des Kaisers Maximilian, ausgefertigt am 19. August im Heerlager bei Padua (der Text bei Pfefferkorn, 1510, AV^v/AVI^r), das sich offiziell an die Juden im ganzen Reich richtete.

Ihm sei berichtet worden, ließ der Kaiser ausrichten, dass die Juden in allen ihren *Synagogen lybereien* [...] *vnnütze bücher vnd schrifften* besäßen, die nicht nur gegen den christlichen Glauben gerichtet seien, sondern auch gegen die Bücher des Mose und der Propheten. Diese Bücher führten zu Irrtümern in der Judenheit und hielten die Juden von der Konversion zum Christentum ab. Daher habe er dem ‚treuen Diener des Reiches‘ Johannes Pfefferkorn den Auftrag und die Kompetenz gegeben, überall im Reich alle jüdischen Bücher und Schriften

> *zuo uisitieren, zuo erfaren vnd besehen vnd was darunder befunden die wider die bücher vnd gesatz moisi. Auch der propheten weren vnd wie obstet vngegrunt/ vnser hailigen cristen glauben zuo schmach vnd übel richten/die selben alle [...] von üch zuonemen die aweg zethon. Vnd zuo vnder[d]rucken.*

Die Juden seien bei Androhung schwerer Strafen an Leib und Gut verpflichtet, an der Aktion mitzuarbeiten, und sie dürften keinerlei Widerstand leisten.

Die Schrift wurde am nächsten Tag im Frankfurter Rat verlesen. Da das Mandat verlangte, dass die Prüfung der Bücher nur mit Wissen des jeweiligen Rates, in Gegenwart des jeweils zuständigen Pastors und zweier Vertreter der jeweiligen Obrigkeit erfolgen durfte, ernannte der Rat eine Kommission mit den geforderten Mitgliedern. Die begab sich alsbald zu den in der Synagoge versammelten Juden, machte den Inhalt des Mandats bekannt und forderte zur Herausgabe der Bücher auf. Die jüdische Gemeinde verlangte einen Aufschub,

---

1 Ich folge hier vor allem E. Martin, 1994, 141 ff.

der ihr zwar gewährt wurde, aber nichts nützte, da Pfefferkorn danach in der
Synagoge 168 Bücher beschlagnahmtc und ins Martha-Spital am Klapperfeld
(heute das Frankfurter Gerichtsviertel) bringen ließ.

Was nun folgte, der sogenannte Bücherstreit, könnte man einerseits geradezu als Groteske beschreiben mit all den meist vergeblichen Versuchen der
Frankfurter Juden, mit nur zögernder Unterstützung der übrigen jüdischen
Gemeinden und dem üblichen und erwarteten Einsatz von Geld das Mandat
rückgängig zu machen oder doch auszusetzen. Man könnte die sonstigen Wei-
terungen vom Eingreifen des mächtigen Mainzer Erzbischofs Uriel von Gem-
mingen über die Fortsetzung der Aktion durch Pfefferkorn in Worms, Mainz,
Bingen, Lorch, Lahnstein und Deutz, bis zu den Anforderungen umfangrei-
cher Gutachten von den Universitäten Köln, Mainz, Erfurt und Heidelberg,
zusätzlich von dem päpstlichen Inquisitor für die Mainzer Kirchenprovinz,
Jacob Hochstraten[2], und von kompetenten Fachleuten wie Johannes Reuchlin
als typische Reaktionsweise unsicher gewordener Potentaten und als geisti-
ge Bankrotterklärung verkrusteter Universitäten sowie als Triumph des Humanisten Reuchlin darstellen. Man könnte den Literatur gewordenen Teil der
Kontroverse, die CLARORVM VIRORVM EPISTOLAE, und ihr satirisches
Pendant in Gestalt der EPISTOLAE OBSCURORVM VIRORUM wie de-
ren Rezeption bis in unsere Zeit als Schulbeispiel einseitig verstandener Hu-
manität vorstellen. Aber all dies ist ja in der Sekundärliteratur nachzulesen.

Ein Satz in Hans Peterses schöner Arbeit über den Inquisitor Hochstraten und dessen Kampf gegen Reuchlin hat mich stutzig gemacht. Er erzählt,
wie ich eben, kurz die Geschehnisse um Pfefferkorn und dessen Bemühungen
um die Beschlagnahme der Bücher der Juden. Nach der Erwähnung des kaiserlichen Mandats schreibt er: „Der Entschluß des Kaisers, einem amtlosen
Bürger wie Pfefferkorn solch weitreichende Vollmacht zu geben, darf als bemerkenswert angesehen werden." (H. Peterse, 1995, 23 f.) Aber dabei bleibt es,
er geht diesem doch wahrlich erstaunlichen Befund nicht nach. Das mag daran
gelegen haben, dass er in seinen bewundernswert umfänglichen Literatur- und
Aktenstudien keine dahingehend auswertbaren Schriften und Dokumente gefunden hat. Auch ich bezweifle, dass solche in ausreichendem Maße gefunden
würden, vergrübe man sich auch in die Bibliotheken und Archive.[3]

Als Philologe will ich einen anderen Weg gehen. Ich will untersuchen,
ob es in den Schriften, die Pfefferkorn vor seiner Zusammenarbeit mit dem
kaiserlichen Hof hat ausgehen lassen, Hinweise gibt darauf, warum Pfeffer-

---

2   Über ihn und seine Gegnerschaft zu Johannes Reuchlin vgl. H. Peterse, 1995.
3   Manfred Hollegger, Leiter der Arbeitsstelle Maximilian Regesten am ÖAW-Forschungszentrum Graz, hat dankenswerterweise im Oktober 2007 in der Sammlung der Maximilian-
Regesten nachgesehen und nur zwei Nennungen Pfefferkorns gefunden (6. Dezember 1510,
Breisach; 18. August 1511, Stuttgart), die sich zwar beide auf die Bücherwegnahme beziehen,
aber erst auf Ereignisse danach. (Dass der Kaiser in den Äußerungen Reuchlins gegenüber Zyprian von Serntein und Matthäus Lang als säumiger Zahler bezeichnet wird, wird niemanden
überraschen).

korn ein solches Renommee gehabt haben muss, dass er sozusagen auf kurzem Wege das Ohr des im Venedigerkrieg doch gerade vielbeschäftigten Herrschers finden konnte. Natürlich gab es die Kölner um Hochstraten, die ihn gefördert haben, aber warum taten sie dies? Natürlich gab es die observantischen Franziskaner *vß etlichen Cloistern / Als zuo Mentz. Oppenheym Heydelburg. Vlm vnd Moenchem*, die ihn, wie er im Streitbüchlein von 1516 bekennt, an Kunigunde, *die durchluchtigistin hochgeboren Furstin hertzochgin kay. ma. Schwester promouyrt* (J. Pfefferkorn, 1516, EII[v]) hatten. Doch was mag die Mönche, was die Fürstin, die ihrer Hilfe wegen in der Sekundärliteratur meist vorschnell (vgl. K. Graf, 2002, und T. Leitner, 2005, 9-56) als ‚frömmelnd' bezeichnet wurde, bewogen haben, Pfefferkorn zu empfehlen und weiterzuempfehlen? Was machte Zyprian von Serntein (über ihn H. Wiesflecker, 1986, 237-240), den ‚allmächtigen Hofkanzler' Maximilians in dieser Zeit, wie Hermann Wiesflecker ihn genannt hat, geneigt, Pfefferkorn als des Kaisers *diener vnd des reiches getruwen* zu bezeichnen und das Mandat ganz offensichtlich bis in den Wortlaut nach den Wünschen Pfefferkorns[4] auszufertigen? Und wie konnte Maximilian, der in seinem Verhältnis zu den Juden immer geschwankt hat zwischen ihm von der Tradition auferlegtem kaiserlichem Judenschutz und Judenbedrückung zur Linderung seiner Geldnot, dazu gebracht werden, die ‚Hühner', die ihm ja nicht selten ‚goldene Eier' legten, so einer seiner Scherze anlässlich der Krönung zum deutschen König 1486 (M. Hollegger, 2005, 67), dem ‚Metzger' Pfefferkorn zu überlassen?

Es kann hier auch nicht darum gehen, die frühen Schriften im Einzelnen vorzustellen und zu interpretieren, in den Dissertationen von Hans-Martin Kirn (1989) und Ellen Martin (1994) ist das Material aufgearbeitet. Es genügt daran zu erinnern, dass sich Pfefferkorn in alter Tradition von Konvertiten als Kronzeugen wider seine alte Glaubensgemeinschaft darstellt, als immer radikaler werdenden ‚Aufklärer' über die angeblich ubiquitären antichristlichen und verschwörerischen Machenschaften ‚der Juden', die er als Feinde Christi und der Christenheit, ja der Menschheit insgesamt verunglimpft.[5] Er wird damit Teil des alten, immer andauernden und bis heute wirksamen antijüdischen Syndroms, ebenso wie seine konvertierten Zeitgenossen Victor von Carben (der ältere) und Antonius Margarita (der jüngere Zeitgenosse und Gewährsmann Martin Luthers; vgl. Frey, 2007, 143-166).

Als Konvertit war er aber auch dem Verdacht ausgesetzt, nicht wirklich und bis ins Innerste Christ geworden zu sein, ein Verdacht, den Johannes Reuchlin und andere Humanisten in der späteren Kontroverse weidlich und erstaunlich skrupellos nutzten, worüber er sich denn auch des öfteren beklagte. Der daraus entstandene Anpassungsdruck führte dazu, dass sich seine ‚Auf-

---

4 J. Pfefferkorn, 1510, AV[v], J. Pfefferkorn, 1516, AIV[r]. Ich danke Ellen Martin für den Hinweis! Vgl. E. Martin, 1994, Kap. 3.2.

5 Zum ganzen Komplex der christlichen Verschwörungsängste des späteren Mittelalters vgl. jetzt J. Heil, 2006. Zu Pfefferkorn vgl. das dortige Register.

klärung' immer wieder, wie auch Johannes Heil (2006, 387) betont, mehr „an der Erwartungshaltung seiner Adressaten und seines Publikums" orientiert als an der nur vorgeschobenen Aufklärungsabsicht.

II.

Gehen wir also die fünf ersten Schriften Pfefferkorns kursorisch durch (ich berücksichtige hier nur die deutschen Fassungen).

Schon in der Schrift *Der Juden Spiegel* von 1507 tritt Pfefferkorn mit großem Anspruch auf: Sein Büchlein soll ein *Spigel vnd exempel aller menschen* (AI^v) sein. Es geht also um nichts Partikulares, sondern um das Ganze, es geht um die Existenz der (natürlich als christliche verstandenen) Menschheit, die aber in fataler Weise mit der Existenz der Judenheit verbunden ist. Will sagen: So lange es noch Juden gibt auf der Welt, ist diese Welt nicht in Ordnung. Und Ordnung zu schaffen, ist die Aufgabe der christlichen Obrigkeit. Da die Juden (nach der augustinischen Lehre) nicht ausgetrieben oder gar getötet werden dürfen, müsse man sie zur Konversion drängen, denn selbst ein Engel vom Himmel könne sie nicht auf den Weg des wahren Glaubens bringen, sie würden wie bisher *bey irem verblinden hartigen auffsetzigen falschen glauben stetlich behertten.* Daher müssten *all fursten herren / stette*[n] */ geistlich oder weltlich* das ihre dazu tun, *damit den vnbeweglichen vnd widerwertigen iuden vnsern veinten widerstant geschehen möchte* (CIV^v).

Hier wird das Feindbild seiner christlichen Umgebung deutlich, das Pfefferkorn wiedergibt und als Kronzeuge verstärkt: ‚Die Juden' sind nicht nur Feinde, sie sind auch mächtig, daher muss ihnen die Grundlage ihrer angeblichen Macht entzogen werden. Und gleich der erste Ratschlag, den er den Fürsten gibt, zielt (angesichts der sonstigen Beschränkungen in Produktion, Handel und Wandel, denen die Juden allerorts unterworfen sind) auf die materielle Existenz der Minderheit. Die Fürsten und sonstigen Obrigkeiten sollen – und da trifft sich sein auch in den nächsten Schriften immer dringlicher formulierter Rat mit den angeblichen Gravamina der Städte und Territorien, in denen sie beim Kaiser um die Erlaubnis ersuchen, ‚ihre' Juden vertreiben zu dürfen[6] – den Juden den Wucher verbieten, da dieser dem Christenvolk überaus schädlich sei. Das sei ihre Aufgabe vor Gott und den Menschen. Erfüllten sie diese nicht, so treffe sie die gleiche Strafe Gottes wie die Juden (DI^r). Die Strafandrohung gegenüber den Herren bekräftigt Pfefferkorn mit Verweis auf die Propheten Jeremia und Ezechiel. Diese Verweise, da hier nur mit Stellenangabe und nicht mit Zitat gegeben, können leicht überlesen werden. Aber sie sind wichtig. Pfefferkorn verweist auf Ezechiel 13. Damit erhebt er den Anspruch, <u>kein</u> törichter Prophet zu sein, der nur seinem eigenen Geist folgt und nichts geschaut hat, nur nichtige Visionen hat und falsche Orakel verkündet,

---

6   Vgl. E. Tschech, 1971. – Die jüngst erschienene Arbeit von J. A. Führer, 2007, ist eher eine Zusammenstellung vor allem aus Tschech, 1971, und ohne eigene Ergebnisse!

leere Worte macht, das Volk in die Irre führt. Denn Gott schickt über jene (also nicht über Pfefferkorn!) in seinem Groll Sturm, Wolkenbruch, Hagelschlag, damit er sein Volk aus der Gewalt der falschen Propheten befreie. Pfefferkorn beschreibt auch gleich, ohne dies explizit zu machen, wen er mit den törichten Propheten meint. Es sind dies die Herren, die unter Berufung auf Recht und Herkommen und unter dem Einfluss ihrer angeblich von den Juden bestochenen Berater die Juden *behausen vnd beschirmen* (DI^v). Auf den folgenden Seiten beschreibt und ‚wiederlegt' er, wiederum mit Bibelzitaten, die von den ‚Judenfreunden' – so werden sie von unvorsichtigen Historikern bis heute gerne bezeichnet – vorgebrachten Argumente, warum die Juden zu behausen und zu schützen seien. Sie sind wiederholt in den realen Diskussionen um mögliche Judenvertreibungen zu finden (vgl. M. J. Wenninger, 1981)! Wenn er dann auf das 18. Kapitel bei Ezechiel verweist, wo beschrieben wird, was geschieht, wenn einer ‚gerecht' ist, nach den Gesetzen und Vorschriften des Herrn lebt (der wird nämlich am Leben bleiben wie der, der Sohn eines Ungerechten ist, aber selbst gerecht), dann bezieht sich das auf den unter Generalverdacht stehenden Konvertiten Pfefferkorn, der also einen ‚schuldigen' Vater hat, aber ‚gerecht' wird, wenn er sich von seinen Vergehen abwendet, sich bekehrt, sich ein neues Herz und einen neuen Geist schafft. Das Gleiche gilt für den Hinweis auf Jeremia, Kapitel 8.

Die Prophetenzitate verdeutlichen die Botschaft des Konvertiten. Er bezeichnet sich als rechtgläubigen Christen und die Juden als Betrüger, aber gleichzeitig kritisiert er (und darf sich durch die Bibelworte, die ihn als ‚nicht-törichten Propheten' ausweisen sollen, legitimiert und geschützt fühlen!) die Fürsten und Stände, ihre Berater, aber auch die Kleriker, die „nur auf Gewinn aus" (Jer. 8,10) sind und aufs Betrügen. Und er kann, so geschützt, auch drohen wie ein Prophet: „Sobald ich sie zur Rechenschaft ziehe, werden sie stürzen, spricht der Herr" (Jer. 8,12).

Resümierend nennt er seine Argumente und die zitierten Prophetenstellen eine *grausamliche erschröcklyche ermanung* an die Fürsten und Räte, seinen Vorschlägen zu folgen und die Juden *als veynt gottes / vnnd in sunderheyt der werden muter gottes* keinen Schutz mehr zu gewähren. Außerdem gebiete das nicht nur die Bibel, sondern auch *das gesetz der redlichkeyt* (DIII^r). Die weiteren Vorschläge ähneln in fataler Weise denen, die Martin Luther 35 Jahre später mit größerer Autorität als Pfefferkorn und mit gravierenderen Folgen seinen Fürsten macht (vgl. Frey, 2007).

Johannes Heil (2006, 386) schreibt, Pfefferkorn habe „das apokalyptische Potential seiner verzerrten Darstellung [...] nirgendwo explizit" angerührt, er habe die „vorgebliche Feindschaft der Juden wohl in einem religiösen, dabei aber gänzlich de-eschatologisierten Zusammenhang gefasst." Das stimmt nur, wenn man die Vorstellung vom Antichrist in einem solchen Zusammenhang für unerlässlich hält. Pfefferkorn argumentiert aber durchaus in einem eschatologischen Zusammenhang. Der ganze Schlussteil ist von Endzeitvorstellungen, von der Vorstellung von der baldigen Parusie geprägt, kaum anders als das

Denken seines jüngeren Zeitgenossen Martin Luther und vieler anderer. Sein eigenes Anliegen stellt er an die Spitze: Das Weltende könne nur kommen, wenn die Juden Christen geworden seien. Erst dann werde *ein schaff stal' vnd ein glaub werden* und erst dann *wirt der iungst tag bald her nach volgen vnd erscheynen* (FIᵛ). Dazu aber müsse sich auch die (christliche) Welt verändern. Und nun folgen alle jene Elemente, die im Jahrhundert der Reformkonzilien und in der Zeit, die wir uns angewöhnt haben ‚vorreformatorisch' zu nennen, den Diskurs in Kirche und Gesellschaft bestimmten: Das Motiv der verkehrten Welt, in der gegen ‚das natürliche Gesetz' die Kinder altklug seien, Verbrechen als normal angesehen würden, (christliche) Fürsten wie grimmige Löwen gegeneinander kämpften. Das werde Gott nicht dulden. Er werde die göttliche Gnade ausgießen, damit die Menschen von den Fürsten bis zu den Kindern ‚vernünftig' würden, die Fürsten statt ihrer Kriegs- eine neue Friedenspolitik praktizierten (entsprechend der Formel *concordia domi, foris pax* des, stellvertretend für viele Erwähnungen, Lübecker Holstentors), endlich sich der Türken erwehrten und Jerusalem mit dem Heiligen Grab, *vnnser natürliche erbe auff dieser welt*, wieder zurückeroberten. Sein Plädoyer mündet in die Aufforderung *Last vns zu wercke gan* (FIIIᵛ) und in den Appell:

> *Darumb so bit ich euch alle Fursten vnd herren geystlich vnd weltlich von dem obersten biß zu dem vntersten erman* [Ehrenmann?] */wollet auffstan vonn dem schlaff nehmen an euch die werck der redlichkeyt meinen vorreden nach zu volgen. (FIVᵛ)*[8]

Pfefferkorn bekräftigt seinen Appell noch einmal mit Prophetenworten, dieses Mal zitierten (Jesaja 5,20 f.: „Weh denen, die das Böse gut und das Gute böse nennen, / die die Finsternis zum Licht und das Licht zur Finsternis machen, / die das Bittere süß und das Süße bitter machen. Weh denen, die in ihren eigenen Augen weise sind / und sich selbst für klug halten."; Jeremia 14,14: „Lüge ist, was die Propheten in meinem Namen verkünden. Ich habe sie weder gesandt noch beauftragt, ich habe nicht zu ihnen gesprochen. Erlogene Visionen, leere Wahrsagerei und selbsterdachten Betrug verkünden sie euch."). Das Publikum sollte aus diesen Worten und Zitaten entnehmen, dass Pfefferkorn wie und als ein Prophet zu ihnen spreche.

In der zweiten Schrift, dem *buchlijn der iudenbeicht* (1508), entwickelt er, wieder mit der Absicht, den *obersten vnd geleerden ym cristen gelauwen* (AIᵛ) zu zeigen, *wie man die iuden van yrer bosheit brengen moege* (CIᵛ), ein Schreckbild ‚der Juden', das sie als teuflischer denn der Teufel erscheinen lassen soll. Die Schrift mündet in eine *vermanunge tzu den cristlichen vursten vnd andere stenden die welcher die iuden behausen. beschyrmen vnd herber-*

---

7   Eine Anspielung auf Lk 15,3-7 und Jh 10,1-16.
8   Wer sich bei diesem Abschnitt und Appell an Luther und insbesondere an das lutherische Kirchenlied Johann Walters „Wach auf, wach auf, du deutsches Land" erinnert fühlt, liegt sicherlich nicht falsch!

gen etc. (CIV^v, Überschrift des 5. Kapitels). Ihnen, als den ‚Vögten der heiligen christlichen Kirche‘, also der ganzen Christenheit, wird, mit dem Hinweis auf das ihnen drohende Schicksal am *tag des letzten strengen ordels,* wieder die Sozialschädlichkeit des angeblich nur jüdischen Wuchers vorgehalten, durch den *die lande vnd leude stede vnd andere flecken also sere iemerlich vnd schedenlich verderbet werden. das eß got on dem hymel erbarmen moech.* Wie eine Anspielung auf Maximilians Scherz bei der Königskrönung über die Hühner, die goldene Eier legen, klingt seine Anklage gegen diejenigen Herren, die auf das Herkommen verweisen und darauf, dass *die juden yr getreuwen schatzkamer vur den gemeynen man* seien, die in Notzeiten zugunsten der Allgemeinheit geleert würde (DI^r). Wer so rede, antwortet Pfefferkorn, schließe die Augen vor der offensichtlichen Sünde und mache sich schuldig wie Pilatus schuldig geworden sei am Tode Jesu, obwohl der sich die Hände vor dem Volk gewaschen habe. Um den drohenden Ton zu verschärfen, verweist Pfefferkorn auf die Judenvertreibungen aus Frankreich, Spanien, Dänemark oder noch kürzlich aus Nürnberg und Nördlingen *etc.* (DI^v) und setzt geradezu höhnisch hinzu: *was ist den schade vnwill ader nachrede dar auß erwagssen. Hant sy woll gehandelt in den sachen. Billich sult yr nachuolgen bey vrer selen heyll* (DII^r).

Diese Schrift liest sich (oder hört sich an!) wie ein Teildiskurs im großen Vertreibungsdiskurs um Maximilian gerade in dieser Zeit. Mit der Verbreitung solcher Ansichten konnte man ihn und seine Räte in Schwierigkeiten bringen, ihn als Verächter des gemeinen Mannes und des gemeinen Nutzens aussehen lassen.

Anfang Januar 1509 lässt Pfefferkorn gleichzeitig zwei weitere Schriften ausgehen, das *buchlein* mit dem *furtrag wie die blinden Juden yr Ostern halten* (J. Pfefferkorn, 1509a) und das *Buchlinn der Juden veint* (J. Pfefferkorn, 1509b). In den von mir benutzten, in Augsburg gedruckten Exemplaren ist eine Steigerung der Intensität des Appells an die Fürsten und Räte wie des Selbstbewusstseins des Autors schon daran zu sehen, dass er dem *Osterbüchlein* ein gut geschnittenes Titelbild mit der Abbildung einer Schutzmantelmadonna beigibt, dem *Judenfeind,* der die Steigerung ja schon im Titel trägt, ein Bild, das Pfefferkorn kniend vor dem leidenden Christus am Kreuz zeigt.

Wenden wir uns zunächst dem *Osterbüchlein* zu. Darin deutet er Pessach und die Pessachfeiern als *figur vnd anzygung vnser ostern* (AI^v), also als ein Zeugnis für die Richtigkeit und Höherwertigkeit des christlichen Glaubens. Fast unmerklich aber wird aus Darstellung und Interpretation des Pessachfestes die Konstruktion des jüdischen Popanzes, abgeleitet aus den angeblich christenfeindlichen alltäglichen Handlungen der Juden (CI^v-CIII^v). Sie mündet wieder in eine Klage über, ja Anklage gegen die Herren:

> *O yr Cristlichen regiment sollich der Juden betrieglich schalckhait nembt*
> *zuo hertzen betrachtet den gemainen nutz / vnnd* [fehlt (zufällig?), was zu
> tun sei: *vertreiben!*] *sie die buoben auß yren herligkaiten vnnd gebieten /*
> *dan sie sein schedlicher dann die strassen rauber vber die yderman schreit.*
> (CII^v)

Gegen die wieder als Gegenargumente vorgetragenen Skrupel einiger Herren, ,ihre' Juden zu vertreiben, argumentiert er religiös: Die Juden nicht zu vertreiben, sei wider die Lehre Christi (als Beleg: Mt 5,29 und 18,9) und damit sei die Vertreibung eine gottgefällige Tat. Nun spricht er die einzelnen Potentaten sozusagen persönlich an: *vertreibstu sie so bist duo rechtfertig vnnd hast an yrer sünd kainn tail / helts du sye aber so bistu nit gerecht fertig.* Nun aber weitet Pfefferkorn seinen mit Drohungen verstärkten Appell aus, denn er lässt *ain vermanung zuo allen cristen* [...] *nit zuo leiden die Juden vnder sich* folgen, nun vor allem religiös begründet. Alle Christen seien aufgefordert, wegen der angeblichen Schmähungen der Juden gegenüber Christus und Maria *solich schmach schand vnd laster zuo verhindern vnd straffen* (CIV^r). Daran schließt sich eine Art Handlungsanweisung für das christliche Volk, wie mit einer vertreibungsunwilligen Obrigkeit zu verfahren sei (Hervorhebungen von mir):

> *yr solt euch an den enden (do Judenn auffenthalten werden) vnd wonen für war bei euch wirt got vnd sein gebenedite muter sein / vnd <u>solt haim suochen ewere obersten</u> vnd ynen demutiglich zuo erkennen geben <u>nit ainer allaine dan me</u> auff das ernstlich vnd vorderlicher ewr begeren verstanden vnd gehört wurde wie großlich got / vnd sein raine muter maria durch die faltzen verzweifelten Juden geschwecht werden vnd also <u>an die obrigkait als / heupter der cristenhait bitlich begern</u> ernstlich vnnd hilflich dar zuo versten das solliche vnere gotes vnd seiner muoter abgestelt werde So dan villeicht die selben ewr obrikait euch fragen wie oder was sollen wir dar zuo thuon So solt yr nit begeren das sie getodt noch vertryben werden dan got will nit den tod des sunders sunder das er lebe vnd bekert werde Sunder <u>yr solt biten vnnd begern ynen zuouerbieten den wuocher welicher ist ain vater aller sünden ain furer der Juden ain verderber der Cristen</u> vnd verer solt yr <u>biten das man von in auffheb alle buocher vnd ynen allain laß den blossen tex der biblen / dan die andren faltzen bucher so sy haben sein ain muoter aller boßhait</u> Zuom driten sol von euch begert werden <u>das man sy halt zuo hören das wort gots rc Von Cristgelerten priestern so dick das. geschehen muge</u> So nun die obrikait auff ewer beger villeicht antwurt geben wirt wir wöllen die Juden bleiben lassen der sy sein dan got hat sy vns zuo ainem spiegel vnd exempel hie gelassen Dar auff mögt yr wider antwurt geben nach meinem beduncken auff verbesserung mein weiser vnd hoher Got hat vns gelassen Moisen mit den propheten vnd seyne halige wort die Euangelia mit den wercken der haligen Apostlen in denen sollen wir vns spieglen vnd ynen nachuolgen so <u>bedürffen wir nit der juden dann wir werden durch die iuden nit besser sunder mercklich geergrt</u> Wurden aber die herren euch für halten vnnd sagen wyr muossen iuden leiden vnnd zuo lassen dan die recht lassen die zuo Dar auff miegt ir antwurten Es ist war die recht lassen Juden zuo Sye verbiten aber schwerlich denn wuocher vnd blasfemirung gotes Vnd deßhalb <u>ist vnser bith vnd beger dem rechten gantz gemes</u> dan wir biten nit sye zuouerdiligen / sunder*

das der wuocher vnd schmach gots abgestelt vnnd die falchen bücher von ynen genomen werdenn
Wurden si aber antwurden wir wissen wol das wir sie billich nit leiden solten doch sein sye von alter her komenn hie gewest / dar bei lassen wir es bleiben Dar zuo mügt yr. antwurten Wee dem der durch ain böß gewonhait verdampt sein sel so stet geschriben ym xxxij psalmen selig ist der by dem got kain sund vind / vnnd der in seinem gaist. nit ist ain betriger Verlassen sie euch aber (vileicht durch gifft vnd gab so sie von den Juden nemen) sunder redlichen vestandt oder antwurt als wol geschehen an etlichen enden müglich wer dar durch si sich selbst / vnnd nit die ere gottes oder gemainen nutz suochen
So thut als from kinder klaget got bei dem die warhait vnd andren cristen heren vnd leyten villeicht got vnd ymans dar zuo möcht erwecken vnd bewegen vren gesinne vnd begerten noch die Juden mit gewalt zuo straffen [...] (CIVᵛ-DIʳ)

Der Hinweis auf der folgenden Seite, wenn die Christenmenschen so handelten, sei es als Supplikanten, sei es als diese begleitende Demonstranten, so seien sie alle miteinander *ritter cristi* (DIᵛ), alludiert ein weiteres großes Thema der Zeit, den Kreuzzug gegen die Türken, auf das ich hier nicht näher eingehen kann.

Deutlich ist geworden, dass Pfefferkorn hier viel fordernder, ja drohender auftritt als in den früheren Schriften. Er tritt auf als einer, der sich als Repräsentant einer politisch und religiös einflussreichen Fraktion im Meinungsspektrum am Anfang des 16. Jahrhunderts fühlen kann. Und er tritt auf als einer, der es wagen kann, den Mächtigen mit einem Volksbegehren, wenn nicht mit einem Aufstand zu drohen.[9]

Der *Judenfeind*, in den selben Januartagen des Jahres 1509 publiziert, gibt nicht mehr vor, über jüdische Sitten und Gebräuche informieren zu wollen. In diesem Buch geht Pfefferkorn, als brauchte er keinen vorgeschobenen Anlass mehr, gleich zum Angriff über. Natürlich betont er auch hier schon in der Vorrede, dass er nur *zuo fürdrung des gemainen nutzes* (AIᵛ)[10] handle. Der ganze Traktat wirkt wie ein nachgeschobenes Dossier zum *Osterbüchlein* mit weiteren und ausführlichen Argumenten gegen eine in Sachen Judenvertreibung zögernde Obrigkeit. Geschickt ordnet der Autor seine Schrift ein in den großen Diskurs des Spätmittelalters, den Johannes Heil als „die Vorstellung jüdischer Weltverschwörung" so eindrucksvoll geschildert hat.

---

9   Fast wie nebenbei wird der alte augustinische Grundsatz (vgl. H. Schreckenberg, 1990, 357), die Juden seien als Träger der Schrift Zeugen für die Wahrheit des christlichen Glaubens und als solche zu dulden, hinweggewischt. Und man kann die zweimalige Versicherung, man wolle die Juden nicht töten, als leise Drohung mit Lynchjustiz verstehen, falls die Obrigkeiten nicht im Sinn des oder der Drohenden reagieren sollte.
10   Zur Bedeutung dieses Begriffes in der Realität von Judenaustreibungen vgl. M. Toch, 1984; zur Bedeutung allgemein im Spätmittelalter vgl. W. Eberhard, 1985.

Im ersten Teil stellt sich Pfefferkorn als Kenner des jüdischen Schrifttums dar und ‚belegt' die angeblich im jüdischen Kultus und Alltag *blasphemirung so die Juden teglich got Marie* [...] *vnd allem himlischen her an thun* (AII^r). Der Abschnitt mag die Leser vor allem durch seinen pseudowissenschaftlichen Duktus beeindruckt haben. In unserem Zusammenhang wichtig ist, dass er behauptet, die Juden beteten an Jom Kippur aus Hass gegen die Christen um Verwirrung der Obrigkeit, um Tod und Pestilenz für die Christen (AIII^v). Und er behauptet, die Juden seien nur äußerlich freundlich gegenüber ‚uns' Christen. Das ist ein wichtiges Element in den Verschwörungsvorstellungen. In Wirklichkeit, und diesem Motiv ist der zweite Teil der Schrift gewidmet, gebe es

> *vnter allen kain diebischer dückischer vnnd der / Cristenhait schedlicher volck. Dan die vnrainen vnd verfluochten Juden / welliche alle zeit tag vnd nacht mer dan andre völcker mit hohem vleys gedencken vnd embsiglich darnach trachten wie si die macht vnd gewalt der cristen vßryten oder verdiligen möchten.* (AIV^{r-v})

Als Beispiel für das vorgeblich schlimme und gesellschaftsfeindliche Handeln der Juden druckt er eine der zu seiner Zeit und auch später so beliebten Wuchertabellen ab (vgl. W. Frey, 1995). In der von ihm gedruckten werden aus einem Gulden Kredit in dreißig Jahren mehr als 106 Tonnen (!) Gold. So, sagt er, werde durch den arglistigen jüdischen Wucher die Macht der Christen *geschwecht vnd verdruckt* (BII^v).

III.

Die vier Schriften hatten offenbar im Kontext der Verschwörungsdiskussion, im Zusammenhang mit der noch nicht zum Stillstand gekommenen Vertreibungswelle im Reich (vgl. E. Tschech, 1971, 76-85) und in Verbindung mit den Dominikanern, den Franziskanern und der nach den Regeln des Dritten Ordens der Franziskanerinnen lebenden Erzherzogin Kunigunde eine solche Wirkung, dass Maximilian und seine Räte, denen diese Form der Ausübung politischen Drucks aus eigenem Tun wahrlich nicht unbekannt war (vgl. M. Hollegger, 2002), ihr Mandat formulierten und damit dem amtlosen Bürger Pfefferkorn die Möglichkeit gaben, seine Forderungen nach Wegnahme der jüdischen Bücher in die Tat umzusetzen – was nach allem, was in den vier Schriften steht, erst der Beginn der Eliminierung der jüdischen Minderheit sein sollte!

Vielleicht war aber auch eine kleine politische List mit der Nachgiebigkeit verbunden. Maximilian und seine Räte mochten hoffen, den potenziellen Unruhestifter und seine mächtigen Helfer und weniger mächtigen Helfershelfer dadurch zu neutralisieren, dass sie ihn ins Korsett der politischen Gegebenheiten steckten. Ein unruhiger Prophet, der sich wegen der Kautelen des errungenen oder abgerungenen Mandats mit Erzbischöfen und Fürsten, Universitäten und Gelehrten, mit widerspenstigen Reichsstädten und deren Ratsherren und mutig intervenierenden Judengemeinden herumschlagen muss, anstatt seine Visionen Wirklichkeit werden zu lassen, verliert alsbald seinen Nimbus. Dafür gibt es Anhaltspunkte. Dass sich Johannes Pfefferkorn, der vorher so mutige Streiter gegen alle widerspenstige Obrigkeit, in seiner Triumphschrift *Zu lob und Ere des* [...] *Fürsten vnd herren, Herr Maximilian* von 1510 zu einem Panegyrikus (AII^v-AIII^r) der Extraklasse für den Kaiser hat hinreißen lassen (müssen), einem Musterbeispiel an Byzantinismus, ist schon ein Indiz. Dass er einen neuen, zum Teil skurrilen bis hinterhältigen Eid für die jüdischen Gemeinden (BVI^v-BVII^r)[11] entwerfen musste, mit dem die Herausgabe der Bücher erzwungen werden sollte (ob er je angewandt wurde, ist eher unwahrscheinlich), ist ein zweites, das vom Widerstand der jüdischen Gemeinden zeugt. Dass er sich und Maximilian verteidigen muss, das Mandat sei *nit auß vngunst / neid noch haß / auch nit vmb genuß willen so sein k m oder anders ymantz dar auß enpfachen möchte / sunder alain auß angeborner tugent vnd gütlicher gerechtigkait, vnd auch auß gütigem mitleiden* mit den *armen vnverstendigen Juden* und zum Teil auch Christen erlassen worden (BIV^v), zeugt (wie der ganze Abschnitt 15 des Traktats) davon, dass er schon lange vor dem Streit mit Reuchlin und über dessen Gutachten in einen dem Renommee eines Propheten abträglichen Rechtfertigungszwang geraten ist. Schließlich, auch das ein Indiz, wird er wieder auf seinen Status als misstrauisch beobachteter Konvertit zurückgeworfen und gefragt, wieso frühere Konvertiten aus dem Judentum, die wohl ebenso gelehrt waren wie er, nicht seine radikalen Forderungen erhoben hätten. Die Frage wird in Anlehnung an die Szene ,Jesus vor Pilatus' (Mk 15,12 und die Parallelstellen) zugespitzt zur Kernfrage seines ganzen bisherigen Agitierens: *Jst er hailig oder wol gelert / oder ist er ain prophet was söllen wir auß im machen?* (CI^r) Dem kann Pfefferkorn nur ein bescheiden-anmaßendes Bekenntnis entgegensetzen: Es sei wohl so, dass andere

---

11 Die von Pfefferkorn vorgeschlagene Abfolge:
- den Juden einen Tag fasten lassen,
- den Pentateuch und den Schofar dem Juden vorlegen,
- ein Stück Rindfleisch und ein Stück Fisch, beide gesotten, dazu vier Gläser (je mit Wein, Honig, Milch, Öl gefüllt) vor den Juden stellen, damit ihm der Geruch von Fleisch und Fisch in die Nase steige,
- der Jude soll seine rechte Hand auf die Stelle in der Bibel legen, wo die 10 Gebote stehen [Exodus 20,1-18], dann soll ihm der Eid vorgesagt werden: Er schwöre bei Adonai [...], bei Strafe aller biblischen Plagen, bei der Strafe, nie ins gelobte Land zu gelangen, wo Milch und Honig fließen, nie mehr den Schofar zu hören, nie im Paradies beim Mahl vom Fleisch des Schor Ha-Bar und des Leviathan essen zu dürfen und den besonderen Wein, Honig, die Milch, das Öl zu trinken.
Finde man dann noch bei den Juden bisher zurückgehaltene Bücher, so sei er schwer zu bestrafen und aus der Synagoge auszuschließen.
Zu den Judeneiden allgemein vgl. jetzt die schöne Zusammenfassung bei Ch. Magin, 1999, Kap. 4.4.3.

Konvertiten solche Aktivitäten nicht entwickelt hätten, aber das sei auch nicht verwunderlich,

> *dann ainem wirt von got mer dann dem andern verlihen / das pfeffer-korn thut geschicht nit auß seiner kunst. Sunder auß der schickung vnd wirckung gottes vnd auß fügung der zeit die söliche an tag zuo bringen erfordert.* (CI^v)

Dass er in seiner schon hier spürbaren existenziellen Bedrängnis am Schluss der Schrift auch noch in die Rolle des Evangelisten Johannes[12] schlüpft und wie dieser für das ganze Wirken Jesu versichert, dass er von den Juden und ihren angeblichen Machenschaften Zeugnis gebe, und dieses Zeugnis sei wahr (CIII^v), dürfte dann schon im nicht ganz koscheren Gelächter der Dunkelmän-nerbriefe untergegangen sein.

---

12   Vgl. Jh 19,35: „Und der, der es gesehen hat, hat es bezeugt, und sein Zeugnis ist wahr. Und er weiß, dass er Wahres berichtet, damit auch ihr glaubt."; Jh 21,24: „Dieser Jünger ist es, der all das bezeugt und der es aufgeschrieben hat; und wir wissen, dass sein Zeugnis wahr ist."

Bibliographie

I. Quellen

Die Bibel, Altes und Neues Testament. Einheitsübersetzung. Lizenzausgabe für den Verlag Herder. Freiburg 1998.

Johannes Pfefferkorn: *Der Juden Spiegel*, Nürnberg, bei Wolfgang Huber, 1507. Exemplar der Staatsbibliothek München.

Johannes Pfefferkorn: *buchlijn der iudenbeicht*, Köln, bei Johannes van Landen, 1508. Exemplar der Staatsbibliothek München.

Johannes Pfefferkorn: *buchlein* mit dem *furtrag wie die blinden Juden yr Ostern halten*, Augsburg, 1508 (a). Exemplar der Stadt- und Universitätsbibliothek Frankfurt am Main.

Johannes Pfefferkorn: *Buchlinn der Juden veint*, Augsburg, 1508 (b). Exemplar der Stadt- und Universitätsbibliothek Frankfurt am Main.

Johannes Pfefferkorn: *Zu lob vnd Ere des aller durchleichtigisten vnd großmechtigisten Fürsten vnd herren. Herr Maximilian* [...] Augsburg, bei Erhard Öglein, 1510. Exemplar der Staatsbibliothek München.

Johannes Pfefferkorn: *Streydtpuechlyn*, 1516. Exemplar der Universitätsbibliothek Münster.

II. Sekundärliteratur

Eberhard, Winfried: „Gemeiner Nutzen" als oppositionelle Leitvorstellung im Spätmittelalter. In: Renovatio et Reformatio. Wider das Bild vom ‚finsteren' Mittelalter. Festschrift für Ludwig Hödl zum 60. Geburtstag, hg. von Manfred Gerwing und Godehart Ruppert. Münster 1985, S. 195-214.

Frey, Winfried: *Zehen tunne goldes*. Zum Bild des ‚Wucherjuden' in deutschen Texten des späten Mittelalters und der frühen Neuzeit. In: *So wold ich in fröiden singen*, Festgabe für Anthonius H. Touber zum 65. Geburtstag, hg. von Carla Dauven-van Knippenberg und Helmut Birkhan. Amsterdam und Atlanta 1995 (= Amsterdamer Beiträge zur Älteren Germanistik 43-44), S. 177-194.

Frey, Winfried: *Die Ergsten Feynd Christi Vnsers Herren / Vnnd Vnser Aller*. Pluralität im Zeitalter der Glaubensspaltung? In: Religiöser Pluralismus im Mittelalter? Besichtigung einer Epoche der Europäischen Religionsgeschichte. Berlin 2007 (= Religion in der pluralen Welt, Religionswissenschaftliche Studien 1), S. 143-166.

Fühner, Jochen A.: Kaiser Maximilian I. und die Juden in den österreichischen Erblanden. Herne 2007 (= Mitteleuropäische Studien I).

Graf, Karina: Kunigunde, Erzherzogin von Österreich und Herzogin von Bayern-München (1465-1520). Eine Biographie. Mannheim 2000 (MATEO Monographien 13).

Heil, Johannes: „Gottesfeinde" – „Menschenfeinde". Die Vorstellung von jüdischer Weltverschwörung (13. bis 16. Jahrhundert). Essen 2006 (= Antisemitismus: Geschichte und Strukturen 3).

Hollegger, Manfred: Erwachen vnd aufsten als ein starcker sryter. Zu Form und Inhalt der Propaganda Maximilians I. In: Propaganda, Kommunikation und Öffentlichkeit (11.-16. Jahrhundert), hg. von Karel Hruza. Wien 2002 (= Österreichische Akademie der Wissenschaften, phil.-hist. Klasse, Denkschriften 307; Forschungen zur Geschichte des Mittelalters 6), S. 223-234.

Hollegger, Manfred: Maximilian I. (1459-1519). Herrscher und Mensch einer Zeitenwende. Stuttgart 2005 (= Kohlhammer / Urban-Taschenbücher 442).

Kirn, Hans-Martin: Das Bild vom Juden im Deutschland des frühen 16. Jahrhunderts. Dargestellt an den Schriften Johannes Pfefferkorns. Tübingen 1989 (= Texts and Studies in Medieval and Early Modern Judaism 3).

Leitner, Thea: Habsburgs verkaufte Töchter. 14. Auflage, München 2005 (= Serie Piper 1827), S. 9-56: Blutige Mitgift: Kunigunde 1465-1520.

Magin, Christine: „Wie es umb der iuden recht stet". Der Status der Juden in spätmittelalterlichen deutschen Rechtsbüchern. Göttingen 1999.

Martin, Ellen: Die deutschen Schriften des Johannes Pfefferkorn. Zum Problem des Judenhasses und der Intoleranz in der Zeit der Vorreformation. Göppingen 1994 (= GAG 604).

Peterse, Hans: Jacobus Hoogstraeten gegen Johannes Reuchlin. Ein Beitrag zur Geschichte des Antijudaismus im 16. Jahrhundert. Mainz 1995 (= Veröffentlichungen des Instituts für Europäische Geschichte Mainz, Abt. Abendländische Religionsgeschichte 165).

Schreckenberg, Heinz: Die christlichen Adversus-Judaeos-Texte und ihr literarisches und historisches Umfeld (1.-11. Jh.). 2. Aufl. Frankfurt am Main u. a. 1990 (= Europäische Hochschulschriften, Reihe XXIII: Theologie, 172).

Toch, Michael: „Umb gemeyns nutz und nottdurfft willen". Obrigkeitliches und jurisdiktionelles Denken bei der Austreibung der Nürnberger Juden 1498/99. In: Zeitschrift für Historische Forschung 11, Heft 1, 1984, S. 1-21.

Tschech, Erna: Maximilian und sein Verhältnis zu den Juden (1490-1519). Diss. (masch.) Graz 1971 (ebook in pdf-Version der Universitätsbibliothek Graz, center of competence for mass-digitization, ebooks & metadata).

Wenninger, Markus: Man bedarf keiner Juden mehr. Ursachen und Hintergründe ihrer Vertreibung aus den deutschen Reichsstädten im 15. Jahrhundert. Wien u. a. 1981 (= Beihefte zum Archiv für Kulturgeschichte 14).

Wiesflecker, Hermann: Kaiser Maximilian I. Das Reich, Österreich und Europa an der Wende zur Neuzeit. Band V: Hof, Staat, Wirtschaft, Gesellschaft und Kultur. München 1986.

Prof. Dr. Winfried Frey
Robert-Schuman-Ring 4
D – 65830 Kriftel/Ts.
E-Mail: U-W.Frey@t-online.de

Frank Fürbeth

„Historien" und „Heldenbücher" in der Büchersammlung Kaiser Maximilians in Innsbruck

Der Buchbesitz Kaiser Maximilians ist noch nicht unter literaturge-schichtlichen Aspekten untersucht worden. Zwar hatte Theodor Gottlieb vor mehr als hundert Jahren die einzelnen Teilsammlungen in Wien, Innsbruck, Schloss Taur und Schloss Finkenstein anhand von Inventaren und anderen Quellen sowie durch die Identifizierung von Handschriften und Drucken ma-ximilianeischer Provenienz rekonstruieren können; seitdem hat sich aber nicht nur die buchgeschichtliche Forschung kaum mehr diesem Aspekt im Kontext von Maximilians politisch-publizistischen Aktivitäten zugewandt, so dass der Ertrag der Forschung in der Monographie Wiesfleckers auf zwei Seiten zur Bibliothek Maximilians vollständig dargestellt werden kann. Ein Grund für dieses Desinteresse mag darin liegen, dass für die Erforschung von Maximili-ans *gedechtnus*-Projekt mit den von ihm initiierten Werken und Sammlungen wie dem *Teuerdank*, dem *Weißkunig* oder dem *Ambraser Heldenbuch* unmit-telbare Quellen zur Verfügung stehen, wohingegen über den Bücherbestand das literarische Interessensprofil nur in indirekter und damit unsicherer Wei-se erschlossen werden kann; wie ertragreich dies gleichwohl bei Ermangelung besserer Zeugnisse sein kann, haben für die Geschichte erstmals Otto Brunner und jüngst Christine Reinle, für die Germanistik etwa Hartmut Beckers vor-geführt.

Als zweites Hindernis bei einer literaturgeschichtlichen Untersuchung des Buchbesitzes Maximilians kommt hinzu, dass die Zusammensetzung von Maximilians Bibliotheken nicht allein durch sein Interesse bestimmt war. Zum einen wurde ein nicht unerheblicher Teilbestand durch Erbschaften und Zu-wächse geschaffen, die ihm von seinem Vater, Kaiser Friedrich III., und über diesen auch von Ladislaus Posthumus, von Herzog Sigismund von Tirol oder von seinen beiden Ehefrauen, Maria von Burgund und Bianca Maria Sforza, zugekommen waren; ob Maximilian diese Bestände lediglich in seinen Besitz eingegliedert hat oder ob und unter welchen Aspekten er sich dafür interes-siert hatte, ist heute nicht mehr nachzuprüfen. Zum anderen werden zahlrei-che Werke auf Empfehlung seiner Berater angeschafft worden sein, wobei auch hier nicht mehr zu verifizieren ist, welche Bände dies betrifft und ob Maximi-lian aktiv davon Kenntnis genommen hat.

Diese Einschränkungen machen allerdings den Bücherbestand Maximi-lians für Untersuchungen interessensgeschichtlicher Art nicht wertlos; ein Merkmal nämlich kann durchaus als Quelle für solche Fragestellungen genutzt werden. Es handelt sich dabei um die Strukturierung des Bestandes mittels ei-ner Sachordnung. Solche Sachordnungen basieren einerseits auf den jeweiligen

zeitgenössischen Vorstellungen von der kategorialen Gliederung der Wissen-
bestände, andererseits auf den individuellen Bedürfnissen und Ordnungsvor-
stellungen der Benutzer und Besitzer. Im Mittelalter existieren mit der Klosterbibliothek und der Universitätsbibliothek zwei Grundtypen bibliothekarischer Sachordnungen: während die Klosterbibliothek nach dem Studienpro-
gramm der Cassiodorschen ‚Institutiones‘ die Bibel und ihre im Gottesdienst
verwendeten Teile an den Anfang stellt, dann die theologischen und paränetischen Schriften folgen lässt und an das Ende die profanen Schriften insbesondere der Artes liberales plaziert, orientiert sich die Sachordnung der universitären Bibliotheken an der Fakultätsgliederung und beginnt in einer Nachbil-
dung der akademischen Studienfolge mit den Artes liberales, um dann über
Medizin und Recht zur Theologie überzugehen. Da beide Sachordnungen somit auf grundsätzlichen Vorstellungen von der Kategorisierung und Hierarchisierung menschlichen Wissens basieren, kann aus ihnen wiederum auf eben
diese Vorstellungen geschlossen werden, wobei die spezifischen Differenzen
einzelner bibliothekarischer Ordnungen zu den Grundtypen weitere Rückschlüsse auf Veränderungen der Wissensordnungen – wie etwa am Beispiel
Hartmann Schedels zu sehen ist, der die Abteilung der Artes liberales um die
Studia humanitatis erweitert – und auf persönliche Vorlieben erlaubt – so etwa
das Beispiel Petrarcas, der das Verzeichnis seiner Lieblingsbücher nach dem
Muster der Artes liberales und der Studia humanitatis zwar strukturiert, aber
gänzlich anders wertet.

Die Sachordnungen mittelalterlicher Bibliotheken dienten, anders als heute, nicht als Hilfsmittel zur Erschließung und Benutzung, sondern zur Strukturierung des Bestandes selbst; die Ordnung der aufgestellten Bücher ist also
eine Ordnung der Welt im kleinen. Da sich nur die wenigsten mittelalterlichen
Bibliotheken erhalten haben, ist diese Ordnung allerdings nur noch über die
Besitzinventare zu erschließen, die bei größeren Beständen meistens der Aufstellungssystematik folgen; damit sind über die zugrunde liegenden Wertun-
gen und Ordnungen von Wissen hinaus auch weitere Rückschlüsse auf den
praktischen Gebrauch möglich. Dies betrifft etwa Doppelungen aufgrund der
Aufstellung einer Handbibliothek für liturgische oder sonstige Zwecke oder
auch die Separierung von Teilbeständen ihres besonderen Wertes wegen oder
wegen ihres Gebrauchs an unterschiedlichen Orten. Aufstellungssystematik
und Aufstellungspragmatik spiegeln sich sich so in den Bestandsinventaren, so
dass selbst bei Altbeständen oder erbbedingten Zugängen, wie es bei Maximilian der Fall ist, aus der kategorialen Erfassung der Bestände auf die Interessen
der Benutzer und Besitzer geschlossen werden kann, sofern, diese Einschrän-
kung muss gemacht werden, die Erfassung von diesen selbst geleistet oder zumindest in Auftrag gegeben wurde.

Der Buchbesitz Maximilians wurde, wie schon gesagt, an mehreren Orten aufbewahrt. Ein Teil des väterlichen Erbes verblieb in Wiener Neustadt,
wo Konrad Celtis mit der Bestandspflege und -erweiterung beauftragt wurde; ob die Epigramme Celtis', die als Aufschriften von Bibliotheksschränken

gedacht waren, für diesen Bestand bestimmt waren, ist ungewiss. 1507 wurde der Inhalt zweier Büchertruhen in der Burg zu Wiener Neustadt inventarisiert. Ein Teil wurde nach Innsbruck gebracht, der sich nach dem Tod Maximilians im Schatzgewölbe der Innsbrucker Burg befand und dort noch 1536 und 1563 nachzuweisen ist; erst Ferdinand von Tirol ließ die Sammlung nach Schloss Ambras überführen, von wo sie dann später, wenn auch nur zum Teil, in die Wiener Hofbibliothek überging. Auch dieser Bestand wurde inventarisiert, allerdings erst nach Maximilians Tod wohl um 1525 anlässlich der Erbteilung zwischen Ferdinand I. und Karl V.

Es muss allerdings davon ausgegangen werden, dass es sich bei den beiden Sammlungen in Wiener Neustadt und Innsbruck nicht um benutzte Bibliotheken gehandelt hat, sondern um Basissammlungen, die einerseits als Teil des Hofschatzes galten, und von denen andererseits jederzeit Bände ausgelagert werden konnten, wenn sie an anderer Stelle gebraucht wurden. Ähnlich wie bei seinem Schwiegervater, Karl dem Kühnen von Burgund, lassen Briefe und Notizen in Maximilians Gedenkbüchern vermuten, dass Maximilian einen Teil seiner Bücher auf seinen Reisen mit sich führte. Andere Teilbestände stellte er denjenigen zur Verfügung, die er mit der Durchführung seiner Buchprojekte beauftragt hatte; so wurden 1506 für Konrad Peutinger für seine genealogischen Arbeiten *von allen orten Cronica vnd historien* in ein eigens eingerichtetes Zimmer im Wiener Schloss gebracht, wurden um 1512 wohl Siegmund von Dietrichstein mehrere Truhen mit historiographischen, genealogischen und sonstigen Werken aus Maximilians Besitz zur Bearbeitung des *Teuerdank* überlassen, und in der Burg zu Innsbruck befand sich neben der erwähnten Basissammlung ein weiterer, ausgegliederter Bestand mit Werken Maximilians und den dazu erfolgten Vorarbeiten.

Angesichts der Zerrissenheit und der Mobilität des maximilianeischen Bücherbesitzes ist es nicht verwunderlich, dass ein Inventar des Gesamtbestandes nicht existiert; einige wenige Verzeichnisse von Teilsammlungen sind erhalten, bei anderen Beständen ist überhaupt nur ihre Existenz aus indirekten Quellen zu erschließen. Gleichwohl weiß man, dass sich Maximilian intensiv um die Bestandspflege gekümmert hat, was auch die Ordnung der Sammlungen und ihre Inventarisierung einschloss. So hat er im Dezember 1500 seine Kämmerer in Innsbruck damit beauftragt, die dort in Truhen lagernden Bücher zu belüften und zu entfeuchten und in Zukunft zur Vermeidung weiterer Schäden in Büchergestellen (*pulpreet in ain lustigs allmar*) zu lagern; außerdem sollten die Kämmerer die Bücher so, wie sie in den Truhen gefunden werden, *inventarisiern*. Auch wenn dieses Inventar selbst nicht mehr existiert, so zeigt die Instruktion doch, dass eine gewisse Ordnung der Bücher vorhanden war, dass diese Ordnung von dem Inventar wiedergegeben werden sollte und dass Maximilian selbst starkes Interesse an der Ordnung wie an der entsprechenden Inventarisierung der Bestände hatte. Damit sind die Voraussetzungen gegeben, um auch das nach Maximilians Tod anlässlich der Erbteilung erstellte Inventar der Innsbrucker Teilsammlung nach den oben genannten Kriterien auf die zugrundeliegende Sachordnung hin zu analysieren.

Das Inventar ist nicht erhalten; es existieren nur noch zwei spätere, allerdings nicht vollständig identische Abschriften dieses Inventars aus dem 16. Jahrhundert. In der Rekonstruktion Gottliebs, auf die ich mich im folgenden auch bei der Identifizierung der einzelnen Titel stütze, verzeichnet es insgesamt 329 Bände; damit entspricht diese Sammlung vom Umfang her nicht einmal der Hälfte des Bestandes einer durchschnittlichen Klosterbibliothek des Spätmittelalters und ist nicht größer als etwa die des niederadeligen Zeitgenossen Anton von Annenberg. Das Inventar ist in sieben Abteilungen in der Reihenfolge „Hailig schrifft" (51 Bände), „Theologia" (33 Bände), „Mess vnd pett buecher" (66 Bände), „Jura" (13 Bände), „Nigromantia vnd Arzney" (40 Bände), „Historien" (70 Bände) und „Littere humaniores" (56 Bände) gegliedert, womit es in der Systematik der universitären Bibliothekssachordnung folgt, diese aber nach dem Vorbild der Klosterbibliothek mit der Bibel an der ersten Stelle hierarchisiert. Die einzelnen Fächer der Artes liberales werden hier nur durch die humanistischen Hinzufügungen der Historiae und der Litterae humaniores repräsentiert, wobei letztere auch grammatische, epistolographische und rhetorische Werke, also auch zwei Fächer des Triviums umfassen; logische Werke wie auch Texte des Quadriviums fehlen dagegen völlig. Insgesamt ist diese Abteilung also durch eine starke humanistische Prägung gekennzeichnet, wobei allerdings auch Werke zur Kriegskunst oder zur Hundeerziehung hier subsumiert werden.

Von dem Umfang der einzelnen Abteilungen her hat die Sammlung zwei Schwerpunkte. Der erste wird von den Gruppen Heilige Schrift, Theologie, Liturgie, Paränese und Andacht gebildet, wobei mit 25 Bibelhandschriften und -drucken, neun Messbüchern, sieben Psalterien, neun Evangelien und 31 Gebetbüchern zahlreiche Dubletten vorhanden sind, was darauf schließen lässt, dass ein Großteil dieses Bestandes durch die genannten Erbschaften und Heiraten zugegangen ist. Auch bei dem zweiten Schwerpunkt, den „Historien", sind einige Bände vielleicht über Friedrich III. (s. Anhang, Nrr. 213, 214, 219, 231), Maria von Burgund (221, 224, 225) und Bianca Maria Sforza (233) in den Besitz Maximilians gelangt; der Großteil der Handschriften und Drucke stammt aber vom Ende des 15. und Beginn des 16. Jahrhunderts. Nur wenige der Handschriften sind älter; auf das Ende des 14. Jahrhunderts sind drei Codices zu datieren (210, 247, 257). Nur wenige Handschriften, darunter auch zwei Exemplare des *Tristan*, werden explizit als *alt* bezeichnet, wobei zu vermuten steht, dass für einen Katalogisator des 16. Jahrhunderts sich das Alter einer Handschrift primär über das Schriftbild erschloss; man kann also annehmen, dass es sich hier um Abschriften in der nun schon sehr altertümlich erscheinenden gotischen Minuskel des 13. oder 14. Jahrhunderts handelt.

Der überwiegende Teil des „Historien"-Bestandes stammt also aus der Lebenszeit Maximilians selbst, wobei nur kleinere Teile durch Erbschaft oder Heirat hinzugekommen sind. Beides deutet darauf hin, dass hier planmäßig gesammelt worden ist, wobei das Leitinteresse bei der Zusammenstellung dieser Sachgruppe sich offensichtlich auf zeitgenössische historiographische Werke richtete, ohne dass allerdings ältere Werke ausgeschlossen worden wären. Der Bestand könnte so als Teil jenes großen Forschungsprogrammes der „schriftlichen gedechtnus" (J.-D. Müller, 1982) verstanden werden, mit dem Maximilian die Gelehrten seines Hofes beauftragt hatte, um durch Sammlung und Kritik der Überlieferung seine dynastisch-genealogischen Ansprüche zu belegen und zu legitimieren. Gerade in diesem Zusammenhang stellt sich aber auch die Frage nach der Bewertung der einzelnen Überlieferungen. Jan-Dirk Müller hat darauf aufmerksam gemacht, dass die Frage nach dem historischen Kern der volkssprachlichen Epik zu Maximilians Zeit durchaus umstritten ist; während Historiographen wie Aegidius Tschudi einen solchen als „vana loquacitas" verneinen, versuchen andere im Sinne einer euhemeristischen Mythenexegese die Historizität der Helden herauszuschälen, um so mit dem Mittel der allegorisierenden Auslegung, wie es von der gelehrten Geschichtsschreibung an der antiken Mythologie erprobt worden war, die Einwände eben der Historiographie abzuwehren und die mittelalterlichen Heldenbücher als „Chroniken auf poetische Art" für die Habsburger Genealogie fruchtbar zu machen. Mir scheint nun, dass genau diese Diskussion in der Ordnung der Sachgruppe der „Historien" sichtbar wird.

In einer beiläufigen Anmerkung (J.-D. Müller, 1982, 322, Anm. 7) hat J.-D. Müller das Innsbrucker Inventar als Beleg dafür herangezogen, dass auch höfische Dichtungen als Heldenbuch bezeichnet werden (s. Anhang, Nrr. 247, 248, 253) und damit teilhaben an dem genealogisch bestimmten Interesse an der „verkleideten Historiographie" volkssprachlicher Epik. Diese ihnen vom Inventar deutlich zugesprochene Position innerhalb der Geschichtsschreibung kann nun über ihre Stellung in der Ordnung der Sachgruppe noch genauer bestimmt werden. Dass es überhaupt solch eine Binnenordnung neben der Sachgruppenordnung des Inventars gibt und dass sie ebenso wie jene hierarchisch strukturiert ist, auch wenn dies nicht explizit gemacht wird, zeigt die Reihenfolge der inventarisierten Werke selbst. Diese beginnt mit einer Gruppe von Kaiser- und Papst- (204-208) und einer zweiten Gruppe von österreichischen Chroniken (209-212), denen eine Reihe von Geschichtswerken zu einzelnen österreichischen Herrschern folgt (213-220), unter denen auch der *Wilhelm von Österreich* (215) und die Legende Leopolds von Österreich (217) eingeordnet werden; die beiden letzteren werden also offensichtlich wegen ihres genealogischen Nutzwertes ebenfalls als Historiographie verstanden. Es schließt sich eine Gruppe burgundischer und französischer Chroniken und Genealogien an (221-225), ehe dann das *Speculum historiale* des Vinzenz von Beauvais, also ein allgemeines Geschichtswerk, erscheint (226, 227). Eine nicht ganz homogene Gruppe zur antiken Geschichte folgt darauf (228-240), die bis auf Adam und Eva zurückgreift (240) und nach einigen hier unpassend erscheinenden Werken wie der *Jagd* Hadamars von Laber (241), dem *Wolfdietrich* (243) und der Novelle von Eurialus und Lucretia (243) mit der antiken Inschrif-

ten-Sammlung Heinrich Peutingers (244) abgeschlossen wird. Nach zwei Ex-
empel- und Heiltumsbüchern (245, 246) folgt dann die benannte Gruppe mit
volkssprachlicher Epik; sie umfasst den *Willehalm*-Zyklus (247), den *Jüngeren
Titurel* (248, 249), zwei Exemplare des *Tristan* (250, 251) sowie den Tristan-
Prosaroman (252) und den *Parzival* (253), dazu ist vielleicht noch der *Decamerone* (254) zu zählen. Die letzte größere Gruppe der „Historien" wird von Legenden gebildet, die – bezeichnend für das insgesamt hierarchisierende Prinzip
der Ordnung – von einer *Vita Christi* eingeleitet wird (255-273).

Trotz der partiellen Inhomogenitäten ist die Sachgruppe der „Historien"
also offensichtlich in eine Reihe weiterer Gruppen untergliedert, die durch
ihren jeweiligen Schwerpunkt – allgemeine Geschichte, antike Geschichte,
österreichische Geschichte, österreichische Herrscher usw. – bestimmt werden. Kriterien wie das Format, der Beschreibstoff, die Sprache, Handschrift
oder Druck, Reim oder Prosa sind für die Gruppenkonstituierung nicht entscheidend; strukturierend scheint vielmehr zu sein, dass die Anordnung einem
Prinzip der Zentrierung auf Maximilian hin folgt: Dieser steht im Mittelpunkt
eines von den Werken selbst gebildeten, sowohl chronologisch wie auch genealogisch bestimmten Raumes, der sich, beginnend mit den römischen und
deutschen Kaisern bis zu den österreichischen Herrschern, auf ihn fokussiert
und sich dann, über seine burgundische Schwiegerfamilie, die französischen
Könige bis hin zu den antiken Herrschern, wieder erweitert. Bis auf wenige
Ausnahmen handelt es sich um zeitgenössische lateinische oder volkssprachliche Geschichtsschreibung, die zu nicht geringen Teilen für die Habsburger
selbst geschrieben wurde – die *Kaiserchronik* Johannes Fuchsmagens für Maximilian (204), Albrechts von Bonstetten *Historia Domus Austriae* für Herzog
Sigismund von Tirol (220) oder Leopolds von Wien *Chronik von den 95 Herrschaften* für Herzog Albrecht III. (210) – oder in ihrem Umkreis entstanden ist
– Piccolominis *Historia Australis* (213, 214) oder Michael Beheims *Buch von
den Wienern* (216).

Dieser konzentrisch um Maximilian herum aufgebaute Geschichtsraum
endet auf den ersten Blick mit der *Geschichte Adams und Evas*. Drei Gruppen
folgen, von denen die zweite hier besonders interessiert: es sind jene volkssprachlichen Epen, die als „Chroniken poetischer Art" mittels entkleidender
Allegorese ihren historischen Kern zeigen können. Diese Gruppe umfasst mit
dem *Willehalm*-Zyklus (247), dem *Jüngeren Titurel* (248, 249), dem *Tristan* in
der Fassung Gottfrieds (250, 251) und in einer Prosafassung (252) sowie dem
Parzival (253) vier Werke in unterschiedlichen Versionen und in mehreren Exemplaren, wobei der relativ hohe Anteil von Dubletten wiederum darauf hindeutet, dass dieser Teilbestand nicht gezielt in die Sammlung aufgenommen
wurde; der Katalogisator bzw. der für die Aufstellung Verantwortliche stand
also vor der Frage, wo er diese Werke einzuordnen hatte. Er hat sie augenscheinlich von den für Maximilians *gedechtnus* nutzbar zu machenden Werken separiert, indem er sie noch nach einer Gruppe plazierte, die durch einen
direkten Bezug auf Wien (246), durch die Tätigkeit ihres Verfassers für Ma-

ximilian (244) oder durch einen Bericht über die Liebesaffäre eines früheren kaiserlichen Kanzlers (243) in irgendeine Verbindung mit den Habsburgern gebracht werden konnte. Eine solche Verbindung hat der Katalogisator für die fragliche Gruppe offensichtlich nicht mehr herstellen können, sie wurde von ihm, obgleich er nicht umhin konnte, sie in die Sachgruppe der „Historien" einzuordnen, gleichsam in ein historiographisches Abseits gestellt. Geht man von einer durch den Nutzwert für eine genealogische Legitimation von Maximilians Herrschaft bestimmten Hierarchie der unter den „Historien" versammelten Geschichtswerke aus, dann scheint diese Gruppe also diesbezüglich am wenigsten funktionabel gewesen zu sein. Dass ein solches Kriterium der Gruppierung und Hierarchisierung zugrunde lag, zeigt sich schließlich auch in der letzten Gruppe der Heiligenlegenden und Heiltümer (255-273) bzw. darin, dass die Legende des Hlg. Leopold (217), d. h. des Markgrafen Leopold III. von Österreich († 1136), der 1483 heiliggesprochen wurde, nicht hier, sondern unter die Österreichische Geschichte eingereiht wurde.

Ist die Funktionabilität für die *gedechtnus* Maximilians das eine gruppenbildende und hierarchisierende Kriterium, so scheint mir in dieser Gruppe der volkssprachlichen Epik aber noch ein weiteres Kriterium wichtig zu sein. Auffallend ist, dass dies die einzige Gruppe ist, in der zur Charakterisierung des Inhalts der Geschichts-Begriff nicht verwendet wird. Werden alle anderen Werke, sofern sie keinen eigenen Titel tragen, als *historia, histori, cronica, vita* oder *legendt* näher charakterisiert, so wird diese Gruppe dadurch abgegrenzt, dass nur die hier aufgenommenen Texte als *heldenbuech* bezeichnet werden; diese Differenz ist umso signifikanter, als andere Werke der volkssprachlichen Epik wie etwa der *Wilhelm von Österreich* (215), insbesondere aber der *Wolfdietrich* (242) als *histori* inventarisiert werden. Da die syntaktische Fügung in beiden Fällen jeweils die Gattungsbezeichnung auf den Protagonisten bezieht (*Wilhelm von Österreich histori, Hochdietrichs histori, ain Titturel helden buech, das helden buech Gamereth*), muss diese Differenz in dem Gattungsverständnis selbst liegen: obwohl unter den „Historien" eine *histori* ebenso inventarisiert wird wie ein *heldenbuech*, bieten sie doch Geschichte nicht nur unterschiedlicher Relevanz (hier in Bezug auf Maximilians *gedechtnus*), sondern insbesondere auch unterschiedlicher Faktizität. Grund für diese Einschätzung kann nun nur die schon angesprochene „poetische Einkleidung" oder genauer: die Bewertung der „poetischen Einkleidung" sein.

Vergleicht man das Innsbrucker Inventar mit anderen zeitgenössischen Adelsbibliotheken, so gibt die Gruppe der hier genannten „Heldenbücher" genau die am häufigsten vorhandenen Werke der volkssprachlichen Epik wieder; in insgesamt zwanzig Bibliotheken des 15. und 16. Jahrhunderts erscheint der *Jüngere Titurel* in sechs, der *Willehalm* in fünf, der *Parzival* in vier und der *Tristan* in drei Exemplaren, was im übrigen auch der durch die handschriftliche Überlieferung bezeugten Beliebtheit dieser vier Werke entspricht. Aufschlussreich ist aber nun die Inventarisierung der Werke – wobei nicht bei allen Bibliotheken Kataloge erhalten sind – sowohl nach ihrer Titelaufnahme

wie auch nach ihrer systematischen Einordnung, sofern eine solche überhaupt vorgenommen wurde. In den beiden Bücherverzeichnissen der Grafen Ludwig bzw. Wilhelm von Öttingen aus den Jahren 1430 und 1466/67 (MBKD III, 157-161) wird der *Jüngere Titurel* jeweils als *des Ditterels buoch* bezeichnet und einmal nach der Bibel, historiographischen und paränetischen Schriften, einmal als erstes Werk des gesamten Verzeichnisses, gefolgt von dem *buoch von Sant Wilhelm* und noch vor den biblischen Texten und der unterweisenden Literatur, aufgenommen; beide Aufnahmen sprechen für den vorbildlichen Wert des *Jüngeren Titurel* als Adelsspiegel, wie er etwa auch in der Bibliothek des Anton von Annenberg (2. Hälfte 15. Jh., s. F. Fürbeth, 2000) mit der Bezeichnung als *de disciplina hominis* deutlich wird. Im Verzeichnis der Grafen Otto und Friedrich von Hoya (Ende 15. Jh., ed. H. Oncken, 1893) wird nur *en buck, dat Titrel hete* nach einem *buck, dat Persevale het*, genannt, und in dem Inventar der Elisabeth von Volkenstorff (um 1450) erscheinen *Wilhalm von Orans ein püch, daz prakkensail auch ein püch, den Tytrell ain püch, das püch Parczifal* und *aber ein Parciffal* (MBKÖ 5, 147). Während in keinem dieser Kataloge einer der Texte als Heldenbuch bezeichnet wird und ebensowenig die Texte in irgendeine Nähe zu historiographischen Werken gestellt werden, zeigt das Inventar der Bücherschenkung des Grafen Wilhelm von Zimmern an Erzherzog Ferdinand (1576, ed. H. Modern, 1899) eine auffällige Übereinstimmung in den jeweiligen Titulaturen mit dem Innsbrucker Inventar. Zwar ist eine Sachordnung nicht vorhanden, aber auch hier ist eine deutliche Differenzierung zwischen „Historien" einerseits und „Heldenbüchern" andererseits festzustellen, wobei, genau wie in dem Innsbrucker Inventar, nur die höfische Epik als Heldenbuch bezeichnet wird. Rudolfs von Ems *Guter Gerhard* (*Historia, geschrieben von keiser Otten*), Heinrichs von Veldeke *Aeneis* (*ein teutsche histori von Enea*), Johannes Hartliebs Alexanderroman (*Historia Eusebii vom grossen Alexander*), ein Prosa-Trojaroman (*ein teutsch geschrieben Trojanische histori*) werden als Geschichtswerke klassifiziert, während der *Jüngere Titurel* (*ein teutsches auf pergamen geschriebnes heldenbuch*) und der *Willehalm*-Zyklus (*ein alts deutsch uneingebunden heldenbuch*) als Heldenbuch verzeichnet werden; der *Merlin* Ulrich Fuetrers (*eini histori von der abentheur des Mörlins*) wird dabei hier offensichtlich den historiographischen Werken zugeordnet.
    Die deutliche Übereinstimmung zwischen Zimmerschem und Innsbrukker Inventar in der Differenzierung zwischen „Historien" und „Heldenbüchern" scheint mir signifikant und Ausdruck dafür zu sein, dass die beiden zugesprochene Faktizität weniger verbindendes Moment als vielmehr, in der je unterschiedlichen Bewertung, trennendes Kriterium ist; dass dieses Kriterium nicht bloß die Funktionalität für eine genealogisch orientierte Geschichtsschreibung ist, zeigt ja gerade die Tatsache, dass es offensichtlich auch in dem Inventar der Zimmerschen Schenkung konstitutiv ist.
    Welcher Art könnte nun aber dieses Kriterium sein? Besonderen Aufschluss bietet nun der bekannte Bücherkatalog Jakob Püterichs von Reichertshausen (MBKD 4, 705–714), der wiederum geradezu als Gegenstück zu dem

Innsbrucker Inventar gelesen werden kann. Püterich stellt an den Anfang seines Verzeichnisses, das er im Jahr 1462 in Titurel-Strophen an Mechthild von Rottenburg geschickt hatte, den *Jüngeren Titurel*, den er als *das haupt ab teütschen püechen* bezeichnet und als Werk Wolframs ansieht, weiter den *Partzivale, Sanndt Wilhalbms puech* und den *Tristram*. Sie sind deshalb für ihn die alles überragenden Werke, weil sie *mit ticht so gar durchfeinet* sind; geschichtliche Werke dagegen, unter anderem auch ein Alexanderroman und auch hier der *Wilhelm von Österreich*, folgen in einer zweiten Gruppe, und erst in seiner dritten und letzten Gruppe finden sich schließlich biblische, paränetische und erbauliche Texte. Dass Püterich damit die Hierarchie mittelalterlicher Bibliotheksordnungen auf den Kopf stellt, indem *er die weltlich puech zu ersten sprach unndt nit die geistlich puech*, sagt er selbst; Kriterium der an den ersten Platz gesetzten Werke ist für ihn offensichtlich ihre poetische Faktur, die er mit Begriffen wie *durchfeinen, zesammen binden* oder *betichten* präzisiert.

Angesichts dieses hier aufscheinenden Bewusstseins von Literarizität, die von Püterich gegen den Widerstand des Münchner Hofes, an dem zur selben Zeit Ulrich Fuetrer eine Geschichte der Tafelrunde schreibt, als wesentliche, weil aus der Menge historiographischer Texte heraushebende Eigenschaft bewertet, scheint der Schluss erlaubt, dass es eben diese Eigenschaft ist, die bei der Sachordnung des Innsbrucker Bestandes dieselben Werke ins Abseits stellte. Der für die Aufstellung bzw. Inventarisierung Verantwortliche scheint also gerade nicht der Allegoresemöglichkeit dieser Werke vertraut zu haben; der scheinbare historische Tatsachenkern, der ihnen immerhin die Aufnahme unter die „Historien" ermöglichte, wird überschattet von ihrer poetischen Einkleidung, die hier, anders als bei Püterich von Reichertshausen, nicht als Auszeichnung, sondern als Depretiierung gesehen wird, die ihre Faktizität selbst beschädigt. Inwieweit diese Literarizität schon als Signal ihrer Fiktionalität gesehen wird, geht aus dem Inventar nicht hervor. Ihre Subsumierung unter die „Historien" spräche zwar gegen solch eine radikale Sichtweise, aber nur dann, wenn man den Begriff der „Historia" insgesamt als eine Bezeichnung historiographischer Werke versteht, auch wenn gelegentlich konzediert werden muss, dass die enthaltenen historischen Tatsachen erst herausgeschält werden müssen. Umfasste der Begriff aber auch die fabulösen Geschichten, die jedoch als „verhüllende Darstellungen (*integumenta*) tiefere philosophische Wahrheiten verkünden sollten" (F. P. Knapp, 2005), dann würde in der Gruppierung der behandelten Werke innerhalb des Innsbrucker Inventars genau diese Einschätzung zum Ausdruck kommen. Dass im Anschluss an diese Gruppe (oder an ihrem Ende?) der *Decamerone* verzeichnet ist, ist dann kein Zufall, definiert Boccaccio in seinem Vorwort doch genau mit Bezug auf diese Funktion seine Erzählungen als „Geschichten oder Fabeln oder Parabeln oder Historien, wie wir sie nennen wollen". In diesem Falle wäre die Benennung als „Heldenbuch" geradezu das entscheidende Kriterium dafür, dass hierunter *fabulae* und eben nicht *historiae* verstanden werden; der Begriff hätte dann nicht den mindesten Bezug zu dem der Heldenepik, deren Werke hier ja ausnahmslos als *histori* bezeichnet werden. Wie auch immer: wenn „eine Untersuchung der in *histo-ri* angesprochenen Gattungsvorstellungen [...] nach dem Verwendungszusammenhang (genealogisches Forschungsprogramm, Unterhaltungslektüre, Fastnachtsbrauch usf.)" unterscheiden muss (J.-D. Müller, 1982, 354, Anm. 30), dann scheinen die Sachordnungen mittelalterlicher Bibliotheken eine gerade unter literaturgeschichtlichem Aspekt nicht unergiebige Quelle zu sein.

Bibliographie

I. Quellen

Anhang: Inventar der Bibliothek Kaiser Maximilians in Innsbruck, Sachgruppe Historien (Abdruck des Inventars nach Gottlieb, S. 101-105, unter Auslassung der Angaben zu Format und Beschreibstoff, mit ergänzten Identifizierungen)

204. *Cronica de ordine Imperatorum et Tirannorum* [...] *geschriben* [...].
   Johannes Fuchsmagen, *Ordo et series caesarum et tyrannorum* (gewidmet Maximilian I.) [Österreichische Nationalbibliothek, Cod. 8419, 16. Jh.].
205. *Cronica von kaysern vnd kunigen seider Cristi gepurt gedruckt* [...].
   Jakob Twinger von Königshofen, *Chronik von allen Kaisern und Königen seit Christi Geburt* [Erstdruck Augsburg: Johann Bämler 1475 (H 9791)].
206. *Ain teutsche geschribne Cronica von alnen Römischen Bäbsten vnd kaysern* [...].
207. *Ain geschribne Römische Cronica teutsch* [...].
208. *Supplementum cronicarum Jacobi Philippi Bergamensis* [...].
   Jacobus Philippus de Bergamo, *Supplementum chronicarum* [Erstdruck Venedig: Bernardinus Benalius, 1483 (HC 2805)].
209. *Bonstetters österreichische Cronica geschriben* [...].
   Albrecht von Bonstetten, *Historia Domus Austriae* (1491, dt. 1492), gewidmet Hzg. Sigismund [ÖNB 13652].
210. *Die österreichisch Cronick von allen herrschaftn geschriben* [...].
   Leopold von Wien, *Chronik von den 95 Herrschaften* (um 1394, gew. Hzg. Albrecht III.).
211. *Die österreichisch histori* [...].
212. *Die österreichisch Cronick teutsch gereimbt* [...] *geschriben* [...].
   Landbuch v. Österreich u. Steier; Jans Enikel, Fürstenbuch; Babenbergische u. habsburgische Genealogie; Heinrich v. München, Weltchronik [ÖNB 2872, a. d. J. 1439].
213. *Eneas Siluius de prima vita Fridrici tertij* [...] *geschriben* [...].
   Enea Silvio Piccolomini, *Historia austrialis* (*Historia rerum Friderici III. Imperatoris*; geschr. 1453-1458).
214. *Noch ain solicher* [...] *geschriben* [...].
   Dasselbe.

215. *Herczog Wilhelm von Osterreich histori gedruckt* [...].
Johann von Würzburg, *Wilhelm von Österreich* [Erstdruck Augsburg: A. Sorg 1481 (GW 12843)].

216. *Zwitrecht kayser Fridrichs vnd herczog Albrechten von Osterreich gesanngsweis gereimbt* [...]
Michael Beheim, *Buch von den Wienern* (geschr. um 1462/66).

217. *Sant Lewpolds von Österreich legendt in latein gedruckt* [...].
Legenda S. Leopoldi [Erstdruck Passau: J. Petri, um 1488 (HC 10032)].

218. *Die Burgundisch histori von kayser Maximilian mit Inserierung der Canczley minuten* [...] *in Burgundischer sprach geschriben vnd gedruckt* [...].

219. *Kayser Fridrichs vnd kayserin Leonora vermehlung geschriben* [...].
Niklas Lankmann von Falkenstein, *Desponsacio et Coronacio [...] Friderici tercii et eius auguste domine Leonore* (nach 1467) [ÖNB 3286, 15. Jh.).

220. *Erczherczog Philipsen von Osterreich vnd seiner Gemahel rais* [...] *in Burgundischer sprach geschriben* [...].
Voyage que l'archiduc Philippe fuit pour aller en Espagne (nach 1501) [ÖNB 3410, 16. Jh.].

221. *Cronica Philippi Ducis Burgundie* [...].
Historia Philippi Boni ducis Burgundiae Ducis [ÖNB 3267, 15. Jh.].

222. *Die histori Gotfriden von Bullion* [...] *in franczesischer sprach* [...] *gedruckt* [...].
La genealogie auecques les gestes de nobles faitz darmes du [...] *Godeffroy de boulion* [Erstdruck Paris: J. Petit, 1500 (GW 12570)].

223. *Noch ain solche* [...].
Dasselbe.

224. *Herczog Karlen von Burgundi histori vnd seins aydens in Burgundischer sprach geschriben* [...].

225. *Genealogia der kunig von Franckreich in franczesischer sprach geschriben* [...].
Chronicon S. Dionysü ab initio usque ad mortem Caroli Calvi, frz. [ÖNB 3300, 15. Jh.].

226. *Speculum historiale gedruckt* [...] *prima pars.*
Vincentius Bellovacensis, *Speculum historiale*, T. 1 [Erstdruck Augsburg: St. Ulrich u. Afra, 1474 (C 6247)].

227. *Eiusdem secunda pars* [...].
Vincentius Bellovacensis, *Speculum historiale*, T. 2 [Erstdruck Augsburg: St. Ulrich u. Afra, 1474 (C 6247)].

228. *Die histori der zerstörung der Statt Troya* [...] *geschriben* [...].
Buch von Troja nach Guido de Columnis, Bair. Fassung [ÖNB 2773, 1445].

229. *Appianus vnd fasciculus temporum gedruckt* [...].
Appianus, *Historia Romana* [Erstdruck Venedig: Wendelin von Speyer, 1472 (H 1306)].

230. *Epistole beati Gregorij gedruckt in latein* [...].
Gregor I., *Registrum epistularum* [Erstdruck Augsburg: G. Zainer, 1477 (H 7991)].

231. *Cronica Thome Ebendorffer de Haselbach de diuersis Regnis geschriben* [...].
Thomas Ebendorfer, *Cronica regum Romanorum* (1451 gew. Kg. Friedrich III.) [ÖNB 3423 (Autograph, 1449); London, BL, Add. 22273 (Dedikationsex.)].

232. *Titus Liuius in latein gedruckt* [...].

Titus Livius, *Decades* [Erstdruck Rom: K. Sweynheym u. a. Pannartz, um 1469 (HC 10128)].

233. *Ain geschribner ytalianischer* [...] *Titus Liuius* [...].
Titus Livius, *Decades* (ital.) [ÖNB 91; geschr. Mailand 1448, aus dem Umkreis von Bianca M. Sforza].

234. *Quintus Curtius in latein* [...] *gedruckt* [...].
Quintus Curtius Rufus, *Historiae Alexandri Magni* [Erstdruck Venedig : Wendelin von Speyer, um 1471 (GW 07871)].

235. *Hannsen von Montefilla Mörfart teutsch* [...].
Johannes de Mandeville, *Itinerarium* (dt.) [Erstdruck Augsburg: Anton Sorg 1481 (H 10647)].

236. *Funffundzwaincizg* [...] *geschriben Sixtern aliquorum virorum illustrium ex Plutarcho* [...].
Plutarch, *Vitae virorum illustrium.*

237. *Fasciculus temporum in teutsch* [...].
Werner Rolevinck, *Fasciculus temporum* (dt.) [Erstdruck Köln: Ludwig v. Renchen, 1483 (HC 6914)].

238. *Eusebius de vita Alexandri Magni in teutsch* [...] *gedruckt* [...].
Johannes Hartlieb, *Das Buch von dem großen Alexander* [Erstdruck Augsburg: J. Bämler, 1472 (GW 00883a)].

239. *Teutsche histori von kunig Appolonio von Tiria gedruckt* [...].
Heinrich Steinhöwel, *Geschichte von Kg. Apollonius* [Erstdruck Augsburg: G. Zainer 1471 (GW 02273)].

240. *Ain gereimbts geschribens alts buech von Adam vnd Eua* [...].
Vita Adae et Evae, in der dt. Berarbeitung von Lutwin [ÖNB 2980, Mitte 15. Jh.].

241. *Ain alts pergamene geschribens teutsch gereimbts bueler vnd jäger spruchbuchlein* [...].
Hadamar von Laber, *Jagd* [ÖNB 2729, 14. Jh.].

242. *Hochdietrichs histori gereimbt vnd geschriben* [...].
Wolfdietrich B; Konrad von Würzburg, *Die goldene Schmiede*; u. a. [ÖNB 2947, 15. Jh.].

243. *Eurialus vnd Lucretia in Ytalianisch gedruckt* [...].
Enea Silvio Piccolomini, *Historia de duobus amantibus* (it.) [Erstdruck Brescia: Baptista de Farfengo, 1491 (R 1432)].

244. *Fragmenta Augustiane antiquitatis* [...].
Heinrich Peutinger, *Romanae vetustatis fragmenta in Augusta Vindelicorum* [Erstdruck Augsburg 1505].

245. *Ain rot gedruckt exempel buech von allerlay gaistlichen sachen* [...].
246. *Ain gedruckte aufzaichnus des hailthumbs zu Wienn* [...].
247. *Ain pergamene geschriben heldenbuech* [...].
Willehalm-Zyklus [ÖNB ser. nov. 2643, 1387 für Kg. Wenzel geschr.].

248. *Ain Titturel helden buech* [...] *geschriben* [...].
Jüngerer Titurel [ÖNB 2675, um 1300, Mitte des 15. Jh. in der Steiermark].

249. *Noch ain Titturel gedruckt* [...].
Jüngerer Titurel [Druck Straßburg: J. Mentelin, 1477 (H 6683; Becker S. 243–259].

250. *Ain geschribner pergameniner gereimbter alter Trisstram* [...].

Gottfried von Straßburg, *Tristan.*

251. *Noch ain solicher.*
Dasselbe. [ÖNB 2707, 14. Jh.].

252. *Ain gedruckter Tristram [...].*
Tristrant und Isalde (Prosaroman) [Erstdruck Augsburg: A. Sorg 1484 (GW 1281)].

253. *Das helden buech Gamereth [...].*
Wolfram von Eschenbach, *Parzival* [Druck Straßburg: J. Mentelin, 1477 (HC 6684; Becker, S. 243-259)].

254. *Cento nouelle teutsch [...] gedruckt [...].*
Boccaccio, *Decamerone*, in der dt. Übersetzung v. H. Schlüsselfelder [Erstdruck Ulm: J. Zainer d. Ä., um 1473 (GW 04451)].

255. *Vita Christi [...] teutsch geschriben [...].*

256. *Vnnser frawen legendt teutsch gereimbt [...].*

257 *Sant Katerina histori gereimbt teutsch geschriben [...].*
Der Saelden hort, Katharinenlegende [ÖNB 2841, um 1390].

258. *Regula sancti saluatoris in latein [...].*
De S. Brigitta et de ordine S. Salvatoris [ÖNB 1316, 15. Jh.].

259. *Ain hailigen passional [...] geschriben [...].*
Jacobus de Voragine, *Legenda aurea.*

260. *Ain hailigen passional [...] geschriben [...].*
Dasselbe. [ÖNB 326, 1447, aus dem Besitz Ks. Friedrichs].

261-267. *Siben teutsch hailigen passional gedruckt [...].*
Dasselbe [Erstdruck. Augsburg: J. Bämler, 1477 (H 9971)].

268. *Noch ain solicher [...].*
Dasselbe.

269. *Noch ain solicher [...].*
Dasselbe.

270. *Ain [...] teutsch geschriben legendt buech von vnnser fraen vnd etlichen hailigen [...].*

271. *Legenda sancti Morandi [...] geschriben [...].*
Paulus de Stockeraw, *Morandus-Officium* [ÖNB 1946, 1482 gew. Ks. Friedrich III.].

272. *Sant Hilgarten legendt [...] geschriben.*

273. *Ain pergamene dunn buech [...] von dem hailigen perg Andechs sagend [...].*
Verzeichnis der Andechser Reliquien, mit lat. Brief an Hzg. Sigismund [ÖNB 2676, 1457].

II. Forschungsliteratur

Peter Jörg Becker: Handschriften und Frühdrucke mittelhochdeutscher Epen. Eneide, Tristrant, Erec, Iwein, Parzival, Willehalm, Jüngerer Titurel, Nibelungenlied und ihre Reproduktion und Rezeption im späteren Mittelalter und in der frühen Neuzeit. Wiesbaden 1977.

Hartmut Beckers: Literarische Interessenbildung bei einem rheinischen Grafengeschlecht um 1470/1480. Die Blankenheimer Schloßbibliothek, in: Joachim Heinzle (Hg.): Literarische Interessenbildung im Mittelalter. Stuttgart 1993, S. 1-20.

Otto Brunner: Adeliges Landleben und europäischer Geist. Leben und Werk Wolf Helmhards von Hohberg 1612-1688. Salzburg 1949, bes. S. 51-138 u. 158-165.

Otto Brunner: Österreichische Adelsbibliotheken des 15. bis 18. Jahrhunderts als geistesgeschichtliche Quelle, in: Ders., Neue Wege der Verfassungs- und Sozialgeschichte. 3., vermehrte Auflage Göttingen 1980, S. 281-293.

Ladislaus Buzas: Deutsche Bibliotheksgeschichte des Mittelalters (Elemente des Buch- und Bibliothekswesens 1). Wiesbaden 1975.

Albert Derolez : Les Catalogues de Bibliothèques (Typologie des Sources du Moyen Age Occidental 31). Brepols 1979.

Frank Fürbeth: Die spätmittelalterliche Adelsbibliothek des Anton von Annenberg: ihr Signaturensystem als Rekonstruktionshilfe, in: Jost M. M. Hermans, M. Hoogvliet u. Rita Schlusemann (Hgg.), Sources for the History of Medieval Books and Libraries (Boekhistorische Reeks II). Groningen 2000, S. 61-78.

Frank Fürbeth: Sachordnungen mittelalterlicher Bibliotheken als Rekonstruktionshilfe, in: Michael Embach u. Andrea Rapp (Hgg.), Rekonstruktion und Erschließung mittelalterlicher Bibliotheken: Neue Formen der Handschriftenerschließung und der Handschriftenpräsentation (Beiträge zu den hist. Kulturwissenschaften 1). Berlin 2008, S. 87-103.

Frank Fürbeth: Mittelalterliche Bücherkataloge als Quelle der Überlieferungs- und Rezeptionsgeschichte. Am Beispiel des 'Ehrenbriefs' Püterichs von Reichertshausen (im Manuskript).

Stephan Füssel: [Art.] Maximilian I., in: Lexikon des gesamten Buchwesens. Zweite, völlig neu bearbeitete Auflage. Bd. 5. Stuttgart 1999, S. 98-100.

Theodor Gottlieb: Büchersammlung Kaiser Maximilians I. Mit einer Einleitung über älteren Bücherbesitz im Hause Habsburg (Die Ambraser Handschriften. Beitrag zur Geschichte der Wiener Hofbibliothek. I) Leipzig 1900.

Handbuch der Bibliothekswissenschaft. 3. Bd. Geschichte der Bibliotheken. Wiesbaden 1955, S. 542-544 [„Die Büchersammlungen Kaiser Maximilians und seines Hauses"].

Fritz Peter Knapp: Gattungstheoretische Überlegungen zur sogenannten märchenhaften Dietrichepik, in: Ders., Historie und Fiktion in der mittelalterlichen Gattungspoetik (II), Zehn neue Studien und ein Vorwort (Schriften d. phil.-hist. Kl. d. Heidelberger Akademie der Wissenschaften 35). Heidelberg 2005, S. 39-59.

Alphons Lhotsky: Die Bibliothek Kaiser Friedrichs III., in: MIÖG 58 (1950), S. 124-135.

Alphons Lhotsky: Die Maximiliansbibliothek, in: Ders., Aufsätze und Vorträge. Bd. 4. Wien 1974, S. 270-276.

Wolfgang Milde: „Keine Gesellschaft lässt sich angenehmer und beglückender erdenken": das Verzeichnis der Lieblingsbücher des Francesco Petrarca und die Rangordnung der Bücher (Jahresgabe des Berliner Bibliophilen Abends 2000/01). Berlin 2001.

Mittelalterliche Bibliothekskataloge Deutschlands und der Schweiz. Bearb. von Paul Lehmann u. a. Bd. I ff. München, 1918 ff. [MBKD].

Mittelalterliche Bibliothekskataloge Österreichs. Bearb. von Theodor Gottlieb u. a. Bd. I, Wien 1915 ff. [MBKÖ].

Heinrich Modern: Die Zimmern'schen Handschriften der k. k. Hofbibliothek. Ein Beitrag zur Geschichte der Ambraser Sammlung und der k. k. Hofbibliothek, in: Jahrbuch der kunsthistorischen Sammlung des Allerhöchsten Kaiserhauses 20 (1899), S. 119-180.

Jan-Dirk Müller: Gedechtnus. Literatur und Hofgesellschaft um Maximilian I. (Forschungen zur Geschichte der älteren deutschen Literatur 2). München 1982.

Donatella Nebbiai-Dall Guarda: Classifications et classements, in: André Vernet (Hg.), Histoire des bibliothèques françaises. Les bibliothèques médiévales. Paris 1989, S. 373-393.

Hermann Oncken: Die ältesten Lehnsregister der Grafen von Oldenburg und Oldenburg-Bruchhausen, in: Schriften des Oldenburger Vereins für Altertumskunde und Landesgeschichte 9 (1893), S. 45-56, hier S. 54-56.

Klaus Oschema: Des Fürsten Spiegel? Anmerkungen zu den Bibliotheken der burgundischen Herzöge im 14. und 15. Jahrhundert, in: Michael Stolz u. Adrian Mettauer in Verbindung mit Yvonne Dellsperger u. André Schnyder (Hgg.), Buchkultur im Mittelalter. Schrift – Bild – Kommunikation. Berlin, New York 2005, S. 177-192.

Christine Reinle: Auf Spurensuche. Recherchen zu Bibliotheken der Ritterschaft im Süden und Südwesten des Alten Reiches, in: Kurt Andermann (Hg.), Rittersitze. Facetten adligen Lebens im alten Reich (Kraichtaler Kolloquien 3). Tübingen 2002, S. 71-109.

Hermann Wiesflecker: Kaiser Maximilian I. Das Reich, Österreich und Europa an der Wende zur Neuzeit. Bd. V: Der Kaiser und seine Umwelt. Hof, Staat, Wirtschaft und Kultur. München 1986, S. 299-301.

Franz-Josef Worstbrock: Hartmann Schedels ,Index Librorum'. Wissenschaftssystem und Humanismus um 1500, in: Studien zum 15. Jahrhundert. Festschrift für Erich Meuthen. Hrsg. von Johannes Helmrath und Heribert Müller. München 1994, S. 697-715.

Prof. Dr. Frank Fürbeth
Institut für Deutsche Sprache und Literatur II
Goethe-Universität
60325 Frankfurt a. M.
E-Mail: frank.fuerbeth@t-online.de

Evelyn Scherabon Firchow

Stammen die Wiener *Tristan*-Handschrift und die Wiener Notker-Psalmen aus der Büchersammlung Maximilians I.?

Maximilian I. (1459-1519, seit 1493 römischer König und 1508 Kaiser) hatte bereits am Hofe seines Vaters Friedrich III. (1415-1493, seit 1440 römischer König und 1452 Kaiser) eine gut ausgestattete Bibliothek mit herrlichen Handschriften kennengelernt, worunter sich u. a. auch die berühmte Wenzelsbibel befand. Der landesfürstliche Bücherbesitz wurde sowohl unter Friedrichs als auch unter Maximilians Herrschaft als Teil des königlich/kaiserlichen Schatzes behandelt und an verschiedenen Orten in versiegelten Truhen aufbewahrt. Die Büchersammlungen lassen sich bis ins 12. Jahrhundert zurückverfolgen.

In Burgund lernte Maximilian I. dann eine weitere großartige Bibliothek kennen, welche die Habsburger Sammlungen allerdings weit übertraf und die Maximilian während seiner Burgunderjahre nach Möglichkeit und Gelegenheit durch Neuerwerbungen aktiv vermehrte. Nur wenig aus der berühmten Bibliothek des burgundischen Hauses ist nach Österreich verschleppt worden und man hat Maximilian später zu Unrecht als Zerstörer der burgundischen Bibliothek bezeichnet. Auch in den verschiedenen Nachlässen, die Maximilian im Lauf der Zeit erbte, gab es wertvolle Handschriften und Bücher, die er in versiegelten Truhen größtenteils in die Schatzgewölbe der neuen Hofburg in Innsbruck bringen ließ, insoweit sie nicht an Ort und Stelle verblieben sind. Bei einer Inventur der Innsbrucker Truhen im Jahre 1501 fand man einige Bücher so durchfeuchtet, dass sie der König in einen warmen Raum bringen und mit trockenen Tüchern Blatt für Blatt glattstreichen ließ, um sie darauf in einem offenen Bücherschrank luftig aufstellen zu lassen. Nicht nur Maximilians Sammler und Genealogen, sogar der Kaiser selbst suchten in den Klöstern und Bibliotheken Deutschlands und Österreichs immer wieder nach wertvollen Handschriften und Büchern. Maximilian gab auch laufend neue Bücher in Auftrag. Besonders berühmt und bekannt ist die Sammelarbeit seines Zollschreibers Hans Ried, der das *Ambraser Heldenbuch* nach den Wünschen und Direktiven Maximilians zusammenstellte und schrieb. Im Laufe der Zeit vermehrte Maximilian seine eigene Bibliothek von ungefähr 100 auf mehr als 500 Bücher, was allerdings im Vergleich mit den 900 Büchern in der Burgunder Bibliothek recht bescheiden war. Aber der maximilianische Bücherbestand blieb während seiner Lebenszeit weit verstreut und war nie geschlossen beisammen. Es gab Bücherbestände in Wiener Neustadt, Wien, Linz, Augsburg, Finkenstein (Schloss in Kärnten) und vor allem in der Innsbrucker Hofburg. Als Maximilian starb, war ein reicher Grundstock an Handschriften und Büchern vorhanden. Theodor Gottlieb zählte 174 Handschriften und 156 gedruckte Bücher, sicherlich kein vollständiges Inventar (Gottlieb, 1900, 87). Unter

Erzherzog Ferdinand II. von Tirol († 1595) wurde die Innsbrucker Sammlung im Schloss Ambras untergebracht und eineinhalb Jahrhunderte nach dem Tod Maximilians, als die Tiroler Linie der Habsburger 1665 ausstarb († Erzherzog Sigismund Franz), erfolgte dann die Überführung des größten Teiles der Innsbrucker/Ambraser Bücher nach Wien. Petrus Lambecius (= Peter Lambeck, Hofbibliothek-Präfekt 1663-1680) war die Aufgabe, die Bücher 1665 aus Ambras nach Wien zu bringen, von Kaiser Leopold I. (1640-1705) anbefohlen worden. Der Kaiser hatte zu diesem Zwecke die Wiener Hofbibliothek völlig neu eingerichtet, die Bücherschätze aus der Verstreuung sammeln und aus versiegelten Truhen und Kellergewölben hervorholen lassen, um sie der nun etablierten Hofbibliothek einzuverleiben. Trotzdem dauerte es aber noch viele weitere Jahre, ehe die gesamte Ambraser Sammlung in Wien beisammen war.

Unter den Handschriften, die aus der Ambraser Sammlung stammen und die 1665 nach Wien überführt worden waren, führt Lambeck auch den Codex Vindobonensis 2707 = Ambras 424 auf, der heute in der Wissenschaft als die *Tristan*-Handschrift **W** bekannt ist. Über die früheren Schicksale des Codex lässt sich nichts genaues eruieren. Doch schon 1809 schrieb Leo von Seckendorf im *Museum für Altdeutsche Literatur und Kunst* (Seite 631): „Dieser vortrefflich geschriebene und wohlerhaltene Codex ist … eine der schönsten Altdeutschen Handschriften der [Österreichischen National-] Bibliothek" in Wien. Es war dem vielversprechenden jungen Gelehrten allerdings nicht vergönnt, seine anfänglichen Untersuchungen der Handschrift weiter auszuführen, weil er bald danach in einer Schlacht gefallen ist. Er hatte geplant, die Wiener *Tristan*-Handschrift **W** mit dem *Tristan*-Text der Florentiner Handschrift F im Codex B.R. 226 der Biblioteca Nazionale Centrale ausführlicher zu vergleichen. Er bezeichnete F als zwar älter aber „weniger korrekt" als die Wiener Handschrift.

Daraufhin folgte ein langes Stillschweigen, denn seit von Seckendorfs Zeit ist nicht allzu viel mehr mit der Handschrift **W** unternommen worden. Sie wurde zwar gelegentlich von den Textphilologen in ihren späteren Stammbäumen und Apparatanmerkungen der kritischen *Tristan*-Ausgaben meist mangel- und fehlerhaft zitiert, sonst aber weitgehend ignoriert. Diese Tatsache ist umso überraschender, als es sich dabei doch um eine Zimelienhandschrift der Wiener Nationalbibliothek handelt, die von einer Reihe Philologen (von Groote 1821, Massmann 1843, Marold 1906 und Ranke 1930, Wetzel 1992) wiederholt als eine der vier Haupthandschriften (nämlich **M** – München, **H** – Heidelberg, **F** – Florenz und **W** – Wien) von insgesamt 11 erhaltenen vollständigen Handschriften dieses großartigen mittelhochdeutschen Epos bezeichnet worden ist.

Als man mich vor einigen Jahren gebeten hat, eine neue englische Übersetzung des *Tristan* zu verfassen, habe ich gerne zugesagt, denn es handelt sich dabei um mein mittelalterliches Lieblingsepos. Ich machte mich daran, alle bereits vorhandenen Textausgaben des Epos sorgfältig zu vergleichen, um meiner englischen Übersetzung die „beste Edition" zugrunde zu legen.

Leider aber wurde ich in meiner Suche schwer enttäuscht, denn ich fand keine Ausgabe, die meinen Ansprüchen entsprach. Und so entschloss ich mich unter den folgenden Überlegungen zu einer diplomatischen Neuausgabe der Wiener *Tristan*-Handschrift W: Abgesehen von der längst vergriffenen Faksimileausgabe der illuminierten Handschrift M, die 1979 in 950 nummerierten Exemplaren erschienen ist, gab es bisher keine einzige Ausgabe, die man als verlässlich „diplomatisch" bezeichnen könnte. Zwar hatte bereits Christoph Heinrich Müller 1785 den *Tristan* erstmalig nach der für ihn angefertigten Abschrift der Florentiner Handschrift F herausgegeben – interessanterweise ohne die Handschrift jemals selbst gesehen zu haben! Sein Text ist an vielen Stellen auch dementsprechend ungenau und fehlerhaft, obwohl für seine Zeit die Ausgabe eine recht beachtliche Arbeit darstellte. Über hundert Jahre später im Jahre 1989 – im letzten Augenblick vor dem Fall der DDR – veröffentlichte Wolfgang Spiewok seine „diplomatische" *Tristan*-Ausgabe der Heidelberger Handschrift H, die aber nach Ansicht der Textphilologen nicht nur unverlässlich, sondern leider überhaupt weitgehend misslungen ist. Joachim Bumke hat die allgemeine Lage der *Tristan*-Editionen folgendermaßen beschrieben: „Die Hauptwerke der Zeit um 1200 werden immer noch nach Ausgaben zitiert, die im 19. Jahrhundert gemacht worden sind, obwohl die Prinzipien der Textgestaltung in diesen Ausgaben als unzureichend oder unsicher erkannt worden sind.... Gottfrieds „Tristan" zitiert man entweder nach [den kritischen Ausgaben von] Marold oder ... Ranke. Wenn es aber für die „Tristan"- Interpretation gleichgültig ist, welche Ausgabe man zugrundelegt, dann scheint es keinen essentiellen Zusammenhang zwischen philologischer und interpretatorischer Arbeit mehr zu geben.... Es ist klar, dass Interpretationen, die diesen Überlieferungsbefund nicht zur Kenntnis nehmen, gravierende methodische Mängel aufweisen." (Bumke, 1996, 121-122)

Es ist daher nicht allzu überraschend, wenn sich in der Geschichte der mittelhochdeutschen Philologie bisher niemand gefunden hat, der die Wiener Handschrift W genauer bearbeitet hätte. Und vielleicht ist es verständlich, dass ich als gebürtige Wienerin (und seit vielen Jahren Auslandsgermanistin in Amerika) mich entschlossen habe, diesen vernachlässigten Text genauer unter die Lupe zu nehmen. Meine Untersuchungen der *Tristan*-Handschriften veranlassten mich schließlich, die ausgezeichnete Version des Gottfriedschen Werkes, die uns im Codex Vindobonensis 2707 überliefert ist, diplomatisch herauszugeben. Die Gründe, warum die Wiener *Tristan*-Handschrift von der Wissenschaft so lange mehr oder weniger unbeachtet geblieben ist, sind meiner Ansicht nach folgende: diplomatische Textausgaben waren (und sind?) bei vielen Textphilologen unerwünscht, erstens, weil eine solche „Abschreiberei" handschriftlicher mittelalterlicher Texte zu primitiv und fantasielos zu sein scheint; zweitens, weil eine derartige Abschreiberei auf eine mangelhafte Kenntnis der sprachlichen und literarischen „Tatsachen" verweist; und drittens, weil man mit den überlieferten multiplen Versionen der mittelalterlichen Texte bisher nicht allzu viel anzufangen wusste, außer man benutzte sie für die

Amalgame „kritischer" Textausgaben. Daher durfte die *Tristan*-Handschrift auch weiterhin friedlich in den Gewölben der Wiener Nationalbibliothek dahinschlummern: Unsere Wissenschaft, der es jahrzehntelang darum ging, den „ursprünglichen", obwohl nicht überlieferten Urtext zu rekonstruieren, wollte sich mit den „entstellten und fehlerhaften" handschriftlichen Textversionen nicht näher befassen. Denn ganz abgesehen davon, dass schon im 19. Jahrhundert Karl Lachmann, der große Meister der mittelhochdeutschen Texteditorik, sich geweigert hatte, einen so unziemlichen und unmoralischen Text wie den Gottfriedschen *Tristan* zu edieren, war der Handschrift bereits kurz nach ihrer Entstehung im 14. Jahrhundert ein noch größeres Riesenmalheur passiert: man hatte nämlich beim Binden des Codex die Blätter verworfen und wir finden am Ende der sechsten Lage der Handschrift den Hinweisbuchstaben *A* und am Ende der zehnten Lage der Handschrift den Hinweisbuchstaben *B*. Damit sollte angezeigt werden, dass im Codex die mittleren drei Doppelblätter der sechsten Lage, sowie die vier mittleren Doppelblätter der zehnten Lage vertauscht worden sind. Die Handschrift macht somit einen recht verwirrten Eindruck, weil darin der Text unterbrochen und falsch angeordnet ist. Und dieses Unglück scheint dem CV 2707 dann völlig den Garaus gemacht zu haben und man hat sich weiterhin recht wenig um die Handschrift und um ihren Wortlaut gekümmert.

Der CV 2707 enthält nur einen einzigen vollständigen Text, und zwar die Fassung **W** des Gottfriedschen *Tristan*. Er ist auch die einzige Handschrift, die ohne Nachfolge geblieben ist, denn alle anderen *Tristan*-Versionen sind entweder in Sammelhandschriften enthalten oder werden von einer oder beiden Fortsetzungen des Epos durch Ulrich von Türheim bzw. Heinrich von Freiberg gefolgt. Aus diesen Gründen haben die Textphilologen in ihren Stammbäumen der *Tristan*-Überlieferung die Handschrift **W** wiederholt als separaten Zweig angesetzt, der ohne irgendwelche weitere davon abstammenden Handschriften geblieben ist.

Der Codex ist im Lauf der Zeit verschiedentlich signiert worden, was uns erlaubt, seine Provenienz zumindest so weit zu verfolgen, als äußere Anzeichen verblieben bzw. noch erkennbar sind. Denn leider ließ im 18. Jahrhundert der Präfekt der kaiserlichen Wiener Hofbibliothek, Gerard van Swieten (1700-1772), auch unsere Handschrift neu einbinden. Unverständlicherweise wurde dabei der mittelalterliche Pergamenteinband weggeworfen und wir verfügen heute nur mehr über die Informationen, die man innerhalb des neugebundenen Codex findet. Und das ist bedauerlicherweise nicht allzu viel und hilft uns zeitlich nur sehr beschränkt, seine Entstehungsgeschichte in die Vergangenheit zurückzuverfolgen bzw. sie zu rekonstruieren. Auf dem jetzigen Einbandrücken unten findet man die Signatur *COD. MS. Philol. CCXVI* aus der Amtszeit des Präfekten Johann Benedikt Gentilotti von Engelsbrunn (im Amt 1704-1723). Seit der Umsignierung der Handschriften in den *numerus currens* im ersten Drittel des 19. Jahrhunderts führt die ÖNB die Handschrift nun als CV 2707. Auf dem Papiervorsatzblatt I*r der Handschrift findet man mit Bleistift geschrieben nochmals die jetzige Signatur *2707*, sowie den Bibliotheksstempel *Kaiserliche Königliche Hofbibliothek*, letzterer steht auf I*v. Auf folio 1r der eigentlichen Handschrift steht oben in Tinte *MS.Ambras 424* von der Hand des Hofbibliothek Präfekten Peter Lambeck im 17. Jahrhundert und unten auf der Seite in Bleistift wieder die Gentilotti-Nummer *CCXVI*. Auf dem Spiegel des Vorderdeckels findet man mit Bleistift eine ältere Standortsignatur *XV.F.16* sowie die Angabe *Cimel.*, d. h. Zimelie (Fingernagel und Roland 1997, 163-164).

Peter Lambeck beschrieb 1669 im zweiten Band seiner *Commentarii de Augusta Bibliotheca Caesarea Vindobonensi* die verschiedenen Handschriften, die im Jahre 1665 aus Schloss Ambras in Tirol in die Kaiserliche Bibliothek nach Wien gebracht worden sind. Es handelt sich dabei u. a. um die Hs. Ambras 424 = CV 2707, die von Theodor Gottlieb (1900, 26 und 90) definitiv als Teil der eigentlichen Büchersammlung Kaiser Maximilians I., welche von Innsbruck nach Ambras kam, bestimmt worden ist. Gottlieb betont in seiner ausgezeichneten Arbeit zwar wiederholt die Schwierigkeiten, die eine genaue Identifizierung der Bücher und Handschriften Maximilians nahezu unmöglich machen, denn woran wären denn seine Exemplare heute noch zu erkennen? Friedrich III. dagegen hat bekanntlich viele seiner Bücher mit der Devise AEIOU (*Austria est imperatrix omnis urbis*) gekennzeichnet, Maximilian dagegen nicht. Weil Maximilians Bücher an zahlreichen verschiedenen Orten untergebracht waren und weil der Kaiser im Lauf seines Lebens auch eine Reihe von Schenkungen und Erbschaften von Büchern und Handschriften erhielt, ist die Überlieferungsgeschichte sehr kompliziert und unübersichtlich. Viele Sammlungen blieben vorerst an Ort und Stelle, so vor allem in Wiener Neustadt, wo die meisten Bücher und Handschriften aus dem Erbe Kaiser Friedrichs III. deponiert waren. In den Nachlässen von Maximilians Onkel, Herzog Sigismund von Tirol († 1496) und in Maximilians Sammlungen wurden weitere wertvolle Handschriften und Bücher gefunden, die der Kaiser in den Schatzgewölben der Hofburg in Innsbruck deponieren ließ. Die überwiegende Anzahl der Handschriften stammt nach den Forschungen Gottliebs aus dem 15., einige aus dem 14. und sehr wenige aus dem 13. Jahrhundert. Gottlieb verlässt sich dabei auf das Innsbrucker Bücherinventar, das uns im Codex Vindobonensis 7999 überliefert ist. Er ist davon überzeugt, dass Ambras 424, d. h. also CV 2707, unter den Büchern war, die bis 1564 in der Burg in Innsbruck aufbewahrt worden waren. Er zitiert aus dem *Inuentarii etlicher buecher so in ainem gewelb in der burg zu Ynnsprugk ligen* (datiert August 1536 auf folio 18b) unter dem Titel „Historien" die Nummer 250: „Ain geschribner pergameniner gereimbter alter Trisstram von donat plettern mit pugklen" und darauffolgend noch ungenauer (auf folio 19a) die Nummer 251: „Noch ain solicher." Eines der beiden Manuskripte dürfte unseren CV 2707 bezeichnen, Gottlieb zieht ohne weitere Erklärungen die Nummer 251 vor (Gottlieb, 1900, 104).

Der zweite hier zu besprechende Codex, CV 2861, der zusammen mit anderen Texten die *Wiener Notker Psalmen* (*WNPs*) enthält, stammt ebenfalls aus der Ambraser Sammlung. Nur die *WNPs* wurden erstmalig von Scherer und Heinzel im Jahre 1876 herausgegeben und Paul Pipers Ausgabe des gesamten Codex folgte dann im Jahre 1883 (billiger Neudruck 1895). Meine diplomatische Neuausgabe des gesamten Codex Vindobonensis 2681, der neben den Notkerschen Psalmen und anderen Stücken auch Bruchstücke der Wessobrunner Predigtsammlungen A und B enthält, wird 2009 bei Olms in Hildesheim erscheinen. Ich folge dabei der Erkenntnis, dass oft aus den Zusammensetzungen der mittelalterlichen Codices erkenntnisreiche Informationen über ihre Entstehung und Verwendung gezogen werden können.

Die Handschrift CV 2861 war ursprünglich viele Jahre lang als der Ambraser „Otfrid" bekannt, weil sie irrtümlich von Abt Trithemius von Sponheim so bezeichnet worden war. Es handelt sich dabei aber nicht um Otfrids *Christ*, d. h. um sein Bibelepos, sondern um die bairische Version von Notker Labeos Psalmenübersetzung. Auch dass der Codex ursprünglich von Kaiser Maximilian I. selbst aus der Bibliothek der Grafen von Zimmern erworben worden sein soll, ist ein Irrtum. Die Handschrift stammt zwar ohne Zweifel aus der Bibliothek der Grafen von Zimmern, doch wurde sie nachweislich von Wilhelm Graf Zimmern im Jahre 1576, d. h. also 57 Jahre nach Maximilians Tod, dem Erzherzog Ferdinand II. von Tirol (1529-1595) für seine 1574 neu errichtete Bibliothek auf Schloss Ambras bei Innsbruck geschenkt. Eine Beschreibung dieser Handschrift findet man 1576 im Schenkungsverzeichnis Jakobs von Rammingen, betitelt *Register Alter Teutscher vnnd Lateinischer geschriebner Bücher darunder etlich auff Pergament die ander auf Papier geschriben gar alle vnnd alt fränckisch zum Theil Reimens weis, die anndern Soluta ordine* (im Codex Vindobonensis 12.595, fol. 60r-64v: Num.1-68), wo auf folio 64v steht: *68 +Ein gar alter auf* [Wort ausgestrichen] *Pergamen geschriebner teutscher SPalterim per Otfridum monachum Weißenburgensis qui vixit 870.* Die späteren irrigen Zuweisungen des Textes zu Otfrid, die man bei Rammingen, Lambeck und bis Pertz findet, gehen ursprünglich auf Abt Trithemius zurück. Fast hundert Jahre später wurde dann der Codex zusammen mit den Handschriften der Ambraser Bibliothek von Peter Lambeck nach Wien transferiert und unter der Signatur Ms. Ambras 22 im Jahr 1665 in der kaiserlichen habsburgischen Hofbibliothek in Wien deponiert. Am Anfang des 18. Jahrhunderts signierte Johann Benedikt Gentilotti von Engelsbrunn die Handschrift als *Ms. theol. 288* (CCLXXXVIII, siehe fol. 1r) und seit der Umsignierung der Wiener Handschriften im ersten Drittel des 19. Jahrhunderts ist die Handschrift als Codex Vindobonensis 2681 bekannt. Von Peter Lambeck stammt auch die erste Beschreibung der Handschrift im ersten Band seiner *Commentarii* (Lambecius, 1669, 757-762). Gentilotti beschrieb dann den Codex, den er ins 11. Jahrhundert datierte, wie folgt: „Paraphrasis Psalmorum Dauid, non tamen omnium, aliorumque canticorum, antiqua lingua Theotisca, sine nomine auctoris." Er berichtete weiter, dass die Psalmenübersetzung Otfrid von Weißenburg zugeschrieben wird, verbessert dies jedoch zu Notker Balbulus [sic!] und zitiert ziemlich ausführlich, obwohl unsystematisch, mehrere deutsche Teile der Handschrift, darunter 17 Stellen aus den Predigtbruch-stücken und weitere Ausschnitte aus den Psalmen auf folio 3, 103, 105, 213, 215, 217, 219, 221, 226-9, 234.

Der CV 2681, an dem viele Hände des 11./12. Jahrhunderts gearbeitet haben, besteht aus drei Teilen, die alle dasselbe Format und die gleiche Einrichtung nach Spalten und Zeilen haben. Der erste Teil, folio 1r-2v, enthält unvollständige Predigtbruchstücke (Teile von zwei Predigten nach Augustinus) im bairischen Dialekt. Der zweite Teil, folio 3r-103v, enthält die bairische Bearbeitung von Notkers alemannischer Psalmenübersetzung, d. h. die Psalmen 1-50, anschließend den *Wessobrunner Glauben* und die *Wessobrunner Beichte I* (hier fehlt der Schluss). Im dritten Teil, folio 108r-212r, stehen die Psalmen 101-150. Der mittlere Teil der Psalmen, also 51-100, ist nicht enthalten und bis heute fehlt davon jegliche Spur. Auf folio 212r-212v wurde ein weiteres Predigtbruchstück eingetragen. Daran schließen sich auf folio 213r-232r die Notkerschen *Cantica Esaiae, Ezechiae, Annae, Moysis, Habacuc, Deuteronomii*, das Notkersche *Vaterunser* und *Glaubensbekenntnis*, Notkers *Lobgesang Zachariae*, das Notkersche *Canticum Sanctae Mariae* und das athanasische *Glaubensbekenntnis* – alles auf Latein und auf der Basis von Notkers alemannischen Übersetzungsversionen ins Bairische umgearbeitet und erklärt. Den Abschluss des dritten Teiles bilden weitere unvollständige *Wessobrunner Predigten* (folio 232r-235v) und daraufhin bricht die Handschrift ab. Die *Wessobrunner Predigten* sind im Lauf der Zeit von verschiedenen Gelehrten separat herausgegeben und bearbeitet worden, weil sich immer wieder Bruchstücke dieser frühen althochdeutschen Predigten in verschiedenen Archiven gefunden haben und immer noch finden, und das in letzter Zeit sogar in Nordamerika! In der Wissenschaft sind sie auch gruppiert worden und als Predigtsammlung A, B und C bekannt. CV 2681 enthält nur Bruchstücke aus den Sammlungen A und B.

Im Gegensatz zum *Tristan*-Codex CV 2707 ist der CV 2681 im 18. Jahrhundert einem Neueinband (unter dem Hofbibliothek Präfekten Gerard van Swieten) entgangen. Heute besitzt die Handschrift, die von der ÖNB 2006 restauriert wurde, leider aber auch nicht mehr ihren Originaleinband. Der erhaltene Einband ist ein spätgotischer Halblederband aus dem späten 15. Jahrhundert. Es ist möglich, dass es sich dabei noch um einen ehemaligen Hauseinband der Bibliothek Zimmern handelt, der von Heinrich Modern (1899, 126) folgendermaßen beschrieben worden ist: „[Der allgemeine Hauseinband]... besteht aus Holzdeckeln, die mit Schafleder überzogen sind... [und] kommt in blaugrünem und hellrotem Leder vor; bei den blaugrünen und mehreren rothen Bänden fühlt sich das Leder sammtartig weich an.... Alle diese Bände tragen oder trugen auf der Außenseite des vorderen Deckels ein weißes Papierschildchen, auf welchem in kurzen Worten in gleichen Schriftzügen des XV. Jahrhunderts der Inhalt des Bandes angegeben ist." Der jetzige Einband des CV 2681 hat zwei blanke, mit rötlichem Poliment gefärbte Holzdeckel mit abgeschrägten Kanten, die am Rücken mit hellem weichen Halbleder bezogen sind, das auf ein Drittel des Vorder- und Hinterdeckels übergreift und mit rautenformgefassten kreuzförmigen Vierblatt-Blindstempeln verziert ist. Innerhalb der Rautenfelder sind fünfblättrige Rosetten im Kreis angebracht. Auf den Resten einer spätmittelalterlichen weinrot (!) ge- bzw. verfärbten Papierüberklebung auf dem Vorder- und Rückenleder des Deckels findet man eine nicht mehr lesbare Beschriftung von einer Humanistenhand des 16. Jahrhunderts (vielleicht noch vom ersten Wiener Hofbibliothekar Hugo Blotius (im Amt 1575-1608)). *Nota bene*: Auf dem Vorderdeckel oben sind Papierstreifen (15. Jh.?) angeklebt, worauf sehr verblichen in spätmittelalterlicher *textualis formata* der Titel *Psalterium Antiquum theotonice* (= meine Lesung; nach Menhardt I, 1960, Seite 107 ...*theotonic[um]*; nach Modern 1899, Seite 178 ...*monachi*) zu finden ist. Dazu Gottlieb (1900, 119): „Handschriften, die auf dem Vorderdeckel jenen länglichen Zettel mit einer kurzen Inhaltsangabe tragen und von späterer Hand auf demselben Zettel mit einer dick geschriebenen Nummer versehen sind... stammen zweifellos aus Wiener Neustadt."

Oben und im oberen Drittel des Bandrückens findet man Reste von zwei Schildern. Auf der Innenseite des Vorderdeckels steht in Rotschrift (Rötel?) die alte Kastensignatur aus dem 18./19. Jahrhundert: *VIII.D.27*, darunter in Tinte *D.V.1.p.79* als Hinweis auf die Beschreibung von Michael Denis (1793, Spalte 79). Auf folio 1r der Handschrift: oben links die heutige Wiener Katalognummer *2681* mit Bleistift in moderner Hand auf weißem Papierschild; in Tinte *Ms. Ambras 22* in der Hand von Peter Lambeck und in Bleistift die Gentilotti-Nummer *CCLXXXVIII*, d. h. *Ms. theol. 288* (Anfang des 18. Jahrhunderts); auf folio 1r unten steht in Bleistift *123* (Kastenzahl?) *N. CCLXXXIII ol[im] Amb. 22* und der Bibliotheksvermerk von Lambeck *Ex Augustissima Bibliotheca Caesarea Vindobonensi*. Auf dem Deckelrücken findet man oben in Tinte die Zahl *68* als Nummer der Bibliothek auf Schloss Antian-Zimmern der Grafen von Zimmern. Erst fast hundert Jahre später, im Jahre 1665, wurde dann CV2681 im Auftrag von Kaiser Leopold I. zusammen mit den anderen Handschriften der Ambraser Bibliothek (die heute als „Olimbände" bezeichnet werden) in die Hofbibliothek nach Wien transferiert und hier als Ms. Ambras 22 der kaiserlichen Bibliothek einverleibt.

Obwohl Kaiser Maximilian I. wie ein mittelalterlicher Mensch dachte und dichtete, lebte er bereits im Zeitalter des Übergangs der burgundischen Spätblüte. Man hat ihn zu Recht „den letzten Ritter" und „den letzten höfischen Epiker" genannt (Joachimsen, 1910). Doch die Gedanken der Selbstverherrlichung und der *memoria*, die wir in Maximilians eigenen Werken besonders deutlich ausgedrückt finden, waren für den Kaiser von größter Bedeutung. Seine Selbstverherrlichung war kein mittelalterlicher Wesenszug, sondern weist bereits in die neue Zeit. Über die *memoria* hat Maximilian in seinem Epos *Weißkunig* geschrieben: *Werime im leben kain gedächtnus macht, und desselben menschen wird mit dem glockendon vergessen*. (Schultz, *Weißkunig*, 66) Maximilian hat für sein *gedächtnus* in jeder Hinsicht erfolgreich gesorgt, politisch sowie kulturell, und es ist ihm nicht passiert, von der Nachwelt vergessen zu werden, wie u. a. unsere Tagung hier in der Cusanus Akademie in Brixen deutlich macht. Beide mittelalterlichen Handschriften in der Österreichischen Nationalbibliothek, die ich ediert habe, waren wahrscheinlich nie in Maximilians eigenen Händen, denn wie Lhotsky (1951, 359) ganz richtig bemerkt: „Von einer Bibliothek Maximilians I. kann man schon deshalb nicht sprechen, weil sie in corpore gar nie bestand." Der Kaiser scheint überhaupt verhältnismäßig wenig Gebrauch von seinen Büchersammlungen gemacht zu haben – dagegen sprachen sein unsteter Lebensstil, der Mangel an einer festen Residenz, die vielen Kriege und Reisen, die er unternommen hat, sowie die Tatsache, dass er den größten Teil seines Bücherschatzes in verschlossenen Truhen wohlverstaut aufbewahren ließ. Trotzdem haben er und seine Habsburger Nachfolger auf jeden Fall dafür gesorgt, dass die mittelalterlichen Handschriften und frühen Bücher nicht verloren gegangen, sondern der Nachwelt bis in unsere Zeit hinein erhalten geblieben sind. Und das ist mithin Kaiser Maximilians I. wertvollstes *gedächtnus*!

Bibliographie

I. Quellen

Evelyn Scherabon Firchow (Hrsg.), unter Mitarbeit von Richard Hotchkiss: Gottfried von Strassburg. Tristan und Isolde: Diplomatische Textausgabe der Zimelien-Handschrift Codex Vindobonensis 2707 mit Konkordanzen und Wortlisten auf CD. Stuttgart 2004.

Gottfried von Strassburg: Tristan und Isolde. Vollständiges Faksimile des Cgm 51 der Bayerischen Staatsbibliothek München. Bd. 1: Faksimile. Bd. 2: Textband mit Beiträgen von Ulrich Montag und Paul Gichtel. Stuttgart 1979.

Eberhard von Groote (Hrsg.): Tristan, von Meister Gotfrit von Strassburg. Mit der Fortsetzung des Meisters Ulrich von Turheim. Berlin 1821.

Friedrich Heinrich von der Hagen (Hrsg.): Gottfrieds von Strassburg Werke, aus den beßten Handschriften, mit Einleitung und Wörterbuch. Band 1: Tristan und Isode mit Ulrichs von Turheim Fortsetzung. Band 2: Heinrichs von Friberg Fortsetzung von Gottfrieds Tristan. Gottfrieds Minnelieder. Wörterbuch. Breslau 1823.

Richard Heinzel und Wilhelm Scherer (Hrsg.): Notkers Psalmen nach der Wiener Handschrift. Strassburg 1876.

Karl Lachmann: Auswahl aus den hochdeutschen Dichtern des dreizehnten Jahrhunderts. Berlin 1820.

Petrus Lambecius (= Peter Lambeck): Commentarii de Augusta Bibliotheca Caesarea Vindobonensi. 2 Bde. Wien 1669.

Hans Ferdinand Massmann (Hrsg.): Tristan und Isolt von Gottfried von Strassburg. Fortsetzung und Schluss durch Ulrich von Türheim. Leipzig 1843 (= Göschen: Dichtungen des deutschen Mittelalters 2).

Karl Marold (Hrsg.): Gottfried von Strassburg, Tristan. Teil 1: Text. Leipzig 1906 (= Teutonia 6).

Christoph Heinrich Müller (auch Myller, Mueller) (Hrsg.): Tristan. Ein Rittergedicht aus dem XIII. Jahrhundert von Gotfrit von Strazburc, zum erstenmal aus der Handschrift abgedruckt. Berlin 1795. (= Sammlung Deutscher Gedichte aus dem XII., XIII. und XIV. Jahrhundert, 2/1).

Paul Piper (Hrsg.): Die Schriften Notkers und seiner Schule. 3. Band: Wessobrunner Psalmen, Predigten und katechetische Denkmäler. Freiburg i. B./Leipzig 1895. (= Germanischer Bücherschatz 10. Neue billige Ausgabe).

Friedrich Ranke (Hrsg.): Gottfried von Strassburg. Tristan und Isold: Text. Berlin 1930.

Alwin Schultz (Hrsg.): Maximilian I.: Der Weißkunig. Wien 1888. (= Jahrbuch der Kunsthistorischen Sammlungen 6).

Wolfgang Spiewok (Hrsg.): Das Tristan-Epos Gottfrieds von Strassburg, mit der Fortsetzung des Ulrich von Türheim. Nach der Heidelberger Handschrift Cod. Pal. Germ. 360. Berlin 1989 (= Deutsche Texte des Mittelalters 75).

II. Sekundärliteratur

Joachim Bumke: Der unfeste Text. Überlegungen zur Überlieferungsgeschichte der höfischen Epik im 13. Jahrhundert. In: Aufführung und Schrift in Mittelalter und früher Neuzeit. DFG Symposium 1994. Stuttgart 1996. 118-129.

Michael Denis: Codices manuscripti theologici. Bd. I/1. Wien 1793.

Andreas Fingernagel und Martin Roland (Hrsg.): Mitteleuropäische Schulen I (ca. 1250-1350). Textband. Wien 1997.

Evelyn Scherabon Firchow: The Sad Story of the Middle High German Tristan Editions. In: Transitions and Transgressions in an Age of Multiculturalism. Proceedings of the XVIth Congress of the International Comparative Literature Association. Pretoria 13.-19. August 2000. Volume 3: Transgressing Cultural and Ethnic Borders, Boundaries, Limits, and Traditions. Pretoria, South Africa 2004. 130-140.

Evelyn Scherabon Firchow: Gottfried von Strassburgs Tristan und Isolde. Handschriftenallianzen, Ende oder Neuanfang? In: Textsortentypologien und Textallianzen von der Mitte des 15. bis zur Mitte des 16. Jahrhunderts. In: Akten zum Internationalen Kongress in Berlin, Berlin 21.-25. Mai 2003. Berlin 2005. 29-42 (= Berliner Sprachwissenschaftliche Studien).

Evelyn Scherabon Firchow: Gekürzte Einleitung zu Gottfried von Strassburg: Tristan und Isolde. In: Wege und Irrwege der mittelalterlichen Textausgaben. Stuttgart 2007. 235-263.

Theodor Gottlieb: Die Ambraser Handschriften, Beiträge zur Geschichte der Wiener Hofbibliothek. Band I. Wien 1900.

Paul Joachimsen: Geschichtsauffassung und Geschichtsschreibung in Deutschland. Teil 1. Leipzig 1910.

Alphons Lhotsky: Die Bibliothek Friedrichs III. In: MIÖG 58, 1950. 124-135.

Alphons Lhotsky: Die Frühgeschichte der Wiener Hofbibliothek. In: MIÖG 59, 1951. 329-363.

Heinrich Modern: Die Zimmern'schen Handschriften der k. k. Hofbibliothek. Ein Beitrag zur Geschichte der Ambraser Sammlung und der k. k. Hofbibliothek. In: Jahrbuch der Kunsthistorischen Sammlungen des allerhöchsten Kaiserhauses. Bd. 20. Wien/Prag/Leipzig 1899. 113-180.

Leo von Seckendorf: Cod.No. CCXVI. (Ambras 424). Tristan des Gottfried von Strassburg. In : Museum für Altdeutsche Literatur und Kunst I/2.1809. 631-641, 565 und 607.

Ernst Trenkler: Die Frühzeit der Hofbibliothek (1368-1519). In: Geschichte der Österreichischen Nationalbibliothek. Bd. I. Wien 1968. 1-58 (= Museion N. F. 2/3/1).

René Wetzel: Die handschriftliche Überlieferung des Tristan Gottfrieds von Strassburg. Freiburg/Schweiz 1992 (= Germanistica Friburgensia 13).

Hermann Wiesflecker: Kaiser Maximilian I. Das Reich, Österreich und Europa an der Wende zur Neuzeit. 5 Bde. München 1971-1986.

Prof. Dr. Evelyn Scherabon Firchow
German/Scandinavian/Dutch, Folwell 205
University of Minnesota
USA - Minneapolis, Mn. 44544
E-Mail: firch001@umn.edu

Nicola Kaminski

Die Unika im *Ambraser Heldenbuch*:
ein überlieferungsgeschichtlicher „Vnfalo"?

> [...] *darumb Jch das han*
> *Gesetzt auch für ein geferlicheyt*
> *Die Vnfalo hat zubereyt*
>
> *Teuerdank*, 35. Kapitel

„Der Abschnitt über die Komödie" in der aristotelischen Poetik, so Manfred
Fuhrmann in seiner Einführung in die Dichtungstheorie der Antike, „fehlt" –
ein „Defekt", der „ziemlich sicher [...] auf das Konto der Überlieferung geht",
denn Aristoteles selbst verweist an zwei Stellen auf seine Untersuchung des
Lächerlichen, und noch im 3. Jahrhundert n. Chr. weiß Diogenes Laertios, daß
die aristotelische Poetik aus *zwei* Büchern besteht (M. Fuhrmann, 1992, 2).
Seit dem Jahr 1980, seit Umberto Ecos *Il nome della rosa*, wissen *wir*, daß der
Defekt nicht auf das Konto der Überlieferung geht, sondern auf das Konto des
greisen Benediktinerbibliothekars Jorge de Burgos, der die christliche Welt vor
einer philosophisch nobilitierten Kunst des Lachens bewahren will. Genauer
noch: auf das Konto der kriminalistischen Spekulationen eines Franziskaner-
mönchs, der durch seine aus Indizien gespeiste kriminelle Phantasie in der Be-
nediktinerabtei das Verbrechen – eine Mordserie und hinter allem die Vernichtung eben jenes aristotelischen Komödienbuches – überhaupt erst auf den Plan
ruft. Sieht so der seriöse Beginn eines Beitrags über die Unika im *Ambraser
Heldenbuch* aus?

Also noch einmal von vorne, dieses Mal ausgehend von einem Motto. Ich
entnehme es der Dissertation eines germanistischen Mediävisten, die 1987 unter dem Titel *Späthöfische Literatur und ihre Rezeption im späten Mittelalter:
Studien zum Publikum des ‚Helmbrecht' von Wernher dem Gartenaere* erschienen ist und ein spannendes, von der Maximilian-Forschung bislang nicht
rezipiertes Kapitel zum *Ambraser Heldenbuch* enthält. „Die Publikumsge-
schichte", so schreibt Ulrich Seelbach (der Verfasser),

> ist nun einmal nicht mit den Naturwissenschaften und der Demoskopie
> zu vergleichen, sie hat ein spekulatives Element und kann darauf eben-
> sowenig verzichten wie die Archäologie, Paläontologie und – die Krimi-
> nalistik. Das Element der Spekulation ist deshalb unverzichtbar, weil sie
> der Forschung Perspektiven eröffnet, die dem bloßen Tatsachenmaterial
> nicht ablesbar sind. Freilich muß sich die (kontrollierte) Spekulation, die
> das Ziel der Rekonstruktion eines ehemals vorhandenen Ganzen verfolgt,

an die Tatsachen halten und sich des hypothetischen Charakters der an-
nähernden Bestimmung bewußt bleiben. Doch ohne spekulative oder hypothetische Überbrückung fehlender Informationen läßt sich kein Wis-
sensfortschritt erwarten, mit ihr aber rücken bisher unberücksichtigte und
übersehene Elemente in das Blickfeld des Beobachters, die den hypothetischen Anteil an der Rekonstruktion wieder reduzieren können.[1]

Erneut Kriminalistik und Spekulation, jetzt freilich in wissenschaftlich-
seriösem, nichtfiktionalem Kontext. Um die Spekulation wissenschaftlich sa-
lonfähig zu machen, gilt es, so Seelbach, in engster Tuchfühlung mit dem für
sich genommen nicht lesbaren, opak bleibenden Tatsachenmaterial zu operie-
ren.

Damit ist klar, wie in einem dritten Anlauf anzufangen ist, um im Fall der
Unika des *Ambraser Heldenbuchs* der – womöglich im Ecoschen Sinn kriminalistischen – Spekulation zu einem möglichst seriösen Fundament zu verhelfen: bei den Tatsachen. Eine Beweisaufnahme also.[2] „Welche Bedeutung das
Ambraser Heldenbuch für die Literaturgeschichte hat", so Franz Unterkircher
1954, „ergibt sich schon daraus, daß nicht weniger als 17 von den darin aufge-
zeichneten Texten sonst nirgends überliefert sind".[3] Das ist großzügig gerechnet, denn im eigentlichen Sinne unikal überliefert wird man Hartmanns *Erec*
nicht nennen können, und auch die Fragmente aus des Strickers *Frauenehre*
oder Wolframs *Titurel* sind nicht die einzigen Überlieferungsträger des jeweiligen Textes, sondern lediglich bestimmter Text*teile*. Johannes Janota kennzeichnet 1978 im *Verfasserlexikon* denn auch nur noch 14 Texte als Unika;[4]
faßt man – wie etwa Judith Klinger – in rezeptionspragmatischer Perspektive
den *Erec* als quasi-unikal auf, so ist man bei „15 Unikate[n]" (J. Klinger, 2002,
255). In jedem Fall sind es „wesentliche Teile der mittelhochdeutschen Literatur" (F. Unterkircher, 1973, 7), von denen wir keine Kenntnis hätten, überlieferte sie nicht das *Ambraser Heldenbuch*. Um diese schlichte Feststellung Un-
terkirchers mit Klinger ein wenig pathetischer zu formulieren: der „preziöse
Inhalt" des *Ambraser Heldenbuchs* hat „mehreren Generationen von Mediävisten Ecksteine für einen Kanon geliefert" (J. Klinger, 2002, 255). Unweigerlich
stellt sich die Frage, wie es zu einer derart paradoxen Überlieferungssituation
(so spät, so unikal, so kanonisch) gekommen sein kann. Bevor ich aber dieser
Frage genauer nachgehe, will ich einerseits den Befund vierzehn- oder fünf-

---

1   U. Seelbach, 1987, 12f. Zum *Ambraser Heldenbuch* 94-111.

2   Eine umfassende Bestandsaufnahme zu Problemen und Forschungsdesideraten, betreffend
das *Ambraser Heldenbuch*, bietet auf neuestem Stand M. J. Schubert, 2008.

3   F. Unterkircher, 1954, 8. Das Prädikat „einziger überlieferter Text" vergibt Unterkircher,
5-8, für die Texte Nr. 1, 2, 4, 5, 6, 7 („einziger vollständig überlieferter Text"), 12, 13, 15, 16, 17,
18, 19, 20, 21, 24 („einziger überlieferter Text dieses Fragmentes") und 25 („einziger überlieferter Text dieses Fragmentes"). Von „17 Unica" geht auch noch aus H. Kuhn, 1967, 185.

4   J. Janota, 1978, 324. Janota spricht zwar davon, daß „15 Werke als Unika" überliefert seien,
kennzeichnet im folgenden jedoch nur vierzehn mit dem „(U)".

zehnfacher unikaler Überlieferung näher charakterisieren und in den Kontext der nichtunikal tradierten Texte stellen,[5] andererseits die Paradoxie von Fall zu Fall weiter zuspitzen. Die Überlieferung im Detail – eine Skizze: Strickers *Frauenehre* (Nr. 1), von der das *Ambraser Heldenbuch* einleitend den Schluß (ab V. 1321) bietet, ist vollständig nur in den nah verwandten Handschriften HK überliefert; hinzu treten zwei Fragmente, wovon eines, das Ambraser (d), stark von HK differiert und aufgrund einer großen Zahl von als echt einzustufenden Zusatzversen – so der Herausgeber Klaus Hofmann – als Zeugnis einer Doppelredaktion zu gelten hat (K. Hofmann, 1976, 5f.). Einer unikal überlieferten Doppelredaktion demnach. Nr. 2, der *Mauritius von Craûn*, gehört zu den Texten, für die der unikale Überlieferungsbefund auf den ersten Blick einleuchtend erscheint: ein Text ohne Autor, ohne Spuren zeitgenössischer Rezeption, exzentrisch bis exotisch, zu datieren entweder *vor* oder *nach* der höfischen Klassik. Wäre da nicht der Weg, den die Vorlage an den Inn oder die Etsch gemacht haben muß. Der sprachliche Befund des *Mauritius von Craûn* weist laut Heimo Reinitzer ins Rheinfränkische.[6] Keine lokale Überlieferung also. Der dritte Text, Hartmanns *Iwein*, ist mit 15 Handschriften und 17 Fragmenten reich tradiert, darunter auch im *Ambraser Heldenbuch* (mit Laudines Kniefall, den nur zwei weitere Handschriften kennen). Das wäre noch wenig auffällig, stünde diese Überlieferung in ausnahmsweise großer Gesellschaft nicht in schärfstem Kontrast zur übrigen Hartmann-Überlieferung im *Ambraser Heldenbuch*. Alle anderen Werke dieses Autorcorpus – und von so etwas kann man mit Blick auf die Sequenz *Iwein*, *Klage*, *Zweites Büchlein*, *Mantel* und *Erec* durchaus sprechen –,[7] alle übrigen Texte Hartmanns oder Pseudo-Hartmanns (Nr. 4-7) sind im *Ambraser Heldenbuch* unikal oder quasi-unikal überliefert. Auffällig ist das zumal für den *Erec*, den ersten deutschen Artusroman, der nicht nur eine Gattung zu begründen vermag, sondern in seiner breiten textuellen Wirkung auch allenthalben intertextuell zu greifen ist; und das nicht nur zeitnah, etwa im *Parzival* oder der *Krone* Heinrichs von dem Türlin, sondern mit den Exzerpten im *Friedrich von Schwaben* (fünf nahezu wörtlichen Zitaten von insgesamt 100 Versen) noch im frühen 14. Jahrhundert.[8] Als kanonisch kann

---

5   Zum besonderen Stellenwert des *Ambraser Heldenbuchs* als „zugleich Exemplar einer gestreuten Überlieferung und *codex unicus* einer Reihe von Texten" vgl. M. J. Schubert, 2008, 99.

6   H. Reinitzer, 2000, XIIIf. – Diese Frage stellt, wenngleich er den *Mauritius von Craûn* sprachgeographisch etwas anders verortet, auch schon F. Neumann, 1964, 663: „Wie kam der seltene Text, dessen Original man in das südlichste (rechtsrheinische) Franken setzt, nach Südtirol?"

7   Vgl. M. J. Schubert, 2008, 111, der mit Berufung auf einen noch nicht erschienenen Beitrag von Kurt Gärtner unter dem Titel *Hartmann von Aue im Ambraser Heldenbuch* von einer „teilweisen Œuvre-Sammlung" spricht.

8   Vgl. dazu ausführlich B. Edrich-Porzberg, 1994. Zum *Erec* im *Friedrich von Schwaben* vgl. im Detail K. Gärtner, 2006, XVI.

der Autor Hartmann bereits mit Gottfrieds Eloge im Literaturexkurs gelten.
Auch von kodikologischer Seite ist das Rätsel nicht aufzuhellen. „Erec wie
Iwein", so Peter Jörg Becker 1977, „ergeben als Niederschrift Codices ungefähr gleicher Buchblockgröße", und solche „Epen mittlerer Länge hatten [...]
die Möglichkeit, sich auch in der Einzelüberlieferung zu behaupten. Das Fehlen einer vollständigen Erec-Hs außerhalb des Verbandes des Ambraser Heldenbuchs", so Becker weiter, „geht also nicht zu Lasten eines besonders von
Vernichtung bedrohten Buchformats" (P. J. Becker, 1977, 171/172); von den 15
Iwein-Handschriften sind denn auch 9 einzeln überliefert (ebda., 173).

Ein ähnlich paradoxes, allem Erwartbaren zuwiderlaufendes Bild bietet
der heldenepische Block, die Texte 8-15: fünf von ihnen, *Dietrichs Flucht /
Rabenschlacht, Nibelungenlied / Klage* und *Ortnit*, sind in Kontexten breiter
oder jedenfalls mehrfacher Überlieferung bezeugt, drei – *Kudrun, Biterolf* und
Wolfdietrich A – sind Unika. Bei den reicher tradierten Texten fällt auf, soweit
sich aus der nur selten genauer auf die Eigenheiten der jungen Ambraser Tradierung eingehenden Forschung urteilen läßt, daß die Ambraser Überlieferungen dazu neigen, eigene Wege zu gehen. So etwa im Fall von *Dietrichs Flucht*
(Nr. 8), wenn allein die Ambraser Fassung in ihrem Eingang „die Geschichte
von Dietrichs Urahnen [...], vom artusgleichen Spitzenahn Dietwart bis zu
Ortnit und (unter Bruch der ‚biologischen' Kontinuität) zu Wolfdietrich" in
voller Länge von 2297 Versen bietet; dagegen stellen, so die Herausgeberin
Gertrud Beck weiter, was die Vorgeschichte angeht, die übrigen drei Handschriften mehr oder weniger stark „kürzende Bearbeitung[en]" dar.[9] Oder im
Fall des *Nibelungenliedes* (Nr. 10), wenn die Handschrift d nicht in der umfangreichen *C-Gruppe aufgeht, sondern, so Werner Hoffmann 1992, „offenbar auf einer guten alten Vorlage beruht", die (repräsentiert durch das Fragment O) „dem Urtext noch nahe verwandt" scheint.[10] Die daran anschließende *Klage* (Nr. 11) hingegen bildet eine Überlieferungsgruppe mit Handschrift
B.[11] Beides zusammengenommen spricht für einen Vorlagenwechsel von *Nibelungenlied* zu *Klage*, der – wie auch die für den Nachtrag einzelner Aventiuren paßgenau gelassenen Lücken[12] – auf eine gezielte Auswahl der seltenen

---

9   E. Lienert / G. Beck, 2003, XIX. Während R und W „nur einen rund 200 Verse umfassenden genealogischen Vorspann über Dietrichs unmittelbare Vorfahren" bieten (ebda.), ist „die
Vorgeschichte der Handschrift P [...] gegenüber der des ‚Ambraser Heldenbuchs' um 12,2 Pro-
zent kürzer" (XXI).
10 W. Hoffmann, 1992, 78. Zu den grundsätzlichen Bedenken gegenüber einer stemmatologi-
schen Argumentation im Fall des *Nibelungenliedes*, die vor allem Helmut Brackert formuliert
hat, ebda., 78-81.
11 J. Bumke, 1999, 10. Vgl. auch J. Bumke, 1996, 116: „Die Handschriften J und d sind im
‚Klage'-Teil näher mit A und B als mit C verwandt, gehören also zum *B-Zweig und nicht zum
*C-Zweig."
12 Vgl. dazu M. J. Schubert, 2008, 111 mit Anm. 59, der feststellt: „Offenbar erkannte Hans
Ried fehlende Âventiuren im *Nibelungenlied* und hielt hier Platz für einen Nachtrag frei, wobei er den nötigen Raum auf ungeklärte Weise korrekt kalkulierte." Meines Erachtens läßt die-

Lied-Überlieferung d anstelle einer breiter bezeugten, vollständigen Handschrift der *B-Gruppe hindeutet. Nr. 12 und 13, *Kudrun* und *Biterolf*, sehen aus wie ‚unkontroverse‘ Unika, auch die sprachgeographische Situierung im Bairisch-Österreichischen bzw. im Südbairischen stellt kein Argument gegen eine von vornherein schmale, im frühen 16. Jahrhundert die Wege Maximilians kreuzende Überlieferung dar; einzig die Tradierung im Verbund mit Dietrichs- und Nibelungenepik, Texten, die durchweg breit bezeugt sind und worauf beide Unika intertextuell Bezug nehmen, irritiert. Charakteristisch für die Paradoxie der Ambraser Überlieferung ist hingegen wieder der unikale *Wolfdietrich A* (Nr. 15). Denn die heldenepische *Wolfdietrich*-Überlieferung fließt alles andere als spärlich; während jedoch *Wolfdietrich B, C* und *D* durchweg in Handschriftenfamilien überliefert sind, zwischen denen sich auch Austausch beobachten läßt, ist der unikale *Wolfdietrich A* ein Single.[13] Und der so gut wie immer in Überlieferungsgemeinschaft mit dem *Wolfdietrich* tradierte *Ortnit* (Nr. 14) ist in der Ambraser Handschrift (A) zwar kein Unikum, doch bietet nur noch eine weitere (Wiener) Handschrift (W) diese *Ortnit*-Fassung, und gerade in ihr findet sich anstelle des erwartbaren *Wolfdietrich* eine Lücke, die vermuten läßt, so Wolfgang Dinkelacker 1989, „daß der ‚Wolfdietrich A‘ hätte folgen sollen“ (W. Dinkelacker, 1989, 58).

Nr. 16, *Die böse Frau*, sprachlich nach Tirol weisend (vgl. H.-F. Rosenfeld, 1978, 966), leuchtet als Unikum wiederum ein. Für die daran anschließenden Texte Herrands von Wildonie, Nr. 17-20, dagegen hat sich die so schlüssig anmutende Annahme einer bloß lokalen Tiroler Verbreitung als Trugschluß erwiesen, denn – ich zitiere Michael Curschmann 1981 – „die Vorstellung von einer exklusiven Familien-Tradition und der damit verbundenen sehr beschränkten Wirkung von H.s Dichtung widerlegt die schwäb. Prosaauflösung des ‚Nackten Kaiser‘ aus dem 15. Jh.“.[14] Von den übrigen Texten, Nr. 21-25,

---

ser in der Tat bemerkenswerte Befund allein den Schluß zu, daß dem Schreiber (mindestens) zwei *Nibelungenlied*-Handschriften vorlagen, so daß er mittels Vergleichs anhand der jeweiligen Strophenzahl den für die Nachträge jeweils benötigten Umfang berechnen konnte; daß er gleichwohl den fehlenden Text nicht schlicht aus der Parallelüberlieferung übernahm, scheint mir für ein Auswahlkriterium – etwa Alter und Qualität der Überlieferung, ablesbar an der Schrift, dem Schreibmaterial (Pergament versus Papier) und dem Sprachstand – zu sprechen. Versteht man dieses ausgehend von den Lücken entworfene Szenario als punktuellen Einblick in die ‚Werkstatt‘ des Schreibers Hans Ried, so ist mit einiger Wahrscheinlichkeit (zumal wenn man die durchweg hohe Qualität der späten Ambraser Überlieferung bedenkt) anzunehmen, daß auch für die anderen Texte mehr als eine Vorlage beschafft wurden – was das Rätsel des Verschwindens (nahezu) sämtlicher Vorlagen des *Ambraser Heldenbuchs* weiter zuspitzt. Vgl. dazu auch unten, S. 188, Anm. 25.

13 Lediglich die Fassung Ka des ‚Dresdner Heldenbuchs‘, eine gekürzte Bearbeitung von A, zeigt sich in Teilen mit der Ambraser Überlieferung verwandt. Vgl. W. Dinkelacker, 1999, 1310-1313.

14 M. Curschmann, 1981, 1146. Die These einer über Maximilians ‚literarischen Beirat‘ Paul von Liechtenstein gewissermaßen in einem Akt parasitärer *gedechtnus*-Stiftung in das Projekt

sind zwar bloß zwei, Ulrichs von Liechtenstein *Frauenbuch* und *diese* Fassung des *Briefes des Priesterkönigs Johannes*, unikal. Doch auch für den *Helmbrecht* und Wolframs fragmentarischen *Titurel* stehen die jeweils zwei zusätzlichen Überlieferungsträger[15] in paradoxer Spannung zur regen regional bzw. überregional nachweisbaren Rezeption – für den *Helmbrecht* in einer Fallstudie auf den Spuren der Handschriften vorbildlich aufgearbeitet von Seelbach 1987, für den *Titurel* allein schon durch eine Besonderheit der Überlieferung belegt: Insgesamt 18 Handschriften und ein Druck des *Jüngeren Titurel* bezeugen, daß der *Ältere Titurel* „mehrfach nachverglichen und zur Rezension des Textes benutzt wurde" (J. Bumke/ J. Heinzle, 2006, X). Und vor dem Hintergrund der breiten handschriftlichen und Drucküberlieferung des *Jüngeren Titurel* läßt sich der besondere Status des Ambraser *Titurel*-Fragments noch weiter pointieren: „Da […] schon wenige Jahrzehnte nach Wolfram", so Helmut Brackert und Stephan Fuchs-Jolie in ihrer *Titurel*-Ausgabe, „der ‚Jüngere Titurel' als ein Meisterwerk Wolframs tradiert wurde, ist kaum damit zu rechnen, daß man die alten Fragmente noch einmal separat als Werk Wolframs aufgeschrieben hat. Die sehr junge Handschrift H muß dabei als Ausnahme gelten, was darauf hinweisen mag, daß dem Schreiber Hans Ried […] eine alte, vor die Entstehung des ‚Jüngeren Titurel' zurückreichende Vorlage zur Verfügung stand" (H. Brackert / S. Fuchs-Jolie, 2002, 11). Eine reiche Tradierung, innerhalb derer die junge Ambraser Fassung unauffällig mit dem Strom schwimmt, ist unter den letzten zehn Texten des *Ambraser Heldenbuchs* nur für den *Pfaffen Amis* des Strickers festzustellen – doch nimmt sich in der skizzierten Überlieferungsgemeinschaft gerade die Normalität schon wieder bizarr aus.

Das Fazit dieser Skizze, die genaue Fallstudien zu jedem der im *Ambraser Heldenbuch* überlieferten Texte unter besonderer Fokussierung der Ambraser Handschrift natürlich nicht zu ersetzen vermag, könnte so aussehen: 1) 14 der 25 im *Ambraser Heldenbuch* überlieferten Texte sind Unika. 2) Darüber hinaus läßt sich für vier weitere Texte eine quasi-unikale Überlieferung ansetzen, sei es, daß sich wie im Fall des *Erec* nur Spurenelemente weiterer

---

gebrachten Familienüberlieferung der Texte Ulrichs von Liechtenstein und seines Schwiegersohns Herrand von Wildonie wurde aufgestellt von M. Wierschin, 1976, 561 mit Anm. 181. Zur Rolle Pauls von Liechtenstein jetzt genauer A. Mura, 2007.

15 Im Falle des *Helmbrecht* eine als Bearbeitung der Ambraser Fassung einzustufende Handschrift (B) und eine seit dem 19. Jahrhundert verschollene Bilderhandschrift, vgl. U. Seelbach, 1987, 45-93 und 112-117; im Falle von Wolframs *Titurel* zwei weitere Fragmente (G und M), deren Verhältnis zur Ambraser Fassung H J. Bumke / J. Heinzle, 2006, X, folgendermaßen charakterisieren: „Jede Hs. bewahrt eine eigene Fassung, wobei an zahlreichen Stellen H und M gemeinsam G gegenüberstehen." M ist aber bereits früh, aller Wahrscheinlichkeit nach vor der Entstehung des *Ambraser Heldenbuches*, zu Makulatur geworden, wurde sie doch aus dem Bucheinband einer lateinischen Papier-Sammelhandschrift aus der Mitte des 15. Jahrhunderts ausgelöst. Vgl. H. Brackert / S. Fuchs-Jolie, 2002, 8.

handschriftlicher Bezeugung erhalten haben,[16] sei es, daß wie im Fall der *Frauenehre* eine eigene unikale Redaktion vorliegt oder, so beim *Helmbrecht*, die Ambraser Fassung allein einen (relativ) unbearbeiteten Text bietet. 3) Auch für die reich tradierten Texte sind zumeist mehr oder weniger markante Sonderwege zu beobachten, etwa wenn der Ambraser *Iwein* den überhaupt nur in drei Handschriften bezeugten Kniefall Laudines hat oder das Ambraser *Nibelungenlied* „eine gute alte Handschrift [vertritt], die sich neben B sehen lassen kann" (J. Bumke, 1996, 263). 4) Ein Unikum im umgangssprachlichen Sinn stellt im Ambraser Überlieferungsverbund der *Pfaffe Amis* dar, insofern allein hier eine unauffällige und breite Tradierung zu konstatieren ist.[17] 5) Einige der unikal oder quasi-unikal überlieferten Texte sind vor der Entstehung des *Ambraser Heldenbuchs* nachweislich breit rezipiert worden, allen voran Hartmanns *Erec*, doch etwa auch der *Helmbrecht* oder Wolframs *Titurel*.

Sucht man nach Erklärungen für diesen Befund, den die vorangegangene Beweisaufnahme in seiner ganzen Widersinnigkeit zuzuspitzen versucht hat, so wird man feststellen, daß die Forschung sich um eine stichhaltige Antwort bislang eher gedrückt hat. Das liegt nicht zuletzt daran, daß, wer sich für die mittelhochdeutschen Texte interessiert, dem Rezipienten Maximilian in der Regel nicht ein gleichermaßen starkes frühneuzeitliches Interesse entgegenbringt, die Textgestalt des 16. Jahrhunderts vielmehr als ärgerliches Hindernis in der Bemühung um die ‚Originale' des 13. Jahrhunderts wahrnimmt (vgl. dazu J. Klinger, 2002); und daß umgekehrt den Maximilian-Forschern das *Ambraser Heldenbuch* nicht als Werk des 16. Jahrhunderts gilt, sondern als Dokumentation antiquarischer Sammeltätigkeit. Selbst Jan-Dirk Müller rechnet im *Verfasserlexikon* das *Ambraser Heldenbuch* nicht unter Maximilians Werke

---

16 Den Hartmannschen *Erec* überliefern noch drei weitere Handschriften, K, V und die letzten beiden Doppelblätter der kompilierten Handschrift W; allerdings sind von allen drei Handschriften nur Einzelblätter erhalten (insgesamt im Umfang von 759 Versen). Vgl. K. Gärtner, 2006, XIII-XV. Zudem waren – was mit Blick auf die unikale Ambraser Überlieferung wichtiger erscheint – zwei von ihnen zum Zeitpunkt der Herstellung des *Ambraser Heldenbuchs* gar nicht mehr im Verkehr: Das Koblenzer Blatt wurde „vermutlich im 15. Jh. zum Einbinden eines Registers der Herrschaft Landskron (Kr. Ahrweiler) verwertet" (XIII), die Wolfenbütteler Fragmente fanden im „Cod. Guelf. 19.26.9 Aug. 4° […], einer 1433 geschriebenen Papierhs. mit einer Predigtsammlung des Dominikaners Peregrinus von Oppeln (ca. 1260 bis ca. 1322)", Verwendung, „für deren Einband (Spiegel und Falze)" sie genutzt wurden (XV). Das Wiener Blatt V wurde zwar erst 1559 einem ähnlichen Zweck zugeführt – „als Umschlag für Akten der Herrschaft Walpersdorf (Bezirk St. Pölten)" (XIV); doch legt dieses Schicksal eine bereits vorausgegangene Zweckentfremdung nahe.

17 Eine Ausnahme stellt, falls die Schlußfolgerung von M. Wierschin, 1976, 565, aus Maximilians Gedenkbuchnotizen stimmt, der *Pfaffe Amis* auch insofern dar, als er als einziger unter den Texten des *Ambraser Heldenbuchs* auch in der kaiserlichen Büchersammlung bezeugt ist; ob dieser „pfaf Amus" (zitiert nach T. Gottlieb, 1900, 62) „wahrscheinlich […] als Vorlage" diente (so Wierschin, 565), kann nicht mehr als Spekulation sein. Hinzu kommt in Bezug auf den *Pfaffen Amis* aber noch ein zweites Ausnahmemerkmal: Er ist auch der einzige unter den Texten des *Ambraser Heldenbuchs*, der in einem frühen Druck erschien, vgl. F. Neumann, 1964, 672.

(vgl. J.-D. Müller, 1987, 213-233). Und so müssen denn für eine Erklärung des paradoxen Überlieferungsbefundes, wo sie überhaupt versucht wird, letztlich die Launen der Fortuna herhalten. „Eine bedauerliche Tatsache ist", so umschreibt es 1976 Martin Wierschin, „daß in den politischen Turbulenzen des Maximilianischen Zeitalters zahllose Handschriften zerstört wurden", wenig später spricht er von einer „Zufallsüberlieferung von Einzel- bzw. kleinsten Gruppenmanuskripten" (M. Wierschin, 1976, 565 und 567, Anm. 219), die sich Maximilian offenbar ebenso zufällig angeboten haben, wie sie dann auch wieder von der Bildfläche verschwunden sind. Den Zufall bemüht man auch sonst gern, etwa Hugo Kuhn, wenn er die aberwitzige ‚Zufälligkeit' der „ganz verspäteten Unicum-Überlieferung" der *Kudrun* akzentuiert (H. Kuhn, 1967, 184f.). „Hierbei kann es sich nicht um ein Spiel des Zufalls handeln" (P. J. Bekker, 1977, 223), konstatiert hingegen Becker mit Blick auf die Diskrepanz von *Erec*- und *Iwein*-Überlieferung – um nach einer Reihe von tautologischen Erklärungsversuchen dem Zufall dann doch wieder erheblichen Spielraum zuzugestehen, nun bei der Steuerung der (die Weichen für die Reproduktion stellenden) Primärrezeption: „Vielleicht geriet der Erec nicht in die Mindestmenge von Codices unter die richtigen und einflußreichen Leute, die zur Erreichung der Kettenreaktion der Reproduktion erforderlich war. [...] Der Zufall spielte eine große Rolle bei dem, was dem einzelnen in die Finger kam" (ebda., 223/226).[18] Aber gleich vierzehn oder (falls man die quasi-unikalen Texte hinzurechnet) gar achtzehn solcher unglücklichen Zufälle?!

Schon früh hat man versucht, die offenbar doch nicht ganz geheure Willkür des Zufalls so weit wie möglich zu begrenzen: „immerhin wäre es in dem falle, wenn die gedichte dem abschreiber separat vorlagen, auch auffallender dass von den verschiedenen hss. bis jetzt nicht ein einziges blatt aufgefunden wurde. der vollständige untergang éines ms. ist leichter erklärlich", macht 1883 Oswald Zingerle geltend und postuliert folgerichtig *eine* die Texte des *Ambraser Heldenbuchs* umfassende Sammelvorlage (O. Zingerle, 1883, 142). Doch abgesehen davon, daß sich auf diese Weise das Problem nur verschiebt, wären doch dann alle Vorlagen dieser verlorengegangenen *einen* Handschrift unerklärlicherweise spurlos verschwunden (oder sollte da wieder *eine* Sammelhandschrift zugrundeliegen und -gegangen sein, usw. ...?) –, ganz abgesehen von diesem aporetischen *regressus ad infinitum* also: die Hypothese *einer* Vorlage läßt sich aufgrund des kodikologischen Befundes für das *Ambraser Heldenbuch* auch nicht aufrechterhalten. Bevor es also weiter über das wunderliche Walten der Fortuna nachzudenken gilt, ist zu fragen: Mit wievielen Zufällen (oder untergegangenen Handschriften) hat man zu rechnen? Dafür

---

18 Auf die nicht zu unterschätzende Rolle des Zufalls weist grundsätzlich, ohne direkten Bezug auf das *Ambraser Heldenbuch*, auch H. Brunner, 1989, 2f., hin. Die von Brunner aufgezählten Beispiele nicht oder so gut wie nicht überlieferter Texte lassen aber zugleich die Streuung solcher Überlieferungsverluste deutlich werden; die Unikakonzentration im späten *Ambraser Heldenbuch* bleibt demgegenüber auffällig.

stütze ich mich auf das erwähnte Kapitel von Seelbach, dessen Überlegungen ich in einem Punkt modifizieren werde. Seelbach geht vom Layout der Ambraser Handschrift aus und wählt hierfür als Referenz den einzig erhaltenen Rest einer Vorlage des *Ambraser Heldenbuchs*, das Nibelungenfragment O.[19] Aufgrund der Beobachtung, daß der Schreiber Hans Ried sich „in der äußeren Gestalt völlig an seine Vorlage gehalten" hat – „der Text ist dreispaltig geschrieben, die Strophen werden nicht abgesetzt, die Strophenanfänge abwechselnd durch blaue und rote Initialen in der Textzeile hervorgehoben" (U. Seelbach, 1987, 103) –, kann Seelbach eine erste „Sammelhandschrift *O" (ebda., 104)[20] herauspräparieren, die *nicht* mit dem (endlich ins Reich der Legende zu verweisenden) ‚Heldenbuch an der Etsch'[21] identisch ist, sondern nur die Texte 10-15 (*Nibelungenlied* bis *Wolfdietrich A*) umfaßt.[22] Die Texte *vor* dem *Nibelungenlied* und *nach* dem *Wolfdietrich A* haben, abgesehen von der durchgängigen Dreispaltigkeit, ein anderes Layout. Mittels dieser layoutbezogenen Methode profiliert Seelbach noch zwei weitere Sammelvorlagen: eine „Sammelhandschrift I", die die Texte 2-7 (*Mauritius von Craûn* bis *Erec*) enthalten habe,[23] und eine „Sammelhandschrift III" mit den Texten 17-23 (Herrands *Treue Gattin* bis *Pfaffe Amis*).[24] Hinzu kommen fünf Einzelvorlagen: des Strickers im Layout von allen übrigen Texten des *Ambraser Heldenbuchs* abweichende *Frauenehre* (Nr. 1), eine Vorlage mit *Dietrichs Flucht* und *Rabenschlacht* (Nr. 8/9), eine weitere mit der *Bösen Frau* (Nr. 16), und schließlich noch je eine mit dem *Titurel* (Nr. 24) und dem *Priesterkönig Johannes* (Nr. 25)

---

19 Die Annahme, daß das Fragment O direkte Vorlage für das *Nibelungenlied* des *Ambraser Heldenbuchs* war, kann R. Zimmerl, 1930, auf der Grundlage einer eingehenden Lesartenuntersuchung plausibel machen, vgl. bes. die resümierenden Abschnitte II-IX und 209-215.

20 Merkmale: „nichtabgesetzte Abschnitte bzw. Strophen, einzeilige Initialen, vorhandene Titel und Aventiurenüberschriften" (U. Seelbach, 1987, 106).

21 So noch jüngst N. Miedema, 2006, 89, Anm. 14. Auch G. Beck / E. Lienert, 2003, XVI, nehmen „für den heldenepischen Hauptteil" des *Ambraser Heldenbuches* „wohl eine Vorlage" an. Bei J. Bumke, 1996, 188, Anm. 203, ist das Vorlagenkonstrukt gar zum „Heldenbuch ob der Etsch" mutiert. Selbst M. J. Schubert, 2008, vermag sich, trotz kritischer Diskussion, nicht eigentlich vom ‚Heldenbuch an der Etsch' zu trennen. Vgl. aber M. Wierschin 1976, 494-496, der nach der Musterung der beiden einschlägigen Belegstellen zu dem Ergebnis kommt: „Daß das zweimal (!) analog benutzte Ortsadverbiale *an die Etsch / an der Etsch* bei seiner ersten Verwendung zufälligerweise aufgrund der syntaktischen Normalstellung neben dem Kompositum *helldenpuch* steht, macht es nicht zum Bestandteil eines Buchtitels." Klärend neuerdings auch A. Mura, 2007, 62-64.

22 Als flankierendes Argument hierfür kann die Beobachtung von M. J. Schubert, 2008, 113, gelten, daß „sich die [...] rote Strichelung der Majuskeln genau über die Texte Nr. 10-15 [erstreckt]".

23 Merkmale nach U. Seelbach, 1987, 106: „abgesetzte Abschnitte, vier- und dreizeilige Initialen. Keine Titelgebung".

24 Merkmale: „abgesetzte Abschnitte, meist zwei-, bisweilen dreizeilige Initialen, direkter Anschluß in derselben Textspalte" (ebda.). Vgl. allerdings die im folgenden genannten Korrekturen.

(vgl. U. Seelbach, 1987, 106). Macht insgesamt acht Handschriften, mit deren
fast spurlosem Verschwinden (inklusive – im Falle der Unika – aller Parallelüberlieferung) unter dem Gesichtspunkt der Zufallswahrscheinlichkeit also
fertig zu werden wäre, davon drei in ihrer Faktur wohl als unikal einzustufende Sammelvorlagen und fünf aller Wahrscheinlichkeit nach ursprünglich nicht
unikale Einzelvorlagen. Sieht man bei Seelbachs „Sammelhandschrift III"
(„Vermischtes") noch einmal genauer hin, so erscheinen 8 + x verlorene Handschriften wahrscheinlicher, denn der Block mit Herrands Texten (Nr. 17-20)
unterscheidet sich deutlich von dem angenommenen Sammelhandschrift-Layout: weder „abgesetzte Abschnitte" noch „zwei-, bisweilen dreizeilige Initialen" (U. Seelbach, 1987, 106), vielmehr fortlaufend geschrieben, jeweils mit
roter Überschrift und sechszeiliger Initiale am Textbeginn.[25] Paläographisch
löst der verwandtschaftliche Verbund von Herrand und Ulrich von Liechtenstein sich somit auf.

Nun läßt sich in synchroner Perspektive, ohne Rücksicht auf die herausgearbeitete Paradoxie von Rezeptionen ohne Textgrundlage, natürlich fragen, ob man sich den Verlust von acht oder neun oder zehn Handschriften in
den Jahren 1516ff. vorstellen kann, und sicher wird die Antwort lauten: Man
kann. Aber kann man auch unter den speziellen Entstehungsumständen? Wie
sehr Maximilian an dem *Heldenbuch*-Projekt gelegen war, bezeugt die rege
Korrespondenz ebenso wie der beträchtliche finanzielle Aufwand über mehr
als zwölf Jahre hinweg.[26] Folgt man der Argumentation Seelbachs, dann liegt
der Grund dafür, daß keine der Vorlagen sich in Maximilians Bücherbesitz
nachweisen läßt, darin, daß er sie nie besaß; daß sie nicht bei (durchaus bezeugten) Visitationen von Klosterbibliotheken beschlagnahmt oder beim Sieg
über innenpolitische Gegner gepfändet wurden, sondern daß der Kaiser sie
zum Abschreiben aus den „Bibliotheken der ihm verbundenen Adelshäuser"
entlieh (U. Seelbach, 1987, 107). Und sein Ziel sei nicht die Erstellung eines
„vorzeigbare[n] Prachtexemplar[s]" gewesen, sondern „ein Buch ohne Leser",
„ausschließlich der Bewahrung der versammelten Texte vor dem Untergang

---

25 Macht man mit der oben, S. 182f. ins Spiel gebrachten Überlegung, daß das überlieferungsgeschichtliche Verhältnis von *Nibelungenlied*- und *Klage*-Handschrift im *Ambraser Heldenbuch* auf einen Vorlagenwechsel schließen läßt, Ernst, so wäre bereits für „Sammelhandschrift
II" mit einem ‚Zerfall' in zwei Handschriften zu rechnen. Es sei denn, man wollte diesen offenbar nach dem Kriterium alter, qualitätvoller Tradierung verfahrenden Überlieferungsmix
bereits für die von Seelbach postulierte „Sammelhandschrift °O" annehmen.

26 Zum paradoxen Mißverhältnis von Datenfülle und Informationslücken hinsichtlich der
Entstehung des *Ambraser Heldenbuchs* pointiert M. J. Schubert, 2008, 100: „Bei keiner anderen großen Handschrift mittelalterlicher Literatur ist die Entstehung so detailliert dokumentiert wie beim ‚Ambraser Heldenbuch' […]; die von ihm [Kaiser Maximilian] perfektionierte
Verwaltungspraxis führt zu Archivalien, welche die Entstehung des Buches dokumentieren,
soweit sie für die Verwaltung relevant ist. […] So erfreulich diese Datenfülle im einzelnen ist, so
wenig kann sie über einen Punkt hinwegtrösten, der bislang etwas unterging: dass wir über die
konzeptionelle Seite der Handschriftengenese ganz miserabel informiert sind."

und für die Nachwelt" dienend.[27] Das *Ambraser Heldenbuch*, so schließt Seelbach pointiert, sollte „bis zu jener Zeit [...] überleben, zu der das Publikum, das Maximilian ihm bestimmt hatte, geboren wurde: Maximilian hatte das Aufkommen des Germanisten-Standes vorausgesehen" (U. Seelbach, 1987, 111). Ein antiquarisch-konservatorisches Interesse an zu Beginn des 16. Jahrhunderts selten gewordenen Texten wäre demnach leitendes Motiv gewesen – doch warum dann keine Sicherung des gefährdeten Traditionsgutes durch den Druck?[28] Welche Layout-Möglichkeiten sich da nicht nur boten, sondern offenkundig auch im Wahrnehmungshorizont des Kaisers lagen, bezeugt zeitgleich mit dem Ambraser Kodex die 1517 gedruckte perfekte Simulation einer mittelalterlichen Handschrift: der *Teuerdank*.[29] Und: warum sollten die Maximilian befreundeten adligen Vorlagenbesitzer diese ihre Zimelien nicht genauso sorgsam gehütet haben wie der Kaiser sein *Heldenbuch*?[30] Immerhin stammt das einzige erhaltene Bruchstück einer Vorlage, das Nibelungenfragment O, nicht aus einer Adelsbibliothek, überstand die Bauernkriegswirren und fand, in Pergamentstreifen geschnitten, als Makulatur wohl bei den seit 1562 in Innsbruck ansässigen Jesuiten Verwendung: die kostbare „Sammelhandschrift *O" mit den drei äußerst seltenen Texten *Kudrun*, *Biterolf* und *Wolfdietrich A* als „billiger Schutz eines Schul-Cicero"![31]

Die Paradoxien dieses ,zufälligen' Überlieferungsbefundes ließen sich weiter heraustreiben, doch scheint es – eingedenk der Ecoschen Bemerkung, daß „der Kriminalroman eine *Konjektur*-Geschichte im Reinzustand" ist[32] –

---

27 U. Seelbach, 1987, 110. „Ein Buch ohne Leser" lautet die Überschrift des betreffenden Abschnitts (109).

28 Wie sie etwa Jörg Wickram unternimmt, wenn er in einem Druck von 1545 Albrechts von Halberstadt *Metamorphosen*-Übersetzung aus dem frühen 13. Jahrhundert „nach einer guten, dem Original nahen Handschrift für das 16. Jh. lesbar macht". F. Neumann, 1964, 662. Zwar läßt sich Maximilian womöglich die Auffassung unterstellen, eine (Pergament-)Handschrift sei haltbarer als ein (Papier-)Druck; doch schließt zum einen, wie der *Teuerdank* beweist, der Druck das Pergament nicht aus (s. u.), zum anderen verteilt sich beim Druck, proportional zur Auflagenhöhe, das Verlustrisiko.

29 Die überlieferungsphänomenologische Nähe des *Teuerdank* zeigt für die Druckfassungen E. C. Tennant, 2002. Hinzu kommen noch mehrere handschriftliche Fassungen, dazu H.-J. Ziegeler, 1982, 102, Anm. 8.

30 Zu bedenken gilt es freilich, darauf hat auf der Brixener Tagung mit Nachdruck Frank Fürbeth hingewiesen, das hohe Ausmaß an Verlusten, die gerade die Adelsbibliotheken zur Zeit der Bauernunruhen betroffen haben. Vgl. dazu C. Reinle, 2002, bes. 82-88. Aber sollte das als Generalerklärung hinreichen?

31 U. Seelbach, 1987, 102. Die derart eingebundene Ciceroausgabe besteht aus einem 1589 in Dillingen gedruckten Band *M. Tullii Ciceronis epistolarum libri quatvor. Ad vsum scholarum Societatis Jesv selecti* sowie einer beigebundenen *Nomenclatura Germanico-Latina*, gedruckt 1590 in Innsbruck. Seelbach vermutet daher Innsbrucker Provenienz.

32 U. Eco, 1986, 63. Weiter heißt es nach dem Vergleich der kriminalistischen Vermutung mit „einer ärztlichen Diagnose, einer wissenschaftlichen Forschung oder auch einer metaphysischen Fragestellung": „Denn wie der ermittelnde Detektiv gehen auch der Arzt, der Forscher,

an der Zeit für eine kriminalistische Konjektur. Sie lautet: Die Ambraser Überlieferung ist kein Zufall. Vielmehr handelt es sich um einen *inszenierten* Zufall, um die gezielt betriebene ‚Produktion' unikaler Überlieferungsverhältnisse. Daß „man die alten Vorlagen vernichtet haben könnte, als die Abschrift vollendet war", dieser „Verdacht" wurde in der Forschung gelegentlich schon geäußert.[33] Doch blieb die dann irgendwie als ungeheuerlich einzustufende Tat ohne Motiv[34] – womit man auch den Verdacht auf sich beruhen ließ. Dabei hat Wierschin das zu vermutende Tatmotiv unmittelbar im Anschluß an das bereits zitierte Bedauern über die zerstörerische Unbill der Fortuna längst benannt – man muß den Satz nur anders lesen. „In der unikalen Überlieferung dieser vernichteten Manuskripte aber", so fährt Wierschin nämlich fort, „liegt die einmalige Bedeutung des Ambraser Kodex" (M. Wierschin, 1976, 565). Die Wahrheit dieser Aussage läßt sich an der mediävistischen Editionsphilologie studieren: Nur da erlangt die Ambraser Überlieferung „einmalige Bedeutung", wo alle anderen Überlieferungsträger vernichtet sind. Mit dem *Ambraser Heldenbuch* ist dem Kaiser, der im *Weißkunig* sein fiktives Double monopolisierend als Verkörperung der *Zeit* bezeichnet,[35] die Monopolisierung kostbarsten

---

der Physiker und der Metaphysiker durch Konjekturen vor, das heißt durch Mutmaßungen und Vermutungen über den Grund der Sache, durch mehr oder minder kühne Annahmen, die sie dann schrittweise prüfen" (63f.).

33 N. Miedema, 2006, 93, Anm. 30. Vgl. auch schon U. Seelbach, 1987, 95: „Völlig unbefriedigend sind die bisherigen Erklärungsversuche zur Vorlagenproblematik. [...] Wie alt waren diese Vorlagen, woher stammen sie und warum wurden alle Vorlagen – bis auf ein Fragment des Nibelungenliedes – vernichtet?" Kurz darauf spricht Seelbach vom *Ambraser Heldenbuch* hypothetisch als „prächtige[m] Begräbnis der Literatur der nun endgültig vergangenen Epoche" (ebda.).

34 Mit U. Seelbachs Annahme einer beinahe schon protogermanistisch zu nennenden Konservierung „einer vergangenen Literatur" (110) verträgt sich die Hypothese gezielter Vernichtung von (entliehenen!) Handschriften, die denn auch nicht noch einmal aufgegriffen wird, überhaupt nicht. Das von N. Miedema, 2006, 93, Anm. 30, für möglich gehaltene Motiv vermöchte nur dann zu überzeugen, wenn die Ambraser Sammlung dem modernen Medium des Buchdrucks anvertraut worden wäre: „Durch die Aufnahme in das neue Heldenbuch waren, so ließe sich dann vermuten, nach Einschätzung Maximilians und seiner Gefolgsleute die eigentlichen Zeugnisse der älteren Zeit obsolet geworden, denn das ‚Ambraser Heldenbuch' übertraf ja die Originale. Es könnte sogar vermutet werden, dass auf diese Art und Weise auch Handschriften von weiteren Texten verloren gingen, die für uninteressant erachtet und deswegen nicht in das ‚Ambraser Heldenbuch' aufgenommen wurden, jedoch bleibt dies reine Spekulation."

35 *Weißkunig*, 66: *Dann wann Jme [dem Jung weiß kunig] ain grosse sach furfiel, so Eylet Er nit, sonndern handlet darynnen, nach zuegebung vnd erleidung der Zeit, die dann je zu zeiten langsam kumbt, das wider der menschen gemuet ist, wann manicher mensch kumbt in ein Unfal, durch sein gahe handlung, Das der Jung weiß kunig verhuet hat, Jch nenn vnd haiß den Jungen weißen kunig, in seiner handlung nit ein mensch, sonnder Jch hais Jne die Zeit, Aus ursach Er hat gehandlt, das der Menschen gemuet ubertrifft, vnd sich der Zeit gleicht, etc.*

symbolischen Kapitals in Gestalt einer einzigen Handschrift gelungen[36] – oder doch beinahe, denn wie so viele *gedechtnus*-Werke Maximilians ist, falls die vorgetragene Konjektur stimmt, auch das *Ambraser Heldenbuch* als Fragment einzustufen, solange es noch Überlieferungen neben der *einen* kaiserlichen gab und gibt. Deren planvolle Vernichtung oder wenigstens Dezimierung aber – und darin bestünde das Ungeheuerliche – gehörte in der hier durchgespielten Lesart mit zur monumentalen Inszenierung des Zufalls, gerade sie böte eine mit Methode verrückte Erklärung für die paradoxe Überlieferungskluft von rund dreihundert Jahren zwischen dem frühen 13. und dem frühen 16. Jahrhundert. Und diese Verrücktheit paßt durchaus zu Maximilian, ließe ein solches Monopolisierungsprojekt sich doch als großangelegter kaiserlicher Selbstentwurf lesen, der seinen Drahtzieher als Herrn über die Zufälligkeit, die Kontingenz von Überlieferung ausweist.

Ein Gedankenspiel, das sich in einer Art Momentaufnahme womöglich weiter konkretisieren läßt. Neben dem makulierten Nibelungenfragment O führt nämlich mit einiger Wahrscheinlichkeit noch eine zweite Spur zu den Vorlagen des *Ambraser Heldenbuchs*: das von einem ganz ähnlichen Schicksal betroffene Fragment K von *Dietrichs Flucht*, entdeckt 1879 durch Emil von Ottenthal im Archiv des Schlosses Kasten im Vinschgau. Die ins erste Viertel des 14. Jahrhunderts zu datierende Handschrift „war als einband für ein verzeichnis von zinsen benutzt, welche den herrn von Schlandersberg 1526 aus den umliegenden dörfern auf schloss Kasten abgeliefert wurden" (E. von Ottenthal, 1879, 336). Schon früh hat man die frappante Verwandtschaft zwischen K und der Ambraser Überlieferung beobachtet – ein weiterer Rest einer verschollenen Vorlage demnach, wofür auch die unmittelbare räumliche Nähe spräche? Das Gegenargument schien bislang zwingend: man dürfe „nicht etwa in unserem fragmente die unmittelbare oder mittelbare quelle erblicken, aus

---

36 In diese Richtung scheint – wenngleich doch eher im Sinne eines zufallsgesteuerten Unternehmens – bereits die Deutung von I. Glier, 1971, 391f., zu gehen, wenn sie als möglichen „Schlüssel" für das Problem der „Spät- und Unica-Überlieferung der [Minne-]Büchlein" folgendes Szenario entwirft: „Was Maximilian und seine literarischen Gewährsmänner, darunter wohl vor allem Paul von Lichtenstein, mit der Ambraser Sammlung offensichtlich schaffen wollten, war nichts Modernes oder allzu Gängiges, sondern ein Buch mit a l t e n Gedichten. Das war mit zeitentsprechenden, wenn auch sicher nicht gering zu achtenden literarischen Kenntnissen wohl vor allem dadurch zu erreichen, daß man unter anderem nach Pergamenthandschriften fahndete, vorwiegend wohl in Familienbibliotheken. Wenn man das vielseitig und beharrlich genug getan hat, wäre sehr wohl denkbar, daß bei einer solchen Aktion manches lang Verschollene, unter anderem auch die Büchlein, zutage gefördert wurde. Damit hätte eine der letzten Sammelwellen schließlich auch die älteren Vorläufer der Minnereden erfaßt. Für eine so oder ähnlich geartete Sammeltätigkeit spräche meines Erachtens vor allem auch der Inhalt der Handschrift, denn das Ambraser Heldenbuch ist zwar vor unseren Philologenaugen eine repräsentative ‚Anthologie' klassischer und nachklassischer Dichtung, vor dem Hintergrund vergleichbarer mittelalterlicher Handschriften aber erscheint es als ausgesprochene ‚Exklusivsammlung'."

welcher A abgeleitet ist; schon aus dem einfachen grunde nicht, weil 5260-5267 in K fehlt, während es in A enthalten ist" (ebda., 338).[37] Untersucht man K im Verhältnis zu A jedoch genauer, so stellt sich zweierlei heraus: zum einen jene ‚engste Verwandtschaft' (ebda.), die nicht nur durch gemeinsame Varianten und Fehler bezeugt wird, sondern auch durch die ausnahmslos übereinstimmende, wiewohl weder sinngemäße noch regelhafte Setzung von Initialen;[38] zum andern aber auch, daß dem Schreiber von A noch eine zweite Handschrift vorgelegen haben muß, welche den Text nach RW bot.[39] Damit aber fällt das Argument der Lücke weg, vielmehr wird folgendes Szenario vorstellbar: Hans Ried, Schreiber im Auftrag des Kaisers, schreibt *Dietrichs Flucht* für das *Ambraser Heldenbuch* nach Handschrift K, parallel dazu liegt ihm (vielleicht weil K nicht vollständig war?) eine zweite, der Überlieferungsgruppe RW zugehörige Handschrift vor, deren Text er im Einzelfall K vorzieht. Nach Gebrauch werden die verwendeten Handschriften planvoll makuliert: was dem Innsbrucker Cicero recht ist, soll den Schlandersberger Zinsen billig sein. *Zu* verrückt für einen kaiserlich inszenierten *Vnfalo*?

Daß das Streben nach Kontingenzmacht um 1500 eine entscheidende Triebfeder symbolischen Handelns darstellt, kann hier nur postuliert werden. Gezeigt werden aber soll, wie die Macht über den Zufall, gerade auch den Zufall der Überlieferung, von Maximilian (respektive dem in seinem Namen ope-

---

37 Entsprechend geht man seit von Ottenthals Postulat einer „gemeinsame[n] urschrift" (E. von Ottenthal, 1879, 338) von einer „gemeinsame[n] (Südtiroler?) Vorlage für beide Handschriften" aus (C. Bertelsmeier-Kierst, 1994, 338), vgl. auch E. Lienert / G. Beck, 2003, XIX.

38 Eine Reihe von Übereinstimmungen von AK gegen RW führt bereits E. von Ottenthal, 1879, 338, auf. Darüber hinaus scheinen mir am aussagekräftigsten V. 5281 (K: *vnt heimlich sinen ungemach*; A: *vnd haimlich seinen vngemach*; RW: *und hal doch sinen ungemach*), V. 6042 (K: *Ahei wi iz da wage*; A: *Aheÿ wie es da wage*; RW: *Ahy, wie ichz da wage*), V. 6123 (K: *Als ob iz vns mach zufrvmen stan*; A: *als ob iz vnns mag ze frumme stan*; RW: *daz ez uns mach ze frum gestan*); in V. 6045 haben RW *nutra*, K bietet die Variante *Hurta*, woraus in A sinnloses *Nurta* wird. Der auffälligste gemeinsame Fehler von K und A findet sich in V. 5212 (K: *der chunich ezel sprach vf ander stat*; A: *der kunig Etzel sprach auf an der stat*; RW: *Der chunich Ezel spranch af an der stat*). Die Initialensetzung stimmt sowohl in V. 5178-5341 als auch in V. 5968-6123 in K und A exakt überein, und dies, obwohl die Initialen vielfach sinnwidrig plaziert werden (nicht selten mitten in den Satz hinein, vgl. V. 5193, 5203, 5233, 5243, 5253, 5283, 5293, 6005, 6117), obwohl sie keineswegs regelmäßig „alle 10 Zeilen vorgesehen, jedoch nur bei jedem 20. Vers ausgeführt sind" (C. Bertelsmeier-Kierst, 1994, 338), sondern dies nur bis V. 5293 gilt, und obwohl A anders als K nicht in Versen, vielmehr fortlaufend mit Reimpunkten geschrieben ist. K wird hier und im folgenden nach E. von Ottenthal, 1879, 339-344, zitiert, RW nach E. Lienert / G. Beck, 2003.

39 Das zeigen drei Stellen, an denen A gegen K mit der Überlieferung in RW geht: V. 5975f. (K: *dv die nach zv streich.* | *Ein bote dort vber velt stræich*; A: *Do die nacht zustaig* | *Ein pot dort vber veld saig*; R: *Do diu naht zuo steich,* | *ein bot dort her uber velt seich*), V. 5980 (K: *Div starchen leiden mære*; A: *die starchen newen mare*; RW: *diu starchen niwen mære*), V. 6016 (K: *Edel kvnch vz romisch reih*; A: *Edel kunig von Romisch reich*; RW: *edel chunich von romisch rich*).

rierenden Autorenkollektiv) narrativ in Szene gesetzt wird. Abschließend also zum *Teuerdank*, dem im Layout einer Handschrift gedruckten und doch in seiner Tradierung streng kontingentierten Parallelprojekt zum *Heldenbuch*,[40] dem der Vortragstitel den Namen für den Zufall entlehnt hat.

Narration bedeutet Ordnung, nicht Zufall; sie kann vom Zufall erzählen, sich selbst aber nicht aus dem Zufall speisen. Und wenn doch, so wäre das schon wieder ein in Erzählordnungen überführter Zufall. Im 1517 in 40 Pergament- und 300 Papierexemplaren gedruckten, erst nach dem Tod des Kaisers zur Verbreitung freigegebenen *Teuerdank*[41] stellt sich das Problem der Verschränkung von Zufall und Ordnung allerdings komplexer. Und das nicht erst, wenn sich gegen die narrative Vorgabe der ritterlichen Abenteuerfahrt die „Banalität und Kontingenz der Geschehnisse" in der additiven Serialität von Gemsenabenteuern, brüchigen Treppenstufen oder nicht ordnungsgemäß gesicherten Waffen geltend macht.[42] Hinter diesen Arrangements lebensweltlicher Realität zu *âventiuren*, die sich, wiewohl für Teuerdank (und nur für ihn) „persönlich in Szene gesetzt",[43] den Anschein des Un- und Zufalls geben, stehen die drei oppositionellen, seinem Herrschaftsanspruch sich widersetzenden Hauptleute Fürwittig, Vnfalo und Neydelhart. Nimmt man die dem Schlüsselroman die „Aura des Esoterischen" (P. Strohschneider, 1986, 436) verleihende *clavis* hinzu, so wird sichtbar, daß diese drei Hauptleute mit den sprechenden Namen ihrerseits nur Inszenierungen von Kontingenz sind, die das Unstrukturierte zu strukturieren vorgeben in der Abfolge dreier aufeinander aufbauender Stationen. Der *grunndt/ der Rechten warhait*[44] nämlich, den die *clavis* zu enthüllen verspricht, besteht nicht nur in der historischen Faktizität des Geschehenen, sondern auch in seiner gänzlichen Zufälligkeit: *vnfal vnuersehner ding* (fol. A ii^v), *vnuersehenlich* (fol. A iii^v), *pöse[r] zufal* (ebda.), *gelücks fall* (fol. A iiii^r), *vnfellische geschichten* (ebda.), *ein zufellige[r] geferliche[r] Vnfal*

---

40 Die Anfänge der Arbeit am 1517 gedruckten *Teuerdank* sind nach H.-J. Ziegeler, 1982, 67 mit 100, Anm. 2, „vor 1508, möglicherweise vor 1505" zu datieren; die Arbeit am *Ambraser Heldenbuch* dauert von 1504 bis 1515/16, eine der Randillustrationen trägt das Datum 1517.
41 Vgl. S. Füssel, 2003, 41, sowie H.-J. Ziegeler, 1982, 69: „Obwohl für den Druck bestimmt, ist die erste Auflage des Werkes nie ‚erschienen'. Maximilian hatte verfügt, daß sie erst nach seinem Tode verteilt werden sollte. Das geschah erst 1526, mit Ausnahme von zwei [...] Exemplaren, die Maximilian vorher verschenkte; eins davon erhielt Hans Burgkmair für seine Arbeit am ‚Teuerdank'. Eine zweite Auflage aber brachte Maximilians Augsburger Drucker Hans Schönsperger 1519, wohl unmittelbar nach Maximilians Tod heraus."
42 P. Strohschneider, 1986, 407. Vgl. hierzu und im folgenden insgesamt Strohschneiders *Teuerdank*-Kapitel, 369-456, sowie J.-D. Müller, 1982, 108-130.
43 P. Strohschneider 1986, 396. Vgl. auch J.-D. Müller, 1982, 116f., der die Rollen des Helden und der Hauptleute als komplementär begreift: „Teuerdank ist die Rolle zugewiesen, durch kühnes Handeln in Gefahr sich als Ritter zu bewähren; dem Hauptmann, Situationen zu inszenieren, in denen solches Handeln möglich ist [...]."
44 *Teuerdank, clavis*, fol. A^r. Die *clavis* beginnt mit einer eigenen Blattzählung; im Folgenden weitere *clavis*-Zitate, die im Text belegt werden.

(ebda.), *zufallende[r] vnfall* (fol. A iiii^v), *ein vnerhorte[r] vnnfal mit grosser ge-fer vnnd gelück vermischt* (ebda.), so und ähnlich lauten die Vokabeln, die Teu-erdanks *geferlichaiten* in (vorgeblichen) Klartext übersetzen. Damit wird Kon-tingenzbewältigung als prekäres, buchstäblich zweischneidiges Programm der *Teuerdank*-Narration offengelegt: Einerseits stellt das in der *clavis* als *arca-num* ausgebreitete kontingente biographische Material die sinnstiftende Macht der *poeterey* (fol. A vi^v) unter Beweis, Sinn-loses in höchste Bedeutsamkeit zu überführen; andererseits schwächt es den Helden, indem es durchsichtig macht, daß es nicht bloß inszenierte Alltagsabenteuer sind, auf denen seine Ehre gründet, sondern daß die intriganten Inszenierer selbst poetisch insze-nierte Chimären sind. Das biographisch Zufällige trägt die Maske des böswil-ligen Gegenspielers, der sich wiederum als Zufall tarnt, woraus der Anspruch (wenn auch noch nicht die Durchsetzung) eines absoluten Herrschaftsmono-pols resultiert (vgl. dazu P. Strohschneider, 1986, 418-434). Als Auratisierung des Zufalls, den es von Fall zu Fall gekonnt in Szene zu setzen gilt, ließe sich dieses Projekt beschreiben, und unter der Signatur des Zufalls tritt denn auch das Erzählen im *Teuerdank* an.[45] Von Anfang an, als der Weg des Helden noch auf ein klar vorbestimmtes Ziel zuzulaufen scheint, ist ihm als *getrewer ge-fert* (*Teuerdank*, 11. Kap., fol. d^v) der Ernhold beigegeben, und mit ihm be-gleitet ihn bereits vom Holzschnitt des 9. Kapitels an „nicht nur der Ruhm", die personifizierte *gedechtnus*, „sondern auch die Fortuna" (P. Strohschneider, 1986, 441, Anm. 43). Holzschnitt für Holzschnitt wird fortan – oft gegen die Aussage der Erzählung, die Teuerdank seine *âventiuren* alleine bestehen läßt – der Ernhold gegenwärtig sein, der, das Fortunarad auf Vorder- wie Rücksei-

---

45 Die hier vorgetragene Lesart richtet sich gegen die Deutung H.-J. Ziegelers, 1982, 82-91, der in Ernhold den „gute[n] Geist des Helden, sein persönliches Glück in allem Unglück per-sonifiziert" (82) sieht und das Fortunarad auf Ernholds Gewand als Sinnbild der *fortuna stabilis* versteht, vgl. ebda.: „Gemeint ist [...] ganz offensichtlich nicht jene *rota fortunae*, die unab-hängig von Gottes Wirken die Geschichte steuert und auch Kaiser unweigerlich ins Verderben führen kann. Das Glücksrad Teuerdanks nämlich dreht sich nicht, es steht – es handelt sich um die *fortuna stabilis*. Denn wenn auf dem Rad Figuren zu sehen sind, dann befinden sie sich stets in der oberen Hälfte [...]." Ähnlich auch P. Strohschneider, 1986, 441f., Anm. 43, demzufolge „Ernhold mit einer ganz um die mahnenden Bedeutungsgehalte der Bildtradition verkürzten *Rota Fortunae* Teuerdank begleitet" (442). Sowenig die ikonographische Interpretation dieser Beobachtung zutrifft – denn in der Illustration wird sich ein Glücksrad nie drehen können, doch ist, solange seine Drehbewegung nicht mechanisch vereitelt wird, die Erwartung jederzei-tiger Weiterdrehung ins Bild gesetzt, und für diesen in der Imagination des Betrachters erwart-baren Fall ist die *regno*-Position zweifelsfrei die gefährdetste –, sowenig deckt sich der textuelle Befund mit Ziegelers Feststellung „Glück als ‚(glücklichen) Zufall' gibt es folglich im ‚Teuer-dank' nicht" (83). Allein die Lektüre der *clavis* widerlegt diesen Satz. Vgl. auch die von Maximi-lian in Auftrag gegebene Übersetzung des *Teuerdank* in ein lateinisches *carmen heroicum* unter dem Titel *Magnanimus* durch Richardus Sbrulius, worin die *geuerlicheiten* des *Teuerdank* zum Kampf mit *utraque fortuna* mutieren, vgl. J.-D. Müller, 1982, 163f. Zur ambivalenten, situativ je neuen Disponibilität der Fortunarad-Bildlichkeit im Umkreis Maximilians I., die als solche auch reflektiert wird, W. Harms, 1984.

te seines immergleichen Gewandes, keine andere Aufgabe zu haben scheint, als im Bildvordergrund oder -hintergrund, jedenfalls das eigentliche Geschehen rahmend, die Fortuna vor Augen zu führen.[46] Daß diese Rahmenposition die des tradierenden Erzählers ist, wird spätestens dann deutlich, wenn am Schluß der Augenzeuge Ernhold in die *Teuerdank*-Erzählung eintritt, um als Ankläger sein auf Autopsie gegründetes *puch* zu präsentieren,[47] das „der *Teuerdank* selbst" ist (vgl. P. Strohschneider, 1986, 412f.; Zitat: 413). Mit diesem Eintritt in das Erzählte, wodurch Buch (*Teuerdank*) und Buch im Buch (Anklageschrift) zusammenfallen, gewinnt der Ernhold aber (als Augenzeuge Melchior Pfinzing)[48] auch Boden jenseits des Romans, in der „Außenwelt der Rezipienten" (P. Strohschneider, 1986, 413); jener wirklichen Welt somit, in der die ebenso regelmäßig anzutreffende zweite Rahmenfigur der Holzschnitte, Fürwittig *alias* Vnfalo *alias* Neydelhart, der schiere *vnfal vnuersehner ding* (*Teuerdank, clavis*, fol. A ii[v]) ist. Zufallsregie, so tut der Ernhold, der Teuerdanks Taten tradiert, wo Vnfalo und Konsorten die Tradierung zu unterbinden suchen,[49] kund, ist der Schlüssel zur Monopolisierung von Herrschaft,[50] und dies paradoxerweise um so mehr, je desillusionierender die Aura des Zufälligen den Kunstgriff *ver*hüllt und zugleich *ent*hüllt. Das aber, so das hypothetische Fazit meines frühneuzeitlichen Krimis, tut auch die Ambraser Überlieferung, wenn sie alltäglich vernichtenden Zufall spielt, um wunderbarerweise jeweils *ein* besonders gutes und altes Exemplar jener *Cronicken* [...] *vnnd historien* (*Teuerdank*, 8. Kap., fol. c ii[r]), aus denen Teuerdank sein Rittertum gelernt hat,

---

46 Auf zwei Holzschnitten, zum 11. und 25. Kap., zu Beginn der Fürwittig- und der Vnfalo-Sequenz, trägt auch Teuerdank das Fortunarad auf seinem Brustpanzer.

47 Vgl. *Teuerdank*, 108. Kap., fol. M iiii[v], die Anklagerede des Ernhold vor der Königin Ernreich: *Wie Jr aus disem puch spürt | Darinn Jch Eüch all artickel gib | Was die genanten drey valschen dieb | Haben wider den Edlen Held | Geübt/ Jch habs mit fleys gestellt | Jn schrifft zu einer gedechtnus | Jr fynndt auch darbey gezeücknus | Auf yeden artickl klar stan | Daraus/ Jr secht das Jchs recht han.*

48 Als einer, der *Eines loblichen Teüern vnnd hochberümbten Helds vnnd Ritters mit Namen Herr Teuerdannckh geschicht history vnd getatten [...] den maysten tayl gesehen* (*Teuerdank*, fol. a ii[r]), stellt sich *Melchior Pfintzing* (fol. a ii[v]) in seiner Dedikation an Maximilians Enkel, den späteren Karl V., vor; in der Narration ist es Ernhold, der von Teuerdank als künftiger Erzähler auf die Ausfahrt mitgenommen wird (*Darumb so rüst dich zu behendt | Wann du auf solher reys allein | Mein getrewer gefert must sein | Damit du khünfftig mügst daruon | Ein warhafftige khundtschafft thon*, fol. d[v]), so daß von da an das Erzähler-Ich zwischen Pfinzing und dem Ernhold changiert (vgl. etwa das Ende von Kap. 18, fol. f iiii[v]: *Wie Jchs zum tail gesehen han*), bis die beiden im 108. Kapitel über das Buch im Buch in eins gesetzt werden.

49 Vgl. *Teuerdank*, 13. Kap., fol. e[v], Fürwittigs Vortäuschen von Tradierung an die Königin oder Vnfalos Tradierungsverbot bei Todesstrafe im 25. Kap., fol. i ii[r].

50 Auf der Handlungsebene macht diese Beobachtung auch J.-D. Müller, 1982, 129f., wenn er in der Ikonographie des 118. Holzschnitts „das panegyrisch gesteigerte Bild des Fürsten als *domitor Fortunae*" (129) erkennt. Interessant in diesem Kontext ist der auf einem Flugblatt des Jahres 1492 von Sebastian Brant an Kaiser Maximilian gerichtete politische Ratschlag „Trib vmb das radt Maximilian", vgl. dazu W. Harms, 1984, 347, Anm. 41.

vor den *geferlicheytten des wannckelparen gelücks* [...] *zuhütten* (ebda., Dedikation Pfinzings, fol. a ii').

Bibliographie

I. Quellen

Ambraser Heldenbuch. Vollständige Faksimile-Ausgabe im Originalformat des Codex Vindobonensis Series Nova 2663 der Österreichischen Nationalbibliothek. Kommentar von Franz Unterkircher, Graz 1973 (= Codices Selecti Phototypice Impressi 43).

Dietrichs Flucht. Textgeschichtliche Ausgabe. Hrsg. von Elisabeth Lienert und Gertrud Beck. Tübingen 2003 (= Texte und Studien zur mittelhochdeutschen Heldenepik 1).

Hartmann von Aue: Erec. Mit einem Abdruck der neuen Wolfenbütteler und Zwettler Erec-Fragmente. Hrsg. von Albert Leitzmann, fortgeführt von Ludwig Wolff. 7. Aufl. besorgt von Kurt Gärtner. Tübingen 2006 (= ATB 39).

Mauritius von Craûn. Hrsg. von Heimo Reinitzer. Tübingen 2000 (= ATB 113).

Maximilian I.: Die Abenteuer des Ritters Theuerdank / The Adventures of the Knight Theuerdank. Kolorierter Nachdruck der Gesamtausgabe von 1517 / Complete coloured facsimile of the 1517 edition. Köln 2003.

Maximilian I.: Der Weiß Kunig. Eine Erzehlung von den Thaten Kaiser Maximilian des Ersten. Von Marx Treitzsaurwein auf dessen Angeben zusammengetragen, nebst den von Hannsen Burgmair dazu verfertigten Holzschnitten. Herausgegeben aus dem Manuscripte der kaiserl. königl. Hofbibliothek. Wien 1775 (ND Weinheim 1985).

Die ,Nibelungenklage'. Synoptische Ausgabe aller vier Fassungen. Hrsg. von Joachim Bumke. Berlin/New York 1999.

Wolfram von Eschenbach: Titurel. Hrsg., übersetzt und mit einem Kommentar und Materialien versehen von Helmut Brackert und Stephan Fuchs-Jolie. Berlin/New York 2002.

Wolfram von Eschenbach: Titurel. Mit der gesamten Parallelüberlieferung des „Jüngeren Titurel". Kritisch hrsg., übersetzt und kommentiert von Joachim Bumke und Joachim Heinzle. Tübingen 2006.

II. Forschungsliteratur

Peter Jörg Becker: Handschriften und Frühdrucke mittelhochdeutscher Epen. Eneide, Tristrant, Tristan, Erec, Iwein, Parzival, Willehalm, Jüngerer Titurel, Nibelungenlied und ihre Reproduktion und Rezeption im späteren Mittelalter und in der frühen Neuzeit. Wiesbaden 1977.

Christa Bertelsmeier-Kierst: Tiroler ‚Findlinge‘. In: ZfdA 123 (1994), S. 334-340.

Horst Brunner: Dichter ohne Werk. Zu einer überlieferungsbedingten Grenze mittelalterlicher Literaturgeschichte (Mit einem Textanhang: Die Dichterkataloge des Konrad Nachtigall, des Valentin Voigt und des Hans Folz). In: Konrad Kunze u. a. (Hrsg.): Überlieferungsgeschichtliche Editionen und Studien zur deutschen Literatur des Mittelalters. Festschrift Kurt Ruh. Tübingen 1989 (= Text und Textgeschichte / Forschergruppe „Prosa des deutschen Mittelalters“ 31), S. 1-31.

Joachim Bumke: Die vier Fassungen der ‚Nibelungenklage‘. Untersuchungen zur Überlieferungsgeschichte und Textkritik der höfischen Epik im 13. Jahrhundert. Berlin/New York 1996 (= Quellen und Forschungen zur Literatur- und Kulturgeschichte 8).

Michael Curschmann: Herrand von Wildonie (Wildon). In: ²VL, Bd. 3 (1981), Sp. 1144-1147.

Wolfgang Dinkelacker: ‚Ortnit‘. In: ²VL, Bd. 7 (1989), Sp. 58-67.

Wolfgang Dinkelacker: ‚Wolfdietrich‘. In: ²VL, Bd. 10 (1999), Sp. 1309-1322.

Umberto Eco: Nachschrift zum ‚Namen der Rose‘. Deutsch von Burkhart Kroeber. München 1986.

Brigitte Edrich-Porzberg: Studien zur Überlieferung und Rezeption von Hartmanns Erec. Göppingen 1994 (= GAG 557).

Manfred Fuhrmann: Die Dichtungstheorie der Antike. Aristoteles – Horaz – ‚Longin‘. Eine Einführung. Darmstadt ²1992.

Stephan Füssel: Kaiser Maximilian und die Medien seiner Zeit. Der Theuerdank von 1517. Eine kulturhistorische Einführung. Köln 2003.

Ingeborg Glier: Artes amandi. Untersuchung zu Geschichte, Überlieferung und Typologie der deutschen Minnereden. München 1971 (= MTU 34).

Theodor Gottlieb: Büchersammlung Kaiser Maximilians. Mit einer Einleitung über älteren Bücherbesitz im Hause Habsburg. Amsterdam 1968, ND der Ausgabe Leipzig 1900 (= Die Ambraser Handschriften 1).

Wolfgang Harms: Bemerkungen zum Verhältnis von Bildlichkeit und historischer Situation. Ein Glücksrad-Flugblatt zur Politik Kaiser Maximilians I. im Jahre 1513. In: Klaus Grubmüller u. a. (Hrsg.): Geistliche Denkformen in der Literatur des Mittelalters. Münster 1984 (= Münstersche Mittelalter-Schriften 51), S. 336-353.

Werner Hoffmann: Nibelungenlied. 6., überarbeitete und erweiterte Auflage des Bandes Nibelungenlied von Gottfried Weber und Werner Hoffmann. Stuttgart/Weimar 1992 (= SM 7).

Klaus Hofmann: Strickers ‚Frauenehre'. Überlieferung – Textkritik – Edition – literaturgeschichtliche Einordnung. Marburg 1976.

Johannes Janota: Ambraser Heldenbuch. In: ²VL, Bd. 1 (1978), Sp. 323-327.

Judith Klinger: Unsichtbare Unikate. Zur Historizität der Texte im „Ambraser Heldenbuch". In: Akten des X. Internationalen Germanistenkongresses Wien 2000 „Zeitenwende – Die Germanistik auf dem Weg vom 20. ins 21. Jahrhundert". Bd. 5: Mediävistik und Kulturwissenschaften. Hrsg. von Horst Wenzel und Alfred Ebenbauer. Mediävistik und Neue Philologie. Hrsg. von Peter Strohschneider, Ingrid Bennewitz und Werner Röcke. Bern 2002 (= Jahrbuch für internationale Germanistik A 57), S. 255-260.

Hugo Kuhn: Minnesangs Wende. Tübingen ²1967 (= Hermaea N. F. 1).

Nine Miedema: Das ‚Ambraser Heldenbuch' und der Theuerdank. Mittelalterliche Epik und ihre Wiederverwendung am Hof Maximilians I. In: Rudolf Suntrup/J. R. Veenstra (Hrsg.): Building the past – Konstruktion der eigenen Vergangenheit. Frankfurt a. M. u. a. 2006 (= Medieval to early modern culture 7), S. 85-106.

Jan-Dirk Müller: Gedechtnus. Literatur und Hofgesellschaft um Maximilian I. München 1982 (= Forschungen zur Geschichte der älteren deutschen Literatur 2).

Jan-Dirk Müller: Kaiser Maximilian I. In: ²VL, Bd. 6 (1987), Sp. 204-236.

Angela Mura: Spuren einer verlorenen Bibliothek. Bozen und seine Rolle bei der Entstehung des Ambraser Heldenbuchs (1504-1516). In: cristallin wort. Hartmann-Studien 1 (2007), S. 59-128.

Friedrich Neumann: Überlieferungsgeschichte der altdeutschen Literatur. In: Geschichte der Textüberlieferung der antiken und mittelalterlichen Literatur. Bd. 2: Überlieferungsgeschichte der mittelalterlichen Literatur. Zürich 1964, S. 641-702.

Emil von Ottenthal: Ein Fragment aus Dietrichs Flucht. In: ZfdA 23 (1879), S. 336-344.

Christine Reinle: Auf Spurensuche. Recherchen zu Bibliotheken der Ritterschaft im Süden und Südwesten des Alten Reiches. In: Kurt Andermann (Hrsg.): Rittersitze. Facetten adligen Lebens im Alten Reich. Tübingen 2002 (= Kraichtaler Kolloquien 3), S. 71-109.

Hans-Friedrich Rosenfeld: ‚Die böse Frau'. In: ²VL, Bd. 1 (1978), Sp. 964-966.

Martin J. Schubert: Offene Fragen zum ‚Ambraser Heldenbuch'. In: Rüdiger Brandt (Hrsg.): Exemplar. Festschrift K. O. Seidel. Frankfurt a. M. u. a. 2008, S. 99-120.

Ulrich Seelbach: Späthöfische Literatur und ihre Rezeption im späten Mittelalter. Studien zum Publikum des ‚Helmbrecht' von Wernher dem Gartenaere. Berlin 1987 (= Philologische Studien und Quellen 115).

Peter Strohschneider: Ritterromantische Versepik im ausgehenden Mittelalter. Studien zu einer funktionsgeschichtlichen Textinterpretation der „Mörin" Hermanns von Sachsenheim sowie zu Ulrich Fuetrers „Persibein" und Maximilians I. „Teuerdank". Frankfurt a. M. 1986 (= Mikrokosmos 14).

Elaine C. Tennant: Der unfeste Druck. Buchdruck als Instrument der *mouvance*. In: Akten des X. Internationalen Germanistenkongresses Wien 2000 „Zeitenwende – Die Germanistik auf dem Weg vom 20. ins 21. Jahrhundert". Bd. 5: Mediävistik und Kulturwissenschaften. Hrsg. von Horst Wenzel und Alfred Ebenbauer. Mediävistik und Neue Philologie. Hrsg. von Peter Strohschneider, Ingrid Bennewitz und Werner Röcke. Bern 2002 (= Jahrbuch für internationale Germanistik A 57), S. 125-132.

Franz Unterkircher: Das Ambraser Heldenbuch. In: Der Schlern 28 (1954), S. 4-15.

Franz Unterkircher: Ambraser Heldenbuch. Kommentar. Graz 1973.

Martin Wierschin: Das Ambraser Heldenbuch Maximilians I. Teil 1: Der biographische Aspekt. Teil 2: Das Runkelstein-Projekt – Idee und Objektivation. Teil 3: Probleme, Konstellationen und Details der Ausführung; der typologische Aspekt. In: Der Schlern 50 (1976), S. 429-441, 493-507, 557-570.

Hans-Joachim Ziegeler: Der betrachtende Leser. Zum Verhältnis von Text und Illustration in Kaiser Maximilians I. ,Teuerdank'. In: Egon Kühebacher (Hrsg.): Literatur und bildende Kunst im Tiroler Mittelalter. Die Iwein-Fresken von Rodenegg und andere Zeugnisse der Wechselwirkung von Literatur und bildender Kunst. Innsbruck 1982, S. 67-110 (= Innsbrucker Beiträge zur Kulturwissenschaft: Germanistische Reihe 15).

Rudolf Zimmerl: Hans Rieds Nibelungen-Kopie. Diss. masch. Wien 1930.

Oswald Zingerle: Das Heldenbuch an der Etsch. In: ZfdA 27 (1883), S. 136-142.

Prof. Dr. Nicola Kaminski
Ruhr-Universität Bochum
Germanistisches Institut
Universitätsstr. 150
44780 Bochum
E-Mail: nicola.kaminski@rub.de

Peter Andersen-Vinilandicus

Mauritius oder der Kaiser mit unsichtbarer Kron'

Die anonyme Verserzählung von Mauritius von Craun (Reinitzer, 2000) (= M) gehört zu den zahlreichen Unika des Ambraser Heldenbuchs. Sie wurde also dank des literarisch interessierten Kaisers Maximilian für die Nachwelt gerettet. In der berühmten, zu Beginn des 16. Jahrhunderts von Hans Ried geschriebenen Handschrift steht der Text als zweites der 25 Stücke an prominenter Stelle. Die 1784 Verse sind nach der *Frauenehre* des Strickers und vor Hartmanns *Iwein* eingetragen.

Die Dichtung beginnt mit einem längeren Prolog, in dem die Wanderung der personifizierten Ritterschaft von Griechenland über Rom nach Frankreich geschildert wird. Aus der Endstation dieser Wanderung stammt der Ritter Mauritius von Craun, der um die Gräfin von Beamunt wirbt. Nach einer vertraulichen Verhandlung gibt die Dame dem zudringlichen Werber nach und geht mit ihm einen durch Ringverschenkung, Kuss und Umarmung besiegelten Vertrag ein. Sie verspricht dem Ritter, ihn nach bestem Vermögen zu belohnen, wenn er vor der Stadt (nicht notwendig identisch mit Beamunt) ein Turnier veranstaltet. Auf einem Wunderschiff begibt er sich bald über trockenes Land zum Kampfplatz. Am Anfang des Turniers tötet der Graf der Burg (der nicht unbedingt mit der Gräfin verheiratet ist) versehentlich einen Ritter und zieht sich dann zurück. Im Zweikampf besiegt Mauritius zehn Gegner und wird von der Zofe der Gräfin in eine Kemenate geführt. Hier erwartet ihn ein Prunkbett. Ermüdet schläft er im Schoß der Zofe ein und wird in dieser peinlichen Stellung von der Gräfin entdeckt. Sie beruft sich auf den Fehltritt des Ritters, um den Vertrag aufzusagen. Es kommt zu einer neuen Verhandlung zwischen Ritter und Dame, doch die Gräfin besteht darauf, den versprochenen Lohn zu verweigern. Daraufhin dringt der Ritter mutwillig in ihre Schlafkammer ein. Hier hält ihn der Graf für das Gespenst des getöteten Ritters und fällt in Ohnmacht. In dieser vorteilhaften Situation zwingt Mauritius der Gräfin den vorenthaltenen Lohn ab. Ohne jedes Anzeichen von Zärtlichkeit vollzieht er den Beischlaf im Ehebett neben dem ohnmächtigen Grafen. Nachdem er seinen Willen durchgesetzt hat, sagt er seinerseits den Vertrag durch Rückgabe des Rings auf und verlässt die Gräfin. In einer abschließenden Klage bereut sie ihr Verhalten und ermahnt dazu, ihr Schicksal als ein Warnbeispiel zu betrachten. So lässt sich die Erzählung nach einer oberflächlichen Lektüre zusammenfassen.

Wegen der späten Überlieferung haben sich die Herausgeber des *Mauritius* große Freiheiten herausgenommen. Sie haben aus Misstrauen gegen Ried und die Schreiber der früheren Jahrhunderte den vorliegenden Text meist hemmungslos emendiert. Erst neuerdings hat Hubertus Fischer in überzeugender

Weise gezeigt, wie das *Ambraser Heldenbuch* eine erstaunlich verlässliche Abschrift bietet: „Oft ist die unikale Überlieferung in der Handschrift des *Ambraser Heldenbuchs* besser als der bessernde philologische Eigensinn; meist ist der Wortlaut klarer als die Übersetzungen." (H. Fischer, 2006, 7-8). Fischer liest insgesamt nur dreimal gegen die Handschrift. Die Frage nach der Vorlagentreue wird auch von Dorothea Klein erörtert (1999, 13-16). Allem Anschein nach ist der *Mauritius* genau so originalnah, wie es bei der Aufzeichnung des *Nibelungenlieds* durch Ried nachweisbar der Fall ist. Das *Nibelungenlied* und die *Klage* stehen an 10. und 11. Stelle in der Sammlung. Vieles spricht dafür, dass Ried beim *Mauritius* eine Vorlage aus dem 13. Jahrhundert pedantisch treu kopierte und dass diese Vorlage „aus dem Entstehungsgebiet der Erzählung selbst stammte" (D. Klein, 1999, 10). Nichts spricht gegen die Gleichsetzung dieser verlorenen Vorlage mit dem Original.

Nirgends beruft sich der Dichter auf eine fremdsprachige, geschweige denn französische Quelle. Auch der Epilog ist kein Beleg dafür, dass wir es mit einer Übersetzung zu tun haben. Der Vers *teúchte jung oder Arn* (M 1778) wird in fast allen Ausgaben durch die Konjektur *tiutschiu zunge diu ist arn* (o. ä.) ersetzt (E. Schröder, D. Klein, H. Reinitzer). Diese kühne Konjektur ist äußerst zweifelhaft. Was den Leser des *Mauritius* jung und arm dünken mag, ist die Rede der Dame – und die Dame selbst. Nur im Prolog wird ganz allgemein von einer schriftlichen Vorlage gesprochen (M 6-8).

Fest steht, dass ein französischer Parallelbericht von 253 Versen in einer Handschrift aus dem 14. Jahrhundert erhalten ist. Es handelt sich um das Fabliau *Vom Ritter, der die Liebe seiner Dame wiedergewann* (W. Noomen, 1993, 247-253) (= F). Alle Figuren sind anonym, und wir erfahren nicht einmal den Adelstitel der umworbenen Dame. Der Franzose erklärt nur, die Ereignisse hätten sich „vor kurzem in der Normandie" zugetragen (F 5: *N'a pas lonc tans en Normandie*). Das Fabliau hat in seiner Handlungsstruktur so viel mit der deutschen Verserzählung gemeinsam, dass eine unmittelbare Verwandtschaft über jeden Zweifel erhaben ist. Doch am Ende gehen die Texte völlig auseinander: In der Schlafkammer bewirkt der Ritter des Fabliaus durch eine listige Antwort, dass die Dame ihm in Anwesenheit ihres keineswegs ohnmächtigen Ehemanns den Fehltritt vergibt. Nachdem er die platonische Liebe seiner Dame wiedergewonnen hat, verlässt er sie ohne jede weitere Forderung.

Dem Franzosen geht es nicht um den Beischlaf, sondern um die raffinierte Schlafkammerburleske und um die Versöhnung. Mit seinem fröhlichen Fabliau erstrebt er keine Weltverbesserung. Er will unterhalten und erspart seinem Publikum jede lästige Moralpredigt. Die Liebe bringt die Dame keineswegs um ihr Ansehen und führt nicht zum Leid. Das typisch französische Fabliau ist ein erfreuliches Vaudeville mit Happy-End.

Im Epilog behauptet der Franzose, das Fabliau sei von Petrus Alphonsi als belehrendes Beispiel ersonnen worden (F 247-248: *Pierres d'Anfol, qui ce fablel / Fist et trova premieremant*). Es handelt sich um eine fiktive Quellenberufung, denn weder in der *Disciplina clericalis* noch in irgendeinem anderen

Werk des Spaniers ist eine ähnliche Geschichte zu finden (K.-H. Borck, 1961, 503-504).

In Ermangelung konkreter Anhaltspunkte lässt sich das Fabliau nur mit großer Unsicherheit datieren und lokalisieren. Der Umstand, dass der Text keine mundartlichen Charakteristika aufweist, spricht für eine Entstehung in der Region Centre. Diese Lokalisierung wird von einem auffälligen Reim unterstützt (W. Noomen, 1993, 241). Eine Datierung der Entstehung auf die erste Hälfte des 13. Jahrhunderts ist vorgeschlagen worden (H.-J. Ziegeler, 1987, 697).

Im Gegensatz zum Fabliau hat die deutsche Erzählung einen namhaften historischen Franzosen zum Helden: Der Lebenslauf von Maurice II. (um 1131-1196), Seigneur von Craon, ist urkundlich gut belegt. Die Herrschaft Craon (40 km nordwestlich von Angers) war im 12. Jahrhundert von der Grafschaft Anjou lehnsrührig und gehörte also damals zum Reich König Heinrichs II. Gegen 1170 heiratete der französische Lehnsmann die Witwe von Geoffrey IV., Seigneur von Mayenne (um 1135-1170). Sie hieß Isabelle (1148-1220) und war eine Tochter von Galeran (1104-1166), Graf von Meulan, aber auch Seigneur von Beaumont-le-Roger (15 km östlich von Bernay). Beaumont-le-Roger ist heute ein kleiner Fleck im südlichen Teil der Normandie. Die „Gräfin von Beaumont" gebar ihrem Mann insgesamt sieben Kinder (H. Thomas, 1984, 326). Von einem eventuellen Seitensprung ihres zweiten Mannes schweigen die Quellen.

Obwohl die Identifikation der Gräfin von Beamunt mit einer historischen Gestalt Schwierigkeiten bietet, wird allgemein angenommen, dass es sich um die Frau von Richard, Vizegraf von Beaumont-sur-Sarthe (um 1137 bis nach 1199), handelt. Diese zuerst von Schröder (1913, 21) formulierte Hypothese ist niemals bezweifelt worden (vgl. G. Rosenhagen, 1924, 807; H. Thomas, 1984, 327; H. Fischer, 2006, 102). Über Richards Vizegräfin, Lucie von L'Aigle (um 1145 bis nach 1217), ist so gut wie nichts bekannt. Merkwürdigerweise wird sie von den deutschen Germanisten (G. Rosengarten 1924, 807; H. Fischer 2006, 102, u. a.) Isabella genannt, während sie den französischen Historikern zufolge Lucie hieß. Unter diesem Namen ist sie auch überall im Internet zu finden. Im fernen Deutschland wurde Lucie von Beaumont-sur-Sarthe anscheinend mit Isabelle von Beaumont-le-Roger verwechselt.

Die Identifikation der Gräfin von Beamunt mit der Vizegräfin Lucie beruht in erster Linie auf dem Umstand, dass Beaumont-sur-Sarthe im Departement Maine nur knapp 100 km von Craon entfernt liegt. Beaumont-le-Roger ist doppelt so weit weg gelegen. Da das Geschlecht der Frau des historischen Maurice von Craon sich nach seiner normannischen Besitzung nannte, ist es trotzdem naheliegend zu denken, dass die Gattin zu der umworbenen Dame literarisiert wurde. Isabelle von Beaumont-le-Roger war viel bekannter als Lucie von Beaumont-sur-Sarthe. Als Grafentochter trug sie denselben hohen Titel wie ihre literarische Doppelgängerin, ihre postulierte Rivalin war nur Vizegräfin. Außerdem stimmt der Schauplatz des Fabliaus mit Isabelles normannischem Beaumont überein.

In einer noch ungedruckten, den vorliegenden Aufsatz ergänzenden Interpretation des *Mauritius* habe ich ausführlicher dargelegt, wie eine ganz andere Geschichte im *Mauritius* erkennbar ist, wenn man den überall zweideutigen Wortlaut unbefangen unter die Lupe nimmt. Nach dieser Auslegung findet im Prunkbett eine wenn nicht ganz konkrete, so doch zumindest symbolische Liebesvereinigung statt, wenn der Ritter sein „Haupt" in den Schoß der Zofe legt (M 1245-1247: *Do legete er sîn houbet, / als si im hâte erloubet, / in ir schôz und slief zehant*). Währenddessen befindet sich die Gräfin von Beamunt nebenan in Gesellschaft des furchtsamen Grafen, der ihr Liebhaber sein könnte. Es ist nämlich durchaus vorstellbar, dass Mauritius als rechtmäßiger Gatte einen Ehebrecher kastriert:

> *der wirt von der vorhte erschrac*
> *und spranc ûf dâ er lac,*
> *als im ditz wunder* [= der Ritter] *erschein* [,]
> *und stiez im* [= dem Grafen] *an ein schinbein,*
> *daz er alle die naht*
> *lac in sîner âmaht.* (M 1575-1580)

Das Komma sämtlicher Herausgeber muss gestrichen werden, weil das *wunder* Mauritius als Subjekt von *stiez* zu deuten ist. Das Dativpronomen *im* wird hier nicht reflexiv benutzt. Ganz im Gegenteil verwundet der Ritter seinen Rivalen an dem „Schienbein", dem scheinbaren Bein. Der Graf liegt am Ende *in sîner âmaht*, weil der Ritter ihn um seine Gemächte gebracht hat. Im Fabliau hat der Ritter übrigens ein Schwert gezogen (F 195: *Et tint s'espee tote nue*). Nach diesem Auftritt sperrt Mauritius mit gutem Recht seine Frau ein.

Die reuevolle Gräfin der Schlussszene hat eine auffällige Gemeinsamkeit mit einer Schicksalsgenossin, der eingemauerten Frau in der moralischen Erzählung des Strickers (O. Ehrismann, 1992, 120-143). Bei näherer Betrachtung gibt sich der bekannte Fabeldichter tatsächlich als Verfasser des *Mauritius* zu erkennen. Ähnlich wie im *Amis*, wo eine Gestalt der Erzählung auf einem unsichtbaren Gemälde dargestellt wird (M. Schilling, 1994, V. 667-677), gibt der Stricker die Handlung des *Mauritius* durch eine aufschlussreiche Ekphrasis wieder: An den Holzpfosten des Prunkbetts sind vier zusammengenähte Leopardenhäute befestigt. Über dem Bett bilden sie eine zusammenhängende Leinwand mit vier Feldern. Die sonderbare Ausschmückung wird in folgenden Versen geschildert:

> *und was gestricket dar an*
> *vier liebarten hiute*
> *(ditz machtent rîche liute)*
> *enmitten zesamene gezogen.* (M 1124-1127)

Die Leopardenhäute bezeichnen buchstäblich „die vier Liebarten von heute", die am Beispiel von vier mächtigen Leuten veranschaulicht werden. Der *Mauritius* ist eine umgekehrte Tierfabel, in welcher die Menschen sich wie zahme und wilde Tiere benehmen. Die Leinwand des Prunkbetts ist mit dem Gemälde des französischen Königspalastes vergleichbar. In beiden Fällen spielt die Szene an demselben Ort, fern von der mutmaßlichen Heimat des Dichters. Im *Mauritius* setzt sich der Stricker nicht als Maler in Szene, sondern als göttlicher Schmied, denn die vier Häute sind an das Holz von Vulcanus gebunden oder „gestrickt". Obwohl das befremdende Verb in modernen Ausgaben ohne jede Erklärung zu „gestreckt" emendiert wird (z. B. D. Klein, 1999, 108), stand es zweifellos im Original. Nach den beiden Großepen und dem *Amis* hatte der Stricker genug Ruhm erworben, um seinen Künstlernamen durch eine leicht durchschaubare Chiffre verständlich zu machen.

Die Verfasserschaft des Strickers, die durch weitere Belege unterstützt werden kann, ist mit der von Fischer verfochtenen Spätdatierung vereinbar. Der anerkannte Germanist beruft sich dabei v. a. auf die Beschreibung des Wunderschiffs (H. Fischer, 2006, 101-138). 1235 heiratete Kaiser Friedrich II. Isabella von England (1214-1241), Tochter von Johann Ohneland. Die Braut erreichte nach dreitägiger Fahrt das Festland in Antwerpen an der Mündung der Schelde und reiste durch Niederlothringen nach Köln, wo sie sechs Wochen verbrachte. Am 15. Juli wurde die Hochzeit in Worms mit großer Pracht gefeiert. Vier Könige, elf Herzöge und dreißig Grafen und Markgrafen wohnten der Vermählung und den Turnieren bei. Eine zeitgenössische Chronik beschreibt, wie der Brautzug von Wunderschiffen begleitet wurde. Sie wurden von versteckten, durch seidene Decken verhüllten Pferden gezogen, so dass es aussah, als flögen die Schiffe durch die Luft. Die weitschweifige Beschreibung des Wunderschiffs, auf dem Mauritius sich zum Turnier begibt, lehnt sich fast wörtlich an die Chronik an.

In der Dichtung kommen drei Stationen von Isabellas kontinentalem Reiseweg in umgekehrter Reihenfolge zum Ausdruck. Zunächst wird Köln durch einen geschickten Vergleich als das symbolische Ziel der Fahrt dargestellt (M 641). Danach wird erklärt, wie die das Wunderschiff einhüllenden, scharlachroten Tücher aus Flandern geholt worden sind (M 657). Endlich fragen sich die erstaunten Franzosen, wieso das Schiff weder die Maas noch den Rhein hinauffährt (M 686), eine unverkennbare Anspielung auf die Landung an der Mündung der kleineren und weniger fahrbaren Schelde. Am eindeutigsten wird Isabellas Anreise durch die Bemerkung suggeriert, die Leute folgten dem Schiffsmann „wie einer Braut" (M 748). Bei der Beschreibung des Wunderschiffs finden einige, der Chronik fremde Motive Aufnahme. Unter anderem sieht das Segel wie „eine lombardische Fahne" aus (M 738). Dieses Detail verweist auf Friedrichs Sieg über die Mailänder. Nach der Schlacht bei Cortenuova am 27. November 1237 erbeutete er den mailändischen Fahnenwagen und zog mit diesem von Elefanten gezogenen „Carroccio" im Triumph in Cremona ein.

Es kann fortan als gesichert gelten, dass der *Mauritius* erst in der letzten Hälfte der Regierungszeit Friedrichs II. verfasst wurde. Obwohl Fischer sich nicht traut, einen *terminus ante quem* festzusetzen, scheint seine Vermutung, die Dichtung sei nicht „allzu lang" nach der Hochzeit von 1235 und dem Triumphzug von 1237 entstanden, durchaus plausibel zu sein (H. Fischer, 2006, 123).

Aus der Spätdatierung und der neu erschlossenen Verfasserschaft ergibt sich zwangsläufig eine zusätzliche Erkenntnis. Die vermutete altfranzösische Vorlage des *Mauritius* ist weder „eine kleine Skandalgeschichte aus den Kreisen des französischen Hochadels" (H. de Boor, 1953, 146) noch eine „craonesische Hausdichtung" (T. Tomasek, 1986, 268). Die „Morisses-Dichtung", die immer noch in der altgermanistischen Forschungsliteratur herumspukt, ist kein Gespenst, sondern das vorliegende Fabliau. Wie im *Amis* verlegte der französischkundige Stricker die Handlung nach Frankreich und führte selbst eine französische Namensgebung ein. Auch im *Karl* und im *Daniel* spielt die Handlung weit von Österreich entfernt, wo der aus dem „südlichen Rheinfranken" stammende Stricker nach allgemeiner Meinung beheimatet war (O. Ehrismann, 1992, 11).

In der wundersamen Geschichte vom Ritter mit dem Schiff ist zu erklären, warum der Stricker den Titelhelden zum Franzosen macht. Das ist in Wirklichkeit nur bei einer oberflächlichen Interpretation der Fall. Christa Ortmann hat erkannt, dass der Ritter nicht nur mit dem Herrn von Craon zu identifizieren ist. Wegen Rieds durchgängiger Schreibung *Mauritius* ist der Name auch in Verbindung mit dem Kult des Anführers der thebäischen Legion zu bringen. Der Legende nach kam der Heilige Mauritius aus Theben in Ägypten und wurde von Kaiser Diokletian als Heerführer gegen Gallien geschickt. Als die christlichen Legionäre sich weigerten, ihre Glaubensbrüder zu töten, wurden sie alle hingerichtet, zuerst Mauritius bei Agaunum, dem späteren Saint Maurice im Wallis, danach andere, z. B. der Heilige Viktor in Xanten. Aus literarischer und legendärer Sicht ist Mauritius von Craun mit dem guten alten Siegfried des *Nibelungenlieds* nahverwandt.

Mauritius wurde als Ritterheiliger und als Reichspatron verehrt. Er spielt in der Stauferzeit „eine wichtige Rolle beim Krönungszeremoniell. Der deutsche Kaiser wird im Petersdom vor dem Mauritiusaltar gesalbt, die Mauritiussporen werden ihm angelegt, das Mauritiusschwert wird ihm, von der Scheide entblößt, vorgetragen. Die heilige Lanze heißt bis 1232 Mauritiuslanze," wie Ortmann es ganz richtig unterstreicht, erstaunlicherweise ohne zu erkennen, „welche aktuelle politische Bedeutung das hat" für den *Mauritius* (Chr. Ortmann, 1986, 405). Die Antwort leuchtet ein. Nach Friedrichs II. Zerwürfnis mit den Machthabern in Rom konnte der afrikanische Glaubenskämpfer in der staufischen Propaganda Anwendung finden. Der Heilige Mauritius, der knapp 1000 Jahre früher zum Glaubenskrieg gegen Rom ausgezogen war, konnte als Vorbild für den 1227 und 1239 exkommunizierten Sizilianer dienen. Die um

1245 in Magdeburg errichtete Mauritiusstatue dürfte Friedrich II. als Mohr darstellen.
Die Dichtung vom Ritter mit dem Wunderschiff ist als Verherrlichung des *stupor mundi* zu sehen. In der zentralen Schlafkammerszene wird Mauritius nicht von ungefähr als *wunder* bezeichnet (vgl. oben). Der Beiname des Titelhelden stammt zwar von der Stadt des historischen Franzosen, wird aber etwas anders buchstabiert. Obwohl auf Deutsch eine diphthongierte Aussprache durch die Reimstellung gesichert ist (vgl. M 621-622: *Craûn* : *garsûn* und M 825-826: *Craûn* : *rûm*, Hs. *raun*), würde man auf Französisch ein Wort wie *Craun* eher einsilbig und unnasaliert aussprechen. Das war wohl auch zur Zeit des Strickers der Fall. Die Kaiserwürde des Mauritius von „Kron" kommt ebenfalls durch die Tiermetaphorik zum Ausdruck. Der Held erscheint bald als Löwe (M 1537), bald als Adler (M 983).

Im *Mauritius* steht die antipäpstliche Tendenz im Hintergrund. Nur der furchtsame Graf, der den Ritter zu seinem eigenen Unglück für den Teufel hält, ist womöglich als Reaktion auf die antistaufische Propaganda des Papstes zu sehen. Die Erzählung ist eher auf die veränderte Politik des Kaisers gegenüber Frankreich zurückzuführen. Durch die Heirat mit der englischen Königstochter setzte Friedrich seinem alten Bündnis mit Frankreich ein Ende. Die Zofe, mit der Mauritius eine angenehme Stunde verbringt, wäre also auf den ersten Blick mit Isabella von England gleichzusetzen.

Wen würde bei einer solchen Gleichsetzung die Gräfin von Beaumunt symbolisieren? Die Antwort ist auf deutschem Boden zu suchen, denn es ist denkbar, dass die Burg der Gräfin in verschlüsselter Weise auf Schönenberg verweist, den Stammsitz der Andechs-Meranier bei Dießen am Ammersee. Als Vorbild für die im *Mauritius* umworbene Dame kommen nach dieser Deutung zwei Frauen in Frage: einerseits Sophie von Anhalt (nach 1211 bis um 1273), die zweite Frau von Otto VII. (um 1181-1234), Herzog von Meranien, Pfalzgraf von Burgund und Markgraf von Istrien, andererseits Agnes von Andechs (um 1215 bis vor 1263), Ottos Tochter aus erster Ehe.

In seiner ersten Ehe war Otto mit Friedrichs Kusine verheiratet, der jungen Beatrix von Burgund (um 1194-1231). Bei ihrer verhängnisvollen Bamberger Hochzeit vom 21. Juni 1208 wurde Philipp von Schwaben bekanntlich ermordet. Doch Beatrix starb vier Jahre vor der im *Mauritius* thematisierten Hochzeit und ist deshalb nicht direkt mit der Gräfin von Beaumunt in Verbindung zu bringen. Die Französin gab ihrem Mann sechs Kinder, darunter Agnes von Andechs.

In zweiter Ehe heiratete Otto Sophie von Anhalt, Tochter des Fürsten Heinrich I. von Anhalt (um 1170-1252) und der Irmgard (1196-1244), Tochter von Hermann I. von Thüringen. Da diese Ehe kinderlos blieb, hätte die ziemlich unbekannte Sophie von Anhalt für die Gräfin von Beaumunt Patin stehen können. 1234 hatte Sophie ihren Mann verloren, aber sie dürfte sich noch in Bayern aufgehalten haben, als Friedrich II. im Sommer 1236 von Augsburg aus nach Italien zog. Doch eine Affäre des Kaisers mit der bayrischen Witwe ist

weder urkundlich belegt noch besonders wahrscheinlich. Die Andechs-Meranier waren staufertreue Vasallen und halfen dem Kaiser bei dem Feldzug, den
er gegen seinen Namensbruder, Friedrich II. den Streitbaren (1211-1246), unternahm.

Nach einer ersten kinderlosen Ehe hatte der Herzog von Österreich und
der Steiermark 1229 Agnes von Andechs geheiratet. Auch sie konnte dem letzten Babensberger keine Nachkommenschaft schenken und wurde 1243, einige Jahre nach dem *Mauritius*, von dem zeugungsunfähigen Herzog verstoßen.
1236 fiel der Andechs-Meranier Eckbert (nach 1173-1237), Graf von Meran
und Bischof von Bamberg, zusammen mit seinem Bruder Berthold (um 1180-
1251), Patriarch von Aquileia, in die Steiermark ein. Agnes verteidigte dabei
erfolgreich die oststeirische Riegersburg gegen ihre eigenen Onkel. Doch als
der Kaiser Ende 1236 selbst von Oberitalien nach Österreich kam, brach der
Widerstand schnell zusammen, und die widerspenstige „Gräfin" geriet in Gefangenschaft.

Dass diese Streitigkeiten im *Mauritius* einen gewissen Niederschlag gefunden haben, ist an zwei auffälligen Bemerkungen erkennbar. Zu Beginn des
Textes findet sich zunächst die sonderbare Angabe, dass Mauritius' Ausfahrt
zu einer *Marke* in Karlingen führt (M 278-279). Wie im *Karl* deckt sich Karlingen im *Mauritius* mit dem Heiligen Römischen Reich, nicht mit dem engeren Frankreich. Die merkwürdige *Marke* muss die Steiermark sein. Zu dieser
verschlüsselten Angabe kommt die Tatsache, dass die Gräfin von Beamunt metaphorisch als ein wertloses bayrisches Geldstück dargestellt wird. In seinem
Monolog beklagt sich der Ritter über seine tausend Sorgen. Eine davon ist mit
einem bayrischen Schilling vergleichbar (M 490-492). Mehr wert war Agnes
von Andechs in den Augen des Kaisers und des Strickers nicht.

Eine ganz andere Deutung der Figur der Gräfin von Beamunt drängt
sich allerdings auf. Es ist, wie bemerkt, vorstellbar, dass Mauritius trotz seiner
Dienstaufkündigung die widerspenstige Dame in Wirklichkeit heiratet, aber
ohne die Ehe zu vollziehen. Isabelle von Beaumont-le-Roger, das unmittelbare
Vorbild für die Gräfin, war tatsächlich mit Maurice von Craon verheiratet.

In der Verserzählung wird nur angedeutet, dass die Gräfin von Beamunt
mit dem anonymen Grafen verheiratet ist. Wörter wie *wîp* (M 905, 1221, 1566),
her (M 1196), *man* (M 1590, 1634) und *frouwe* (M 1556, 1560) sind keine Belege für eine eheliche Beziehung zwischen Graf und Gräfin, und mit dem Anspruch auf Freiheit, den sie in ihrem Gespräch mit der Zofe formuliert, gibt
uns die Dame zu verstehen, dass sie zu diesem Zeitpunkt noch unverheiratet
ist (M 1351-1352). Eine Hochzeit mit dem Ritter lehnt sie in klaren Wendungen ab:

> *ez ervunden morgen lihte*
> *drî oder viere,*
> *dar nach drîzehen schiere*
> *unser zweier brûtlouft* (M 1356-1359).

Das Wort *brûtlouft* ist nicht als „beschönigende Umschreibung" zu erklären (so D. Klein, 1999, 224). Die Gräfin will den Ritter einfach nicht länger heiraten, muss aber am Ende ihren Widerstand aufgeben. Die Figur muss demnach mit Isabella von England identifiziert werden. Nach der feierlichen Hochzeit in Worms kehrte das Geleite der Braut nach England zurück: „Der Kaiser aber schickte dem König von England drei Leoparden (als Zeichen seines königlichen Wappenschildes, auf dem drei schreitende Leoparden abgebildet sind) nebst anderen kostbaren Geschenken. Nachdem dann also fast alle Leute [...] nach England zurückgeschickt worden waren, übergab der Kaiser die Kaiserin Isabell mehreren maurischen Eunuchen und ähnlichen alten Ungetümen zur Obhut." (J. Mühlbacher, 1977, 122). Die Quelle zu diesem ausführlichen Bericht sind die *Flores Historiarum* des englischen Chronisten Roger von Wendover (gest. 1236).

Nach seiner Thronbesteigung 1189 hatte Richard Löwenherz aus unklaren Gründen die Zahl der Löwen oder Leoparden von zwei auf drei erhöht. 1198 und 1199 trug Otto von Braunschweig, der Neffe des englischen Königs, ein Wappen mit einem halben schwarzen Adler links und drei halben, aus der Spaltungslinie hervorbrechenden Leoparden rechts. Es handelte sich um eine monogrammatische Vereinigung der Wappen von England und Deutschland. Als Friedrich noch mit Otto um die Macht in Deutschland kämpfte, kritisierte der stauferfreundliche Thomasin von Zerkläre das Wappen mit den drei Löwen und dem halben Adler und empfahl einen ganzen Adler als Symbol für Ehre (vgl. *Der Welsche Gast*, V. 12351-12374). Friedrich befolgte die Empfehlung und führte später den schwarzen Doppeladler ein (O. Posse, 1913, 158).

Auf dem symbolischen Wappenschild des Strickers gesellt sich zu den drei englischen Leoparden, wie erwähnt, ein zusätzliches Raubtier. Es sei hier daran erinnert, dass der Leopard in der Heraldik keine Punkte besitzt, oft eine Mähne hat und allgemein einem Löwen ähnelt. Durch seine Vermählung mit Isabella wurde der sizilianische Löwe mit England „verstrickt". Dass Friedrich gerade zur Zeit des *Mauritius* als Löwe *und* als Leopard betrachtet wurde, wird von seinem Erzfeind bestätigt. In einer Bulle von 1239 beschrieb Gregor IX. den Kaiser als apokalyptisches Tier „mit Löwenmund und Leopardengliedern": *Ascendit de mari bestia blasphemiæ plena nominibus, quæ pedibus ursi et leonis ore desæviens ac membris formata cæteris sicut pardus, os suum in blasphemias divini nominis aperit.* Dass der Heilige Mauritius in einer stauferfreundlichen Fabel zu einem leistungsfähigen Casanova umstilisiert wird, ist in der Tat als Gotteslästerung zu bezeichnen!

Bei einer Gleichsetzung des Ritters mit Friedrich und der Gräfin mit Isabella könnte die Figur des Grafen etwas problematisch erscheinen. Isabella war ja eine unberührte Jungfrau, als sie Friedrich heiratete. Wenn die anonyme männliche Gestalt nicht einfach aus dem Fabliau herübergekommen ist, könnte man sich vorstellen, dass der Stricker der englischen Braut eine Beziehung mit einem der vielen, an der Hochzeitsfeier teilnehmenden Grafen und Markgrafen in die Schuhe schiebt. Die Kastrierung oder Tötung des Grafen durch den rechtmäßigen Ehemann wäre dann nach damaliger Rechtsauffassung legitim gewesen.

Nach ihrer Vermählung mit Friedrich führte Isabella ein zurückgezogenes Leben in Noventa bei Padua und erschien niemals mehr in der Öffentlichkeit. 1241 starb sie bei ihrer dritten Entbindung in Foggia und wurde im Dom von Andria beigesetzt. Friedrich hatte sie in ihrem italienischen „Gefängnis" gelegentlich besucht. Diese galanten Besuche stehen nicht im Widerspruch zum *Mauritius*, wo nirgends zu lesen ist, dass der Titelheld nicht zur Gräfin zurückkehrt. Er erklärt nur, er werde ihr nie mehr hold sein (M 1626). Der Ring, den er ihr bei seinem Abschied zurückgibt, ist als Ehering zu deuten (M 1623-1624). Bei ihrer ersten Begegnung mit dem Ritter hatte die Gräfin ihm diesen Ring gegeben: „Im M[auritius] v[on] C[raun] ist der Ring indes sicherlich nicht als Liebespfand, d. h. als Zeichen personaler Zuneigung, gedacht. Er ist vielmehr [...] Ausdruck dafür, daß hier ein Vertrag geschlossen wurde" (D. Klein, 1999, 196). Der vielerörterte Vertrag ist in Wirklichkeit eine verschlüsselte Ehe, und durch die Ringrückgabe gewinnt der Ritter seine Freiheit wieder.

Wenn Isabella von England durch die Gräfin von Beaumont verkörpert wird, dann muss nach einem anderen Vorbild für die Zofe gesucht werden. In Frage kommt die norditalienische Bianca Lancia. Das piemontesische Geschlecht de Lancia gehörte zu den treuesten Vasallen des Kaisers in der Lombardei, aber darüber hinaus lässt sich nur eine sehr lückenhafte Biographie der Bianca rekonstruieren. Ihre Lebensdaten sind unbekannt (J. Mühlbacher, 1977, 141-144). Fest steht nur, dass sie dem Kaiser drei Kinder gebar: Konstanze oder Anna (um 1230-1307), Manfred (1232-1266) und Violenta (vor 1233 bis nach 1264). Einer unsicheren Quelle zufolge wurde sie mit ihm getraut, vielleicht erst nach dem Tod Isabellas von England. Da dieses Liebesverhältnis schon vor der Vermählung des Kaisers mit der Engländerin begonnen hatte, kann Friedrich seine Geliebte in der Theorie zur Wormser Hochzeit mitgenommen haben.

Das Vorbild für die Zofe kann auch bei der vorigen Eheschließung des Kaisers gefunden werden. Als Friedrich nach dem Tod seiner ersten Frau, der spanischen Königstochter Konstanze von Aragon (um 1179-1222), in jungem Alter Witwer geworden war, sah er sich rasch nach einer neuen Gattin um und fand sie im Heiligen Land. Seine zweite Ehefrau war Isabella von Brienne, die Königin von Jerusalem (um 1212-1228). Im August 1225 verließ sie Syrien für immer und wurde am 9. November in Brindisi im Alter von etwa 13 Jahren mit dem dreißigjährigen Kaiser vermählt. Vermutlich wurde die Ehe erst zwei Jahre später vollzogen, als Friedrich seine Frau im Sommer 1227 beim Aufbruch zum gescheiterten Kreuzzug besuchte. Der am 25. April 1228 geborene Konrad IV. muss bei dieser Gelegenheit empfangen worden sein. Seine zweite Hochzeitsnacht hatte der Kaiser mit der Cousine der Braut verbracht, „die vor der Tür hatte Wache stehen sollen, und die junge Königin verschwand im Harem" (F. Bedürftig, 2000, 116).

Die beiden letzten Kaiserinnen weisen erstaunlich viele Gemeinsamkeiten auf. Sie trugen denselben Namen, kamen mit dem Schiff zum Kaiser und behielten ihre Jungfräulichkeit über die Hochzeitsnacht hinaus. Die Wormser Hochzeitsnacht vom 15. Juli 1235 verbrachte Friechrich nämlich auch nicht in den Armen seiner Frau, denn „die Ehe wurde auf den Rat des Hofastrologen erst am Tage nach der Hochzeit vollzogen" (G. Masson, 1958, 271). Schließlich sahen Isabella von England und Isabella von Brienne ihre ferne Heimat niemals wieder und endeten ihr Leben hinter dicken Mauern. Ganz logisch wurden sie nebeneinander begraben, und zwar in der Krypta des Doms von Andria, weit weg von Palermo.

Die Cousine, die der Kaiser in der Hochzeitsnacht bevorzugte, war in Begleitung der Braut aus Syrien gekommen. Die etwa zwanzigjährige Anais von Brienne, deren genaue Lebensdaten auch unbekannt sind, war bestimmt reizvoller als die kaum mannbare Königin. Der Skandal wurde bekannt: „Am Morgen nach der Hochzeitsnacht erzählte Isabella weinend ihrem Vater, der Kaiser habe sie überhaupt nicht beachtet und statt dessen Anais [...] verführt. Auch später kümmerte er sich kaum um Isabella, sondern schickte sie in den Harem ‚von schönen Frauen', den er sich nach orientalischer Sitte in Salerno hielt." (J. Lehmann, 1991, 270). Wenn die Gräfin von Beamunt dem Ritter beim ersten Gespräch empfiehlt, seine Krankheit in Salerno zu heilen, rät sie ihm in Wirklichkeit, seine Liebeswut im dortigen Harem abzukühlen (M 552-558).

Die besprochenen außerliterarischen Bezugnahmen zeigen zur Genüge die Vielschichtigkeit des *Mauritius*. In jeder Gestalt verschmelzen verschiedene historische Personen. Auf den ersten Blick scheint die Gräfin von Beamunt die Französin Isabella von Beaumont-le-Roger, die Gattin von Maurice von Craon, zu versinnbildlichen. Doch bei genauerem Hinschauen schimmern die beiden gleichnamigen Kaiserinnen durch. Endlich ist eine gleichzeitige Anspielung auf die bayrische Agnes von Andechs nicht auszuschließen. Dafür spricht die Figur des Grafen, der an den sterilen Herzog Friedrich den Streitbaren erinnert. Für die Charakterisierung der Zofe hat Anais von Brienne Modell gestanden, während Bianca Lancias Rolle historisch nicht mehr fassbar ist.

Vielleicht kommt für die Affäre im Prunkbett sogar eine dritte historische Gestalt in Frage. Isabelle von Beaumont-le-Roger hatte nämlich eine Vater- und Namensschwester, die eine berühmte uneheliche Liebesbeziehung unterhalten hatte. Isabelle von Beaumont-le-Roger die Ältere (um 1102 bis nach 1172) war eine der vielen Geliebten von König Heinrich I. gewesen.

Der Titelheld selbst, eine Verschmelzung des Herrn von Craon mit dem Heiligen Mauritius, dient schließlich als Chiffre für den *wîpsæligen* Ritter vom Mittelmeer. Mit diesem Hapaxlegomenon ist der frauensüchtige Kaiser unter einer anderen Kappe in die Artusliteratur gedrungen (vgl. Lanzelet 5529).

Abschließend ist zu erörtern, warum der Redaktor des *Ambraser Heldenbuchs* so großen Gefallen am *Mauritius* fand, dass er ihn nach der *Frauenehre* als das erste epische Stück der Sammlung platzierte. Klar ist, dass dieser Redaktor, vielleicht Kaiser Maximilian selbst (D. Klein, 1999, 10), den Roman nicht so entschlüsselte, wie oben vorgeschlagen, sonst hätte er ja an der demütigenden Behandlung der halbbayrischen Gräfin Anstoß nehmen können. In Mauritius sah er sicher nur einen vorbildlichen Ritter, der als symbolischer Adler und Löwe Herrscherformat hatte. Dazu kam ein zweiter Umstand: der Ritter von Craun hatte zwei Anfangsbuchstaben und eine längere Vokalreihe mit dem Ritter aus Innsbruck gemeinsam. Dass die Namen Maximilian und Mauritius klanglich besonders gut zusammenpassen, ist erkennbar an einem berühmten untrennbaren Duo: Max und Moritz.

Die hochnäsige Gräfin von Beamunt mag den Redaktor außerdem an eine Frau erinnert haben, die dem Kaiser seinen rechtmäßigen Liebeslohn verweigert hatte. Nach dem frühzeitigen Tod seiner ersten Frau, Maria von Burgund (1457-1482), wurde Maximilian 1486 als Witwer zum römischen Kaiser gekrönt. Er verlobte sich bald danach mit der blutjungen Anna von Bretagne (1477-1514). Wie die Gräfin von Beamunt kam sie aus dem Westen. Eine Ehe zwischen Anna und Maximilian kam niemals zustande, denn 1494 heiratete die Herzogin den französischen König Karl VIII. (1470-1498) und 1499 sogar dessen Verwandten und Nachfolger Ludwig XII. (1462-1515). Mit Letzterem war Kaiser Maximilian im Krieg, während Ried den *Mauritius* ins *Ambraser Heldenbuch* eintrug. Durch die mittelalterliche Erzählung konnte Maximilian an Anna von Bretagne und Ludwig XII. eine heimliche Rache nehmen. Zu Beginn des 16. Jahrhunderts klang Beamunt in den Ohren der deutschen Leser mehr nach Bretagne als nach Beaumont-le-Roger, Brienne oder Schönenberg. Vieles spricht dafür, dass der alte Schlüsselroman durch den Konflikt zwischen Kaiser Maximilian und König Ludwig XII. ohne jede Veränderung aktualisiert wurde. Die Rettung des *Mauritius* haben die Deutschen somit einem feindlichgesinnten Franzosen zu verdanken.

Bibliographie

I. Quellen

Otfrid Ehrismann (Hrsg.): Der Stricker. Erzählungen, Fabeln, Reden. Mittelhochdeutsch / Neuhochdeutsch. Stuttgart 1992 (= RUB 8797).

Dorothea Klein (Hrsg.): Mauricius von Craûn. Mittelhochdeutsch / Neuhochdeutsch. Stuttgart 1999 (= RUB 8796).

Willem Noomen & Nico van den Boogard (Hrsg.): Nouveau recueil complet des fabliaux. Tome VII. Assen 1993.

Heino Reinitzer (Hrsg.): Mauritius von Craûn. Tübingen 2000.

Michael Schilling (Hrsg.): Der Stricker. Der Pfaffe Amis. Mittelhochdeutsch / Neuhochdeutsch. Stuttgart 1994 (= RUB 658).

Edward Schröder (Hrsg.): Zwei altdeutsche Rittermæren. Moriz von Craon. Peter von Staufenberg. Berlin 1894. Zweite Auflage Berlin 1913.

II. Sekundärliteratur

Friedemann Bedürftig: *Taschenlexikon Staufer*. München 2000.

Karl-Heinz Borck: Zur Deutung und Vorgeschichte des ,Moriz von Craûn'. In: DVjS 35 (1961), 494-520.

Helmut de Boor: Die höfische Literatur. Vorbereitung, Blüte, Ausklang. 1170-1250. München 1953.

Hubertus Fischer: Ritter, Schiff und Dame. Mauritius von Craûn: Text und Kontext. Heidelberg 2006.

Johannes Lehmann: Die Staufer. Glanz und Elend eines deutschen Kaisergeschlechts. Bindlach 1991.

Georgina Masson: Das Staunen der Welt. Friedrich II. von Hohenstaufen. Aus dem Englischen übertragen von Irmgard Kutscher. Tübingen 1958.

Josef Mühlbacher: Lebensweg und Schicksale der staufischen Frauen. Esslingen 1977.

Christa Ortmann: Die Bedeutung der Minne im ,Moriz von Craûn'. In: PBB 108 (1986), 385-407.

Otto Posse: Die Siegel der deutschen Kaiser und Könige von 751 bis 1806. Bd. 5. Dresden 1913.

Gustav Rosenhagen: Deutsches und Französisches in der mittelhochdeutschen Märe ,Moriz von Craûn'. In: DVjS 2 (1924), 795-815.

Heinz Thomas: Zur Datierung, zum Verfasser und zur Interpretation des ,Moriz von Craûn'. In: ZfdPh 103 (1984), 321-365.

Tomas Tomasek: Die mhd. Verserzählung ‚Moriz von Craûn'. Eine Werkdeutung mit Blick auf die Vor-Geschichte. In: ZfdA 115 (1986), 254-283.

Hans-Joachim Ziegeler: Moriz von Craûn. In: Die deutsche Literatur des Mittelalters. Verfasserlexikon. Zweite, völlig neu bearbeitete Auflage. Bd. 6. Berlin/New York 1987, Sp. 692-700.

Prof. Dr. Peter Hv. Andersen-Vinilandicus
Université de Strasbourg
Département d'Etudes Allemandes
22 rue René Descartes
F – 67084 Strasbourg Cedex
E-Mail: andersen@umb.u-strasbg.fr

Stefan Manns

Topik und Gedächtnis.

Text-Bild-Relationen und symbolische Kommunikation in der *Ehrenpforte*

I.

Von Anfang an stand der imposante Riesenholzschnitt *Die Portenn der Eeren vnnd Macht*, der eine Größe von nahezu drei mal dreieinhalb Meter aufweist, im Zentrum von Kaiser Maximilians *gedechtnus*.[1] An ihm arbeiteten zahlreiche namhafte bildende Künstler, Dichter und Historiographen, die Maximilians Pläne zu einer ungewöhnlichen Ehrenpforte umzusetzen versuchten. Die Entstehungsgeschichte des Monumentalholzschnitts ist heute dank der archivalischen Bestrebungen am Hofe Maximilians I. recht gut belegt, auch wenn ein genauer Beginn nicht benannt werden kann.[2] Jörg Kölderer erhielt den Auftrag vom Kaiser, nach Vorgaben des Herrschers eine Ehrenpforte zu seinem Gedächtnis zu erstellen, die vom medialen Wandel des Buchdrucks profitieren sollte. Die Frühform der Pforte stellte noch eine Mischung aus antikem Triumphbogen und Wappenturm dar und hatte mit der späteren hypertrophen nur wenig gemeinsam. Erst mit dem Einstieg der beiden Nürnberger Albrecht Dürer und Willibald Pirckheimer im Jahr 1512 bekam die *Ehrenpforte* ihre heute bekannte Charakteristik.[3] Beide Künstler prägten das für den Monumentalholzschnitt konstitutive Zusammenspiel von Bild und Text in entscheidender Weise.[4]

---

1 Vgl. die grundlegende Einordnung der Monumentalholzschnitte in das Konzept der *gedechtnus* Kaiser Maximilians I. bei J.-D. Müller, 1982. Die *Ehrenpforte* wurde noch zu Lebzeiten Maximilians 1517/18 erstmals gedruckt und erfuhr einen Nachdruck (Nachdruck unter Erzherzog Ferdinand 1526-28) und zwei weitere Ausgaben mit zum Teil modifizierenden Eingriffen, 1559 (zweite Ausgabe unter Erzherzog Karl) und 1799 (Bartsch-Ausgabe). Vgl. Th. U. Schauerte, 2001, 451-461. Ich beziehe mich in den folgenden Überlegungen auf den bei Schauerte detailliert katalogisierten Erstdruck von 1517/18, der heute in der Graphischen Sammlung der Albertina in Wien liegt.

2 Vgl. v. a. H. Wiesflecker, 1971-86. Zur Verbindung von Archiv und Repräsentation im Muster imperialer Selbstdarstellung im narrativen Werk Maximilians vgl. J.-D. Müller, 1998. Eine Auswahl von Quellen, die die Entstehung der *Ehrenpforte* betreffen, bietet Th. U. Schauerte, 2001, 407-426.

3 Zur Zusammenarbeit Dürers mit Pirckheimer vgl. H. Rupprich, 1971. Zu Pirckheimer vgl. N. Holzberg, 1981 und 1993.

4 Andere Werke Maximilians enthalten selbstverständlich ebenso Text-Bild-Kombinationen, wie beispielsweise der ebenfalls von Dürer und Pirckheimer konzipierte andere Monumentalholzschnitt des *Triumphzugs*, doch ist meines Erachtens die Bezugnahme beider Zeichensyste-

Die Forschung zur *Ehrenpforte*, vornehmlich kunstwissenschaftlicher
Provenienz, ist dieser Tatsache bislang selten gerecht geworden.[5] Sie umfasst
einen weiten Bereich von biographischen, stil- und motivgeschichtlichen bis
hin zu formal-strukturellen Arbeiten neuerer Zeit, die den Holzschnitt in erster Linie als Bildwerk rezipieren. Im Gegensatz zu literatur- und kulturwis-
senschaftlichen Forschungen, wird er im Kontext von Künstlerbiographien
abgehandelt, vor allen anderen in Arbeiten zum Leben und Werk Albrecht
Dürers. So auch bei Erwin Panofsky. Panofsky diagnostiziert in seiner Dürer-
Monographie von 1943 beim Nürnberger Maler eine „Intellektualisierung" im
zweiten Jahrzent des 16. Jahrhunderts, die bei ihm zur Ausprägung eines „em-
blematischen Geistes" geführt habe:

> Wir finden ihn [Albrecht Dürer, S. M.] im Kampf mit einem Sprachme-
> dium, das nie zuvor für ähnliche Zwecke gebraucht worden war." Dü-
> rer versuche sich nun erstmals „in weltlicher und religiöser Dichtung".
> Hatten die Texte, auf die er sich schon immer bezog, „lediglich Dürers
> erfinderische Phantasie ausgelöst", versuche er nunmehr seine Bilder
> nach „den Beschreibungen von Lukian und Pseudo-Theokrit auf ähnliche
> Weise zu rekonstruieren, wie moderne Archäologen versucht haben, die
> Wandgemälde von Polygnot aus den Beschreibungen von Pausanias zu
> rekonstruieren. (E. Panofsky, 1943, 230f.)

Eine Konfrontation von Wort und Bild ist ebenso wenig zu überhören,
wie eine grundlegende Skepsis an der Übersetzungsmöglichkeit verbal-narra-
tiver Kodes in graphische. Panofsky vermutet, dass das Zusammenspiel von
Wort und Bild „die bis vor kurzem sehr kühle Aufnahme dieser seiner [d. i.
Albrecht Dürers, S. M.] Tätigkeitsperiode erklärt" (E. Panofsky, 1943, 231),
in die auch die Mitarbeit an der *Ehrenpforte* fällt. Eine Intellektualisierung
Dürers sieht Panofsky insbesondere „in dem Aufkommen eines ‚emblemati-
schen Geistes'. ‚Embleme'", so Panofsky, „sind Bilder, die nicht als Darstellung bloßer Dinge, sondern als Träger von allgemeinen Begriffen verstanden
werden wollen." (E. Panofsky, 1943, 231) Die *Ehrenpforte* als Frühform der
Emblematik zu bezeichnen, ist zwar ebenso heikel wie der von Panofsky verwendete Emblembegriff. Worauf Panofsky aber zurecht hinweist, ist die konstitutive Bedeutung des Zusammenspiels von verbalen und graphischen Kodes
im Rahmen symbolischer Kommunikation innerhalb des Riesenholzschnitts,
die von kunstwissenschaftlichen Studien erst spät berücksichtigt wurde. Noch
Sven Lüken trennt Text und Bild voneinander und mokiert sich darüber, dass
die Portalwand von einem „wahren horror vacui von Ornamenten, mytholo-

---

me aufeinander nirgends so konstitutiv für die Wissensökonomie, wie in der *Ehrenpforte*. Zur
Beziehung von *Triumphzug* und *Ehrenpforte* vgl. J.-D. Müller, 1982, 148-159.

5   Einen gerafften und gut fokussierten Überblick über die Rezeptionsgeschichte zur *Ehrenpforte* und ihrer wissenschaftlichen Beurteilungen bietet Th. U. Schauerte, 2001, 13-24. Eine
Diskussion der Forschungsgeschichte zur *Ehrenpforte* kann daher an dieser Stelle entfallen.

gischen Gestalten, Herrschaftsinsignien und -symbolen überzogen" sei, der die „architektonische Struktur der Ehrenpforte [...] durch eine Fülle von bildlichen Darstellungen verunklärt" (S. Lüken, 1998, 451f.). Erst in Thomas Ulrich Schauertes umfassender Katalogisierung der *Ehrenpforte* wird der Text in gleicher Weise wie das Bildprogramm berücksichtigt.[6] Doch geht auch er von einem Primat des Bildes aus, wenn die Bild-Text-Verbindungen der *Ehrenpforte* in reines Dekor, das nicht signifizierbar sei und eine rein ornamentale Form übernehme, in etablierte ikonologische Sujets und in von durch Text erläuterte Symbole bis hin zu den nicht weiter signifizierbaren Hieroglyphen typologisiert werden. Semiotisch betrachtet liegt Schauertes Klassifikation der Text-Bild-Verbindungen ein Modell steigender Kodierung zwischen den beiden Zeichensystemen zugrunde, das auf unterster Stufe graphische Elemente identifiziert, die nicht sprachlich kodifiziert werden.

Die Literaturwissenschaft konnte die Bild-Text-Problematik in der *Ehrenpforte* spätestens seit Jan-Dirk Müllers Arbeit zum *gedechtnus* Maximilians I. nicht mehr ignorieren (vgl. J.-D. Müller, 1982, bes. 153-159). Müller arbeitete darin die Funktion des Monumentalholzschnitts für die *gedechtnus*-Arbeit Maximilians heraus. Eine solche funktionsgeschichtlich motivierte Methodik hat den Vorteil, dass sie Forschungsergebnisse zu „geistesgeschichtlichen Traditionssträngen, zur Geschichte rhetorischer Konzepte, literarischer Verfahrenstechniken, Motive, Topoi usw. [...]" strukturiert und die Beantwortung von Fragen „nach der Fundierung derartiger Überlieferungsvorgänge in lebensweltlichen Zusammenhängen und nach ihrer Steuerung durch erkenntnis- und wahrnehmungsleitenden Interessen" (J.-D. Müller, 1982, 15f.) ermöglicht. Es können dann beispielsweise mnemotechnische, panegyrische, ikonographische, historiographische und auch rezeptionsspezifische Aspekte gemeinsam im Blick behalten und miteinander fruchtbar gemacht werden. Müller machte in Bezug auf die *Ehrenpforte* deutlich, was dazugewonnen werden kann, wenn Bild und Text gleichrangig behandelt werden. Erst dann lässt sich resümieren, „daß die Ehrenpforte nicht Abbildung eines (nicht existierenden) architektonischen Monuments sein will, sondern eine ungewöhnlich angeordnete Geschichtserzählung" (J.-D. Müller, 1982, 155).

Welche Implikationen aus einer Untersuchung von Text-Bild-Verbindungen zu gewinnen sind, die nicht von einem Primat des einen oder anderen Zeichensystems ausgeht, möchte ich im Folgenden darstellen. Als „*gedechtnus*-Bild"[7] steht die *Ehrenpforte* in einer größeren Tradition mnemonischer Konzepte synmedialer Wissensspeicherung. Ihr zentrales Prinzip, *loci* und *imagines*

---

6   Schauertes Leistung besteht vor allem darin, dass er alle Bild-Text-Verbindungen formal und historisch beschreibt und umfassend katalogisiert. Seine Arbeit ist somit unverzichtbar für weitere Arbeiten zur *Ehrenpforte* geworden.

7   Mit diesem Neologismus umschreibt Müller den starken Einfluss der *ars memorativa* als Grundstruktur von Wissensorganisation in der Frühen Neuzeit auf Text und Bildprogramm der *Ehrenpforte*, vgl. J.-D. Müller, 1982, 155.

als Agenten für die Speicherung von Wissen einzusetzen, ermöglicht es, dieses topisch organisierte Wissen beschreiben zu können, wenn die Topoi zum Gegenstand der Analyse werden. Da diese Form der Speicherung von Wissen durch spezifische Korrelationen verbaler und graphischer Kodes erfolgt, ist es auf semiotischer Ebene notwendig, die Kodifizierungsstrategien von Wissenselementen zu beschreiben. In Bezug auf die *Ehrenpforte* heißt das:

> Die räumliche Disposition der zu erinnernden *res gestae* und ihre bildliche Darstellung bzw. ihre Repräsentation durch Bildzeichen erlauben dem Betrachter, die gesamte Geschichte Maximilians zu memorieren [...]. Als Erinnerungszeichen einer derart verräumlichten Geschichte können neben Abbildern historischer Vorgänge auch historische, allegorische, mythologische Gestalten, Herrschaftsinsignien und -symbole oder Hieroglyphen dienen. (J.-D. Müller, 1982, 155)

Ich gehe von der Annahme aus, dass semiotische Bezüge zwischen Text und Bild es erlauben, ein Verständnis für den zeitgenössischen Rezeptionshorizont zu gewinnen[8]. Denn das, was in einer Text-Bild-Verbindung extra benannt werden muss, ist möglicherweise ein noch ungesichertes Wissen im Vergleich zu den Bildphänomenen, die ohne beigefügten Text auskommen, weil der Kontext bzw. Subtext bereits klar ist. Die Frage nach der spezifischen Kodierung zwischen Text und Bild ist demnach eine zeichentheoretische. Zunächst ist es im Rahmen einer semiotischen Analyse von Text-Bild-Korrelationen notwendig, jedes Medium intramedial zu untersuchen und in möglichst kleine Sinneinheiten zu zerlegen, um anschließend intermediale Kodifizierungsmuster aufzeigen zu können (vgl. dazu U. Kocher, 2001 und 2007, sowie St. Manns, 2007). Ich beschränke mich auf zwei Beispiele aus der Historie und der Renaissance-Hieroglyphik der *Ehrenpforte*.

II.

Der vollständig aufgestellte Holzschnitt der *Ehrenpforte*[9] gliedert sich in zwei ungleich große Teile: die eigentliche Pforte ruht auf den fünf jeweils 25 Zeilen umfassenden, in Fraktur eng bedruckten Tafeln, den Claves.[10] Die Claves sind

---

8   Die methodischen Überlegungen stehen im Kontext einer Mitarbeit im Forschungsprojekt „*Imagines* und *Picturae*", einem von Ursula Kocher geleiteten Teilprojekt der seit September 2005 an der FU Berlin arbeitenden Forschergruppe „Topik und Tradition".
9   Schauerte bietet eine schematisierende Darstellungen der Verteilung der 36 Druckbögen und der 198 Druckstöcke, vgl. Th. U. Schauerte, 2001, 344.
10 Der Begriff wird in Anlehnung an die dem *Theuerdank* beigegebenen Claves Melchior Pfinzings verwendet (*Theuerdank*, A1r-A8v). Obwohl der Terminus dem Text einen additiven Charakter zum Bildprogramm unterstellt, verwende ich ihn dennoch, da er gleichzeitig die Relevanz des Textes im Semioseprozess von Bild-Text-Kombinationen unterstreicht. Der Begriff ‚Clavis' soll in diesem Sinne nicht wertend, sondern funktional verstanden werden.

konstitutiver Bestandteil des Holzschnittes und nicht nur erklärender Beitext, wie man das heutzutage in Gemäldegalerien gewohnt ist. In ihnen erläutert und rechtfertigt ein Erzähler das Programm, das der Pforte zugrunde liegt. Dieser Erzähler gibt sich zu Beginn als Johannes Stabius, Hofhistoriograph und Poet Maximilians, zu erkennen. Die Tatsache, dass in den Claves ein Erzähler agiert, hat für die Wahrnehmung und die Programmatik des gesamten Holzschnittes weitreichende Folgen.[11] Denn dieser Erzähler ist nicht nur der zwischen Bildprogramm und Leser tretende Organisator und Motivator der Rezeption, die Referenz auf Stabius, den von Maximilian beauftragten Verantwortlichen für Programm und Ausführung des Holzschnittes, legitimiert ihn in herausgehobener Weise. Die Erzähltheorie spricht in einem solchen Fall von einer starken ideologischen und testimonialen Funktion des Erzählers, der als Gewährsmann für die Wahrhaftigkeit und Richtigkeit des Programms einsteht. Eine größere Legitimation der im Bild-Text-Programm enthaltenen Informationen könnte der Erzähler wohl nur erreichen, wenn er mit Kaiser Maximilian selbst identifiziert würde. Dieser Erzähler stellt seinen Ausführungen eine Art Inhaltsverzeichnis voran, in welchem er die Pforte in sieben Teile unterteilt und damit dem Leser eine Rezeptionsführung anbietet, die ihr Bildprogramm in dieser Weise nicht vorgibt:

Die Porten der eeren des Allerdůrchleuchtigiſten groſmechtigiſten kaiſer vnd Kunig Maximilian, Jſt [...] durch mich Johann Stabius derſelben Romiſchen Kaiſerlichen Maieſtat hyſtoriographen vnd Poeten gemacht auffgericht vnd in ſyben tail getailt [...]. Der erſt tail. Die drey groſſen porten ſo zu vnderiſt geſehen werden. Der ander tail. Der groſs thurn, ſo ob der mitlen groſſen porten ſtet mit ſeinen tailen. Der drit tail. Die figuren der treffenlichen geſchichten vnd gelucks kaiſer Maximilians, ſo in den gefierten veldungen ob den zwayen klainen porten zu der obern vnd nidern ſeiten gemalet ſein. Der vierdt tail. Die teurlichen auſerkorē Kaiser vnd Kunig vnder allen andern ſo die veldungen auf der obern ſeiten daſelb vmbgeben. Der funft tail. Sipſchafft Freuntſchaft vnd Swagerſchaft so die gefierten veldungen auf der vndern ſeiten einflieſſen. Der ſechſt tail. Sein die zwen thurn ſo zu ewſeriſt an der eeren porten zu oberiſt vnd nideriſt ſteen. Der Sibent tail. Die getzierd damit diſe eeren porten hin vnd wider geklaidt iſt Vnd anfenklichen oberhalb der victorien zu beiden ſeiten des Titels der eeren porten ſteen zwen Erholden mit zwayen Trumetern, die menigklich berueffen vnd verkunden die Maieſtat Ere Adel Macht Sipſchafft Freuntſchafft vnd eerlich tatten diſer eeren porten, ſo in ir begriffen vnd beſchriben ſein. (Clavis I, 1-11)

Damit ist das thematische Feld der Pforte durchschritten.

---

11 Bereits Jan-Dirk Müller hat auf die appellative Funktion des Erzählers hingewiesen, vgl. J.-D. Müller, 1982, 154f.

Die Zentralperspektive des Holzschnitts lenkt den Blick des Rezipienten allerdings nicht auf die Claves, sondern auf das große Mittelportal der dreitorigen Pforte, das von einer Engelfigur[12] überwölbt wird und das gleichzeitig den einzigen, nicht in das Bildprogramm integrierten Text rahmt: *Die Portenn der Eere Vnnd Macht*. Oberhalb von Text und Bildallegorie türmen sich zur rechten und linken Seite zwei Wappentafeln auf und begrenzen die große Genealogie, die mit Allegorien der drei legendären Gründungsstämme des Habsburger Hauses, Francia, Sicambria und Troia beginnen und mit dem thronenden Maximilian, der von Engelsscharen begleitet wird, endet, bevor sie von der ein Misterium enthaltenden Laterne beschlossen wird. Zur linken und zur rechten Seite schließen sich die *Portenn des Lobs* und die *Portenn des Adels* an. Ihre Portalwände enthalten zwölf bzw. dreizehn[13] Historientafeln, die Maximilians Leben im Sinne seines *gedechtnus*-Konzepts panegyrisch stilisieren. Oberhalb der Historienwände erstreckt sich die Reihe der Schwägerschaft, bevor die beiden kleineren Seitenportale von panegyrischen Texttafeln und Bekrönungen abgeschlossen werden. Schmale Freisäulenpaare trennen die Portale voneinander. Die beiden die *Ehrenpforte* begrenzenden Seitentürme enthalten szenische Darstellungen, die auf Fähigkeiten Maximilians referieren.

III.

Die Historiengalerie besteht aus insgesamt 23 Bildtafeln. Jede Tafel enthält Text und einen meist dramatisierten Holzschnitt. Der Text ist notwendig, weil die parataktischen Historientafeln, die Ereignisgeschichte illustrieren, mehr oder weniger austauschbar sind. Das beginnt bei den einzelnen dargestellten Elementen – beispielsweise werden alle Feinde durch die gleichen Wappen und Standarten signifiziert – und reicht bis zur räumlichen Anordnung der Elemente im Bildprogramm der *Ehrenpforte*. In 21 von 23 Fällen verzeichnen sie synchrone Darstellungen von Schlachten, die der Kaiser geführt hat. Die Korrelationsregel von verbalem und graphischem Kode ist hier einheitlich: Der Text liefert die eigentlichen Informationen, die das Bild nicht anbietet. Die erste Bild-Text-Verbindung der linken Historienwand fällt dabei allerdings aus dem Rahmen (vgl. Abb. 1).

Es ist ein methodischer Fehler, die semiotische Analyse von Text-Bild-Verbindungen von vornherein mit von außen kommenden, dem Rezipienten bekannten Konnotationen zu konfrontieren. Die Aktualisierung potenzieller Signifikationen ist einerseits von Rezipient zu Rezipient verschieden, ande-

---

12 Diese Figur wird in der Forschung als ‚Frau Ehre‘ rezipiert, obwohl eine solche Zuschreibung durch die *Ehrenpforte* selbst nicht gestützt wird. Zur Begründung dieser Zuschreibung vgl. Th. U. Schauerte, 2001, 213f.

13 Die letzte Tafel über der *Portenn des Adels* ist noch frei, die *gedechtnus* Maximilians noch nicht abgeschlossen. Vgl. dazu den fehlenden letzten Holzschnitt im *Theuerdank*, der auf die letzte große Tat, möglicherweise einen erfolgreichen Feldzug gegen die Türken, weist.

Abb. 1: Erste Historientafel aus dem linken
Seitenportal der *Portenn des Lobs.*

rerseits legen heutige Rezipienten andere Signifikationsschemata an als zeitgenössische. Spezifische historische Kodierungen sind heutigen Lesern mehr
oder weniger fremd, so dass das Ergebnis der Analyse nur die Bedeutung
hervorbringen könnte, die a priori mit in die Text-Bild-Korrelation getragen
wird. Aus diesem Grund kann in unserem Falle nur den Signifikationen Aufmerksamkeit zuteil werden, die explizit in der Text-Bild-Beziehung hergestellt werden.

An zentraler Position der ersten Historientafel trägt eine Figur in der
Bildmitte eine Rüstung mit reicher Helmzier. Die Figur wird von zahlreichen
Artefakten umgeben, die teilweise naturalistisch, teilweise symbolisch – wie
die vier sternförmig aufeinander gerichteten Zirkel – im Bildraum angeordnet sind. Die graphischen Elemente des Bildkodes wirken teilweise disparat:
Zirkel, Helm, Lanze, Federspiel, Horn, Mörser, Kanone und Fässer sowie ein
randvoll gefüllter Sack. Neben Kanone und Mörser sind Kugeln zu erkennen.

Sucht man nach einem die Kodes verbindenden Paradigma, lassen sich Korrelationen zwischen einzelnen Elementen herstellen. Die Kugeln sind – semiotisch betrachtet – erst dann als Kanonenkugeln zu identifizieren. Damit wird die Kugel, die die Figur in ihrer linken Hand hält, zumindest doppelt konnotiert. Armhaltung und Geste der die Kugel tragenden Hand korrespondieren mit der des thronenden Herrschers aus der Genealogie des Mittelportals. In Verbindung mit der ein Schwert haltenden rechten Hand, das sich analog zum Szepter der Genealogie verhält, werden Schwert und Kugel mit der Semantik der Reichsinsignien aufgeladen. Gleichzeitig wird die in der linken Hand liegende Kugel auch mit dem Signifikaten //Kanonenkugel//[14] verbunden. Es lässt sich so über einfache semiotische Korrelationen von Bildelementen das Wissen ableiten, dass ein Herrscher seine Macht mithilfe der Kriegskunst ergreift. Mit allen weiteren Elementen des Bildkodes kann auf ähnliche Weise verfahren werden, was an dieser Stelle aber unterbleiben muss. Sind die Elemente des graphischen Kodes der Historientafel auf solche Weise identifiziert, geht es mit dem sprachlichen Kode weiter. Der Text dieser Historientafel lautet:

> Got hat ſein gnad an im ertzaigt
> Dann er zu frumkeit was genaigt
> Geſchick zu ritterlichem ſchertz
> Warzu ſtund im ſein mut vnd hertz
> Das fing er an in ſeiner iugent
> Darin er wuchs mit groſſer tugent.

Zerlegt man die Paarreime in ihre sprachlichen Bestandteile, in Substantive, Adjektive und deren Attribuierungen, und sucht man dann nach semantischen, homonymischen, metaphorischen, aussagelogischen und weiteren Korrelationen zu den Bildelementen, so fällt auf, dass sich nur wenige explizite Signifikationen zwischen Text und Bild benennen lassen. Die Rüstung korrespondiert mit dem Adjektiv *ritterlich*, und dem Satz *Geſchick zu ritterlichem ſchertz* lassen sich nahezu alle weiteren Bildelemente zuordnen. Sie werden zu indexikalischen Zeichen für die Wissensfelder, die die ritterliche Figur beherrscht und die – man denke an das Register von Fertigkeiten, das der junge Weißkunig in Analogie zum „Wunderkind" Tristan beherrscht (vgl. *Weißkunig*, 54-100) – für jemanden unverzichtbare Qualifikationen waren, der seinen Herrschaftsanspruch auf diese Weise legitimieren musste. Die Übereinstimmungen zwischen den im ersten Historienbild indexikalisierten Wissensfeldern mit der im zweiten Teil des *Weißkunigs* propagierten *lernung* des jungen Königs liegen auf der Hand. Auch wenn

---

14 Um die Bestandteile eines Kodifizierungsprozesses beschreiben und auseinanderhalten zu können, setze ich die Ausdrucksseite eines Zeichens, den Signifikanten, zwischen einfache Längsstriche (/ /), die Inhaltsseite eines Zeichens, das Signifikat, steht dagegen zwischen doppelten Längsstrichen (// //). Der Referent in der Welt wird durch einfache Winkelklammern (› ‹) markiert.

der *Weißkunig* erstmals 1775 gedruckt wurde, so arbeitete Marx Treitzsaurwein bereits ab 1514 an der Druckfassung des Textes. Die in der ersten Historientafel enthaltenen Elemente markieren bereits stark topisierte Wissensfelder im Kontext der Ausbildung eines Herrschers und müssen daher nicht einzeln konnotiert werden, das Lemma *Geſchick zu ritterlichem ſchertz* versammelt bereits all diese notwendigen *loci*. Einzig die Eigenschaft der Frömmigkeit des Herrschers scheint in diesen Topos noch nicht integriert zu sein, so dass sie der verbalen Aktualisierung bedarf.

Sind in diesem ersten Beispiel die intra- und intermedialen Kodes und Signifikationen recht leicht zu identifizieren, so verhält sich das beim nächsten Beispiel anders.

Kaum eine Darstellung der *Ehrenpforte* verzichtet auf die Besprechung des die Mittelpforte abschließenden panegyrischen Misteriums, auf das der Erzähler in der zweiten Clavis (20-25) hinweist. Das Misterium ist ein Beispiel dafür, wie schwierig – wenn nicht sogar unmöglich – es ist, Bilder ohne Intertexte, sind diese nun explizit oder implizit dem Bild mitgegeben, zu verstehen.

Zunächst ist es wiederum erforderlich, nur die Kodifizierungen zu beschreiben, die aus den graphischen und sprachlichen Kodes selbst isoliert werden können (vgl. Abb. 2).

Abb. 2: Misterium des Hauptportals, Ausschnitt aus der Laterne.

Das Misterium ist ein Hauptbestandteil der Laterne des Hauptturmes, die dreigeteilt ist. Auf ihrer Basis ruht die größte selbstständige Texttafel innerhalb des Bildkonzepts der *Ehrenpforte*, eine Tabula ansata, deren Widmungsinschrift das oktogonale Freigeschoss der Laterne dominiert, die *Ehrenpforte* Kaiser Maximilian I. widmet und sie gleichzeitig *zu lob vnd ewiger gedachtnus feiner eerlichen regirung* funktionalisiert. Die Tabula ansata wird auf beiden Seiten von Trompetern mit Delfinen und zwei Herolden, die auf das Römische Reich und auf Habsburgisch-Österreich verweisen, gesäumt. Oberhalb der Tabula ansata erhebt sich das Misterium, das von sitzenden Hasen, zwei Veneres, Satyren mit Pan- und Hirtenflöte sowie Drachen und Putti umgeben ist.[15] In der Mitte der Bildtafel sitzt eine Figur herrschaftlich, von zahlreichen Tieren umgeben, auf einem Thron. Thron, Krone, Reichskleinodien und Vollharnisch markieren die Figur als Herrscher, auch wenn dem Bildprogramm kein Text beigegeben ist. Zwischen Tabula ansata und Misterium, die topographisch durch eine ausladende Balustrade getrennt werden, bestehen keine Kodifizierungen, obwohl der Text ein verbal und das Misterium ein graphisch argumentierender Panegyrikus ist. Auf der Ebene des Bildkodes lassen sich die Signifikate des Misteriums aus den in der *Ehrenpforte* aktualisierten Text-Bild-Korrelationen zunächst lediglich als das bezeichnen, was sie vordergründig abbilden: //Kranich// mit einem //Gewicht// in der linken Klaue, //Schlange// und //Szepter//, //Vogel// auf //Reichsapfel//, //Hund// mit einer //Stola//, //Löwe//, //Vogel// in der //Krone// des Herrschers, //Papyri// an der linken Seite des Herrschers, ein auf einer //Schlange// stehender //Hahn//, diese wiederum auf einem //Fußpaar// stehend. Was fehlt, sind ihre Signifikanten, die sie in den Panegyrikus und das *gedechtnus*-Programm der *Ehrenpforte* integrieren könnten. Die Semiose ist gestört, die Kodifizierung von Bild- und Sprachzeichen ist in diesem Fall für einen heutigen Leser nicht mehr in der Weise habitualisiert, dass er den Kode durchdringen könnte. Ein kontextfreies, d. h. sprachlich unkodiertes Bild ist sinn-los. Die *clavis specialis*, die das Misterium aufschließt, ist im Bildprogramm selbst nicht enthalten. Aus semiotischer Sicht bleibt daher zunächst nichts anderes übrig, als das Bild wörtlich zu nehmen und die Tiere als das, was sie sind: ›Hund‹, ›Löwe‹, ›Stier‹, ›Kranich‹ usw. Innerhalb des gesamten Bildprogramms ist der Schlüssel zum Misterium nicht zu finden. Dies deutet zunächst darauf hin, dass es sich bei dem Misterium ebenfalls um einen stark kodifizierten Topos handelt, der für zeitgenössische Betrachter nicht mehr eigens erklärt werden muss. Andernfalls muss zumindest der *sensus allegoricus* expliziert werden, da sonst das Misterium sabotiert würde. Denn Grundlage eines Rätsels ist seine potenzielle Lösbarkeit. Das Rätsel verdeckt und offenbart gleichzeitig, indem es auf jenes Wissen hinweist, das entschlüsselt werden soll.

Ein Schlüssel zum Misterium wird dem Betrachter in den Claves an die Hand gegeben. Gegen Ende der zweiten Clavis (20-25) kommt der Erzähler

---

15 Vgl. erneut die detailgenaue Katalogisierung bei Th. U. Schauerte, 2001, 247.

auf das Misterium zu sprechen und teilt dem Leser dessen Bedeutung mit. Was er allerdings verschweigt, ist die konkrete Signifikation von Bildelement und Bedeutung. Der esoterisch rätselhafte Charakter des Misteriums bleibt erhalten. Lediglich der einführende Hinweis auf die *alten Egiptiſchen buchſtaben herkumend von dem kŭnig Oſyris* zu Beginn der Bildauslegung verweist auf die *claves speciales*, die Karl Giehlow in seiner unabgeschlossen Studie zur *Ehrenpforte* Maximilians eindrucksvoll präsentierte. Dies sind die *Hieroglyphica* des Horapollo und Francesco Colonnas *Hypnerotomachia Poliphili*, der wiederum Elemente der *Hieroglyphica* adaptierte.[16] Pirckheimer erarbeitete 1514 eine lateinische Übersetzung der in humanistischen Kreisen seit spätestens 1505 populären *Hieroglyphica*, deren Ekphrasen Albrecht Dürer in Bilder übersetzte, und die Kaiser Maximilian I. übergeben wurde (Cod. Vind. Pal. 3255). Ein handschriftlicher Entwurf Pirckheimers zum Misterium, den Giehlow in seiner Studie nachweisen konnte, enthält die auf der *Hieroglyphica* aufbauenden Kodifizierungen des Bildrätsels, das jetzt mit dem erläuternden Text der Clavis dechiffriert werden kann:

> *Jtem in dem Tabernakel* [...] *iſt ein miſterium der alten Egiptiſchen buchſtaben herkumend von dem kŭnig Oſyris, das von wort zu wort alſo ausgelegt wirdet nemlich Maximilianus aller frumſter* [= /stella/] *groſmutiger, gewaltiger, ſtarcker vnd fŭrsichtigiſter Furst* [= /leo/], *ein herr eines vntzergenklichen ewigen vnd loblichen geruchs* [= /basiliscus/] *von altem geſchlecht geborn* [= /papyri fasciculus/] *getzirt mit allen gaben der natur mit kunſten vnd guetter leer furtrefflich begabt* [= /coelum rorans/], *Romiſcher Kaiſer* [= /aquila Rom. Imp./], *vnd ein gewaltiger herr eines groſſen tails des vmbkreyſs der erden* [= /serpens integer/] *hat mit streitparer hanndt hoher beſcheidenhait* [= /taurus/] *vnd furtreffenlichen ſig, vberwunden* [= /accipiter/] *den mechtigiſten hie inen angetzaigten kŭnig* [= /Gallus super medio angue/] *das doch bey allenn menschen fur vnmuglich geacht iſt geweſen* [= /pedes hominis in aqua deambulis/], *hat ſich damit vor aufſatz gemeltens ſeins veindts ganntz vernufftigklich beſchutzt vnd verwaret* [= /grus vigilans/]. (Clavis II, 20-25)

Das Misterium war auch für zeitgenössische Rezipienten noch keine topisch wirkende Text-Bild-Korrelation, da das solcherart kodierte Wissen noch explizit gemacht werden musste. Der Topos wird zwar markiert, das Rätsel aber bleibt bewahrt. Der Erzähler führt den Leser in das Misterium ein, lässt ihn dann aber staunend zurück. Es ist anzunehmen, dass nur ein kleiner zeitgenössischer Kreis von Eingeweihten Horapollos *Hieroglyphica* kannte. Die esoterische Aura des Misteriums wird durch Stabius nicht entweiht. Jan-Dirk

---

16 Vgl. K. Giehlow, 1915 und mit einer konzisen Zusammenfassung der Renaissance-Hieroglyphik L. Volkmann, 1923.

Müller brachte diesen Sachverhalt auf den Punkt: „Das misterium auszulegen, ist wenigen vorbehalten, die Botschaft ist für viele bestimmt."[17] Das Misterium ist ein Extremfall, bei dem die Clavis das Bild semantisch auflädt, eine explizite Konnotation der Text-Bild-Bezüge aber verweigert. Gleichzeit zeigt er auf, wie unmöglich es ist, Bilder symbolischer Kommunikation aus sich selbst heraus dechiffrieren zu wollen. Im Falle der Konnotationen zu den Text-Bild-Bezügen der ersten Historie schweigen die Claves. Die 23 Bildtafeln, die neben der Genealogie die Fassade der *Ehrenpforte* dominieren, werden mit zwei Sätzen lakonisch abgehandelt. Der Erzähler verweist den Rezipienten nicht einmal auf den Bildinhalt, sondern ausschließlich auf den Text, der die Historie zu erklären helfen soll: *was diefelben bedeuten, das wirdet ob yglicher in den vberschrifften vnd rewmen angetzaigt* (Clavis III, 2). Und wer es noch genauer wissen wolle, dem stünden *andern púchern* zur Verfügung, in denen *vil mer gemeldet vnd ausgefprochen defhalben dauon hie weiter zufchreiben on not ift* (Clavis III, 3).

Bezieht man in die Text-Bild-Verbindungen den architektonischen Kode der *Ehrenpforte* mit ein, so fallen die Momente der Spiegelung und der hierarchisch gestaffelten vertikalen Linienführung von unten nach oben auf. Nahezu jedes Raum beanspruchende Element hat ein Gegenstück. Die von dieser Spiegelstruktur abweichenden Ausnahmen werden daher besonders markiert: die geflügelte Engelsgestalt, die die *Portenn der Eeren vnnd der Macht* zur Genealogie hin abtrennt, die Genealogie auf dem Mittelturm selbst und die das Hauptportal bekrönende Laterne samt Misterium. Ihre Vorrangstellung innerhalb des Bildprogramms der *Ehrenpforte* wird auch auf topographischer Ebene markiert. Hinsichtlich der Oben-unten-Dichotomie, die keine horizontalen Linienverläufe zulässt, fällt eine zunehmende Kodierung auf, die mit dieser hierarchisierenden Ordnungsbewegung korrespondiert. So kontrastieren die beiden adeligen Figuren (ebenso wie die beiden schlafenden Wachen in ihrer Nähe), die zu beiden Seiten der Mittelpforte den Rezipienten empfangen, mit dem die Genealogie abschließenden Herrscher und mit dem Misterium. Alle von dieser Symmetrie abweichenden graphischen Elemente der Pforte werden explizit sprachlich kodiert.

IV.

Eine semiotisch vorgehende Analyse von Text-Bild-Korrelationen kann nach einer intramedialen Analyse von Bild- und Textkode intermediale Korrelationen zwischen Bild und Text beschreiben und dadurch Aussagen über die Bindung von Wissen an topische Ordnungssysteme durch Text und Bild machen.

---

17 J.-D. Müller, 1982, 158. Damit korrespondiert auch die Tatsache, dass die Wahl der Volkssprache in der *Ehrenpforte* auf eine breite, nicht humanistisch gebildete Leserschaft zugeschnitten war, die den griechischen bzw. lateinischen Prätext der *Hieroglyphica* wohl nicht kennen konnte.

Allein in der *Ehrenpforte* stehen die Claves in unterschiedlichen Beziehungen zum integrierten Text und zum Bildprogramm des Holzschnitts. Der Text kann Bildelemente semantisch aufladen und mit anderen Elementen des Bildprogramms korrelieren. Damit werden die Kontexte der jeweiligen Bild-Text-Verbindung erweitert oder kontaminiert. Außerdem kann der Text zusätzliche Informationen liefern, die durch das Bild nicht impliziert werden. Das gleiche gilt für das Bild in Bezug auf den Text, wenn eine ausreichend habitualisierte Kodierung bereits vorliegt. Schließlich kann der Text aber auch Informationen explizit verweigern, wozu ein Bild nicht fähig ist. Ein Bild kann nicht verschweigen was es darstellt, ein Text jedoch auf die Leerstellen hinweisen, die zu füllen er sich weigert.

Bild-Text-Verbindungen speichern Wissen auf eine sehr effiziente Weise, indem sie zwei, manchmal mehrere semiotische Kodes einander zuordnen. Sind solche Verbindungen etabliert genug, können sie topisch wirken, beziehungsweise als Topoi erkannt und genutzt werden. Ändern sich aber kleinste Elemente der diese Topoi konstituierenden Kodes, können solche Modifikationen wiederum das durch die Topoi kodierte Wissen verändern. Man stelle sich vor, der ritterliche Maximilian der ersten Historientafel stünde nicht inmitten der vorhandenen Artefakte, sondern vor oder in einem Pferdestall. Zu seinen Füßen befänden sich dann keine Kanonenkugeln mehr, sondern Pferdeäpfel, genau wie die Kugel in seiner linken Hand, die entsprechend dieses Paradigmas konnotiert werden müsste. So funktioniert Parodie. Tragfähige Bild-Text-Verbindungen aktualisieren beim Rezipienten ein Wissen, das ihm bekannt sein muss und das in Maximilians *Ehrenpforte* „durch ein ausgeklügeltes System von *loci* und *imagines*", die im Dienste der „monumentalisierende[n] Überhöhung und Registrierung" (J.-D. Müller, 1998, 118) stehen, in besonderer Weise aktualisiert wird.

Wenn wir die Topoi symbolischer Kommunikation kennen, können wir auch ihren Wandel wahrnehmen und genauer beschreiben und mehr über das Weltwissen und den Rezeptionshorizont frühneuzeitlicher Kultur erfahren.

Bibliographie

I. Quellen und Editionen

Maximilian I.: Die Abenteuer des Ritters Theuerdank. Kolorierter Nachdruck der Gesamtausgabe von 1517. München 2003.

Der Weiß Kunig. Eine Erzehlung von den Thaten Kaiſer Maximilian des Erſten. Wien 1775. Neudruck. Mit einem Kommentar von Christa-Maria Dreißiger. Leipzig 2006.

Willibald Pirckheimer: [lat. Übers. der Hieroglyphica des sog. Horapollo] Cod. Vind. Pal. 3255. In: K. Giehlow 1915.

Thomas Ulrich Schauerte: Die Ehrenpforte für Kaiser Maximilian I. Dürer und Altdorfer im Dienst des Herrschers. München/Berlin 2001.

II. Sekundärliteratur

Hans Martin von Erffa: Ehrenpforte. In: RDK, Bd. 4, hrsg. v. Otto Schmitt (u. a.). Stuttgart 1958, Nachträge, Sp. 1443-1504.

Karl Giehlow: Die Hieroglyphenkunde des Humanismus in der Allegorie der Renaissance, besonders der Ehrenpforte des Kaisers Maximilian I. Mit einem Nachwort von Arpad Weixlgärtner. In: Jahrbuch der Kunsthistorischen Sammlungen des Allerhöchsten Königshauses 32/1. 1915, S. 1-229.

Niklas Holzberg: Willibald Pirckheimer. Griechischer Humanismus in Deutschland. München 1981.

Ders.: Willibald Pirckheimer. In: Stephan Füssel (Hg.): Deutsche Dichter der frühen Neuzeit (1460-1600). Ihr Leben und Werk. Berlin 1993, S. 258-269.

Sven Lüken: Kaiser Maximilian I. und die Ehrenpforte. In: Zeitschrift für Kunstgeschichte 61/4. 1998, S. 449-490.

Ursula Kocher: „Der Dämon der hermetischen Semiose" – Emblematik und Semiotik. In: Ruben Zimmermann (Hrsg.): Bildersprache verstehen. Zur Hermeneutik der Metapher und anderer bildlicher Sprachformen. München 2000, S. 151-167.

Ursula Kocher: *Imagines* und *picturae*. Wissensorganisation durch Emblematik und Mnemonik. In: Thomas Frank, Ursula Kocher und Ulrike Tarnow (Hrsg.): Topik und Tradition. Prozesse der Neuordnung von Wissensüberlieferungen des 13. bis 17. Jahrhunderts. Göttingen 2007, S. 31-45 (= Berliner Mittelalter- und Frühneuzeitforschung 1).

Stefan Manns: Nucleus emblematum. Überlegungen zu einer Semiotik des Emblems. In: Thomas Frank, Ursula Kocher und Ulrike Tarnow (Hrsg.): Topik und Tradition. Prozesse der Neuordnung von Wissensüberlieferungen des 13. bis 17. Jahrhunderts. Göttingen 2007, S. 46-65 (= Berliner Mittelalter- und Frühneuzeitforschung 1).

Jan-Dirk Müller: Gedechtnus. Literatur und Hofgesellschaft um Maximilian I. München 1982 (= Forschungen zur Geschichte der Älteren Deutschen Literatur 2).

Ders.: Archiv und Inszenierung. Der ›Letzte Ritter‹ und das Register der Ehre. In: Ingrid Kasten, Werner Paravicini und René Pérennec (Hrsg.): Kultureller Austausch und Literaturgeschichte im Mittelalter / Transferts culturels et histoire littéraire au Moyen Âge. Sigmaringen 1998, S. 115-126 (= Beihefte der Francia 43).

Erwin Panofsky: Das Leben und die Kunst Albrecht Dürers. Ins Deutsche übersetzt von Lise Lotte Möller. München 1977.

Hans Rupprich: Dürer und Pirckheimer. Geschichte einer Freundschaft. In: Albrecht Dürers Umwelt. Festschrift zum 500. Geburtstag Albrecht Dürers. Nürnberg 1971, S. 78-100.

Ludwig Volkmann: Bilderschriften der Renaissance. Hieroglyphik und Emblematik in ihren Beziehungen und Fortwirkungen. Leipzig 1923.

Hermann Wiesflecker: Kaiser Maximilian I. Das Reich, Österreich und Europa an der Wende zur Neuzeit. 5 Bde. Wien 1971-86.

Abbildungsnachweise
Alle Abbildungen sind dem Erstdruck der *Ehrenpforte* 1517/18 (Wien, Graphische Sammlung Albertina) entnommen, der von Th. U. Schauerte 2001 katalogisiert wurde: (1) Schauerte 2001, 384; (2) Schauerte 2001, 380.

Stefan Manns
Freie Universität Berlin
Institut für Deutsche und Niederländische Philologie
Habelschwerdter Allee 47
D – 14195 Berlin
E-Mail: contact@stefanmanns.de

Ernst Erich Metzner

Kaiserliche und reichsstädtische Nibelungensagen- und *Nibelungenlied*-Rezeption humanistischen Hintergrunds im Worms Friedrichs III. und Maximilians I.

Die nibelungische Wormser Überlieferung zu 1488, 1492/93 und 1494

Der so komplexe wie exorbitante fragliche Überlieferungsbestand, der hier seit langem wieder zur Gänze, doch in gebotener Kürze aus neuer Sicht zu beleuchten ist, wurde von E. Kranzbühler (1930), ergänzt von R. Giesen (l936), und zum Teil neuerdings in korrigierter Form von R. Fuchs (1991), kommentiert dargeboten. Dort und in der genannten Sekundärliteratur ist auch das illustrative Bildmaterial zu benutzen, auf das wie auf die Mehrzahl der genannten Belege und den spezifischen Kontext hier nur ganz kurz und selektiv verwiesen werden kann.

Erkennbar sind drei bzw. vier Überlieferungsblöcke:

a) Der erste Komplex betrifft die ‚archäologischen‘ Aktivitäten des alten habsburgischen Kaisers Friedrich III. (1440-1493) im Jahr 1488. Im eben damals von ihm privilegierten Worms veranlasste Friedrich III. in aller Öffentlichkeit, aber offenbar mit wenig Erfolg das damals und auch noch später an gekennzeichneter Stelle am Wormser Stadtrand, bei St. Meinrad bzw. St. Cecilien am ‚Heidenkirchhof‘, erinnerte angebliche Grab des *hornyn Sifridt* durch Nachgraben aufzufinden (E. Kranzbühler, 1930, 84-93, bes. 85). Siegfrieds Grabstätte ist im *Nibelungenlied* (künftig *NL*, Edition H. de Boor) bekanntlich anders verortet.

b) Der von geistlicher Seite in Worms begrüßte Misserfolg bei der Heldengrabnachsuche im Jahr 1488 hat aber bemerkenswerterweise die mit Friedrich III. gegen zeitgenössischen bischöflich-wormsischen Widerstand verbundenen (Reichs-) Stadtväter (s. etwa P. Johanek, 2003, 33-42 und G. Bönnen, 2003, 11-27) und anscheinend Friedrich III. selbst nicht gehindert und vielleicht sogar veranlasst, ein für 1492/93 als vorgesehen und vollendet bezeugtes repräsentatives Wandgemälde an dem neu erworbenen Rathaus ‚Neue Münze‘ durch den seinerzeit berühmten Maler ‚*Nicolaus Niwergolt*‘ (o. ä.) zum Markt hin ausführen zu lassen, mit einem thronenden Kaiser in der Mitte (E. Kranzbühler, 1930, 164, 165 u. 167 u. Tafel IX, und B. Diekamp, 2004, 149 Abb. 1 u. 2), in dem man auf Grund der rekonstruierbaren Inschrift darunter mit ihrer Jahreszahl 1493 (E. Kranzbühler, 1930, 164f. und R. Fuchs, 1991, 235) den noch regierenden Friedrich III. erkennen konnte oder sollte. Den Kaiser flankierten zwei namentlich benannte, stehende ‚*helden*‘-Gestalten, nämlich Siegfried und Kriemhild. Zur Rechten war Siegfried, ‚*der hörnin Syfrit*‘

(o. ä.), dargestellt, irritierenderweise, wie ein später Augenzeuge behauptet, mit dem Aussehen eines ‚Alten‘, d. h. wohl: eines antiken Helden (einer erinnernden, lückenhaften Skizze aus der Zeit kurz nach der Vernichtung 1689 zufolge – siehe E. Kranzbühler, 1930, 164 u. ö. u. Tafel IX; B. Diekamp, 2004, 149 Abb. 1 u. 2; J. Giesen, 1936, 46; vgl. u. Kap. III). Zur Linken ist (derselben Skizze zufolge) Kriemhild, ‚*fraw Crimhiltin*‘ (o. ä.), mit einem Kranz in der Hand und einer Krone auf dem Kopf zu sehen gewesen (E. Kranzbühler, 1930, 164f.; J. Giesen, 1936, 146). Unter oder bei alldem waren zwei gut überlieferte, aufschlussreich deutende lateinische Begleittexte wohl der gleichen Zeit angebracht, deren zweiter (E. Kranzbühler, 1930, 164; R. Fuchs, 1991, 235), eine geistesgeschichtliche Novität, die gemalten Wormser *Heldensagenfiguren* offensichtlich als *geschichtliche Gestalten* der postulierten römischen bzw. reichsstädtischen Vergangenheit von Worms seit der Zeit der historischen (germanischen) Wangionen und des ersten ‚Kaisers‘ Julius (Caesar) verstehen lassen wollte. Die erste Beischrift galt dem Vorrang des Kaisers in der Welt (E. Kranzbühler, a. a. O.; R. Fuchs, a. a. O.).

c) Es handelt sich drittens um den Besuch des neuen Königs und künftigen Kaisers Maximilian I. (1493-1519) im Sommer 1494 in Worms und seine besondere Inszenierung, wie sie in einem zeitgenössischen Bericht (E. Kranzbühler, 1930, 165) geschildert ist. Nach der Visite an den Kaisergräbern in Speyer (H. Wiesflecker, 1971, 377) soll Maximilian bei seinem ‚adventus‘ vor dem Wormser Rathaus und dem Bildnis mit der Nennung seines toten kaiserlichen Vaters durch seine demonstrative Kostümierung einen deutlichen Bezug zwischen der Rolle der Wormser Königstochter auf dem Bild und seinem eigenen ersten Auftreten als Alleinherrscher in Worms (nach offiziell erfolgreichem Heiden- bzw. Türkenkrieg – H. Wiesflecker, 1971, 368) hergestellt haben. Er trug nämlich einen ‚*crantz von wissen und roten grasbluomen*‘ (also: in den Farben Österreichs *und* der Stadt Worms – s. etwa G. Bönnen, 2003, 16) auf seinem Barett: einen Kranz, ganz so wie er, auch sonst erwähnt, der Gestalt der ‚*frawen Chrimhiltin an der Möntz in ir hant gemalt*‘ war (E. Kranzbühler, 1930, 165), die offenbar das Gegenüber Siegfried (stellvertretend für den Kaiser bzw. die Kaiserstatue in der Mitte?) damit beehren wollte bzw. sollte.

d) *Auszusparen:* Im Jahr 1494, mithin nach dem Tod Friedrichs III. zur Zeit Maximilians, ist im übrigen an dem neben der ‚Neuen Münze‘ liegenden Gebäude, der ‚Alten Münze‘, zum Markt hin ein weiteres Wandgemälde angebracht worden (diesmal mit größerer Wahrscheinlichkeit schon mit Wissen und im Auftrag Maximilians, der ja im Sommer 1494 in Worms war); der Blickpunkt war, wie genauer zu zeigen, anscheinend ein übergroßer bedrohlicher (und schließlich vor Worms getöteter) flügelloser, zweifüßiger ‚*lindwurm*‘ vor der Stadt Worms, deren Namen der zugehörigen *deutschen* und *jüdischen* Sage zufolge von ihm herrühren sollte (E. Kranzbühler, 1930, 108f. und 167): Man hat ihn, m. E. erst nachträglich, mit dem die Königstochter Kriemhild durch die Luft aus Worms entführenden und auf dem ‚Drachenstein‘ (nach Wormser Version: im ‚Odenwald‘) von Siegfried getöteten Flugdrachen im ‚*Hürnen Sey*-

frid' identifiziert (E. Kranzbühler, 1930, 166). Die alles in allem diesbezüglich wenig einlässige Forschung hat die Hinweise auf dieses Bild aus Verlegenheit oder aufgrund der gebotenen thematischen Beschränkung der Untersuchungen auf das ältere Gemälde in der Regel übergangen, zum Teil aber wohl auch seine Existenz nicht wirklich erkannt, vor allem, weil die einzige erhaltene Erinnerungsskizze von P. Hamman (E. Kranzbühler, 1930, Tafel IX; B. Diekamp, 2004, 149 Abb. 1 u. 2; s. u. Abb. 1) seine Stelle am Rathaus über den Arkaden unausgefüllt lässt, wie sie auch andere Lücken aufweist, und man hat die berichteten Bildinhalte gegen jede Wahrscheinlichkeit im begrenzten Raum des

Abb. 1: Zeichnung von 1690 von Peter Hamman über den Zustand vor 1689 der ‚Neuen Münze' (rechts) und der ‚Alten Münze' (links) vom Mittelbau mit ihren Arkaden mit Sicht auf den ‚*Großen Marckt in Deß H. R. Frey Statt Wormbs, wie solches vor dem französischen Brandt undt Tottal verstörung in Gebäuwen gestandten im prospect anzusehen gewesen ist*'. Die anderweitige bezeugte etwas spätere Frontbemalung von 1494 der ‚Alten Münze' (links) ist bei Hamman nicht wiedergegeben. (Nach E. Kranzbühler, 1930, Tafel IX, Abb. 13; Text z. T. nach B. Diekamp, 2004, 149)

noch teilweise skizzenhaft erinnerten früheren Gemäldes unterbringen wollen. So sind denn auch die höchst interessanten *deutschen* und *jüdischen*, vom *west-* bis hin in den *ostjüdischen* Raum der Neuzeit reichenden einschlägigen Text- und Bildüberlieferungen vernachlässigt worden (E. Kranzbühler, 1930, 108f. u. 167 u. Tafel XXIII). Auf besagten Überlieferungsbestand ist noch ausführlicher gesondert einzugehen. Vorweg zu sagen ist jedoch, dass auch diese etwas jüngere Malerei und der diesbezügliche westjüdische literarische Kontext sich aller Wahrscheinlichkeit nach von der politischen Zielsetzung des wenig älteren benachbarten Gemäldes und von nibelungischem Hintergrund und so z. T. auch vom *NL* her erklären lässt.

Unerkannte Altlasten und notwendige Neuansätze der Forschungsarbeit

Konkret handelte es sich auf dem älteren Gemälde in Worms jedenfalls um die berühmten – und wohl doch historischen (H. de Boor, 1957; E. E. Metzner, 2006a u. 2006b) – Sagen-Figuren *Siegfried* und *Kriemhild*, deren in Deutschland durchweg noch tradierter Wormsbezug damals in Gestalt der dichterischen so genannten *Rosengärten* sowie des *Lieds vom hürnen Seyfrid* bekannt war, das allerdings erst im 16. Jahrhundert in gedruckter Form für Worms greifbar wurde (E. Kranzbühler, 1930, 24). Beide langlebigen literarischen Komplexe sind entsprechend bis vor kurzem auch als prinzipiell gekannt und vor allem anderen ausgewertet im Hintergrund der hier intensiver zu betrachtenden Wormser Zeugnisse angenommen worden – allerdings unter Vernachlässigung bzw. ganz fehlender Kundgabe der erläuternden lateinischen Begleittexte und/oder unter Verkennung des Tenors der angeblich angespielten volkssprachigen Dichtungen und/oder unter voreingenommener Wahrnehmung der bildlichen Gegebenheiten.

Daher muss hier vor allem eben der prononcierte Bezug auf die *Rosengärten* (etwa bei B. Diekamp, 2004 und P. Johanek, 2002) problematisiert werden! Dagegen legt sich ein Rekurs auf das anders auf Worms zentrierte *NL*, in dem früher einmal die abseitige, geographisch fern gerückte *Schilbunc-Nibelunc*-Handlung des *NLs* (Str. 87-99) mit den zwei von Siegfried getöteten Hortbesitzern als Anregung erwogen und verworfen worden war (E. Kranzbühler, 1930, 174-177 u. 194), dem neu geschärften Blick wieder nahe! Ein *NL*-Bezug war seit der allerdings weiterhin unverzichtbaren Materialsammlung E. Kranzbühlers (1930) wegen seiner fragwürdigen anderweitigen Schlussfolgerungen in aller Regel abgelehnt worden. Gewichtig erschien vor allem das Schweigen der (bemerkenswert) wenigen frühneuzeitlichen stadtgeschichtlichen Retrospektiven (G. Bönnen, 2003, 11ff.) – das aber ebenfalls die *Rosengärten* und den *Hürnen Seyfrid* betrifft. Immerhin: Bekanntlich klingt die Überlieferung des *NL* und der *Klage* schon im frühen 16. Jahrhundert aus, eine Überlieferung, die keine direkten Zeugen aus Worms aufweist – wohl aber aus dem benachbarten Mainz bzw. im Rheinfränkischen (K. Klein 2004 und E. Kranzbühler, 1930, l95; O. Ehrismann, 2005, 833). Die bisherige historische und germanistische Forschung meinte jedenfalls fast durchweg, die Kenntnis gerade dieser beiden in aller Regel zusammen überlieferten und langhin verbreiteten nibelungischen Texte des 13. Jahrhunderts, *NL* und *Klage*, zumindest um 1500 in Worms ganz dezidiert in Abrede stellen zu können und zu müssen (vgl. P. Johanek, 2002, 339-343 und 2003, 34-47; B. Diekamp, 2004, 146-151; dagegen: O. Ehrismann, 2005, 831-836; E. E. Metzner, 2006a, 212 Anm. 140)!

Die besonderen Schwierigkeiten hinsichtlich der Wandgemälde allgemein sind vor allem dadurch bedingt, dass alle Malereien und die zugehörigen Gebäude nach der weitgehenden Zerstörung von Worms im Pfälzischen Erbfolgekrieg 1689 unwiederbringlich verloren sind und sie nur durch kürzere zeitgenössische literarische Reflexe über 200 Jahre hinweg und durch nachträgliche fast zeitgenössische, aber lückenhafte bildhafte Reminiszenzen (von Peter Hamman) oder durch eine vage späte briefliche Erinnerung (bei Lieselotte von der Pfalz) wieder rekonstruiert werden können. Dabei muss zur Erklärung der bildlichen Darstellungen auf jeden Fall bedacht werden, dass die Überlieferungen vielleicht jeweils nur die Aussage von einem der zwei einstigen Wandgemälde referieren, d. h. des für den jeweiligen Betrachter allein wichtigen, und dass sicher verschiedene Erhaltungszustände und Kenntnisstände gespiegelt sind.

So ist damit zu rechnen, dass die bezeugte Renovierung von 1592 (E. Kranzbühler, 1930, 164; R. Fuchs, 1991, 235) ursprüngliche, inzwischen möglicherweise verundeutlichte Einzelheiten verändert hat: Beispielsweise ist nur vor 1592 in der 1570 abgeschlossenen Zornschen Chronik von ‚*würmen*‘ (= Lindwürmern) auf dem Kaiser-Kriemhilt-Siegfried-Bild die Rede.

Ich habe schon 2006 und in einem vorhergehenden Vortrag 2004 im Kontext der möglichen Herleitung wesentlicher Teile der auf Worms zentrierten Überlieferungen des *NLs* und der *Klage* aus zusammenhängenden historischen Voraussetzungen um das römisch-germanische Worms des frühen 5. Jahrhunderts in Kürze den hier begangenen Weg zu einer Lösung des Problems aufgezeigt (E. E. Metzner, 2006a, 212 Anm. 140; s. o.). Umso wichtiger ist es festzuhalten, dass gleichzeitig auch O. Ehrismann tendenziell übereinstimmend mit klarem germanistischen Blick auf die deutsche nibelungische Heldendichtung die Frage nach dem literarischen und/oder illiterarischen Hintergrund der Siegfried-Kriemhild-Komposition neu stellen zu müssen meinte, wobei ihm „eine mittelrheinische Erzähltradition mit einem freundlichen Kriemhild-Bild" vorschwebte, aber nicht das *NL* selbst (O. Ehrismann, 2005, 835). Auch für ihn schloss der weiß-rote ‚*Grasblumen*‘-Kranz in der Hand Kriemhilds auf dem Bild, der wohlgemerkt *kein* Rosenkranz wie in den *Rosengärten* ist, die üblicherweise behauptete malerische Berufung auf eine *Rosengarten*-Dichtung aus, die für die damaligen Wormser denn auch kein Identifikationsangebot bereitgestellt hätte.

Der genaueren Gesamtdeutung ist so vorauszuschicken, dass die ursprüngliche Malerei von 1492/3 keineswegs genau die übliche bzw. einzige Sicht des

‚Österreichers' Maximilian von 1494 auf die in Worms selektiv dargestellte nibelungische Heldensagenüberlieferung spiegeln muss. Man muss beispielsweise aus der Darstellung und Maximilians Inszenierung vor dem Rathaus nicht
unbedingt im Gefolge älterer Forschung eine intendierte Anspielung auf Dietrich von Bern im Worms der *Rosengärten* erschließen (wie P. Johanek, 2002,
339-343 und 2003, 34-47); dieser gegen Siegfried bzw. Worms siegreiche ‚süd-
östliche' Sagenheld war in diesen Dichtungen von der vorher überheblich her-
ausfordernden Kriemhild widerstrebend mit einem Rosenkranz belohnt worden. Von Dietrich ist denn auch im damaligen Worms von 1488, 1492/93 und
von 1494 nirgends die Rede, und auch nicht von einem Rosenkranz – was immer später noch an *Rosengarten*-Rezeption in Worms aufscheint.

Betrachten wir uns nun aber zuerst Friedrichs III. auffallendes ‚archäologisches' Engagement im Jahr 1488 in Worms in Bezug auf einen nibelungischen
Lokalsagenstoff. Der mehr oder weniger deutliche Misserfolg gab zwar einem
Zeugen, einem geistlichen zeitgenössischen Chronisten, einen triftigen Grund,
die mündliche Überlieferung vom Wormser Siegfriedgrab als Fabelei bzw. als
‚rusticorum stoliditas', als ‚Unverstand der Bauern' bzw. ‚Ungebildeten', abzu-
qualifizieren (E. Kranzbühler, 1930, 85), was sich teilweise aus geistlicher, in
etwa bis heute wirkender Tradition (vgl. etwa M. Grünewald, 2004) erklären
ließe. Immerhin bezeugt die genannte Überlieferung eine verwurzelte örtliche
Nibelungensage im Worms des 15./16. Jahrhunderts, und zwar zusätzlich zum
NL und zu anderer nibelungischer Literatur. Und das Ergebnis der Ausgra-
bung am Wormser Stadtrand könnte doch Friedrich III. und anderen geradezu als Bestätigung des bekannten *NLs* bzw. der Fassung C gedient haben, wo
von einem Siegfried-Begräbnis an *anderer* Stelle gesprochen wird, nicht an der
untersuchten Örtlichkeit, sondern am ‚*münster*', d. h. am Dom, und dann in
Lorsch (vgl. etwa O. Ehrismann, 2005, 834)! Das angebliche Siegfriedgrab am
Stadtrand mag denn auch ursprünglich das des Gunther- und Brunhildsohns
Siegfried des *NLs* und der *Klage* gewesen sein (E. E. Metzner, 2006b, 53).

Die Aufnahme des *NLs* in das nachmals von Maximilian inaugurierte
Ambraser Heldenbuch deutet möglicherweise in eine ähnliche Richtung: auf
eine denkbare andauernde Wertschätzung des *NLs* als Geschichtszeugnis bei
den Habsburgern schon seit Friedrich III. – im Unterschied zu damaligen und
späteren dezidiert sagenkritischen Kreisen in Worms!

Wie stellt sich nun aber die bezeugte Wormser Kriemhild-Siegfried-Über-
lieferung von 1493/94 wirklich zum bekannten *NL*, wenn sie – wie zu erkennen ist – nicht oder nur mit Mühe mit anderen bezeugten Texten in Übereinstimmung zu bringen ist?

Vor der endgültigen Antwort ist zunächst die Erklärung durch die gut
überlieferte lateinische Zusammenfassung des Gemäldesinns heranzuziehen,
mit ihrem kühnen Bogenschlag von der angeblich freiwilligen Zuordnung der
von Cäsar anfangs bekämpften germanischen Wangionen und ihrer historischen ‚*civitas Uuangionum*' (= Worms/Wormser Bereich – vgl. G. Bönnen,
2003, 19) bis hin zum lebenden ‚*Caesar*/Kaiser' Friedrich III.! Dabei erheischt

die berufene kontinuierliche Wahrung der wangionischen ‚*libertas*' im Rahmen der andauernden römischen Herrschaft die größte Aufmerksamkeit! Im Prinzip ist damit doch wohl auf die bildlich zitierte Heldensage bzw. Heldendichtung angespielt: im Sinne des kaisertreuen Magistrats und auch im Geist etwa der gleichzeitigen *Germania illustrata* des schon von Friedrich III. geförderten Humanisten Konrad Celtis (H. Rupprich, 1970, 522-527):

> *LIBERATATEM QUAM MAIORES PEPERERE DIGNE STUDEAT FOVERE POSTERITAS.*
> *TURPE ENIM ESSET PARTA NON POSSE TUERI. QUAMOBREM WANGIONES QUON-*
> *DAM CUM IULIO CONFLICTATI IAM TIBI CAESAR PERPETUA FIDE COHAERENT*
> (E. Kranzbühler, 1930, 164)

> („Die Freiheit, die die Ahnen [bzw.: die Früheren] errungen haben, hüte sorglich die Nachwelt, denn schändlich wäre es, das Erbe nicht bewahren zu können. Deshalb hängen die einst mit Julius [d. h. *Cäsar*] im Kampfe liegenden Wangionen [d. h. *Wormser*] nunmehr dir, Kaiser, in beständiger Treue an"; nach R. Fuchs, 1991, 235).

Nach dieser Bezugsetzung mit der Antike sind noch die volkssprachigen und lateinischen Rekurse zeitgenössischer Betrachter auf den Bildinhalt vergleichend zu befragen! So lässt sich beispielsweise das seinerzeit in der 1570 abgeschlossenen Zornschen Chronik geschilderte Gesamtszenarium (E. Kranzbühler, 1930, 164) durchaus wieder erkennen. Denn wenn die dortigen Angaben zu 1492/93 den Bildinhalt in der Aufzählung ‚*mit k[aiserlicher] m[aiestät], helden und andern[,?] würmen und bildern*' resümieren, dann muss man sich in der Wiedergabe nur ein ausgelassenes Komma nach ‚*andern*' hinzudenken, um die Aussage mit der übrigen Überlieferung vereinbaren zu können. Da werden z. B. die folgenden Texte in der 1613 abgeschlossenen Überarbeitung dieser Chronik durch den Wormser Pfarrer Andreas Wilk hinzugefügt, gefolgt jeweils von den ebenfalls eingefügten lateinischen Beischriften:

> *Da sitzt der keyser in seinem keyserlichen habit und stule, auf der rechten ein zweiköpfiger, auf der lincken seiten ein einköpfiger adler... Darnach stet fraw Crimhiltin und der hörnin Syfridt gemalt mit zwen risen ligendt...*

In der erinnernden Wiedergabe durch Hamann ist der Sachverhalt nur noch z. T. erkennbar:

Abb. 2: Vergrößerter Ausschnitt der obigen Abb. 1 des Hauses ‚Zur Neuen Münze‘ mit der von Hamman unvollständig erinnerten Kriemhild-Kaiser-Siegfried-Darstellung von Nicolaus Nievergalt/Niwergolt von 1493.

Neben der ‚kaiserlichen Majestät‘ in der Mitte sind auf dem Gemälde ursprünglich also (anscheinend zwei) ‚helden‘ (nämlich Kriemhild und Siegfried, außen links und rechts vom Kaiser) zu erkennen gewesen und ‚andere‘ (d. h. andere menschengestaltige Wesen: nämlich zwei liegende ‚risen‘/‚Kolosse‘, wie sie die verdeutlichende Überlieferung Wilks und Reisels kennt – E. Kranzbühler, 1930, 164 und 167); hinzu kommen ‚würme‘ (d. h.: ‚Lindwürmer‘, wie sie in Siegfrieds Wormser Umfeld in der Überlieferung genannt werden und wie sie denn auch dort von ihm getötet sein sollen – E. Kranzbühler, 1930, 106), und schließlich ‚bilder‘ (d. h.: wohl die Wappenbilder des Reichs und Österreichs und der Stadt Worms, wie sie in den Zusammenfassungen durch Wilk und Reisel genannt werden – E. Kranzbühler, 1930, l64 u. 167).

Die bisher in diesem Zusammenhang ganz rätselhaften und in dem Gemälde schwer zu platzierenden ‚Lindwürmer‘ mögen als Halter der zwei von Wilk genannten Adlerwappen, rechts und links vom Kaiser wahrscheinlich jeweils zu seinen Füßen (E. Kranzbühler, 1930, 164), aufgetreten sein. Dabei könnten sie ähnlich dargestellt gewesen sein wie die aufgerichteten, etwas gekrümmten (und auffällig stachlig gepanzerten) vierfüßigen ‚Lindwürmer‘, die kurz danach, mit ebenfalls zwei Adlerwappen, wohl von demselben Maler entworfen auf dem Titelblatt des frühhumanistischen Drucks von 1499 der von Friedrich III. 1488 verbrieften wormsischen ‚Reformation‘ bzw. ‚libertas‘, erscheinen und mit ihren Vordertatzen zum ersten Mal das übliche Wormser Schlüsselwappen halten (E. Kranzbühler, 1930, Tafel XI; B. Diekamp, 2004, 153):

Abb. 3: Das herkömmliche Schlüsselwappen der Stadt Worms mit zwei vierfüßigen ‚Lindwürmern/Drachen' auf dem Titelblatt der ‚Reformation der Stadt Worms'. Speyer: Peter Drach 1499. Holzschnitt wohl von Nicolaus Nievergalt/Niwergolt. (Nach E. Kranzbühler, 1930, Tafel XI, Abb. 16; Text z. T. nach B. Diekamp, 2004, 153, Abb. 3)

Die verblassende, 1592 renovierte Malerei am Rathaus mag stattdessen später für einen uneingeweihten Fremden zwei (von links und von rechts her über die damals anscheinend schon verschwundenen Adler-Wappenschilde) gebeugte Kriegergestalten suggeriert haben (J. Giesen, 1936, 46).

Dazu ist aber vor allem auch zu bemerken, dass die zwei *liegenden* ‚Riesen' bzw. ‚Kolosse', die schon bei Wilk und dann wieder bei Reisel (E. Kranzbühler, 1930, 164 u. 167), und bei ihm als Halter der Wormser *‚arma'* neben

den inzwischen zu ‚Kolossen‘ gewordenen zwei ‚Helden‘, erscheinen, ebenso wie die ‚Helden‘ und die ‚Würmer‘ Zorns *symmetrisch* zur Mittelpunktfi-
gur des Kaisers gelagert und als lebend vorgestellt gewesen sein könnten oder
dürften, jeweils ein Wappen haltend, links zu Füßen Kriemhilds und rechts zu
Füßen Siegfrieds. Die bisherigen Deutungen gingen dagegen von zwei getöteten Riesen zu Siegfrieds Füßen, und von einem Toten zu Füßen Kriemhilds,
aus (s. z. B. E. Kranzbühler, 1930, 169; O. Ehrismann, 2005, 835).

Eine renaissancehafte, konsequent axiale Komposition wird jedenfalls
immer deutlicher erkennbar bzw. wahrscheinlich.

Die neuen Annahmen fügen sich gut zu der bisher bei der Deutung nicht
oder nicht recht beachteten Tatsache, dass eben in dieser Zeit und nur in dieser Zeit anscheinend von *zwei* Wormser Wappen nebeneinander ausgegangen
werden muss und also auch von *zwei* getrennten Wappen der Stadt auf dem älteren Wandgemälde oder bei den Gemälden überhaupt (E. Kranzbühler, 1930,
171): von einem anscheinend gerade neu erfundenen Drachenwappen (meines
Erachtens mit dem angeblich der Stadt den Namen gebenden, wohl ebenfalls

Abb. 4: Der zweifüßige Lindwurm des linken Wappens ist anscheinend der aus der
westjüdischen Sagensammlung ‚Maasze Nissim‘ von 1696 aus Amsterdam bekannte
flügellose von vor Worms, der *‚abgemalt‘* war *‚in der mintz auf dem mark‘*, der *‚hat
zwei füsz und hinten hat er gesehen as wie ein wurm und eine schlang‘* (E. Kranzbühler,
1930, 108). Nach E. Kranzbühler, 1930, Tafel XV: Wappenzeichnung in den Acta Wormatiensia im Stadtarchiv Worms zu Ereignissen von 1497 mit offenbar zwei Wormser
Wappen (vgl. E. Kranzbühler, 1930, 115).

nur zweifüßigen und flügellosen ‚Lindwurm' des jüngeren Wandgemäldes am Markt – E. Kranzbühler, 1930, 108 und Tafel XX) und von dem altbekannten Schlüsselwappen (mit dem umgestalteten und zumindest nachmals zeitweilig vom *Hürnen Seyfrid* her umgedeuteten üblichen Petrusschlüssel des Stadtpatrons – E. Kranzbühler, 1930, 111 und Tafel XX). Die besagte zeitgenössische Zeichnung macht diese temporäre Doppelung – in einer Zeit der reichsstädtischen Distanzierung von der zu verdrängenden geistlichen Stadtherrschaft! – mit ihrer ebenfalls symmetrischen (!) Darstellung sinnfällig deutlich.

Die Sachsenkrieg- und Siegesfeier-Aventiure des Nibelungenlieds als wichtigster Subtext von Bild und Wort der Jahre 1492/93

Es gibt nun tatsächlich eine und nur eine wahrscheinlich oder möglicherweise damals auch in Worms (längst) bekannte Überlieferung mit Siegfried und Kriemhild als direkten und indirekten positiv gesehenen Wormser Akteuren, auf die man in dem einen lateinischen Beitext der Malerei summarisch anzuspielen vermochte, weil in der Handlungsweise dieser Protagonisten eine vorbildliche, eine besondere Freiheit bewahrende (und gewährende!) Tat von Wormser ‚*maiores*' im Rahmen des Römischen Reichs gesehen werden konnte: die ‚Sachsenkrieg-*aventiure*' (IV) mit der eng dazugehörigen ‚Siegesfest-*aventiure*' (V) des *NLs* (Str. 139-264: ‚*Wie er mit den Sahsen streit*', und Str. 265-324: ‚*Wie Sifrit Kriemhilde allererste ersach*')!

Die Aventiuren IV und V beschreiben bekanntermaßen – nicht auszuschließen: mit vielleicht auch unabhängig erinnertem historischen Hintergrund von vor 437 (E. E. Metzner 2006a, 174f. und 210; ders., 2006b, 53f.) – den wunderbaren Sieg der (christlichen!) Burgunden, der allein Siegfried zu verdanken sei, gegen die unvermittelt angreifenden (heidnischen?) Nordvölker, Sachsen und Dänen (= Jüten?), unter Führung der Brüder *Liudeger* und *Liudegast*; diese müssen Siegfried als Gefangene nach Worms folgen. Und danach wird der höfische Empfang dort eindrücklich geschildert – auch wenn im kurzen *NL*-Text kein Kranz erwähnt wird, er lässt und ließ sich leicht hinzudenken, bzw. in Erinnerung an einen nur gehörten Wortlaut bei einer bildlichen Darstellung leicht hinzuerfinden, zumal nach der Kenntnis auch der *Rosengarten*-Dichtungen mit ihren Rosenkränzen als Siegespreise in Kriemhilds Hand.

Vergegenwärtigt man sich nun im Blick auf das *NL* (vgl. U. Schulze, 1997, 157 zu Strophe 292ff.), dass das Gemälde in Worms die Königstochter Kriemhild mit einer Krone dargestellt hat, beginnt einzuleuchten, warum der Historiker P. Johanek als sozusagen unbefangener Betrachter der Wormser malerischen Überlieferung unvermittelt und entschieden von dem „Wormser Herrscherpaar" der Vorzeit sprechen kann, obwohl die Dichtung an sich kein Wormser Königspaar Siegfried-Kriemhild kennt (P. Johanek, 2002, 340). Ganz ähnlich bezeichnet auch O. Ehrismann Siegfried und Kriemhild als „Königspaar" (O. Ehrismann, 2005, 835).

An diesem Punkt muss darauf verwiesen werden, dass die Anregung durch die genannte *NL*-Szene noch viel direkter nachzuweisen ist: Da erscheint nämlich Siegfried in Strophe 286 wie auf dem Gemälde Kriemhild gegenüber stehend und in vergleichendem Lobpreis wie Kriemhild vorher in Str. 283 (s. u.) genannt, auffälligerweise im Blick auf eine eindrucksvolle Buchmalerei:

> *Do stuont so minnecliche das Sigmundes kint,*
> *sam er entworfen waere an ein permint*
> *von guotes meisters listen, als man im jach,*
> *daz man helt deheinen nie so scoenen gesach.*

Der Strophentext erinnert dabei meines Erachtens unmittelbar an die Wormser Chronistenäußerung, dass die dortige Wandmalerei mit Siegfried und Kriemhild, „*durch den berümten meister Nicolaus Niwergolt ... schonbarlich*' zugerichtet worden sei (E. Kranzbühler, 1930, 164). So legt der Sachverhalt nahe, dass dieser berühmte Künstler in Worms sich im Bewusstsein seiner Geltung durch gerade jene *NL*-Stelle zu seiner – aber vielleicht doch nicht ganz ungewöhnlichen (E. Kranzbühler, 1930, 196) – Motivwahl anregen ließ.

Man kommt um so eher zu dieser Annahme, als auch die oben angesprochene Schilderung Kriemhilds in der Siegesfeier-Aventiure damals in Worms eine weitere Anregung gegeben haben dürfte, diesmal bei der Abfassung des wohl *gleichzeitig* mit der Malerei entstandenen, humanistisch-lateinischen Begleittexts unter (oder unten neben) dem Bild mit dem (in Form einer Statue) thronend erhöhten Kaiser in der Mitte. Ähnlich wie nämlich im *NL* Str. 283 *Kriemhilt* und ‚*mange frouwe guot*' aus ihrem Gefolge hier auf der *Erde* mit dem ‚*liehten mâne*' und den ‚*sternen*' am *Himmel* verglichen wird, so wird in Worms in dem dichterischen Zweizeiler auf bzw. unter der Statue des römischen Kaisers (R. Fuchs, 1991, 235) der *Kaiser auf der Erde* mit *Gott und den Sternen im Himmel* in Beziehung gesetzt – die *Sterne* erscheinen also in diesem und jenem Vergleich:

> Astra deo nihil maivs habent, nil Caesare terra.
> Sic terram Caesar, sic regit astra Deus.

(„Die Sterne haben nichts Größeres als Gott, nichts Größeres als den Kaiser hat die Erde. So regiert der Kaiser die Erde, so die Sterne Gott.")

Genau besehen zeigt sich auch der Weg der Entlehnung: Er geht vom *NL*-Text zur metrischen Beischrift der Wormser Malerei! Während der Vergleich des *NL*-Dichters ganz stimmig (wenn auch lateinisch vorgeprägt) ist, erscheint die in der Folge auf lateinisch angestrebte Gegenüberstellung des Kaisers und Gottes nicht ganz so konsistent, denn Gottes Herrschaft erscheint irritierenderweise auf die Sternenwelt beschränkt, woneben die des Kaisers über die Länder der Erde anscheinend unabhängig davon besteht.

Zum gebotenen schnellen Schluss: Die flankierende Darstellung des ‚Königspaars' Kriemhild und Siegfried auf dem Bild mit ihrer Anspielung auf

Siegfrieds Sieg im Sachsen-Dänen-Krieg, eine Assoziation, die im Worms von 1492/93 offenbar intendiert war, sollte also auch mit Hilfe aller Hinweise des Gemäldes (von den Lateinkundigen zumindest) gesehen werden als eine exemplarische Befreiungstat, welche letztlich im Dienst des römischen Kaiserreichs gegen zwei ,barbarische' Gegner aus dem Norden erfolgt sei. Als Zeichen der mitzudenkenden damaligen (und auch historisch um 430 noch gegebenen bzw. behaupteten!) römischen Oberherrschaft (E. E. Metzner, 2006a, 171-176) war Siegfried anscheinend eben als ,Alter', d. h. in antiker Weise, dargestellt worden. Dementsprechend befindet sich denn auch eine (gemalte) *Statue* mit dem erhöht thronenden Kaiser in der unmittelbaren Nähe des Wormser Paares, in der vorzustellenden Szene zwischen ihnen.

Die Wappen haltenden zwei liegenden ,Riesen' bzw. ,Kolosse' (bzw. Giganten) zu Füßen Siegfrieds und Kriemhilds verkörperten dabei dem Anschein nach die ,freiwillig' dienstbar gewordenen sächsischen und dänischen Gegner der damaligen ,Wangionen': Sie erscheinen im Blick auf die lateinischen Beitexte und auf das intensivierte Wissen der Zeitgenossen über Cäsar und die oberrheinischen germanischen Stämme konsequent transformiert – im antikisierend innovativen Geist des rheinisch-donauländischen patriotischen Humanismus der frühen Renaissance, aber zugleich auch vor dem Hintergrund eines ähnlich imperialen, doch einfacheren hochmittelalterlichen deutschen Geschichtsbilds, wie es volkssprachig im *Annolied* und in der *Kaiserchronik* (und in etwa auch in der *Klage*) hinsichtlich des Feldherrn Cäsar, der Stadt Worms und der Gesamtheit der seit ihm angeblich freiwillig reichszugehörigen ,deutschen' Stämme bzw. der Fortdauer des römischen Reichs entworfen (oder zumindest angedeutet) wurde.

Dem allen – und so auch den vorher teilweise bereits angesprochenen Hinweisen – wäre natürlich noch einlässig nachzugehen!

Bibliographie

I. Quellen mit Editionen

Helmut de Boor (Hrsg.): Das Nibelungenlied. Nach der Ausg. v. Karl Bartsch. Hrsg. v. Helmut de Boor. 14. Aufl. Wiesbaden 1957.

Rüdiger Fuchs: Die Inschriften der Stadt Worms. Gesammelt und bearbeitet v. Rüdiger Fuchs. Wiesbaden 1991. S. 234-235 und 236-237.

Josef Giesen: Thomas Coryats Eindrücke von Worms im Jahre 1608. In: Der Wormsgau II,2. 1936. S. 41-48.

Eugen Kranzbühler: Worms und die Heldensage. Hrsg. v. Friedrich M. Illert. Worms 1930.

II. Sekundärliteratur

Gerold Bönnen: Wormser Stadtmythen im Spiegel spätmittelalterlicher Überlieferungen. In: Städtische Mythen. Hrsg. v. Bernhard Kirchgässner und Hans-Peter Becht. Ostfildern 2003. S. 9-28.

Helmut de Boor: Hat Siegfried gelebt? In: Zur germanisch-deutschen Heldensage, hrsg. v. Karl Hauck. Darmstadt 1961. S. 31-51, bes. S. 43 (zuerst in: PBB 63. 1939. S. 250-271).

Busso Diekamp: ‚Nibelungenstadt'. Die Rezeption der Nibelungen in Worms. In: Nibelungen-Schnipsel. Neues vom alten Epos zwischen Mainz und Worms. Hrsg. v. Helmut Hinkel. Mainz 2004. S. 143-233.

Otfrid Ehrismann: Worms und das ‚Nibelungenlied'. In: Geschichte der Stadt Worms. Hrsg. v. Gerold Bönnen. Stuttgart 2005. S. 824-849.

Rüdiger Fuchs: s. Primärliteratur.

Josef Giesen: s. Primärliteratur.

Mathilde Grünewald: Burgunden: Ein unsichtbares Volk? In: Nibelungen-Schnipsel. Neues vom alten Epos zwischen Mainz und Worms. Hrsg. v. Helmut Hinkel. Mainz 2004. S. 119-142.

Peter Johanek: Nibelungenstädte – mythische und historische Tradition in Worms und Soest. In: Städtische Mythen. Hrsg. v. Bernhard Kirchgässer und Hans-Peter Becht. Ostfildern 2003. S. 29-54.

Peter Johanek: Geschichtsüberlieferung und ihre Medien in der Gesellschaft des späten Mittelalters. In: Pragmatische Dimensionen mittelalterlicher Schriftkultur. Hrsg. v. Christel Meier u. a. München 2002. S. 339-407.

Klaus Klein: Traurige Trümmer? Die Handschrift L im Kontext der „Nibelungenlied"-Überlieferung. In: Nibelungen-Schnipsel. Neues vom alten Epos zwischen Mainz und Worms, hrsg. v. Helmut Hinkel. Mainz 2004. S. 27-40.

Eugen Kranzbühler: s. Primärliteratur.

Ernst E. Metzner (2006a): Das Kloster „Lorsch" der Königin „Ute" im römisch-germanischen Kontext. Nibelungisches und Nicht-Nibelungisches zur verkannten ersten Katholisierung der wanderungszeitlichen Herrschaftsräume um Worms und Mainz vor und nach 406/407. In: Ze Lorse bi dem münster. Das Nibelungenlied (Handschrift C). Literarische Innovation und politische Zeitgeschichte. München 2006. S. 149-221.

Ernst E. Metzner (2006b): Von halber Vergessenheit zu neuer Anziehungskraft: Beispielsweise ‚Brunhilt die swarcz' und die Attila-Sphäre. Verunklärtes Sagenwissen über das 5. und 9. Jahrhundert an Donau, Theiß und March in den deutschen, skandinavischen und tschechischen Dichtungen von Königin Brünhild/Brynhildr und Herzog Ernst/Arnošt des hohen und späten Mittelalters. In: Deutsche Literatur und Sprache im Donauraum. Hrsg. v. Christine Pfau und Kristýna Slámová. Olomouc/Olmütz 2006. S. 39-61.

Hans Rupprich: Die deutsche Literatur vom späten Mittelalter bis zum Barock. 1. Teil: Das ausgehende Mittelalter, Humanismus und Renaissance (1370-1520). München 1970 (= Geschichte der deutschen Literatur 4/1).

Ursula Schulze: Das Nibelungenlied. Stuttgart 1997.

Hermann Wiesflecker: Kaiser Maximilian I. Bd. I. (1459-1493). München 1971.

Prof. Dr. Ernst Erich Metzner
Am Brückweg 3
D – 65428 Rüsselsheim
E-Mail: ernsterichmetzner@yahoo.de

Pizzinini Abb. 1: Kaiser Maximilian I. - Bernhard Strigel, 1507/1508, Öltempera auf Zirbenholz, 84 x 51,8 cm, Innsbruck, Tiroler Landesmuseen, kunstgeschichtliche Sammlungen, Inv.-Nr. Gem136. Foto: Frischauf.

Schulze Abb. 1: König Theoderich, Hofkirche Innsbruck.

Schulze Abb. 2: König Artus, Hofkirche Innsbruck.

Wie der böß geist zü dem Edlen Tewrdannck in verkertter gestalt kam / vnnd in gern von dem rechten weg gebracht hett.

10

Schulze Abb. 3: Theuerdank, Titulus und Bild zu Kapitel 10.

ie Tewrdannck mit dem Ernhold aus seinem land
zog/vnnd an den ersten pass /den Fürwittig Innen het
kam·

11

Schulze Abb. 5:
Theuerdank, Ausschnitt aus
dem Bild zu Kapitel 16.

Schulze Abb. 6:
Theuerdank, Ausschnitt aus
dem Bild zu Kapitel 36.

Schulze Abb. 7:
Theuerdank, Ausschnitt
aus dem Bild zu
Kapitel 13.

chulze Abb. 8: Theuerdank, Ausschnitt aus dem Bild zu Kapitel 13.

117 𝔓 iiii

Schulze Abb. 9: Theuerdank, Bild zu Kapitel 117.

118

Schulze Abb. 10: Theuerdank, Bild zu Kapitel 118.

Dietl Abb. 1: Runkelstein. Südwand des Tristanraums (Ausschnitt).

Strohm Abb. 1: Maria von Burgund. Gemälde von Niklas Reiser (?), um 1500.
Kunsthistorisches Museum Wien, Gemäldegalerie Inv.-Nr. GG 4400.

Webers/Hagemann Abb. 1: Der Habsburger Pfau mit den zu Habsburg gehörenden Königreichen (Jakob Mennel: *Fürstliche Chronick genannt Kayser Maximilians Geburtsspiegel*, Wien ÖNB cvp 3075, fol. 12ᵛ-13ʳ).

Schmidt Abb. 3: ABC-Lehrbuch.

Schmidt Abb. 4: Maximilian und
Maria von Burgund als verlobtes Paar.

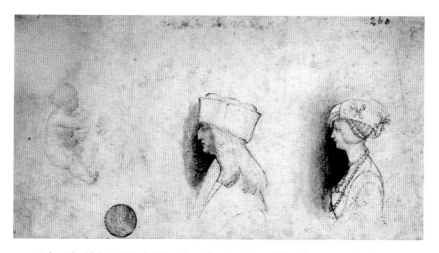

Schmidt Abb. 5: Maximilian I. und seine Gemahlin Bianca Maria Sforza.
Giovan Ambrogio de' Predis, 1509.

Schmidt Abb. 6: Maximilian auf dem Totenbett (Stadtmuseum Wels).
In: Maximilian I. Bewahrer und Reformer.

Schmidt Abb. 7: Maximilian im Jagdkleid.
Hans Holbein d. Ä., 1510-1513.

Der Ritter ist auf mich geritten,
Also hab Ich nach spils syeten
Im wider begegen muessen
Vnnd helfen seinen stoltz puessen.

Wie der Handlich Held Tewrdannck mit dem An
dern Ritter ein Turnier zu füß thet vnnd In uberwandt.

Schmidt Abb. 8: Theuerdank, Blatt 102.

Reinhard Strohm

Die Brügger Messenstiftung Marias von Burgund und ihre Bedeutung für die Habsburger

„Das burgundische Vorbild und seine Umsetzung in Herrscherkult, Staatspropaganda und Kunstpflege" Maximilians I. – wie es in der Einladung zu diesem Symposion im Mitglieder-Rundbrief April 2006 der Oswald von Wolkenstein-Gesellschaft heißt – soll im folgenden kurzen Beitrag aus einer lokalen Perspektive heraus erläutert werden: dem zeremoniellen Leben der Marienkirche von Brügge.

Angesichts der Bedeutung, welche das Staatswesen der Valois für die Habsburger hatte, wird sich die Maximilian-Forschung mit dem Bild eines sogenannten burgundischen „Theaterstaats" (Burgundian theatre-state) auseinandersetzen wollen, wie es im Anschluss an Clifford Geertz (1981) bei Walter Prevenier und Wim Blockmans (1986) ausgemalt worden ist. Die Autoren beschreiben die burgundische Herrschaft in den Niederlanden als eine zeremoniale und politische Präsenz ohne wesentliche Zusammenarbeit mit den Eigentraditionen der Region, und sie diagnostizieren einen Gegensatz zwischen höfischer und städtischer Kultur.

Dieser Diagnose widerspricht Andrew Brown in einer Studie zur Brügger Bruderschaft von Maria Schnee (A. Brown, 1999). Er glaubt, dass die persönliche Mitgliedschaft Karls des Kühnen in dieser tonangebenden städtischen Organisation, die ihren Sitz an der Marienkirche hatte, als echte Teilnahme an lokaler Eigentradition zu werten sei, und charakterisiert die Interaktionen zwischen dem Herzog und den Brügger Bürgern nicht als das Ritual eines „Burgundian theatre-state", sondern als eine „series of encounters" (A. Brown, 1999, 576).

Die gut dokumentierte Messenstiftung Herzogin Marias von Burgund an der Brügger Marienkirche, die ihr Gatte Maximilian von Habsburg zur Ausführung brachte, bietet sich als Bereicherung dieser Diskussion an. Denn eine solche Stiftung war eine kulturelle Handlung, durch die die Herrscher ihre persönliche Anteilnahme am örtlichen kirchlichen Leben demonstrieren konnten.

Die Patronage der Burgunderherzöge für die Kollegiatkirche „Notre-Dame de Bruges" ist seit Philipp dem Guten (1417-1467) nachweisbar; in den nächsten zwei Generationen rückte die Kirche zu echter dynastischer Bedeutung auf. Das bezeugen noch heute die beiden im Chorabschluss aufgestellten Grabmäler: nämlich dasjenige Marias von Burgund († 1482), das 1488-1501 entstand, und das ihres Vaters Karls des Kühnen († 1477), das auf Befehl Kaiser Karls V. im 16. Jahrhundert errichtet wurde. Ann M. Roberts rekonstruiert die

Entstehung des Grabmals der Herzogin und bezieht es auf die ideologisch-po-
litischen Vorstellungen der Zeit (Ann M. Roberts, 1989).

Viel weniger bekannt als die berühmten Grabmäler sind die frommen
Stiftungen, mit denen sie zusammengehörten und die dieselben politisch-ze-
remoniellen Implikationen hatten. Die posthum ausgeführte Messenstiftung
Marias von Burgund war nach Umfang und kultureller Bedeutung eine der
wichtigsten kirchlichen Stiftungen der Valois in Flandern. Sie wurde von ihren Nachfolgern, Erzherzog Maximilian und Philipp dem Schönen, ebenso
gewissenhaft ausgeführt wie das Grabmal selbst und litt an denselben Finan-
zierungsproblemen; sie beeinflusste darüber hinaus das tägliche zeremonielle
Leben der Kirche für Jahrzehnte. (Die Grabschriften und Stiftungen der Marienkirche sind bei Patrice Beaucourt de Noortvelde, 1773, und Joseph Gailliard, Bd. 2, 1856, erfasst.)

Bei einer gottesdienstlichen Stiftung handelte es sich noch viel weniger
um ein Museumsstück als bei einem Sarkophag oder Standbild: Die Hinter-
bliebenen der Stifter wurden als Teilnehmer am Ritual gleichsam täglich in die
Ausführung von deren Gedächtnis einbezogen. Erzherzog Maximilian hatte
gerade diesen Auftrag seiner verstorbenen Gemahlin zu respektieren. Weil es
ihm ja darum ging, den Anspruch seines Sohnes auf die Grafschaft Flandern zu
sichern, bot ihm die Stiftung an der Marienkirche eine Form der Eingliederung
in die religiös-dynastische Tradition des Landes. Denn in dieser Kirche wurde,
mehr als irgendwo sonst, für das Seelenheil der burgundischen Vorfahren von
Philipp dem Schönen gebetet. Nach Ann M. Roberts ist die Darstellung von
Marias genealogischer Herkunft auf den Grabreliefs (in Form eines „Baums
von Jesse") deren wichtigstes Bildthema: Entsprechendes gilt für die in der
Messe vorgetragenen Fürbitten für die Vorfahren.

Die Brügger Marienkirche war also der kirchliche Verknüpfungspunkt
zwischen den Dynastien der Valois und der Habsburger. Sie repräsentierte zugleich die religiöse Identität der Grafschaft Flandern: Maria war eine Schutzpatronin des Landes. Im auralen Bewusstsein der Brügger Stadtbewohner
spielte es gewiss eine Rolle, dass die größte Glocke der Kirche selbstverständlich „Maria" hieß. Der Schutzpatronin war ferner die Bruderschaft von Maria
Schnee zugeordnet. Dieser Kult hatte sich seit der Zeit des großen Schismas
(1378-1416) als Zeichen römischer Obödienz in vielen Ländern ausgebreitet:
Man feierte am Fest Maria Schnee (5. August) die Weihe der römischen Basili-
ka von S. Maria Maggiore, deren Gründung durch Papst Liberius im Jahre 432
auf ein Schneewunder zurückging. Wie auch bei den Festen anderer römischer
Basiliken wurde mit der Aufnahme des Festes in den örtlichen Kalender Bin-
dung an Rom demonstriert. Der große Musiker and Kanonikus von Cambrai,
Guillaume Du Fay, bezeichnete sich in seiner Messenstiftung von ca. 1473 als
Anhänger dieser Devotion (vgl. R. Strohm, 1993, 283-287).

Maria von Burgund [vgl. Abb. 1, s. Farbabb.] verehrte schon wegen ihres
Taufnamens die Jungfrau Maria als besondere Beschützerin. Während ihrer
wenigen Jahre als Erbin des Landes (1477-1482) favorisierte sie die Brügger

Marienkirche. Schon Karl der Kühne hatte 1470 die Kirche unter seinen besonderen Schutz genommen, nachdem er 1468 dort das Fest des Goldenen Vlieses gefeiert hatte; Maria wiederholte diese Erklärung nach ihrem Regierungsantritt 1477. Auf dem Sterbebett (sie verstarb am 27. März 1482 an den Folgen eines Jagdunfalls) diktierte sie ihr Testament, in dem sie ihre Grablege in der Kirche auswählte – in der Mitte der Kapelle hinter dem Hochaltar – und Anweisungen dazu gab; u. a. sollte ein Bild der Namenspatronin vor dem Grab errichtet werden (E. M. von Lichnowsky, 1844, DCCXXXIII):

> *Et si de infirmitate qua de presenti laborat decedere contingat et de hac luce migrare, corpori suo elegit sepulturam in ecclesia beate Marie virginis huius opidi, ubi secundum suum statum honeste voluit sepeliri, quodque ante eius sepulchrum sive sarcophagum sit et construatur una grandis et pulchra ymago virginis Marie, ad quam ut asserebat singularem semper gessit devotionis affectum, illamque continuo in suis necessitatibus invocare consuevit, et propicium protectricem semper invenit.*

(Und wenn sie an der Verletzung, an der sie derzeit leidet, sterben und von dieser Erde wandern sollte, hat sie sich ihr leibliches Grab in der Kirche der seligen Jungfrau Maria in dieser Stadt erwählt, wo sie ihrem Stande gemäß ehrenvoll bestattet werden möchte; und es soll vor ihrem Grab oder Sarkophag ein großes, schönes Bildnis der Jungfrau Maria stehen und errichtet werden, für die – wie sie sagte – sie immer eine besonders liebevolle Verehrung gehabt habe, die sie unablässig in ihren Nöten anzurufen gewohnt war, und in der sie stets eine gnädige Beschützerin gefunden hatte.)

Es folgen Bestimmungen für die Exequien, und für die Totenmessen und -offizien, die in der ganzen Stadt Brügge (nicht etwa im ganzen Land!) zu halten seien; bei allen diesen Feiern sollten Almosen verteilt werden. Dann geht es um die Bezahlung der Schulden der Herzogin, wozu sich der anwesende Gatte Maximilian durch Kopfnicken verpflichtet, „soweit er das könne" (*pro posse suo*), und es wird als Vermögensverwalter Theobaldus Barradot ernannt. Dann diktiert Maria ihre gottesdienstliche Stiftung (E. M. von Lichnowsky, 1844, DCCXXXIII f.):

> *Item voluit et desideravit dicta domina ducissa testatrix quod si ipsam in dicta ecclesie beate Marie sepeliri contingat tam pro sue quam progenitorum suorum et omnium fidelium animarum salute in eadem celebrentur singulis diebus perpetuis futuris temporis due misse, una de beata virgine protectrice sua cum nota et cantu et altera bassa et submissa voce pro defunctis pro quibus necnon suffragiis aliis sic perpetuo celebrandis, et etiam pro divini cultus in ipsa ecclesia et horarum canonicorum diurnarum et nocturnarum augmentatione ad finem quod ipsa omnium benefactorum que in ipsa fient ecclesia particeps efficiatur et collegium eiusdem ecclesie*

specialiter obligati sint ad orandum pro anima sua voluit et ordinavit quod ipsa ecclesia dotetur sufficienter de bonis temporalibus ad hoc onus spectantibus ad discretionem eorundem executorum testamenti sui, pro cuius completione ut fieri posset similiter instanter requisivit, et rogavit prefatum dominum ducem quatenus ad hoc operam et opus prestare vellet, quod similiter facere annuit quantum sibi possibile foret.

(Auch wollte und begehrte die genannte Frau Herzogin und Erblasserin, dass, falls sie in der genannten Marienkirche bestattet werde, in derselben für ihr Seelenheil und das ihrer Ahnen und aller frommen Seelen täglich auf ewige Zeiten zwei Messen gefeiert werden sollten, eine mit Noten und Gesang zu Ehren der heiligen Jungfrau, ihrer Schutzpatronin, die andere still und mit leiser Stimme für die Verstorbenen; für diese [Messen] sowie andere Fürbitten, die ebenso immerwährend gefeiert werden sollten, für die Vergrößerung des Gottesdienstes und der kanonischen täglichen und nächtlichen Stundengebete in der Kirche, und dafür, dass die Kirche aller Benefizien teilhaftig gemacht und das Priesterkollegium der Kirche besonders verpflichtet werde, für ihre Seele zu beten, wollte sie und ordnete an, dass die Kirche für diesen Zweck mit genügend weltlichen Gütern ausgestattet werde, nach dem Ermessen der Vollstrecker des Testaments, für dessen möglichst auftragsgetreue Vollendung sie den genannten Herrn Herzog innigst bat und beauftragte, dass er dazu seine Bemühung und Hilfe leisten wolle, was er möglichst auftragsgetreu nach seinen Kräften zu tun versprach.)

Die Bestimmungen für die Gottesdienste sind, sicher aus Zeitmangel, kurz und konventionell formuliert. Unter *cum nota et cantu* wurde damals mehrstimmiger Gesang verstanden; die „stille Messe" war ein üblicher Typus des Requiems. Die Ausführungsbestimmungen der Stiftung wurden dann von den Testamentsvollstreckern ausgearbeitet und sind in einer Urkunde vom 28.10.1483 (Rijksarchief Brugge, Onze-Lieve-Vrouw, ch. 1330) niedergelegt. Diese Urkunde ist, offenbar aus politisch-rechtlichen Gründen, im Namen des fünfjährigen Philipps des Schönen ausgestellt, muss aber das Werk Maximilians und seiner Berater sein, wie er es ja am Sterbebett seiner Gemahlin versprochen hatte. Innerhalb der sonst französischsprachigen Urkunde ist der Stiftungstext durch lateinische Sprache hervorgehoben, was wohl auf einen vorher für die Kirche angefertigten Entwurf deutet. Um diese Ausführungsbestimmungen verständlich zu machen, sei kurz der Stand des Stiftungswesens betrachtet, wie er sich im Spätmittelalter in flämischen Städten entwickelt hatte.

Kirchliche Stiftungen waren Schenkungen, z. B. von Bargeld oder Juwelen, oder Übertragungen von Haus- oder Landrenten und Zinsen an die Kirche. Sie waren gewöhnlich „für ewige Zeiten" gedacht und hatten die Form regulärer, notariell beurkundeter Verträge. Die Urkunden bestätigten in sehr detaillierter Form ein Besitzrecht, das dem Kirchenschatz zugeschlagen wurde; sie wurden meistens noch im Spätmittelalter auf Pergament ausgefertigt und sind zahlreich erhalten. Kirchenstiftungen waren oft mit anderen Zuwendungen verbunden, z. B. der Errichtung von Kapellen und Altären, der Schenkung von liturgischen Büchern, Altargeräten, Paramenten, Tafelbildern. Im Spätmittelalter war der Hauptzweck frommer Stiftungen die Einführung von Gottesdiensten, also z. B. von Messen, Salve, Vespern, Prozessionen, Totenoffizien, Wallfahrten und liturgischen Einzelheiten wie z. B. eingelegten Gebeten oder Gesängen. Zu diesem Zweck wurden viele Stiftungen als Pfründen oder regelmäßige Ausschüttungen für Priester und andere beteiligte Kleriker eingerichtet: Das Geld wurde verteilt an Zelebrant, Altardiener, Kantor (*succentor*), Sänger, Mesner, Chorknaben, Organist, Glöckner – ja bezeichnenderweise auch einfach an den anwesenden Klerus als „Publikum" (*distributio in choro*). Dies förderte die Entwicklung des Rituals – und schuf Arbeitsplätze für den Klerus. Die Gottesdienste waren für Lebende oder Verstorbene gedacht: Seelenmessen bzw. Totenoffizien waren in der Mehrzahl; ihr Hauptzweck war die Fürbitte für die Lösung der Verstorbenen aus dem Fegefeuer. Jedoch wurden auch diese Stiftungen oft schon zu Lebzeiten eingerichtet, und die erwünschten Zeremonien konnten zu Lebzeiten andere sein als nach dem Tod. In Flandern waren es damals häufig polyphone Messen, die nach dem Tod der Stifter weggelassen oder in (einfachere) Seelengottesdienste verwandelt wurden. Sehr beliebte Stiftungsarten waren auch die Brotverteilung an Arme (*dis*, d. h. Armentisch, genannt) und das Beten am Grabe des Stifters. Zu Lebzeiten nahmen die Stifter an den von ihnen ermöglichten Gottesdiensten häufig teil und dürften die Zeremonien genossen haben.

Die Ausführung der Stiftungen und deren Überwachung erfolgte durch Institutionen wie z. B. Kollegiatkapitel, Pfarrei, Kloster, Bruderschaft. Oft waren auch höfische oder städtische Beamte an der Oberaufsicht beteiligt. Die Gottesdienste wurden an verschiedenen Orten eingesetzt und bestimmten Altären zugeordnet; zwischen Zeremonien im Hochchor (am Hauptaltar) einer Kirche und solchen in Privatkapellen wurde genau unterschieden. Wegen der großen Anzahl von Messenstiftungen in den wohlhabenden flämischen Städten wurden immer mehr Altäre und Gnadenbilder vor allem in Privatkapellen aufgestellt. Außerdem musste man mit theologischer Beratung ein geeignetes Kalenderdatum aussuchen, an dem der vielbeschäftigte Klerus noch zur Verfügung stand; erhaltene Kalendarien, Obituarien, Glöckner- und Mesnerbücher geben darüber Auskunft. Die für ewige Zeiten intendierten Zeremonien fanden in regelmäßigem Rhythmus statt: jährlich (z. B. am Todestag oder Schutzheiligentag, genannt *anniversarium*, d. h. Jahrtag), wöchentlich (z. B. samstägliche Marienmesse, donnerstägliche Sakramentsmesse) oder täglich (vgl. auch R. Strohm, 1986). Die Auszahlung an Beteiligte konnte in ebensolchen Rhythmen erfolgen, also z. B. mit täglichen „Distributionen" an die Beteiligten und andere anwesende Kleriker, oder per Jahresgehalt, das meist vierteljährlich ausgezahlt wurde. Die Stiftungsurkunden erwähnen immer wieder polyphone Musik (*discantus*), Orgelspiel, Altarbilder, Kerzen, Prozessionen und Suffragien.

Finanziell war der Stiftungsverlauf oft ungewiss: Politischer Wandel, Krieg, Naturkatastrophen (Brände, Überschwemmungen) und Untreue oder Inkompetenz der Verwalter konnten die zugrundeliegende Finanzbasis schmälern oder zerstören, was in nachmittelalterlichen Stiftungsverzeichnissen öfters vermerkt ist. Die Mehrzahl der flämischen Kirchenstiftungen des 15. Jahrhunderts dürfte die Reformationszeit nicht überlebt haben. Selbstverständlich gab es auch Änderungen von Seiten des Stifters, der oft genug um Nachzahlungen gebeten wurde, oder des Klerus, der mit päpstlicher oder bischöflicher Erlaubnis den Verwendungszweck ändern konnte. Die laufenden Einkommen und Ausgaben großer Stiftungen sind manchmal in Rechnungsbüchern dokumentiert: Für die Messen Marias von Burgund an der Brügger Marienkirche gibt es Rechnungsbücher ab 1506.

Die Frage der fürstlichen Anteilnahme am örtlichen Leben – des „encounters" zwischen Hof, Stadt und Kirche – ergibt sich besonders bei der Betrachtung des Zusammenspiels zwischen Stiftungstext und liturgisch-musikalischer Praxis an der für die Ausführung verantwortlichen Marienkirche. Die Entwicklung der dortigen Musikpraxis ist bereits zusammenfassend beschrieben worden (R. Strohm, 1985, und A. Dewitte, 1995); hier seien nur noch einige für die Stiftungstradition relevante Einzelheiten festgehalten.

Um die Mitte des 15. Jahrhunderts scheinen die Aufwendungen für festliche Gottesdienste rasch angestiegen zu sein. Die Kirchpröpste, meist herausragende Beamte des burgundischen Hofes, waren an der Musikpflege interessiert: Propst Walter de Mandra (1447-1459) stiftete selbst polyphone Messen (z. B. für St. Michael) und wird in einer Chronik als Experte *in cantu cultuque divino* hervorgehoben, weswegen Herzog Philipp oft persönlich seinen Messen beiwohnte (Cathalogus prepositorum, fol. 6v). Propst Mathieu van Brakele (1459-1471), Elemosinarius der burgundischen Hofkapelle, war selbst Organist; er ließ eine neue Orgel bauen und stiftete zahlreiche Zeremonien für Heiligenfeste. Propst Arnold de Lalaing (1471-1499) war die treibende Kraft in der verstärkten Bindung der Marienkirche an den Hof. Viele Kanoniker und Priester der Kirche stifteten damals polyphone Messen oder Motetten, Festtage und Kapellen; wie Herzogin Maria ließen sie sich in der Kirche bestatten und Grabmäler errichten, an denen für ihr Seelenheil gebetet wurde.

Die Stiftungen der Herzöge vor Maria sind spärlicher belegt. Für Philipp den Guten wurde zu seinem Todestag (15. Juni) alljährlich ein Requiem gesungen; es kostete 18 £ par. im Jahr (J. Gailliard, 1856, 467).[1] Diese Stiftung war zu Lebzeiten des Herzogs entstanden (1451) und bezog sich zunächst auf ein Anniversarium am 16. August (am Tag nach dem Fest Maria Himmelfahrt). Es wurde eine polyphone Messe mit anschließender Motette (*cum moteto post missam*) gesungen, was dem in musikalischen Quellen nachweisbaren Typus

---

1   Zahlungseinheiten: £ par. = Pfund Pariser Währung, mit 20 s. (sous) zu je 12 d. (deniers). 1 S. par. entpricht 1 gr. (flämischer groot). Das flämische Pfund (£ gr.), zu 240 gr., entspricht dann 12 £ par.

des „Mass-motet cycle" entspricht (R. Strohm, 1985, 46). Zur Zeit Karls des Kühnen ragt unter vielen anderen das Mäzenatentum der Adelsfamilie Gruuthuse hervor, die ihren Palast neben der Kirche gebaut und ihn über eine begehbare Brücke mit einer Loge (*oratoire*) innerhalb der Kirche verbunden hatte. Bei einem Treffen Karls des Kühnen mit Lodewijk van Gruuthuse am 5. April 1472, mit Besuch der Kirche und Besichtigung des *oratoire*, waren mehrere Mitglieder der Hofkapelle zugegen. Die Gruuthuse-Stiftung (12. Februar 1473) benötigte 18 Chorknaben, die am Grabe beteten und in der Totenvigil die Lektionsverse sangen; vier von ihnen wurden auch in den vier jährlichen Seelenmessen eingesetzt, die zusammen 64 £ par. jährlich kosteten. Von Karl dem Kühnen sind keine Stiftungsdokumente erhalten; doch gab es zu seiner Zeit eine Fürstenmesse (*missa principis*), die wahrscheinlich am 15. Juni stattfand und später von der Stiftung Marias absorbiert wurde. Eine Handschrift von 1536 (Cathalogus prepositorum, fol. 20v) nennt eine *missa principis* mit Organist und Chorknaben, bei der es sich einfach um die Stiftung Marias handeln dürfte. Ebenso ist in späteren Quellen kaum mehr davon die Rede, dass Maria bereits am 25. März 1477, also am zweiten Marienfesttag nach ihrem Regierungsantritt, eine Stiftung von zwölf jährlichen Messen mit Diskant anordnete, mit jährlichen Kosten von insgesamt 72 £ par. Diese wurde dann offensichtlich von ihrer testamentarischen Stiftung absorbiert (J. Gailliard, 1856, 456).

Ausführende Musiker waren zahlreich; die Spezialisten des mehrstimmigen Gesanges waren vor allem unter den *clerici installati* bzw. *socii de musica* zu finden (R. Strohm, 1985, 43 und 50). Einer von ihnen war 1457-1460 Johannes de Wreede, der später berühmteste Musiker Spaniens. Der gelehrte Karmelitermönch Nicasius Weyts und der stadtbekannte Dichter Aliamus de Groote wirkten u. a. an der Marienkirche; sie waren beide Musiker, Aliamus komponierte regelmäßig (R. Strohm, 1985, 43f.). Kaplan Cornelis Moerijnc, Organist seit 1462, machte sich vielfach für Musik und Zeremonie verdient, z. B. indem er am 28. Juni 1474 das bis dahin ausführlichste Stiftungsregister (*planarius fundationum*) fertigstellte, das von Joseph Gailliard ediert worden ist (J. Gailliard, 1856).

Nach späteren Historikern war die Stiftung von Herzogin Maria mit der Gründung einer *maîtrise* von vier *chorales* verbunden. Genau gesagt, waren Chorknaben schon seit langem an der Kirche erzogen worden; sie sangen auch in den Gottesdiensten (vgl. die Gruuthuse-Stiftung), jedoch vor 1483 anscheinend nur einstimmige Gesänge wie z. B. Lektionsverse. Für den *discantus* waren die erwachsenen *socii de musica* verantwortlich. Aber aufgrund der Dotierung von Unterhalt und Kleidung für vier Chorknaben und ihren *magister puerorum*, den *succentor* der Kirche, konnten ab jetzt auch die Knaben regelmäßig zu polyphonen Aufführungen beitragen, wie es an der Kollegatkirche von St. Donatian schon seit 1421 üblich war.

Hier folgen nun Auszüge aus den originalen Stiftungsurkunden von 1483
und 1495 mit anschließendem kurzen Kommentar.[2]

A. Urkunde Philipps des Schönen und Erzherzog Maximilians, 28. Oktober
1483 (Rijksarchief Brügge, Archief Onze-Lieve-Vrouw, ch. 1330, vgl. Abb. 2):

> ... *Illustrissime domine ducisse nuper defuncte sepulte in ecclesie beate ma-*
> *rie brugensis, pro missis, una scilicet beate marie post matutinas et ante*
> *primam diei solemniter decantanda. Et alia pro defunctis immediate post*
> *predictam ad idem altare submissa voce celebranda, quo adusque aliter*
> *ordinatum et promisum [sic] fuerat. Et primo canonicus predictam altam*
> *missam beate marie celebrans ... per dies 6 gr. Diaconus, subdiaconus singu-*
> *lis ... diebus quilibet 2 gr. faciunt annue quindecim libras grossos. Quilibet*
> *quatuor puerorum ad predictam missam decantandam electorum singulis*
> *annis pro suo victu 3 £ gr. faciunt ... 12 £ gr. Item pro tunica et caputio*
> *eorum ... quilibet 1 £ gr. faciunt ... 4 £ gr. Pro magistro puerorum qui erit*
> *succentor ecclesie pro instructione et avertione predictorum 4 puerorum an-*
> *nis singulis pro victu et vestitu percipiet 4 £ gr. Et hoc mediante habebit ibi*
> *providere de socio ydoneo qui una cum eo et dictis 4 pueris diebus singulis*
> *predictam missam decantabunt. Item organista et sufflator diebus solem-*
> *nibus et dominicis etiam diebus apostolorum et beate marie et in singulis*
> *diebus octavarum festorum beate marie partem dicte misse cum organis*
> *decantabunt,... 1 £ gr. Item pro luminari pro duabus torciis ad elevamen*
> *sacramenti et duobus cereis ad altare pane et vino, turie et calice et ma-*
> *nutenencia ornamentorum ac salario vergiferi ... 4 £ gr. Item pro custode*
> *qui habebit parare altare ut decet et cum hoc exponere vestimenta et it-*
> *erato conservare, et predicte misse ac alie pro defunctis cum strave decem*
> *solidos gr. Item propulsantibus solemnibus diebus ad missam et ad anni-*
> *versarium semel in anno tres libras gr. Item pro anniversario communi col-*
> *legio solemniter semel in anno duas libros gr. Item pro sexaginta prebendis*
> *pauperibus erogandis qualibet prebenda valente quinque solidos parisiens.*
> *faciunt simul annue unam libram quinque solidos gr. Item communitati*
> *chori pro augmentacione distribucioni horarum canonicarum quibus horis*
> *prefata illustrissima domina particeps effici voluit singulis annis sex libras*
> *grossorum. Item pro bassa missa diebus singulis submissa voce celebranda*
> *per cappellanum illustrissime domine percepit idem capellanus annis singu-*
> *lis novem libras grossorum...*

---

2   Ich bin dem Direktor des Rijksarchief Brugge, Michel Nuyttens, und seinen Mitarbeitern
für freundliche Beratung und die Erlaubnis zur Veröffentlichung der Urkunden zu herzlichem
Dank verpflichtet.

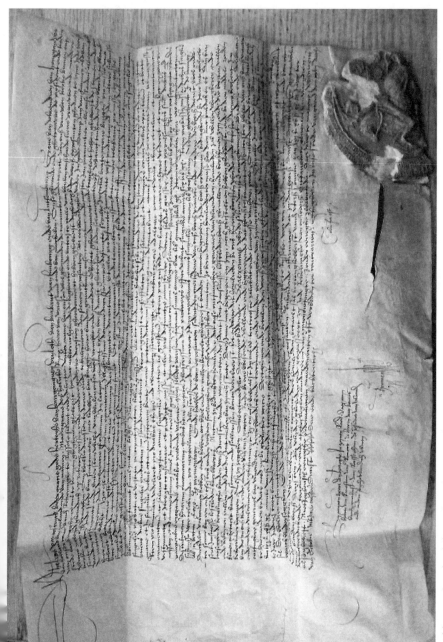

Abb. 2: Urkunde Philipps des Schönen und Erzherzog Maximilians, 28. Oktober 1483.

B. Urkunde König Maximilians, 4. Januar 1495 n.st. (Rijksarchief Brügge, Archief Onze-Lieve-Vrouw, ch. 1022):

... Assavoir que en ladite eglise nostre dame se diront et celebreront perpetuelement et a tousiours au petit aulte derriere le grant aulte de cuer dicelle eglise deux messes/ chacun jour de lan apres les matines et avant les heures de prime que se dient et celebrent en icelle eglise qui sera environ sept heures du matin, lune et la premiere dequelles deux messes se dira alonneur et a la louange de la glorieuse vierge/ marie par trois chanoines de ladite eglise a haulte note discant et a orghes les jours de dimence et jours de festes et solemnelz seulement; et les autres jours aussi a haulte note et discant sans orghes, et lautre sera une basse messe/ de Requiem pour les trespassez qui se dira et celebrera incontinent apres ladite haulte messe. item que lesd. trois chanoines celebrans ladite haulte messe auront et prendront pour leur salaire dicelle messe assavoir celui qui celebrera/ ladite haulte messe huit sols paris. de nostre monnaie de flandre par iour et les autres deux chanoines dont lun sera diacre et lautre soubzdiacre chacun trois gros par iour font ensemble par an deux cens cinquante deux livres paris. du/ pris de vingt gros de nostre monnaie de flandres. Item les quatre enfans de cuer qui seront ordonnez pour discanter ladite haulte messe, auront et prendront pour leur despens et habillemens trente six livres paris. chacun par an font ensemble/ cent quarante quatre livres paris. et pour leurs robes chacun douze livres paris. par an font quarante huit livres. Item le maistre desdits enffans qui sera le soubzchantre de ladite eglise pour ses vivre et habillemens, et lequel sera/ tenu entretenir a sa charge un compaignon ydoine pour lui aider a chanter ladite messe quarante huit livres paris. par an. Item lorganiste et le souffleur des orghes de ladite eglise auront et prendront ensemble pour leur/ salaire de ladite messe douze livres paris. par an. Item pour les luminaire pain vin encens calice et autres choses servans a ladite messe quarantehuit livres paris. par chacun an. Item le coustre de ladite eglise aura et prendra/ a chacun an a cause de ladite messe six livres paris. Item les sonneurs de ladite eglise auront chacun an pour leur salaire de sonner icelles messes et anniversaires trente six livres paris. Item pour lanniversaire de ladite feue lequel/ se fera chacun an perpetuelement a tel iour quelle trespassa de ce ciecle assavoir le vingtseptiesme iour de mars vintquatre livres paris. Item pour soixante aulmosne de cinq solz paris. chacune par an au mesme iour dud. anniversaire/ quinze livres paris. Item pour laugmentation des distribucions du cuer de ladite eglise et pour les officians es festes de nostre dame et autres grandes festes soixante douze livres paris. Et pour ladite basse messe six solz/ paris. par iour font cent huit livres paris. par an, reviennent toutes lesdites parties ensemble a la somme de huit cens treze livres paris. dudit pris de vint gros le livre par an...

Es folgen genaue Bestimmungen über die Zeiten, Orte und Bedingungen der Aushebung der Rentenzahlungen. Hauptquelle ist der *tonlieu* (Zoll) in Brügge. Folgende Dienste und Aufwendungen wurden eingerichtet:

I. Tägliche Marienmesse (*haulte messe*)

a) Zelebranten: zusammen täglich 14 gr. = jährlich **252 ℓ par.** (360 x 14 gr.)
b) Chorknaben: viermal 36 ℓ par. = **144 ℓ par.**
c) Roben für Knaben: viermal 12 ℓ par. = **48 ℓ par.**
d) Magister (*succentor*) und Helfer: **48 ℓ par.**
e) Organist und Helfer: **12 ℓ par.**
f) Kerzen, Wein usw.: **48 ℓ par.**
g) Küster: **6 ℓ par.**
h) Glöckner: **36 ℓ par.**

II. Jahrtag (*anniversaire*) am 27.3.

Zelebranten und Sänger: **24 ℓ par.**
Almosen: **15 ℓ par.**
Distributionen im Chor zum Stundengebet: **72 ℓ par.**

III. Tägliches Requiem (*basse messe*)

Zelebranten usw.: 6 s. par. = jährlich **108 ℓ par.**

Gesamte jährliche Aufwendung: **813 ℓ par.**

Höchstwahrscheinlich war das Stiftungsgut 1483 noch nicht voll verfügbar (es hätte einer Gesamtsumme von ca. ℓ 16.000 par. entsprochen); Geld für die Gottesdienste soll von Brügger Adligen vorgestreckt worden sein. Die Kapitelakten der 1480er Jahre erwähnen die Stiftung nicht direkt. Erst nach den politischen Wirren und Kriegen der Jahre 1488-1492 konnte eine Basis für die volle Durchführung der Dienste gefunden werden, die sich in Maximilians Urkunde von 1495 niederschlägt. In ihrer Größenordnung war die Stiftung damals außerordentlich. Mir ist bei langjährigen Archivstudien zu westflämischen Kirchen keine vergleichbar umfangreiche Stiftung des 15. Jahrhunderts bekanntgeworden. Selbstverständlich wurden solche Summen damals öfters für Bauten, militärische Zwecke und sogar festliche Zeremonien und Kunstwerke ausgegeben – aber dann nicht jährlich wiederkehrend. Die Inflation der 1480er Jahre dürfte die Durchführung erschwert haben; sie ist vielleicht reflektiert in Maximilians Augmentation von 1495 um ℓ 72 par. für die Zelebranten und Diakone, seiner einzigen Änderung der Beträge gegenüber 1483.

Schon die Urkunde von 1483 differenziert die täglichen Marienmessen in solche für hohe Festtage, Sonntage, Marien- und Apostelfeste und deren Oktaven, bei denen die Orgel mitspielte, und alle anderen Tage, an denen nur Diskant gesungen wurde. Aufführungen mit Orgel waren damals häufig, doch ist die Auszeichnung gerade der hohen Festtage durch das Orgelspiel auffallend. Handelte es sich um eine Sondertradition der Kirche, um eine Vorliebe der Stifterin oder gar um einen Wunsch des Organisten? Es muss eine Kleinorgel verwendet worden sein, da in der Kapelle hinter dem Hochaltar zelebriert und musiziert wurde. Die akustische Balance etwa zwischen einem Positiv und sechs Sängern – vier Knaben (Oberstimmen), Magister (Tenor) und Gehilfe (tiefer Kontratenor) – schiene ideal. Doch was spielte die Orgel: alternierende Abschnitte, eine der polyphonen Stimmen, oder gar mehrere? Alternierende Verwendung der Orgel war bekannt, auch z. B. im Choralgesang der Brügger Marienkirche, jedoch diente dazu die große Chororgel, die gewöhnlich einstimmig bespielt wurde. Man ist versucht, die Stiftung mit der späteren Kapellpraxis des maximilianeischen Hofes mit ihren *missae ad organum* in Zusammenhang zu bringen, bei denen der polyphone Gesang mit Orgelversetten alternierte (W. P. Mahrt, 1969). Die entsprechenden Werke wurden von Heinrich Isaac komponiert, dem Musiker, der 1483 wohl noch in seiner flämischen Heimat weilte, der 1484 am Innsbrucker Hof wirkte und den Maximilian im Jahre 1496 in Italien in Dienst nahm. Vielleicht war Isaac mit jener Messenpraxis, die er unter Maximilian pflegen sollte, bereits von Flandern her vertraut. Freilich haben wir keinerlei musikalische Quellen, die das polyphone Repertoire der Brügger Marienkirche jener Zeit zu dokumentieren scheinen – oder es sind solche noch nicht identifiziert worden.

Die Messenstiftung Marias von Burgund und ihre Aktualisierung durch die Habsburger kann der Vorstellung eines „theatralischen" Staatswesens in dem Sinn zugeordnet werden, dass neben der bronzenen Festigkeit des Grabmals auch eine theatralisch-performative Art feudaler Gedächtnispflege eingerichtet wurde. Der negative Sinn, der mit der Formel verbunden worden ist, stellt sich hier jedoch nicht ein: Die (virtuelle) Präsenz der Herrscher in diesen täglichen Andachten war die von betenden und hörenden Familien- und Gemeindemitgliedern (vgl. auch R. Strohm, 2008).

Bibliographie

I. Quellen

Patrice Beaucourt de Noortvelde: Description historique de léglise collégiale et parois-
siale de Nôtre Dame à Bruges. Brügge 1773.

Cathalogus prepositorum omnium ecclesie beate marie brugensis, Koninklijke Biblio-
theek Albert I, Brüssel, MS 4289 (18128), datiert 1536, mit Nachträgen (verzeichnet u. a. Kirchenämter, gottesdienstliche Stiftungen, Prozessionen, Glockendien-
ste und andere Gepflogenheiten der Kirche).

Joseph Gailliard: Inscriptions funéraires et monumentales de la Flandre Occidentale
avec des données historiques et généalogiques. 2 Bde., Brügge 1853/1856.

Eduard Marie von Lichnowsky: Testament der Herzogin Maria von Burgund, 24. März
1482, in: E. M. von Lichnowsky, Kaiser Friedrich III. und sein Sohn Maximilian, 1477-1493, Wien-Schaumburg 1844 (= Geschichte des Hauses Habsburg 8),
S. DCCXXXII-DCCXXXVII.

II. Sekundärliteratur

Andrew Brown: Bruges and the Burgundian "theatre-state": Charles the Bold and Our
Lady of the Snow. In: History 84, Nr. 276. Oktober 1999. S. 573-589.

Alfons Dewitte: Muziek in de Brugse Lieve Vrouwe Kerk. In: Muziek & Woord 22.
1995. Sonderdruck.

Clifford Geertz, Negara. The Theatre State in Nineteenth-Century Bali, Princeton,
1981

William P. Mahrt: The 'Missae ad organum' of Heinrich Isaac. Diss., Stanford University 1969.

Walter Prevenier und Wim Blockmans, Die Burgundischen Niederlande, Weinheim,
1986.

Ann M. Roberts, The Chronology and Political Significance of the Tomb of Mary of
Burgundy. In: The Art Bulletin 71. 1989. S. 376-400.

Reinhard Strohm: Music in Late Medieval Bruges. Oxford 1985, R 1990.

Reinhard Strohm: Music in Recurrent Feasts of Bruges. In: Marc Honegger und Christian Meyer (Hrsg.): La musique et le rite sacré et profane. Actes du XIIIe congrès
de la SIM (Strasbourg 1982). Strasbourg 1986, Bd. 1. S. 424-432.

Reinhard Strohm: The Rise of European Music, 1380-1500. Cambridge 1993.

Reinhard Strohm: Hofkapellen. Die Institutionalisierung der Musikpflege im Zu-
sammenwirken von Hof und Kirche. In: Birgit Lodes und Klaus Pietschmann

(Hrsg.), Hofkapellen, Tagungsbericht Rom 1995. Analecta Musicologica (2008, im Druck).

Abbildungen:

Abb. 1: Maria von Burgund. Gemälde von Niklas Reiser (?), um 1500. Kunsthistorisches Museum Wien, Gemäldegalerie Inv.-Nr. GG 4400. Mit Genehmigung.

Abb. 2: Urkunde Philipps des Schönen zur Messenstiftung Marias von Burgund. Rijksarchief Brügge, Archief Onze-Lieve-Vrouw, ch. 1330. Mit Genehmigung.

Reinhard Strohm
19 Hunt Close
Bicester, OX26 6HX, U.K.
E-Mail: reinhard.strohm@music.ox.ac.uk

Helen Green

Meetings of City and Court:
Music and Ceremony in the Imperial Cities of Maximilian I

At around six o'clock in the evening, the Roman Emperor Maximilian came here to the Imperial Diet...together with the Electors at that time... and many estradiots and other strange armed folk from faraway lands, with much great splendour, trumpeters, drinking and civility.[1]

Processional entries such as this of Maximilian I as he arrived in Worms on 21ˢᵗ April 1509 reflect the power politics of the time in their representation of the royal image to the masses. Here, the splendour and might of the Emperor and nobility were communicated to the populace through their heightened status upon horseback and the emphatic signals of their trumpeters, while their military strength was personified by the cavalry drawn from distant regions of Europe. During this era of political instability, not only within Maximilian's Empire but throughout Europe as a whole, the presentation of a strong image to rival powers was vital. As a reflection of cultural taste and splendour, the employment of musicians in court and civic institutions enhanced the overall image of the residing patron, whether this was the monarch, noble or city council. The steady employment of instrumental ensembles had become the norm in cities and courts since the fourteenth century, where they contributed to the ceremonial and cultural lives of the residents and their guests. As official representatives of their patron, the instrumentalists were bestowed with liveries and coats of arms of their benefactor. The ensembles differed greatly in their size and range as a reflection of the stature and wealth of their patron, those of lesser status constantly emulating their superiors. This is demonstrated clearly by the contrasting opulence and splendour of the Imperial court with its numerous trumpeters, wind and string instrumentalists; and the of-

* The research undertaken to write this paper was part of my DPhil dissertation (University of Oxford, 2006), which was funded by a grant from the Arts and Humanities Research Council. I am grateful to the civic archives in Augsburg, Constance, Donauwörth, Nördlingen, Nuremberg, and Regensburg for permitting access to relevant documents.
1 '...zog herin umb 6 uren des abends der Römischer Kaiser Maximilian zu des richs tag...mit sampt den churfursten der zit...und viel Stradioten und andere seltzame völcker von rüstung und fernen landen her mit gar grosser pracht, trummeten und trincken und hoflichkeit' *Tagebuch des Reinhart Noltz, Bürgermeisters der Stadt Worms 1493-1509, mit Berücksichtigung der officiellen Acta Wormatiensia 1487-1501* in: Boos, 1893, 538.

ficial instrumental ensembles of the city councils, the *Stadtpfeifer*, which customarily comprised three to five members.[2]

Despite the official boundary between the worlds of city and Emperor, the ever-changing power politics of the epoch also encouraged interaction between these apparently exclusive social spheres. The loyalty of the Imperial cities to their Emperor is clearly evident in their interdependence upon a political level. Whereas Maximilian would rely on their financial resources, the cities in turn were dependent on the Emperor's intervention when threatened by the frequent external attacks, usually by overpowering nobles. This allegiance was also expressed upon a more personal level – the political and military demands of his vast territory resulted in Maximilian and his entourage travelling throughout the *Reich* during his reign, and he often visited the Imperial cities either during the *Reichstage* or on arbitrary occasions. Through these visits, and the participation of Maximilian in the *Kurzweil* (entertainment) of the cities, the two officially disparate worlds of monarch and citizen merged, in the reciprocal display of royal and civic entertainment and music.

The opportunities for musical performances within court and town were similar: dances, banquets, jousts, weddings and processions were standard elements of both royal and civic life. Yet, the performances themselves differed greatly due to the contrasting available musical resources and the distinct expectations of their audiences. This again demonstrates the pervasion of the social hierarchy into musical performance: while the elitist royal musicians were accustomed to constantly asserting the grandeur of their patron, the *Stadtpfeifer*, as representatives of a subservient level of society, altered each performance to suit their audience, which ranged from the artisans and guild members to the patricians, nobility and Emperor.

The visits of the Emperor to the cities permitted a clear display of the supremacy of the monarch and the subservience of the cities in the alteration of civic entertainment for his benefit. The royal musicians continued to assert the splendour of the Emperor through their performances in the entry of the monarch into the city (as exemplified by Maximilian I's arrival in Worms in 1509), jousts and banquets, while customary civic events such as dances, Church and Shrovetide festivities, and weddings were altered to involve both court and civic musicians. Through this meeting of the musical retinues and images of city and court, the significance of the Imperial cities as venues for political and musical interaction becomes clear, the citizens and their guests being exposed to a varied spectrum of entertainment and musical performances.

(i) Royal Entries

The arrival of the monarch in a city provided the ideal opportunity for the communication of the relationship between the Emperor and his subjects, and

---

2   For further details of the patronage of civic and court instrumental ensembles see: Salmen, 1960 and Polk, 1992.

followed a series of rituals that involved all social strata. Council representatives customarily met the King prior to his actual entry through the city gates and a procession then ensued through the entire municipality, in which the clergy and laity presented themselves. The placement of civic musicians along the route by which a monarch processed is regularly recorded in chronicles of the period, although no reference to such a welcome for Maximilian has been located. In Augsburg in 1548, for example, the *Stadtpfeifer* performed as Maximilian's grandson Charles moved through the city:

> *and as His Imperial Majesty moved down past the Perlach tower... the Stadtpfeifer played on the balcony at the town hall until His Imperial Majesty had properly passed.[3]*

Such comparatively humble welcomes by the musicians of the cities were answered by the demonstrably impressive musical retinue of the Emperor. Upon his arrival in a city, a monarch was customarily accompanied by his entourage of trumpeters, whose prestige and central role in the procession communicated the eminence of their patron. When Maximilian arrived in Aachen for his coronation in 1486, for example, he was accompanied by trumpeters and drummers:

> *Several of Maximilian's riders were at the front of the procession; these were followed by 220 riders from Jülich, then 200 belonging to the Elector of Saxony and the Bishop of Meissen. Upon this there came 12 trumpeters with a kettle-drummer...and then finally the riders of the Emperor and the King of the Romans. Every group with its own trumpeters and heralds.[4]*

The ensuing coronation was also followed by a procession involving the Imperial trumpeters:

> *When everything had now been carried out in the church, everyone then went from there to the town hall in this order. At the front processed the nobility and the standard bearers, then a number of trumpeters who were followed by the earls and then the princes.[5]*

Yet the entry of a monarch into a city was not always by the conventional means of arriving on horseback through the city gates. The vast network of ri-

---

3   'und als die kay.mt. hinab über den Berlach gezogen, haben die statpfeifer im ercker...am Rathaus gepfiffen, bis die kay.m. wol hinab komen ist.' Königliche Akademie, 1865-1929, vii, 91.

4   'Den Vorzug hatten etliche Reuter K. Maximilians / denen folgten 220 Gülchische / dann 200 des Churfürsten von Sachsen und Bischofs zu Meissen. Auf diese kamen 12 Trompeter / mit dem Heerpauker...und dann endlich die Reuteren des Keysers und Röm Königs / jeder Haufe mit seinen Trompetern und Herolden.' Fugger, 1668, 952.

5   'Wie nun alles in der Kirche verrichtet war, gienge man von dannen auf das Rathaus / in dieser Ordnung. vornan giengen die von Adel und Panerherren / darnach eine anzahl Trompeter / denen folgten die Graven / und diesen die Fürsten.' Fugger, 1668, 955.

vers that connected the regions of the Empire also acted as paths from one city to the next. In 1490, for instance, Maximilian travelled past Regensburg on the Danube with the customary splendour and verve:

> *Of even greater significance in the same year was the occurrence of the passage of King Maximilian, who travelled on the Danube, without stepping on land. Previously, one of his singers had travelled through Regensburg, and had seemingly so pleased the gentlemen of the council with the charm of her song that they gave her 84 pfennigs from the municipal funds. Afterwards, when Maximilian travelled past on the Danube, between both the bridges, the musicians whom he had on the ship played the old, at that time well-known folk song: 'O du armer Judas, was hast du gethan'...*[6]

(ii) Jousts and Banquets

Such displays of royal pomp and the subsequent assertion of the social hierarchy are also demonstrated by the elitist entertainments within the cities during the residence of the monarch. The joust had emerged as a representation of political and military prowess, and as an ardent promoter of the sport, Maximilian often participated in these competitions during his visits to the cities (see: Jackson, 1986). However, the tournaments once again reinforced the social divide between the higher echelons of royalty, nobility, patriciate and those of lesser status, as only those regarded as belonging to the elite were permitted to take part (see: Jackson, 1986, 56-57 and Fink, 1992, 38).

The instruments typically associated with military activities, such as fife, trumpet and drum, were enlisted to provide music and signals during tournaments. In accordance with their duties in times of war, trumpeters were often employed to signal the main sections of the proceedings such as to gather the judges at the venue or to sound the end of the mass that preceded the contest (see: Fink, 1992, 39). These musicians also accompanied the participants to the tiltyard; in Augsburg in 1510, forty trumpeters and four drummers played for the Emperor and Elector Friedrich of Saxony as they moved to the venue for their contest (see: Fink, 1992, 40). In a joust in Worms in 1495 involving Maximilian I, it was reported that the tournament began following a trumpet fanfare, and musicians continued to perform throughout the contest (see: Fink,

---

6 'Von noch größerer Vorbedeutung war die im nämlichen Jahre sich begebene Vorbeireise des königs Maximilian, der, ohne ans Land zu steigen, auf der Donau hinunter gefahren war. Zuvor war eine seiner Sängerinnen über Regensburg gereiset, und hatte, wie es scheint, die Herren vom Rathe mit den Reizen ihres Gesangs so erlustigt, daß sie ihr 84 Pfenn. aus der Stadtkammer hatten verabreichen lassen. Als nachher Maximilian auf der Donau vorbei gefahren war, spielten die Spielleute, die er auf dem Schiffe gehabt, zwischen den beiden Brücken den alten damals bekannten Volksgesang: O du armer Judas, was hast du gethan...' Gemeiner, 1987, iii, 781. This indicates the employment of female singers at the Imperial court, as well as the performance of songs by the instrumentalists.

1992, 40-41). As the instrument of greatest prestige, the use of trumpets here would have aided the communication of the status and courage of the participants to the excluded populace.

Music also enhanced the grand banquets and other meals that were held for the citizens and their guests. Payments to musicians for their performances on these occasions are recorded in many city accounts. In Ulm in 1521, the citizens staged a grand meal for guests from Augsburg:

> *There were around 50 citizens and merchants who were invited, and several from other cities who were also invited. There were 18 tables, and fish and game were served, a good meal. The citizens of Augsburg gave 4 fl to the kitchen and 2 fl to the Stadtpfeifer.[7]*

Typically, musicians would signal the commencement of the meal as well as heralding each individual course and providing entertainment throughout the repast (see: Aulinger, 1980, 285).

During the visits of the Emperor to the cities, the lavishness of his banquets once again asserted the disparity between court and city life while bringing elements of court celebrations to the municipalities. Amidst the festivities in Cologne prior to and succeeding the election and coronation of Maximilian in Aachen, a great banquet was held in honour of the new King:

> *That same night the King held a banquet and sat in the middle with a countess on either side. Item, before the Morris dance, they left the silk tent…following this there were performances upon the positive and harp… thereafter an old man with a grey beard entered and danced.[8]*

Gerhard Pietzsch suggests that on this occasion the Burgundian singers and dancers would have accompanied Maximilian and performed during the banquet together with the musicians of other courts (see: Pietzsch, 1966, 32). The exposure of the citizens to these most talented musicians from outside the *Reich* would have enhanced the musical life of the city.

During Maximilian's residence in Aachen on this occasion, another banquet ended with the remains of the food being thrown to the populace amidst trumpet fanfares:

> *And everything was performed with all abundance, quite generously and sumptuously. Hare and lamb, also bread, meat and fish, were thrown from*

---

7   'burger und kauffleutt, der waren bei 50, die geladen wurden, und etlich aus andern stetten, die auch geladen waren. man hett 18 tisch, und man gab fisch und wildprett, ain gütt mal. die Augspurger gaben 4 fl in die küchin und den stattpfeiffern 2 fl.' *Cronica newer geschichten von Wilhelm Rem, 1512-1527,* fo.82b in: Königliche Akademie, 1865-1929, v, 165-6.
8   'Vff die selb nacht hett der kunig ain bancket vnd saß der kunig inn der mitt vnd zu baid syten ain greffin. Item vor dem moriscen tantz gang vß der siden zelt heruß…darnach spilt man vff den positiff vnd harpfen…darnoch kam ain alter man mit einem grawen bart vnd dantzt.' HSTA Stuttgart, WR4628 (Briefkonzepte und Notizen Reuchlins), in: Pietzsch, 1966, 40.

*the town hall down to the poor and everything went with a great and re-
sounding sound of trumpets and sincere joy.*[9]

This grand but frivolous display would have communicated the wealth
and grandeur of the new Emperor, once again asserting the social divide whilst
also bringing the musical and ceremonial customs of the court to the city.

(iii) Dances

Within civic life, dance was the predominant form of entertainment, due to
its involvement of all levels of society and it forming part of most secular and
sacred festivities. However, the distinct genres of dance again symbolised the
boundary between the different social classes. Two dances in particular personified the schism between the social elite and common-folk. That identi-
fied with the upper classes was a slow, processional dance, which was ostenta-
tiously performed in couples and maintained an air of dignity and refinement.
The livelier *Reigen*, or round dance, could involve participants from any social group who would dance in a circle or chain with greater movement and
freedom (see: Salmen, 2001, 173-176). The venues for dances were suited to
the range of movement of each genre, as well as the status of the participants.
Round dances were generally performed in the open air to cater for the large
number of participants and greater movement, while the processional dances
of the elite were accommodated by the great length of the dance halls or rooms
within the town hall. The use of the town hall for dances was only granted to
those of appropriate social standing and the convenor therefore had to gain
prior permission from the council for the use of this venue.[10]

There are manifold references to the *Stadtpfeifer* of the Imperial cities
playing for dances for the citizens, thereby implying the importance of music
and dances within the celebrations of the cities. The Emperor also participated
in these dances for which the *Stadtpfeifer* provided musical accompaniment.
This provided the city with the opportunity to display their musical resources
to their honourable guest. In Augsburg in both 1496 and 1510 payments were
made to the pipers of the city for a dance for Maximilian.[11] As the dance of

---

9   'Unnd ist alles mit allem uberfluß gannz reichlich und kostlich verrichtet worden, Dank
hasen unnd lemmer, auch brot, flaysch und fisch, wurden uber das Rathauß unnder das arm
folck geworffen und ergienng alles mit grossem auch schallendem gedön der Trommeter und
eerlichen frewden.' Clemens Jäger, *Spiegel der Ehren des...Kaisers- und Königlichen Erzhauses Österreich* (Munich, Bayerische Staatsbibliothek, Inv.Nr. Cgm 895/96), fo.55 in: Scheicher,
1992, 15.
10   There are frequent references to permission being granted for such dances in the *Ratsver-
lässe* of the Nuremberg city council (Staatsarchiv Nürnberg).
11   'Item j fl j lb iij ß 1 d von des kunigs tantz den pfeiffern' Augsburg Stadtarchiv, Baumeisterbücher 1496, fo.56ʳ; 'Item xvij lb vij ß ij den pfeyffern Stattknechte vnd andern von zwayn tän-
ntzen vff dem tantzhaws Kay Mayᵗ.' in: Augsburg Stadtarchiv, Baumeisterbücher 1510, fo.49ᵛ.

1510 was held at the city dance hall, this implies the Emperor's participation in the customary processional dance of the patriciate.

Upon these occasions, Maximilian's musicians were often substituted for the *Stadtpfeifer*, thereby again bringing the music of his court to the cities. The Emperor even appears to have participated in forms of the less refined round dances of the common-folk. During his residence in Augsburg in 1496, Maximilian and his son, Philip, danced in a *Reigen*, accompanied by trumpeters:

> *The King of the Romans and his son, Philip, were here during Whitsun 1496, and there, 10 cases of wood were lit on the frontcourt, and after the 'Ave Maria' a bonfire was built, and Duke Philip and his nobles danced three times around the fire, and all the trumpeters were there, and some 10000 people danced.*[12]

Similarly, in Donauwörth on 8th March 1500, a bonfire was staged at the town hall for the celebrations of the birth of Maximilian's grandson, Charles:

> *His Imperial Majesty had ordered his trumpeter, kettle or large drum to one place, at the second, fifes and tabors, and at the third, cornetts and other pipers...*[13]

The musical resources of the city were significantly enhanced on these occasions by the Emperor's musical retinue. As well as demonstrating new musical performance practices to the citizens, these visits often also introduced them to previously unknown styles of dancing. Mentions of these dances appear in accounts of the Shrovetide celebrations during the Imperial Diet in Nuremberg of 1491:

> *that same evening, His Royal Majesty had a dance held at the town hall, and practised various dances of Italian and Dutch styles and played games, so that the King too was personally in a Schembart.*[14]

As the final opportunity for a grand celebration before the abstemious season of Lent, the festivities for Shrovetide adopted a seemingly greater

---

12 'Der ro. kinig und sein sun Philipps sind zü pfingsten 1496 hie gewessen. da hat man 10 füder holtz auff den Fronhoff gefiert, und nach ave Maria zeit ain himelsfeur gehebt, und hertzog Philipp und sein adel haben 3 mall um das feur dantzt, und sind da all trumether gewessen, und hand da ob 10000 menschen dantzt.' *Die Chronik von Clemens Sender von den ältesten Zeiten der Stadt bis zum Jahre 1536*, fo.155a. in: Königliche Akademie, 1865-1929, iv, 71-72.
13 '...hett K[ayserliche] M[ayestät] sein Trummeter, Kessel oder groz Baugen auf ain ortt verordnet, auf den andern die Zwerch pfeyffen vnd feld baugken, auf den dritten zingken vnd ander pfeyffer...' in: Donauwörth Stadtarchiv, Johann Knebel, *Stadtchronik*, fo.206ᵛ (cited in correspondence from Donauwörth Stadtarchiv).
14 'so ließ die künigliche majestat derselben nacht ain tantz auf dem rathaus halten und mancherlei tentz auf welsche und niderlendische art üben und spil treiben, darin auch der kunig persönlich in einem schempart was.'*Etliche Geschichten, 1488-1491*, unfoliated in: Königliche Akademie, 1862-1874, v, 732.

amount of freedom. The *Schembartlauf* was the traditional Shrovetide celebration of the Nuremberg populace, which encompassed processions, dances and pageants. The term *Schembart* apparently refers to the grotesque masks worn by many of the participants ('Schoenbart') (see: Roller, 1965, 8 and 48-49).

For the Emperor's participation in this event in 1491, the use of the town hall infers that this was a celebration of the patriciate, and was therefore presumably more refined than the vulgar *Schembartlauf* of the common citizen. Yet the use of the term 'Schembart' nevertheless intimates the traditional use of masks and costumes in the dances. The mention of the 'various dances of Italian and Dutch styles' implies their unfamiliarity to the citizens, and also illustrates the clear differentiation between the various national dance styles. Those referred to on this occasion were possibly the *basse danse* that was popular in Italy and Burgundy at this time. The exchange of the cultural worlds of city and court is therefore again apparent – whereas the Emperor partook in a celebration unique to Nuremberg (the *Schembartlauf*) the citizens in return were exposed to the musical and cultural practices of the court.

(iv) Celebrations of the Church

The impact of the Church upon the lives of the citizens was plainly manifested by the numerous feast days that occurred throughout the year. These festivals involved all strata of the municipality, with the central religious feast days such as that of Corpus Christi being celebrated by processions, which were ordered according to the social status of the participants. Music played an indispensable role throughout, both in the hymns, responsories, antiphons and motets sung by the participants, and in the instrumentalists gleaned from the musical resources of the city in addition to itinerant minstrels. The payment lists of Nördlingen elucidate the use of both *haut* and *bas* instruments in this procession. In 1487 the city made payment to lutenists who played before the sacrament in the Corpus Christi procession,[15] while the following year an organist undertook this role.[16] Within the Regensburg accounts of 1483/84, there was payment to those who had sung in the procession[17] and to the sextons who had moved the portative organ round the city.[18]

Upon their visits to the Imperial cities, Maximilian's musicians would often be integrated into these customary processions, thereby enhancing the musical resources of the cities. In the Corpus Christi procession that took place amidst the proceedings of the Nuremberg Imperial Diet of 1491, Maximilian's trumpeter occupied the significant position in front of the sacrament:

---

15 Nördlingen Stadtarchiv, Kammerrechnungen, 1487, fo.37ʳ.
16 Nördlingen Stadtarchiv, Kammerrechnungen, 1488, fo.34ᵛ.
17 Regensburg Stadtarchiv, Cameralia 19, fo.158ᵛ.
18 Regensburg Stadtarchiv, Cameralia 19, fo.165ᵛ.

> On Our Dear Lord's Corpus Christi Day, a laudable, fine procession was held, the holy sacrament carried by the Bishop of Seckau, and the Bishop was led by Master Niclas Gross the Elder and Master Paul Bockamer, and in front of the sacrament His Imperial Majesty's trumpeter played.[19]

Again, in 1500, during the Imperial Diet in Augsburg, the participation of visiting court musicians enhanced the ostentation of this occasion:

> Bishop Friedrich carried the majestic sacrament; after that Duke Friedrich of Saxony walked in front of the King with a single, unsheathed sword. After that, the King, Cardinal, princes and lords in their order in great numbers, all those who were at the Imperial Diet. There were also the King's and all princes' trumpeters, pipers and drummers, who roused all hearts with joy with their melody and sound.[20]

The presence of royal and noble musicians also impacted upon the performance of music during church services through the inclusion of visiting wind instrumentalists in addition to the customary organist and choir. Upon a visit of Maximilian to Cologne in 1508, the use of an unusual keyboard instrument, seemingly a form of positive or regal organ, was noted in addition to brass and wind instruments and the church organ:

> ...on Tuesday, His Roman Royal Majesty went for the first time publicly to and from church; one could see and hear the Mass with singers, trombonists, pipers and organs and particularly with a new musical instrument that was quite foreign to us, which was also not named; (it had small pipes that were, from what we could see, hardly one finger long, and had been placed in a thing that was stood like a clavichord, but half as long, and on top it had many small holes and no pipes could be seen there, but two bellows behind...)[21]

---

19 'An unsers lieben herrn fronleichnamstag ward ein löbliche schöne procession gehalten, das heilig sacrament durch den bischof von Seckau getragen und der bischof von herrn Niclas Grossen dem eltern und herrn Paulus Bockamer gefüert, und vor dem sacrament trumeteten der küniglichen Maiestat trumeter.' Etliche Geschichten in: Königliche Akademie, 1862-1874, v, 732.

20 'bischoff Friderich hat das hochwirdig sacrament tragen, darauff ist gangen hertzog Friderich von Sachsen vor dem kinig mit ainem plossen, aufgeheptem schwert. darnach der kinig, cardinal, fürsten und herrn in irer ordnung in groser anzall, alle dise, die auf dem reichstag sind gewessen. da sind auch gewessen des kinigs und aller fürsten thrumether, pfeiffer und baugenschlager, die haben mit irer melodei und thon alle hertzen zu freiden erweckt...' Die Chronik von Clemens Sender, fo.164ᵇ in: Königliche Akademie, 1865-1929, iv, 83.

21 '...die Ro. Kgl. mt. hut dinstags erstmals offenbar usz und zu kirchen gangen ist; hat... in der messe mit sengern busunern pfyffern und orgeln und sunderlich mit eynem nüwen instrument der music uns gantz frembd kummen, auch demselben keynen nammen gebben, (es hat kleyne pyfflin, sint unsers ansehens kum eyns fingers lang, stecken in eynem ding, ist gestellt wie eyn klaffcorden, abber kum halb so lange, hat obben viel lochlin und man sieht keyn pfyff

Not only wind and brass instruments were employed during church services; at the Imperial Diet of Constance in 1507, the use of stringed instruments
is also revealed in one contemporary account. In a church service conducted
by the Bishop of Constance, at which the Emperor together with all Electors, princes and emissaries were present: *After the Salve Regina, a splendid
mass began to be sung with one organist, trombone, trumpeters, cornetts and
all kinds of stringed instruments.*[22] This modification of the music of the traditional civic church service through the presence of Maximilian's court again
demonstrates the impact of the visiting monarch on the lives and festivities of
the citizens.

(v) Weddings

As one of the singularly most extravagant events, weddings drew together the
various distinct elements of civic *Kurzweil* into one grand celebration. The traditional processions of the bride and groom, dances, jousts, banquets and of
course church services, were all customary elements of the wedding festivities.
As with all civic revels, the city councils yet again administered regulations and
restrictions on those involved, which reflected the social standing of the bride,
groom and their guests. Citizens of higher status were permitted the use of the
rooms of the town hall together with the official musicians of the city, whereas
the use of the town hall was not sanctioned to those of lesser status, although
the *Stadtpfeifer* were often still allowed to be present. The fastidious regulations asserted by city councils regarding the particulars of wedding celebrations
are dictated in the many *Hochzeitsordnungen* of the period.[23]
    These customary celebrations were again demonstrably enhanced during
the residence of Maximilian or any eminent nobles within the cities. The osten-
tatious wedding of Margrave Casimir of Brandenburg and Susanna of Bavaria
during the Augsburg Imperial Diet of 1518 epitomises the reciprocal display of
court and civic music and ceremony on one occasion. The Augsburg *Stadtpfeifer* received payment for their performance for a dance during the celebrations:
*to the Stadtpfeifer for the dance when the lady of Bavaria held her wedding
here with the Margrave or he with her.*[24] Performances by the musicians of the
visiting Emperor and nobility enhanced the proceedings, resulting in the mer-
ging of the spheres of city and court as the citizens, nobility, Emperor and their
entourages all participated in one grand celebration. The use of trumpeters to

---

dann zwen blaszbellg darhinder...) lassen sehen und horen' Correspondence of Worms delega-
tes in Cologne, Stadtarchiv Worms, Band Nr. 1926 in: Boos, 1893, 508.
22 'fieng man an nach dem salve Regina, ain kostliche Ampt ze singen In Organist, busoner,
Trumeter, Zinggen vnd allerlay sayten spil.' in: Ch. Schulthaiß, *Collectaneen*, Stadtarchiv Konstanz, Hs. A I/ 8; 2 vols, ii, 222.
23 For an overview of the councils' control of such celebrations, see: Bulst, 1991.
24 'den Stattpfeiffern vom tanntz als das frolin von Bayrn mit dem Marggrafe oder er mit Ir
hie hochzeit het' in: Augsburg Stadtarchiv, Baumeisterbücher, Nr. 112, fo.67ᵛ.

herald the reception of the bride by the Emperor and guildsmen emphasised the significance of the occasion:

> At first the bride was received by the Emperor quite lavishly and courteously...the council of Augsburg chose 200 men from the guilds whom they...sent to the bride. They had the precedence over the soldiers' train with drumming and sounding of trumpets. They all moved towards the Rotten-tower with many trumpeters...[25]

Following a joust, the bride was led to her lodgings by the Emperor:

> After all this, the princess and bride was led honourably to her accommodation by His Imperial Majesty, with music of trombones, pipes and trumpets; all kinds of music on stringed instruments was not spared.[26]

The allusion to both *haut* and *bas* instruments infers the performance of musicians of the court here, as such a range of instruments was beyond the musical resources of the city. Both trumpets and stringed instruments were also present at the revelries at the city dance-hall that evening: *there were two types of melody from two parties: drummers and trumpeters who resounded with each other quite magnificently, together with other music on stringed instruments.*[27] The impact of the presence of the musicians of royal and noble establishments is also evidenced in the proceedings of the Mass, in which the royal chapel and instrumentalists took part. The service took place *with great solemnity and elegance and was held triumphantly particularly by His Imperial Majesty's singers, organist, trombonist and cornettist.*[28]

---

25 'die braut ist zü dem ersten von dem Kaiser gar fürstlich und hofflich empfangen worden... die von Augspurg haben der braut 200 mann, aus den zünften auserwelt... entgegen geschickt. Die haben vor dem raisigen zeug den vorzug gehept mit baugen und trumen. Sie all sind mit vil trumether zü dem Rottenthor einzochen...' *Die Chronik von Clemens Sender*, fo.207ᵇ in: Königliche Akademie, 1865-1929, iv, 141.

26 'Nach dem allen ward die Fürstin vn(d) braut / durch Kay.M. zu jr herberg Erlich(e)n gelaitt / mit Busanen / pfeiffen vnd trum(m)eten / allerlay saitenspiel ward nit gespart...' Johann Haselberg, *Die Stend des hailigen Römischen Reichs /...so zu Augspurg...auff dem yetzuerganngen/ loblichen Reichstag erschinen/ mitt zierlichen freüden der Fürstlichen hochtzeit/ so der Durchleüchtig Hochgeborn Fürst Casimirus Marggraue zu Branndenbug &c gehalten... Augsburg 1518.* (Exemplar: Stadtbibl. Augsburg) in: Pietzsch, 1960, 35.

27 'alldo was zwayerley melody von zwayen Partheyen Baucken trummeter/ die gar herrlich in ainander erhallen/ mitsampt andern saitenspilen...' (Haselberg in Pietzsch, 1960, 35).

28 'mit grosser Solennität vnnd Zirheit vnnd sunnderlichen durch key. Mat. Cantores, Organisten, Passawner vnnd Zinckenplasser Triumphlich gehalten worden' Thüringisches Landeshauptarchiv, D.60 in: Pietzsch, 1960, 36.

Conclusion

Through the presentation of these few examples of customary civic *Kurzweil*, a vivid image can be formed of the impact of the visits of the Emperor on civic celebrations and music. This meeting of the worlds of city and court asserted the social divide in the great contrast between the grand image of the royal court with its lavish celebrations and range of instrumentalists, and the more meagre festivities of the cities with their small ensembles of *Stadtpfeifer*. Yet despite this great divide, a degree of unity did occur between monarch and subject as they participated in the same festivities, and thereby exchanged elements of their otherwise distinct celebrations and performances. The Emperor himself was witness to customary civic celebrations and the performances of the *Stadtpfeifer* who wished to honour their monarch, while in return, the citizens were exposed to the grand revels and musical practices of the Imperial court. Through the diverse range of festivities and performances that resulted from the meetings of the worlds of city and court, the *Reichsstädte* emerged as significant venues for cultural exchange – this consequently contributing to musical progress and development within Maximilian's cities.

Bibliography

I. Archival Documents

Stadtarchiv Augsburg, Baumeisterbücher: 78-113 (1485-1519).

Stadtarchiv Donauwörth, Johann Knebel, *Stadtchronik*.

Stadtarchiv Konstanz, Ch. Schulthaiß, *Collectaneen,,* Hs. A I/ 8, 2 vols.

Stadtarchiv Nördlingen, Kammerrechungen, (1485-1519).

Staatsarchiv Nürnberg, Rep.60a, Verlässe des Inneren Rats (1484/5-1530/1).

Stadtarchiv Regensburg, Cameralia 17-25a (1472-1535).

II. Literature

Rosemarie Aulinger, Das Bild des Reichstages im 16. Jahrhundert: Beiträge zu einer typologischen Analyse schriftlicher und bildlicher Quellen (Göttingen: Vandenhoeck & Ruprecht, 1980).

Heinrich Boos (ed.), Quellen zur Geschichte der Stadt Worms, iii: Monumenta Wormatiensia. Annalen und Chroniken (Berlin: Weidmannsche Buchhandlung, 1893).

Neithard Bulst, 'Feste und Feiern unter Auflagen. Mittelalterliche Tauf-, Hochzeits-, und Begräbnisordnungen in Deutschland und Frankreich', in: Detlef Altenburg, Jörg Janut and Hans-Hugo Steinhoff (eds.), Feste und Feiern im Mittelalter. Paderborner Symposium Mediävistenverbandes (Sigmaringen: Thorbecke, 1991), 39-51.

Monika Fink, 'Turnier- und Tanzveranstaltungen am Hofe Kaiser Maximilians I', in: Walter Salmen (ed.), Musik und Tanz zur Zeit Kaiser Maximilian I: Bericht über die am 21. und 22. Oktober 1989 in Innsbruck abgehaltene Fachtagung (Innsbruck: Helbling, 1992), 37-45.

Johann Jacob Fugger, Spiegel der Ehren des Hochlöblichen Kayser- und Königlichen Erzhauses Österreich, ed. S. von Birkin (Nuremberg, 1668).

Carl Theodor Gemeiner, Regensburgische Chronik, ed. Heinz Angermeier (Munich: C. H. Beck, repr. 1987).

Historische Commission bei der Königliche Akademie der Wissenschaften (ed.), Die Chroniken der schwäbischen Städte. Augsburg, 9 vols. (Leipzig: S. Hirzel, 1865-1929).

Historische Commission bei der Königliche Akademie der Wissenschaften (ed.), Die Chroniken der fränkischen Städte. Nürnberg, 5 vols. (Leipzig: S. Hirzel, 1862-1874).

William Henry Jackson, 'The Tournament and Chivalry in German Tournament Books of the Sixteenth Century and in the Literary Works of Emperor Maximilian I', in: Christopher Harper-Bill and Ruth Harvey (eds.), The Ideals and Practice of Medieval Knighthood. Papers from the first and second Strawberry Hill Conferences (Suffolk: Boydell Press, 1986), 49-73.

Gerhard Pietzsch, 'Die Beschreibungen deutscher Fürstenhochzeiten von der Mitte des 15. bis zum Beginn des 17. Jahrhunderts als musikgeschichtliche Quellen', in: Anuario Musicale 15 (1960), 21-62.

Gerhard Pietzsch, Fürsten und fürstliche Musiker im mittelalterlichen Köln (Beiträge zur Rheinischen Musikgeschichte 66; Cologne: Arno Volk-Verlag, 1966).

Keith Polk, German Instrumental Music of the Late Middle Ages. Players, Patrons and Performance Practice (Cambridge: Cambridge UP, 1992).

Hans-Ulrich Roller, Der Nürnberger Schembartlauf. Studien zum Fest- und Maskenwesen des späten Mittelalters (Magstadt: Horst Bissinger, 1965).

Walter Salmen, Der fahrende Musiker im europäischen Mittelalter (Kassel: Johann Philipp Hinnenthal Verlag, 1960).

Elisabeth Scheicher, 'Quellen zu den Festen Kaiser Maximilians I.', in: Walter Salmen (ed.), Musik und Tanz zur Zeit Kaiser Maximilian I: Bericht über die am 21. und 22. Oktober 1989 in Innsbruck abgehaltene Fachtagung (Innsbruck: Helbling, 1992), 9-19.

Helen Green
The Open University
E-Mail: helen.green@open.ac.uk

Martin Schubert

Funktionen der Vergangenheit in Maximilians medialer Selbstdarstellung

Maximilian, davon legen die Beiträge dieses Bandes beredtes Zeugnis ab, war ein Meister der Medialisierung. Er nutzte alle ihm zur Verfügung stehenden Medien; er erkannte die Wichtigkeit der seinerzeit modernen Entwicklungen und ging auf zukunftsträchtige Weise mit ihnen um. Ein wesentlicher Inhalt der unterschiedlichen Formen der Verlautbarung war eine geradezu rasante Form der Selbstinszenierung; ihre Voraussetzungen liegen im kaiserlichen Selbstvertrauen und in der Überzeugung ihrer staatstragenden Funktion. Ein Grundzug der medialen Entfaltung ist Maximilians historisches Zeitbewusstsein, das sich im Vor- und Rückgriff artikuliert: Wichtig ist ihm zum einen das Sammeln und Bewahren der Sachbestände der Vergangenheit, zum anderen das Fortschreiben der Jetztzeit in die Zukunft und die zukünftige Erinnerung.

Diese beiden Seiten lassen sich unter den Konzepten von Projektion und Vision darstellen: Maximilian wird einerseits in Rollen projiziert, die aus dem Hergebrachten hergeleitet sind; andererseits wird er in künftigen Positionen, Triumphen und Nachbildern bei den Nachfahren visioniert, die folgerichtig aus dem Hergebrachten hervorgehen sollen.[1] Die Vergangenheit ist in diesem Bild ständig präsent – sowohl in ihren Aspekten der persönlichen und politischen Geschichte wie der Welt- und Heilsgeschichte.

Das Fortschreiben in die zukünftige Erinnerung wurde schon intensiv behandelt (v. a. Müller, 1982). Dabei ist Wert zu legen auf die Zweiseitigkeit des beliebten Terminus *gedechtnus*: die *gedechtnus* an das Selbst wird kommenden Generationen aufgetragen; die *gedechtnus* an vorige Generationen ist Verpflichtung der Lebenden. Maximilians Bemühen um seine eigene *memoria* ist Teil einer als durchgängiger Auftrag verstandenen Gedächtniskultur, Ausdruck eines eigenen Bewusstseins von Geschichtlichkeit sowie von Zeitlichkeit überhaupt, das die Werke nicht nur in eschatologischem Bezug sieht und sehen lassen will, sondern auch im expliziten Bezug auf die Nachwelt. Die besondere Gestalt gewinnt dieses Bemühen durch den außergewöhnlichen Charakter Maximilians, der jederzeit mitgesehen werden sollte.

Die folgende, notwendig begrenzte Skizze nähert sich Maximilian im Dreisprung. Im ersten Teil wird mit Karl IV. ein konkretes historisches Vergleichsbild angeführt. Im zweiten Abschnitt wird die Funktion der Geschichte in den Werken der Hofkultur besprochen, und am Schluss steht als Einzel-

---

1 Vgl. zum Konzept der Vision bei Maximilian Frenzel/Kuster, 2005; Lutter, 2003, 542.

werk, an dem die Funktionalisierung von Vergangenheit problematisiert werden soll, das *Ambraser Heldenbuch.*

1. Karl IV.

Die politische Bezugnahme zwischen Maximilian und Karl IV. ergibt sich aus der Sukzession und aus der bleibenden Bedeutung der Goldenen Bulle, auch wenn die Habsburger sie nicht ohne Widerwillen annehmen. Der Umstand, dass sie nicht unter den Kurfürsten genannt sind, mag Anlass für die Jahrhunderte übergreifende Verstimmung sein, die auch verhindert haben dürfte, dass sich Maximilian direkt auf Karl berief. Der böse Ausspruch, Karl sei „Vater Böhmens, aber Erzstiefvater des Reiches" gewesen, wurde Maximilian zugeschrieben – die Invektive ist zwar nicht wörtlich so belegt, umschreibt aber wohl treffend seine politische Stellungnahme (Frey, 1978, 9 u. 48). Demgegenüber sind eine Reihe von Übereinstimmungen der beiden Kaiser festzustellen, die zeigen, wie analoge Anliegen in Zeiten anderer medialer Umgebung und wissenschaftlicher Entwicklung vorangebracht werden. Zum Verbindenden gehören nicht nur die von beiden Herrschern gepflegten Dichterkrönungen, die Universitätsgründungen und der Ausbau der Residenzstädte,[2] die eine überzeitliche Konkurrenz nahelegen, sondern besonders, dass beide ein Programm der Öffentlichkeitsarbeit und Selbstdarstellung verfolgen. Nur einige Punkte seien herausgegriffen.

Die bildende Kunst nutzen beide Herrscher intensiv zur Selbstdarstellung, die sich in eine Publikationsabsicht fügt.[3] Karl greift unter anderem verstärkt zu Kryptoporträts, bei denen die Gesichtszüge des Kaisers auf prototypische Figuren übertragen werden, so auf den heiligen Priesterkönig Melchisedek, den ebenfalls heiligen Kaiser Konstantin oder, in Burg Karlstein, auf den heiligen König der Epiphanieszene.[4] Diese absichtsvolle Herleitung gottgegebener Herrschaft durch die Verkörperung vorbildhafter Figuren ist bei Maximilian wiederzufinden, der zudem auch die Übernahme antiker Inhalte betont und sich nicht nur als heiliger Georg, sondern auch als Herkules abbilden lässt (Deuchler, 1983). Wohlbekannt sind die über den ikonographischen Kontext erzielten Bedeutungsebenen, wenn etwa im *Weisskunig* Maximilian in der Wiege in Relation zum neugeborenen Christus gesetzt wird (vgl. ebda. 143 u. Abb. 14). Bei beiden Kaisern wird die Präsenz des Herrschers im Porträt vervielfältigt und in sinnvollen Kontexten reproduziert. Während bei Karl hierzu noch mehr Handarbeit nötig ist als bei Maximilian, so mutet die Produktion doch nahezu seriell an.

---

2   Siehe Wiesflecker, 1986; Müller/Kann, 2003; Mertens, 1983; Mertens, 1998, 316; Fajt, 2006; Suckale, 2006; Flood, 2006.

3   Bogade, 2005; Wammetsberger, 1967; Rosario, 2000, 13-17; Deuchler, 1983.

4   Bogade, 2005, 189-203; vgl. Suckale, 2003 u. Abb. 7; Rosario, 2000, 96-102; Saurma-Jeltsch, 2006, 346.

Mehrsprachigkeit wird in der Goldenen Bulle als eine Form herrscherlicher Grundausbildung benannt (MGH Const. 11, 630–632). Karl, der selbst in fünf Sprachen kommunizierte (Hergemöller, 1999, 230-232), stellte die Zweckmäßigkeit heraus, die eine ‚multikulturelle' Erziehung in einem ethnisch gemischten Reichsgebilde besaß. Am dreisprachigen Prager Hof lässt sich ein nach Sprachen gestaffeltes Publikationsprogramm erkennen (vgl. Schubert, im Druck). Dass Maximilian angibt, über sieben Sprachen zu verfügen, erfüllt ein von Karl vorgegebenes Ideal in einer Weise, die als direkte Überbietung verstanden werden kann.[5]

An Autobiographien deutscher Kaiser verfasste Karl IV. die erste; als zweite und letzte zählen Maximilians allegorische Herrscherepen. Der bei Karl vorwiegende Charakter eines Fürstenspiegels lässt sich in Maximilians Werken in einigen Zügen ebenfalls feststellen. Karl fügt darüber hinaus einen großen Teil religiöser Exegese, nämlich Homilien, zu (Hergemöller, 1999, 244-249). Er betont stärker die Gottgegebenheit der Herrschaft und bringt auch Episoden ein, welche die Demut des Herrschers vor dem Heilsplan entfalten, wie die Darstellung seiner Vision von Terenzo.[6] In Maximilians Ruhmeswerk steht dagegen die Herrscherpersönlichkeit offensiv im Mittelpunkt. In dieser Gewichtung sind Unterschiede zwischen den beiden Kaisern kenntlich.

Gelehrsamkeit ist in jedem Fall ein verbindendes Motiv, wie weit der Begriff auch gespannt sein mag. Für beide Herrscher ist die Bündelung und Tradierung von Wissensinhalten sowie der Aufbau eines eingespielten Kreises von Hofgelehrten (wie sie etwa für die Hofhistoriographie benötigt werden) eine Aufgabe von hoher Priorität, mit allen Konsequenzen, die daraus für angenommene wissenschaftshistorische Epochenwenden entstehen (s. Vollmann, 1994; Müller, 1982, 22-79). Zur Inszenierung des gelehrten Herrschers zählt bei Maximilian das gleichzeitige Diktieren an mehrere Schreiber, das seit dem hl. Gregor ein Topos der überströmenden Eingebung ist. Bereits der Umstand, dass Maximilian sein Diktat auf vier bis sieben Schreiber aufstockte, macht die beeindruckende Geistestätigkeit zu einem Kabinettstückchen. Die Zerstückelung von Einzeltätigkeiten bedingt aber wohl auch, dass viele in den Gedenkbüchern festgehaltene Pläne nicht vollendet wurden.[7]

---

5   Als verbindendes Objekt zwischen dem Sprachbemühen der beiden Kaiser kann das Wörterbuch des lateinisch-deutsch-tschechischen Trialogus stehen, das um 1453 für Ladislaus Posthumus angefertigt wurde und später in Maximilians Besitz überging. Siehe Pausch, 2002 u. 2004.

6   Emler, 1882, cap. VII. Vgl. Behr, 1994, 84f.; Seibt, 1978, 115 u. 124-126; Schmolinsky, 1994, 94f. Auffällig konsonant mit dem Publikationsplan der Hofgesellschaft ist in diesem Punkt die Darstellung Karls in den Werken Heinrichs von Mügeln: In Spruch 21-23 werden Karl historische Kaiser vorgehalten – nicht die vorbildlichen, sondern Gaius [= Caligula], Claudius und Nero, was die Verantwortung des Herrschenden angesichts der Möglichkeit zur Sünde betont. Siehe Stackmann, 1959, Nr. 21-23; RSM ¹HeiMü/21-23; Schubert (im Druck).

7   Fichtenau, 1961, 10 benennt „nervöse Unrast, Zersplitterung und einen Dilettantismus, der mehr den Erfolg als die Leistung sucht." Zu den Gedenkbüchern siehe Gottlieb, 1900, 54-65.

Der Aufbau einer Genealogie dient bei beiden Herrschern der „Herstellung und Sicherung von gentilem Heil und Ansehen" sowie dem Nachweis von „Legitimität und Legitimierbarkeit von Herrschaft" (Begriff bei Kellner, 2004, 473). Der Stammbaum, den Karl auf Karlstein malen ließ, führt von Noahs Sohn Cham über Saturn und Jupiter auf die trojanische Linie, zu den fränkischen Königen, den Karolingern mit Karl dem Großen und über Brabant zu den Luxemburgern (Clemens, 2001, 90f. u. 320f.). Durch den Rückgriff auf Noah überbietet Karl die übrigen Fürstenhäuser, die mehrheitlich auf die Trojaner zurückverweisen, an Anciennität; damit setzt er Standards für die kommenden Jahrhunderte. Erst Maximilian versucht, diese Darstellung „zu übertrumpfen"[8] oder zumindest gleichzuziehen. Die bei den Habsburgern übliche römische Herkunftssage, auf der seine frühen genealogischen Aufträge noch fußen, wird später ausgeklammert; vermutlich weil er nicht von „Welschen" abstammen oder nicht in putative Unterordnung zum Papst geraten wollte (Clemens, 2001, 280; Irtenkauf, 1982, 53 u. 58, Winzinger, 1972f., 15). Die von Jakob Mennel erstellte Linie von den Merowingern bis zu Philipp dem Schönen wurde auf Anraten von Stabius bis zu Noah verlängert – sicher angeregt durch das Vorbild der Karlsteiner Genealogie.[9]

Der Vergleich zeigt: beide Ahnenreihen setzen mit Noah bzw. Noahs Sohn Cham ein und erreichen auf verschiedene Weise Troja – Karl über Troyus und Aeneas, Maximilian über Priamus und Hektor. Maximilian umgeht die römische Ansippung und hakt übereinstimmend bei den Merowingern wieder ein. Mit Brabant bzw. den Zähringern trennen sich die Wege. Maximilian weist hierbei nicht nur alte Königswürde nach, sondern auch den Anspruch auf eine ihm bereits von alters her zustehende Herrscherwürde über Burgund, mittelbar auch über Frankreich (Clemens, 2001, 287 u. 290). Für laufende Rechtfertigungen, aber auch für eine mehr theoretische Gegenüberstellung ist er auf diese Weise gut mit Argumenten versehen; dies ließe sich auch in Hinsicht auf die projektierte Rückeroberung Konstantinopels behaupten (Clemens, 2001, 307). Im Vergleich zu Karl IV. setzt Maximilian andere Schwerpunkte, übernimmt aber unter der Hand wohl dankbar die Kette, die von den Merowingern zurück zu Noah führt (Clemens, 2001, 292-297).

Der Bezug der beiden Genealogien wird nie explizit, ist aber oft implizit vorhanden. Die Funktionalisierung der Ahnenreihe hat verschiedene Schwerpunkte: Karl stellt seine Ahnen immer in den Kontext der Kirche, was sich etwa an der Kapelle auf Karlstein oder im Prager Veitsdom ablesen lässt; Maximilian betont vor allem seine Hausmacht und die Vernetzung mit nahezu dem gesamten Adel Europas (Clemens, 2001, 310f.). Unterschiede zeigen sich

---

8   Clemens, 2001, 113. Maximilian dürfte Karls Genealogie bekannt gewesen sein; siehe ebda. S. 278. Vgl. zu den genealogischen Bemühungen den Beitrag von Linda Webers und Christoph Hagemann in diesem Band.
9   Clemens, 2001, 280-284. S. 284 wird Mennel bewusste Fälschung nachgesagt, da es schon konkrete Genealogien der Merowinger gab. Zum Karlsteiner Vorbild ebda. S. 289 u. 308.

darüberhinaus in der Verbreitung. Karl nutzt neben der bildenden Kunst vor allem Hofdichter und setzt auch volkssprachliche Schwerpunkte; Maximilian bedient sich mit dem Holzschnitt der neuen Medien.

In einer Reihe von Punkten ist Maximilians öffentliches Leben mit dem Karls IV. vergleichbar. Eine direkte Bezugnahme fehlt; die Fülle der Analogien dürfte aber nicht zufällig sein. Zwischen beiden Herrschern besteht ein Bezug, der bislang in der Forschungsliteratur unterrepräsentiert ist. Maximilians Geschichte scheint aber, bei allem Willen zur Überbietung, wie ein Satyrspiel nach dem großen Drama zu stehen. Während Karl ein heilsgeschichtliches Programm durch Hofverlautbarungen publik macht, stellt sich Maximilian zwar als Verteidiger des Christentums dar, bringt aber seine eigene Person in ganz anderer Form ein – hier braucht nur seine Zentralstellung im *Triumphzug* oder in der *Ehrenpforte* gesehen zu werden. Der Umgang mit dem historischen Vorgänger ist hier am ehesten als eine Form der subkutanen Tradierung zu sehen: es werden Inhalte und Formen übernommen und wohl auch nachgeahmt, ohne dass die Quelle konkret benannt wird.

2. Funktion der Geschichte in Maximilians Werken

Bekanntlich stehen Maximilians Bemühungen um die Vergangenheit unter dem Zeichen der „Sicherung herrschaftslegitimierender Überlieferungsbestände" (Strohschneider, 1986, 372); diese sind Teil „eines Zivilisationsschubs, der auf Verschriftlichung der gesamten Lebenspraxis [...] zielt" (Müller, 1982, 20). Die im weiteren Sinne ‚autobiographischen' oder eher ‚autopanegyrischen' Werke *Theuerdank, Weisskunig* und *Freydal* verknüpfen dabei vergangenes persönliches Erleben mit der Haupt- und Staatsaktion und treiben es durch die Mühle der Bedeutungsaufladung, wobei literarische Modelle von Heldentum sowie moralische und typologische Deutungsmuster einfließen. Der entstehende Text trägt dabei Züge eines Konglomerats: dem Inhalt nach der historischen Episode verpflichtet, beruht die literarische Überformung zum großen Teil in der Verschlüsselung. Dem Leser wird über die „Clavis" angedeutet, dass es um ein Arkanwissen geht – dessen Durchschaubarkeit zugleich garantiert wird. Zur zwiespältigen Gattungszugehörigkeit des Werks trägt etwa der Anfang des *Theuerdank* bei. Es ist ein Chronikeingang, der die Identifizierung der Zeitgenossenschaft zu einem Rechenexempel und damit ebenfalls zum Teil des geheimen Wissens macht:

> *Als hymel vnd erd beschaffen warn*
> *Vor Sechs tausent vierhundert iarn*
> *Darzů auch noch Vierzig vnd Vier*
> *Was ein Künig vmb die refier...* (Füssel, 2003, fol. a iiiʳ)

Die eingegangenen Vorlagen sind vielfältig und von unterschiedlichem Status. Dass der *Wilhelm von Österreich* im Bücherverzeichnis Maximilians I. unter den Büchern zur Landesgeschichte erscheint (Ridder, 1998, 369 u. 389), zeigt den Status eines Werkes, das geschichtsrelevante Informationen zu bieten scheint, die etwa für die Genealogie auswertbar waren.[10] Auf dem Weg zur Historisierung erleiden diese Texte eine Entfiktionalisierung, so wie sie Klaus Ridder in der Prosabearbeitung des *Wilhelm von Österreich* feststellt: ein Auslassen der Reflexionen, Kommentare und Fiktionsmarkierungen (Ridder, 1998, 369) – also gerade einiger spezifisch literarischer Merkmale. Dass Maximilians Werke in weiten Teilen ohne solche Markierungen auskommen, deutet in den Bereich der Historisierung – zugleich dürfte es zur langfristigen literarhistorischen Geringschätzung der Werke beigetragen haben.

Im *Theuerdank* gibt es bekanntlich vier historisch-biographische Zusammenhänge: die Brautfahrt und Hochzeit, die Kämpfe mit ständischen Oppositionsbewegungen, gefährliche Situationen aus dem eigenen Leben und den nicht ausgeführten Kreuzzugsplan (Strohschneider, 1986, 374). Die ständischen Auseinandersetzungen sind eine Spiegelung der politischen Geschichte, in ihnen lässt sich eine historiographische Darstellungsabsicht vermuten. Die Brautfahrt ist auch ein wichtiger Teil der persönlichen Geschichte des Herrschers, aber als dynastischer Augenblick vor allem von eminenter, historischer Bedeutung; hier treffen sich am überzeugendsten persönliche und politische Geschichte. Die *geverlicheiten* schließlich sind ganz persönlich: Zwar weisen sie auf Tugenden wie Mut oder Unerschrockenheit, zwar betonen sie im ständigen Überleben die Wichtigkeit des Erhalts der Herrscherpersönlichkeit, aber in ihrer strikten Begrenztheit des Serienabenteuers, dessen Ausgang von vornherein feststeht, bieten sie keine historische Information und verweisen nicht über die einzelne Gelegenheit hinaus. Dass Ehrnreich die Abenteuer würdigt, aber zur glücklichen Herrscherwerdung auch noch die „St. Jörgen-Reis", also den Zug gegen die Türken verlangt (vgl. Strohschneider, 1986, 379), unterstützt die Einschätzung, dass dieser Teil der Geschichte unabgeschlossen bleiben muss. Angesichts der realen Entwicklung, welche den Türkenzug nie über das Stadium der Planung hinausgeraten ließ, ist es angemessen, dass der *Theuerdank* und die *Ehrenpforte* freie Stellen reservieren, an denen das Vergangene in die Zukunft fortzuschreiben wäre.

Der Inhalt des *Theuerdanks* ist stark anekdotisch und aufs jeweilige Tableau beschränkt, das sich in holzschnittartiger Darstellung markant wiedergeben ließ – dies nicht allein aufs Bild bezogen. Bezieht man den Verweis auf Maximilians Lebenswirklichkeit mit ein, dann ist es auffällig, dass er Ereignisse aus seinem ganzen Leben der einen Phase der Brautfahrt zuordnen lässt und damit die Episodisierung noch verstärkt – im Bild einer ritterlichen Bewährung, die von ihrem Anspruch her der Brautfahrt mittelalterlicher Epen gleicht. Da König Romreich aber bereits vorab Teuerdank zu seinem Schwiegersohn erwählt hat, ist die Handlung, im Unterschied zu den durch Krisen

---

10 Zur unterschiedlichen Beurteilung des historiographischen Stellenwerts, etwa durch den Wiener Theologen Haselbach und den Hofhistoriographen Ferdinands I., Wolfgang Lazius, siehe Müller, 1982, 349, A. 46 und Ridder, 1998, 389.

bewegten Artushandlungen, letztlich durch Ursachenlosigkeit und damit auch gesellschaftliche Folgenlosigkeit gekennzeichnet (Strohschneider, 1986, 376f.). Ein wesentlicher Anstoß zur Abenteuerkette ist das Nachagieren des durch Lektüre vorgegebenen Schemas; dazu heißt es im *Theuerdank*:

> *Dann yetz ist komen der tag*
> *Das Ich wol bewern mag*
> *Das so Ich aus den Cronicken*
> *Gelernt hab vnnd historien* (Füssel, 2003, fol. c ii^r)

Geschichtsschreibung – oder das, was dafür angesehen ist – wird zur theoretischen Einübung ins Leben und wird im Nachagieren Grundlage für neue historisierende Schriften. Peter Strohschneider bringt dies auf die Formel „*Gedechtnus* zielt in die Zukunft, indem sie Vergangenes erinnert", und er fügt ergänzend hinzu „etwa in der Form des Heldenbuches" (Strohschneider, 1986, 422f.).

3. Das Ambraser Heldenbuch

Unter den in Maximilians Auftrag gesichteten Quellen ist die Gruppe, die das *Ambraser Heldenbuch* vertritt, in ihrem historischen Status dubios. Abgesehen von der Frage, inwiefern der alte Terminus ‚Heldenbuch' sich mit unserer literaturgeschichtlichen Terminologie überschneidet,[11] ist unter den Heldenbüchern, die in Maximilians Bücherverzeichnissen erwähnt werden, das *Ambraser Heldenbuch* ein besonderer Fall, bei dem die Funktionalisierung von Vergangenheit nicht recht deutlich wird.

Bei den von Maximilian verfassten oder betreuten Werken ist meist eine zwiefältige Publikationsstrategie zu beobachten: das prächtige Einzel-Exemplar steht gegenüber der – wenn auch kleinen – Serie, der medialen Vervielfältigung durch Druck oder Holzschnitt. Von *Ehrenpforte* und *Triumphzug* lässt Maximilian Prachtausführungen herstellen, die gewissermaßen als herrscherliches Referenzexemplar das herausgehobene Zentrum einer breiteren Repräsentation bilden. Das bibliophile Einzelprodukt kann hier als Selbstdarstellung und auch als Selbstvergewisserung gedeutet werden. Beim *Ambraser Heldenbuch* aber fehlt die breitere Publikation; hier liegt nur das kaiserliche Prachtexemplar vor. Ein zur Verbreitung drängendes Sendungsbewusstsein ist hier nicht festzustellen. Dies mag damit zusammenhängen, dass es sich nicht um ein Ruhmeswerk zu Maximilians Ehren handelt. Der Auftraggeber ist im Werk in geradezu mittelalterlich anmutender Bescheidenheit nicht genannt und in keiner Weise repräsentiert. Handelt es sich bei diesem Buch um einen Beitrag zur Verschriftlichung früherer Wissensbestände, um eine Art Heldenindex für die kaiserliche Privatbibliothek?

---

11 Vgl. den Beitrag von Frank Fürbeth in diesem Band.

Jedenfalls ist das Buch Resultat einer gezielten Auseinandersetzung mit der Vergangenheit. Johannes Janota sieht als einen Beweggrund für seine Herstellung den im *Gedechtnus*-Werk belegten „stetige[n] Rückgriff auf Geschichte als Möglichkeit persönlicher Selbstvergewisserung, der Repräsentation und der prophylaktischen Sicherung des eigenen Gedächtnisses" (Janota, 1978, 325). Während Selbstvergewisserung und Repräsentation leichthin angenommen werden können, ist die Gedächtnissicherung des Individuums Maximilian aus dem Band nicht zu entnehmen und an diesem Objekt nur über den Umweg philologischer Provenienzforschung zu entdecken. Was aber jedenfalls für das Werk zutrifft, ist die von Janota weiter festgestellte exklusive Aufnahme des als historisch erkannten Gutes und damit der Ausschluss zeitgenössischer Literatur oder neuerer Rezeption. Die enthaltenen Texte sind ein vormaliger Literaturzustand, der aufzubewahren ist.

Trotz der ausführlichen Nachrichten über die Schreib-Genese des Buches ist nichts überliefert, was genaueren Einblick in die konzeptionelle Arbeit gibt (vgl. Schubert, 2008). Ganz anders als bei den Ruhmeswerken, bei denen das ‚work in progress' aufgrund der Notizen, der Fassungen und der Schichtungen von Text- und Bildentwicklung nachvollziehbar bleibt, ist das *Ambraser Heldenbuch* wie ein erratischer Block, der solche Informationen nur über die Handschriftenanalyse preisgeben kann. Zwar wurden Kosten, Mühen, Pergament und Zeit nachweislich in hohem Maße eingebracht[12] – nichts ist belegt über den Einsatz der Ressource Sachverstand. Weder ist bekannt, wer das Werk entwarf, inwiefern der Kaiser auf den Entwurf Einfluss nahm, noch genau, aus wievielen Vorlagen es zusammengetragen wurde, also welcher Anteil an der Textzusammenstellung in der Tat als „konzeptionell" bezeichnet werden kann.[13]

Peter Strohschneider hat dazu richtig angemerkt, es sei „kein Ordnungsprinzip zu erkennen, das irgend mit einer literaturwissenschaftlichen Systematik zur Deckung zu bringen wäre" (Strohschneider, 1986, 422). Grob sind zumindest vier Teile zu unterscheiden: ein höfischer Teil (mit Hartmann-Schwerpunkt); ein heldenepischer Teil; dann kleinepische Texte vor allem österreichischer Provenienz und abschließend Wolframs *Titurel*-Fragment und der *Priesterkönig Johannes*, also zwei Werke, die weder zum unmittelbar Vorherigen noch zum restlichen Band passen. Offen bleiben die Fragen, welchem Merkmal der *Moritz von Craun* die Ehre verdankt, den Hartmann-

---

12 Wierschin, 1976 hat versucht, eine quartalsweise Herstellung der Handschrift in Parallelität zu den belegten Zahlungen nachzuzeichnen. Die kodikologische Analyse vermag diese These nicht zu unterstützen: bis auf einen Lagenwechsel vor der *Bösen Frau* (fol. 215ʳ), an dem sich auch Ausstattungsmerkmale wie die Majuskelverzierung ändern, ist der Band in höchstens zwei Einheiten fortlaufend geschrieben; vgl. Schubert, 2008, 110.

13 Vgl. hier den Beitrag von Nicola Kaminski, die über die bei Schubert, 2008, genannte Literatur hinaus noch die wesentliche Untersuchung von Seelbach, 1987, anführt, die allerdings die Trennbarkeit von Vorlagenschichten anhand des Handschriftenbefundes etwas zu hoch veranschlagt.

Texten voranzugehen oder warum der *Pfaffe Amis* innerhalb der Tugendlehre glänzt. Entsprechend gibt es widerstreitende und gleichermaßen nicht ganz überzeugende Versuche, entweder den Band als völlig ungegliedert anzusehen (Leitzmann, 1935, 150f.; Wierschin, 1976, 559) oder ihn unter singuläre Aspekte zu ordnen (Reinitzer, 2000, IX-XII; vgl. Schubert, 2008, 114).

Ein auffälliges Merkmal ist jedenfalls die Leistung, ausschließlich Werke des 13. Jahrhunderts, vorzüglich der ersten Hälfte, zusammenzustellen. Wenn nicht eine einzige alte Handschrift abgeschrieben wurde – was äußerst ungewöhnlich wäre, wenn Umfang und Sammelkonzepte erhaltener Handschriften angesehen werden –, dann äußert sich hier eine zunächst unerwartete literaturhistorische Sachkenntnis. Diese dürfte am ehesten paläographisch gesehen werden: alte Texte wurden als solche erkannt und separat gesichtet.[14] Dass dabei großenteils die notorische „gute alte" Handschrift entdeckt wurde (vgl. Bumke, 1996, 263), weist nicht allein auf Glück, sondern auf Sachverstand, wenn nicht gar auf die Anwendung entwickelter historischer Hilfswissenschaften.

In welchem Zusammenhang steht das Buch mit den von Maximilian veranlassten historischen Forschungen? Es gibt Indizien im Werk, die als Ausdruck eines historischen Interesses verstanden werden können. Jan Dirk Müller erwähnt: „einige Titel der Ritter- und Heldenepen stellen gegenüber dem jeweiligen Protagonisten in auffälliger Weise die ,historischen' Könige heraus, die für Maximilians dynastisches Traditionsverständnis wichtig sind" (Müller, 1982, 196). Dieser Hinweis bezieht sich auf die Paratexte, nämlich die einleitenden Beischriften, und es ließe sich streiten, was hierin als Zeugnis für das Konzept der Sammlung gelten solle und was als nachträgliche Zufügung aus der Hand einer auf kaiserliche Traditionsbildung fixierten Hofkanzlei. Die Titel machen einen deutlich nachgeordneten Eindruck: sie wurden nach dem Texteintrag bei der Rubrizierung zugefügt; dies belegt der verschieden große reservierte Freiraum, der dann sehr unterschiedlich gefüllt wurde. Sie zeugen analog zu mittelalterlicher Bibliothekspraxis von einer Identifizierung der Texte anhand der ersten wenigen Seiten. So ist der im *Ambraser Heldenbuch* im Inhaltsverzeichnis beigeschriebene Titel zum *Moritz von Craun* fast ausschließlich auf den historischen Vorspann konzentriert: *Von künig Nero einem wüettrich, der auch wie ein fraw Swannger wolt sein*, fährt fort über Karl den Großen, Olivier und Roland und schließt *wie Mauritius von Krawn liebet die Gräfin von Beamundt* (Unterkircher, 1973, fol. I*ᵣ). Der Text ist zumindest komplett repräsentiert, wenn auch in geänderter Gewichtung. Ähnlich steht zum *Iwein: Von künig artus hochtzeit. Auch von seinem Recht. desgleichen Hofgesind vnd geschefften als von Kalogriant, Chawl, her Yban und anndern* (ebd.). Auch hier wird die Hauptperson beiläufig eingeführt; der Titel stellt die historisch relevantere Figur heraus. Die Reihung der genannten Recken weist

---

14 Die These von Glier, 1971, 391 u. Anm. 277, dass man vorzüglich Pergamenthandschriften heranzog, ist bedenkenswert, aber nicht belastbar.

auf eine Textrezeption, deren Aufmerksamkeit kurz nach der Kalogrenant-Aventiure erlahmt. Die Inhaltsangabe zum *Erec* konzentriert sich ebenfalls auf Artus, gibt ausführlich die Mantel-Episode wieder und führt danach von *Erick vnd seiner hausfrawen ain teil. ein schön lesen* an (ebd.). Fast mit einer Verlegenheitsformel zum Ende, belegt die kurze Erwähnung der *hausfrawe* doch eine Kenntnis des weiteren Textverlaufs.

Diese Sorte ‚historisierender‘ Titel betreffen ausschließlich die erste Textgruppe, die höfischen Texte. Dass in diesen Titeln häufig Artus genannt wird, der dann vom Exzerptor prominent herausgestellt wurde, ergibt sich zwangsläufig aus den Topoi der Gattung und aus der bibliothekarischen Suche nach der ersten Hauptperson (siehe Lohse, 1977, 181).

Ein weiteres Indiz für ein historisches Interesse ist, dass das *Ambraser Heldenbuch* aus dem Kreis der Dietrichsagen solche „mit deutlicherem historischen Hintergrund bevorzugt" (Müller, 1982, 197). Allerdings ist für die Dietrichsagen anzumerken, dass Fachleute wie Heinrich Bebel und Ägidius Tschudi die historische Verbürgtheit dieser Erzählungen eindeutig verneinten und sie allenfalls als Exempla akzeptierten (Belege bei Müller, 1982, 197). Doch auch wenn so für die ersten beiden Abschnitte des Heldenbuchs ein historischer Bezug festgestellt werden kann, bieten die Indizien für den hinteren Teil des Codex keine Erklärung. Es müsste angenommen werden, dass ein Konzept hier im Lauf der Genese verwässert wurde oder von vornherein nicht so eng war. Ebenso ist das Werk als Vorlagensammlung für den *Theuerdank* denkbar (Müller, 1982, 174), aber nicht in seiner Gesamtheit zu deuten.

Insgesamt drängt sich der Eindruck auf, dass das *Ambraser Heldenbuch* nicht eindeutig aus einem historischen Interesse heraus konzipiert ist, wenn dieses Interesse auch Anstöße zu seiner Erstellung geliefert haben mag. Am ehesten scheint das Buch die Sammlung desjenigen zu sein, was bei den historiographischen Studien und den bibliothekarischen Streifzügen der Fachleute übrigblieb. Was als alt erkannt wurde und damit seine historische Bedeutung bewies, aber nicht im engeren Sinne historisch war, kam beiseite und wurde separat für den Gebrauch des Kaisers zusammengestellt. Das Entstehen nur eines einzigen Exemplars, ohne die Option auf eine gezielte Verbreitung, könnte so verstanden werden, dass das Werk gerade nicht in den öffentlichen historischen Legitimierungsdiskurs eingebunden sein sollte, sondern in der Tat auf die – wenn auch historisch ausgerichtete – private Betrachtung des Kaisers zielte. Wenn aber dieses Buch nicht im *Gedechtnus*-Werk funktionalisiert wurde, dann äußert sich hier vielmehr ein wahrhaft literarhistorisches Interesse, dessen professionelle Anwendung in der Textauswahl erkennbar ist. Dem Kaiser sollte eingeräumt werden, neben sekundären Interessen hier auch ein primär literarisches Interesse verfolgt zu haben.

Fazit

Die Vergangenheit begegnet in Maximilians medialer Selbstdarstellung auf vielfältige Weise – in Genealogie, Politikgeschichte und persönlicher Geschichte –, aber immer als die Vergangenheit, die durch die Gegenwart in die Zukunft wirkt: als Legitimation, Auftrag und Fundament einer Memorialkette. Vielleicht kann, wo diese Funktion fehlt, wie im *Ambraser Heldenbuch*, die Publikation unterbleiben; ein solcher Codex zählt dann zum Archiv der Wissenstatbestände.

Maximilian orientiert sich an historischen Vorbildern, so wie an Karl IV., wobei es politisch opportun sein kann, diese Orientierung nicht explizit herauszustellen. Die Werke, die er anregt, entstehen im Wechsel mit der Sammlung historischen Sachwissens. Lektüre führt hierbei zum Nachagieren und zur Spiegelung auf die eigene zeitliche Situation. Ein Werk wie das *Ambraser Heldenbuch* zeigt vor allem die Vielfalt herangezogener Quellentexte an, ohne sich deutlich in die Funktionalisierung der Vergangenheit einordnen zu lassen.

Im Vergleich mit den Verlautbarungen Karls IV. zeigt sich bei Maximilian ein neuer Schwerpunkt der *memoria*, die sich ausführlich mit weltlichem Nachruhm beschäftigt und nicht mehr in allererster Linie mit dem Seelenheil. Man könnte versucht sein, anknüpfend an die beliebten Diskussionen zur Epochenschwelle, mit dieser Verschiebung einen Aufbruch in eine neue Zeit zu verbinden. Demgegenüber wäre ein anderer Punkt zu betonen: Im groß angelegten Erinnerungswerk kann, das zeigt das Beispiel des *Theuerdank*, das eigentliche Ziel des Werks im bürokratischen Verlauf verschüttet gehen. Vielleicht können wir Nachgeborenen diesen Effekt als dasjenige einstufen, was aus Maximilians Epoche recht eigentlich in die Moderne führt.

Bibliographie

I. Quellen:

Josef Emler (Hrsg.): Život Císaře Karla IV. In: Fontes rerum Bohemicarum 3. 1882. S. 336-417.

Stephan Füssel (Hrsg.): Die Abenteuer des Ritters Theuerdank. Köln 2003.

Quirin Leitner (Hrsg.): Freydal. Des Kaisers Maximilian I. Turniere und Mummereien. Mit einer geschichtlichen Einleitung, einem facsimilierten Namensverzeichnis und 255 Heliogravuren. Wien 1880-1882.

Hans Theodor Musper u. a. (Hrsg.): Kaiser Maximilians I. Weißkunig. 2 Bde. Stuttgart 1956.

Heimo Reinitzer (Hrsg.): Mauritius von Craûn. Tübingen 2000 (= ATB 113).

Karl Stackmann (Hrsg.): Die kleineren Dichtungen Heinrichs von Mügeln, Bd. I,1. Berlin 1959 (= DTM 50).

Franz Unterkircher: Ambraser Heldenbuch. Vollständige Faksimile-Ausgabe im Originalformat des Codex Vindobonensis Series Nova 2663 der Österreichischen Nationalbibliothek. Faksimile und Kommentarband. Graz 1973 (= Codices selecti 43).

Franz Winzinger: Die Miniaturen zum Triumphzug Kaiser Maximilians I. Faksimileband und Textband. Wien 1972-1973 (= Veröffentlichungen der Albertina 5).

II. Sekundärliteratur

Hans-Joachim Behr: Herrschaftsverständnis im Spiegel der Literatur: die ‚Vita Caroli Quarti'. In: Wolfram-Studien 13. 1994. S. 81-91.

Marco Bogade: Kaiser Karl IV. Ikonographie und Ikonologie. Stuttgart 2005.

Joachim Bumke: Die vier Fassungen der ‚Nibelungenklage'. Untersuchungen zur Überlieferungsgeschichte und Textkritik der höfischen Epik im 13. Jahrhundert. Berlin, New York 1996 (= Quellen und Forschungen zur Literatur- und Kulturgeschichte 8).

Evemarie Clemens: Luxemburg-Böhmen, Wittelsbach-Bayern, Habsburg-Österreich und ihre genealogischen Mythen im Vergleich. Trier 2001, zugl.: Diss. Bonn 2001.

Florens Deuchler: Maximilian I. und die Kaiserviten Suetons. Ein spätmittelalterliches Herrscherprofil in antiken und christlichen Spiegelungen. In: Florens Deuchler, Mechthild Flury-Lemberg u. Karel Otavsky (Hrsg.): Von Angesicht zu Angesicht. Porträtstudien. Michael Stettler zum 70. Geburtstag. Bern 1983, S. 128-149.

Jiří Fajt (Hrsg.): Karl IV., Kaiser von Gottes Gnaden. Kunst und Repräsentation unter den Luxemburgern 1347-1437. München, Berlin 2006.

Heinrich Fichtenau: Die Lehrbücher Maximilians I. und die Anfänge der Fraktur-schrift. Hamburg 1961.

John L. Flood: Poets laureate in the Holy Roman Empire. A bio-bibliographical hand-book. Berlin 2006.

Monika Frenzel u. Thomas Kuster (Hrsg.): Maximilian I. Triumph eines Kaisers. Herr-scher mit europäischen Visionen. Ausstellung in der Kaiserlichen Hofburg Inns-bruck. Innsbruck 2005.

Beat Frey: Pater Bohemiae – vitricus imperii. Böhmens Vater, Stiefvater des Reichs. Kaiser Karl IV. in der Geschichtsschreibung. Bern, Frankfurt/M., Las Vegas 1978 (= Geist und Werk der Zeiten 53).

Ingeborg Glier: Artes amandi. Untersuchungen zu Geschichte, Überlieferung und Ty-pologie der deutschen Minnereden. München 1971 (= MTU 34).

Theodor Gottlieb: Büchersammlung Kaiser Maximilians. Mit einer Einleitung über ältere Bücherbesitze im Hause Habsburg. Leipzig 1900, Nachdruck Amsterdam 1968.

Bernd-Ulrich Hergemöller: Cogor adversum te. Drei Studien zum literarisch-theologi-schen Profil Karls IV. und seiner Kanzlei. Warendorf 1999.

Wolfgang Irtenkauf: Jakob Mennel, Hofgenealoge Kaiser Maximilians I. In: Egon Kü-hebacher (Hrsg.): Literatur und bildende Kunst im Tiroler Mittelalter. Innsbruck 1982 (= Innsbrucker Beiträge zur Kulturwissenschaft Bd. 15), S. 53-66.

Johannes Janota: Art. ‚Ambraser Heldenbuch'. In: ²VL 1, 1978, Sp. 323-327.

Beate Kellner: Ursprung und Kontinuität. Studien zum genealogischen Wissen im Mit-telalter. München 2004.

Albert Leitzmann: Die Ambraser Erecüberlieferung. In: PBB 59. 1935. S. 143-234.

Gerhard Lohse: Einiges über mittelalterliche deutsche Büchertitel. In: Peter Schweigler (Hrsg.): Bibliothekswelt und Kulturgeschichte. Festschrift Joachim Wieder. Mün-chen 1977, S. 171-186.

Christina Lutter: Maximilian I. (1486-1519). In: Bernd Schneidmüller u. Stefan Wein-furter (Hrsg.): Die deutschen Herrscher des Mittelalters. Historische Portraits von Heinrich I. bis Maximilian I. (919-1519). München 2003, S. 518-542.

Dieter Mertens: Bebelius ... patriam Sueviam ... restituit. Der poeta laureatus zwischen Reich und Territorium. In: Zeitschrift für württembergische Landesgeschichte 42. 1983. S. 145-173.

Dieter Mertens: Die Universität, die Humanisten, der Hof und der Reichstag zu Frei-burg 1497/98. In: Hans Schadek (Hrsg.): Der Kaiser in seiner Stadt. Maximilian I. und der Reichstag zu Freiburg 1498. Freiburg 1998, S. 314-331.

Nine Miedema: Das ‚Ambraser Heldenbuch' und der *Theuerdank*. Mittelalterliche Epik und ihre Wiederverwendung am Hof Maximilians I. In: Rudolf Suntrup u.

Jan R. Veenstra (Hg.): Building the Past. Konstruktion der eigenen Vergangenheit. Frankfurt/M. u. a. 2006 (= Medieval to Early Modern Culture 7), S. 85-106.

Jan-Dirk Müller: Gedechtnus. Literatur und Hofgesellschaft um Maximilian I. München 1982.

Mathias F. Müller u. Anne Röver-Kann: Künstler und Kaiser. Albrecht Dürer und Kaiser Maximilian I. Der Triumph des römisch-deutschen Kaiserhofes. Bremen 2003.

Oskar Pausch: Lateinisch-deutsch-tschechische Vokabulare für Habsburger Regenten im 15. Jh. In: Helmut Glück (Hrsg.): Die Volkssprachen als Lerngegenstand im Mittelalter und in der frühen Neuzeit. Akten des Bamberger Symposions am 18. und 19. Mai 2001. Berlin, New York 2002 (= Die Geschichte des Deutschen als Fremdsprache 3), S. 21-35.

Oskar Pausch: Imperator. Kaiser. Cyesars. Die dreisprachigen Vokabulare für Ladislaus Postumus und Maximilian I. Mit einem Beitrag von Alois Haidinger. Wien 2004 (= Österreichische Akademie der Wissenschaften, Phil.-hist. Kl., Denkschriften 321).

Matthias Puhle u. Claus-Peter Hasse (Hrsg.): Heiliges Römisches Reich Deutscher Nation. 962-1806. Von Otto dem Großen bis zum Ausgang des Mittelalters. Essays. Dresden 2006.

Klaus Ridder: Mittelhochdeutsche Minne- und Aventiureromane. Fiktion, Geschichte und literarische Tradition im späthöfischen Roman. Berlin, New York 1998.

Iva Rosario: Art and Propaganda. Charles IV of Bohemia, 1346-1378. Rochester/NY 2000.

RSM – Horst Brunner u. Burghart Wachinger (Hrsg.): Repertorium der Sangsprüche und Meisterlieder des 12. bis 18. Jahrhunderts. Bd. 4. Tübingen 1988.

Lieselotte E. Saurma-Jeltsch: Zeichen des Reiches im 14. und frühen 15. Jahrhundert. In: Puhle/Hasse, 2006, 336-347.

Sabine Schmolinsky: Prophetisch-endzeitliches Denken im Umkreis Karls IV. In: Wolfram-Studien 13. 1994. S. 92-105.

Martin Schubert: Offene Fragen zum ‚Ambraser Heldenbuch'. In: Exemplar. Festschrift für Kurt-Otto Seidel. Frankfurt/M. u. a. 2008, S. 99-120.

Martin Schubert: Inszenierung und Repräsentation von Herrschaft. Karl IV. in der Literatur. In: Michael Lindner (Hrsg.): Die goldene Bulle. Berliner Tagung 2006. Berlin (im Druck).

Ulrich Seelbach: Späthöfische Literatur und ihre Rezeption im späten Mittelalter. Studien zum Publikum des ‚Helmbrecht' von Wernher dem Gartenaere. Berlin 1987 (= Philologische Studien und Quellen 115).

Ferdinand Seibt: Karl IV. Ein Kaiser in Europa 1346-1378. München 1978.

Peter Strohschneider: Ritterromantische Versepik im ausgehenden Mittelalter. Studien zu einer funktionsgeschichtlichen Textinterpretation der „Mörin" Hermanns von Sachsenheim sowie zu Ulrich Fuetrers „Persibein" und Maximilians I. „Teuerdank". Frankfurt a. M., Bern, New York 1986.

Robert Suckale: Die Porträts Kaiser Karls IV. als Bedeutungsträger. In: Martin Büchsel u. Peter Schmidt (Hrsg.): Das Porträt vor der Erfindung des Porträts. Mainz 2003, S. 191-204.

Robert Suckale: Die Hofkunst im 14. Jahrhundert. In: Puhle/Hasse, 2006, 322-335.

Benedikt Konrad Vollmann: Prager Frühhumanismus? In: Wolfram-Studien 13. 1994. S. 58–67.

Helga Wammetsberger: Individuum und Typ in den Porträts Kaiser Karls IV. In: Wissenschaftliche Zeitschrift der Friedrich-Schiller-Universität Jena. Gesellschafts- und sprachwissenschaftliche Reihe 16. 1967. S. 79-93.

Martin Wierschin: Das Ambraser Heldenbuch Maximilians I. In: Der Schlern 50. 1976. S. 429-441, 493-507, 557-570.

Hermann Wiesflecker: Kaiser Maximilian I. 5 Bände. Wien, München 1971-1986.

Hermann Wiesflecker: Kaiser Maximilian. Der Kaiser und seine Umwelt. Hof, Staat, Wirtschaft, Gesellschaft und Kultur. Wien 1986.

PD Dr. Martin Schubert
Arbeitsstelle DTM
Berlin-Brandenburgische Akademie der Wissenschaften
Jägerstr. 22
D – 10117 Berlin
E-Mail: Schubert@bbaw.de

Elisabeth Klecker

Seins vaters grab hat er volbracht / Des seinen auch dabey gedacht.

Zur Wahrnehmung von Friedrichsgrab und Maximilians Grabmalprojekt in humanistischer Literatur

Mit der im Titel zitierten Beischrift präsentiert ein Holzschnittfeld auf dem rechten Seitenturm der Ehrenpforte in charakteristisch wiedererkennbarer Gestalt jene zwei Grabmalsbauten, die von Kaiser Maximilian etwa ein Jahrzehnt lang gleichzeitig betrieben wurden: als Tumba mit Liegefigur das 1513 fertiggestellte Monument Friedrichs III. und im Vordergrund, bezeichnet durch ein Standbild seiner Person (M. M. Müller 2002, 154-155; Th. U. Schauerte, 2001, 333-334, Anm. 655), Maximilians eigenes Grabmal, das zu seinen Lebzeiten nicht über das Planungsstadium und die Realisierung von Einzelteilen hinauskam.

Maximilians Selbstdarstellung als Bauherr zweier Grabmäler wirft die Frage auf, wie diese beiden Monumente und ihr ideeller Gehalt von Zeitgenossen wahrgenommen wurden. Worin wurde die Bedeutung des Friedrichsgrabs für Maximilian gesehen? Wie gut war die Kenntnis von Maximilians Grabmalprojekt, von dem die neuere kunsthistorische Forschung (Th. U. Schauerte, 2001, 36) betont, dass es hinter allen anderen Kunstprojekten Maximilians als Konstante präsent sei? Im Folgenden soll einerseits eine Beschreibung des Friedrichsgrabes betrachtet, anderseits versucht werden, einen Reflex von Maximilians Grabmalplanung in einem ihm gewidmeten Huldigungsepos zu orten. Beim Autor beider Texte handelt es sich um einen quasi idealen Rezipienten: den Humanisten Riccardo Bartolini aus Perugia (gest. 1529), der nicht nur über die zum Verständnis notwendige Bildung verfügte, sondern als Kaplan bei Kardinal Matthäus Lang von Wellenburg auch mit Maximilians Ideen näher vertraut sein konnte.

Legitimatorisches Potenzial eines Kunstwerks – das Friedrichsgrab im Odeporicon

Bartolinis *Odeporicon sive itinerarium* stellt eine Reise- und Festbeschreibung dar, die dem sog. Ersten Wiener Kongress bzw. Wiener Fürstentag des Jahres 1515 gewidmet ist: Zur Vereinbarung der habsburgisch-jagiellonischen Doppelhochzeit wurden von Bartolinis Dienstgeber Kardinal Lang Vorverhandlungen in Pressburg geführt, seine Anreise ist ebenso geschildert wie die Festlichkeiten in Wien; eingeschlossen ist das „Besichtigungsprogramm", das den Stephansdom mit dem kürzlich fertiggestellten Friedrichsgrab enthielt:

Postero die sole iam exorto divi Stephani templum petivimus, ubi peracto sacro altare tum argenti aurique facti infectique varietate tum multarum reliquarum ut nunc aiunt genere refertum admirationi omnibus fuit. Verum cum tot ex Austriaca domo duces imperatoresque animo complector, inde et civitatem de qua alii multa retulere et templorum ornatum tantopere auctum esse crediderim, quod si a priscis factitatum aetate autem nostra sub duobus Caesaribus patre et filio cognitum est. Nam Fridericus cum sibi Mausoleum ante obitum condere iam incepisset, morte praeventus opus inchoatum perficere nequivit, Divus Maximilianus cum viginti annos prope labor intermissus nunquam fuerit non sine omnium mortalium admiratione perfecit. De quo pauca, ut quanta de se post mortem cura sit mortalibus cognoscas recitabo. Sepulchri opus quadrangulare est longitudine ulnarum quinque latitudine fere dimidia; in ambitum | septum bicubitale aequis fenestrarum intervallis opus amplectitur. Quod ubi primum ab imo surgere incipit latius est, arctatur tenditque introrsum quatenus ad cippum pervenit, ubi corpus conditum est surgitque laevissimo marmore quoad coronam lapideam offendit quae altrinsecus porrecta sepulcrum ambit. In inferiore basi quaque versus multigenae animalium figurae in concavo lapidum quod per ambitum ducitur instar ludentium videntur. Supra mirabiles innumerabilium sanctorum effigies, in angulis autem exporrectisque in latere lapidibus electorum principum Germaniae imagines sunt. A summo imoque scalae lapideae quibus cum ad fastigium mausolaei pervenitur Friderici Augusti Rom. Imperatoris corpus lapideum iacens imperiali paludamento coronaque ornatum visitur tanto artificio, ut saxo venerationem quandam habere quodammodo impellamur. Lapidis genus alibi porphiriacum venis tamen albicantibus, alibi emathitem esse affirmares, ita sanguinem repraesentare videtur. Supra pallentius est, sed versicolor; eruitur in Norico in agro Iuvaviano.

(Bartolini, *Odeporicon*, 1515, B2rv – Übersetzung: Am nächsten Tag gingen wir nach Sonnenaufgang in die Kirche St. Stephan, wo nach der Messfeier der Altar wegen seiner Vielfalt an bearbeitetem und unbearbeitetem Silber und Gold und seiner Fülle von verschiedenen sogenannten Reliquien von allen bewundert wurde. Wenn ich aber die vielen Herzöge und Imperatoren aus dem Haus Österreich im Geist zusammenfasse und glauben möchte, dass die Stadt, über die schon andere viel berichtet haben, und der Schmuck ihrer Kirchen deswegen so sehr zunahm, so beobachtete man dies doch – obwohl schon Usus früherer Fürsten – gerade zu unserer Zeit unter zwei Kaisern, Vater und Sohn. Denn Friedrich hatte schon vor seinem Tod begonnen, sein Mausoleum zu errichten, konnte das begonnene Werk aber nicht vollenden, da er zuvor verstarb; Kaiser Maximilian vollendete es schließlich zum Staunen aller, nachdem fast zwanzig Jahre hindurch die Arbeit nie unterbrochen worden war. Über dieses Grabmal will ich – damit man erkennt, welche Sorge um sich (d. h. um ihren Ruhm) die Sterblichen über ihren Tod hinaus bewegt – einige wenige Angaben machen: Das Grabmal ist viereckig, misst in der Länge 5 Ellen, in der Breite etwa die Hälfte; rundum wird es von einer Einfassung in der Höhe von 2 Ellen, die in regelmäßigen Abständen von Fenstern durchbrochen ist, umgeben. Wo es sich vom Boden erhebt (an seinem Sockel) ist es breiter, dann verjüngt es sich und springt nach innen ein zum Grabstein, wo der Leichnam bestattet ist; in poliertem Marmor erhebt es sich, bis es auf ein Kranzgesims trifft, das nach außen vorspringend das Grabmal umläuft. Unten an der Basis sieht man nach allen Richtungen in der Hohlkehle, die rundum geführt ist, vielgestaltige Tiere gleichsam spielen. Darüber befinden sich die Statuen unzähliger Heiliger, an den Ecken aber und an Steinvorsprüngen auf der Seite die Bilder der deutschen Kurfürsten. Von der Nord- und Südseite gelangt man über steinerne Stufen zum höchsten Punkt des Mausoleums; dort sieht man in Stein den Leichnam des römischen Kaisers und Augustus Friedrich liegen, mit dem Kaisermantel und mit der Krone geschmückt, in so hoher künstlerischer Qualität, dass man gleichsam dem Stein Ehrfurcht bekunden muss. Das Material möchte man an manchen Stellen als Porphyr mit weißen Adern, an anderen als Hämathit bestimmen, so sehr scheint es Blut wiederzugeben. Oben ist der Stein blasser, doch farbig schillernd. Er wird in Noricum im Gebiet von Salzburg gebrochen.)

Bartolini geht also nach einer Angabe der Dimensionen zunächst von außen nach innen, von der Balustrade mit ihren Fenstern zur Tumba, die in ihrer äußeren Form von unten nach oben nachgezeichnet wird. In einem zweiten Durchgang, wieder von unten nach oben, beschreibt er den figuralen Schmuck, die Tiere an der Basis und die Heiligenbilder; die Position der Kurfürsten ist präzise angegeben. Schließlich erreicht er den künstlerisch und programmatisch bedeutendsten Teil, die Tumbaplatte, die freilich nur von einer Doppeltreppe an der Ostseite aus sichtbar ist: Bartolini betont die (durch die künstlerische Qualität gegebene) Würde des im Kaiserornat Dargestellten; nicht ganz exakt ist es, wenn er von *corpus* (Leichnam) spricht, Friedrich ist lebend, nicht liegend, sondern stehend dargestellt. Abschließend ist das Material, seine Farbwirkung und Herkunft angegeben. Einerseits präsentiert sich die Passage somit als durchaus genaue technische Beschreibung, anderseits fällt auf, dass von den programmatischen Teilen ausschließlich die Kurfürsten und die Tumbaplatte berücksichtigt sind; ein so markantes Element wie der umlaufende Wappenfries fehlt. Dies gilt auch für Friedrichs Stiftungen an den Tumbawänden, die man nur schwer unter die genannten zahllosen Heiligen subsumieren kann. Und es scheint ernüchternd, dass Bartolini wie ein ganz naiver Betrachter an den spielenden Tieren der Basis hängen bleibt. Hatte der ideale Rezipient Bartolini also keinen Blick für die Visualisierung von Friedrichs Herrschaftsverständnis?

Zu bedenken ist freilich zweierlei: Das Wappenprogramm, im wesentlichen Anspruchswappen in den ehemaligen habsburgischen Vorlanden, war

schon zum Zeitpunkt von Friedrichs Tod im Jahr 1493 für Maximilian nicht
mehr aktuell (für ein Beispiel: H. Weigl, 1988). Die Stiftungen wieder sind für
einen Betrachter schwer zu erfassen, die Balustrade setzt der Wahrnehmung
ein kaum zu überwindendes Hindernis entgegen. Bereits Bartolinis einleiten-
de Bemerkungen heben jedoch die dynastische Bedeutung des Stephansdomes
hervor und, wie sich im weiteren Verlauf des *Odeporicon* zeigt, hatte er sehr
wohl ein waches Auge für die Instrumentalisierung des Grabmals durch Maximilian und notiert, wie es in das Zeremoniell der Hochzeit einbezogen wird:

> *Confecto igitur sacro Caesar ex solio discedens se ad mausolaeum patris*
> *Friderici quod prope erat ut Pont. Max. habitum indueretur contulit*

(Bartolini, *Odeporicon*, 1515, M 4r – Übersetzung: Nach der Messe verließ der Kaiser seinen Thron und begab sich zum nahegelegenen Mauso-
laeum seines Vaters Friedrich, um den Ornat des Pontifex Maximus an-
zulegen.).

Maximilians Umkleidung beim Grabmal (vor dem feierlichen Ehever-
sprechen) macht deutlich, dass er seine eigene kaiserliche Würde (zusätzlich
zur Proklamation von 1508) auch von der seines Vaters, der 1452 in Rom
vom Papst gekrönt worden war, hergeleitet wissen wollte. Wenn Bartolini dabei mit dem Titel *Pontifex Maximus*, der von den römischen Kaisern auf den
Papst übergegangen war, die sakrale Dimension des Kaisertums hervorhebt,
so mag an Maximilians Bemühen um die Papstwahl im Jahr 1511 zu denken
sein (H. Wiesflecker, 1963), aber auch daran, dass gerade an Friedrichs Bild auf
der Tumbaplatte die priesterliche Würde des Kaisers zum Ausdruck kommt
(E. Hertlein, 1985, 75-78). Im Rahmen der Feierlichkeiten von 1515 wird der
Öffentlichkeit durch den Rückbezug auf den kaiserlichen Vater Maximilians
überlegene Position gegenüber den Jagiellonenkönigen vor Augen geführt.

Bartolinis Beobachtung gewinnt an Wert im Vergleich mit der zweiten
detaillierten Beschreibung des Friedrichsgrabs durch einen Zeitgenossen, den
Gelehrten und Diplomaten Johannes Cuspinian (1473-1529). In seinen *Caesares*, einer Sammlung von Biographien aller römischen Kaiser beginnend mit C.
Julius Caesar widmet er dem Monument in der Vita Friedrichs III. einen Exkurs. Nachdem er die künstlerische Qualität in traditioneller Weise in Relation
zur Antike gewürdigt hat, nennt er in einer praeteritio (ohne den architektonischen Aufbau nachzuzeichnen) Details, um abschließend drei Gedichte auf das
Grab im Wortlaut zu zitieren:

> *Nam ut sileam nobilium artificum ingeniosissimam artem qua Caesaris*
> *vivam imaginem, coenobia et nova monasteria a Caesare fundata et hic*
> *sculpta cum multarum Austriae provinciarum insignibus ac armis exor-*
> *nata ita singula expresserunt, ut sine admiratione hoc monumentum pos-*
> *sit contemplari nemo, hoc nemo satis pro rei dignitate admirabitur, quod*
> *nobilissimum illud marmor longis e regionibus advectum varium, partim*
> *candidum, partim rubeum ex infinitis portionibus agglutinatis ingeniose ac*

*mire politum tantam molem reddat usque adeo insignem ut plerique docti
viri hanc molem stupide pene aspicientes ex tempore pulcherrima edider-
unt epitaphia* ...

(Cuspinian, *Caesares* 1540, 621-622 – Übersetzung: Denn um ganz zu
schweigen von der Ingeniosität der edlen Künstler, mit der sie das lebendige Bild des Kaisers, die vom Kaiser neugegründeten Ordensgemeinschaf-
ten und Klöster, wie sie hier in Stein geschnitten sind und mit den Insigni-
en und Wappen vieler Provinzen Österreichs ausgeschmückt sind, einzeln
gebildet haben, sodass niemand das Monument ohne Bewunderung betrachten kann, abgesehen davon also, wird niemand genug staunen, dass
dieser edle von weit hergebrachte bunte, teils weiße, teils rote Marmor aus
unzähligen Einzelstücken zusammengesetzt und wunderbar poliert ein so
riesiges und hervorragendes Grabmal bildet, dass viele Gelehrte bei seinem Anblick starr vor Staunen herrliche Grabgedichte extemporierten.).

Cuspinians Angaben sind präzise: Er notiert die bei einer Betrachtung
aus der Nähe hervortretende kleinteilige Zusammensetzung und nennt auch
die bei Bartolini fehlenden Stiftungen und Wappen. Insgesamt zielt sein Interesse jedoch auf das Kunstwerk als Inspiration von Literatur. Sein Blick in der
Friedrichsbiographie ist notwendigerweise auf Friedrich gerichtet, er hat keinen Anlass, das Grabmal in Beziehung zu Maximilian zu setzen. Doch selbst
dort, wo dies angebracht gewesen wäre, in seinem *Diarium* über den Wiener
Fürstentag, das ja dasselbe historische Geschehen wie Bartolinis *Odeporicon*
behandelt, lässt er die zeremonielle Nutzung unerwähnt. In seiner aktuellen
Bedeutung für Maximilian ist das Friedrichsgrab also nur bei Bartolini erfasst:
Dieser nützt die relativ offene Form der Reisebeschreibung, um sich in einer
Ekphrasis unter Auslassung der nicht mehr aktuellen bzw. schwer wahrnehm-
baren Teile des Programms auf die künstlerische Qualität zu konzentrieren,
und führt das legitimatorische Potenzial des Monuments für Maximilian dort
vor, wo es im historischen Geschehen wirksam wird.

Heroisierung der gedächtnus – *Maximilians* grabpilder *in der* Austrias?

Das lateinische Epos *De bello Norico / Austrias* ist dem Bayerisch-pfälzischen
Erbfolgekrieg der Jahre 1503/04 gewidmet, einem wichtigen militärischen Erfolg Maximilians, der propagandistisch vielfältig ausgewertet wurde. In Bartolinis Darstellung tritt Maximilian – an dessen Kämpfen die olympischen Götter teilnehmen – in Konkurrenz zu mythischen Heroen und epischen Helden
der Antike. Das Werk erschien zwar erst 1516, das Druckprivileg ist jedoch
schon 1515 datiert (eine angebliche frühere Ausgabe, Perugia 1512, hat sich als
falsche Titelaufnahme erwiesen). Zu diesem Zeitpunkt läuft die Arbeit an Maximilians eigenem Grab bereits über zehn Jahre: Wenn man den Beginn auch
nicht unbedingt exakt mit der Berufung von Gilg Sesselschreiber 1502 zusammenfallen lassen will, so ist die Beschäftigung für die Folgezeit doch – dank der

schwierigen Persönlichkeit Sesselschreibers – archivalisch reich dokumentiert (V. Oberhammer, 1935, 85-96). Freilich: Kunstwerke, die ein Literat hätte beschreiben können, gab es nicht; in der Gießhütte zu Mühlau fand sich bei einer Inventur im Jahr 1513 ein einziges fertiges Standbild (Johann bzw. Ferdinand von Portugal), sonst lagerten dort Teile zum Ausbereiten sowie Visierungen und zum Guss hergerichtete Formen. Literarisch reflektiert werden konnte also nur das Programm, d. h. Genealogie in ihrer spezifischen Verwendung im Rahmen von Maximilians *begrebnus*. Ein derartiges literarisches Echo könnte im zwölften und letzten Buch der *Austrias* vorliegen.

Nach der Entscheidungsschlacht am Wenzenberg bei Regensburg (Buch 10) und der Eroberung von Kufstein (Buch 11) hält Maximilian einen Triumph in der Art eines römischen Imperators – so Bartolinis antikisierende Interpretation der Zeremonien des Kölner Reichstags von 1505. In der zweiten Buchhälfte wird der Sieg mit sportlichen Wettkämpfen gefeiert. Den Mittelteil bildet eine gemeinsame Leichenfeier für alle Gefallenen des Krieges, ausführlich wird der Trauerkondukt zum Scheiterhaufen beschrieben:

In primis depicta trahunt ex ordine prisco
argumenta patrum numerusque effertur avorum:
Ante omnes Priamum Francorum ab origine cretum
Cernere erat natumque sequi vestigia patris
Marcomyron, sed paulo excelsior ire videtur
Antiquo Faramundus avo longeque potentis
Clotharii effigies multo foedata cruore
Ducitur et natum fugientem lumine torvo
Aspicit; hic etenim post caedem et fata parentis
Imperium linquens ad Avantica regna recessit
Egregiamque Apis de nomine condidit urbem,
Unde genus fluit Austriadum. Longo ordine demum
Succedit proavis Albertus imagine moesta
Letiferumque gerit transfixo pectore vulnus
Impia crudelis detestans facta nepotis.
Hunc sequitur regnoque potens dextraque Rodulphus
Colla superiectis ducens Othocaron ahenis
Expirantem animam; a tergo stat proxima proles
Hernestusque Leopoldusque et maxima patris |
Effigies iam digna deo nigrisque vehuntur
Armentis circumque atros ponuntur ad ignes.

(Bartolini, *Austrias*, 1516, Z 7rv – Übersetzung: An der Spitze führen sie in altehrwürdiger Ordnung gemalte Darstellungen von den Taten der Vorväter, die Zahl der Ahnen bildet den Leichenzug: An der Spitze sah man Priamus aus dem Stamm der Franken und seinen Sohn, der in die Fußstapfen des Vaters trat, Marcomirus; doch ein wenig erhabener als der

Großvater scheint Faramundus zu schreiten; auch das Bild des ein weites Reich beherrschenden Clotharius wird mitgeführt, von Blutströmen entstellt; finster blickt er zu seinem Sohn, der in die Verbannung geht; dieser verließ nämlich nach der Ermordung des Vaters das Reich und zog sich in das Avantische Königreich zurück und gründete eine Stadt, die er nach Apis benannte, von wo sich das Geschlecht der Austriaden herleitet. In der langen Reihe folgt den Ahnen Albert – ein trauriges Bild: Er trägt eine tödliche Wunde in der durchbohrten Brust und verabscheut die Freveltat des grausamen Neffen. Ihm folgt Rudolf, ein mächtiger Herrscher und Held, er führt Ottokar, der mit ehernen Ketten am Hals gefesselt ist und sein Leben aushaucht. Dahinter steht die nächste Generation, Ernst und Leopold und das Bild des Vaters, das schon eines Gottes würdig ist, sie werden von dunklen Zugtieren gezogen und rund um die schwarzen (Leichen)Feuer aufgestellt.).

Das Begräbnis von Gefallenen, Einzelhelden oder einer Masse ungenannter Krieger bildet von Homer ausgehend eine Standardszene der antiken Epik. Bartolini, der in seiner *Austrias* insgesamt, ganz besonders deutlich aber am Schluss die Analogie zur *Ilias* sucht (E. Klecker, 1994/95), hat den 23. (und vorletzten) Gesang zum Vorbild genommen: Zum Begräbnis des Patroklos veranstaltet Achilles Leichenspiele, eben dieselbe Kombination von sportlichen Wettkämpfen und Begräbnis findet sich im zwölften Buch der *Austrias*. In den homerischen Kontext schiebt sich jedoch ein für ein römisches Adelsbegräbnis typisches Element: das Mitführen der Ahnenbilder (*imagines maiorum*) beim Leichenzug; Familienangehörige, später Schauspieler, die Masken mit den porträtähnlichen Gesichtszügen der Vorfahren tragen, gehen der Bahre voraus. Der gut bezeugte Brauch war Bartolini und seinen Zeitgenossen aus leicht zugänglichen Quellen (u. a. Plinius, *Naturalis historia* 35,6) vertraut (W. Kierdorf, 1998). Waren die antiken Ahnenbilder Masken, so lässt Bartolinis Schilderung dagegen an Standbilder denken – an Maximilians *grabpilder*, die seit V. Oberhammer (1935, 19-20) als *pompa funebris* gedeutet werden? Für die Frage nach einem Bezug zu Maximilians Grabmalprojekt ist zunächst die Einbindung und Motivation der Szene innerhalb der epischen Handlung zu betrachten. In der römischen Epik gibt es für die Verschmelzung von homerischer Tradition und römischem Adelsbegräbnis keinen Präzedenzfall. Bei einem Heldentod in der Schlacht und Begräbnis außerhalb Roms standen ja keine Ahnenbilder zur Verfügung, auch war das homerische Modell einer gattungskonformen Heroisierung besser dienlich: In den *Punica* des Silius Italicus (gest. ca. 100 n. Chr.), einem Epos über den Zweiten Punischen Krieg, hätte der Tod der Scipionen in Spanien eine Gelegenheit geboten, der Dichter hat sich jedoch auf die in der Gattungstradition verankerten sportlichen Wettkämpfe beschränkt (16,302-591). Der Konnex zwischen einem Begräbnis von Gefallenen und einem Aufzug von Ahnenbildern, der auf den ersten Blick gut antik wirkt, kann sich also keineswegs aus der antiken epischen Tradition herleiten. Aber auch in faktischer Hinsicht ist der Auftritt habsburgischer *imagi-*

nes bei Bartolini nicht gerechtfertigt, da es in der Schlacht am Wenzenberg keinen Toten aus dem Geschlecht der Habsburger gab. Zwar ist für Kaiserbegräbnisse (so die beiden berühmten Berichte zum Begräbnis der Kaiser Augustus und Pertinax bei Cassius Dio 56,34 bzw. seinem Exzerptor Xiphilinus 75,4-5) bezeugt, dass *imagines* berühmter Römer ohne verwandtschaftliche Bindung mitgeführt wurden, dies lässt sich jedoch nicht einfach in dem Sinn umkehren, dass bei der Leichenverbrennung namenloser Gefallener Ahnen des Herrscherhauses zum Einsatz kommen müssten. Gerade diese Unlogik zeigt allerdings, wie sehr Bartolini daran gelegen war, habsburgische Ahnenbilder in einem funeralen Zusammenhang vorzustellen.

Die Anregung zu diesem Vorgehen scheint greifbar in Maximilians Grabmalprojekt, das ja zur Entstehungszeit der *Austrias* in erster Linie aus den großen Bronzestandbildern von Ahnen und Verwandten, bzw. in Bemühungen um die Realisierung vom Kaiser approbierter Entwürfe bestand. Eine der *Austrias* zeitlich nahe Quelle ist das Programm des Triumphzugs, das Maximilian seinem Geheimschreiber Marx Treitzsaurwein im Jahr 1512 diktierte (cod. Vind. 2835; Text bei H. Appuhn, 1987, 189-190): Es enthält eine Gruppe von *grabpildern*, die von Pferden *wie ain senft* mitgeführt werden sollen. Realisiert wurde dieses Diktat im sogenannten Miniaturen-Triumphzug (F. Winzinger, 1973; A. Rosenauer, 1992, Nr. 144, 330-331), in dem die Ahnenbilder als vergoldete Bronzestatuen erscheinen und so augenfälliger als die analoge Gruppe in der Holzschnittfassung die Grabplastiken (deren Feuervergoldung an den Kosten scheiterte) bezeichnen. Auch wenn Bartolinis Wortwahl eher an Wagen denken lässt (*trahunt*) und er mit *armenta* unbestimmt bezüglich der Zugtiere bleibt, wirkt sein Aufzug der Ahnenbilder, der zwar nicht dem Triumphzug eingegliedert ist, aber doch in unmittelbarem Zusammenhang mit der Siegesfeier steht, fast wie eine (poetisch freie) Beschreibung der entsprechenden Miniaturen.

Die in der *Austrias* mitgeführten Ahnenbilder repräsentieren in der ersten Hälfte die trojanisch-fränkische Genealogie, in der zweiten folgen historische Habsburger: Albrecht I. (1255-1308), dessen Ermordung durch Johannes Parricida gedacht wird, danach Rudolf I. (1218-1291) mit dem gefesselten Ottokar von Böhmen, Ernst der Eiserne (1377-1424), dessen Bruder Leopold IV. (1371-1411) und schließlich Maximilians Vater Friedrich III. Mit Rudolf in Triumphalpose greift Bartolini eine Leitlinie seines Epos auf: die Präfiguration des aktuellen Krieges in der Auseinandersetzung des Ahnherrn mit Ottokar von Böhmen (*Austrias* 1; St. Füssel, 1987, 171). Dass er wie die moderne Sekundärliteratur, die den für die Grabbilder vorgesehenen Otakar IV. von Steyr mit Ottokar von Böhmen verwechselt (B. Lauro, 2007, 156), an ein eigenes Standbild des Böhmenkönigs denkt, lässt sich daraus nicht ableiten. Sehr wohl dürfte dagegen ein Irrtum Bartolinis beim erstgenannten der historischen Habsburger vorliegen: Der Chronologie nach müsste hier Rudolfs Vater, Graf Albrecht von Habsburg, zu stehen kommen, nicht sein Sohn. Besonders schwierig scheint der Mittelteil, der den Übergang von den trojanisch-fränkischen

Ahnen bzw. Merowingern zu den Habsburgern bezeichnen muss, jedenfalls den Gründer des Stammsitzes umschreibt. Es liegt nahe, hier jenes genealogische Verbindungsglied zu sehen, für das Jakob Mennel verantwortlich zeichnet und das er erstmals 1507 in der *Cronica Habspurgensis nuper rigmatice edita* vorstellte (G. Althoff, 1979, 77-89): Der bei Bartolini namenlose Verbannte könnte demnach Ottobert/Ottoprecht, der erste gefürstete Graf von Habsburg sein, doch ist mit der Andeutung eines Exils aufgrund von Blutschuld sowie der Nennung des Apis (zu der die Präsenz des Osiris in der Götterversammlung von Buch 9/10 passt) eher auf die römische Pierleoni-Abstammung Bezug genommen, die von Bartolini möglicherweise gleich anderen italienischen Humanisten bevorzugt wurde (A. Lhotsky, 1971, 37-38, Anm. 81). Das Verschweigen des Namens gerade bei dieser zentralen Gestalt mag durch die Kenntnis laufender Diskussionen und Erwartung weiterer genealogischer Forschungen bedingt sein.

Mit dem Programm für die 40 geplanten Bronzen stimmt Bartolinis Reihe bis auf die notwendigerweise identen historischen Habsburger nicht überein: Für Priamus, Marcomirus und Pharamundus waren nie Standbilder vorgesehen, die auf ihnen aufbauende, von Maximilian akzeptierte trojanisch-fränkische Genealogie ist jedoch berücksichtigt: mit Chlodwig, Theodebert (einem später ausgeschiedenen Werk Sesselschreibers) und mit Ottoprecht, für den sich eine Entwurfszeichnung Albrecht Dürers erhalten hat. Die Figur war als Gegenstück zu Rudolfs Vater, Graf Albrecht von Habsburg, konzipiert (W. Seipel, 2002, Nr. 54, 129-131). Eine Responsion zwischen dem letzten Paar der merowingischen Ahnen und dem (allerdings irrtümlich) ersten Glied in der Reihe der historischen Habsburger ergibt sich jedenfalls auch bei Bartolini durch die Verwicklung in eine Bluttat.

Gegenüber Differenzen im Detail muss auffallen, wie intensiv sich Bartolini bemüht, den Auftritt der habsburgischen Ahnenbilder zu motivieren. Die ungenügende sachliche Rechtfertigung (d. h. das Fehlen eines habsburgischen Toten) ist ihm nämlich nicht entgangen, er lässt seinen Maximilian daher an die Ankündigung der allgemeinen Leichenfeier eine weitere Erklärung anfügen:

Ac primum inferias patrique umbrisque dicabo
Austriadum heroum, quibus alta ad sydera vectis
Dona tuli atque libens stauravi sacra quotannis.

(Bartolini, *Austrias*, 1516, Z 6r – Übersetzung: Zuerst will ich meinem Vater ein Totenopfer weihen und den Schatten der habsburgischen Heroen, denen ich, da sie zu Sternenhöhen emporgestiegen sind, gerne Gaben dargebracht und jährliche Opfer eingerichtet habe.).

Die Bestattung der Gefallenen zu Kriegsende erhält somit als Gedenken für alle habsburgischen Vorfahren, einschließlich Maximilians Vater, eine Zusatzbedeutung, für die Bartolini das genannte homerische Vorbild mit seiner vergilischen Adaption überblendet: Im fünften Buch der *Aeneis* feiert Aeneas,

als er auf seinen Irrfahrten ein Jahr nach dem Tod seines Vaters Anchises erneut
zu dessen Grab gelangt, den Jahrestag mit einem Totenopfer und in der Folge mit Leichenspielen. Analog erfindet Bartolini einen jährlichen Gedenktag
Maximilians für seinen Vater und die verstorbenen Familienangehörigen insgesamt, der mit den entsprechenden antiken Riten (Schlachtopfern und Trank-
spenden) begangen bzw. mit Reminiszenzen an die *Aeneis* geschildert wird.
Da Maximilian ja in der Tat für den St. Georgsorden, dem er sein Grabstift
anvertrauen wollte, einen Kalender der jährlichen habsburgischen Gedenktage
anlegen ließ (W. Irtenkauf, 1979; K. Schmid, 1984, 763), kann die Szene geradezu als eine Transposition liturgischer *memoria* in das antikisierende Milieu
der *Austrias* gelesen werden.

Bartolini bietet damit in der *Austrias* mehr als eine vorwegnehmende „Beschreibung" für das charakteristische Element von Maximilians Grabmal. Er
gestaltet eine vielschichtige Szene, die unterschiedliche Aspekte der *begrebnus*
beleuchtet und in ihren Brüchen etwas von der Schwierigkeit widerspiegelt,
Maximilians einzigartiges Konzept zu erfassen: eine *pompa funebris*, die doch
nicht ganz die Funktion der antiken hat; Ahnenbilder, die Zeugen von Maximilians triumphalem Sieg werden und zugleich jene Ahnen darstellen, für
deren *gedächtnus* Maximilian selbst sorgt. Dazu rekurriert Bartolini auf ein
literarisches Modell, das seinerseits Herrscherlob und -legitimation auf Genealogie und *memoria* aufbaut: Vergils *Aeneis* zeigt im *pius Aeneas* einen trojanischen Ahnherrn des Augustus bzw. des julisch-claudischen Kaiserhauses,
der *pietas* nicht zuletzt im Gedenken an seinen Vater unter Beweis stellt. Maximilians Ahnengedenken wird in der mythisch-heroischen Atmosphäre der
Austrias an eben diese heroische Welt der Ahnen angebunden, damit letztlich
aber auch an die politische Dimension der *Aeneis*.

Pietas und incuria sepulcri?

Bartolinis aufmerksames Beobachten des Zeremoniells von 1515, sein sensib-
les Bemühen um eine adäquate epische Spiegelung von Maximilians Grabmalprojekt stehen in Kontrast zur Wahrnehmung eines weiteren humanistischen
Kreises. Als Angehörige der Wiener Universität, unter ihnen auch der schon
genannte Cuspinian, aus Anlass von Maximilians Beisetzung in Wiener Neustadt die üblichen Epitaphia verfassten (Ph. Gundel, 1520), meinten sie, das
Fehlen eines Monuments thematisieren zu müssen; Kenntnis von Maximilians
Grabmalprojekt, dem er sich noch in seinem Testament eingehendst – bis zu
statischen Problemen bei der Aufstellung der Bronzebilder in der Wiener Neustädter Georgskapelle (Wiesflecker-Friedhuber, 1996, 290) – widmete, scheint
nicht vorhanden. *Der* Grabmalsbau Maximilians war für sie das Hochgrab seines Vaters im Stephansdom. Entsprechend dem Gesetz der Panegyrik, jeder
Sachlage ein Positivum abgewinnen zu müssen, verfielen sie auf die Idee, die
so unterschiedlichen Ruhestätten als Ausdruck von Maximilians Tugenden gegeneinander abzuwägen: Im prunkvollen Grabmal für den Vater manifestiere

sich Maximilians Sohnesliebe, im eigenen seine Bescheidenheit, aber auch das Bewusstsein eines großen Herrschers, dass Nachruhm nicht auf ein letztlich vergängliches Grabmal gründe. Es gibt wohl kaum eine gröbere Verzerrung als Maximilian *incuria sepulchri* (so die Marginalie B iir), Desinteresse an seinem Grabmal, zuzuschreiben!

Bibliographie

I. Texte und Quellen

Riccardo Bartolini: Odeporicon id est Itinerarium reverendissimi in Christo patris & Dni. D. Mathei Sancti Angeli Cardinalis Gurcensis coadiutoris Saltzburgen. generalisque imperii locumtenentis quaeque in conventu Maximiliani Caes. Aug. Sereniss.que regum Vladislai Sigismundi ac Ludovici memoratu digna gesta sunt per Riccardum Bartholinum Perusinum aedita. Viennae: Hieronymus Vietor 1515.

Riccardo Bartolini: Ad divum Maximilianum Caesarem Augustum Ricardi Bartholini De bello Norico Austriados libri XII. Argentorati: Matthias Schürer 1516.

Guntheri poetae clarissimi Ligurinus seu Opus de rebus gestis Imp. Caesaris Friderici I. Augusti lib. X. Richardi Bartholini Perusini Austriados lib. XII Maximiliano Augusto dicati cum scholiis Iacobi Spiegellij, Argentorati: Ioannes Schottus 1531.

Johannes Cuspinian: Congressus ac celeberrimi conventus Caesaris Maximiliani et trium regum Hungariae, Boemiae et Poloniae in Vienna Pannoniae mense Julio anno 1515 facti brevis ac verissima descriptio, Viennae: Joannes Singrenius 1515.

Johannes Cuspinian: Ioannis Cuspiniani viri clarissimi poetae et medici ac Divi Maximiliani Augusti oratoris De Caesaribus atque imperatoribus Romanis opus insigne. Straßburg: Crato Mylius 1540.

Philipp Gundel: In divum imp. Caes. Maximilianum P.F. Augus. Epicoedion optimi illius principis vitam ordine quodam sed summatim complectens, autore Philippo Gundelio Patavien. .... Epitaphia item Graeca atque Latina eidem principi ab eruditis quibusdam pie posita. Viennae: Singrenius 1520.

Horst Appuhn (Hrsg.): Der Triumphzug Kaiser Maximilians I. 1516-1518. 147 Holzschnitte von Albrecht Altdorfer, Hans Burgkmair, Albrecht Dürer u. a. Mit dem von Kaiser Maximilian diktierten Programm und einem Nachwort von Horst Appuhn. Dortmund: Harenberg ²1987 (= Die bibliophilen Taschenbücher 100).

Wolfgang Irtenkauf: Der „Habsburger Kalender" des Jacob Mennel. In Abbildung aus dem Autograph (Württembergische Landesbibliothek Stuttgart HB V 43) hrsg. u. transkribiert von Wolfgang Irtenkauf. Göppingen: Kümmerle 1979 (= Litterae. Göppinger Beiträge zur Textgeschichte 66).

Inge Wiesflecker-Friedhuber (Hrsg.): Quellen zur Geschichte Maximilians I. und seiner Zeit. Mit einer Einleitung von Hermann Wiesflecker. Darmstadt: Wissenschaftliche Buchgesellschaft 1996 (= Ausgewählte Quellen zur deutschen Geschichte der Neuzeit 14).

II. Sekundärliteratur

Gerd Althoff: Studien zur habsburgischen Merowingersage. In: Mitteilungen des Instituts für Österreichische Geschichtsforschung 87 (1979), 71-100.

Monika Frenzel: Der „Triumph" des Kaisers: Der Miniatur-Triumphzug Maximilians I. In: Maximilian I. Triumph eines Kaisers. Herrscher mit europäischen Dimensionen, Innsbruck 2006 (= Kulturgüter in Tirol 6), 12-17.

Stephan Füssel: Riccardus Bartholinus Perusinus. Humanistische Panegyrik am Hofe Maximilians I. Baden-Baden: Verlag Valentin Koerner 1987 (= Saecula spiritalia 16).

Christoph Haidacher / Dorothea Diemer: Kaiser Maximilian der I. Der Kenotaph in der Innsbrucker Hofkirche. Innsbruck: Haymon Verlag 2004.

Edgar Hertlein: In Friderici imperatoris incolumitate salus imperii constitit. Antike und mittelalterliche Herrscherauffassungen am Grabmal Friedrichs III. in Wien. In: Jahrbuch der kunsthistorischen Sammlungen in Wien 81 (N. F. 45) (1985), 75-78.

Edgar Hertlein: Das Grabmonument Kaiser Friedrichs III. (1415-1493) als habsburgisches Denkmal. In: Pantheon 35 (1977), 294-305.

Wilhelm Kierdorf: Imagines maiorum. In: Der Neue Pauly 5, Stuttgart: Metzler 1998, 946-947.

Elisabeth Klecker: Kaiser Maximilians Homer. In: SFAIROS. Festschrift Hans Schwabl, Wiener Studien 107/108 (1994/95), 613-637.

Brigitta Lauro: Die Grabstätten der Habsburger. Kunstdenkmäler einer europäischen Dynastie. Wien: Christian Brandstätter Verlag 2007.

Alphons Lhotsky: Apis Colonna. Fabeln und Theorien über die Abkunft der Habsburger. Ein Exkurs zur Chronica Austrie des Thomas Ebendorfer. In: Aufsätze und Vorträge II, Wien 1971, 6-105.

Mathias F. Müller: Werke für die Ewigkeit – Kaiser Maximilian I. und Erzherzog Ferdinand II., Kunsthistorisches Museum, Sammlungen Schloß Ambras, 6. Juli bis 31. Oktober 2002. In: FrühneuzeitInfo 13 (2002), 152-157.

Vinzenz Oberhammer: Die Bronzestandbilder des Maximiliangrabes in der Hofkirche zu Innsbruck. Innsbruck – Wien – München: Tyrolia Verlag 1935.

Arthur Rosenauer (Hrsg.): Hispania-Austria. Kunst um 1492. Die katholischen Könige, Maximilian I. und die Anfänge der Casa de Austria in Spanien, 3. Juli – 20. September 1992, Innsbruck, Schloß Ambras, Kunsthistorisches Museum. Milano 1992.

Thomas Ulrich Schauerte: Die Ehrenpforte für Kaiser Maximilian I.: Dürer und Altdorfer im Dienst des Herrschers. München: Deutscher Kunstverlag 2001 (= Kunstwissenschaftliche Studien 95).

Elisabeth Scheicher: Kaiser Maximilian plant sein Grabmal. In: Jahrbuch des Kunsthistorischen Museums 1 (1999), 81-117.

Karl Schmid, „Andacht und Stift" Zur Grabmalplanung Kaiser Maximilians I. In: Karl Schmid / Joachim Wollasch (Hrsgg.): Memoria. Der geschichtliche Zeugniswert des liturgischen Gedenkens im Mittelalter, München: Fink 1984 (= Münstersche Mittelalter-Schriften 48), 750-786.

Wilfried Seipel (Hrsg.): Werke für die Ewigkeit – Kaiser Maximilian I. und Erzherzog Ferdinand II., Kunsthistorisches Museum, Sammlungen Schloß Ambras, 6. Juli bis 31. Oktober 2002. Wien 2002.

Herwig Weigl: Zum Grabstein Kaiser Friedrichs III. in Linz. In: Kunstjahrbuch der Stadt Linz 1988, 23-31.

Hermann Wiesflecker: Neue Beiträge zur Frage des Kaiser-Papstplanes Maximilians I. im Jahre 1511. In: Mitteilungen des Instituts für Österreichische Geschichtsforschung 71 (1963), 311-332.

Friedrich Wimmer / Ernst Klebel: Das Grabmal Friedrichs des Dritten im Wiener Stephansdom. Wien: Burgverlag 1924 (= Österreichs Kunstdenkmäler 1).

Franz Winzinger: Die Miniaturen zum Triumphzug Kaiser Maximilians I. Graz: Akademische Druck- und Verlagsanstalt 1973 (= Veröffentlichungen der Albertina 5).

Dr. Elisabeth Klecker
Institut für Klassische Philologie, Mittel- und Neulatein
Universität Wien
Dr. Karl Lueger-Ring 1
A – 1010 Wien
E-Mail: elisabeth.klecker@univie.ac.at

Linda Webers und Christoph Hagemann

Frankreich unter Habsburgs Fittichen.

Zur politischen Argumentation von Genealogie in der Fürstlichen Chronik Jakob Mennels

I.

Die genealogischen Entwürfe und Forschungen am Hof Kaiser Maximilians I. stellen den Versuch der Legitimation eines außergewöhnlichen Machtanspruches dar. Im Kontext seiner umfassenden Projekte herrschaftlicher Repräsentation und *gedechtnus* nehmen sie eine zentrale Rolle ein:[1] Die Erschließung der genealogischen Vorgeschichte sowie der verwandtschaftlichen Verflechtungen des Hauses Habsburg wird auf die Initiative des Kaisers hin gelehrten Mitarbeitern, unter ihnen Jakob Mennel, anvertraut. Diese sammeln als ‚Hofgenealogen' auf ausgedehnten Reisen Spuren der Familiengeschichte in Dokumenten verschiedenster Art, vergleichen sie kritisch und werten sie aus.[2]

Das genealogische Hauptwerk dieser Unternehmungen ist die *Fürstliche Chronik*[3] Jakob Mennels, die dieser im Auftrag Maximilians I. verfasste und dem Kaiser im Jahre 1518 überreichte.[4] Sie berichtet in fünf großformatigen Büchern von der Genese des Hauses Habsburg und illustriert die umfangrei-

---

1 Zu Genealogie und *gedechtnus* der Habsburger vgl. J.-D. Müller, 1982; K. Heck / B. Jahn, 2000; G. Melville / K.-S. Rehberg, 2004; A. Lhotsky, 1944, 171-245; A. Coreth, 1950, 81-105; E. Clemens, 2001.

2 Zur Geschichtsschreibung am Hofe Kaiser Maximilians I. vgl. P. Joachimsen, 1910, 196-219; H. Wiesflecker, 1986, Bd. V, 340-380; H. Fichtenau, 1965, 39-48; G. Lammer, 1983; A. Lhotsky, 1963, 443-464; H. Größing, 1968, 239-264; K. Arnold, 1991, 1-16; L. Welti, 1970, 16-33; H. Ankwicz-Kleehoven, 1959, IX-XI, 265-332; F. Eheim, 1959, 53-91.

3 Jakob Mennel: *Fürstliche Chronick genannt Kayser Maximilians Geburtsspiegel*, Wien ÖNB cvp 3072*-3077. Die Erschließung der Chronik wird erleichtert durch die Transkription bei (P. Kathol, 1999). In unserem Beitrag arbeiten wir aus der Handschrift und bemühen uns um eine leserfreundliche, leicht glättende Zitierweise: Die wenigen Abbreviaturen und diakritischen Zeichen werden aufgelöst, Schaft-*s* durch Rund-*s* ersetzt, *u* und *v* sowie *i* und *j* nach ihrem Lautwert vereinheitlicht, Großschreibung eingeführt; Virgeln werden getilgt und eine behutsame Interpunktion eingeführt.
Vgl. die Handschriftenbeschreibung in J. Chmel, 1840-1841, 1-12; F. Unterkircher, 1976, 29; F. Unterkircher, 1957, 28ff.; H. Menhardt, 1960, 862-866; A. Lhotsky, 1963, 453-456.

4 Zu Mennel vgl. K. H. Burmeister / G. F. Schmidt, 1987, Sp. 389-395; K. H. Burmeister, 1975, 225-229; K. H. Burmeister, 1973, 49-67; A. Lhotsky, 1936, 1-15; A. Lhotsky, 1951, 3-12; W. Irtenkauf, 1982, 53-66.

chen Ausführungen mit zahlreichen Bilddarstellungen, die immerhin fast ein Fünftel der gesamten Chronik ausmachen.[5] Das erste Buch (ÖNB cvp 3072*) entwickelt den streng agnatischen Stammbaum der Habsburger von Troja her. Mennel bezeichnet die Stadt als einen *wolriechenden Würtzgarten darauß dann der recht alt Adel in teutsch unnd welsch Land geflossen ist* (ÖNB cvp 3072*, fol. 14ᵛ). Sie ist Ursprung der Habsburger als direkte Nachfahren des Priamos, aber auch Wiege des europäischen Adels schlechthin.[6] Die Bücher zwei und drei (ÖNB cvp 3073, 3074) erweitern diesen habsburgischen ,Hauptstamm' um Äste und Zweige und erläutern die Nebenlinien des Hauses. Buch vier wiederholt die in den Büchern zwei und drei ausgeführten Sipp-, Mag- und Schwägerschaftsverhältnisse in veränderter Form: Es breitet eine heraldische Matrix über die mit Habsburg verbundenen europäischen Herrschergeschlechter und schreibt diese dem habsburgischen Pfauen im Stile eines Quaternionenadlers[7] ein. Unter seinen Fittichen versammeln sich alle bedeutenden Königs- und Herzogtümer Süd-, West- und Mitteleuropas und werden Habsburg untergeordnet.

Das letzte, besonders voluminöse zweigeteilte fünfte Buch (ÖNB cvp 3076, 3077) ist den mit den Habsburgern verwandten und verschwägerten Seligen und Heiligen gewidmet, welches die besondere Geblütsheiligkeit des Hauses Habsburg in Form eines Legendars zu belegen versucht. Ziel der ersten vier Bücher ist es, so resümiert Mennel selbst, darzulegen,

> [...] *wie zu sampt den unzalbaren obberüertten Geslechten des andern unnd des drytten Buochs die Geblüet der Kunig von Franckhreich, Engelland, Castilia, Hyspania, Portugalia unnd der Hertzogen von Normandia, Landcastria, Wallia, Clarencia, Bockhingamia, Clucestria, Excestria, Austria, Burgundia, Borbunia, Bavaria, Brabancia, Cleve unnd der Grafen von Andegavia, Hannonia, Derby, Richmont, Habspurg unnd ander hie so schnelligklich zesamen geflossen sind unnd wirt insonderhait bey solchen Bommen im ledsten gemerckht, wie Engelland, Portugall, Castilia, Hyspania mit Habspurg durch den Heyrat ze ainem Blut unnd Flaisch worden sind.* (ÖNB cvp 3074, fol. 179ʳᵛ)

Das Blut wichtiger europäischer Häuser soll, das will die Chronik erweisen, im Blut der Habsburger zusammengeflossen sein. Komplementär dazu zeigt das zweigeteilte fünfte Buch die feste und vielfache Verbindung der Dynastie mit dem Himmel, ihre Bindung an die Transzendenz. Ziel ist es also, auf

---

5   Grundlegend dazu vgl. S. Laschitzer, 1899, 1-199; S. Laschitzer, 1886, 70-289; S. Laschitzer, 1887, 117-262; G. Althoff, 1979, 71-100; D. Mertens, 1988, 121-153; P. Kathol, 1998, 365-376; M. Pollheimer, 2006, 165-176; T. Reinhardt, 2002.
6   Vgl. zur Trojanersage im Mittelalter die Materialsammlungen und Deutungsansätze bei M. Klippel, 1936; A. Grau, 1938; J.-P. Bodmer, 1963, 91-118; H. Homeyer, 1982, 93-123; G. Melville, 1987, 415-435; F. Graus, 1989, 25-43; J. Garber, 1989, 108-163; M. Borgolte, 2001, 190-203.
7   Vgl. zum Quaternionenadler P. Luh, 2002, S. 27ff.; R. Müller, 1987, 78-97; E. Stengel, 1960, 174-179; E. Ziehen, 1962, 5-44.

diese Weise den Vorrang der Habsburger vor allen anderen europäischen Dynastien genealogisch zu begründen (vgl. bspw. H. Wiesflecker, 1968, Bd. I, 44; A. Lhotsky, 1963, 444 ff.).

II.

Betrachtet man die Argumentation der *Fürstlichen Chronik* jedoch genauer, fällt auf, dass einzelne genealogische Verbindungen besonders akzentuiert werden. Dies sind zum einen die Blutsbande zu den Häusern Zähringen, Babenberg und Burgund, also denjenigen Herrscherhäusern, die von den Habsburgern beerbt wurden und deren Territorien Ende des 15. Jahrhunderts die habsburgische Hausmacht bildeten. Die über die Jahrhunderte hinweg als ständig erneuert behauptete genealogische Anbindung dieser Geschlechter macht die Habsburger zu legitimen Erben dieser Herrschaften. Des Weiteren sind es die Verwandtschaftsbeziehungen zu England, Portugal und Spanien als präferierte Bündnispartner. Zum anderen sind es aber auch die prekären genealogischen Verhältnisse in Frankreich, denen sich die *Fürstliche Chronik* im dritten Buch ausführlich widmet.

Die im Vorfeld der Verheiratung Marias von Burgund geführten Eheverhandlungen schufen eine Konkurrenzsituation zwischen den Häusern Valois und Habsburg, die 1477 die Habsburger mit dem Heiratsvertrag von Brügge für sich entscheiden konnten. Die Ehe zwischen Maria und Maximilian I. brachte den Habsburgern nicht nur die burgundischen Territorien ein, sondern auch den andauernden Konflikt mit Frankreich. Die Haltlosigkeit der französischen Ansprüche auf burgundisches Gebiet sucht die *Fürstliche Chronik* gut 40 Jahre später mit genealogischen Argumenten zu erklären.

Das Erlöschen des Hauses Valois mit dem Tode Karls VIII. im Jahre 1497, mit dem alle genealogisch begründbaren Herrschaftsansprüche auf die französischen Kronlehen Burgunds erloschen waren, ist hierbei für Mennel das entscheidende Argument. Der neue Regent aus dem Haus Orléans, Ludwig XII., konnte als angeheirateter Nachfahre keine direkte genealogische Kontinuität mehr vorweisen und legitimierte seinen Herrschaftsanspruch lediglich über die Ehe mit der letzten Valois Johanna, der Schwester Karls VIII. Dieser wurde nach Mennels Gesichtspunkten jedoch hinfällig, als er seine Gattin verstieß, die 1505 ohne Nachkommen verstarb. An ihre Stelle trat Anna von Bretagne, die vormalige Verlobte Kaiser Maximilians I. und Witwe seines Vorgängers Karls des VIII.[8] Den Nachkommen dieser Verbindung mangelte es daher ebenfalls an genealogischer Legitimation im Hinblick auf die Nachfolge der

---

8 Johanna von Valois ist die Schwester Karls VIII., des letzten französischen Königs aus diesem Hause. Die Heirat zwischen Karl VIII. und Anna von Bretagne im Jahre 1491 ist als ,bretonischer Brautraub' in die Geschichte eingegangen. Anna war zuvor Maximilian I. versprochen, die Heirat schon vertraglich geschlossen, aber nicht vollzogen worden. Am 8. Januar 1499 heiratete der von Johanna geschiedene Ludwig XII. die Bretonenherzogin.

Valois. Zudem verstarben die Dauphins zu früh, um den Thron Frankreichs zu besteigen. Nach dem Tode Ludwigs XII. wurde Franz I. aus dem Haus Angoulême zum König gekrönt, der mit Claude, einer Tochter seines Vorgängers, verheiratet war. Unter genealogischen Aspekten hatte sich damit die Legitimation der Herrschaft über Frankreich vollends marginalisiert, da beide keine direkte Blutslinie zum alten Königsgeschlecht der Valois aufweisen konnten. Denn genealogische Legitimation bedeutete in Frankreich vor allem die Rückführung auf das Königtum der Karolinger, wobei eine genealogische Sukzession selbst für Valois und Capetinger historisch schwer plausibel zu machen ist (vgl. J. Favier, 1989, 433-470; A. Bourde, 1971, 719-750).

Genau hier setzt Mennel mit seiner Argumentation an. Nach den Thronstreitigkeiten zwischen Karolingern und Robertinern im 10. Jahrhundert fiel das westfränkische Königtum nach dem Tod des letzten Karolingers Ludwig V. an die Capetinger. Seitdem ist die Legitimation der französischen Könige aus der streng genealogischen Perspektive Mennels prekär. Trotzdem das Reich Ansprüche auf die westfränkische Krone geltend machte und diese genealogisch legitimierte, entschied sich der westfränkische Adel für einen Nachfolger aus den eigenen Reihen, Hugo Capet, der keine direkte Verwandtschaft mit den Karolingern aufweisen konnte. Die *Fürstliche Chronik* schildert den Umbruch ausführlich im dritten Buch: Ludwig V. verstarb kinderlos,

> [...] *deshalb Hertzog Karlin von Brabant seins Vatters Bruder als der nechst Erb sich des Kungreichs underzogen hat. Dargegen aber ethlich Frantzosen vermainten, solchs nit ze gestatten, also lang biß die Zwitracht unnd Irrung so sich zwuschen ime und den Frantzosen damals hielt vertragen were. In dem hat sich Hugo Capeth darein geslagen und vermaint, das Kunigreich solte ime zustan, angesehen das seine Altfordern und besonder Udo zu den Zeitten Karoli Simplicis als derselbig noch nit taugenlich was ze regieren, Kinig in Franckhreich gewesen seÿen, auch von dess Kungreichs wegen Schaden empfangen unnd zeledst umbkomen. Aber wie dem als Karolus ye vermaint der Sypschafft* [nach] *die besser Gerechtigkait darzu ze haben, angesehen das er von demselben kungklichenn Stammen unnd Namen herkommen were unnd es aber Hugo der von seinen Altfordern allain ain Graff was nit da'beÿ wolt lassen bleÿben, hat er sich uffgemacht unnd ist mit worhaffter Hand wider Graff Hugen zogen* [...] *Also nach dem Hertzog Karlin zu derselben Zeit sein Wonung zu Laudun, hat der Bischoff ze Nacht als die Burger schlieffen unnd sich gar nichts besorgten, die Porten uffgethon unnd den vilgemelten Graff Hugenn mit aim grossen Volckh in die Stat gelassen. Der hat sich von Stunden an zu Hertzog Karlins Palast gefuegt unnd daselbs Hertzog Karlin unnd sein Husfrawen am Beth uffgehept vnnd gefuert gen Orliens in Gefengkhnus. Darumb auch Graff Hug dem Bischoff ain grosse Schenckhung thet. Als nun der Hertzog durch Verräterÿ gefanngen was, lies sich Graff Hug salben zu aim Kinig von Franckhreich unnd desselben Iars starb der Hertzog in der*

Vengkhnus. Also ist das Kungreich uss der karolinischen uff die hugoni-schen Linien gewachssen. (ÖNB cvp 3074, fol. 132ᵛ-134ʳ)

Aber selbst der genealogische Anspruch der Karolinger auf die fränki-sche Krone ist nicht makellos. Die Absetzung des letzten Merowingers Chil-derich III. und dessen Klosterhaft zielten auf ein Ende der merowingischen Blutslinie. Als Franken konnten sich die Karolinger zwar ebenfalls auf ihre trojanische Herkunft berufen (bzw. diese postulieren), aber sie ersetzte nach Mennel nicht den Mangel eines im edlen Blut begründeten Königtums, wie es die Merowinger noch besessen hatten. Stattdessen beriefen sich die Karolinger und die nachfolgenden Geschlechter auf einen schlichten Schiedsspruch des Papstes:

> *Uss der Ursach das diser Hildericus dem Reich nit nutzlich gewesen ist, dar-zu als Karolus Martellus kurtz hieuor gestorben, den Frantzosen nit mer ge-legen sein wolt, das Kungreich durch ander dann durch ir Mt. selbs ze regie-ren. So haben sy ir dreffenlich Botschafft zu Zachariam domals Bapst gen Rom verfertigt […] das sein Heyligkhait inen hierinn beholffen und beraten sein wölt. Also nach gehaptem Rat ward der Botschafft geantwort, den Iren ze sagen, das sy hinfur ainen Kinig erwölen solten, der des Kinigreichs Eer unnd Nutz selbs schaffen kund. Solchs haben sy ze hoher Dankhparkhait vom Bapst angenomen […].* (ÖNB cvp 3074, fol. 61ᵛ)

Von der heilsgeschichtlichen Dimension der Kaiserkrönung ist bei Men-nel nicht die Rede, die Krönung Karls des Großen wird lediglich erwähnt.

Genealogisch betrachtet ist die Herrschaft der Karolinger problematisch. So ist aus historischer Perspektive eine Verwandtschaft zwischen Merowin-gern und Karolingern nicht zu rekonstruieren (vgl. E. Hlawitschka, 1968, 66-91). Zwar existiert eine kognatische Verbindung zwischen beiden fränkischen Herrscherhäusern über Blichthilde, der Schwester Dagoberts I., über die Men-nel die Vorfahren der Arnulfinger an die Merowinger ansippt. Quellen für die-se „falschen Merowinger" waren das *Liber Historiae Francorum*[9] und die Le-gende des heiligen Wandregisel aus dem gleichnamigen Kloster in Fontanelle, die Mennel demnach rezipiert haben muss. (Die Legende erwähnt einen Ans-bert von Sachsen als Gatten der Merowingerin Blichthild, vgl. R. Wenskus, 1976, 645-660.)

Aber sowohl Blichthild als auch ihr Bruder Dagobert I., über den sich die Merowingerkönige fortführen, sind Kinder des Bastards Clothar II., welchen König Chilperich I. mit seiner boshaften, mordlüsternen Magd Fredegunde zeugte.

---

9 Mennel nennt diese Quelle im ersten Buch seiner *Fürstlichen Chronik* selbst (ÖNB cvp 3072*, fol. 11ʳ).

Vgl. dazu auch H. H. Anton, 2000, 1-30; E. Ewig, 1998, 1-31; P. Fourace / R. Gerberding 1996, 79-96; R. Gerberding, 1987; G. Scheibelreiter, 1994, 26-41; W. Wattenbach, 1991; I. Wood, 1994, 356-366.

Demgegenüber unternimmt es die *Fürstliche Chronik,* die Reinheit des uralten Adels der Habsburger zu inszenieren. Diese führen sich auf die legitime Ehe Chilperichs mit Adonera zurück, deren Sohn Theodopert und Enkel Theoderich in den schweren Familienzwistigkeiten im Zuge des merowingischen Bruderkriegs umkamen.

Zwar existierte noch ein weiterer legitimer Thronfolger, Theoderichs jüngerer Bruder Ottpert, dem nach germanischem Erbteilungsrecht die Hälfte des Königreiches Burgund zugestanden hätte, nach Chilperichs Tod sogar das gesamte Frankenreich.[10] Er verzichtete jedoch auf sein rechtmäßiges burgundisches Erbe, um die Einheit des Königtums zu wahren, das in dieser Zeit von Hunnen, Vandalen und Goten bedrängt wurde und begnügte sich mit einigen Burgund benachbarten Grafschaften, den späteren habsburgischen Stammlanden. Dennoch bleibt er Nachfahre der trojanischen *stirps regia.* Die Habsburger stammen daher aber auch von den Burgunderkönigen ab:

> *Wiewol nun der gegenwertig Ottpert in weltlichen Hendeln zu Schimpff unnd Ernst mit gutten adellichen sÿtten als von alttem kinigklichen Stammen entsprossen, nit allain eins Kinigreichs, ia auch eins Kayserthumbs wirdig gewesenn were, hat er doch vorberurter alter loblicher Gwonhait nach sich solcher Herschafftenn lassen benuegen unnd die kinigklich Dignitet unnd Kron umb Fridens Willenn verlassen.* (ÖNB cvp 3073, fol. 27ᵛ-28ʳ)

Die Weisheit dieser Entscheidung wird von Mennel mit der des Königs Salomo verglichen und rückt ihn in die Nähe der Heiligkeit: *Darumb er auch nit unbillich in Zal der Usserwöltenn zeschreÿben were* (ÖNB cvp 3073, fol. 26ᵛ-27ʳ).

Die von Verwandtenmord und Verrat durchzogene merowingische Geschichte wird durch Ottperts Entscheidung von der habsburgischen Familiengeschichte abgetrennt. Er steigt damit zwar in den Grafenstand ab, behält aber das Königsheil. Als erster Graf von Habsburg ist er Stammvater eines Hauses, dessen Heil sich in der Geschichte immer wieder manifestiert. Dies beweist zum einen der in Lothringen gelegene Stammsitz der Dynastie, von dem Mennel sagt, *daß der Berg daruff dann solch Burg vor Zeittenn gestanden ist, den Namen Habspurg verlorn unnd nachmals der heÿlig Berg genempt ist wordn* (ÖNB cvp 3073, fol. 28ʳ).[11] Zum anderen bezeugen dies auch die im fünften Buch versam-

---

10 Dieter Mertens hält dagegen, dass in den Teilkönigreichen das Prinzip der Primogenitur gegolten hätte. Vgl. D. Mertens, 1988, 136. Das geht aus der *Fürstlichen Chronik* nicht direkt hervor.

11 Es handelt sich um das lothringische Remiremont, das den römischen Namen *Habendi Castrum,* also *Habensburg,* trägt. Den Namen könnte Mennel aus den Legenden der Heiligen Romarich, Amatus oder Arnulf entnommen haben. Vgl. D. Mertens, 1988, 138 f. Entgegen Lhotskys Ausführungen ist also Mennel, nicht Lazius oder Mynsinger, der Urheber dieser Theorie über den Stammsitz. Vgl. A. Lhotsky, 1971, 77 f.

melten zahlreichen Heiligen des Geschlechts und zum dritten manifestiert sich das Heil aber auch im erneuten Aufstieg der Dynastie:

> [Ottperts] *Kinder unnd Kindskinder sind in solchen Zichtenn unnd Eren dermassen uffgewachssenn, das sÿ mit der Zeit noch mer Herschafften, Graffschafften, Landgraffschafften unnd Marggrafschafften, deßgleichen Pfaltzgrafschafftenn, Hertzogthum, Ertzhertzogthumb, Kinigreich unnd Kaÿserthum, darzu in gaistlichen Stand Apteÿen, Bÿstumb, Ertzbistum, Cardinalat unnd Bapstumb unnd zeledst vil darunder Kron der vsserwöltten Heiligen erlangt haben.* (ÖNB cvp 3073, fol. 28ʳ)

Habsburgs Stammvater Ottpert ist demnach der einzig legitime Nachkomme der Merowingerkönige. Nur über ihn lässt sich ein streng agnatischer Deszendent von Hektor bis zu Maximilian I. ziehen und ein direkter Anschluss der Habsburger an die Merowinger behaupten. Demgegenüber leiten sich alle späteren Könige des Frankenreichs von der illegitimen Verbindung Chilperichs mit seiner Dienstmagd Fredegundis ab. Dem Aufstieg des Hauses Habsburg mit Ottperts Nachkommen stellt Jakob Mennel den Verfall der Merowinger, Karolinger und Capetinger gegenüber. Mennels Argumentation verbirgt sich hier wie auch sonst hinter seinem historiographischen, scheinbar neutralen Duktus: Er schildert zwar die skandalösen Vorgänge in der westfränkischen Geschichte, enthält sich jedoch zumeist jeden Kommentars. Implizit ist der Rezipient jedoch beständig aufgefordert, vor dem Hintergrund des genealogisch makellosen habsburgischen Machtanspruches ein eigenes Urteil zu fällen.

III.

Die Zeitgenossen Maximilians, Ludwig XI. und Karl VIII., die letzten Valois auf französischem Thron, waren die schärfsten Gegner seiner Heirat mit Maria von Burgund.[12] Folgt man Mennels Argumentation, dann bekämpften sie die aus der Familiengeschichte der Merowinger hervorgehenden legitimen Machtansprüche Habsburgs auf Burgund. Mit der Ehe Marias und Maximilians kommt zusammen, was schon immer zusammen gehörte, seit Ottpert aber getrennt war: nämlich habsburgisches Blut und burgundischer Boden. Der mit der Hochzeit heraufbeschworene Konflikt mit Frankreich wird auf diese Weise Maximilians Erben in der 40 Jahre später fertig gestellten Chronik Mennels als unvermeidbar und Schicksals gegeben beschrieben und begründet.[13] Die Frage nach der

---

12 Die Heirat Marias von Burgund mit Maximilian stiftete nicht nur eine politische Verbindung beider Herrschaften. Sie waren auch Großcousins (ÖNB cvp 3074, fol. 170ʳ) und brauchten als solche für die Eheschließung einen päpstlichen Dispens. Vgl. dazu H. Wiesflecker, 1968, Bd. I, 134.

13 Vgl. zum burgundischen Erbfolgekrieg: H. Wiesflecker, 1968, Bd. I, 113-181; H. Wiesflekker, 1991, 292 ff.

Herrschaftslegitimation auf burgundische Territorien wird damit aber auch zu einer Frage nach der europäischen Hegemonie.

Im Aussterben der Valois und der ihnen vorangegangenen Geschlechter, so könnte man pointieren, offenbart sich das Schwinden ihres Heils. Dem steht die als unvergänglich postulierte Blutslinie der Habsburger gegenüber, wie sie Mennel im streng agnatischen Stammbaum von Hektor bis Karl V. in der eisernen Kette in Szene setzt. Im Symbol des Pfauen verdichtet sich dieser Gedanke auf besondere Weise:

> [...] *das die Pfawen mit irn schonen Spiegeln von Got also geschaffen seÿen, das die Unrainen als Schlangen und ander gifftige Thier die Pfawen nit gern sehen mogen, auch ir Stym gern nit horn. Also auch vil grober ungestiemer Menschen, die den Erentitul Osterreich durch den Pfawen bedeut und die uffgerichten Pfawenspiegel weder gern sehen noch hören. Deßgleichen sind die Pfawen mit irer Natur von Got also edel unnd rain geschaffen: Wenn ainer stirbt, das er nit leichtlich verzert wirt, sonder wie ain balsamierter Leÿb vor Faulung behuet in gutem Wesen beleÿbet. Also auch Osterreich wie vil darvon gestorben ist, auch wie gar mengerlaÿ Anfechtung, Widerwertigkait unnd Abnagung dieselben Fursten gelitten haben, sind sie doch von den göthlichen Gnaden also fursehen, das sy dennocht nit allain Hertzogen unnd Ertzhertzogen zu Österreich beliben sind, sonder auch das sy darzu die hochsten Stul der Welt als ~~Bapstumb~~ Kayserthumb ~~vnnd~~ Kinigreich* (hier Auslassungszeichen gesetzt; einzufügender Text von anderer Hand am linken Blattrand: *und vil Fursten· und Herzogthumb)* ⌊*erlangt haben, auch die selben also loblich besessen, das sie nit unbillich von aller mengklich fur ander gelopt vnnd geert werdn.* (ÖNB cvp 3075, fol. 4ʳ-5ʳ)

Mit der Figur des Ottpert aber steht und fällt Mennels gesamtes genealogisches Konstrukt: Einerseits würde mit ihrer Demontage die Anbindung der Habsburger an die Merowinger und damit die Abstammung von den Trojanern hinfällig. Zum anderen würde damit der gesamte genealogische Anspruch auf das Herzogtum Burgund *ad absurdum* geführt werden. Nur über Ottpert kann Mennel den habsburgischen Stammbaum in der burgundischen Erde verwurzeln. Er garantiert als Merowinger und erster Habsburger aber auch die besondere Exklusivität des Blutes, dessen Heil sich in der Geschichte immer wieder offenbart. Der ungebrochen agnatischen Generationenfolge und großen Zahl habsburgischer Heiliger stellt Mennel den vermeintlichen Adel des Hauses Orléans gegenüber, der unter diesem Blickwinkel ephemer erscheinen muss. Das Aussterben der Valois spielt Mennel dabei die Argumente in die Hände. Die überlegene genealogische Kontinuität des habsburgischen Stammbaums soll den Kampf konkurrierender Machtansprüche auf Burgund entscheiden und Habsburgs Schwerter heiligen. An Burgund entscheidet sich aber auch die Fragestellung um die legitimen Herrschaftsansprüche in Frankreich selbst. Aus Mennels Perspektive wäre die Erbfolge nach dem Aussterben der Valois nur in der Tradition des Frankenreiches zu entscheiden, das Mennel durch die ganze Chronik hinweg mit Frankreich in eines setzt. Zugrunde legt er einen Schiedsspruch Papst Stephans II.:

[...] *ward diser Pipinus sampt seiner obbestimpten Husfrawen und Sönen von Bapst Stephan an das offtgemelt Kinigreich abermals confirmiert unnd bestätigt mit Benediction, das sÿ erblich Kinig zu Franckhreich sein soltten, der gstalt das man hinfuro kain andern dann von Pipins Geschlecht Kung ze Franckhreich kiesen solt. Hat auch bey bapstlichem Bann verbottenn, kain ander Geslecht zu solcher Dignitet ze lassen, darbey abzenemen, das nach dem ledsten Kinig von Franckhreich diser Lÿnien dasselbig Kung-reich von Rechts wegen an die von Habspurg gewachssen* [von anderer Hand angefügt: *ist*] ~~sein solt~~ *angesehen, das die Karolingi unnd Habspurger wie bißher gnugsamlich bewert ist ainß Geschlechts sind.* (ÖNB cvp 3074, fol. 87ʳ)

Durch das Eingreifen des Papstes ist für den Doktor „beider Rechte", Mennel, die Erbfrage im Westfrankenreich eine juristisch definierte Streitfrage. Um die nahe Verwandtschaft der Habsburger mit den Karolingern deutlich vor Augen zu führen, greift er auf die Regeln des kanonischen Rechts zurück und bestimmt den Verwandtschaftsgrad zwischen dem ersten Habsburger Ottpert und Karl dem Großen:

Das die karolinischen Frantzosen den Fursten von Habspurg auch mit sÿplicher Fruntschafft verwandt sind unnd zu Bewerung desselben nim ich anfengklich fur mich Karolo Magnum, karolinischen Kinig von Franckhreich unnd den offtgemelten Ottperthum, Fursten von Habspurg. So findt sich in Ansehung irs nechsten gmainen Stammens Chilperici, das von dem-selbigen biss an Karolo Magnum sind zehenn Personen [...] *Volgt doch nichts destminder darauss, das Inhalt der drytten Regul Karolus Magnus unnd Ottperthus im neundn Grad naturlicher Sÿpschafft ainander ver-wandt sind. Also mag auch fur und fur in gleichen unnd ungleichen Col-lateral Lÿnien nach unnd weit gerechnet werden.* (ÖNB cvp 3074, fol. 165 ʳ⁻ᵛ)

Insofern hätte das Erbrecht auf die westfränkische Krone schon nach dem Tode Ludwigs V. bei den Habsburgern gelegen. Mennel weist explizit darauf hin, dass die Capetinger keine Blutskontinuität zum trojanischen Adel besitzen, die Habsburger hingegen in direkter, ununterbrochen agnatischer Folge aus dem Haus des Priamos hervorgingen. Die capetingische Verbindung zum trojanischen Stamm ist lediglich magschaftlich, was Mennel in der dritten Schlussrede des dritten Buches klarstellt:

Daraus das Hugo Capeth Sant Adelhaidn von Habspurg im andern Grad der Magschafft verwandt ist, angesehen, das Inhalt bäpstlicher Rechten die Gradus maglicher oder swagerlicher Fruntschafft abzenemen sind bey den Gradibus sÿplicher Fruntschafft alles nach weytterm Inhalt der Regulen in geschrybnen Rechten daruber begriffen alhie zu erzelen zulang. Yedoch *erfindt sich hiemit dessgleichen in dem Heyrat zwuschen Hertzog Leo-polden von Osterreich unnd Blanccam, Kung Phillipn von Franckhreich Dochter, auch andern Enden geschehen, das die hugonischen Frantzosen mit Habspurg maglich, so die andern syplich verwandt sind. Daruss dann der gantz Handel vor und nach dester baß verstanden mag werden.* (ÖNB cvp 3075, fol. 166ᵛ)

Daraus geht deutlich hervor, dass die Habsburger seit dem Ende der Karolinger die einzig legitimen Herrscher in Frankreich sind. Mennel verleiht somit dem „großen Plan" Maximilians eines Vernichtungskrieges gegen Frankreich einen berechtigten Anlass und macht ihn zum *bellum iustum*.[14] Die andauernde Streitfrage um das Erbe der Merowinger entscheidet Mennel auf dem Fundament des geltendem Familienrechts: Frankreich gehört unter Habsburgs Fittiche [Abb. 1, s. Farbabb.].[15]

14　Zu Maximilians Plänen einer Einkreisung und Vernichtung Frankreichs vgl. H. Wiesflekker, 1968-1986, Bd. II, 82ff., Bd. IV, 119, 135, 353, Bd. V, 412ff.

15　Abb. 1: Der Habsburger Pfau mit den zu Habsburg gehörenden Königreichen (Jakob Mennel: *Fürstliche Chronick genannt Kayser Maximilians Geburtsspiegel*, Wien, Österreichische Nationalbibliothek cvp 3075, fol. 12ᵛ-13ʳ).

Bibliographie

I. Quellen

Vita Wandregiseli Abbatis Fontanellensis. In: Monumenta Germaniae Historica: Scriptorum Rerum Merovincarum Tomus V.: Passiones Vitaeque Sanctorum Aevi Merovingici ed. Bruno Krusch et Walther Levison. Hannover / Leipzig 1910 unv. 1979. S. 1-24.

Jakob Mennel: *Fürstliche Chronick genannt Kayser Maximilians Geburtsspiegel*, Wien ÖNB cvp 3072*-3077. Transkription in Peter Kathol: *Haus Österreich. Genealogische Konzeptionen Maximilians I. unter besonderer Berücksichtigung der Fürstlichen Chronik Jakob Mennels*, Klagenfurt 1999 (= zgl. Dissertation masch. Univ. Klagenfurt).

II. Literatur

Gerd Althoff: Studien zur habsburgischen Merowingersage. In: MIÖG. 87. 1979. S. 71-100.

Hans Ankwicz-Kleehoven: Der Wiener Humanist Johannes Cuspinian. Gelehrter und Diplomat zur Zeit Kaiser Maximilians I. Graz/Köln 1959. S. IX-XI, 265-332.

Hans Hubert Anton: Troja-Herkunft, origio gentis und frühe Verfasstheit der Franken in der gallisch-fränkischen Tradition des 5. bis 8. Jahrhunderts. In: MIÖG. 108. 2000. S. 1-30.

Klaus Arnold: Johannes Trithemius - Leben und Werk. In: Richard Auernheimer / Frank Baron (Hrsg.): Johannes Trithemius. Humanismus und Magie im vorreformatorischen Deutschland. Wien/München 1991 (= Bad Kreuznacher Symposien, Beiträge zur Erforschung der Renaissance und der Reformation 1). S. 1-16.

Jean-Pierre Bodmer: Die französische Historiographie des Spätmittelalters und die Franken. Ein Beitrag zur Kenntnis des französischen Geschichtsdenkens. In: Archiv für Kulturgeschichte. 45. 1963. S. 91-118.

Michael Borgolte: Europas Geschichten und Troia. Der Mythos im Mittelalter. Über die Zeit, als die Türken Verwandte der Lateiner und Griechen waren. In: Archäologisches Landesmuseum Baden-Württemberg u. a. (Hrsg.): Troia – Traum und Wirklichkeit. Stuttgart 2001. S. 190-203.

André Bourde: Frankreich vom Ende des Hundertjährigen Krieges bis zum Beginn der Selbstherrschaft Ludwigs XIV. (1453-1661). In: Theodor Schieder (Hrsg.): Handbuch der europäischen Geschichte. Bd. 3. Stuttgart 1971. S. 719-750.

Karl Heinz Burmeister: Neue Forschungen zu Jakob Mennel. In: Geschichtsschreibung in Vorarlberg. Katalog der Ausstellung 1973. Bregenz 1973 (= Ausstellungskataloge des Vorarlberger Landesmuseums 59). S. 49-67.

Karl Heinz Burmeister: Jakob Mennel in Basel. In: Basler Zeitschrift für Geschichte und Altertumskunde. 75. 1975. S. 225-229.

Karl Heinz Burmeister / Gerard Schmidt: Art. Mennel (Manlius), Jakob. In: Kurt Ruh (Hrsg.): Die deutsche Literatur des Mittelalters. Verfasserlexikon. Berlin 1987. Bd. 6. Sp. 389-395.

Joseph Chmel: Die Handschriften der k. k. Hofbibliothek in Wien im Interesse der Geschichte, besonders der österreichischen, verzeichnet und excerpiert, 2 Bde. Wien 1840-1841. Bd. 1. S. 1-12.

Anna Coreth: Dynastisch-politische Ideen Kaiser Maximilians I. In: MÖSTA 3. 1950. S. 81-105.

Evemarie Clemens: Luxemburg - Böhmen, Wittelsbach - Bayern, Habsburg - Österreich und ihre genealogischen Mythen im Vergleich. Trier 2001 (= zgl. Diss. Univ. Bonn).

Friedrich Eheim: Ladislaus Sunthaym. Ein Historiker aus dem Gelehrtenkreis um Maximilian I. In: MIÖG. 67. 1959. S. 53-91.

Eugen Ewig: Trojamythos und fränkische Frühgeschichte. In: Dieter Geuenich (Hrsg.): Die Franken und die Alemannen bis zur „Schlacht bei Zülpich" (496/97). Berlin/ New York 1998. S. 1-31.

Eugen Ewig: Die Merowinger und das Frankenreich. 4. erg. Aufl. Stuttgart u. a. 2001.

Jean Favier: Frankreich im Zeitalter der Lehensherrschaft 1000-1515. Stuttgart 1989. S. 433-470 (= Geschichte Frankreichs 2).

Heinrich Fichtenau: Reich und Dynastie im politischen Denken Maximilians I. In: Institut für österreichische Geschichtsforschung und Wiener Katholische Akademie (Hrsg.): Österreich und Europa. Festgabe für Hugo Hantsch zum 70. Geburtstag. Graz/Wien/Köln 1965. S. 39-48.

Paul Fourace / Richard Gerberding (Hrsg.): Late merowingian France. History and Hagiography 640-720. Manchester/New York 1996.

Jörn Garber: Trojaner – Römer – Franken – Deutsche. ‚Nationale' Abstammungstheorien im Vorfeld der Nationalstaatsbildung. In: Klaus Garber (Hrsg.): Nation und Literatur im Europa der Frühen Neuzeit. Akten des 1. Osnabrücker Kongresses zur Kulturgeschichte der Frühen Neuzeit. Tübingen 1989 (= Frühe Neuzeit 1). S. 108-163.

Richard Gerberding: The Rise of the Carolingians and the Liber Historiae Francorum. Oxford 1987.

Anneliese Grau: Der Gedanke der Herkunft in der deutschen Geschichtsschreibung des Mittelalters. Trojasage und Verwandtes. Würzburg 1938 (= zgl. Diss. Univ. Leipzig).

František Graus: Troja und trojanische Herkunftssage im Mittelalter. In: Willi Erzgräber (Hrsg.): Kontinuität und Transformation der Antike im Mittelalter. Veröffentlichung der Kongreßakten zum Freiburger Symposion des Mediävistenverbandes. Sigmaringen 1989. S. 25-43.

Helmuth Größing: Johannes Stabius. Ein Oberösterreicher im Kreis der Humanisten um Kaiser Maximilian I. In: Mitteilungen des Oberösterreichischen Landesarchivs 9. 1968. S. 239-264.

Martina Hartmann: Aufbruch ins Mittelalter. Die Zeit der Merowinger. Darmstadt 2003.

Kilian Heck / Bernhard Jahn (Hrsg.): Genealogie als Denkform in Mittelalter und Früher Neuzeit. Tübingen 2000 (= Studien und Texte zur Sozialgeschichte der Literatur 80).

Eduard Hlawitschka: Merowingerblut bei den Karolingern? In: Josef Fleckenstein / Karl Schmid (Hrsg.): Adel und Kirche. Gerd Tellenbach zum 65. Geburtstag dargebracht von Freunden und Schülern. Freiburg/Basel/Wien 1968. S. 66-91.

Helene Homeyer: Beobachtungen zum Weiterleven (sic!) der Trojanischen Abstammungs- und Gründungssagen im Mittelalter. In: Res publica litterarum (University of Kansas). 5. 1982. S. 93-123.

Eva Irblich: Thesaurus Austriacus. Europas Glanz im Spiegel der Buchkunst. Handschriften und Kunstalben von 800-1600. Wien 1996 (= Katalog der Milleniumsausstellung der Österreichischen Nationalbibliothek).

Wolfgang Irtenkauf: Jakob Mennel. Hofgenealoge Kaiser Maximilians I. In: Egon Kühebacher (Hrsg.): Literatur und bildende Kunst im Tiroler Mittelalter. Die Iwein-Fresken von Rodenegg und andere Zeugnisse der Wechselwirkung von Literatur und bildender Kunst. Innsbruck 1982 (= Innsbrucker Beiträge zur Kulturwissenschaft. Germanistische Reihe 15). S. 53-66.

Paul Joachimsen: Geschichtsauffassung und Geschichtsschreibung in Deutschland unter dem Einfluß des Humanismus. Erster Teil. Leipzig/Berlin 1910 (= Beiträge zur Kulturgeschichte des Mittelalters und der Renaissance 6). S. 196-219.

Peter Kathol: Alles Erdreich Ist Habsburg Untertan. Studien zu genealogischen Konzeptionen Maximilians I. unter besonderer Berücksichtigung der „Fürstlichen Chronik" Jakob Mennels. In: MIÖG. 106. 1998. S. 365-376.

Maria Klippel: Die Darstellung der fränkischen Trojanersage in Geschichtsschreibung und Dichtung vom Mittelalter bis zur Renaissance. Bielefeld 1936 (= zgl. Diss. Universität Marburg).

Günther Lammer: Literaten und Beamte im publizistischen Dienst Kaiser Maximilians I. 1477-1519. Graz 1983 (= Diss. masch. Univ. Graz).

Simon Laschitzer: Die Heiligen aus der Sipp-, Mag- und Schwägerschaft des Kaisers Maximilian I.. In: Jahrbuch der kunsthistorischen Sammlungen des Allerhöchsten Kaiserhauses. 4. 1886. S. 70-289; Jahrbuch der kunsthistorischen Sammlungen des Allerhöchsten Kaiserhauses. 5. 1887. S. 117-262.

Simon Laschitzer: Die Genealogie des Kaisers Maximilian I. In: Jahrbuch der kunsthistorischen Sammlungen des Allerhöchsten Kaiserhauses. 7. 1899. S. 1-199.

Alphons Lhotsky: Dr. Jakob Mennel. Ein Voralberger im Kreise Kaiser Maximilians I. In: Alemannia. 1. 1936. S. 1-15.

Alphons Lhotsky: Neue Studien über Leben und Werk Jacob Mennels. In: Zeitschrift für Geschichte, Heimat- und Volkskunde. 6. 1951. S. 3-12.

Alphons Lhotsky: Quellenkunde zur Geschichte Österreichs. Graz/Köln 1963 (= MIÖG Ergänzungsband 19).

Alphons Lhotsky: Apis Colonna. Fabeln und Theorien über die Abkunft der Habsburger. Ein Exkurs zur Cronica Austrie des Thomas Ebendorfer. In: Alphons Lhotsky: Das Haus Habsburg. Aufsätze und Vorträge 2, hrsg. von Hans Wagner / Heinrich Koller. Wien/München 1971. S. 7-102.

Peter Luh: Der allegorische Reichsadler von Conrad Celtis und Hans Burgkmair. Ein Werbeblatt für das Collegium poetarum et mathematicorum in Wien. Frankfurt a. M. u. a. 2002 (= Europäische Hochschulschriften Reihe Kunstgeschichte 390).

Gert Melville: Troja: Die integrative Wiege europäischer Mächte im ausgehenden Mittelalter. In: Ferdinand Seibt / Winfried Eberhard (Hrsg.): Europa 1500: Integrationsprozesse im Widerstreit: Staaten, Regionen, Personenverbände, Christenheit. Stuttgart 1987. S. 415-435.

Gert Melville / Karl-Siegbert Rehberg (Hrsg.): Gründungsmythen – Genealogien – Memorialzeichen. Beiträge zur institutionellen Konstruktion von Kontinuität. Köln/ Weimar/Wien 2004.

Hermann Menhardt: Verzeichnis der altdeutschen literarischen Handschriften der österreichischen Nationalbibliothek. Bd. 2. Berlin 1960. S. 862-866.

Dieter Mertens: Geschichte und Dynastie – Zu Methode und Ziel der Fürstlichen Chronik Jakob Mennels. In: Kurt Andermann (Hrsg.): Historiographie am Oberrhein im späten Mittelalter und in der frühen Neuzeit. Sigmaringen 1988 (= Oberrheinische Studien 7). S. 121-153.

Jan-Dirk Müller: Gedechtnus. Literatur und Hofgesellschaft um Maximilian I. München 1982 (= Forschungen zur Geschichte der älteren deutschen Literatur 2).

Rainer Müller: „Quaternionenlehre" und Reichsstädte. In: Ausstellungskatalog: Reichsstädte in Franken. Aufsätze. München 1987 (= Veröffentlichungen zur Bayerischen Geschichte und Kultur 15). S. 78-97.

Marianne Pollheimer: Wie der jung weiß kunig die alten gedachtnus insonders lieb het. Maximilian I., Jakob Mennel und die frühmittelalterliche Geschichte der Habsburger in der „Fürstlichen Chronik". In: Richard Corradini u. a. (Hrsg.): Texts and Identities in the Early Middle Ages. Wien 2006 (= Forschungen zur Geschichte des Mittelalters 12). S. 165-176.

Tanja Reinhardt: Die habsburgischen Heiligen des Jakob Mennel. Freiburg i. Br. 2002 (= zgl. Diss. Univ. Freiburg i. Br.).

Georg Scheibelreiter: Vom Mythos zur Geschichte. Überlegungen zu den Formen der Bewahrung von Vergangenheit im Frühmittelalter. In: Anton Scharer / Georg Scheibelreiter (Hrsg.): Historiographie im frühen Mittelalter. Oldenburg 1994. S. 26-41.

Edmund Stengel: Die Quaternionen der deutschen Reichsverfassung. Ihr Ursprung und ihre ursprüngliche Bedeutung. In: Edmund Stengel: Abhandlungen und Untersuchungen zur mittelalterlichem Geschichte. Köln/Graz 1960. S. 174-179.

Franz Unterkircher: Inventar der illuminierten Handschriften, Inkunabeln und Frühdrucke der Österreichischen Nationalbibliothek. Teil 1: Die abendländischen Handschriften. Wien 1957.

Franz Unterkircher: Katalog der datierten Handschriften in lateinischer Schrift in Österreich. Bd. 4. Wien 1976.

Wilhelm Wattenbach / Alexander Heine: Deutschlands Geschichtsquellen im Mittelalter: Frühzeit und Karolinger. Kettwig 1991.

Ludwig Welti: Dr. Jacob Mennel. Hofgeschichtsschreiber Maximilians I. Maximilian I. und Vorarlberg. In: Zeitschrift für Geschichte, Heimat- und Volkskunde Voralbergs. 22. 1970. S. 16-33.

Reinhard Wenskus: Zum Problem der Ansippung. In: Helmut Birkhan (Hrsg.): Festgabe für Otto Höfler zum 75. Geburtstag 1976. (= Philologica Germanica 3). S. 645-660.

Hermann Wiesflecker: Kaiser Maximilian I. Das Reich Österreich und Europa an der Wende zur Neuzeit. 5 Bde. Wien 1968-1986.

Hermann Wiesflecker: Maximilian I. Die Fundamente des habsburgischen Weltreiches. Wien/München 1991.

Ian Wood: Fredegars' Fables. In: Historiographie im frühen Mittelalter. Oldenburg 1994. S. 356-366.

Eduard Ziehen: Das Heilige Römische Reich in seinen Gliedern. Sinnbilder des körperschaftlichen Reichsgedankens 1400-1800. In: Archiv für Frankfurts Geschichte und Kunst. 48. 1962. S. 5-44.

Linda Webers / Christoph Hagemann
Projekt X / SFB 537
Zellescher Weg 17
01069 Dresden
E-Mail: Linda.Webers@tu-dresden.de

Johannes Klaus Kipf

Joseph Grünpecks prekäre Stellung am Hof.

Zur sozialen Marginalität eines hoch dekorierten Autors

Die Soziologie versteht unter ‚Prekariat' „eine Bevölkerungsgruppe, deren berufliche und ökonomische Lebenssituation dauerhaft unsicher ist" (A. Bernard [u. a.], 2007, 218). Pierre Bourdieu zählt auch „les positions temporaires et intérimaires" (1998, 95f.) zu den prekären Beschäftigungsarten, deren ‚Allgegenwart' er als Symptom des ‚neoliberalen' „régime politique" sieht und mit dem Neologismus „flexploitation" beschreibt (ebda., 100). In dieser Bedeutung, bezogen auf die Unsicherheit der materiellen Lebensgrundlage, steht das Adjektiv ‚prekär' im Titel dieses Beitrags. Der soziologische Begriff lässt sich dabei – so meine These – gewinnbringend auf die gesellschaftliche Position zahlreicher Intellektueller im Reich während der Regierungszeit Maximilians I. (1493-1519) anwenden, einer Regierungszeit, die sich weitgehend mit der zeitlichen Erstreckung der produktiven Phase des deutschen Humanismus (1480-1520) deckt. Unter ‚Humanismus' verstehe ich eine Bildungsbewegung, deren Angehörige sich über die Fähigkeit definierten, ein an den antiken Autoren geschultes Latein zu schreiben und zu sprechen, sowie Verse in antiken Metren zu verfassen. Die sprachlichen Standards dieser Bewegung sind aus Grammatiken, Wörterbüchern, Stil- und Dichtlehren für uns nachvollziehbar (vgl. V. Wels, 2000, 11-13; J. Robert, 2007). Für eine Beschreibung der Praktiken der deutschen Humanisten zur Zeit Maximilians I. greife ich zurück auf den Begriff des literarischen Feldes (P. Bourdieu, 1992) mit den angelagerten Kategorien des sozialen Raums, des Feldes der Macht, des Kampfs um Anerkennung und des symbolischen Kapitals (vgl. J. Jurt, 1995, 71-108). Der Kampf um eine Position im literarischen Feld, so ist im differenzierenden Anschluss an die Bourdieu rezipierende historische Forschung (A. Schirrmeister, 2003, 38-47) zu betonen, fand für die Humanisten auf zwei Ebenen statt: Zunächst galt es, die eigene sprachliche und literarische Kompetenz zu demonstrieren, d. h. symbolisches Kapital durch innerliterarische Könnerschaft zu erwerben, erst dann – in zweiter Linie – ging es darum, unter den Angehörigen des Feldes der Macht Förderer zu finden. Die Rekonstruktion der internen Aus- und Einschließungspraktiken des Humanismus, die sich vor allem in der Kritik an den oder im Preis der literarischen Erzeugnisse der Zeitgenossen manifestierte, ist ein Desiderat einer sozialgeschichtlich interessierten Humanismusforschung.

Die prekäre Stellung am Hof, im weiteren Sinn aber auch die prekäre materielle Existenz Joseph Grünpecks, der Kennern des Tagungsthemas als „der erste namentlich bekannte Literat, der Maximilian bei dessen literarischer *gedechtnus* zur Hand ging" (J.-D. Müller, 1982, 58), vertraut ist, soll im Folgenden skizziert werden. Ziel ist es, ein Profil eines Autors zu umreißen, der von Maximilian mit höchsten Würden dekoriert wurde, dessen literarischer und materieller Erfolg aber, soweit für uns ersichtlich, in keiner Relation zu diesen Auszeichnungen stand.

Bei dieser Erkundung, die Werk und soziale Position eines Schriftstellers in Beziehung zu setzen sucht, sollen die Ergebnisse der jüngeren Debatte um die Besonderheiten vormoderner Autorschaft aufgegriffen werden (zuletzt D. Klein, 2006, 61-63). Als deren Ergebnis möchte ich für meine Fragestellung festhalten, dass diese Frage zuerst der Präsentation von Autorschaft im überlieferten Werk gelten sollte, erst dann der historischen Person, unter deren Namen es überliefert ist. Daher werden hier zunächst die unter Grünpecks Namen überlieferten Schriften und ihre Stellung im literarischen Feld vorgestellt, erst dann wird nach der uns durch diese literarischen und einige außerliterarischen Quellen fassbaren historischen Person in ihren sozialen Bezügen gefragt. Abschließend werden die Beobachtungen zu Werk und historischem Autor in einer Skizze des literarischen Prekariats im Zeitalter Maximilians gebündelt.

1. Grünpecks Schriften

Unter Grünpecks Namen sind 23 Schriften überliefert, die sich nach Themen und Schaffensphasen vier Gruppen zuweisen lassen, zwischen denen zahlreiche Bezüge bestehen (vgl. S. Slattery und J. K. Kipf, 2008[1]): Aus seiner Lehrtätigkeit an der Artistenfakultät und in privatem Rahmen (bis 1497) erwuchsen zwei humanistische Schriften (1.1.); gleichfalls als Gelegenheitsschriften entstanden zwei Stellungnahmen zur Syphilis (1.2.). Astrologische und naturkundlich-prognostische Schriften (1.3.) verfasste Grünpeck während seiner gesamten Schaffenszeit (1496 bis um 1531); ab ca. 1499 kommen historische Schriften hinzu (1.4.). Trotz seiner Produktivität war Grünpeck ein Gelegenheitsautor; gleichwohl verfolgen die Schriften politische und ethische Anliegen. Viele Schriften sind sowohl lateinisch als auch in eigener deutscher Übersetzung überliefert. Grünpeck folgt Zeitgenossen wie Sebastian Brant oder Johannes Lichtenberger in dem Versuch, sich als Autor in lateinischer und deutscher Sprache zugleich zu etablieren. Eine Untersuchung zum Verhältnis der häufig zeitnah gedruckten Selbstübersetzungen ist ein Desiderat und fände reiches Material.

1.1. Die humanistischen Schriften

Zwei von Grünpecks Schriften lassen sich humanistischen Bestrebungen zuordnen. Die älteste überlieferte Schrift, ein im Artes-Studium 1495 vorgetra-

---

1   Siehe dort auch zu Nachweisen weiterer Schriften Grünpecks, die hier übergangen oder nur erwähnt werden.

genes *compendium* (so Grünpeck, 1495, 158ʳ) zu Lorenzo Vallas *Elegantiae* ist Zeugnis seiner akademischen Lehrtätigkeit in Ingolstadt und uns unikal abschriftlich in einer studentischen Sammelhandschrift überliefert (vgl. M. Cortesi, 1986, 383-398). Grünpeck eröffnete die Vorlesung, die aus Vallas knapp 500 Kapitel umfassender Stillehre 61 praecepta herausgreift, mit einem *prooemium* an die *auditores* (Grünpeck, 1495, 156ʳ-159ʳ), in dem er im Anschluss an Vallas Widmungsbrief zu den *Elegantiae* die weltweite Bedeutung des Lateinischen betont.

Mit den *Comoedie utilissime* (vgl. C. Dietl, 2005, 174-188) hingegen trat Grünpeck bewusst ans Licht der literarischen Öffentlichkeit. Zum Zeitpunkt ihres Drucks, Ende 1497 oder Anfang 1498, lagen zwei seiner Schriften bereits gedruckt vor (s. u. 1.2., 1.3.). Es handelt sich um zwei titellose einaktige szenische Dialoge mit Prologen und Argumenta (*Comoedia prima* bzw. *secunda*). Da Grünpeck sie mit seinen Schülern in Augsburg aufführte – die Kolophone zu beiden Stücken nennen die Daten und verweisen auf seine Mitwirkung (Grünpeck, 1498, b iijʳ, [c iij]ᵛ) –, sind sie zu den Frühformen der lateinischen Schulkomödie zu rechnen. Beide Stücke sollen sprachdidaktischen und ethischen Zwecken dienen, stehen aber auch in der Tradition des volkssprachigen Fastnachtspiels, die *Comoedia secunda* nimmt zusätzlich Elemente des allegorischen Lob- und Festspiels auf. Die *Comoedie utilissime* gehören – das signalisiert schon die Wahl des Titels – zu den Gründungswerken einer humanistischen Komödie in Deutschland, die zweite ist im deutschen Sprachbereich der „Grundstein für die Gattung des allegorischen Festspiels" (C. Dietl, 2005, 187f.). Verglichen mit den Komödien Reuchlins (*Sergius* 1496/1504; *Scaenica progymnasmata* 1497) allerdings, der die philologisch junge Erkenntnis der Abfassung der römischen Palliata im iambischen Senar aufnahm und sogleich in die eigene Textproduktion umsetzte, sind die beiden ungegliederten Prosastücke vergleichsweise formlos und nach humanistischen Ansprüchen defizitär.

1.2. Die Syphilis-Schriften

Auf die im letzten Jahrzehnt des 15. Jahrhunderts in Europa auftretende Syphilis-Epidemie (B. Lodes, 2001, 122-130) reagierte Grünpeck zweimal. Der *Tractatus de pestilentiali scorra sive mala de Franzos*, eine der frühesten Syphilis-Schriften überhaupt, war in lateinischer Fassung am 18. Oktober 1496 fertig gestellt, die deutsche Übersetzung (*Ein hübscher tractat von dem vrsprung des Bôsen Franzos*) bereits im November. Der *Tractatus* bezeichnet sich als Kommentar zu Brants Gedicht *De pestilentiali scorra sive Mala de franzos* (1496), konzentriert sich aber auf einen Aspekt desselben, die astrologische Herleitung der Krankheit sowie allgemeine Rezepte und Diätvorschläge. Die lateinische Version ist in fünf Drucken verbreitet, die deutsche in zwei Drucken und einer Druckabschrift.

Während der *Tractatus* die Syphilis allein unter astrologischen Gesichtspunkten in den Blick nimmt, steht der in nur einem Druck erhaltene *Libellus
[...] de Mentulagra alias morbo gallico*, beendet 1503 in Burghausen, ganz unter dem Eindruck der eigenen Erkrankung, die sich Grünpeck 1501 bei einem
Gastmahl zugezogen hatte. Er beschreibt Infektionen und Krankheitsverlauf,
fehlgeschlagene Therapieversuche und zuletzt die anscheinend erfolgreiche
Kur. Seinetwegen gilt Grünpeck als „der bedeutendste unter allen damaligen
Laienschriftstellern über Syphilis" (J. K. Proksch, 1895, 10). So erkennt Grünpeck die sexuelle Übertragung der Erkrankung und unterscheidet Primär- und
Sekundärinfektion. Die Schrift, die laut Prooemium der *exacta et accurata ex-
ploratio* (Grünpeck, 1843, 49) der Krankheit dienen soll, ist in der Diagnose
und der ungeschminkten Darstellung der körperlichen und sozialen Folgen innerhalb der Syphilis-Literatur nur mit Ulrichs von Hutten 1519 erschienenem
Traktat *De Guaiaci medicina et morbo Gallico* vergleichbar.

1.3. Die astrologisch-naturkundliche Prognostik

Den bei Weitem umfangreichsten Schaffensbereich Grünpecks bilden die astro-
logisch- bzw. naturkundlich-prognostischen Schriften (vgl. S. Slattery 2005).
Von den erhaltenen 15 Texten sind neun nur deutsch, zwei nur lateinisch sowie vier jeweils separat in beiden Sprachen überliefert. Fünf Schriften wurden
als illustrierte Flugschriften gedruckt; auch von den fünf allein handschriftlich
überlieferten Stücken sind vier illustriert. Die Überlieferung belegt die Gleich-
zeitigkeit des handschriftlichen und des gedruckten Buchs um 1500 und die
Präsenz der Buchillustration in beiden Formen des Mediums. Grünpeck lehnt
sich – anfangs durch Plagiate – eng an Schriften Lichtenbergers an (D. Kurze
1962, 48, 70). Die Deutung astrologischer und natürlicher Phänomene verbindet er mit der Aktualisierung biblischer Prophezeiungen. Ziel dieser Schriften
ist die Unterstützung der Reichsreformpläne Maximilians, nach dessen Tod
der Einheit des Reichs, nach 1526 auch die Abwehr der Türkengefahr.
   Grünpeck tritt 1496 neben dem ersten Syphilis-Traktat auch mit seiner ersten gedruckten Prognostik an die literarische Öffentlichkeit. Das *Prognosticon
de coniunctione Saturni et Iovis* erläutert die astrologische Bedeutung der großen Konstellation Jupiters und Saturns von 1484. Fast die gesamte Schrift allerdings ist wörtlich aus Lichtenbergers lateinischer Pronosticatio abgeschrieben (vgl. H. Talkenberger, 1990, 110-145). Auch die unikal handschriftlich
überlieferte deutsche Prognostik für den Augsburger Bürgermeister Johann
Langenmantel ist zu weiten Teilen wörtliche Übernahme aus Lichtenbergers
deutscher Pronosticatio (vgl. D. Kurze, 1962, 48). Die späteren Prognostiken
sind selbstständiger. Die handschriftlich erhaltene *Prodigiorum, portentorum,
ostentorum et monstrorum interpretatio* (1501) ist mit neun ganzseitigen Federzeichnungen illustriert und dem königlichen Sekretär Blasius Hölzel gewidmet (P. Kennel, 2001).

Kurz nach dem Reichstag zu Konstanz (April bis Juli 1507) entstand als offener Brief an die Reichs- und Kurfürsten *Ein newe außlegung Der Seltzamen wundertzaichen vnd wunderpúrden*, erhalten in zwei unfirmierten Drucken. In dieser nur deutsch erhaltenen Schrift ruft Grünpeck die Reichsfürsten zur Einheit und zur Unterstützung der Pläne Maximilians zum Rom- und Kreuzzug sowie des Anspruchs des Königs, Haupt der Christenheit zu sein, auf. Er deutet jüngste Naturerscheinungen als Vorzeichen eines nahen Unglücks, das dem Reich und der deutschen Nation drohe, sollten die Fürsten in die alte Uneinigkeit fallen. Die Schrift richtet sich im Titel beider Drucke an die Fürsten, so *auff dem reichs tag zu Costnitz versamlet sein gewesen* (Grünpeck, 1507, Titel); seine Anwesenheit auf dem Reichstag, die die Forschung durchweg annimmt, ist dabei allerdings nicht vorausgesetzt. Der wohl zu optimistische Anspruch Grünpecks, mit seinen Prognostiken ins politische Tagesgeschehen eingreifen zu können, ist in dieser Schrift am deutlichsten zu greifen.

Grünpecks prognostische Hauptschrift ist das *Speculum naturalis, coelestis et propheticae visionis*, das nahezu gleichzeitig, am 26. und 27. Oktober 1508, in separaten Drucken lateinisch und deutsch erschien. Das lateinische *Speculum* widmete Grünpeck dem päpstlichen Kardinallegaten und den geistlichen Reichsständen, der deutsche *Spiegel der naturlichen, himlischen vnd prophetischen Sehungen aller trúbsalen/ angst/ vnd not* ist allen, auch den weltlichen, Reichsständen dediziert. Grünpeck appelliert in biblischen Bildern an die Verantwortung der Regierenden für das Gemeinwohl und mahnt die Adressaten in der Haltung eines Bußpredigers zur Umkehr. Das *Speculum* greift im zentralen Bild der *nauicula Petri* in Seenot, das auf den Titelholzschnitten der lateinischen und deutschen Erstdrucke dargestellt ist, ein Motiv aus Lichtenbergers *Pronosticatio* auf, das auch im Holzschnitt zu Kapitel 103 von Brants *Narrenschiff* als *sant peters schifflin* in apokalyptischem Zusammenhang erscheint (M. Lemmer, 2004, 273). Die gedeuteten Zeichen – Prodigien, Astrologisches sowie Gleichnisse und Prophetenworte aus dem Alten Testament – belegen die Notwendigkeit einer reformatio des scharf kritisierten Lebenswandels der gesamten Christenheit. Hinter den Aufruf zur individuellen Umkehr treten die sonst dominanten Bezüge zur politischen Reichsreform zurück. Die deutsche Version des *Speculum* wurde Grünpecks erfolgreichste Schrift. Nach dem Erstdruck von 1508 und drei weiteren Drucken wurde sie 1522, auf dem Scheitelpunkt der reformatorischen Konflikte, zweimal wieder aufgelegt, und noch 1540 von Jakob Cammerlander kürzend bearbeitet.

Bemerkenswerter als weitere politische Wundergeburten-Auslegungen in der Nachfolge Brants ist der wiederum in lateinischer und deutscher Version parallel gedruckte *Dialogus epistolaris [...] in quo Arabs quidam Turcorum imperatoris. Mathematicus/ disputat cum Mamulucho quodam/ de christianorum fide et Turco secta* (1522), ein fiktiver Briefwechsel zweier muslimischer Gelehrter, des Hofastronomen des türkischen Sultans, und eines konvertierten, jetzt mamelukischen Christen, über die Gründe des Siegeszugs des osmanischen Heeres und über das Verhältnis von Christentum und Islam. Grünpeck beklagt in der Widmung an Karl V. das unglückliche Ende des *seculum [...]* *Maximilianeum* (Grünpeck, 1522, A ij^r) sowie das Auftreten falscher Prediger und Schriftausleger. Die vom Reformationsdialog inspirierte Schrift bringt mit der Fiktion eines kritischen externen Blicks auf die Christenheit thematisch einen neuen Aspekt in Grünpecks Schaffen und sie ist auch generisch eine seiner innovativeren Schriften. Die deutsche Version dürfte einer der ältesten Religionsdialoge in deutscher Sprache sein.

Nur handschriftlich sind zwei Prognostiken für die Reichsstadt Regensburg überliefert (1523 bzw. um 1527). Beide verbinden astrologisch gedeutete Lokalgeschichte und Prognostik unter dem Eindruck der Türkengefahr (vgl. H. Stein-Kecks, 2001). Auch in den übrigen prognostischen Schriften nach Beginn der Reformation verbindet Grünpeck Astrologie und Wunderdeutung mit politisch-religiöser Gegenwartsanalyse und Handlangsanweisung.

1.4. Historiographie

Grünpecks Schriften zur Geschichte, die zu Lebzeiten ausnahmslos ungedruckt blieben, bieten exemplarische Herrscherdarstellung und Chronistik. Ein Schwergewicht liegt auf charakterisierenden Anekdoten und Apophthegmata sowie Vorzeichen. Ein Interesse an quellengestützter Klärung strittiger Fragen dagegen hat Grünpeck nicht, wie im Vergleich mit methodenbewussten Zeitgenossen wie Beatus Rhenanus oder auch Johannes Aventinus hervortritt.

Ich übergehe die zwischen 1498/99 und 1501 bezeugte Mitarbeit Grünpecks an der Aufzeichnung der autobiographischen Notate Maximilians, mit der er nach eigener Angabe vor allen anderen Sekretären betraut war, sowie zwei handschriftlich erhaltene Kompilationen, die *Vitae pontificum Salisburgensium* und die in Hartmann Schedels Abschrift überlieferten *Historiae de plerisque gestis et praecipue in Germania*, zugunsten seiner bekanntesten historiographischen Schrift, der zwischen 1508 und 1516 vollendeten *Historia Friderici III. et Maximiliani I.*, die man mit besserem Recht als *Historiae* bezeichnen kann, da beide Viten mit eigenem Titel und Vorrede überliefert sind und keine gemeinsame Klammer besitzen. Die *Historiae* sind der Versuch, die aus der Arbeit an Maximilians Autobiographie erhaltenen Exzerpte zu einem Kontinuum zusammenzufügen. Grünpeck widmete die illustrierte Reinschrift der älteren Fassung dem jungen Erzherzog Karl, dem sie als Fürstenspiegel dienen sollte. Die Handschrift ist mit 46 skizzenhaften Federzeichnungen ausgestattet, die neuerdings wieder Albrecht Altdorfer (H. Mielke, 1999, 68-83; H. Stein-Kecks, 2001, 86) zugeschrieben werden. Die Handschrift ging durch Maximilians Hände und erreichte den Widmungsempfänger Karl schwerlich. Maximilian sah die *Historiae* durch, strich ganze Kapitel, versah drei Zeichnungen und ein Kapitel mit der Bemerkung *weys k[unig] und notierte einmal theurdank* (O. Benesch; E. M. Auer, 1957, 25f.). Die deutschen Buchprojekte hatten sein Interesse an einer lateinischen Biographie offenkundig verdrängt. Grünpeck gibt nach einem vagen Hinweis auf die Vorfahren der Protagonisten die Viten Friedrichs und Maximilians, den Grünpeck als den bedeutenderen Herrscher bezeichnet. Er konzentriert sich der didaktischen Zielsetzung entsprechend auf die Charakterzeichnung der beiden Kaiser. Ausführlich schildert er Maximilians Mäzenatentum sowie seine Neigung zu Jagd und Turnieren. Astrologie und Prodigien spielen, anders als Politik und Kriegszüge, eine wichtige Rolle. Jan-Dirk Müller hat darauf hingewiesen, dass in der sog. *Lateinischen Autobiographie* ständig die Fortuna als handlungsleitende Instanz bemüht wird (1982, 98), so dass nach politischer Motivation herrscherlichen Handelns kaum gefragt wird. Gleiches gilt auch für die *Historiae Friderici et Maximiliani*, deren beschränkter Begriff von Geschichte auch im Vergleich mit zeitgenössischen Werken ins Auge fällt.

Die zwischen 1526 und 1530 entstandene jüngere Fassung ist nur in deutscher Sprache erhalten. Sie enthält Kapitel zur Spätzeit und zum Tod Maximilians, in denen seine unehelichen Kinder und die Entfremdung von der zweiten Gattin nicht verschwiegen sind.

Trotz seines Titels als königlicher Historiograph Maximilians ist Grünpeck nur wenigen Zeitgenossen – etwa Maximilian selbst –, denen Handschriften seiner Geschichtswerke zugänglich waren, als Geschichtsschreiber bekannt geworden. Vergleicht man seine Schriften mit denen eines Aventin oder Beatus Rhenanus, so wird man Hermann Wieslfleckers Einschätzung, dass die *Historia Maximiliani* zu den „bedeutendsten zeitgenössischen Quellen" zur Vita Maximilians zählt (1986, 367), nicht auf den Rang ihres Autors als Historiograph übertragen wollen.

2. Die historische Person hinter diesen Schriften und ihre soziale Stellung

Ergänzen wir nun die Zusammenfassung der wichtigsten unter seinem Namen überlieferten Schriften um die biographischen Daten, wie sie sich nach kritischer Sichtung der Schriften und der außerliterarischen Quellen ergeben.[2] Grünpeck stammte nach eigener Angabe aus Burghausen a. d. Salzach, geboren ist er wohl 1473 (H. Stein-Kecks, 2001, 74 Anm. 26). Er studierte von 1487 bis 1491 in Ingolstadt, lehrte danach dort als Magister und trat in Kontakt zu Konrad Celtis. Seit 1494 studierte er für unbekannte Zeit in Krakau. Im zweiten Syphilis-Traktat (1503) berichtet er von einer Reise nach Italien, die gewöhnlich 1496 angesetzt wird. In diesem Jahr warb er brieflich beim Kanzler Herzog Georgs von Bayern-Landshut um Unterstützung seines Plans einer bayerischen Geschichte (A. Czerny, 1888, 355-357). Der Brief, den man als Bewerbung um ein einzurichtendes Amt eines bayerischen Hofhistoriographen hat interpretieren wollen (ebda., 321), belegt, dass Grünpeck mit Zeitgenossen

---

2 Für Nachweise vgl. erneut S. Slattery und J. K. Kipf, 2008.

wie Celtis und Heinrich Bebel eine Vorstellung vom Mangel an Geschichts-
schreibern, die die kulturellen Leistungen der Deutschen der Nachwelt überliefern könnten, teilte und Abhilfe von politischen Akteuren erhoffte.

Im Oktober 1496 hielt sich Grünpeck in Augsburg auf, unterrichtete
dort Patriziersöhne und führte 1497 mit Schülern seine beiden *Comoedie uti-*
lissime auf, die zweite – so behauptet der Druck – in Anwesenheit des Königs. Maximilian nahm ihn bald darauf als Sekretär (*beihender*) der Kanzlei
und Hofkaplan in Dienst; am 20. August 1498 krönte Maximilians Kanzler
Sigismund Kreutzer ihn während des Freiburger Reichstags zum Poeta laureatus. Zwischen 1499 und 1501 ist er im Gefolge Maximilians belegt; ihm obla-
gen Niederschrift und Redaktion der Diktate für die sogenannte *Lateinische*
Autobiographie. Grünpeck bezeichnete sich auch als kaiserlicher Historicus
und Astronomus (A. Czerny, 1888, 361). Von 1500 bis 1510 besaß er die Anwartschaft auf eine Kanonikerpfründe in Altötting. Von anderen, so 1507 von
Hartmann Schedel, wird er als *doctor* bezeichnet; er selbst nennt sich erst seit
1518 so, ohne dass der Erwerb eines entsprechenden akademischen Grades
belegt wäre.

Die Phase größter Nähe zu Maximilian, während der er am 1. März 1501
in der Rolle des Merkur an der Aufführung von Celtis' *Ludus Dianae* in Linz
mitwirkte, endete bereits 1501, als er an der Syphilis erkrankte und dem Hofstaat nicht mehr folgen konnte. Er musste den Hof ziehen lassen, hielt sich
im 1501 in Linz bei Blasius Hölzel auf (Grünpeck, 2001, 25) und beschrieb
1503 in Burghausen Verlauf und Behandlung der Erkrankung im *Libellus de*
mentulagra, in dem er als *secretarius regius* zeichnete. Eine Bindung an den
Hof blieb bis zum Tode Maximilians bestehen, wiewohl eine dauerhafte Rück-
kehr in dessen engere Umgebung nicht gelang. So erhielten Konrad Peutinger,
zu dem ein sonstiger Kontakt nicht nachgewiesen ist,[3] und Grünpeck am 22.
März 1506 in Wiener Neustadt 500 Gulden für die Planung und Ausführung
von Maximilians Grabmal (H. Zimmermann, 1885, Nr. 2592),[4] noch 1518 bezeichnet Maximilian Grünpeck als seinen Kaplan. Es fällt auf, dass Grünpecks
Entfernung aus der unmittelbaren Umgebung des Königs mit dem Erscheinen
Marx Treitzsaurweins in dieser zusammenfällt.

Von 1503 an geben die Quellen nur noch spärlich Auskunft über Grünpecks Aufenthalt. Ein Wanderleben als Lehrer und Wundarzt in Süddeutsch-
land und Österreich zeichnet sich ab. 1505 gewährte der Regensburger Stadtrat
Grünpeck eine (nur einmal belegte) Besoldung von 40 Gulden zur Einrichtung
einer *Poetenschul* (H.-J. Höller, 1995, 122–124), seit 1518/19 ist er für längere
Zeit in Steyr nachweisbar, wo er die Zinsen der dortigen Hofmühle als Leibge-
ding genoss. 1519 war er während der letzten Tage Maximilians in Wels, nach
Auskunft der zweiten Redaktion der *Historia Maximiliani* weinten und faste-

---

3   Vgl. zu Peutinger den Beitrag von Uta Goerlitz in diesem Band. Ihr verdanke ich auch
Auskünfte aus unveröffentlichten Quellenstudien.
4   Vgl. zum Grabmal den Beitrag von Elisabeth Klecker in diesem Band.

ten dort des Kaisers Pferde bei seinem Hinscheiden. Man kann diese Anekdote als Hinweis darauf lesen, dass Grünpeck in den letzten Stunden Maximilians zwar noch bis zu den Ställen, keinesfalls aber mehr in die engere Umgebung Maximilians oder gar an sein Sterbebett vordringen konnte.

Grünpecks Bemühungen, Unterstützung bei Maximilians Nachfolgern, Karl V. und Erzherzog Ferdinand, zu finden, hatten nur geringen Erfolg: Allein für 1527 sind zwei Aufträge Ferdinands bezeugt. Eine Prognostik für 1532 bis 1540 ist die letzte von Grünpeck erhaltene Spur.

3. Joseph Grünpecks Marginalität im literarischen Feld

Es zeigt sich, wie wenig im Falle Grünpecks eine Etikettierung als ‚Hofhistoriograph‘ Maximilians bedeutet, wenn nicht die historisch bezeugten Daten der Biographie und die einschlägigen Schriften zur Erklärung dieser noch wenig institutionalisierten und daher nur im übertragenen Sinn als ‚Ämter‘ aufzufassenden Bezeichnungen herangezogen werden. Am Beispiel Grünpecks lässt sich exemplifizieren, dass nicht „alle die, die im Umkreis Maximilians Herrschaft repräsentieren und ausüben, umstandslos als ‚Hof‘ zu begreifen" sind (J.-D. Müller, 1982, 26). Für Maximilian, der die Literatur wie kaum ein deutscher Herrscher, jedenfalls kein König oder Kaiser, vor ihm förderte, waren Dichterkrönung und Aufnahme in den Hofdienst zentrale Förderinstrumente für junge Gelehrte und Literaten. Joseph Grünpeck wurden von Maximilian beide Auszeichnungen zuteil. Angesichts eines umfangreichen lateinischen und deutschen Werks kann er als repräsentativer, ja zentraler Autor seiner Epoche gelten, die er selbst im Rückblick – wohl als einer der ersten – das *seculum [...] Maximilianeum* nennt (s. o. S. 326).

Ungeachtet dessen war Grünpecks Anbindung an den Hof, die 1497 oder 1498 „recht plötzlich" erfolgte (D. Mertens, 1998, 326), prekär, seine soziale Position war seit 1501 marginal. Dies liegt zum Einen an seiner Erkankung an der Syphilis, die ihn 1501 zur Entfernung vom Hofstaat zwang und deren Verlauf er im *Libellus de mentulagra* schonungslos dokumentiert. Zum Andern jedoch dürfte, betrachtet man sein Schaffen als Ganzes und vergleicht man es mit benachbarten Autortypen, auch sein Profil als Autor in ursächlichem Zusammenhang mit seiner unsicheren Hofanbindung stehen.

Ich bündele die voraufgehenden Beobachtungen in fünf Thesen:

1. Grünpeck wurde in Maximilians Auftrag zum Dichter gekrönt, aber er war kein Dichter. Nach den Maßstäben der humanistischen Zeitgenossen war ein *poeta* derjenige, der lateinische Verse in antiken Metren verfassen und extemporieren konnte. Grünpeck aber hat zeitlebens nur eine Handvoll Begleitverse zu einer frühen Ausgabe (von 1496) veröffentlicht, aber kein einziges umfänglicheres lateinisches (oder auch deutsches) Dichtwerk, er war vielmehr ausschließlich Prosaautor. Damit steht er unter den unter Maximilian gekrönten Dichtern keineswegs allein. Die mit ihm beim Freiburger Reichstag von 1498 gekrönten Virgil Lunson und Gabriel Münzthaler etwa sind – anders als

Grünpeck – überhaupt nicht durch ein erhaltenes Werk hervorgetreten. Auch bei ihnen „unterstrich" die Krönung „öffentlich" die Förderung durch den Kaiser (D. Mertens, 1998, 326). Doch der Gekrönte war trotz des Titels eines *poeta laureatus* nach zeitgenössischen Begriffen kein *poeta*.

2. Die überlieferten Werke zeigen uns Grünpeck als einen um die Erneuerung des geschriebenen Lateinischen im Sinne der römischen Antike bemühten Schriftsteller, d. h. als einen Humanisten. Sowohl die Ingolstädter Vorlesung über Lorenzo Vallas *Elegantiae* als auch die *Comoedie utilissime*, die auf dem Titelblatt behaupten, dass aus ihnen jeder als vorzüglicher Lateiner hervorgehen könne, vertreten dieses Programm. Ob die überlieferten Schriften in ihrem lateinischen Wortschatz und ihrer Syntax es jedoch einlösen können, müsste erst geprüft werden. Zu verweisen ist dabei auf einen Autorentyp unter den deutschen Humanisten, der kaum noch ins Licht der Forschung getreten ist: Der Autor, der klassisches Latein zu schreiben bestrebt ist, diesem Anspruch jedoch – im Urteil der kundigen Zeitgenossen – nicht oder nur in sehr beschränktem Maß genügen kann. Grünpeck scheint mir – obwohl im Freundeskreis des Konrad Celtis, des einflussreichsten deutschen Humanisten um 1500, bezeugt – zumindest partiell diesem Autorentyp zuzurechnen zu sein, für den es unter den kleineren lateinischen Dichtern der maximilianischen Zeit zahlreiche Beispiele gibt (Hinrich Boger, Tilmann Conradi u. a.). Zugleich verweist dieser hier skizzierte Autorentyp auf das Forschungsdesiderat einer Stilgeschichte der lateinischen Prosa und der lateinischen Dichtung des deutschen Humanismus, die angesichts der zentralen Bedeutung des sprachlichen Stils für das Selbstverständnis des Humanismus, des deutschen wie anderer, nach wie vor unverzichtbar ist.

3. Wie einmal beiläufig bemerkt wurde, kommt Joseph Grünpecks Werk dem seines Lehrers Celtis weder hinsichtlich „der literarischen Kompetenz" noch der „intellektuellen Stringenz" nahe (D. Mertens, 1998, 325). Diese literaturgeschichtliche Wertung kann sich auf zeitgenössisch geltende Kriterien stützen. Für Grünpeck ist festzuhalten, dass er als lateinischer und deutscher Dichter ausfällt, als Historiograph im Vergleich zu Zeitgenossen zweifellos unterkomplexe Arbeiten hinterlassen hat, aber in anderen Gebieten, etwa als Chronist und Autobiograph der eigenen Syphilis-Erkrankung, Bemerkenswertes geleistet hat.

4. Gleichwohl ist er als Literat für das Zeitalter Maximilians repräsentativ. Gemessen an der Überlieferung ist er dies vor allem anderen als Verfasser zahlreicher Prognostiken, d. h. Gegenwartsdiagnosen und Zukunftsansagen, die Elemente aus den Wissensbereichen Politik, Geschichte, Astrologie, Medizin und Moraltheologie zu einem Konglomerat verbinden, das in Deutschland um 1500 auch bei Zeitgenossen wie Brant und Luther größte Anziehungskraft besaß.

5. Um abschließend von der Ebene der Autorschaft im überlieferten Werk zur historischen Person des Autors und seiner sozialen Stellung überzugehen, so müssen wir den historischen Joseph Grünpeck seit spätestens 1501, dem

Jahr der Erstinfektion mit der Syphilis, trotz der zuvor verliehenen Titel als Teil des intellektuellen Prekariats im maximilianischen Zeitalter sehen. Nach der Syphilis-Infektion und der Entfernung aus der unmittelbaren Umgebung Maximilians führte Grünpeck seine Titel zwar weiter, lebte jedoch nicht mehr in der Nähe des Herrschers und hatte mit ihm oder Mitgliedern des Hofes anscheinend nur noch punktuell Kontakt. Dass es ihm auch durch die Überreichung der illustrierten Handschrift der *Historiae Friderici et Maximiliani* nicht gelang, in die unmittelbare Nähe des Herrschers zurückzukehren, werden wir darauf zurückführen dürfen, dass Maximilians Interesse nicht mehr der lateinischen Biographik, sondern den Fiktionalisierungen seines Lebens in den deutschsprachigen Buchprojekten galt. Der Rückfall der Person Grünpeck in das literarische Prekariat der Maximilian-Zeit sollte uns auch daran erinnern, dass das literarische Feld in vormodernen Epochen nie ein autonomes System war, sondern für alle Akteure übergeordneten Zwecken diente (A. Schirrmeister, 2003, 24f.). Im Falle Grünpecks wie vieler anderer Intellektueller des maximilianischen Zeitalters diente ihre literarische Produktion auch dazu, dem Autor ein Auskommen einzubringen. Gelang dies nicht, betätigten sich die Autoren häufig in angrenzenden Gebieten (der Medizin, der Rechte, der Theologie). Darin unterscheidet sich das Zeitalter Maximilians vielleicht nicht einmal grundlegend von der Gegenwart.

Bibliographie

I. Quellen

Joseph Grünpeck: Compendium in Laurentii Vallae libros elegantiarum [1495]. In: Bayerische Staatsbibliothek München, Clm 18998. Bl. 156ʳ-213ᵛ.

Ders.: Comoedie utilissime. omnem latini sermonis elegantiam continentes e quibus quisque optimus latinus euadere potest. [Augsburg: Joh. Froschauer, 1498].

Ders.: Ein newe außlegung Der Seltzamen wundertzaichen vnd wunderpůrden [...]. [Nürnberg: Friedrich Peypus 1507].

Ders.: Dialogus epistolaris [...] in quo Arabs quidam Turcorum imperatoris. Mathematicus/ disputat cum Mamulucho quodam/ de christianorum fide et Turco secta. Landshut: Johann Weißenburger [1522].

Ders.: Libellus de mentulagra sive mala de Frantzos [...]. In: Conrad Heinrich Fuchs [Hrsg.]: Die ältesten Schriftsteller über die Lustseuche in Deutschland von 1495 bis 1510. Göttingen 1843. S. 49-70.

Ders.: Prodigiorum interpretatio. Edition der Handschrift 314 der Universitätsbibliothek Innsbruck. Hrsg. von Patrik Kennel. Diplomarbeit Innsbruck 2001.

Manfred Lemmer (Hrsg.): Sebastian Brant, Das Narrenschiff. 4., erw. Aufl. 2004 (= Neudrucke deutscher Literaturwerke N. F. 5).

Heinrich Zimmermann (Hrsg.): Urkunden und Regesten aus dem k. k. Haus-, Hof- und Staatsarchiv in Wien. In: Jahrbuch der Kunsthistorischen Sammlungen des Allerhöchsten Kaiserhauses 3. 1885. S. xciii-cxxiii.

II. Sekundärliteratur

Otto Benesch und Erwin M. Auer: Die Historia Friderici et Maximiliani. Berlin 1957.

Andreas Bernard, Jan Heidtmann und Dominik Wichmann (Hrsg.): Sprechen Sie Gegenwart? Aktualisierte und erweiterte Neuausgabe des Lexikons des frühen 21. Jahrhunderts. München 2006.

Pierre Bourdieu: Les règles de l'art. Genèse et structure du champ littéraire. Paris 1992.

Ders.: La précarité est aujourd'hui partout. In: Contre-feux. Propos à servir contre l'invasion néo-libérale. Paris 1998. S. 95-101.

Mariarosa Cortesi: Scritti di Lorenzo Valla tra Veneto e Germania, in: Ottavio Besomi und Mariangela Regoliosi (Hrsg.). Lorenzo Valla e l'umanesimo italiano. Padua 1986. S. 365-398.

Albin Czerny: Der Humanist und Historiograph Kaiser Maximilians I. Joseph Grünpeck. In: Archiv für österreichische Geschichte 73. 1888. S. 315-364.

Cora Dietl: Die Dramen Jacob Lochers und die frühe Humanistenbühne im süddeutschen Raum. Berlin / New York 2005 (= Quellen und Forschungen zur Literatur- und Kulturgeschichte 37).

Hans-Jürgen Höller: Die Geschichte des Gymnasiums. In: Gelehrtes Regensburg – Stadt der Wissenschaft. Stätten der Forschung im Wandel der Zeit. Regensburg 1995. S. 122-139.

Joseph Jurt: Das literarische Feld. Das Konzept Pierre Bourdieus in Theorie und Praxis. Darmstadt 1995.

Dorothea Klein: Inspiration und Autorschaft. Ein Beitrag zur mediävistischen Autordebatte. In: DVjS 80. 2006. S. 55-96.

Dietrich Kurze: Johannes Lichtenberger († 1503). Eine Studie zu Prophetie und Astrologie. Lübeck / Hamburg 1960 (= Historische Studien 379).

Birgit Lodes: *Maria zart* und die Angst vor Fegefeuer und Malafrantzos – Die Karriere eines Liedes zu Beginn des 16. Jahrhunderts. In: Trossinger Jahrbuch für Renaissancemusik 1. 2001. S. 99-131.

Dieter Mertens: Die Universität, die Humanisten, der Hof und der Reichstag zu Freiburg 1497/98. In: Hans Schadek (Hrsg.): Der Kaiser in seiner Stadt. Maximilian I. und der Reichstag zu Freiburg 1498. Freiburg i. Br. 1998. S. 314-333.

Hans Mielke: Albrecht Altdorfer. Zeichnungen, Deckfarbenmalerei, Druckgraphik. Katalog der Ausstellung zum 450. Todestag. Berlin / Regensburg 1988.

Jan-Dirk Müller: Gedechtnus. Literatur und Hofgesellschaft um Maximilian I. München 1982 (= Forschungen zur älteren deutschen Literatur 2).

Johann Karl Proksch: Die Geschichte der venerischen Krankheiten. 1. Theil: Alterthum und Mittelalter. Bonn 1895.

Jörg Robert: Vor der Poetik – vor den Poetiken. Humanistische Vers- und Dichtungslehre in Deutschland 1480-1520). In: Jan-Dirk Müller und Jörg Robert (Hrsg.): Maske und Mosaik. Poetik, Sprache, Wissen im 16. Jahrhundert. Berlin / Münster 2007 (= Pluralisierung & Autorität 11). S. 47-74.

Albert Schirrmeister: Triumph des Dichters. Gekrönte Intellektuelle im 16. Jahrhundert. Köln / Wien / Weimar 2003 (= Frühneuzeitstudien N. F. 4).

Sarah Slattery: Astrologie, Wunderzeichen und Propaganda. Die Flugschriften des Humanisten Joseph Grünpeck. In: Klaus Bergdolt und Walther Ludwig (Hrsg.): Zukunftsvoraussagen in der Renaissance. Wiesbaden 2005 (= Wolfenbütteler Abhandlungen zur Renaissanceforschung 23). S. 329-347.

Sarah Slattery und J. Klaus Kipf: Grünpeck, Joseph. In: Deutscher Humanismus 1480-1520. Verfasserlexikon. Hrsg. von Franz Josef Worstbrock. Bd. 1. Lfg. 4. Berlin / New York 2008 (im Druck).

Heidrun Stein-Kecks: *Des himmels porten ist verschlossen.* Ein neuer Fund zu Albrecht Altdorfer und Joseph Grünpeck. In: Martin Angerer (Hg.): Ratisbona. Die königliche Stadt. Neue Forschungen zum mittelalterlichen Regensburg. Regensburg 2001. S. 67-99.

Heike Talkenberger: Sintflut. Prophetie und Zeitgeschehen in Texten und Holzschnitten astrologischer Flugschriften 1488-1528. Tübingen 1990 (= Studien und Texte zur Sozialgeschichte der Literatur 26).

Volkhard Wels: Triviale Künste. Die humanistische Reform der grammatischen, dialektischen und rhetorischen Ausbildung an der Wende zum 16. Jahrhundert. Berlin 2000 (= Studium litterarum 1).

Hermann Wiesflecker: Kaiser Maximilian I. Das Reich, Österreich und Europa an der Wende zur Neuzeit. Bd. 5: Der Kaiser und seine Umwelt. Hof, Staat, Wirtschaft, Gesellschaft und Kultur. München 1986.

Dr. Johannes Klaus Kipf
Ludwig-Maximilians-Universität
Institut für deutsche Philologie
Schellingstr. 3
D – 80799 München
E-Mail: klaus.kipf@lmu.de

Danielle Buschinger

Die Literatur am burgundischen Hof und ihre Ausstrahlung auf das Reich

Durch Erlöschen des Stammes der Herzöge von Burgund im Jahre 1361 fiel das Herzogtum Burgund dem König von Frankreich, Johann II. der Gute von Valois, anheim. Johann II. behielt es aber nicht bei der Krone, sondern verlieh es erblich seinem vorgezogenen vierten Sohn, Philipp dem Kühnen, wodurch dieser Stifter eines neuen burgundischen Herzogshauses wurde, dessen Macht er durch seine Vermählung mit Margareta, der Erbin von Flandern, am 19. Juni 1369 begründete, die ihm neben Flandern und Mecheln (Malines) auch die Freigrafschaft Burgund, Artois, Rethel und Nevers und die Herrschaft Salins zubrachte, die sie von ihrer Großmutter Margareta geerbt hatte. Bessere Abrundung erhielten die burgundischen Niederlande durch die ausgezeichnete Staatskunst Herzog Philipps des Guten, Enkel Philipps des Kühnen, dem es gelang, den größeren Teil der übrigen Niederlande mit den Staaten seines Hauses zu vereinigen. Auf anderen Wegen, auf die ich nicht eingehen werde, fielen die Grafschaft Namur, das Herzogtum Brabant mit Limburg und der Markgrafschaft Antwerpen, die Grafschaften Holland, Seeland und Hennegau, die Grafschaft Luxemburg dem Hause Burgund zu. Durch Zwang verschaffte sich dann Herzog Philipp 1465 die Schirmherrschaft über Lüttich; 1435 war er durch einen aufgedrungenen Vertrag zum bedingten Besitz eines großen Teils der Pikardie gelangt (mit Amiens, bis zum Ärmelkanal in St Valery sur Somme). So herrschte Karl der Kühne, der vierte (und letzte) Herzog von Burgund aus der Linie der Valois, über ein ansehnliches und sehr reiches Gebiet. Als König Johann II. seinem Sohne Philipp dem Kühnen das Herzogtum Burgund erblich verlieh, ahnte er wohl nicht, dass der Krone von Frankreich so ein gefährlicher Nebenbuhler geschaffen werden würde. Denn die burgundischen Staaten mit den burgundischen Niederlanden gehörten zu den reichsten Ländern in Europa. Obwohl der burgundische „Staat" nach Karls des Kühnen Tod im Innern zunächst auseinander gebrochen war, wurde Karls Tochter, Maria, überall als „natürliche Herrin" anerkannt. König Ludwig XI. von Frankreich, der Maria mit dem Dauphin vermählen wollte, was den Anfall der burgundischen Staaten an Frankreich bedeutet hätte, rief durch sein Vorhaben ein burgundisches „Nationalgefühl" wach und musste auf sein Vorhaben verzichten, denn die kaum zwanzigjährige Maria, die welt- und politikkundig war, sah, von ihrer erfahrenen Stiefmutter unterstützt, in der von ihrem Vater, Karl dem Kühnen, schon in die Wege geleiteten Heirat mit Erzherzog Maximilian (Karl hatte im April 1476 seine Tochter feierlich dem Kaisersohn Maximilian versprochen) die einzige Rettung für den burgundischen Staat. Die Länder und Stände widersetzten sich nicht und so wurde die Heirat beschlossen.

Nachdem der verarmte Erzherzog verschiedene Städte und Burgen in Österreich verpfändet und Maria ihm nach Köln Geld entgegengeschickt hatte, damit er mit dem in Burgund unentbehrlichen Pomp auftreten könne, gelangte der achtzehnjährige Maximilian am 18. August 1477 nach Gent, wo am nächsten Tag die Trauung vollzogen wurde. Vier Wochen später, am 17. September, verschrieb Maria ihrem Gemahl all ihre Lande auf den Todesfall. Aus dem armen und politisch unbedeutenden Fürstensohn war mit einem Schlag der Herr eines der reichsten und mächtigsten Staaten geworden. Und es stellte sich bald heraus, dass er der Aufgabe gewachsen war, die Krise, in der sich dieser Staat befand, zu überwinden und 1485 das rebellische Flandern niederzuwerfen, wodurch er allgemein als Regent der Niederlande anerkannt wurde.

Maximilian hielt sich in Burgund auf, im burgundischen Staat, bzw. in den burgundischen Niederlanden (vornehmlich bis 1481, dem Todesjahr Mariae) und er konnte die Interessen Burgunds gegen den König von Frankreich erfolgreich verteidigen. Die herzogliche Regierung war in Flandern wieder hergestellt worden und das verbliebene Erbe Karls des Kühnen war fest in Maximilians Händen. Der burgundische Staat verdankte Maximilian seine Rettung und Erhaltung; er seinerseits hat seinem burgundischen Erlebnis vieles zu verdanken: er trat nämlich in eine ganz andere kulturelle Welt. Burgundische Hofkultur war nämlich ein Beispiel für ganz Europa und die burgundischen Herzöge galten, wie z. B. Ludwig Baldass es hervorhebt, „für eines der kunstsinnigsten Herrschergeschlechte Europas" (Baldass, 1923, 8; vgl. auch Wiesflecker, 1971).

Es steht außer Zweifel, dass Maximilian sich mit den Bibliotheken auf das lebhafteste beschäftigte. Die burgundischen Bibliotheken, die zu den kostbarsten der damaligen Welt gehörten, haben ihm die Welt der Epen und der Geschichte erst recht erschlossen, so zum Beispiel die Ritterdichtung. Aus diesem Grund scheint es mir nun angebracht, mich zunächst den Informationen zuzuwenden, die wir über Maximilians Bibliotheken haben, besonders über die burgundische Bibliothek.

I. Maximilians Bibliotheken

Theodor Gottlieb hat herausgefunden, dass mehrere Handschriften in der Hofbibliothek in der Burg zu Wiener-Neustadt auf die Herzöge von Burgund zurückgehen, so Gebetbücher (z. B. ein Gebetbuch, das mit Karl dem Kühnen in Zusammenhang gebracht wird), mehrere Horarien, ein Kalender, *Les croniques de Jherusalem abregies*, eine der prachtvollsten Handschriften, die es überhaupt gibt, zwischen 1430-47 für Philipp den Guten geschrieben; oder Codex 2549 (Nov. 457), saec. XV. *Gestes du comte Gerard de Roussillon*, nach dem am Schlusse stehenden Gedichte von Jean Vauquelin für Philipp den Guten übersetzt, 1447 beendet (vgl. Gottlieb, 1968, 27). Die Wappen seiner 14 Provinzen und sein eigenes sind im Codex gemalt. Aus dem Jahr 1507 stammt ein genaues Inventar über Bücher und Urkunden, die sich in der Burg zu Wiener-Neustadt

„in zwei truhen" befanden (Gottlieb, 1968, 35). Damals befand sich „im Besitz Maximilians ein Grundstock von 100 Büchern" (Th. Gottlieb, 1968, 41). Darunter außer „Erenporten, Weyszkunig, Tewrdannck, Freytal" d. h. seinen eigenen Werken, und Büchern über „Gartnerey, Falcknerey, Jägerey, Kellerey" (er war ja ein begeisterter Jäger, Jagd auf den Hirsch, Gemsenjagd, Falkenbeize usw.), folgende Hinweise: „Neydlhardt, Pharrer am Kolenperg vnnd Pfaf Amus, vnnd Dietrich von Pern" (S. 62), so wie ein gedrucktes Gebetbuch mit Randzeichnungen Dürers und Cranachs. Es ist bekannt, dass Maximilians Vorliebe den Rittergeschichten und der Heldensage galt. Theodor Gottlieb bemerkt aber, dass „selbst darüber die urkundlichen Nachrichten spärlich (sind); nur die drei Gedenkbücher bieten hie und da einschlägige Bemerkungen. „So kennen wir denn auch nicht einmal genau die Art, wie das *Ambraser Heldenbuch* zu Stande kam und wissen noch nichts sicheres über die Beschaffenheit der benutzten Vorlagen" (Gottlieb, 1968, 52). Was die Bibliothek Maximilians I. in Innsbruck anbetrifft, so verfügen wir über ein Bücherverzeichnis der Wiener Hofbibliothek, dessen Original in den zwanziger Jahren des 16. Jahrhunderts geschrieben worden ist. Ich stütze mich auf dieses Inventar von 1536 (vgl. Gottlieb, 1968, 90 ff.), „Inuentari etlicher buecher so in ainem gewelb in der Burg zu Ynnsprugk ligen", nach dem sich in Innsbruck u. a. folgende Bücher befanden: eine „Cronica Philippi Ducis Burgundie", „Die histori Gotfriden von Bullion", in französischer Sprache, „Herczog Karlen von Burgundi histori vnd seins aydens in Burgundischer sprach geschriben", „Die histori der zerstörung der Statt Troya" in deutscher Sprache, „Teutsche histori von kunig Appolonio von Tiria gedruckt", „Ain pergamene geschriben heldenbuech mit illuminierten figuren", d. i. Wolframs und Forts. *Willehalm*, „Ain Titturel helden buech auf pergamen geschriben", „Noch ain Titturel gedruckt", „Ain geschribner pergameniner gereimbter alter Trisstram", „Ain gedruckter Trisstram", „Der helden buech Gamereth", d. i. die Incunabel von Wolframs von Eschenbach *Parcival*, „Cento nouelle teutsch in rot gebunden gedruckt", d. i. Schlüsselfelders (Arigos) Übersetzung des Decamerone (S. 101 ff°). Es ist bekannt, dass Maximilian selbst „Das Heldenbuch" (das *Ambraser Heldenbuch*) hat schreiben lassen (so von ihm selbst am 10. Juni 1515 genannt), geschrieben von Hans Ried (gest. im Frühling 1516). Nach gewöhnlicher Annahme ist es von Veit Ried illuminiert worden (1517). Wir verfügen auch über Informationen über die Bücher, die Maximilian las (Gottlieb, 1968, 90 ff.), so: „Hailig schrifft, Theologia, Mes vnd pett buecher, JVRA, Nigromantia vnd Arzney, Historien, Literes humaniores".

Maximilians Verhältnis zur Kunst ist äußerst vielseitig: er fördert alle Künste, „von der Baukunst über Plastik, Malerei, Holzschnitt bis zur Dichtkunst und Musik" (zu diesem Thema siehe u. a. Buchner, 1959, 48-52). Er gilt als großer Mäzen. Er lässt die hervorragendsten Künstler seiner Zeit für sich arbeiten, so Albrecht Dürer oder Hans Burgkmaier. Er fördert die Musik, indem er nach burgundischemVorbild „eine berühmte Hofkapelle" organisiert, „die niederländische Tonkunst nach Südostdeutschland verpflanzen" hilft.

Maximilians Verhältnis zur Dichtkunst ist gleichfalls fruchtbar. Er beruft den Humanisten Conrad Celtis nach Wien, auf dass er die Wiener Universität im Sinne des Humanismus reformiere. 1517 krönt er Ulrich von Hutten mit dem Dichterlorbeer. Er, der sich als Wiederhersteller und Fortsetzer der Größe seiner Vorfahren, sowohl der alten Kaiser als auch der Herren der christlichen Welt, fühlt und der in den Ideen der burgundischen und deutschen Heldenepen lebt und denkt, schreibt *Theuerdank*, *Weißkünig* und das Versepos *Freydal*, „das den jungen König im Stil der mittelalterlichen Heldenepen als edlen Ritter und Vorbild in allen höfischen Tugenden darstellt"(Lutter, 2003, 524). Nach dem burgundischen Modell des Ordens vom Goldenen Vlies bezeichnet er sich als den „letzten Ritter".

II. Die burgundische Bibliothek

Am Ende des Mittelalters unterhält der deutsche Sprachraum rege Beziehungen zum burgundischen Raum, sei es die Freigrafschaft Burgund, die zum Reich gehört, oder das Herzogtum Burgund. Die burgundische Literatur ist mit der französischen ein Vorbild für die deutschsprachige Aristokratie, ist doch der Hof der burgundischen Herzöge einer der prächtigsten in Europa (vgl. Lope, 1995) und vorbildlich für die abendländischen Höfe (vgl. Paravicini, 1976). Außerdem waren die Herzöge von Burgund, die aus einer Familie stammen, den Valois, die einen richtigen Kult für Bücher hegten, genau wie Eberhard Graf von Württemberg (seit 1495 Herzog) und seine Mutter, Erzherzogin Mechthild von der Pfalz in Rottenburg (vgl. Obermaier, 2004, 101 ff.[1]), nicht nur große Mäzene, die Werke in Auftrag gaben, sondern sie kümmerten sich auch sehr intensiv um das Büchersammeln, wie etwa Karl V. von Frankreich, dessen Bibliothek der Grundstock der heutigen „Bibliothèque Nationale" in Paris ist, oder noch Albrecht von Brandenburg, Herzog Albrecht Hohenzollern Ansbach (1490-1568), der ein Buchliebhaber war und in Königsberg viele Handschriften und Drucke gesammelt hat.[2] Es wurden von 1404 bis 1504 acht Inventare der burgundischen Bibliothek gemacht, so dass man ungefähr weiß, welche Bücher dort standen (manche Inventare sind dennoch unvollständig, so das von 1477, oder nicht sorgfältig erstellt). Drei dieser Inventare sind unter der Herrschaft von Maximilian angelegt worden (1485, 1487 und 1504), was Maximilians Interesse für diese Bibliothek bekundet. Später kamen die Büchersammlungen der Herzöge von Burgund in der „Bibliothèque de Bourgogne" in Brüssel zusammen (es findet sich auch eine große Anzahl in anderen Bibliotheken). Ich werde die Bücher erwähnen, die sich in der Biblio-

---

1   Jakob Püterich von Reichertshausen hat eine Auflistung der Bücher, die sich in Mechthilds Bibliothek befanden, aufgestellt (*Der Ehrenbrief*. Cgm 9220. München 1999 (Einführung von Klaus Grubmüller)).
2   Die Grundlage der Bibliothek bildete der Ankauf von 63 Büchern, der im Auftrag Herzogs Albrecht von seinem Geheimrat und Sekretär Crotus Rubeanus ausgeführt wurde.

thek des burgundischen Herzogshauses befanden (vgl. Doutrepont, 1909; vgl. auch Doutrepont, 1906, Cockshaw, 1977, Matile, 1969 und Calmette, 1963) (es überwogen in dieser Bibliothek Religion, Mythos, Historiographie und Sage, u. a. „Sage, Aventiuren, Ritterromane und die höfischen Epen des hohen und späten Mittelalters" (Wiesflecker, 1971, 242) und von denen es eine deutsche Adaptation gibt. Dabei soll hervorgehoben werden, dass die meisten Prosaauflösungen älterer französischer Versromane, die im 15. Jahrhundert gemacht, die meisten Romane, die unmittelbar, d. h. ohne Versvorlagen, in Prosa verfasst worden sind, in Burgund entstanden sind (vgl. Doutrepont, 1909, 485), oft im Auftrage der Herzöge: der deutschsprachige Raum folgte dann dieser neuen Mode und manche dieser Werke wurden ins Deutsche übertragen.

Für Johann Ohnefurcht (1371-1419) oder vielleicht schon für Philipp den Kühnen (1342-1404) wurde eine Handschrift geschrieben, die von den Kunstliebhabern unter dem Titel *Le Livre des merveilles du monde* mit *Le voyage de Jean de Mandeville ou plutôt de Jean de Bourgogne dit à la barbe* (vgl. Doutrepont, 1909, 242) bekannt ist und die der burgundische Herzog dem Herzog von Berry im Januar 1413 schenkte. Die Überlieferung dieses Textes ist sehr verworren, so dass man nicht mit Sicherheit bestimmen kann, ob die Handschrift Johanns Ohnefurcht die Vorlage der Drucke des *Tractats von seltsamen Wundern vnd erfarnen Ländern* des Johannes de Montavilla ist (deren erste folgende sind: gegen 1475 ohne Ort und ohne den Namen des Druckers; 1481 in Augsburg von Anton Sorg; 1482 in Ausgburg von Johannes Schönsperger, d. h. von zwei der berühmtesten Augsburger Druckern der Zeit).

Zwei Exemplare des *Livre des faits d'armes et de chevalerie* von Christine de Pizan (vgl. Schneider-Lastin, 1996) befanden sich in der Bibliothek von Philipp dem Guten (1419-1467) (vgl. Doutrepont, 1909, 292 ff. und 478) und vielleicht auch in der von Johann Ohnefurcht (vgl. Doutrepont, 1909, 178; vgl. auch Doutrepont, 1906, 83 f.): es sind Brüssel B.R. 10205 und 10476. Es steht fest, dass Christine ihr Werk gegen 1410 auf Befehl von Herzog Johann Ohnefurcht, der ein anerkannter Kriegsherr und ein großer Stratege war, für den Kronprinzen Louis de Guyenne[3] verfasst hat. Christines Werk wurde ins Alemannische übersetzt, es ist *Das buoch von dem vechten und von der ritterschaft* (Mitte des 15. Jahrhunderts). Die Handschrift, die in Bern entstanden ist, liegt nun in der Staatsbibliothek zu Berlin.

In der Bibliothek von Philipp dem Kühnen befanden sich zwei Exemplare des *Cléomadès* (*L'ystoire du noble et adventureux roy d'Espaigne Cleomadès et de Clarmondine, la constante fille de Carmant, roy de Toscane*), die sich natürlich auch in der Bibliothek Philipps des Guten (1419-1467) befanden. Philippe Camus war es wahrscheinlich, der für Jean de Croÿ, den Grafen

---

3 Ich danke herzlich Liliane Dulac, die mir sämtliches für diese Arbeit notwendiges Material zur Verfügung gestellt hat, ebenso Charity Cannon Willard, die mir ihre eigene Edition der Hs. Bruxelles Bibl. Roy. M.S. 10476 bereitgestellt hat. Ich danke gleichfalls Christine Réno für ihre Hilfe. Vgl. besonders Willard, 1970, 1988 und 1995, Wareham, 1981; vgl. auch Wheeler, 2002.

von Chimay und Schützling Philipps des Guten (vgl. Doutrepont, 1939, 423), den *Cléomadès ou le cheval de fût d'Adenet le roi* (vgl. Doutrepont, 1909, 56) in Prosa aufgelöst hat. Der *Cléomadès ou le cheval de fût*, der zwischen 1275 und 1282 geschrieben worden ist, erzählt die wohl bekannte Geschichte aus *Tausend und eine Nacht* des fliegendes Pferdes. Diese Prosauflösung, die erstmals 1480 in Frankreich gedruckt wurde, aber vorher handschriftlich bekannt war, wurde um 1450-1452 ins Hochalemannische übersetzt: es ist *Clamades*. Von dieser Handschrift ist nur ein kurzes Fragment in einer Berner Handschrift aus der Mitte des 15. Jahrhunderts erhalten (vgl. Singer, 1930, 80). Nun war Philippe de Croÿ, Graf von Chimay, wohl der Sohn Jeans de Croÿs, einer der Brautführer und Trauzeugen bei der Hochzeit Maximilians mit Karls des Kühnen Tochter, Maria.

Derselbe Philippe Camus ist wohl auch der Autor der *Istoire de Olivier de Castille et de Artus d'Algarbe, son très chier amy et loial compagnon* (vgl. Doutrepont, 1909, 54-56), von der zwei Exemplare in der Bibliothek Philipps des Guten standen (vgl. auch Dogaer/Debae, 1967, 161). Der Berner Wilhelm Ziely hat dieses Werk ins Deutsche übersetzt: *Olwyer uß Cazstilia und Artus uß Algarbe*. Diese Übersetzung wurde erstmals 1521 bei Adma Pietri von Langehoff in Basel gedruckt, im selben Band wie *Valentin und Orsus*, ein anderes von Wilhelm Ziely übersetztes Werk (vgl. Frölicher, 1889, 237-261).

In Philipps des Guten Bibliothek befinden sich außerdem, neben anderen Texten, von denen einige schon in der Bibliothek der anderen Herzöge standen, so *Cleomades*, folgende Werke, die ins Deutsche übertragen worden sind: *Renaud de Montauban*[4], *Fierabras* und *L'Ystoire du vaillant chevalier Pierre filz du comte de Provence et de la belle Maguelonne*[5].

Der Prosaroman *Renaud de Montauban* oder *Quatre fils Aymon*, wohl in der Umgebung Herzog Philipps des Guten im Jahre 1462 entstanden (vgl. Doutrepont, 1909, 419), vielleicht auf seinen Befehl hin (vgl. Doutrepont, 1909, 426), von dem es zwei verschiedene Fassungen gibt (vgl. Suard, 1988, 78), wurde 1480 und 1495 in Lyon, dann in Paris 1506 und 1521 (vgl. Bachmann, 1885, X) und in Troyes ab 1625 (vgl. von Simmern, 1989, 338) gedruckt. Dennoch gehen die deutschen bzw. mittelniederdeutschen Prosaromane zum größten

---

4   Es fanden sich in der Bibliothek Philipps des Guten auch Handschriften des altfranzösischen Heldenepos *Ogier le Danois und Rommant Ogier*. Zusammen mit den altfranzösischen Heldenepen *Maugis und Renaut de Montauban* ist *Ogier le Danois* im 14. Jahrhundert ins Mittelniederländische übersetzt worden; die mittelniederländischen Übertragungen sind dann um 1460/80 am pfalzgräflichen Hof zu Heidelberg weitgehend wortwörtlich ins Frühneuhochdeutsche (Rheinfränkische) umgeschrieben worden (*Ogier von Dänemark*, nach der Heidelberger Handschrift CPG 363 hrsg. von Hilkert Weddige in Verbindung mit Theo J. A. Broers und Hans van Dijk, 2002). Vgl. u. a. Buschinger, 1989, 86-106.

5   Es fanden sich in der Bibliothek Philipps des Guten im Jahre 1420 ebenfalls zwei Exemplare von Boccacios *Decamerone*, der um 1476 von Arigo (der lange Zeit mit Schlüsselfelder identifiziert worden ist) ins Deutsche übertragen worden ist (undatierter Erstdruck in Ulm bei Johann Zainer).

Teil auf niederländische Vorlagen zurück. Die erste hochdeutsche Fassung ist in einer Handschrift von 1531 überliefert, aber wohl aus religiösen Gründen ohne den legendenhaften Schluss. Der erste hochdeutsche Druck, mit dem hagiographischen Schluss, geht wahrscheinlich unmittelbar auf die französische Prosa zurück, *Les quatre filz aymon*, von Jean de Vingle in den Jahren 1493 und 1495 in Lyon und von der Witwe des Michel le Noir im Jahre 1521 in Paris gedruckt. Der deutsche Druck ist ein sehr schöner Druck in Folio *Eyn schön lustig Geschicht, wie Keyser Carle der groß vier gebrüder, Herzog Aymont von Dordons süne...sechszehen jarlangk bekrieget*, hergestellt im Jahre 1535 von Hieronymus Rodler in der Druckerei des Fürstentums Simmern, wo von 1509 bis 1557 der Wittelsbacher Fürst Johann II., Herzog von Bayern und Pfalzgraf bei Rhein lebte. Der Übersetzer ist wohl Fürst Johann II. selbst, an dessen Hof Französisch gesprochen wurde. Johanns Mutter war eine Enkelin von Elisabeth von Nassau Saarbrücken, die am Anfang des 15. Jahrhunderts direkt in deutsche Prosa vier altfranzösische Chansons de geste übersetzt und die französische literarische Kultur in den deutschsprachigen Raum transferiert hat und somit der Ausgangspunkt eines neuen literarischen Geschmacks im Reich war. Johann hat selbst eine Druckerei an seinem Hof installieren lassen und um sich einen Kreis von *docti et litterati* geschart, somit die literarischen Traditionen der höfischen und ritterlichen Kultur fortsetzend.

Fierabras, eine Chanson de geste, die zweimal in Prosa aufgelöst worden ist (vgl. Suard, 1988, 78), wird 1478 in Genf gedruckt: *Le roman de Fierabras le Géant*. Diese Prosaauflösung wurde ins Deutsche übersetzt und 1533, wie *Renaud de Montauban*, in der Druckerei des Fürstentums Simmern gedruckt. Fürst Johann II. ist wohl auch selbst der Übersetzer.

Man sollte ebenfalls darauf hinweisen, dass Karl der Kühne eine Reihe von unvollendeten Handschriften hat beendigen lassen, darunter zwei Werke, von denen es eine deutsche Übertragung gibt: *L'Histoire d'Olivier de Castille* (Paris, BN, fr. 12574) und *Renaud de Montauban*, von dem es fünf heute verstreute Bände gibt (Paris, Arsenal 5072-5075 und München, Bayer. Staatsbibliothek Gall. 7) (vgl. Cockshaw, 1977, 4-5).

Die *Schöne Magelone* (für die Edition des Textes siehe Müller, 1990), der einzige Prosaroman, dessen Autor bekannt ist, ist die Bearbeitung des französischen Prosaromans *L'Ystoire du vaillant chevalier Pierre filz du comte de Provence et de la belle Maguelonne*. Im Jahre 1527 übersetzte Veit Warbeck den französischen Prosaroman, der in 5 Handschriften überliefert ist. Die Handschrift, auf der die Edition des Textes durch Régine Colliot (1977) beruht, liegt in der Landesbibliothek Coburg (Signatur: S IV 2). Diese Handschrift wurde wahrscheinlich von einem deutschen Kopisten geschrieben. Das Autograph der deutschen Übersetzung ist erhalten, was ebenfalls einen Ausnahmefall darstellt: es handelt sich um die Handschrift Gotha Chart B 437 (vgl. Bolte, 1894), die auf den 6.11.1527 datiert ist. Sie befand sich im Besitz Kurfürst Johann Friedrichs von Sachsen und war vermutlich das Widmungsexemplar (Forschungsbibliothek Gotha, Cod. Chart. B 437). Acht Jahre später wurde der Roman gedruckt (Erstdruck 1535 durch Heinrich Steiner in Augsburg) und erlebte sechs weitere Drucke beim selben Drucker bis 1545. Eine andere Handschrift als die Gothaer dürfte dem Drucker vorgelegen haben (vgl. Müller, 1990, 1228). Außer dem Autograph gibt es eine weitere Handschrift, in der Warbecks Roman überliefert ist, die „Berliner Handschrift", die nun in Krakau liegt (Ms. Germ. 4° 1579). Die ersten Drucke Heinrich Steiners stammen aus den Jahren 1535, 1536, 1537, 1539, 1540, 1541, 1544 und 1545 (ich stütze mich für diese Untersuchung auf Simmler, 1991). Bis zur ersten Edition durch J. Bolte aus dem Jahre 1894 gibt es eine ungebrochene Texttradition. Die Änderungen des Bearbeiters Veit Warbeck zielen darauf hin, aus dem höfischen Roman einen moralisierenden Roman, eine Art Fürstenspiegel im Sinne Luthers zu machen. Die traurigen Schicksale der Helden stellen sich als Strafe für moralische Verfehlungen, mangelnde Sittsamkeit und Ungehorsam der Kinder den Eltern gegenüber dar. Der glückliche Schluss ist der irdische Lohn für Wohlverhalten. Doch stellt man ein widersprüchliches Verhalten von Seiten des Bearbeiters fest. Warbeck ist nämlich mit seinen Änderungen nicht konsequent verfahren, und es bleiben in seinem Werk Stellen, an denen der alte Stoff durchsickert. Einerseits passt Warbeck sein Werk der lutherischen Lehre an, andererseits nicht. So behält er die Werkheiligkeit des Almosens, die Wallfahrten, die Wunder Gottes, die Messe so wie das Sakrament der Ehe (die Ehe ist für Luther kein Sakrament). Dies macht seine Änderungen um so deutlicher.

Eine Handschrift des *Livre du Chevalier de la Tour Landry pour l'enseignement de ses filles* (1371-1372), die Jean de Berry besaß, wird als Neuerwerbung im Inventar von 1420 der Bibliothek von Johann Ohnefurcht registriert; zwei Exemplare dieses Werkes befinden sich in der Bibliothek von Philipp dem Guten (vgl. Doutrepont, 1909, 279 und 291; vgl. auch Dogaer/Debae, 1967, 77 f.).[6] Marquard von Stein (1425/30-1495/6), der 1453 an einer Pilgerfahrt nach Palästina mit Mitgliedern der hohen Aristokratie Burgunds teilgenommen hat, dann an den Kämpfen gegen Karl den Kühnen und der am Ende seines Lebens rege Beziehungen zu den Basler Humanisten unterhielt, übersetzte dieses Werk, dessen erste Drucke in Basel im Jahre 1493, in Augsburg 1495 und 1498 erscheinen (bei dem berühmten Drucker Johannes Schönsperger): es ist *Der Ritter vom Turm / Geoffroy de la Tour Landry* (hrsg. v. Harvey, 1988).

Auch wenn Doutrepont im Inventar der Bibliotheken der burgundischen Herzöge dieses oder jenes Werk vergessen hat, das ins Deutsche übertragen worden ist, könnte dieses Werk im Umkreis der Herzöge von Burgund geschrieben worden sein und in der Bibliothek eines der Fürsten des Herzogtums gestanden haben. Ich denke zum Beispiel an Charles de Croy, den Sohn des schon erwähnten Philippe de Croy, Graf von Chimay von 1482 bis 1527, der in den Annalen der Bücherliebhaber jener Zeit berühmt ist (vgl. Dou-

---

6 In der Bibliothek Philipps des Guten befanden sich sogar zwei Handschriften dieses Werkes.

trepont, 1909, 499): heben wir auch hervor, dass Philippe de Croy der erste Kämmerer Maximilians war (vgl. Doutrepont, 1909, 325). Nun gehörte die Handschrift Valenciennes B.M. 461 von Coudrettes *Mélusine* Charles de Croy († 1527). Übrigens hat Thüring von Ringoltingen, der 1456 in Bern die *Mélusine* des Coudrette übersetzt hat, sein Werk dem Markgrafen Rudolf von Hochberg gewidmet, der ein Höfling der burgundischen Herzöge war und in den 40er und 50er Jahren des 15. Jahrhunderts am Hofe von Herzog Philipp dem Guten geweilt hat und 1487 in Dijon verstorben ist. Zwei weitere Fakten könnten beweisen, dass Coudrette sein Werk in Burgund geschrieben hat: (1) die Hs. Paris BN fonds français 12575 trägt die Wappen von Philippe von Clèves († 1528) (vgl. Roach, 1982, 16), einem anderen hohen Würdenträger des burgundischen Hofes (vgl. Doutrepont, 1909, 499), (2) die Hs. Cambridge Univ. Libr. LI 2.5 enthält außer dem Text der *Mélusine* eine Abschrift von Briefen, die denselben Fürsten betreffen, die von Personen seines Umkreises geschrieben worden sind (vgl. Roach, 1982, 16). In der Handschrift S der *Mélusine* des Coudrette (Paris BN fr. 19167) befindet sich auch u. a. der *Roman de Pierre de Provence et de la belle Maguelonne* (vgl. Roach, 1982, 84), von dem man annehmen kann, er sei am burgundischen Hof geschrieben worden[7]. Folglich gibt es genug konvergierende Beweise dafür, dass die *Melusine* des Coudrette, auch wenn es die *Mélusine* des Jean d'Arras ist, die im Inventar der Bibliothek von Philipp dem Guten angezeigt ist (vgl. Doutrepont, 1909, 59), in Burgund entstanden ist.

Obwohl Doutrepont auf kein Exemplar eines *Ponthus et la belle Sidoine* in der Bibliothek der burgundischen Herzöge verweist, könnte man doch vermuten, dass dieses Werk am burgundischen Hof geschrieben worden ist. Denn Marie Claude de Crécy schließt nicht aus, dass der „chevalier de la Tour Landry, der Autor des *Livre d'enseignement pour ses filles*, vielleicht auch der Autor des *Ponthus* ist" (de Crécy, 1997, CI). Außerdem befindet sich eine dritte deutsche Adaptation des Werkes in Bern: es ist die Fassung C des *Pontus und Sidonia*, geschrieben zwischen 1440 und 1460 (vgl. Schneider-Lastin, 1996, 197 f.), unabhängig der Fassungen A und B, und die wohl auf eine eigene Quelle zurückgeht (vgl. Hahn, 2002 und Hahn, 2003). Da zwischen Bern und dem burgundischen Raum bevorzugte literarische Beziehungen bestanden, wäre die Anwesenheit einer Handschrift der alemannischen Übersetzung des französischen Romans in Bern ein zusätzlicher Beweis für die Hypothese, dass dieser Roman, wenn nicht am Hofe selbst, so doch in der unmittelbaren Nähe der burgundischen Herzöge geschrieben worden ist, zumal eine der Handschriften des *Ponthus* sich in Gent befindet (352 *G*) und in der Londoner Handschrift des Romans British Library 15 E VI (*LI*) das Zeichen der Werkstatt des Jehan Wauquelin aus Bergen im heutigen Belgien (Mons) zu sehen ist, der Autor der *Faicts et conquestes d'Alexandre le Grand* (hrsg. v. Hériché, 2000), von dem es heißt, dass er von 1442 bis 1452 von Herzog Philipp dem

---

7   Siehe oben.

Guten Honorare erhielt und der wohl ein Beamter des Hauses von Burgund war (vgl. Doutrepont, 1909, 22 f.). In dieser wichtigen Handschrift befinden sich außerdem das *Livre des faits d'armes et de chevalerie* von Christine de Pizan, das höchstwahrscheinlich am burgundischen Hof geschrieben worden ist, sowie *Fierabras, Ogier le Danois, Renaut de Monauban*, Werke, die sich in der herzoglichen Bibliothek befanden. Eine andere Handschrift des *Ponthus*, Turin Biblioteca Nazionale L.IV.5, ist wohl auch vor Ende des 15. Jahrhunderts in Bergen, d. h. im burgundischen Raum geschrieben (vgl. Crécy, 1997, XXXII). Wenn die Fassung A des *Pontus und Sidonia*, was umstritten ist, am Hofe von Herzog Sigismund von Tirol in Innsbruck geschrieben worden ist, hätten wir ein zweites Beispiel der Rezeption des *Ponthus* von Burgund aus, denn es steht fest, dass viele Bastarde Burgunds an diesem Hofe erzogen worden sind (vgl. Hahn, 1990, 82, Anm. 227) und dass die Beziehungen zwischen dem burgundischen Hofe und dem in Innsbruck sicher sind.

Abschließend und zusammenfassend kann gesagt werden, dass sich Kaiser Maximilian I., indem er seine eigenen Werke verfasste, als der würdige Erbe der Herzöge von Burgund erwies, die sowohl als Auftraggeber und Mäzene als auch als Bibliophile auf literarischem Gebiet eine große Leistung vollbrachten, die sich im deutschen Sprachraum in Form von beachtenswerten Bearbeitungen widerspiegelte und ihren Niederschlag fand.

Bibliographie

I. Quellen

Albert Bachmann (Hrsg.): Die Haimonskinder in deutscher Übersetzung des XVI. Jahrhunderts. Tübingen 1885 (= Bibliothek des Litterarischen Vereins in Stuttgart 206).

Johannes Bolte (Hrsg.): Die schöne Magelone. Aus dem Französischen übersetzt von Veit Warbeck 1527. Weimar 1894 (= Bibliothek älterer deutscher Übersetzungen 1).

Régine Colliot (Hrsg.): L'Ystoire du vaillant chevalier Pierre filz du Conte de Provence, et de la belle Maguelonne. Texte du manuscrit S IV 2 de la Landesbibliothek de Cobourg (XVe siècle). Aix-en-Provence 1977 (= Senefiance 4).

Marie-Claude de Crécy (Hrsg.): Le Roman de Ponthus et Sidoine. Genf 1997.

Reinhard Hahn: „Pontus und Sidonia" in der Berner Fassung. In: Daphnis 32. 2003. S. 289-350.

Ruth Harvey (Hrsg.): Marquard vom Stein: Der Ritter vom Turm / Geoffroy de La-Tour Landry. Berlin 1988.

Sandrine Hériché (Hrsg.): Les Faicts et les conquestes d'Alexandre le Grand de Jehan Wauquelin (XVe siècle). Genf 2000.

Jan-Dirk Müller (Hrsg.): Romane des 15. und 16. Jahrhunderts. Nach den Erstdrucken mit sämtlichen Holzschnitten. (Melusine, Hug Schapler, Fortunatus, Magelone, Knabenspiegel, Dialog von einem ungeratenen Sohn, Faustbuch). Frankfurt am Main 1990 (= Bibliothek deutscher Klassiker 54 (Bibliothek der frühen Neuzeit, I. Abteilung, Bd. 1)).

Eleanor Roach (Hrsg.): Le roman de Mélusine ou Histoire de Lusignan par Coudrette. Paris 1982.

Werner Wunderlich (Hrsg.): Johann II. von Simmern: Die Haymonskinder. Hildesheim 1989 (= Deutsche Volksbücher in Faksimiledrucken, Reihe A, Bd. 14).

II. Literatur

Ludwig Baldass: Der Künstlerkreis Kaiser Maximilians. Wien 1923.

Rudolf Buchner: Maximilian I. Kaiser an der Zeitenwende. Göttingen 1959 (= Persönlichkeit und Geschichte 14).

Danielle Buschinger: Rezeption der Chansons de geste im Spätmittelalter. In: Joachim Heinzle u. a. (Hrsg.): Chansons de geste in Deutschland. Schweinfurter Kolloquium 1988. Berlin 1989 (= Wolfram-Studien 11). S. 86-106.

Joseph Calmette: Die großen Herzöge von Burgund. München 1963.

Pierre Cockshaw (Hrsg.): Charles le Téméraire. Exposition organisée à l'occasion du cinquième centenaire de sa mort. Brüssel 1977.

Georges Dogaer und Marguerite Debae (Hrsg.): La librairie de Philippe le Bon. Exposition organisée à l'occasion du 500e anniversaire de la mort du duc. Brüssel 1967.

Georges Doutrepont: Inventaire de la „librairie" de Philippe le Bon 1420. Brüssel 1906 (Nachdruck Genf 1977).

Georges Doutrepont: La littérature française à la cour des Ducs de Bourgogne. Philippe le Hardi – Jean sans Peur – Philippe le Bon – Charles le Téméraire. Paris 1909 (= Bibliothèque du XVe siècle 8).

Georges Doutrepont: Les mises en proses des épopées et des romans chevaleresques du XIVe au XVIe siècle. Brüssel 1939 (Nachdruck Genf 1969).

Hans Frölicher: Thüring von Ringoltinge's „Melusine", Wilhelm Ziely's „Olivier vnd Artus" und „Valentin vnd Orsus" und das Berner Cleomades-Fragment, mit ihren französischen Quellen verglichen. Solothurn 1889.

Theodor Gottlieb: Büchersammlung Kaiser Maximilians. Mit einer Einleitung über älteren Bücherbesitz im Hause Habsburg. Amsterdam 1968 (Neudruck der Ausgabe Leipzig 1900, Die Ambraser Handschriften. Beitrag zur Geschichte der Wiener Hofbibliothek 1).

Reinhard Hahn: „Von frantzosischer zungen in teütsch". Das literarische Leben am Innsbrucker Hof des späteren 15. Jahrhunderts und der Prosaroman ‚Pontus und Sidonia (A)'. Frankfurt am Main 1990 (= Mikrokosmos 27).

Reinhard Hahn: Zum „Berner Pontus". In: Daphnis 31. 2002. S. 1-31.

Hans-Joachim Lope: Karl der Kühne als literarische Gestalt. Ein themengeschichtlicher Versuch mit besonderer Berücksichtigung der französischsprachigen Literatur Belgiens im europäischen Kontext. Frankfurt am Main u. a. 1995 (= Studien und Dokumente zur Geschichte der romanischen Literaturen 30).

Christina Lutter: Maximilian I. (1486-1519). In: Bernd Schneidmüller und Stefan Weinfurter (Hrsg.): Die deutschen Herrscher des Mittelalters. Historische Portraits von Heinrich I. bis Maximilian I. (919-1519). München 2003, S. 518-542.

Heinz Matile (Hrsg.): Die Burgunderbeute und Werke burgundischer Hofkunst. Bernisches Historisches Museum, 18. Mai - 20. September 1969. Bern: 1969.

Sabine Obermaier: Das Fabelbuch als Rahmenerzählung. Intertextualität und Intratextualität als Wege zur Interpretation des „Buchs der Beispiele der alten Weisen" Antons von Pforr. Heidelberg 2004 (= Beihefte zum Euphorion 48).

Werner Paravicini: Karl der Kühne. Das Ende des Hauses Burgund. Göttingen u. a. 1976 (= Persönlichkeit und Geschichte 94/95).

Wolfram Schneider-Lastin: Christine de Pizan deutsch. Eine Übersetzung des „Livre des fais d'armes et de chevalerie" in einer unbekannten Handschrift des 15. Jahrhunderts (Handschriftenfunde zur Literatur des Mittelalters. 122. Beitrag). In: ZfdA 125. 1996. S. 187-201.

Franz Simmler: Vom Prosaroman zur Erzählung. Sprachliche Veränderungen in der Stoffgeschichte und ihre Rückwirkungen auf Textsorten-Differenzierungen. In: Daphnis 20. 1991. S. 457-486.

Samuel Singer: Die mittelalterliche Literatur der deutschen Schweiz. Frauenfeld/Leipzig 1930 (= Die Schweiz im deutschen Geistesleben 66/67).

François Suard: La production épique française au Moyen Age et son évolution. In: Régis Boyer (Hrsg.): L'Épopée. Turnhout 1988 (= Typologie des sources du Moyen Age occidental 49 = A-VII.B.1). S. 64-80.

T. E. Wareham: Christine de Pisan's Livre des Faits d'Armes et de Chevalerie and Its Fate in the Sixteenth Century. In: Franco Simone und Gianni Mombello (Hrsg.): Seconda miscellanea di studi e richerche sul quattrocento francese. Chambéry 1981, S. 137-142.

Everett L. Wheeler: Christine de Pizan's Livre des Faits d'Armes et de Chevalerie. Gender and the Prefaces. In: Nottingham Medieval Studies 46. 2002. S. 119-161.

Hermann Wiesflecker: Kaiser Maximilian I. Das Reich, Österreich und Europa an der Wende zur Neuzeit. Bd. I: Jugend, burgundisches Erbe und Römisches Königtum bis zur Alleinherrschaft 1459-1493. Wien 1971.

Charity Cannon Willard: Christine de Pizan's Treatise on the Art of Medieval Warfare. In: Raymond J. Cormier und Urban T. Holmes (Hrsg.): Essays in honor of Louis Francis Solano. Chapel Hill 1970, S. 179-191.

Charity Cannon Willard: Christine de Pizan on Chivalry. In: Howell Chickering und Thomas H. Seiler (Hrsg.): The Study of Chivalry. Resources and Approaches. Kalamazoo 1988, S. 511-528.

Charity Cannon Willard: Pilfering Vegetius? Christine de Pizan's Faits d'Armes et de Chevalerie. In: Lesley Smith und Jane H. M. Taylor (Hrsg.): Women, the Book and the Worldly. Selected Proceedings of the St Hilda's Conference, 1993. Bd. II. Cambridge 1995, S. 31-37.

Prof. Danielle Buschinger
Centre d'Études médiévales
93 Mail Albert 1er
F - 80025 Amiens Cedex
E-Mail: danielle.buschinger@wanadoo.fr

Gregor M. Metzig

Der gescheiterte Frieden: Matthäus Lang als kaiserlicher Sondergesandter an der römischen Kurie (1513/1514).

Ein Beitrag zu Diplomatie und Gesandtschaftswesen Kaiser Maximilians I.

Am 8. Januar 1514 schreibt der kaiserliche Gesandte Matthäus Lang von den Verhandlungen in Rom an Erzherzogin Margarethe, Tochter Maximilians und habsburgische Statthalterin in den Niederlanden:

> *Durchlauchtigste Fürstin und hochgeehrteste Herrin und Gebieterin, meine bescheidene Empfehlung zuvor. (…) Die kaiserliche Majestät <Maximilian I.> hat mir schon längst auf meine Schreiben geantwortet und mir erklärt, welche Punkte hier von mir durchzusetzen sind. Doch schlägt er sehr enge Vorgaben vor und legt mir auf, diese durchzusetzen. Diese Beschränkung erweist sich bei der gegenwärtigen Lage der Umstände nicht bloß als schwierig, sondern damit Erfolg zu haben ist geradezu unmöglich. Deshalb befinde ich mich in einem Zustand größter Besorgnis und Verwirrung. Ich weiß nicht, was ich tun soll.*[1]

Der Gesandte Maximilians war in eine prekäre Situation hineingeraten: Die Verhandlungen in Rom mit den Venezianern waren festgefahren, der Vertreter des Kaisers stand zwischen Frieden und Krieg. Die Beschreibung der Lage ist symptomatisch für die oft widersprüchliche Lage der habsburgischen Gesandten. Unter Maximilian I. wurden diplomatische Vertreter des Reichs erstmals in größerer Zahl auch in die entlegeneren Gebiete der damals bekannten Welt entsandt. Der diplomatische Aktionsradius der Habsburger reichte von England bis ins Osmanische Reich, von Portugal bis nach Russland. Die außenpolitischen Erfolge sind bei allen anfänglichen Schwierigkeiten in Anbetracht der Vorbereitung einer weltweiten Präsenz der *Casa de Austria* zweifellos beeindruckend: „Der Anteil der Diplomatie an der Vorbereitung des Weltreiches kann nicht hoch genug eingeschätzt werden", urteilte Hermann Wiesflecker (H. Wiesflecker, 1986, 482) über die Verdienste der kaiserlichen Gesandten. Gleichzeitig gehörte es zum Selbstverständnis Kaiser Maximilians, dass nur er allein die auswärtige Politik zu gestalten habe und dass ohne seine ausdrückliche Zustimmung und Genehmigung seine Gesandten zu keinerlei Zugeständnissen bevollmächtigt waren (H. Wiesflecker, 1981, 4, 484f.). Die geringe Flexibilität und Eigenverantwortung der kaiserlichen Vertreter führte

---

1   Schreiben Langs an Erzherzogin Margarethe, Rom, 8. Januar 1514, in J. Godefroy, 1712, 4, 234.

oft zu Unverständnis und Spannungen mit den diplomatischen Verhandlungspartnern.

Ziel des Beitrags soll es sein, exemplarisch einen kleinen Ausschnitt aus
der Diplomatiegeschichte Kaiser Maximilians I., nämlich die Beschreibung der
zweiten Gesandtschaftsreise Matthäus Langs an die römische Kurie im Jahre
1513/14 und die dort stattfindenden Verhandlungen mit den Vertretern der
Republik Venedig, vorzustellen. Dabei soll ein möglichst vielschichtiges und
facettenreiches Porträt dieser diplomatischen Mission gezeichnet werden. Abseits der puren Ereignisgeschichte der Verhandlungen gilt es, das Prozedere
bestimmter politischer Abläufe *per se* zu erfassen. Dabei sollen auch die Fakten
untersucht werden, die für den weiteren historischen Verlauf als vermeintlich
nebensächlich erscheinen, die aber für eine noch zu schreibende umfassende
Sozial- und Kommunikationsgeschichte der Diplomatie von grundlegender
Bedeutung sind. Strategie und Technik von Dialog und Zeremoniell zeigen
beispielhaft, wie Diplomatie in der Renaissance funktionierte, und vor allen
Dingen, wie und warum sie oft nicht funktionierte. Im Mittelpunkt der Betrachtung stehen Fragen nach politischer Repräsentation, Verhandlungskultur
und der Persönlichkeit der beteiligten Gesandten im Sinne der *„diplomats at
work"*, um eine von Jocyleyn G. Russell geprägte Formel aufzunehmen (vgl.
den Titel der Studie von: J. G. Russell, 1992).

An der päpstlichen Kurie bildeten die zahlreichen Vertreter der auswärtigen Mächte einen konstitutiven Bestandteil der Hofgesellschaft. Oft nahmen
sie an Gottesdiensten, Empfängen und Festhandlungen nicht nur als passive
Berichterstatter teil, sondern waren direkt in die zeremoniellen Abläufe eingebunden. Traditionell trugen acht Gesandte der europäischen Mächte beim
Umzug des Papstes vom Palast in die Peterskirche den Baldachin, unter dem
der Pontifex voranschritt (B. Schimmelpfennig, 2004, 141). Dem Papst gebührte unter den europäischen Fürsten eine ideelle Vorrangstellung und er empfing
mit Abstand die meisten Gesandtschaften. Der kaiserliche Vertreter an der römischen Kurie – der einzige ständige Gesandte im Korps Maximilians – trat in
weltlichen wie in geistlichen Angelegenheiten traditionell als Mittler zwischen
Imperium und *Sacerdotium* auf. Ihm gebührte nach dem kurialen Zeremoniell
die Präzedenz vor allen anderen Gesandten.

Innerhalb der schlechten Überlieferungslage des sich noch im Aufbau be-
findlichen maximilianischen *corps diplomatique* stellen die gut erhaltenen Gesandtschaftsberichte Matthäus Langs aus Rom eine erfreuliche Ausnahme dar.[1]
Zwar ist die direkte amtliche Korrespondenz des Gesandten mit dem Kaiser
nur in wenigen Einzelstücken überliefert, doch haben sich daneben zahlreiche auf Latein oder Französisch verfasste Schreiben an die Statthalterin Maximilians in den Niederlanden, Erzherzogin Margarethe, erhalten. Der burgundische Hof bildete sich unter der Regentschaft der Tochter Maximilians
zum eigentlichen Nachrichtenzentrum der habsburgischen Länder aus. Die
Taxis'schen Poststaffeten ermöglichten einen Informationsaustausch zwischen
den Höfen Innsbruck und Brüssel/Mechelen innerhalb von sechs bis zehn Ta-

gen. Hinzu kommt die parallele Berichterstattung der an den Verhandlungen ebenfalls beteiligten Mächte Venedig und Spanien/Aragon.[2] Aus kurialer Provenienz ist wohl ein Großteil der Verhandlungsprotokolle dem *Sacco di Roma* 1527 zum Opfer gefallen.

1. Der „Außenminister" Matthäus Lang (1468-1540) – Amt und Persönlichkeit

Herrmann Wiesflecker bezeichnete ihn als einen „der ersten großen Kardinalminister der neueren Zeit" (H. Wiesflecker, 1986, 236): Matthäus Lang, Bischof von Gurk, war der wohl wichtigste Gesandte im maximilianischen Diplomatenkorps.[3] Seine politischen Gegner, die Vertreter Venedigs, nannten ihn einen „zweiten Kaiser in Italien"[4]. Matthäus Lang wurde 1468 in Augsburg geboren und entstammte einer dort ansässigen Patrizierfamilie. Nach dem Studium der Rechte an den Universitäten Ingolstadt, Tübingen und Wien trat er 1494 bei König Maximilian eine Stelle als *segetarius regius* an. 1505 wurde Lang zum Bischof von Gurk in Kärnten ernannt. Vom König geadelt, stieg er zum einflussreichsten Mann am Hofe Maximilians auf. Besonders in Italien lenkte Matthäus Lang von Wellenburg nach seiner Ernennung 1512 zum Generalstatthalter die kaiserliche Politik. Die Krönung seiner auswärtigen Verhandlungen stellte der Abschluss der Liga von Cambrai 1508 dar, indem es ihm gelang, den französischen König und den deutschen Kaiser mit den anderen europäischen Großmächten in einem Bündnis gegen die Republik Venedig zu vereinen. In seinem Streben nach Pfründen, Pracht und Selbstdarstellung auf der einen Seite und seiner starken Hinwendung zu Humanismus und Mäzenatentum auf der anderen Seite wurde Matthäus Lang oft als typischer Vertreter des sog. Renaissance-Menschen charakterisiert (J. Sallaberger, 1997, 464f.). Zweifellos galt er im Diplomatenkorps Maximilians als Mann von überdurchschnittlich hoher Bildung und verfügte über ausgezeichnete rhetorische Fähigkeiten in der lateinischen Sprache.

2. Der Venezianerkrieg Maximilians I. in den Jahren 1513/14

Nach fünf Jahren Krieg gegen die Republik Venedig schien Maximilian I. in Italien erstmals zu Friedensverhandlungen bereit. Der Zusammenschluss des Kaisers mit dem englischen und dem spanischen König in der Liga von Mechelen im April 1513 leitete eine neue Auseinandersetzung mit Frankreich ein.

---

2   Die venezianischen Gesandtschaftsberichte aus Rom sind in die minutiös zusammengestellten Tagebücher des venezianischen Patriziers Marino Sanudo (1466-1533) eingeflossen. Vgl.: M. Sanudo, 1879-1902, 1-58. Die Gesandtschaftsberichte an König Ferdinand von Aragon sind teilweise ediert in: J. Terrateig, 1958, 2.

3   Zum Leben und Wirken vergleiche die umfassende Biographie von J. Sallaberger, 1997. A. Schindling, 1990. Zu seiner Rolle als Diplomat und Sekretär Kaiser Maximilians I.: H. Wiesflecker, 1986, 5, 230-236; L. Wurstbauer, 1979.

4   M. Sanudo, 1886, 15, 389: *El Curzense è un altro Cesare in Italia.*

Auch der Papst wurde in das antifranzösische Bündnis aufgenommen. Um für den Feldzug gegen Ludwig XII. freie Hand zu haben, leitete der Kaiser Friedensverhandlungen mit Venedig ein. Matthäus Lang sollte mit Hilfe des Papstes ein *appointtement honnorable* mit der Markus-Republik aushandeln.[5] Der am 9. März 1513 gewählte Medici-Papst Leo X. setzte auf einen Frieden innerhalb der christlichen Mächte und bot seinerseits seine Vermittlungsdienste an. Nach seinem Willen sollten die Vertreter der christlichen Mächte in Rom zu einem Friedensschluss zusammenkommen und anschließend in einem gemeinsamen Unternehmen gegen die Osmanischen Truppen des noch nicht fest etablierten Sultan Selim ziehen.

3. Zeremoniell und Empfang durch Papst Leo X. – senza alcuna pompa

Am 19. Oktober 1513 brach Matthäus Lang mit einem stattlichen Gefolge von etwa 300 Reitern (M. Sanudo, 1886, 17, 295; 259) zu seiner Gesandtschaftsreise zu Papst Leo X. auf. Bevor die kaiserliche Gesandtschaft die Grenze zum Kirchenstaat überschritt, schickte Leo X. ihr einige Kardinäle entgegen, um sie entsprechend den gewohnten Regeln eines feierlichen *adventus* sicher und würdevoll in die Heilige Stadt zu geleiten (M. Sanudo, 1886, 17, 309). Leo selbst hielt sich zu diesem Zeitpunkt nicht in Rom auf, forderte aber den Gesandten auf, Einzug in die Heilige Stadt zu halten.[6] Lang wollte jedoch aus Reputationsgründen einen *entrée* ohne den Heiligen Vater auf jeden Fall vermeiden (M. Sanudo, 1886, 17, 318; 326). Der Papst kehrte erst am 17. November nach Rom zurück. Ohne jegliches Aufsehen zu erregen und „senza alcuna pompa" ritt nun auch Matthäus Lang in der Nacht zum 18. November in die ewige Stadt ein.[7]

Dieser einfache und fast heimliche Einzug im Dunkeln entsprach jedoch keineswegs den gewohnten Spielregeln des diplomatischen Zeremoniells zwischen Kaiser und Papst. Bereits drei Tage vorher hatte ein erneuter diplomatischer Zwischenfall einen ordnungsgemäßen *entrée* endgültig scheitern lassen: Statt, wie von Leo X. vorgesehen, als kirchlicher Würdenträger im Kardinalsrock, ritt Lang in einem weltlich-schwarzen Pelzgewand mit Barett und einem seitlich gegürteten Schwert ein. Aus Loyalität gegenüber seinem kaiserlichen Konstituenten ließ er sich erst nach seiner Ankunft und nur mit ausdrücklicher

---

5   Schreiben Kaiser Maximilians an Erzherzogin Margarethe, in: J. Godefroy, 1712, 4, 166.

6   Vgl. das Breve Leos an Matthäus Lang, in: C. Khamm, 1712, 2, 276f.: *Cum certior factus sim, te ad urbem atque ad nos adventare, qui quidem nuntius mihi sane gratissimus fuit, Statutumque mihi sit, relaxandi animi causa, hodie Roma discedere, ne propterea adventum tuum differas. Si forte Romae nobis absentibus esse non appetis, scire te volo, per paucos dies me abfuturm, quin etiam, cum appropinquare tuum Adventum intellexero, dabo operam, ut Nos jam reversos offendas, ut te alloqui, & quam primum videre, possimus. Dat. 9. Novemb. Anno primo, Roma.*

7   Ebd., 341: *Come il Pontifice intrò a Roma a di 17, tornato di Civitavecchia, e il Curzense la note senza alcuna pompa etiam lui introe...*

Abb. 1: Albrecht Dürer, Kardinal Matthäus Lang von Wellenburg, Federzeichnung, um 1518, Wien, Graphische Sammlung Albertina.

Genehmigung Maximilians am 8. Dezember 1513 in der *capella papalis* zum Kardinal weihen (I. Wiesflecker-Friedhuber, 1986, 131). Leo X. reagierte frostig auf die anfängliche Weigerung und ließ Lang zwei Tage auf die erste Audienz warten (M. Sanudo, 1886, 17, 309). Erst am Samstag, den 19. November, empfing er den kaiserlichen Gesandten im vatikanischen Palast. Es folgt das im *Ordo Romanus* beschriebene allgemein übliche kuriale Audienzzeremoniell (M. Dykmans, 1977, 148-150):

Der Papst erwartet den Gesandten in einem der öffentlichen Säle des Vatikanischen Palastes sitzend auf einem Thron. Entsprechend der Stellung des Konstituenten kommt er dem Herrschaftsvertreter in der Wahl des Empfangsortes buchstäblich entgegen. Der Gesandte geht auf den Pontifex zu, verbeugt sich und erteilt *publice* den rituellen Fußkuss. Der päpstliche Zeremonienmeister tritt hinzu und bedeckt vorher den entsprechenden Fuß des Papstes mit einem Tuch. Das päpstliche Huldigungszeremoniell sieht einen dreifachen rituellen Begrüßungskuss vor: Der Gesandte beginnt mit dem Fußkuss, küsst dann die Hand und schließlich das Angesicht des Pontifex. Kniend überreicht er dem Papst sein Kredenzschreiben, der es an einen seiner Sekretäre weiterleitet. Daraufhin beginnt der Gesandte eine sorgfältig elaborierte *oratio salutatis* in stilistisch hochwertigem Latein.

Nachdem entsprechend dem *Ordo Romanus* vollzogenem Begrüßungszeremoniell lud Leo X. Matthäus Lang ein, auf einem Hocker Platz zu nehmen. Die sich anschließende Unterredung dauerte zwei Stunden.[8] Trotzdessen müssen die anfänglichen Unstimmigkeiten beim Empfang für den Vertreter der kaiserlichen Macht in Italien einer Demütigung gleichgekommen sein.[9] Rückblickend sollte sich Lang heftig über die fehlenden Ehrerweisungen von päpstlicher Seite beschweren, wie aus den Berichten des spanischen Gesandten hervorgeht.[10]

4. Heinrich Isaac und die päpstliche Huldigungsmotette „Optime Pastor"

Unverzichtbarer Bestandteil eines prachtvollen diplomatischen Zeremoniells waren Beschenkungsrituale als performativer Ausdruck gegenseitiger Achtung und Repräsentation. Aus Anlass der Legationsreise seines Gesandten Matthäus Lang hatte Maximilian für den Medici-Papst Leo X. ein künstlerisch höchst raffiniertes Geschenk vorbereitet. Seinem international renommierten Hofkomponisten Heinrich Isaac (1450-1517) fiel dabei eine Schlüsselrolle zu. Der Burgunder Isaac erhielt den Auftrag, eine geistliche Motette für seinen einstigen Schüler und amtierenden Papst Leo X. zu komponieren (M. Picker, 1991, 12; A. Dunning, 1969, 45-53; M. Staehelin, 1977, 2, 74-75). In ihr spie-

---

8   M. Sanudo, 1886, 17, 341. Leider ist über den genauen Inhalt und Ablauf der Audienz nichts bekannt.

9   Selbst der florentinische Geschichtsschreiber und Diplomat Francesco Guicciardini (1483-1540) wundert sich über den bescheidenen Einzug des kaiserlichen Repräsentanten: F. Guicciardini, 1988, 3, 1271: *E benché Gurgense rappresentasse come l'altre volte la persona di Cesare in Italia, nondimeno, pretermesso il fasto consueto, era entrato in Roma modestamente né voluto usare per il cammino le insegne del cardinalato, mandategli insino a Poggibonzi dal Pontefice.*

10 Bericht des Gesandten Jerónimo Vich y Valterra an König Ferdinand von Aragon, Rom, 2. Mai 1514 in: J. Terrateig, 1958, 2, 285: <Matthäus Lang> *a tomado a mucha injuria aun que lo disimula y por todos estos respectos y por que no lo quiere dar la legacion de Alemanya no puede partir. (...) El Cardenal de Gurca...y mal contento porque en tantos meses que a stado aqui no a concluydo ninguna cosa en los negocios del / emperador (y ciertamente Su Sd. Le a fecho pocas carycias ni demonstraciones) ni en sua persona a fecho Su Sd. Demostracion ninguna...* Dagegen habe Papst Julius II. ein Jahr zuvor dem kaiserlichen Gesandten zahlreiche Ehrerbietungen dargebracht. Vgl.: Ebd., 285: *que a lo menos papa Julio le hizo muchas onrras y enbio muchos presentes que este no le a dado un par de capones...*

gelt sich das politische Wunschprogramm des Kaisers im Vorfeld der Gesandt-schaftsreise von 1513/1514 wider.[11] Ob, wann und unter welchen Umständen Heinrich Isaac sein Auftragswerk dem Gesandten Matthäus Lang überreicht hat, ist nicht geklärt. Ebenso wenig lassen sich verbindliche Aussagen über die Aufführungspraxis und die Wirkung der Motette am päpstlichen Hof treffen. Die Motette ist in einem Sammeldruck[12] überliefert, der dem kaiserlichen Di-plomaten und Bischof von Gurk Matthäus Lang persönlich übereignet wor-den ist, wie aus einer Notiz im Buchdeckel hervorgeht: *Matheo gurcensi epi-scopo dedicatum.*[13] Isaacs Motette *Optime divino date munere Pastor ovili* er-scheint an erster Stelle.

Aufgrund textinhärenter und überlieferungsgeschichtlicher Argumente lässt sich das sechsstimmige Vokalwerk auf die zweite Hälfte des Jahres 1513 datieren. Der Text gliedert sich in zwei *partes*. Sein Verfasser ist unbekannt. In klassizierenden lateinischen Hexametern wird in freier Bearbeitung von Jo-hannes 10,12-16 das Motiv vom guten Hirten aufgenommen, der durch göttli-che Gnade den Schafen geschenkt wurde (*divino date munere*, Z. 1) und dazu bestimmt sei, der ganzen Herde Frieden zu stiften (*sit totum pacare gregem tibi cura perennis*, Z. 4). Im Johannesevangelium bekräftigt Jesus metaphorisch in der Rolle des *bonus pastor* einerseits seinen Führungsanspruch innerhalb der Herde und andererseits seine Schutzfunktion der Schafe vor der Bedrohung durch die Wölfe.[14] Beide Motive werden im Text der Motette aufgenommen und auf die politischen Umstände und Protagonisten ausgerichtet: Der zwei-te *cantus firmus* preist den Adressaten durchgängig als *sacerdos et pontifex et virtutum artifex* sowie als *bonus pastor in popolo* (Z. 27-28). Die Gefahr für die Herde geht von den Türken aus, die als *Turcas (...) lupos et monstra Ca-*

---

11 Ob deshalb aus der Motette gleich das „ganze Regierungsprogramm einer Nation" hervor-geht, wie von Dunning enthusiastisch behauptet, sei dahingestellt. Vgl.: A. Dunning, 1969, 47.
12 Herangezogen wurden das Münchener und das Berliner Exemplar. L. Senfl (Hrsg.), Liber selectarvm. Leider fehlt noch eine grundlegende Studie über diesen wichtigen Frühdruck. Die beste Einführung bietet: M. Picker, 1998, 159-167. Albert Dunning hat eine kritische Neuaus-gabe der Motette *Optime Pastor* herausgegeben: A. Dunning, 1977, 1-200.
13 L. Senfl (Hrsg.), Liber selectarvm, München, fol.1'13, 3. Auf der Rückseite des Titelblattes fol. (a)v befindet sich das persönliche Wappen des Kardinal Lang, das von zwei Putten getra-gen wird. Die Gestaltung der Graphiken werden dem in Augsburg wirkenden Zeichner Hans Weiditz d. J. zugeschrieben. Vgl.: M. Picker, 1998, 149ff. Das Druckwerk enthält außerdem eine *prefatio* (Verfasser unbekannt) auf Matthäus Lang und einen Epilog des Humanisten Konrad Peutinger (1465-1547). Auf der letzten Seite erscheinen die Wappen der beiden Drucker Grimm und Wyrsung. Vgl.: M. Picker, 1998, 149ff.
14 Joh 10,11-16: *ego sum pastor bonus bonus pastor animam suam dat pro ovibus / 12 mercen-narius et qui non est pastor cuius non sunt oves propriae videt lupum venientem et dimittit oves et fugit et lupus rapit et dispergit oves 13 mercenarius autem fugit quia mercenarius est et non pertinet ad eum de ovibus / 14 ego sum pastor bonus et cognosco meas et cognoscunt me meae / 15 sicut novit me Pater et ego agnosco Patrem et animam meam pono pro ovibus / 16 et alias oves habeo quae non sunt ex hoc ovili et illas oportet me adducere et vocem meam audient et fiet unum ovile unus pastor.*

nopi (Z. 11) diffamiert werden. Um diesen zu widerstehen, soll der Hirte mit dem Klang seiner Schalmei (*blando fistula cantu*) die gegeneinander stoßenden Lämmer befrieden und einträchtig zu einem Bund zusammenschließen (Z. 6-7). Leo X. selbst ließ sich von Raffael in einem Fresko analog zur damaligen Bedrohung aus dem Osten als Leo I. verewigen, der den heranstürmenden Hunnen unter Attila Einhalt gebot. Als eindeutige Anspielung auf Leos Familiennamen wird ein *medicus* besungen, der die Wunden der zerfleischten Herde heilen solle. Giovanni de' Medici hat im Verlaufe seines Pontifikats nachweislich mehrmals auf die auf Augustinus zurückgehende „Christus als Arzt"-Metapher zurückgegriffen.[15] Auf den pontifikalen Namen des Adressaten verweist die dichterisch überhöhte Figur des Löwen, wohl als Allegorie von Herrschaft und Wachsamkeit. Leo X. stilisierte sich selbst als wachsamer Löwe im Kampf gegen die Ungläubigen (J. Shearman, 1972, 20). Die Königin der Vögel (*regina volucrum*) solle sich mit dem Löwen als König der Tiere zu einem Bündnis zusammenschließen, um die Chimären zu vertreiben. So symbolisieren päpstlicher Löwe und imperialer Adler die angestrebte harmonische Einheit und den Frieden zwischen den beiden mittelalterlichen Universalmächten. Die *secunda pars* der Motette beginnt mit einer panegyrischen *Laudatio* auf Papst Leo X.: Zu Recht gebühre ihm die geistliche und weltliche Herrschaft, verkörpert durch das Schwert (Z. 17). Am Ende der als Chiasmus gestalteten Schlusssequenz wird der Kaiser genannt, an dem sich die Welt erfreut. Die Schlusszeile gebührt den kaiserlichen Sängern, die ihre Botenfunktion eindringlich wiederholen. Die auffallend tiefe Lage der Stimmen – Sopran-, dreimal Tenor- und zweimal Bassschlüssel – verleiht der Komposition einen ernsten, feierlichen Charakter (M. Just, 1960, 1, 1996). Die Grundaussage der Motette wird klar und deutlich durch Text und Musik im Sinne einer politischen Kommunikation ausgedrückt. Durch die ostinative Wiederholung des Motivs *Da pacem domini in diebus nostris* als *cantus firmus* prägt sich die Friedensbotschaft eindringlich bei den Zuhörern ein.

Ein ganz ähnliches Programm wird auch in einem Holzschnitt (Abb. 2) des maximilianischen Hofzeichners Hans Weiditz (1495?-1536) aus dem Jahre 1519 wieder aufgenommen.[16] Im rechten Hintergrund sehen wir Kaiser Maximilian kniend im Kreise seiner Hofkapelle andächtig der Messe lauschend. Im Vordergrund singt die Kantorei und auf der linken Seite begleitet sie der berühmte Orgelmeister Paul Hofhaimer. Über der Szene stehen einträchtig die Wappen Maximilians und Leos X. nebeneinander. Allegorisch wird der

---

15 Lc 4,23. A. Dunning, 1969, 47f.; J. Shearman, 1972, 17. Christus als *Medicus noster* bei: A. Augustinus, 1954, 3,3.

16 H. Weiditz (Petrarcameister?), Kaiser Maximilian hört die Messe in der St. Annenkapelle in Augsburg, Holzschnitt, um 1518, London, British Museum. Hans Weiditz d. J. hatte als Schüler von Hans Burgkmair in Augsburg gelernt. In den Ziergiebeln des Altars erscheinen die Wappen der Augsburger Drucker Sigmund Grimm und Marx Wyrsung, die auch den Matthäus Lang gewidmeten *Liber selectarvm cantionvm* gedruckt hatten. Vgl.: M. Picker, 1998, 151.

Abb. 2: Hans Weiditz (Petrarcameister?), Kaiser Maximilian hört die Messe in der St. Annenkapelle in Augsburg, Holzschnitt, um 1518, London, British Museum.

Leo-Bezug durch einen Löwen im Vordergrund aufgenommen, dem ein Hund – wohl als Personifikation von Glaubenstreue – unterwürfig irgendetwas, vermutlich ein Schriftstück, zu überreichen scheint. Maximilian wird hier nicht als universaler Herrscher, sondern als treuer und frommer Sohn der Heiligen Römischen Kirche dargestellt.

5. Dialog und Verhandlungsführung

Wenig Verbindliches lässt sich über den Verlauf der Verhandlungen mit dem
Papst und den venezianischen Gesandten im Vatikanpalast sagen. Die Verhandlungen und Audienzen waren geheim und zogen sich oft über mehrere
Stunden hin. Die *sala regia* hatte sich im Laufe des 15. Jahrhunderts als Ort
des diplomatisch-höfischen Zeremoniells mit den Vertretern der europäischen
Königreiche herausgebildet (C. Frommel, 1985, 118f.). Zu ihr gelangten die
auswärtigen Gesandten nicht von Innen, sondern über die durch den *cortile*
führende monumentale *scala regia*. Dieser Empfangssaal fungierte als Ort politischer Kommunikation und symbolischer Interaktion. Verhandelt wurde oft
im Stehen, wobei der Papst in der Regel erhöht unter einem Baldachin thronte.
Mitunter wurde auch den Gesandten eine Sitzgelegenheit angeboten. Als Ver-
handlungssprache an der Kurie diente das Lateinische. Aufgrund seiner weiten
Verbreitung stellte das gesprochene Latein das wichtigste Kommunikations-
medium der europäischen Renaissance-Diplomatie im Sinne einer „neutralen
Sprache"[17] mit einem hohen Maß an Formalität, Prestige und Exklusivität dar.
Oft fanden die Besprechungen um die Mittagszeit bei einem festlichen Essen
statt.[18] Bekannt ist das Bankett im kleinen Kreis, das Leo X. am 4. Mai 1514
für Matthäus Lang, Pio da Carpi und den spanischen Gesandten abhalten ließ.
Die Teilnehmer verhandelten bei einem siebenstündigen Mittagessen. Nachdem auch noch Kardinal Bibbiena hinzugekommen war, verlängerte man die
Mahlzeit nochmals um zwei Stunden (ebda., 182f.). Keinesfalls aber fanden
die Gespräche immer in entspannter Atmosphäre statt. Die starken Interes-
senkonflikte hatten auch in den Verhandlungen mit dem Papst als Vermittler
der Venezianer und Vertreter der italienischen Freiheit zu *multas disputationes*
geführt.[19] Selbst der erfahrene kaiserliche Gesandte Matthäus Lang schien hier
am Ende seiner diplomatischen Fähigkeiten angekommen zu sein, wie der eingangs zitierte Bericht vom 8. Januar 1514 beweist.

Am 19. November 1513 eröffnete der Papst die Konferenz. Leo X.
wünschte sich zwischen den Gesandten eine *Comission libera et autentica dil
compromesso si fa in soa Beatitudine* (M. Sanudo, 1886, 17, 276). Die Verhandlungen verliefen mühsam und unter schwierigen Umständen. Bischof Lang
verbrachte beispielsweise am 24. November fünf Stunden *in ragionamenti*
beim Papst, ohne zu ernsthaften Beschlüssen zu gelangen (ebda., 348). Bald
zeigten sich unüberwindliche Differenzen in den territorialen Fragen. Um Leo

---

17 T. Haye prägte diese Formel für den Kontext multinationaler Verhandlungen. Vgl.: T.
Haye, 2003, 25-29.
18 M. Sanudo, 1886, 17, 415: Am 20. Dezember 1513 war der venezianische Gesandte zum
Mittagessen bei Matthäus Lang eingeladen. Lang selbst weilte nachweislich mehrmals zum Essen beim Papst.
19 Bericht Langs über die Verhandlungen mit dem Papst, Rom, November 1513, in: J. Godefroy, 1712, 4, 206.

X. zu gewinnen, versprach der kaiserliche Gesandte dem Papst die Reichslehen Lucca, Pisa und Siena für dessen Bruder Giuliano de' Medici (H. Wiesflecker, 1981, 137). Gleichzeitig verlangte Maximilian aber die volle Anerkennung des *status quo*, was für Venedig den Verlust von Verona, Vincenza, Brescia und Bergamo an den Kaiser bedeutet hätte. Padua und Treviso sollten gegen die Zahlung eines jährlichen Tributes unter der Herrschaft der *Signorie* verbleiben (M. Sanudo, 1886, 17, 342; 344; 348). Die venezianischen Vertreter reagierten empört über das Auftreten und die Forderungen Langs. Sanudo unterstellte dem kaiserlichen Gesandten *la mala voluntà dil Curzense verso la Signoria nostra, et che Maximilian non vol pace...* Unannehmbar und vollkommen ungerechtfertigt wären die *dimande bestialissime* des Bischofs von Gurk, berichteten die venezianischen Gesandten an den Senat (ebda., 352).

Aufgrund der angespannten militärischen und finanziellen Lage erklärte sich letztendlich auch der Kaiser zu territorialen Zugeständnissen bereit. Der Papst, dessen Kompromissvorschlag sich durchgesetzt hatte, verkündete schon am 4. März 1514 voreilig den Waffenstillstand. Noch am selben Tag übermittelte Matthäus Lang die einzelnen Artikel des Vertrags als Expressschreiben an den Kaiser. Gleich zu Beginn des Berichts wies er seinen Konstituenten nicht ohne Stolz auf seine persönlichen Verdienste während der schwierigen Verhandlungssitzungen hin. Natürlich sei er erleichtert, dass *tandem post multos sudores & labores* doch noch ein Vertrag ausgehandelt wurde.[20] Maximilian hatte sein Minimalziel, die Erhaltung des *status quo*, durchgesetzt und durfte die Städte Verona, Brescia und Bergamo behalten. Venedig bekam den Besitz von Padua und Treviso bestätigt und musste dem Kaiser innerhalb von drei Monaten 50.000 Dukaten Kriegsentschädigung bezahlen. Die Städte Vicenza und Crema wurden für ein Jahr unter päpstliche Verwaltung gestellt. Ihre dauerhafte Zugehörigkeit sollte erst beim Abschluss eines endgültigen Friedensvertrages entschieden werden (M. Sanudo, 1887, 18, 32f.). Obwohl die Vereinbarungen noch keinen wirklichen Ausgleich im Konflikt um Oberitalien bedeuteten, riet Matthäus Lang zur Annahme des Vertrages.[21] Dessen Ratifikation durch den Kaiser erfolgte aufgrund einiger Unklarheiten im Detail erst am 1. April 1514.[22] Maximilian brauchte den Waffenstillstand in Italien dringend, da seine Truppen durch den Frankreichfeldzug gebunden waren und der englische König plante, sich aus der Allianz mit dem Kaiser zurückzuziehen. Leo X., der zuerst das neue Verteidigungsbündnis der Ligamächte abwarten

---

20 Schreiben Langs an Maximilian, Rom, 4. März 1514, in: J. Godefroy, 1712, 4, 273f. Vgl. auch den Bericht Jean le Veaus an Erzherzogin Margarethe, Mailand, 21. März 1514, in: J. Godefroy, 1712, 4, 282 sowie das Schreiben des kaiserlichen Sekretärs Jacques Willinger an Erzherzogin Margarethe, Augsburg, 24. März 1514, in: J. Godefroy, 1712, 4, 290f.

21 J. Godefroy, 1712, 4, 273: *quae pax Oratorum vestrae Majestatis & Catholici Regis atque meo judicio est, Majestati Vestrae honorabilis & utilis & per Majestatem Vestram omnino acceptanda & ratificanda...*

22 J. Godefroy, 1712, 4, 290f. Die Ratifikationsurkunde im VatA, AA, Arm. I-XVIII, Nr. 3223. Zit. nach: H. Wiesflecker, 1981, 4, 140, Anm. 140.

wollte, ratifizierte erst am 4. Mai 1514.[23] Noch kurz zuvor hatte er ein engeres Militärbündnis mit dem Kaiser aufgrund der jüngsten militärischen Entwicklungen abgelehnt. Der kaiserliche Sondergesandte Matthäus Lang bereitete bereits erleichtert seine Abreise aus Rom vor.

Die militärischen Ereignisse des Jahres 1514 hatten jedoch das Ergebnis der diplomatischen Verhandlungen längst überholt. Die parallel zu den Verhandlungen gestartete kaiserlich-spanische Offensive unter der Führung Christoforo Frangipanes war von einem venezianischen Entsatzheer am 25. März erfolgreich zurückgeschlagen worden. Der kaiserliche Befehlshaber Frangipane, Schwager des Gesandten Matthäus Lang, war verletzt in venezianische Gefangenschaft geraten (M. Sanudo, 1887, 18, 121; 123). Die kaiserlichen Truppen konnten daraufhin Friaul nicht länger halten und verloren Udine, Venzone und Cividale. Diese neue Wendung auf den oberitalienischen Schlachtfeldern veranlasste den venezianischen Rat, die in seinen Augen demütigenden Bedingungen des in Rom ausgehandelten Vertrages wieder zu verwerfen. Das Ausbleiben der venezianischen Ratifikation ließ den römischen Friedensvertrag und all die mit diesem verbundenen Anstrengungen unter den fassungslosen Augen der beteiligten Diplomaten wertlos erscheinen. Statt der Vereinbarung eines Friedens hatten sich die Fronten in Italien am Ende sogar noch verhärtet. Der Krieg Maximilians gegen Venedig musste noch bis 1517 mit unverminderter Härte und unter territorialen Verlusten weitergeführt werden. Er belastete die habsburgischen Kassen enorm (H. Wiesflecker, 1981, 150). Die allzu unterschiedlichen Konzepte und Vorstellungen und die geringe Bereitschaft zum Kompromiss hatten eine dauerhafte Einigung der beteiligten Mächte nachhaltig verhindert. Im Kardinalskollegium war schließlich auch Langs Forderung nach der Verleihung der Legatenwürde für das Reich auf Ablehnung gestoßen. Am 11. Mai 1514 reiste der kaiserliche Sondergesandte verbittert und enttäuscht aus Rom ab. In sieben langen und schwierigen Verhandlungsmonaten war er zu keinem zählbaren politischen Erfolg gelangt.[24]

6. Die Bewertung der Gesandtschaftsreise Matthäus Langs an die römischen Kurie

Sicherlich erscheint es lohnenswert, an dieser Stelle den Blick auf die diplomatischen Fähigkeiten und Erfolge Langs zu richten. Als entscheidende Krite-

---

23 Schreiben Massimiliano Sforzas an Erzherzogin Margarethe, Mailand, 7. März, 1514, in: J. Godefroy, 1712, 4, 279. Die Ratifikationsurkunde des Papstes ist wohl aus berechtigtem Misstrauen gegenüber den Friedensabsichten der Vertragspartner auf die Dauer von drei Monate begrenzt worden. Vgl.: Rom, VatA, AA, Arm. I-XVIII, Nr. 2625. Zit. nach: H. Wiesflecker, 1981, 4, 140, Anm. 142.

24 Ebd., 210: *Item, il cardinal Curzense, che partì di Roma non in bona con il Papa,...* Vgl. auch: Bericht des Jerónimo Vich, in: J. Terrateig, 1958, 2, 283: *Gurca se va de Roma desdenyado y malcontento porque ninguna cosa a negociado en siete meses y con el mal concepto y descontentacion que lemperador tiene del papa temo que no vengan las cosas en tanto riesgo como se puedan mas concertar.* Vgl. M. Sanudo, 1887, 18, 195.

rien für eine Neueinschätzung dienen neben den politischen Erfolgen die für einen Diplomaten stets nicht zu vernachlässigenden Urteile seiner Verhandlungspartner. Das Bild Langs in der venezianischen Berichterstattung ist überwiegend negativ geprägt. Es überrascht sicherlich kaum, dass der übermächtige Kardinalminister mit seinen harten Forderungen von den Venezianern zum Intimfeind ihrer Republik erklärt wurde. In ihren Bewertungen überwiegen die abwertenden Urteile, die ihn als arrogant, korrupt und machtgierig beschreiben. Marino Sanudo zitiert einen englischen Kardinal, der sich Anfang Dezember 1513 über das Auftreten Langs in Rom entrüstete: *...und er sagte ihm, er sehe, dass der Bischof von Gurk mehr sein wolle als der Papst*[25].

Zu berücksichtigen ist auch der Eindruck, den Lang bei seinen anderen Verhandlungspartnern hinterlassen hatte. Schon beim Empfang des kaiserlichen Gesandten durch Papst Leo X. war es zu erheblichen Spannungen gekommen, die zu einer teilweisen Nichtbeachtung des diplomatischen Zeremoniells geführt hatten. Im Verlauf der Verhandlungen schien Bischof Lang zu bemerken, wie der am Anfang wohl durchaus zur Vermittlung bereite Papst Leo X. sich immer mehr von ihm zu distanzieren begann. Immer seltener lassen sich seine Audienzen beim Papst in den Quellen nachweisen.[26] Doch übertreiben sicherlich jene venezianischen Berichte, die dem selbstbewusst auftretenden Matthäus Lang eine geradezu beherrschende Rolle in den Gesprächen mit dem zurückhaltenden Leo X. zuschreiben.[27]

In seinen eigenen Schreiben aus Rom überwiegen Langs negative Eindrücke von den schlecht laufenden Verhandlungen und den zahlreichen Problemen, die den Gesandten immer wieder in Konflikt mit den anderen Verhandlungspartnern, nicht zuletzt auch mit Leo X., brachten. Der Weigerung Leos, den deutschen Kardinal Matthäus Lang, wie vom Kaiser gefordert, zum Legaten für das Heilige Römische Reich zu ernennen, ging die Ablehnung im Kardinalskollegium voraus. Als einziger deutscher Kardinal neben dem Schweizer Matthäus Schiner hatte Lang hier von Anfang an einen schweren Stand. Hinzu kam wohl aber auch sein oft als hochmütig beschriebenes Auftreten, das in den von zeremonieller Demut geprägten Konsistoriumssitzungen von den anderen Kardinälen vielfach als unangemessen wahrgenommen wurde.[28] In einer durch

---

25 M. Sanudo, 1886, 17, 353: *...dicendogli ch'el vede questo Curzense vol esser più che Papa,...*

26 Tägliche Audienzen waren im Vatikan die Regel. Ein seltener persönlicher Empfang durch den Papst galt als Ausdruck von Kälte und Verstimmungen zwischen den Konstituenten und dem Heiligen Stuhl. Vgl.: Maulde-la-Clavière, 1893, 3, 15f.

27 M. Sanudo, 1886, 17, 486: *E come el papa ha bon voler, ma non pol nulla, nì ha cuor, perchè el teme molto, et il Curzense ha quasi più dominio che lui.*

28 Bericht des venezianischen Gesandten vom 2. Dezember 1513, in: M. Sanudo, 1886, 17, 364: *Scrive l'orator coloqui abuti col Papa, qual monstra esser nostro amicissimo, ma non pol più, et si duol di la mala natura dil Curzense, et dice si adateria con Franza, quando et vedesse le sue forze poter valer, (...) poi disse questo Curzense è superbo molto...* Pastor, 1906, 4,1, 795f. Der Zeremonienmeister Paris De Grassi überschrieb seinen Eintrag über den Auftritt Langs im

den Papst veranlassten geheimen Abstimmung wurde ihm das Legatenamt verweigert, da er der Kirche Schaden zufügen könne.[29] Erst nach der Entscheidung der Kardinäle war auch Leo X. zu keinerlei Zugeständnissen mehr bereit. Das gegenseitige Misstrauen zwischen Papst und Gesandten wird durch ein geheimes Schreiben eines päpstlichen Sekretärs bestätigt. Daraus geht hervor, dass Leo den Gesandten in Rom durch einen Kamaldulensermönch bespitzeln ließ.[30] Das Scheitern Matthäus Langs an der päpstlichen Kurie lässt sich sicherlich nicht monokausal auf ein eventuelles berufliches Versagen des kaiserlichen Gesandten zurückführen. Die beidseitig verhärteten Fronten zwischen Kaiser Maximilian und der Republik Venedig bilden den politischen Bruch, den auch der kaiserliche „Peacemaker" durch seine Diplomatie nicht zu überwinden vermochte. Lang fühlte sich zwischen den unterschiedlichen Forderungen der Verhandlungteilnehmer in die Enge getrieben. Mit einem resignierenden Unterton schrieb er am 8. Februar 1514 über die Diskrepanz seiner Lage an Erzherzogin Margarethe:

Eure Exzellenz möge es nicht mir allein zuschreiben und es nicht allein mir in Rechnung stellen, denn ich habe keinen Fleiß und keine Mühen beim Papst und beim Kaiser gescheut, damit der besagte Frieden den gewünschten Ausgang finden solle, da ich weiß, dass dies euer Durchlaucht und dem Katholischen König <Ferdinand> gefällt. Da der Krieg gegen Frankreich nur schwerlich zusammen mit dem gegen die Venezianer gleichzeitig beendet werden kann, habe ich mich mit allen Kräften bemüht, von hier ein gutes Ergebnis aus der Verhandlung nach Hause tragen zu können, doch kann ich nicht gegen den Willen meines Fürsten handeln...[31]

Konsistorium in seinem Tagebuch trocken: *Consistorium publ. pro admissione rev. dom. card. Gurcensis et de eiusdem ambitione et vana gloria.* Zit. nach Pastor, 1906, 4,1, 47 Anm. 5.

29 M. Sanudo, 1887, 18, 195: *e propose di darli la legatione di Alemagna, ma prima so parlato con li cardinali che non ge la volesseno dar, perchè era danno de la chiexia di Roma assai, et cussì so terminato non ge la dar.*

30 Schreiben des päpstlichen Sekretärs Baldassare da Pescia an Lorenzo De' Medici, Mai 1514, in: W. Roscoe, 1818, 2, 201, Anm. 1, Anhang, Nr. XXVII: *A dì passati sendosi rotto Gurgense cum Nostro Signore, (...) et havendo S. S. Reverendissima, in su questa rottura domandato licentia da Nostro Signore et da tutti li Reverendissimi in consistorio, et parendogli dipoi pure male partirsi senza conclusione, o vogliamo dire, senza danari,...* Es folgt eine Ausführung Da Pescias über den als Informanten tätigen Kamaldulensermönch.

31 Schreiben Langs an Erzherzogin Margarethe, 1. Februar 1514, in: J. Godefroy, 1712, 4, 238.

Bibliographie

1. Frühdrucke

Bayerische Staatsbibliothek München, Musiksammlung:

Répertoire international des sources musicales 1520⁴, Mus. Ms. 3154, L. Senfl (Hrsg.), *Liber selectarvm cantionvm qvas vvlgo Mvtetas appellant sex qvinqve et qvatvor vocvm*, Augsburg: S. Grimm / M. Wyrsung, 1520.

Staatsbibliothek zu Berlin, Preußischer Kulturbesitz, Musikabteilung:

Répertoire international des sources musicales 1520⁴, Mus. Ant. Pract. 2° S1040, L. Senfl (Hrsg.), *Liber selectarvm cantionvm qvas vvlgo Mvtetas appellant sex qvinqve et qvatvor vocvm*, Augsburg: S. Grimm / M. Wyrsung, 1520.

2. Gedruckte Quellen

Aurelius Augustinus: In Johannis Evangelium Tractatus CXXIV, HCCSL 3,3, Turnhout 1954.

Biblia Sacra. Vulgata. Robertus Weber OSB (Hrsg.), Stuttgart 1983.

Albert Dunning (Hrsg.): Vier Staatsmotetten des 16. Jahrhunderts, Das Chorwerk 120, Wolfenbüttel 1977.

Marc Dykmans (éd. par): Caeremoniale Romanum. L'Oeuvre de Patrizi Piccolomini ou Le Cérémonial papal de la fin du Moyen Age à la Renaissance, 4 Bde., Bruxelles 1977-1986.

Jean Godefroy (éd. par), Lettres de Roy Louis XII, 4 Bde., Bruxelles, 1712.

Francesco Guicciardini: Storia d'Italia, 3 Bd., Ettore Mazzali (a cura di), Milano 1988.

André J. G. Le Glay, (éd. par): Négociations diplomatiques entre la France et l'Autriche, 4 Bde., Paris 1845.

Marino Sanudo: I Diarii di Marino Sanuto, Federico Stefani / Guglielmo Berchet / Nicolò Barozzi (a cura di), 58 Bde., Venezia 1879-1902.

3. Sekundärliteratur

Albert Dunning: Die Staatsmotette 1480-1555, Utrecht 1969.

Christoph L. Frommel: Il Palazzo Vaticano sotto Giulio II e Leone X. Strutture e funzioni, in: Carlo Pietrangeli / Fabrizio Mancinelli (a cura di), Raffaelo in Vaticano, Città del Vaticano 1985, 118-135.

Thomas Haye: Die lateinische Sprache als Medium mündlicher Diplomatie, in: Rainer C. Schwinges / Klaus Wriedt (Hrsg.), Gesandtschafts- und Botenwesen im Spätmittelalterlichen Europa, Ostfildern 2003, 15-32.

Walter Höflechner: Beiträge zur Geschichte der Diplomatie und des Gesandtschaftswesens unter Maximilian I. 1490-1500, ungedr. phil. Diss., 2 Bde., Graz 1967.

Martin Just: Studien zu Heinrich Isaacs Motetten, ungedr. phil. Diss., 2 Bde., Tübingen 1960.

Corbinian Khamm: Hierarchia Augustana chronologica tripartita in partem Cathedralem, Collegialem et Regularem, 2 Bde., Augsburg, 1712.

Marie A. R. Maulde-la-Clavière: La diplomatie au temps de Machiavel, 3. Bde., Paris 1892-1893.

Ludwig von Pastor: Geschichte der Päpste im Zeitalter der Renaissance und der Glaubensspaltung 4, Von der Wahl Leos X. bis zum Tode Klemens VII. (1513-1534), 1. Abteilung Leo X., Freiburg/Breisgau 1906.

Martin Picker: Liber selectarum cantionum (Augsburg: Grimm & Wirsung, 1520). A neglected Monument of Renaissance Music and Music Printing, in: Martin Staehelin (Hrsg.), Gestalt und Entstehung musikalischer Quellen im 15. und 16. Jahrhundert, Wolfenbütteler Forschungen 83, Wiesbaden 1998, 149-167.

Martin Picker: Henricus Isaac. A guide to research, London/New York 1991.

Wilhelm Roscoe: Leben und Regierung des Papstes Leo des Zehnten, Aus dem Engl. von Friedrich G. Glaser, 3 Bde., Wien 1818, 1-3.

Joycelyne G. Russell: Diplomats at work. Three Renaissance Studies, Stroud 1992.

Bernhard Schimmelpfennig: Die Behandlung von Herrschervertretern im päpstlichen Zeremoniell, in: Nikolaus Staubach (Hrsg.), Rom und das Reich vor der Reformation, Frankfurt 2004, 139-148.

John Shearman: Raphael's Cartoons in the Collection of her Majesty the Queen, and the tapestries for the Sixtine Chapel, London 1972.

Martin Staehelin: Die Messen Heinrich Isaacs, 2 Bde., Bern/Stuttgart 1977.

Jesús M. y C. Barón de Terrateig: Política en Italia del Rey Católico, 2 Bd., Madrid 1958.

Ingeborg Wiesflecker-Friedhuber: Kaiser Maximilian I. und Matthäus Lang. Ihr persönliches Verhältnis zueinander, in: Walter Höflechner / Helmut J. Metzler-Andelberg / Othmar Pickl (Hrsg.), Domus Austriae. Eine Festgabe Hermann Wiesflecker zum 70. Geburtstag, Graz 1983, 125-136.

Hermann Wiesflecker: Kaiser Maximilian I. Das Reich, Österreich und Europa an der Wende zur Neuzeit, 5 Bde., Wien, 1971-86.

Lotte Wurstbauer: Matthäus Lang in Diensten Maximilians I., ungedr. phil. Diss., Graz 1979.

4. Bildquellen

1) Albrecht Dürer, Kardinal Matthäus Lang von Wellenburg, aus: J. Sallaberger, Anton Pustet Verlag, Salzburg 1997, 2.

2) Hans Weiditz (Petrarcameister?), Kaiser Maximilian hört die Messe in der St. Annenkapelle in Augsburg, aus: H. J. Moser / Paul Hofhaimer: Ein Lied- und Orgelmeister des deutschen Humanismus, Stuttgart/Berlin 1929, 27.

Anhang

Die Motette *Optime divino date munere Pastor ovili*

Musik: Heinrich Isaac (ca. 1450-1517)
Text: Anonym (Übersetzung: Renate Maria Wendel)

Optime divino date munere
pastor ovili
Tandem qui laceri medicus
gregis ulcera sanes.
5 *Sis felix pecori et nobis*
tuque ipse beatus.
Sit totum pacare gregem
tibi cura perennis;
Reddatur pax alma tuis
10 *pax aurea saeptis*
et tua, qua polles, tam blando
fistula cantu
Foedere cornipetas concordi vinciat agnos.

Reginam volucrum regi tibi
15 *iunge ferarum,*
Reddatur vobis ut abactis vestra
Chimaeris.
Postmodo concordes
generosi pectoris iras
20 *In Turcas animate, lupos*
et monstra Canopi.
Nulla gregi quadrupes
volucrisve inimica resistet.
Dum videant aquilamque ducem
25 *verumque leonem.*
Haec pia Caesarei cantores vota
frequentant.

Vobis religio parque
est reverentia recti
30 *Vis animi et pietas clementiaque*
insita vobis.

Bester Hirte, der du der Herde vom
Himmel geschenkt wurdest,
Du Arzt, der du endlich die Wunden
deiner Herde heilen wirst,
Bringe deinen Schafen und uns Heil
und sei selbst gesegnet.
Sorge beständig für den Frieden dei-
ner ganzen Herde;
Gib deinem Land deinen holden, den
goldenen Frieden zurück, und mit
dem schmeichelnden Gesang deiner
Flöte, der deine Stärke ist,
Schließe deine streitenden Lämmer
im Bund der Einigkeit zusammen.

Vereine die Königin der Vögel im
Bund mit dir, dem König der Tiere,
Um nach der Vertreibung der Chimä-
ren das eure wiederzugewinnen.
In eurer edlen Brust sollt ihr dann
den vereinten Zorn
Gegen die Türken, die Wölfe und
Monster von Canopus, anfachen.
Weder Tier noch feindlicher Vogel sol-
len sich der Herde widersetzten,
Wenn sie den Adler als ihren Leiter
sehen, und den wahren Löwen.
Diesen frommen Lobgesang lassen
die kaiserlichen Sänger wiederholt
erschallen.

Religion und die Achtung des Rech-
ten sind gleich stark in euch.
Ihr seid erfüllt von Stärke des Geistes,
Frömmigkeit und Milde.

Par mundi imperium et
gladius debetur utrique.

Beide verdient ihr in gleichem Maße
die Herrschaft in der Welt und das
Schwert.

Vera ergo auspiciis vigeat
35 *sapientia vestris*
Floreat et sanctis cum moribus
inclita virtus;
Sit suus ingenuis honor artibus
et sua merces.

Eure Macht soll daher mit wahrer
Weisheit erfüllt sein,
Und rühmlicher Tugend durch heilige
Sitten erblühen.
Mögen die edlen Künste die Ehre
und den Lohn empfangen, die ihnen
gebühren.

40 *Tum Medico exsultent colles*
et pascua plaudant.
Pontifici et tanto laetetur
Caesare mundus.

Dann sollen die Hügel sich an diesem
Arzt erfreuen,
Und die Weiden den Papst lobpreisen,
und die Welt sich an einem solchen
Kaiser freuen.

Haec pia Caesarei cantores
45 *vota frequentant.*

Diesen frommen Lobgesang lassen
die kaiserlichen Sänger wiederholt
erschallen.

Amen.

Amen.

(Tenor I Cantus firmus)
Da pacem Domine in diebus nostris:
quia non est alius qui pugnet pro nobis,
nisi tu, Deus noster.

Gib Frieden, Herr, in unseren Tagen:
Denn kein anderer ficht für uns
Außer dir, unser Gott.

(Tenor II Cantus firmus)
50 *Sacerdos et pontifex et virtutum artifex,*
bonus pastor in populo.
Sic placuisti Domino.

Priester und Papst und Urheber der Tugend, guter Hirte inmitten des Volkes.
So hast du dem Herrn gefallen.

Gregor M. Metzig
Freie Universität Berlin
Manteuffelstr. 51
D - 10999 Berlin
E-Mail: gregmet@gmail.com

Patrizia Mazzadi

Bianca Maria Sforza und die Beziehungen des Innsbrucker Hofes zu den wichtigen italienischen Höfen der Renaissance

Bianca Maria Sforza wurde 1493 mit Maximilian verlobt. Sie war 21 Jahre alt und eine begehrte Braut in Europa. Nachdem die Verlobungen mit Philibert le Chasseur, Herzog von Savoyen, und mit dem ältesten Sohn des ungarischen Königs, Matthias Corvinus, gescheitert waren, zog ihr Onkel, Ludovico il Moro, zwei Werber in die engere Wahl: Wladislaw II. von Böhmen-Ungarn und Maximilian I. (vgl. H. Hochrinner, 1966, 159).

Die Entscheidung fiel zugunsten des zukünftigen Kaisers, weil Wladislaw zum Zeitpunkt der Werbung immer noch verheiratet war (!). Ausschlaggebend war jedoch die Hoffnung Lodovicos, sich durch die Eheschließung zweierlei zu sichern: die wichtige Unterstützung Maximilians gegen Frankreich und eine Rangerhöhung seines Hauses.

Seitens Maximilians handelte es sich nicht um eine Liebesheirat. Bianca Maria war zwar schön: klein und zierlich, mit braunen Augen und blonden Haaren und einem blassen, zarten Gesicht, aber die Familie Sforza gehörte nicht zum alten Adel: Der Großvater von Bianca, ein *Capitano di ventura*[1] war nur durch die Ehe mit der letzten der Visconti, Bianca Maria, zum Herrscher in Mailand emporgestiegen[2].

Maximilian war also aus prosaischen Gründen zu dieser Heirat gekommen. Er wollte verhindern, dass Wladislaw, sein Gegner in Osteuropa, die Braut, samt Mitgift, bekommt; er brauchte die reiche Mitgift der Sforza dringend, denn Bianca brachte 400.000 Gulden, Juwelen und eine reiche Ausstattung mit; das Herzogtum Mailand lag für seine Zukunftspläne strategisch günstig und war daher von größter Bedeutung.

Bianca sah diese Ehe wahrscheinlich mit anderen Augen als ihr nüchterner, 13 Jahre älterer zukünftiger Gemahl; sie war am Mailänder Hof erzogen worden, in der Zeit seiner größten wirtschaftlichen und kulturellen Blüte. Sie lebte Luxus und Überfluss und musste nie lernen, mit Geld auszukommen.

---

1   Insofern verkörpert er die Träume von vielen mutigen, aber armen Rittern, die so oft in den höfischen Romanen behandelt wurden: er heiratet eine reiche Erbin und wird Herrscher über Land und Leute; vgl. darüber G. Duby, 1984.

2   Der Name des Hauses entstammt dem Spitznamen seines Gründers, Muzio Attendolo (1369-1424), Sforza (*forte* = ‚stark') genannt aufgrund seiner physischen Stärke. Er diente den Angiò in Neapel. Sein Sohn, Francesco, heiratete die Tochter von Filippo Maria Visconti, Bianca Maria (ihre Schwester Valentina hatte Luigi di Valois geheiratet). Als der Schwiegervater starb, unterstützte er zu Anfang die Patrizier, welche zu Gunsten einer freien Kommune kämpften, dann nutzte er jedoch die Lage und ließ sich zum Herrscher von Mailand ernennen.

Die Aussicht, eine so brillante Ehe zu schließen, mit einem Mann, über den wunderbare Heldentaten erzählt wurden, dessen erste Ehe als äußerst glücklich galt und der einem mächtigen und adligen Haus entstammte, erregte allerdings ihre Gefühle.

So wurde die Ehe im November 1493 *per procurationem* geschlossen und pompös inszeniert. Die Sforza sparten weder Mittel noch Mühe, um die Vermählung in ein bemerkenswertes Spektakel zu ,verzaubern'. Derlei Inszenierungen waren für die Familie nicht neu. Auf gleiche Weise waren 1489 die Ehe zwischen Herzog Gian Galeazzo und Isabella von Aragon und 1491 die doppelte Eheschließung zwischen Lodovico il Moro und Beatrice d'Este einerseits, sowie Alfonso d'Este und Anna Sforza andererseits, großzügig gefeiert worden. Tristano Calco, Bibliothekar des Hauses Sforza, beschrieb die Hochzeitsfeierlichkeiten detailliert und verfasste drei kleine Werke auf Latein: *Nuptiea Mediolanensium Ducum* (Pergament, Biblioteca Ambrosiana H 55 sup.), *Nuptiae Mediolanensium et Estensium Principum* (in: T. Calchi, *Historiae patriae libri viginti*) und *Nuptiae Augustae* (Pergament, Biblioteca Ambrosiana Z 43 sup.).

In den *Nuptiae Augustae*, 1494 verfasst, berichtet Calco von der Ankunft der deutschen Boten, von der prächtigen Eheschließung im Mailänder Dom – Bianca Maria, reich gekleidet und mit Juwelen geschmückt, wurde in einem Prachtwagen durch die mit Girlanden und Teppichen verzierten Straßen Mailands geführt –, von den großzügigen Feierlichkeiten und von der Reise Biancas nach Innsbruck mit einem rangentsprechenden Gefolge (vgl. dazu auch H. Hochrinner, 1966, 19-40). Die Pracht geht aus der Beschreibung Calcos deutlich hervor:

> *Hic vestitum omnis generis corporis capitisque videre fuit: stolas, pallas clamydes, tunicas, flammea, reticula, strophia. Ex his alia holoserica, alia auro, haec argento, illa utraque pariter materia contexta.*[3]

> *Locus autem solemnis stipulationis et regij nominis palàm sumendi designatus est Templum media urbe: marmoereum illud, augustum, ingens, centum sublime columnis: cuius spatiosa per longitudinem intercolumnia, solita alias Gallicis aut Babylonicis stragulis vestiri, nunc Attalicis fulsere, hinc argento illinc auro intertexto.*[4]

---

3   „Man konnte aller Art von Kleidern, Hüten und Mänteln sehen, einige aus Seide, andere aus Gold und Silber, andere noch aus beiden Werkstoffen" (Übers. der Verf.), Calchi, *Nuptiae Augustae*, *Parafrenalia* 104., s. auch *Regis nuptialis* 105, *Ordo sedentium* 106.

4   „Als Ort der Zeremonie wurde die Kirche im Zentrum der Stadt gewählt, diese war aus Marmor, gewaltig und von hunderten von Säulen veredelt, an denen normalerweise eine Dekoration aus französischen Tapeten hing, die heute allerdings von Tapeten nach Attalischem Muster, in Gold und Silber gewebt, ersetzt wurden" (Übers. der Verf.), Calchi, *Nuptiae Augustae*, *Regis nuptialis*, 105.

Tum detracis, quibos modo totum radiarat caput, gemmis, virgineas per terga diffundunt comas: ac nudo capillo auream arcuatam, Mundique imaginicula superbam Coronam imponunt: sisque Augustam consalutant [...] Et novae Reginae, quae cum Brixinensi antecedebat Episcopo, umbellam solemnem supra caput gestabat Consultorum et Medicorum veneranda cohors.[5]

Bianca erlebte somit ihren ‚Traumtag‘, ihr Onkel Lodovico hatte das Herzogtum Mailand errungen[6] und Maximilian die reiche Mitgift erhalten.

Hier ist eine erste Bemerkung, bezüglich der Rolle und Bedeutung der Repräsentation und Selbstdarstellung am Hof der Sforza, der Gonzaga und der Este, zu machen. Die Höfe der Poebene hatten völlig das Erbe des höfischen Ideals für sich in Anspruch genommen und waren somit zu neuen Zentren des höfischen Lebens in Italien geworden. Während sich die Gesellschaft in Venedig immer mehr kosmopolitisch entwickelte und Florenz eine starke bürgerliche und kommunale Valenz, trotz der Präsenz der Familie Medici, beibehielt[7], entwickelten sich die fürstlichen Höfe der Estensi, der Gonzaga, der Visconti und der Sforza zu den neuen Zentren des höfischen Lebens und ihrer Ideale in Norditalien (vgl. D. Delcorno Branca, 1997, 216).

Nicht zufällig zeigen die Bibliotheksinventare der mächtigen Familien eine großes Interesse an Werken der Artusliteratur: 20 arthurische Codices erwähnt das Verzeichnis der Gonzaga von 1407, 10 bzw. 17 sind in den Estense-Katalogen von 1437 und 1467, 10 in dem der Visconti aus dem Jahr 1426[8] und nicht zufällig werden die wichtigsten Werke der neuen höfischen Strömung in Ferrara verfasst: *Orlando Innamorato, Orlando furioso, Gerusalemme Liberata* – Werke, die eine stark ausgeprägte Enkomiastik aufweisen.

In Ferrara herrschte zur damaligen Zeit eine Atmosphäre, die sich durch einen mythischen Ansatz und eine starke profane Nuancierung charakterisieren lässt und die den Geist der Renaissance mehr noch als anderswo zur Geltung brachte: Viele feudale und mittelalterliche Bauwerke waren aus der Stadt entfernt worden, nicht zuletzt aufgrund der großen urbanistischen und archi-

---

5   „Als die Edelsteine, die auf ihrem Kopf funkelten, entfernt wurden, fielen die goldenen Haare frei auf den Rücken. Auf ihr Haupt wurde die Krone gesetzt und es folgte die Akklamation der neuen Kaiserin [...] ein adliges Gefolge aus Beratern und Ärzten trug einen Baldachin, unter dem die neue Königin mit dem Bischof von Brescia schritt." (Übers. der Verf.), T. Calchi, *Nuptiae Augustae, Augusta* 107.

6   Lodovico wurde am 26 Mai 1495 mit dem Herzogtum belehnt.

7   Florenz rebellierte gegen die Medici, als Carl VIII. 1494 in die Stadt eintrat. Es entstand eine neue, auf breiter Basis konzipierte Regierung, an deren Spitze sich der dominikanische Mönch Gerolamo Savonarola befand. Er predigte zu Gunsten einer neuen, moralischen Politik und verschaffte sich somit die päpstliche Exkommunikation und viele Feinde unter der Aristokratie. 1498 wurde gegen Savonarola prozessiert und zum Scheiterhaufen verurteilt.

8   Vgl. N. H. Ott, in M. Dallapiazza, 2003, 214; sehr wichtig ist die Liste der Publikationen, die Delcorno Branca in Bezug auf die Bibliotheken der adligen Höfe Italiens durchführt, vgl. D. Delcorno Branca, 1997, 15, Anm. 2.

tektonischen Eingriffe, welche in der Zeit Erkules I. Ferrara in die erste moderne Stadt Europas verwandelt hatten; der Architekt war Biagio Rossetti.

Es überrascht dann nicht, dass die Estensi in Ruggiero, einer der Schlüsselfiguren des ‚Innamorato' und des ‚Furioso', den Gründer ihres Hauses sahen: als Nachfolger von Astianatte, dem Sohn des troianischen Helden Ettore einerseits, und als mutiger Kämpfer und Anhänger Karls des Großen andererseits, bildet Ruggiero die ideale Brücke sowohl zur klassischen Antike (vgl. I. Calvino, 1995), als auch zum beispielhaften Ritterdasein. Berühmt sind die Widmungsverse des ‚Furioso':

> *Voi sentirete fra i più degni eroi,*
> *che nominar con laude m'apparecchio,*
> *ricordar quel Ruggier, che fu di voi*
> *e de' vostri avi illustri il ceppo vecchio.*
> *L'alto valor e' chiari gesti suoi*
> *Vi farò udir, se voi mi date orecchio* (Orlando Furioso I, 4[9])

Auch der Mythos von Herkules wird neu belebt: Herkules I. (1431-1505) ließ für die Geburt seines Sohnes Alfonso ein Medaillon herstellen, auf dem Alfonso mit dem kleinen Herkules, der die Schlange erwürgt, assoziiert wird[10]. Herkules II. (1508-1559) ließ später ein episches Werk mit dem Titel ‚Herkules' verfassen, in dem die Selbstdarstellung des neuen Helden, des friedensbewussten Fürsten als Anspielung auf den klassischen Helden hervorgeht[11].

In Mantua entstehen die berühmten Pisanello-Fresken, die von Mantegna und diejenigen von Lorenzo Leombruno. Pisanello fokussiert das ikonographische Programm der Fresken auf seine Auftraggeber, indem er arthurische Erzählelemente und Anspielungen auf die Gonzaga – wie das Emblem, die Wappenfarben, die an Castel San Giorgio inspirierte Burg –, in eine höfische Landschaft integriert (vor 1455) (vgl. N. H. Ott, in M. Dallapiazza, 2003, 19). Mantegna gestaltet den Raum in dem nordöstlichen Turm von Castel San Giorgio durch eine kunstvolle Abwechslung von Realität und Fiktion, von erzählter adliger Selbstdarstellung und Theaterspiel, in der die Mitglieder der Familie Gonzaga den ihnen bestimmten Erzählraum wie Schauspieler betreten. Leombruno stellt in der *sala dei cavalli* im Palazzo Ducale ein imposantes Wasser-

---

9　„Ihr werdet unter den berühmten Helden, die ich loben werde, auch den Namen jenes Ruggiero finden, der euren ursprünglichen Stamm gründete. Ich werde denjenigen, die mir Gehör schenken werden, von seiner Tapferkeit und seinen Heldentaten berichten" (Übers. der Verf.), vgl. C. Segre (Hrsg.), ²1979. Wichtig sind auch die Verse, in denen Ariosto am Ende seiner Dichtung alle bedeutenden Mitglieder des Hauses und ihre Verwandten nennt, vgl. 46, 1-19.

10　Anonymous, Medallion, ca. 1477, Washington National Gallery of Art, Samuel H. Cress Collection.

11　Das Werk, von Giovan Battista Giraldi Cinthio verfasst, wurde 1557 in Venedig zum Teil veröffentlicht. Vgl. G. Ferrari, in C. Mozzarelli, 1988, 695-710, und A. Benvenuti Dissoni, 1993, 773-792.

labyrinth dar, aus dem der Berg Olymp emporsteigt, und durch eine symbo-
lisch-allegorische Komposition mit mythischen Figuren weist er auf die Macht
und den Ruhm der Gonzaga hin (1510) (vgl. M. L Reviglio della Veneria, Firenze 1998, 56).

Am Mailänder Hof entsteht eine regelrechte Politik des Buches, und zwar
des höchst preziösen[12]. Schon 1426 enthielt die Bibliothek der Visconti 988
Codices, unter denen sich auch diejenigen befanden, welche Petrarca der Fa-
milia Carrara geschenkt hatte[13].

Die Sforza führen diese Politik fort. Sie ist Teil des Propagandasystems,
das Lodovico in mehreren Kommunikationsbranchen aktiviert hatte und das
von reichlichen Repräsentationsschriften begleitet wurde:

> *„Millan famoso è una città bellissima,*
> *forte fortezza e superbi abitacoli,*
> *le chiese belle, gli templi e gli oracoli,*
> *nobil, di stirpe nobil, nobilissima;*
> *fertile, copiosa, opulentissima…".*[14]

Calco verfasste in den *Nuptiae Augustae* das Lob Lodovicos:

> *Quisque aureas comas, os probum, regali decore ornatum, tum reliqui*
> *corporis habitum et dignitatem admirari: simul Ludovici Sfortiae nomen*
> *ad astra ferre: tollereque laudibus sapientiam incredibilem, prudentia sin-*
> *gularem, virtutem incomparabilem: qui, caeteris partibus firmato dudum*
> *ampliatoque Regno finitimorum clientelis, coniugijs, foederibus; nunc, cha-*
> *ritate in Neptem plusquam paterna, primaria Christiani Nominis affini-*
> *tate constabiliret. Subindeque recensebant repetitas Liguruum deditiones,*
> *Sabaudianos tumultus eius industria pacatos, restitutumque Saluciensem*
> *Marchionem: tum saltus Alpium munitionibus firmatos: Venetiam, Floren-*
> *tiam, Bononiam, amicas civitates.*[15]

---

12 Es sei auch nur an das *Storie di San Gioachino, Sant'Anna, di Maria Vergine, di Gesù, del
Battista e della fine del mondo*, auch Codice Varia 124 genannt, gedacht, Torino, Biblioteca
Reale. Der Codex, 1476 entstanden und von 323 Miniaturen beschmückt, beinhaltet Name und
Wappen von Galeazzo Maria Sforza und gilt als der Meisterwerk von Cristoforo De Predis.

13 Vgl. M. G. Albertini Ottolenghi, in: Studi petrarcheschi 8, 1991, 1-238; S. Cerrini, ebd. 239-
281. 1499 wurde die Bibliothek von den Franzosen beschlagnahmt und in das Schloss von Blois
transportiert.

14 Vgl. B. Bellincione, 1876-1878; „Das berühmte Mailand ist eine wunderschöne Stadt,
höchst gefestigt und mit bemerkenswerten Bauwerken, schön sind die Kirchen, die Tempel und
alle Gebetsorte, sehr adliger Abstammung die Bewohner, fruchtbar, ertragreich und üppig"
(Übers. der Verf.).

15 „Jeder konnte die goldenen Haare und das entzückende Gesicht, die königliche Bekleidung
und das erhabene Auftreten bewundern, und gleichzeitig den Namen Lodovicos zur Sterne
emporsteigen lassen, seine Weisheit und seine Milde, seine hervorragende Tugend, dank der
er das Land durch Bündnisse, Hochzeiten und Freundschaften mit den benachbarten Länder
erweitern konnte; jetzt konnte er es durch die väterliche Liebe der Nichte gegenüber, dem Ap-

Neben der Enkomiastik der Schriften werden auch Denkmäler angefertigt. Leonardo wurde mit der Herstellung eines Reiterdenkmals von Francesco Sforza beauftragt, das im November 1493 als Höhepunkt der Festlichkeiten zur Eheschließung Biancas Maria und Maximilians als Tonmodell im Hof des Mailänder Palasts aufgestellt wurde[16]. Leonardo gehörte höchstwahrscheinlich zum Gefolge der Braut und wurde mit der Vorbereitung von Gewändern und Szenerien für die fürstliche Vermählung beauftragt.

Angesichts der Tatsache, dass es sich um Familien handelt, die neu auf der Szene der Macht erscheinen, darf die ständige Suche nach Repräsentation und die Beanspruchung des höfischen Ideals nicht überraschen[17].

Auf gleiche Weise ist die Ehe-Politik zu verstehen, die von den mächtigen Familien betrieben wurde. Neben der starken Bindung untereinander, suchten sie nach Bindungen zu den mächtigeren Häusern Europas. Calco unterstreicht diesen Aspekt in dem Lob von Lodovico:

> *Ferrariensem vero Socerum, et congenerum Franciscum Gonzagam Mantuae Regulum, adeo fidentes obsequentesque, ut nihil ab eis secretum nihil divisum habeatur.[18]*

In diesem Zusammenhang hätte die Heirat Biancas Maria mit Maximilian zu einem Erfolg führen können. Mehrere Umstände standen einer glücklichen Ehe indes entgegen.

Zunächst vollzog sich der Abschied aus Mailand unter unglücklichen Bedingungen für die Braut. Calco berichtet von der schmerzhaften Trennung der Königin von ihrer Familie (T. Calchi, *Nuptiae Augustae*, (Untertitel nicht lesbar) 109). Was aber das Werk Calcos nicht beinhaltet, ist der Verlauf dieser Ehe: Die junge Herzogin, am 23. Dezember in Innsbruck eingetroffen, musste bis März auf ihren Gemahl warten, die Hochzeit fand am 16. März in Innsbruck und in Hall statt (vgl. H. Hochrinner, 1966, 46-50). Die lange Verzögerung wird von Calco mit dem Vorwand wichtiger Staatsangelegenheiten gerechtfertigt, wobei die Tatsache, dass er sich einer Erklärung schuldig fühlt, im Grunde für sich spricht:

---

pellativ von Christe entsprechend, noch solider befestigen. Weiterhin wurden die Unterwerfung der Liguren, der Friede in Savoyen, der seiner politischen Gesinnung zu verdanken ist, die Kontrolle der Alpenpässe und die politische Freundschaft mit Venedig, Florenz und Bologna erfasst" (Übers. der Verf.), T. Calchi, *Nuptiae Augustae*, *Laus Ludovici*, 108.

16 Der Denkmal wird nie fertig gestellt, denn Lodovico Il Moro schickte die bereits vorbereitete Bronze an Ercole d'Este, um daraus Kanonen anzufertigen.

17 Es steht jedoch fest, dass die Zeiten sich geändert haben und der Humanismus seine Spuren hinterlassen hat, so dass die neuen höfischen Romane eine ironische Nuancierung beinhalten, die nicht übersehen werden konnte und Initiatoren jenes neuen Genre wurden, das bekanntlich in dem Werk Cervantes gipfelt.

18   „Der Schwiegervater in Ferrara und der Schwager Francesco Gonzaga, Erbe des Herzogtums von Mantua, waren ihm gehörig und hatten keine Geheimnisse ihm gegenüber" (Übers. der Verf.), T. Calchi, *Nuptiae Augustae*, *Laus Ludovici*, 108.

Sed et propria utrinque manu litterae scriptae flagrabant maritali deside-
rio: Maximiliani in Blancae reverentiam et virgineum candorem agnovis-
ses. Ipse enim Vienna nondum moverat: ubi et Parentis exequiae (quem,
Lintij mortuum, huc sepeliendum transtulit) insolita pompa celebratae, oc-
cupatum habuerunt: et Populorum ratio retinebat, qui et Turcarum incur-
sione exterriti, et nova Caesaris mutatione reformandi erant. Quibus ex
rebus cum paulo longius produceretur nuptialis coitio; praebita occasio est
malivolis diversa intrpretandi. Iamque non Italiam modo et Germaniam,
sed Europam omnem sinistra fama repleverat: non conventuras Nuptias,
nullum fore Matrimonium, victuram sine honore et Viro Blancam: iam
denique cogitare de retro domum remetienda peregrinatione.[19]

Entsprechend behandelt sie Maximilian während der Ehe: Sie wurde öffentlich vernachlässigt, erhielt nur wenige Mittel für sich und gar keine zur
Erhaltung des eigenen Hofstaates, blieb kinderlos, wurde als Emporkömm-
ling und Mitglied eines niedrigen Ranges angesehen und missfiel infolgedessen
dem gesamten Hof[20]. In Fuggers Ehrenbuch von 1555 klingt diese Abneigung
noch nach:

Alleine lage dem romischen Konig diß im weg, nemblichen dass dise scho-
ne und Tugenttsame Furstin nit von hochem Furstlichem stammen und
elteren erporen waß...Dieweil aber diese herrliche Furstin hunndert unnd
funffzig tausent ducatem sambt vast vilen herlichen Clainattern zue
heurat guet hatte[21]

Bianca Maria war nur aufgrund ihrer reichen Aussteuer geheiratet worden. Der von Calco geleistete Versuch, den Adel und die wichtigen politischen
Beziehungen der Familie Sforza hervorzuheben, missglückte:

Nam Gallicos Reges, vel soceros, vel congeneres, vel consobrinus habemus:
et ex Sabaudia quatuor iam uxores computamus: Alphonsi autem et Ferdi-
nandi tam nostri sunt, quam tui. Denique nullo non ab Rege nostra petita

---

19 „Die von beiden verfassten Briefe waren voller Liebe und man erkannte darin den Respekt
Maximilians und die reine Jungfräulichkeit Biancas. Er war in der Tat noch nicht von Wien ab-
gefahren, wo sowohl die festliche Beerdigung des Vaters, als auch die politische Lage der von
den Türken bedrohten und von dem Wechsel am Königsstuhl erregten Völker festhielten. Die
aus diesen Gründen entstandene Verzögerung der Vermählung gab den Missgünstigen Gelegenheit zu üblen Gerede. Solche Nachrede hatten sich nicht nur in Italien und in Deutscha-
land, sondern in ganz Europa verbreitet, es hieße, die Hochzeit würde nicht stattfinden, Bianca
würde ihr Leben allein und ohne Ehre verbringen und es sei schon an ihre Heimkehr gedacht
worden" (Übers. der Verf.), T. Calchi, *Nuptiae Augustae*, Ornatus Pusterula, 114.
20 „Sie (Bianca Maria) mißfiel aber den Reichsfürsten und mehreren Freunden des römischen
Königs (Maximilian) sehr, da sie nicht aus einem so edlen Hause war, wie ihm nach ihrer Meinung zukam.", vgl. Ph. Commynes, 1952, 295.
21 Vgl. F. Unterkircher, 1983, mit Bezug auf J. J. Fugger, Cod. Vin. 8614 (Abschrift von
1590/98), fol. 43ʳ.

amicitia est: et parem sibi incedere Ducem Mediolanensem, aequo animo latum. Ac si quid deerat; Tu tanto maior istis Nuptijis praestas Maximiliane deinceps, ut ne Caesares quidam ipsi dedignari nos unquàm possint.[22]

Was hatte Bianca Maria außer der schon erwähnten, reichen Mitgift über die Alpen gebracht? Bücher...[23]

Dennoch, in dem *corredo nuziale* von Bianca Maria, der viele Seiten umfasste (vgl. Archivio storico lombardo II (1875), 51-75.; H. Hochrinner, 1966, 26-33), sind nur drei Bücher verzeichnet; es kann daraus geschlossen werden, dass ihr Onkel Lodovico ihr sehr wenig von der berühmten und reichen Bibliothek der Visconti-Sforza mitgab. Die drei Bücher sind in der alten kaiserlichen Hofbibliothek nicht nachweisbar. Dafür gibt es andere Codices der österreichischen Nationalbibliothek, die aus ihrem Besitz stammen. Es ist daher zu vermuten, dass Bianca, sowohl als sie nach Innsbruck zog, als auch später, Bücher mitnahm, die nicht im *corredo* erschienen[24], wo es, wohl gemerkt, nur Platz für prachtvolle Exemplare gegeben hätte.

Bianca Maria hatte aber nur Bücher mitgenommen, die für sie eine Bedeutung hatten. Dies zeigt allerdings, dass das Medium Buch für sie nicht ein Objekt war, das zur Repräsentation oder als wertvoller Ausdruck von Macht diente, sondern viel mehr zählte das Buch für sie zu einem Lebensbegleiter[25], eine fast moderne Einstellung, die sie vielleicht von ihrer Mutter geerbt hatte, denn Bona von Savoyen Sforza war für ihre Liebe zu Büchern bekannt.

Hinzu kommt, dass das Umgehen mit Büchern beim italienischen Adel des 15. Jahrhunderts relativ gewöhnlich war. Höfische Romane gehörten zur beliebtesten Lektüre, und es herrschte ein reger Austausch von Werken unter den Aristokraten und höchstwahrscheinlich auch unter den Vertretern des Bürgertums. Als Beispiel dienen folgende Begleitbriefe, die mit den ausgeliehenen Büchern verschickt wurden:

Lodovico Gonzaga schickte am 19. Dezember 1468 ein Buch an Borso d'Este *‚el libro nostro franzexe che tracta de Lancillotto'* und bat ihn, es bald zurückzuschicken, denn: *‚questo libro continuamente se tene a la camera nostra et nui a le volte pigliamo piacere assai de lezerlo'*[26].

---

22 „Wir haben Könige von Frankreich als Schwiegervater, als Schwager oder als Vetter und können schon vier Bräute aus Savoyen aufzählen, während Alfonso und Ferdinando sowohl deine als auch unsere Verwandte sind. Viele Könige ersuchten unsere Freundschaft, so dass der Herzog von Mailand als ebenbürtig mit ihnen schreiten darf. Hätte noch etwas gefehlt, so wird es durch die Ehre, die du uns durch diese Ehe gönnst, beglichen, so dass kein König uns als gering schätzen kann." (Über. der Verf.), T. Calchi, vgl. *Nuptiae Augustae, Vicecomites*, 119.

23 Maximilian war schon durch die Heirat mit Maria von Burgund in den Besitz wertvoller Schriften aus Burgund und Nordfrankreich gekommen, vgl. *Thesaurus austriacus*, 1996.

24 Vgl. den wichtigen Aufsatz von F. Unterkircher, in: *Domus Austriae*, 1983, 407-411.

25 Es sei, sie vertreibe die Zeit mit einer lateinischen Grammatik und Rhetorik, dem *Doctrinale Alexandri de Villa Dei*, vgl. H. Hochrinner, 1966, 158.

26 „Das französische Buch, das von Lanzilot handelt; wir hielten das Buch in unserem Zimmer und lesen sehr oft darin" (Übers. der Verf.), vgl. Delcorno Branca, 1997, 30-31, insb. Anm. 39.

Bücher sind auch angenehme Begleiter während einer langen Fahrt, wie Luchino Visconti 1378 an Ludovico Gonzaga schrieb, mit der Bitte, ihm einige Bücher zu borgen, welche die lange Fahrt nach Cypern angenehmer machen sollten, sowohl für ihn, als auch für die Königin von Jerusalem – Valentina Visconti, Ehefrau von Peter II. von Lusignan –, die er begleitete.[27]

Auch Galeazzo Maria Sforza bat den Vater Francesco, ihm französische Romane zu schicken, um die Langeweile der Flussfahrt den Po entlang zu mindern; er bevorzugte zwar lateinische Bücher, hielt jedoch französische Romane für die gemeinsame Lektüre als geeigneter:

> *Bene che più voluntera io lega libri latini che franciosi, nondimancho perché de franciosi poterò prendere dilecto con tuta la compagnia...*[28]

Bianca Maria brachte zudem, unter anderem[29], zwei Lehrbücher und zwei Andachtsbücher mit. Eines davon scheint zu ihrer Lieblingslektüre zu gehören, denn es weist starke Benutzungsspuren auf, es enthält die Legende und die *Ammonitiones* der Heiligen Brigitta, zwei lateinische und ein italienisches Gebet. Angesichts der starken Persönlichkeit der Heiligen Brigitta und ihrer Fähigkeit, eheliches Leben und Hofdienst erfolgreich zu meistern, entsteht notwendigerweise die Frage nach den möglichen Gründen für das Interesse Biancas Maria an diesem Werk: War sie auf der Suche nach einem Vorbild, war das Werk ihr als Lehrbuch mitgegeben worden, oder las sie voller Bewunderung die Taten der berühmten Heiligen und suchte darin nur Trost?

Ein Fall für sich stellt das berühmte schwarze Gebetbuch dar. Das zwischen 1466 und 1476 in Flandern entstandene Werk enthält 15 ganzseitige, 24 kleinformatige Miniaturen und 71 Randillustrationen. Die Tatsache, dass die erste Seite das Prunkwappen der Sforza aufweist, spricht dafür, dass das Buch von Bianca Maria mitgebracht wurde. Der Codex ist aber erst ab 1793 in dem Katalog der Hofbibliothek nachgewiesen. Als Prachtexemplar wäre es außerdem durchaus der Nennung im *corredo nuziale* würdig gewesen, so dass dieses Fehlen eher für eine andere Herkunft spricht (Cod. Vind. 1856; vgl. F. Unterkircher, 1983, 410). Die Forschung ist noch nicht in der Lage, den Weg dieses Werkes mit Klarheit darzustellen.

---

27 „Unum romanum loquentem de Tristano vel Lanzaloto aut de aliqua alia pulcra et delectabili materia...ut de ipso possim prefate serenissime domine Regine et mihi dare solarium et placere, et tedia naufraga a nobis repellere." – „Einige Bücher, welche von Tristan oder Lanzilot oder ähnlichen angenehmen Stoffen handeln... damit ich und die herrliche Königin Freude darin finden können und die Unannehmlichkeit der Stürme verdrängt" (Übers. der Verf.), vgl. Delcorno Branca, 1997, 31, Anm. 41.

28 Der italienische Adel war der französischen Sprache mächtig; dies erklärt, mitunter, die relativ niedrige Zahl der Übersetzungen ins Italienische, vgl. Delcorno Branca, 1987, 13-48. Angabe über die Quellen 32, Anm. 41.

29 Vgl. F. Unterkircher, 1983, 407 ff., der die Codices, ihre vermutliche Entstehung und ihre Geschichte beschreibt. Es handelt sich um Cod. Vind. 2417 (5), Cod. Vind. 2369 (6), Ser. nov. 2597 (8), Ser. nov. 2622 (11), Ser. nov. 2621 (13), Ser. nov. 12.594 (14).

Wichtig, um die Lage und vielleicht auch die Persönlichkeit der Kaiserin zu erläutern, ist auch die Sammlung von Sonetten, welche die junge Herrscherin vom Hofdichter der Sforza, Gaspare Visconti, bekam. Der Dichter gehörte zu dem Gefolge, das die Kaiserin auf ihrer Fahrt begleitete, aber zu jener Gruppe, die sich kurz vor den Alpen von ihr trennte, um nach Mailand zurückzukehren, wie in dem Bericht von Calco zu lesen ist (vgl. T. Calchi, *Nuptiae Augustae, Malsium*, 112).

Die Sonette waren zuerst für Beatrice d'Este, Ehefrau von Lodovico il Moro, verfasst worden. Als Bianca den Hofdichter bat, für sie einige zu komponieren, antwortete er, seine Inspiration wäre mit seiner Muse – mit Beatrice also – gestorben. Daher musste sich Bianca mit einer Kopie zufrieden geben. Das Widmungssonett wurde indes speziell für Bianca gedichtet:

> *Mentre che vixe l'inclita Duchessa,*
> *anci la mia patrona, anci il mio nume,*
> *de scriver talor versi ebbi in costume*
> *perché 'l mio stil non dispiaceva ad essa;*
> *ma poi che acerba morte l'ebbe oppressa,*
> *seccasse l'acqua del mio usato fiume*
> *e in van l'ingegno a fabricar presume,*
> *tanto ho la fantasia rotta e perplessa.*
> *Or che tu Maestà m'ha comandato*
> *Ch'io mandi a te qualche mia cosa nova,*
> *mando un libretto a lei già dedicato:*
> *apresso a me poco altro se ritrova;*
> *prego le acepti e me, servo fidato,*
> *fuor di memoria raro te si mova.*
> *Et anche più mi giova*
> *A te servir, Regina sempre augusta,*
> *ché scio ch'al Duca il mio servirte gusta*[30]

Die Prosa-Widmung blieb dennoch identisch mit jener, die Visconti erst für Beatrice verfasst hatte:

> *E come è natural cosa al foco a l'etra et a le cose grave al centro tendere,*
> *così non posso sforzare le operazion mie, quale se siano, a non esser a te de-*
> *dicate; non solo per la debita mia servitute e fede verso la tua ill(ustrissi)ma*

---

30 „So lange die Herzogin, meine Herrin, meine Göttin, lebte, war ich gewöhnt, Verse zu verfassen, denn sie mied meinen Stil nicht; seitdem sie aber so frühzeitig starb, trocknete der Fluss meiner Inspiration aus und ich bemühe mich vergeblich weiterzudichten, denn meine Fantasie ist dahin. Da du, oh Königin, mir befohlen hast, dir meine neuen Gedichte zu schicken, erlaube ich mir als treuer Diener dir das Buch zu schicken, das ich einst für sie verfasst hatte, denn nichts neues ist meiner Kunst entsprungen. Ich hoffe, dir damit eine Freude bereiten zu können, denn ich bin mir bewusst, dass auch der Herzog sich über meine Dienste an dir freuen wird" (Übers. der Verf.), G. Visconti, *I Canzonieri*, 1979, 3.

Signoria, ma perché tu sei tra le Grazie la quarta, tra le Muse la decima et unica fenice al nostro seculo, la quale sopra ogni altra la virtù ami e favorisci.[31]

Im Laufe ihrer Ehe wurde Bianca mehrere Male von ihrem höchst verschuldeten Gatten samt Hofstaat als Schuldpfand zurückgelassen[32]. In der Folge schwankte ihr Verhalten zwischen Verschwendungssucht und Geiz hin und her. Zudem entwickelte sie eine Reihe von Extravaganzen und Krankheiten, wodurch sie die Aufmerksamkeit Maximilians auf sich zu ziehen erhoffte. Als Mailand 1500 von den Franzosen eingenommen wurde, war sie bereit, den in Gefahr geratenen Familienmitgliedern, darunter den zwei Söhnen von Lodovico[33], den erhofften Schutz zu bieten. Maximilian missfiel jedoch die Rolle von Bianca in dieser delikaten Lage, weshalb er schwere Auseinandersetzungen mit den Reichsständen auszutragen hatte. 1508 befahl er ihr, sämtliche mailändische Verwandten und Freunde vom Hofe zu verweisen: Das Interesse Maximilians Bianca gegenüber war schon seit Jahren ganz und gar erloschen, – sie lebten voneinander getrennt –, so dass sie nicht einmal fähig war, sich erfolgreich für die eigene Familie einzusetzen.[34] Als sie schließlich 1511 starb, nahm Maximilian nicht einmal an ihrem Begräbnis teil.[35] Eine traurige Geschichte.

Es kann nur über die Gründe spekuliert werden, weswegen Bianca es nicht vermocht hat, den Habsburger Hof so glänzend zu gestalten wie die Höfe, die sie aus ihrer Jugend gekannt hatte. Der Beginn war nicht ermutigend gewesen; aber Bianca Maria war keine kämpferische Natur, und Maximilian

---

31 „So wie es ganz natürlich ist, dass man sich dem Feuer nähert und dass alle schwere Dinge sich dem Zentrum zurichten, so kann ich mein ganzes Tun nur dir widmen, und dies nicht nur, weil du meine Herrin bist, sondern weil du die Vierte unter den Grazien, die Zehnte unter den Musen, und die einzige Phönix unseres Jahrhunderts bist, denn du schätzt und förderst die Tugend über allen Dingen" (Übers. der Verf.), G. Visconti, *I Canzonieri*, 1979, 5; vgl. dazu F. Unterkircher, 1983, 409.

32 1494 in Brabant, 1495, 1496, 1497 in Worms, später noch in Freiburg in Breisgau. Maximilian ließ sich regelmäßig mit dem Auslösen Zeit (vgl. H. Hochrinner, 1966), die Königin in den Händen der Gläubiger in den Niederlände, 58, in Worms 62, in Freiburg, 66 und 73, Klage über unwürdige Geldknappheit in Regensburg, 80, sie wird in Mindelheim verpfändet, 82, in Innsbruck festgehalten, 87, in Konstanz verpfändet, 92; Bianca ist zum Spott der Welt geworden, weil sie immer wieder verpfändet wird, 131.

33 Er starb 1508 im Schloss Loches als Gefangener von König Ludwig XII. Bianca verwendete sich immer wieder für die Verwandten, beim Kaiser für Lodovico il Moro, bei Moro für ihre Mutter, beim französischen König für ihren Bruder Hermes, vgl. H. Hochrinner, 1966, 155.

34 Der italienische Hofstaat galt als turbulent und verschwenderisch, Violanta Caima übte einen schlechten Einfluss auf die Kaiserin aus; ab 1500 waren die Italiener alle wieder zurückgegangen, die Kaiserin hatte keinen mehr, mit dem sie italienisch sprechen konnte, vgl. H. Hochrinner, 1966, 115-118, 161.

35 Als Todesursache wird Magersucht vermutet, vgl. H. Hochrinner, 1966, 95-96; wieder die traurige Geschichte einer Prinzessin, die unfähig war, sich zu behaupten?

warf ihr vor, nur einen sehr mittelmäßigen Verstand zu besitzen. Dennoch, die Tatsache, dass der Habsburger Hof noch weitgehend itinerierend war, wohingegen die italienischen Höfe schon ansässig geworden waren, und dass nicht einmal die Bibliothek geschlossen aufbewahrt wurde, trug sicherlich zu ihrem Misserfolg bei. Außerdem erlernte Bianca nie gut die deutsche Sprache, war unfähig, mit der neuen, ihr fremden Struktur des Hofes umzugehen, und ihr wurde in diesem Sinne auch nicht geholfen, diese besser zu verstehen – kurz: Sie ist das perfekte Abbild der fremden Frau am Hof.

Zeitlich hat sie sozusagen einen Sprung in die Vergangenheit getan: Waren die italienischen Höfe dieser Zeit auf dem Höhepunkt ihres Glanzes und war das Programm der Renaissance schon verinnerlicht worden – es darf nicht vergessen werden, dass zu dieser Zeit Leonardo, Mantegna und Tizian an diesen Höfen tätig waren –, so befand sich der Habsburger Hof sicherlich noch auf dem Weg dorthin.

Von diesem Aspekt her gesehen, ist Biancas Misserfolg noch gravierender, denn es ist ihr nicht gelungen – weder auf kultureller noch auf politischer Ebene – die Kontakte über die Alpen hinweg fruchtbar zu pflegen, geschweige denn sie zu erweitern und zu intensivieren. Als 1500 durch den Einfall des französischen Königs Karls VIII. in Italien auf folgenschwere Weise sichtbar wurde, wie ungeschützt Italien aufgrund seiner politischen Fragmentierung war, nahm sie zwar Stellung, aber nur auf persönlicher, nicht auf politischer Ebene. Ab diesem Zeitpunkt fungierte sie im Konflikt, der zwischen Frankreich und Spanien über die Hegemonie der Halbinsel entstanden war, nur noch als Zuschauerin.

Es bleibt dennoch zu fragen, wie sie hätte anders handeln können, angesichts der Missachtung des Hofes einerseits und der fehlenden finaziellen Mittel, die ihr zur Verfügung standen, andererseits.

Wie auch immer, Maximilian hatte eine der wichtigsten Machtsymbole der höfischen Repräsentation außer Acht gelassen: die Bedeutung des höfischen Paares als Signal von Stabilität und Frieden[36]. Die Respektlosigkeit der unglücklichen Braut gegenüber blieb nicht ganz unbemerkt und kompromittierte sein Propagandakonzept in der *memoria* der Nachkommen, denn er war nicht einmal bemüht, den Schein zu wahren.[37]

Von der *captatio benevolentiae*, die Tristano Calco am Ende seines Werkes schrieb, ließ sich Maximilian offensichtlich nicht rühren:

---

36 Im Relief auf dem goldenen Dachl in Innsbruck, in dem Maximilian zwischen seinen Ehefrauen dargestellt ist, erscheint das Wappen der Sforza mit dem ihres Gemahls vereint. Daneben befindet sich auf dem Tuch mit dem Granatapfelmuster das Wappen Burgunds, vgl. H. Hochrinner, 1966, 140.

37 Kaiser Maximilian erwähnt seine Gemahlin nur selten, im *Fischereibuch* nennt er sie einmal, im *Weißkunig* fügte er eine Glosse ein, die unausgeführt blieb: *Item jeczo solle das gemäl und die schrift gemacht werden von des w.k. heirat und hochzeit mit der herzogin con Mayland,* vgl. H. Hochrinner, 1966, 148 mit Bezug auf: Maximilian I, *Das Fischereibuch*, Kap. XIII, *Der Weißkunig*, Anm. zu 296, zwischen fol. 468 und 469.

Tu vero Auguste Augustam Blanca cole, ama, dilige: quae iam se Tibi devovit, in Te omnes relaxavit affectus, et in Te sita nullam se sine Te putat, nec nisi Te incolumi salutem sibi constare posse perspicit.[38]

Übersetzung der Verfasserin: Oh erlauchter Kaiser, ehre, liebe, bevorzuge die erhabene Bianca, die sich nur dir gewidmet hat, dir alle Liebe schenkt und, wohl bewusst, ohne dich nichtig zu sein, nur in deiner Obhut und deinem Wohlwollen die Eigenen erblickt.

Nichts von dem ging in Erfüllung.

---

38 vgl. *Nuptiae Augustae, Vicecomites,* 119.

Bibliographie

I. Quellen

Archivio storico lombardo II (1875), S. 51-75.

Ludovico Ariosto, Orlando Furioso. A cura di Cesare Segre, Milano ²1979.

Bernardo Bellincione, Le Rime, hrsg. v. Piero Fanfani, 2 Bde., Bologna 1876-1878.

Tristano Calchi, Nuptiae Augustae, in: Mediolanensis historiographi, Residua. E biblioteca patricij nobilissimi, Lucii Hadriani Cottae, nunc primo prodeunt in lucem, studio et opera Ioannis Petri Puricelli, qui suos etiam illis indices & epitomas adiecit. – Mediolani: apud Ioannem-Baptistam & Iulium-Caesarem, fratres Malatestas, Regio-Camerales & Ciuitatis Typographos, 1644, S. 99-120.

Tristano Calchi, Mediolanensis Historiae patriae libri viginti, accesserunt epitome singulorum librorum, cum notis tum breuioribus ad marginem, tum longioribus in fine operis, & duobus indicibus altero rerum, Mediolani: apud her. Melchioris Malatestae, 1627 (Mediolani: apud heredes Melchioris Malatestae, 1628).

Johann Jakob Fugger, Ehrenspiegel des Hauses Österreich. Cod. Vin. 8614 (Abschrift von 1590/98), fol. 43ʳ.

Visconti Gasparo, I canzonieri per Beatrice d'Este e per Bianca Maria Sforza, Edizione critica a cura di Paolo Bongrani, Mondadori ‚Il Saggiatore', Milano 1979.

Maximilian I., *Der Weißkunig*, hrsg. v. Heinrich Thomas Musper, 2 Bde. Stuttgart 1956.

Maximilian I., *Das Fischereibuch*, hrsg. v. Michael Mayr, Innsbruck 1901.

II. Sekundärliteratur

Maria Grazia Albertini Ottolenghi, La biblioteca dei Visconti e degli Sforza: gli inventari del 1488 e del 1490, in: Studi petrarcheschi, n.s. 8. 1991, S. 1-238.

Atonia Benvenuti Dissoni, Il mito di Ercole. Aspetti della ricezione dell'antico alla corte Estense nel primo Quattrocento, in: Omaggio a Gianfranco Folena, Padova 1993, S. 773-792.

Italo Calvino, L'Orlando Furioso di Ludovico Ariosto, Milano 1995.

Simonetta Cerrini, I libri dei Visconti-Sforza – Schede per una nuova edizione degli inventari, in: Studi petrarcheschi, n.s. 8. 1991, S. 239-281.

Philippe de Commynes, Memoiren – Europa in der Krise zwischen Mittelalter und Neuzeit, Stuttgart 1952.

Daniela Delcorno Branca, L' Orlando furioso e il romanzo cavalleresco medievale, Verona 1973.

Daniela Delcorno Branca, Tristano e Lancillotto in Italia, studi di letteratura arturiana, Ravenna 1997.

Georges Duby, Guillaume le Maréchal ou le meilleur chevalier du monde, Paris 1984.

Giuliana Ferrari, La corte degli dei: la ripresa del mito di Ercole nella Ferrara di Ercole I d'Este (1471-1505), in: „Famiglia" del Principe e famiglia aristocratica, a cura di C. Mozzarelli, 2 voll., Roma 1988.

Heidemarie Hochrinner, Bianca Maria Sforza. Versuch einer Biographie, ungedruckte phil. Diss. Graz 1966.

Norbert H. Ott, Tristano e Isotta nelle letterature francese e italiana, in: Tristano e Isotta. La fortuna di un mito europeo, a cura di Michael Dallapiazza, Trieste 2003.

Maria Luisa Reviglio della Veneria, Il labirinto. La paura del Minotauro e il piacere del giardino, Firenze 1998.

Martin Roland und Eva Irblich (Hrsg.), Thesaurus austriacus. Europas Glanz im Spiegel der Buchkunst. Handschriften und Kunstalben von 800 bis 1600, Wien 1996.

Franz Unterkircher, Bücher aus dem Besitz der Kaiserin Bianca Maria in der Österreichischen Nationalbibliothek, in: Domus Austriae. Festgabe Hermann Wiesflekker. Graz 1983, S. 407-411.

Dr. Patrizia Mazzadi
Università degli Studi di Urbino
Istituto di Lingue
Piazza Rinascimento 7
I – 61029 Urbino (PU)
E-Mail: patrizia.mazzadi@uniurb.it

In Deutschland:
Unterhachinger Str. 85d
D – 81737 München
E-Mail: patrizia-mazzadi@t-online.de

Jarosław Wenta

Dynastische Bündnisse in der Renaissance: Untergang der Jagellonen

I. Einleitung

Es ist erfreulich vorauszuschicken, dass wir uns dank der Fortschritte in den Forschungen über die Geschichte Ostmitteleuropas mit der Frage der habsburgischen Erbfolge in Böhmen und in Ungarn oder mit dem Problem des Restes der preußischen Provinz des Deutschen Ordens in der Zeit Maximilians nicht mehr zu beschäftigen brauchen (H. Wiesflecker, 1987, 211-219).

Der Titel des Referats *Dynastische Bündnisse in der Renaissance: Untergang der Jagellonen* verrät, dass ich mich mit den Verbindungen der Habsburger und der Jagellonen befassen werde und zwar zum Zeitpunkt, als sich zwar der Untergang der Jagellonen abzeichnet, aber gleichzeitig eine intensive Rezeption der italienischen Renaissancekultur in den beiden Herrscherhäusern aufblüht.

Eine erneute Untersuchung der historischen Ereignisse vor allem im Hinblick auf die Diskrepanzen zwischen Herrschafträumen, politischen Ambitionen und den politischen Realitäten scheint sich daher zu lohnen, vor allem wenn man den Kontext der Hofkultur berücksichtigt, wie sie sich im Humanismus und der Renaissance entwickelt hat.

Es fällt schwer, dieser Versuchung nicht zu erliegen und die Ereignisse des Wiener Fürstentags von 1515, auf dem mit der sogenannten Wiener Doppelhochzeit eine Stabilisierung der Machtverhältnisse in Ostmitteleuropa erreicht werden sollte, nicht erneut zu diskutieren[1]. Das gilt insbesondere nach einer Lektüre der Studien, die Krzysztof Baczkowski seit 1975 vorgelegt hat.

II. Österreichisches und ungarisches Erbe

Die ungarische Thronfolge war bekanntlich sowohl durch das Erbrecht als auch durch einen Wahlmodus geregelt. Ähnlich, obwohl mit einem größeren Anteil an Erbrechten, galten diese Grundsätze in Böhmen. Im Königreich Polen regelten Wahlbestimmungen die Thronfolge – jedoch unter Berücksichtigung besonderer Erbrechte der Jagellonen.

Nach allgemeiner Überzeugung verdankte Albrecht von Habsburg den Wahlbestimmungen seine Erhebung auf den ungarischen Thronstuhl, wobei

---

1   Vgl. das monumentale Werk von H. Wiesflecker, 1981 und 1986 und die Rezension von H. Thomas, 1989, 131-143; s. auch H. Fichtenau, 1965, 39-48.

niemand die Erbrechte seiner Gattin in Frage gestellt hatte. Dank des Wahlrechtes bestiegen auch Wladislav, der Sohn des Königs Wladislav Jagello, und Matthias Corvinus den ungarischen Thron. Diese Regeln wurden allerdings unterschiedlich angewandt, so wie sie sich aus der jeweiligen politischen Situation ergaben.

Nach dem Tod Wladislavs, der ja ein Sohn des Habsburger Albrecht II. war, wurden zwei Schwester aus königlichem Geblüt aufgrund der Erbfolgerechte zu seinen Nachfolgern gekürt. Dabei handelte es sich um Anna, die Gattin Wilhelms III., des Landgrafen von Thüringen, und um Elisabeth, die Gemahlin des polnischen Königs Kasimir des Jagellonen.

Aufgrund der Erbverträge aus den Jahren 1397 und 1404 waren die Vertreter der zweiten Linie der Habsburgerdynastie in österreichischen Ländern in die Erbfolge mit der Auflage einbezogen, für Anna und Elisabeth eine Aussteuer in Höhe von 100.000 Dukaten auszuzahlen. Die Nichteinhaltung dieser Bedingung schlussfolgerte mit dem Gebrauch der Habsburgerwappen zusammen mit den in männlicher Linie geerbten Jagellonenwappen. Wir erkennen sie u. ä. auf dem Reliquienschrein des heiligen Stanislaus, den die Königin Elisabeth in Intention für ihren Sohn Kardinal Friedrich gestiftet hat. Aus diesen sekundären österreichischen Erbrechten resultierte das Interesse der polnischen Herrscher an Leib und Leben Kaiser Maximilians. Daher finden sich Bemerkungen in der Korrespondenz des Krakauer Hofes aus dem Jahre 1496 über die Einkünfte des Königssohnes Sigismund, wobei man die eventuellen Folgen des Todes Maximilians und Philipps erwog und über die möglichen Erbrechte Elisabeths am österreichischen Thronstuhl spekulierte.

Elisabeth und Alexander hegten offenbar, in Übereinstimmung mit dem gesamten Krakauer Königshof, die Absicht, den polnischen Kronprinzen Sigismund zum Nachfolger der Habsburger küren zu lassen. Der Gebrauch des habsburgischen Wappens durch den späteren König Sigismund I., den Alten, sorgte jedoch für eine Verärgerung des Kaisers wie des gesamten Wiener Kaiserhauses, was in Maximilians diplomatischem Briefwechsel dokumentiert ist (vgl. K. Baczkowski, 1975, 5-31, 135)[2].

III. Höfische Phantasmagorien und politische Wirklichkeit

Zu den höfischen Phantasmagorien zählten zweifelsohne der Titel des Reichsbarons oder der dem Odrowążwappen von Krzysztof Szydłowiecki zugegebene goldgrüne luxemburgische Drache. Kanzler Szydłowiecki war ein Kindheits- und Jugendgefährte, mithin ein langjähriger Vertrauter des polnischen Königs und Großherzog von Litauen Sigismund I. des Alten (vgl. J. Kieszkowski, 1912, XXXII f.). Der Vorschlag, über das Recht, sich mit dem roten Wachs siegeln zu können, oder über andere am Ende des Wiener Fürstentag im

---

2   Dort auch die Besprechung des bisherigen Forschungsstandes. Vgl. Z. Boras, 1983, 17.

Jahre 1515 von Maximilian angebotene Hofehren, wurde nur von einer kleinen Gruppe der Höflinge Sigismunds mit Freude begrüßt.

Kaiser Maximilian hatte offenbar den Eindruck gewonnen, dass Krzysztof Szydłowiecki ein vielseitiges politisches Spiel trieb, sowohl im Interesse des Königreichs Polen als selbstverständlich auch in seinem eigenen. Am 2. August 1515 schenkte Maximilian dem polnischen Kanzler eine goldene Kette und aus den gleichen Gründen bemühte sich der habsburgische Herrscher, zusammen mit Wladislav, dem ungarischen König, später um weitere Ehren für Krzysztof Szydłowiecki.

Die Bestrebungen Maximilians während des Wiener Fürstentags die Gunst Mikołaj Radziwiłłs, des Kanzlers des Großfürstentums Litauen, zu erwerben, wurden 1518 mit der Verleihung eines erblichen Herzogtitels gekrönt. Diesmal hatte der Kaiserhof sein Ziel erreicht und die Gunst Mikołajs gewonnen (K. Baczkowski, 1975, 226-227).

Aber kehren wir nochmals zu dem polnischen Kanzler zurück. Die ältere Forschung hat vielfach herausgearbeitet, wie sehr der Kaiser, ein gewandter Menschenkenner, die Kunst, beherrschte, den polnischen Kanzler mit Schmeicheleien zu beeinflussen, indem er die Eitelkeit und Habgier Szydłowieckis, eines der Architekten des Wiener Fürstentages von 1515, zu seinem Vorteil auszunutzen wusste. Der Kanzler verfügte über reiche Erfahrungen in seinen Diensten an den polnischen, böhmischen und ungarischen Königshöfen.

Am Krakauer Königshof hielten sich seine Brüder Mikołaj (der künftige Schatzmeister), Jakub und Piotr Szydłowieccy auf. Er selbst und Mikołaj begleiteten Sigismund gewöhnlich auf seinen Reisen in Schlesien und in Ungarn. Mikołajs Gattin Anna war Hofdame der polnischen Königin. Dem Hofe der Königin Bona Sforza gehörte seine Tochter an. Am Hofe der zweiten Frau vom König Sigismund August wurde die Gemahlin des Kanzlers Krzysztof erzogen (J. Kieszkowski, 1912, 30-33, 274). Den Charakter des polnischen Kanzlers resümierte der Humanist und Dichter Andrzej Krzycki im Jahr 1526 in folgendem Ausspruch: *er verkaufte das Gotteshaus und Christus, den er in seinem Namen trägt.*

Fest steht jedoch, dass Krzysztof Szydłowiecki im humanistischen Hofleben mit seinen Inszenierungen und Intrigen seine Erfüllung fand, wo es ihm ja auch gelungen war, eines der höchsten Staatsämter zu erringen und dabei sein Vermögen zu erschaffen.

Zu den neuen Gebräuchen des Hoflebens, die der polnische Kanzler offenbar besonders schätzte, gehört der humanistische Freundschaftskult. Dazu befähigte ihn wohl seine Gabe, Freundschaften zu schließen oder sogar zu sammeln, wie man es bereits mehrfach bemerkt hat. So haben ihn beispielsweise Kaiser Maximilian sowie der böhmische und ungarische König Wladislav ihrer Freundschaft versichert. Private Freundschafts- und Brüderlichkeitsverträge haben den Kanzler u. a. mit Albrecht von Hohenzollern verbunden (ebda., 265). Eher aufdringlich scheint sich Krzysztof Szydłowiecki um die Gunst des englischen Königs, Heinrichs VIII., und seines Kanzlers, Kardinal

Wolsey, bemüht zu haben. In ähnlicher Weise hat er um die Freundschaft des französischen Königs Franz I. geworben. Im Gegenzug hat ihn Wladislav, der König von Ungarn, bei seinen Bemühungen um Würden und um die Ehrenstellen bei seinem Bruder, König Sigismund, unterstützt.

Eine erklärte und mit materiellen Gesten bekräftigte Freundschaft zählte bekanntlich zu den wichtigsten Elementen des damaligen höfischen Lebens. Das illustriert ein Beispiel aus der Kanzlerschaft vor Krzysztof Szydłowiecki. Der Vizekanzler des Königreichs Polen, Maciej Drzewicki, hatte seine Versöhnung mit seinem bisherigen Gegner, dem Kanzler Jan Łaski, im Jahr 1508 beispielsweise mit folgenden Worten besiegelt: *der Kanzler wurde mein Freund und hat ein Darlehen von mir in Höhe 1000 Florinen genommen.* Unser Krzysztof Szydłowiecki bezog ebenfalls mehrere Gehälter von den Herrschern, deren Freundschaft er gewonnen hatte. Von Kaiser Maximilian hat er – laut eigenem Bericht – 80.000 Dukaten bezogen, weitere Summen erhielt er von Jan Zapoly und König Franz I.

Als der polnische Kanzler später, wenn auch eher formell, Ferdinand von Habsburg in seinem Kampf um den ungarischen Thron beigestanden hatte, erhielt er von Jan Zapoly die Burgen Spis und Sárospatak (ebda., 186-188).

In den Rechnungsbüchern, die Sigismund noch vor seiner Thronbesteigung geführt hatte (1500-1507), wurden sorgfältig und genau seine Ausgaben und die erhaltenen Schenkungen notiert. Für die Beschenkung anderer Personen sowie für die Kirchenstiftungen hat der Kronprinz ausgesprochen bescheidene Geldmittel vorgesehen. Er hat auch über jeden Denar entschieden, den sein damaliger Hofmeister und Freund Krzysztof Szydłowiecki ausgegebenen hat (A. Bochniak, 1961, 131-301).

Beträchtliche Geldsummen wandte Sigismund hingegen für Silber, Schmuck und Gewänder auf. Diese Form höfischer Repräsentation scheint am Hofe der ungarischen Jagellonen besonders wichtig gewesen zu sein. Der ungarische Königshof blieb lange Zeit ohne Königinnenhöfe und trotz seines humanistischen Ehrgeizes bedurfte er größerer Hofsittlichkeit und konstant geltender Hofvorschriften. Als außergewöhnlich erscheint hier die Regierungszeit der Königin Beatrix von Neapel, welche durch Versuche gekennzeichnet ist, der Bedeutung und der Würde des Königshauses mit einer reicheren Hofzeremonie mehr Glanz zu verleihen (A. Kubiny 1995, 197-215).

Krzysztof Szydłowiecki wusste sich auch außerhalb des Krakauer Königshofes Einkommen zu verschaffen. So betätigte sich Sigismunds königlicher Begleiter aus der Jugendzeit, ähnlich wie sein Bruder Mikołaj, der Schatzmeister, als Bankier und als Wucherer. Bei ihren finanziellen Transaktionen handelte es sich im Wesentlichen um Schuldverschreibungen. So konnte es vorkommen, dass sie die für Schulden übernommenen Güter ihren bisherigen Schuldner in Pacht überließen, weshalb diese in ihren Ämtern bleiben oder auf ihren Gütern weiterleben konnten (ebda., 40-42). Andererseits verliehen sie Geld an den König und die Mächtigen des Königreiches, aber auch an einfachere Adelige und sogar Krakauer Bürger.

So stieg Krzysztof, der Erbe Mikołajs, in den Kreis der vermögend-sten Herren des Königreiches auf, der sich mehrere Residenzen in Ćmielów, Łuków, Opatów, und Nowy Korczyn leisten konnte, sowie eine eigene Hof-haltung. Berühmt waren seine Pferdeställe. Sein Bruder Mikołaj beschäftig-te übrigens italienische Architekten und deutsche Bildhauer: Die Skulpturen von Szydłowiec zeigen Nürnberger (Veit Stoß) und niederfränkische Einflüs-se. Trotz italienischer Akzente bleibt die Architektur aber dem Stil der Spät-gotik verhaftet. Seine Maler fand er bei Albrecht von Hohenzollern (ebda., 69-71). Die Bevorzugung italienischer Künstler reichte nicht über den Königshof, über dessen engste Umgebung und über die mit ihm verbundenen Humani-stenkreise hinaus.

Welch geringe Wertschätzung italienische Kunst außerhalb des Königs-hofes erfuhr, illustriert folgendes Beispiel: Noch in der ersten Hälfte des 16. Jahrhunderts war der italienische Bildhauer Johannes Maria Padovano in Kra-kau als bloßer Handwerkermeister behandelt worden, als ein *Steinmetz für Grabdenkmäler*, der sich beim Mieten seiner Werkstatt in der Nähe der deut-schen Burse der Universität verpflichten musste, sie zu verlassen, falls seine Arbeit die Universitätsvorträge gestört hatte (F. Kopera, 1938, 219-261, hier 223, 225).

Krzysztof Szydłowiecki zählte hingegen zu den bedeutendsten Förderern der Jagellonischen Universität in Krakau und sammelte Gemälde. In Opatów hat er, dem Epochentrend folgend, ein Renaissancemausoleum für sich selbst erbauen lassen (vgl. ebda., 163-221). Sein Leben lang blieb der polnische Kanz-ler als Mäzen der Humanisten mit dem Geist der Epoche in Einklang. So hat er hat Erasmus von Rotterdam[3], in Dankbarkeit für die Widmung eines seiner Werke, eine goldene Uhr, einen goldenen Löffel und eine goldene Gabel über-sandt (vgl. J. Kieszkowski, 1912, 329 u. 512).

Es war auch der Kanzler, der seinen König zur Lektüre der Erasmuswer-ke bewogen hatte. Die Begeisterung für seine Werke teilte er mit Piotr To-micki, mit Andrzej Krzycki, einem Dichter und Höfling, sowie mit seinen politischen Gegnern. Der Kanzler beschäftigte zudem den Maler und Illumi-nator Stanisław Samostrzelnik von Krakau, der u. a. die Miniaturen für sein Gebetbuch geschaffen hat, das gegenwärtig in den Sammlungen der Biblioteca Ambrosiana in Mailand aufbewahrt wird[4]. Sein Bruder Mikołaj ließ eine reich illuminierte Genealogie seines Geschlechts anfertigen, das verschollene *Liber geneseos. Illustris familie Schidlovicie* anfertigen. Nach dem Tod Mikołajs ging der Codex an Krzysztof über. Der Auftrag zur Anfertigung des *Liber geneseos* gehört zu den für die Hofkultur typischen Erscheinungen, die gemeinhin mit der *Fürstlichen Chronik, genannt Kayser Maximilians Geburtsspiegel* von Ja-kob Mennel assoziiert werden (vgl. L. Burkart, 2002, 215-234, hier 224-231).

---

3   Lingua sive de linguae usu atque abusu Liber utilissimus. Opus novum a hisce temporibus aptissimum, Basiliae apud J.O. Frobenium MDXXV.
4   Ebda., 332-342: Biblioteca Ambrosiana Milano F 227. Vgl. S. Łempicki, 1952, 125.

IV. Untergang der Jagellonen?

Von den dreizehn Kindern, die der Jagellone Kasimir und Elisabeth von Habsburg hinterlassen haben, haben elf das Erwachsenenalter erreicht. Fünf Töchter wurden mit Herzögen des Kaiserreichs vermählt. Die ab 1470 dauernden Verheiratsversuche des böhmischen und späteren ungarischen Königs Wladislav II. mündeten schließlich in einen Ehevertrag per procuram mit Barbara, der Tochter des brandenburgischen Kurfürsten und Witwe des kinderlos verstorbenen Glogauer Herzog Heinrich XI.

Der Verzicht Wladislavs auf Schlesien zugunsten des Königs Matthias Corvinus nahm diesem Ehebund indes seine politische Bedeutung. Trotzdem blieb diese Ehe in den nächsten Jahrzehnten Gegenstand politischer Auseinandersetzungen zwischen den Königshäusern der Jagellonen, der Hohenzollern und dem Kaiserhof. Der König weigerte sich, Barbara in Böhmen aufzunehmen. Dabei versuchte er nicht, den Ehevertrag aufzulösen. Wie in der Zeit üblich, hatte diese Situation keinen Einfluss auf die Beziehungen der in Brandenburg, Polen, Böhmen und in Ungarn herrschenden Häuser.

Ab dem 4. Oktober 1490 lebte König Wladislav zusätzlich in einem zweiten, auch nicht vollzogenen Ehebund mit Beatrix, der Witwe des Königs Matthias Corvinus. Auch hier hat er den Ehevertrag zwecks politischer Vorteile geschlossen. Denn bereits vor der Eheschließung hat er in Gegenwart aller Würdenträger des Königreiches bekannt gegeben, dass er die Ehe nicht zu vollziehen vermöchte und den Ehebund für ungültig hielte. Seinerseits täuschte er Beatrix mit der Vollziehung des Ehegelöbnisses in einer absehbaren Zeit. Auf Grund der Bedingungen des Preßburger Friedens im Jahre 1491, wo die habsburgische Erbfolge auf dem ungarischen Thron nach dem kinderlosen Tod Wladislavs berücksichtigt wurde, haben sich fast alle europäischen Höfe, der kaiserliche eingeschlossen, für eine eventuelle Auflösung beider Eheverträge engagiert.

Der Einzug des französischen Königs Ludwigs XII. in Italien, die Verdrängung Ludwig Sforzas aus Mailand, die Bemühungen Venedigs, Ungarn der antitürkischen Liga anzuschließen, haben letztendlich im Jahre 1500 zur Aufhebung beider Eheverträge und am 6. Oktober 1502 zu einem neuen, diesmal vollzogenen Ehebund mit Anna de Foix et Candale geführt (K. Baczkowski, 1989, 347-367. Vgl. K. Baczkowski, 1994, 5-49 und E. Wetter, 2004). Die Geburt der Tochter Anna und eine unerwartete rasche Verschlechterung des Gesundheitszustandes des ungarisch-böhmischen Königs zu Beginn des Jahres 1504 entfachten aufs Neue die Frage der habsburgischen Erbfolge, die an den Jagellonenhöfen als eine erwünschte Notwendigkeit gesehen wurde. Als der Tod des Königs absehbar wurde, kam es im März 1506 zu einem geheimen Vertrag in Neustadt über Annas erneute Eheschließung. Drei Wochen später setzte Wladislav Maximilian zum Vormund seiner Kinder ein.

Der römische Kaiser versuchte die gegen ihn opponierenden ungarischen Stände zurückzugewinnen und von seiner ungarischen Herkunft zu überzeugen, indem er erklärte, dass Österreich ein Teil von Pannonien sei, dass in seinen Adern ungarisches Blut fließe und dass er in Wiener Neustadt, in einem sogenannten ungarischen Turm, geboren wurde. Den Erbfolgekrieg unterbrach im Juli die Geburt Ludwigs, des Sohnes Wladislaus'.

Im August 1506 starb Alexander, König von Polen und Großfürst von Litauen, kinderlos (K. Baczkowski, 1988, 7-31). Als Sigismund daraufhin den polnischen und den litauischen Thron bestieg, hatte er drei nicht-eheliche Kinder mit der böhmischen Mätresse Katharina von Telnitz, war 40 Jahre alt, besaß politische Erfahrung wegen der Beteiligung an der Lösung politischer Probleme des Königreichs Ungarn und als Verwalter von Lausitz und Schlesien. Dank seines brüderlichen Erbes wurde er Herzog von Glogau. 1512 schloss Sigismund mit Barbara Zapolya einen Ehebund, aus dem zwei Töchter hervorgingen. Die Königin starb 1515 (A. Wyczański, 1985, 6. Vgl. E. Breyther, 1906).

V. Höfe

Die Bewunderung für den Habsburgerhof oder die Anerkennung der epochenspezifischen Hierarchie mit dem Kaiserhof an der Spitze scheinen für den Königshof Sigismunds I. des Alten selbstverständlich gewesen zu sein. Die Rangordnung lässt sich bereits an Form und Größe ablesen. Zum ungarischen Königshof zählten, ähnlich wie zur Krakauer Hofhaltung, etwa 200 Personen.

Das Leben an den Königshöfen der Jagellonen unterschied sich nicht wesentlich von den Gewohnheiten am Kaiserhof. Schließlich dienten die dort geübten Darstellungsformen höfischer Kultur wie Hoffeste, Jagden, Turniere und literarische Ereignisse als Vorbild für die übrigen Höfe (vgl. L. Burkart, 2002, 215-223; auch A. Kubiny, 1995, 197-215; H. Wiesflecker, 380-409). So pflegte König Sigismund I. der Alte, Beziehungen zu den Künstlern im Umfeld des Kaiserhofes, wie z. B. zu Albrecht Dürer (vgl. L. Baldass, 1923; M. F. Müller, 2003).

Piotr Tomicki (1464-1535) verstand sich als Humanist und fungierte als königlicher Vizekanzler, bevor er zum Posener, sodann zum Krakauer Bischof ernannt worden war. Die Beziehungen von Tomicki zum Kaisertum und zu Österreich beschränkten sich nicht nur auf den Kaiserhof. Als Förderer der Renaissancekultur, der sich für technische Neuigkeiten begeistert hatte, ließ er den Buchdrucker Hieronimus Vietor samt Werkstatt aus Wien kommen, um das venezianische Muster der humanistischen Minuskelschrift einzuführen (A. Kawecka-Gryczowa, 1986, 419-420). Direkte Verbindungen zu einer venezianischen Werkstatt und zu Aldo Manunzio pflegte Jan Lubrański, Bischof von Posen. Lubrański suchte nach altertümlichen Schriften, hatte in Verständigung mit Aldo Manunzio einen Zug nach Moldavien veranstaltet, um dort nach einem mythischen, mit altertümlichen Büchern gefüllten Turm zu suchen (S. Łempicki, 1952, 47-50 und 53). Diese Begeisterung teilte er mit Jan Tarnowski

(1488-1561) und mit dem jüngeren, in der königlichen Kanzlei tätigen Samuel Maciejowski (M. Bogucka, 1998, 106-108, 112).

Für Piotr Kmita (1477-1553) galt der Kaiserhof als höchster Ort ersehnter höfischer Gewandtheit, humanistischer Geistesbildung und als eine Plattform zur Aufnahme höfischer Freundschaften. Kmitas Förderung von humanistischen Dichtern und Schriftstellern, seine Renaissanceresidenz in Wiśnicz und seine eigene Hofhaltung stimmten mit den Heerzügen im Dienste. Ab 1509 hat Kmita seine Kriegszüge bereits im Königsdienst geführt, wobei er manchmal ein entschiedener Gegner der Aktivitäten (u. a. in Ungarn) des Habsburger Hauses gewesen war. Im Jahre 1523 verlieh ihm Kaiser Karl V. einen Grafentitel, der indes als bloße diplomatische Höflichkeit zu werten ist (ebda., 116-117).

Humanistische, höfische Gewandtheit versuchte auch ein Danziger Bürger namens Jan Dantyszek zu erlangen, der 1515 mit einem humanistisch inspirierten Gedicht über den Erfolg des Wiener Fürstentags hervortrat. 1518 diente er als Gesandter am Kaiserhof. Sodann bemühte er sich am Hofe Karls von Spanien um die Regelung der Erbansprüche der Bona Sforza auf das Herzogtum Bari. Zudem versuchte er das Eingreifen des Reichsgerichts in der Auseinandersetzung des Königreichs Polen mit dem Deutschen Orden zu verhindern. So verbrachte Jan Dantyszek lange Jahre am Kaiserhof als Botschafter König Sigismunds I. des Alten (ebda., 122; K. Baczkowski, 1975, 233).

VI. Caesar

Der streng geheim verfasste und unterschriebene Vertrag vom 20. Juli 1515 über die Adoption Ludwigs durch Maximilian hat dem Sohn des kranken Königs Wladislav, in Blick auf die komplizierte Lage in Ungarn, Schutz und Unterstützung gesichert. Laut Traktat wurde Ludwig als der dritte Sohn in die Familie adoptiert und vom Kaiser zum Generalreichsvikar bestellt. Er hat ihm sogar die Nachfolge auf dem kaiserlichen Stuhl und die Unterstützung seiner Vorstellungen vom Kurfürstentum versprochen.

Die Vertraulichkeit des Vertrags suggeriert, dass er in absehbarer Zeit als politisches Argument dienen sollte. Die seit einem Jahr stattfindenden Bestrebungen, die Form der künftigen Beziehungen zwischen dem ungarischen Hof und dem Kaiserhaus während der Zeit der Unmündigkeit König Ludwigs, des einzigen Erben der Ungarischen, Böhmischen, Polnischen Kronen und des Großherzogtums Litauen, zu gestalten, haben schließlich zu einem Ziel geführt (ebda., 209-211).

Am 27. August 1518 wurden die Gesandten von Ludwigs Betreuer im Falle des Todes Maximilians dazu verpflichtet, ihre böhmische Kurfürstenstimme für seinen Enkel Karl abzugeben.

Der französische König Franz I., der ebenfalls nach der Kaiserwürde strebte, befahl seinen Gesandten, Sigismund I. davon abzuhalten, seine eigene Kandidatur vorzuschlagen. Der ungarische Königshof befolgte die Wiener

Verträge und hat in Venedig und am Papsthof nach Unterstützung gesucht. Der sächsische Kurfürst Friedrich hat Ludwig seiner Stimme versichert. Ludwigs Chancen auf eine Kandidatur hat Sigismund I. in seinen nach Böhmen gerichteten Briefen indes bezweifelt, da die böhmischen Stände Ludwig für mündig erklärt hatten und sich selbst um die Stimmen der Kurfürsten bemühten. Gleichzeitig befahl Sigismund seinen kurfürstlichen Gesandten, den böhmischen Bevollmächtigten möglichst großen Spielraum zu überlassen und mit den Bevollmächtigten Karls alle noch überfälligen Probleme zu lösen.

Im Rahmen der Verträge verpflichtete sich Ludwig zur Förderung von Karls Kandidatur, falls er seine eigene nicht durchsetzen könnte. Was Sigismund I. schließlich in die Tat umsetzte, war etwas anderes als was in der königlichen Korrespondenz aus der Feder des Kanzlers Krzysztof Szydłowiecki, von Piotr Tomicki und von dem Humanisten und Dichter Andrzej Krzycki formuliert worden ist. Die Gesandten Franz' I. verpflichteten sich in Krakau u. a., Tomicki und Krzycki eine Subvention in Höhe von 10.500 Florin auszuzahlen. Die polnischen Gesandten in Frankfurt sollten von ihnen je 5.000 Dukaten bekommen. Letztlich wurde jedoch Maximilians Enkel Karl gewählt und zwar mit der gemeinsamen Stimme Ludwigs, d. h. des Prager Königshauses und der Gesandten von Sigismund I. (A. Wyczański, 1954, S. 51-70).

VII. August

Die Anerkennung die Realität der Preßburger und Wiener Kongresse (zwei habsburgisch-jagellonische Heiratsverträge, das versprochene Generalreichsvikariat für Ludwig, den Nachfolger des ungarischen Thronstuhls und ähnlich dem Vikariat eine unvollziehbare Sukzession Ludwigs auf dem Kaiserstuhl) sind an dem Krakauer und an dem ungarischen Königshof als eine Unterordnung der durch den Kaiserhof erschaffenen Vorstellung einer habsburgisch-jagellonischen Monarchenfamilie zu betrachten. Dabei war sich Sigismund I., der Mitschöpfer der politisch komplizierten Lage in Ungarn (vermählt mit Barbara Zapolya), sowie, was wesentlich ist, politischer Gestalter des Wiener Kongresses, seines herankommenden 50. Lebensjahres bewusst. In dieser Zeit ist Ludwig der einzige Nachfolger beider Herrscher, d. h. Wladislavs und Sigismunds, gewesen. Die auf dem Krakauer Königshof weilenden italienischen Astrologen sagten den Tod des Königs ohne männlichen Nachkommen voraus.

In Anbetracht des kaiserlichen Misserfolgs, eine große Allianz gegen Sigismund aufzubauen, und angesichts der antikaiserlichen Stimmung in Ungarn hat der Kongress eine gegenseitige Beruhigung der politischen Atmosphäre und politischen Handlungen gebracht.

Einen Bauplan für die Grabkapelle hat Bartolomeo Berecci dem König zu Beginn des Jahres 1517 unterbreitet. Die Grabkapelle hat er, den vier Elementen entsprechend, in vier Teile geteilt, um damit die platonische Vorstellung (Vergil, Aeneis VI, 724-751) vom jenseitigen Weg der menschlichen Seele auszudrücken. Der Zeitpunkt der Grundsteinlegung wurde mit den Astrologen abgesprochen. Nach Anregungen und Motiven suchte der Architekt in den antiken römischen Triumphbögen und in der römischen Ehrenpforte. Der imperiale, auf antiken Vorbildern beruhende Anspruch des Bauwerks prägt die Grabkapelle in fast allen Details, über deren Deutung sich die Forschung indes nicht einig ist[5].

Maximilian I. als Haupt eines neu konstruierten habsburgisch-jagellonischen Geschlechterbündnisses förderte daher seit 1515 erneute Heiratsverträge des gerade verwitweten Königs Sigismund I. des Alten. In einem vertraulichen Schreiben vom November 1515 an den Kanzler Krzysztof Szydłowiecki befürwortete Maximilian eine Heirat der kaiserlichen Enkelin Eleonore mit dem polnischen König. Diese Pläne kamen wegen einer skandalösen Liebesaffäre Eleonoras mit Friedrich, dem rheinischen Pfalzgrafen, allerdings nicht zustande.

In den folgenden Heiratsvorschlägen wurden eine Ehe mit Giovanna IV., der Königswitwe von Neapel, sodann mit Bona Sforza erwogen. Bonas Mutter, Herzogin Isabella, bemühte sich am Hofe Maximilians hingegen, ihre Tochter mit Massimiliano Sforza oder mit einem Fürsten aus dem Habsburgergeschlecht zu verheiraten. Der spanische Hof Ferdinands des Katholischen befürwortete dagegen einen Ehebund Bonas mit Giuliano Medici, um die Herrschaft der Medici in Florenz zu stärken. Ein Ehebund mit Philipp, dem Fürsten von Savoyen, wurde auch in Erwägung gezogen. Zur Ausführung ihrer Pläne hat Herzogin Isabella die Agenten Prospero Colonna und Ludovico aus Bari engagiert und mit beträchtlichen Geldsummen ausgestattet.

Diese Pläne ergänzten zudem noch weitere Pläne über zukünftige Erbfolgeregelungen, wozu u. a. ein Projekt zählt, den Deutschen Orden in den Kirchenstaat zu überführen, wo er die Einkünfte aus den für die Mitgift beider Prinzessinnen erworbenen Gütern beziehen sollte. Eine der Prinzessinnen sollte, laut des königlichen Vorschlags, einen der Kronprinzen heiraten. Kraft dieses Ehebündnisses würde der polnische König, aus politischer Sicht betrachtet, die während des Wiener Kongresses ausgearbeiteten Prinzipien verwirklichen (vgl. K. Riedl, 1990, 147-155; H. Angermeier, 1981, 362-383). Daher wurden Sigismund die eventuelle Erbfolge in Flandern und Burgund oder in italienischen Ländereien der Herzogin Isabella angeboten. Prospero Colonna hat Jan Dantyszek 1.000 Dukaten für die Unterstützung der Kandidatur Bona Sforzas überreicht. Die gleiche Geldsumme hat auch die Hofmeisterin der Prinzessin Eleonore von Agenten des Königs erhalten.

---

5 Vgl. S. Mossakowski, 2007, 32, 44, 53, 156-157, 225-226, 232-233, 276. Vgl. auch L. Kalinowski, 1961, 1-129; Kaplica Zygmuntowska. Materiały Źródłowe 1517-1597, bearb. von Antoni Franaszek u. Bogusław Przybyszewski, 1991. Vgl. L. Burkart, 2002, 232-234; J. K. Mayr, 1948, 467-492.

Wie dem Brief ihres Lehrers Crisostomo Colonna an Jan Dantyszek zu entnehmen ist, konnte Bona Sforza Monokord spielen, beherrschte selbstverständlich *das Italienische* und hatte die Gedichte Petrarcas auswendig gelernt. Auf Empfehlung ihres Erziehers, des Hofarztes Antonio Galateo, hatte sie zudem Latein studiert und kannte vier Bücher Vergils auswendig, hatte die Briefe Ciceros gelesen, die Schriften des hl. Augustinus, Hieronymus und Chrisostomus. Auf Anraten ihres Erziehers sollte sich Bona auch über das Verhalten von Männern im Hinblick auf eine künftige Herrschaft informieren.

Die Ehe des Königs mit Bona Sforza wurde am 20. April 1518 vollzogen. Aus Anlass der Geburt des Sohnes Sigismunds, Sigismund August, am 1. August 1520 hat die Großmutter Isabella Briefe an die italienischen Herrscherhöfe geschickt, auch in Sorge um das künftige Schicksal des Herzogtums Mailand.

Viel später befahl der König dem Bildhauer Bartolomeo Berecci, seine Gestalt auf dem Grabdenkmal der gebauten Grabkapelle in einer Rüstung zu verewigen, die er am 11. August 1515 von Maximilian geschenkt bekommen hatte (K. Targosz, Kaplica 1986, 131-164, hier 146).

Bibliographie

I. Quellen

Biblioteca Ambrosiana Milano F 227.

Kaplica Zygmuntowska. Materiały Źródłowe 1517-1597. Bearb. von Antoni Franaszek und Bogusław Przybyszewski. In: Źródła do dziejów Wawelu.13. 1991.

Lingua sive de linguae usu atque abusu Liber utilissimus. Opus novum a hisce temporibus aptissimum. Basiliae apud J.O. Frobenium MDXXV.

II. Sekundärliteratur

Heinz Angermeier: Die Sforza und das Reich, Historisches Jahrbuch. 101. 1981. S. 362-383.

Krzysztof Baczkowski: Próby włączenia państw jagiellońskich do koalicji antytureckiej przez papieża Aleksandra VI na przełomie XV/XVI wieku. In: Nasza Przeszłość. 81. 1994. S. 5-49.

Krzysztof Baczkowski: Wokół projektów mariaży dynastycznych Jagiellonów w końcu XV wieku. In: Studia Historyczne. 32. 1989. S. 347-367.

Krzysztof Baczkowski: Zjazd wiedeński 1515. Geneza, przebieg i znaczenie. Warszawa 1975.

Ludwig Baldass: Der Künstlerkreis Kaiser Maximilians. Wien 1923.

Adam Bochniak: Mecenat Zygmunta Starego w zakresie rzemiosła artystycznego. In: Studia do dziejów Wawelu. 2. 1961. S. 131-301.

Maria Bogucka: Bona Sforza. Wrocław/Warszawa/Kraków 1998.

Zygmunt Boras: Zygmunt Stary w Głogowie. Katowice 1983.

Ernst Breyther: König Sigismund von Polen in Schlesien, Striegau 1906.

Lucas Burkart: Paradoxe Innovation. Funktionen des Alten und des Neuen am Hof Kaiser Maximilians I. In: Erziehung und Bildung bei Hofe. Hrsg. von Werner Paravicini, Stuttgart 2002. S. 215-234.

Heinrich Fichtenau: Reich und Dynastie im politischen Denken Maximilians I. In: Österreich und Europa. Festgabe für Hugo Hantsch zum 70. Geburtstag. Graz 1965. S. 39-48.

Thomas Heinz: Europa an der Wende zur Neuzeit. Besprechung von Hermann Wiesfleckers Werk über Kaiser Maximilian I. In: Zeitschrift für bayerische Landesgeschichte. 52/1. 1989. S. 131-143.

Lech Kalinowski: Treści artystyczne i ideowe kaplicy zygmuntowskiej. In: Studia do dziejów Wawelu. 2. 1961. S. 1-129.

Alodia Kawecka-Gryczowa: Miejsce książki w kulturze polskiej XVI wieku. In: Polska w epoce Odrodzenia. Państwo, społeczeństwo, kultura. Warszawa 1986. S. 419-420.

Jerzy Kieszkowski: Kanclerz Krzysztof Szydłowiecki. Z dziejów kultury i sztuki zygmuntowskich czasów. Poznań 1912.

Feliks Kopera: Jan Maria Padovano. In: Prace Komisji Historii Sztuki. 7. 1938. S. 219-261.

Andreas Kubiny: Alltag und Fest am ungarischen Königshof der Jagellonen 1490-1526. In: Alltag bei Hofe. Hrsg. von Werner Paravicini. Sigmaringen 1995. S. 197-215. (= Residenzforschung 5).

Stanisław Łempicki: Renesans i humanizm w Polsce. Materiały do studiów. Warszawa 1952.

Josef Karl Mayr: Das Grab Kaiser Maximilians I. In: Mitteilungen des Österreichischen Staatsarchiv. 1/1. 1948. S. 467-492.

Stanisław Mossakowski: Kaplica Zygmuntowska (1515-1533). Problematyka artystyczna i ideowa mauzoleum króla Zygmunta I. Warszawa 2007.

Mathias F. Müller (Hrsg.): Künstler und Kaiser. Albrecht Dürer und Kaiser Maximilian I. Der Triumph des römisch-deutschen Kaiserhofes. Kunsthalle Bremen, 25. November 2003 bis 18. Januar 2004. Bremen 2003.

Kurt Riedl: Die Belehnung des Ludovico Maria Sforza il Moro mit dem Herzogtum Mailand durch König Maximilian I. im Jahre 1495. In: Geschichtsforschung in Graz. Festschrift zum 125. Jubiläum des Instituts für Geschichte der Karl-Franzens-Universität Graz. Hrsg. von Erwig Ebner u. a. Graz 1990. S. 147-155.

Karolina Targosz: Kaplica Zygmuntowska jako neoplatoński model świata. In: Biuletyn Historii Sztuki. 47. 1986. S. 131-164.

Evelin Wetter (Hrsg.): Die Länder der Böhmischen Krone und ihre Nachbarn zur Zeit der Jagiellonenkriege (1471-1526). Kunst-Kultur-Geschichte. Sigmaringen 2004.

Hermann Wiesflecker: Kaiser Maximilian I. Das Reich, Österreich und Europa an der Wende zur Neuzeit. Bd. 4: Gründung des habsburgischen Weltreiches. Lebensabend und Tod 1508-1519. Wien 1981; Bd. 5: Der Kaiser und seine Umwelt. Hof, Staat, Wirtschaft, Gesellschaft und Kultur. München 1986.

Hermann Wiesflecker: Maximilian I. Der Deutsche Orden und Polen. In: Geschichte und ihre Quellen. Festschrift für Friedrich Hausmann zum 70. Geburtstag. Hrsg. von Reinhard Härtel. Graz 1987. S. 211-219.

Andrzej Wyczański: Francja wobec państw jagiellońskich w latach 1515-1529. Studium z dziejów francuskiej polityki zagranicznej epoki Odrodzenia. Wrocław 1954.

Andrzej Wyczański: Zygmunt I Stary. Warszawa 1985.

Prof. Dr. Jarosław Wenta
Uniwersytet Mikolaja Kopernika
Instytut Historii i Archiwistyki UMK
Plac Teatralny 2a
PL – 87-100 Toruń
E-Mail: jwe@his.uni.torun.pl

Bernhard Schmitz

Vom Hofgericht zum Reichskammergericht:

Maximilian I. (1459-1519) als Schöpfer der Judikative in Deutschland?

Meine These lautet: Zur mittelalterlichen Hofkultur gehörte im Reich auch das Hofgericht. In der Loslösung des obersten Gerichts vom Hofe durch die Reichskammergerichtsordnung Maximilians von 1495 kann man den Akt der Grundsteinlegung für die dritte Gewalt und damit letztlich auch des modernen Rechtsstaates in Deutschland (Art. 20 II GG) sehen.

Zur Definition „Gewaltenteilung": Der Begriff geht auf Aristoteles (Politik, 1298ff.) zurück. Er unterschied drei staatliche Funktionsbereiche; erstens die Aufgabe einer beratenden und beschließenden Gewalt, einschließlich der Beschlussfassung über Gesetze, auswärtige Beziehungen (Krieg und Frieden, Bündnisse) und über die Bestellung und Verantwortlichkeit von Magistraten; zweitens die den Magistraten zugewiesene Beratungs- und Anordnungsaufgaben und drittens die Gerichtsbarkeit (R. Zippelius, 1982, § 31 II). Auch Platon, Polybios, Cicero und Machiavelli (1469-1527) sowie Althusius haben sich bereits vor Locke, Boligbroke, Montesquieu und David Hume mit der Gewaltenteilung und ihrer Funktion im Staatswesen beschäftigt. Typische Aufgabe der Rechtsprechung (Judikative) ist die organisierte Rechtsgewährleistung: Die Rechtssprechung soll um der Rechtsverwirklichung willen selbst feststellen, was Rechtes ist, während die Verwaltung, und zwar auch die streng gesetzgebundene „vollziehende" Verwaltung, vom Recht einen „instrumentalen" Gebrauch macht, indem sie zur Erfüllung öffentlicher Aufgaben rechtliche und tatsächliche Verhältnisse aufgrund und im Rahmen der Gesetze gestaltet und regelt (R. Zippelius, 1982, § 31 III).

I. Rechtspflege und Reichsverfassung im 15. Jahrhundert

Dem Thema nähert man sich mit einer historischen Betrachtung der Rechtspflege (Funktion: verbindliche Feststellung und Durchsetzung von Rechtsansprüchen; Organe: Richter, Staatsanwälte, Rechtsanwälte, Notare, Rechtspfleger) und Reichsverfassung im 15. Jahrhundert, ohne – weil es für die Wendezeit während der Regierung Maximilians unziemlich wäre – die Zeitachse etwa von den Staufern (Friedrich II.) bis zu Napoleon gänzlich auszublenden.

Den modernen Staat gab es noch nicht. Das Verfassungsgefüge des Reiches war als ein Normalfall in Europa bestimmt von der Monarchie. Das Königtum stand entscheidend in der Mitte. Es gab vor allem keine Gewaltenteilung. Der König hatte die oberste, ausführende, gesetzgebende und richter-

liche Gewalt zugleich inne (vgl. *Sachsenspiegel*). Dabei unterschied sich der
deutsche König von seinen Kollegen in Europa. Nur er konnte Kaiser werden
und war damit einzigartig legitimiert und hervorgehoben, aber auch belastet;
er war kein Erbkönig, sondern wurde gewählt und hatte demnach ein zweites
Staatsorgan neben sich, das Fallkorpus der Kurfürsten, aus dem nach 1470 der
Reichstag entstand; niemand in Europa stand so vielen fürstlichen Gewalten
wie er gegenüber, die selbstverständlich ihren eigenen Interessen nachgingen
(P. Moraw, 1988, 9ff.).

Der König konnte sein Richteramt also nicht allgemeingültig ausüben,
sondern immer nur politisch. Seine oberste Rechtssprechung war angepasst an
die jeweiligen Umstände und nahm Rücksicht auf die Durchsetzbarkeit. Keineswegs gesichert waren Angemessenheit und Voraussehbarkeit des öffentlichen Handelns ebenso wie das der Rechtspflege; Willkür in einem modernen
Sinn war nie ausgeschlossen.

Im 15. Jahrhundert fiel das Monopol der Kleriker, die Laisierung der Justiz begann sich zu vollziehen, die Jurisprudenz wurde ein Beruf. Das Kammergericht entstand unter König Sigismund aus dem seit der Stauferzeit bestehenden königlichen Hofgericht, welches deutschrechtlich geprägt war. Das
Kammergericht war zur Aufnahme römisch-rechtlicher Formen fähig. Sigismund beschäftigte allerdings so viele italienische Doktoren auch in deutschen
Sachen, dass das römische Recht bei ihm ohne Zweifel zuhause war. Unter
dem Habsburger Friedrich III. ging nicht nur wegen seines langjährigen Beharrens auf einem Regierungssitz im äußersten Südosten des Reiches das Hof-
gericht/Kammergericht 1451 unter.

Gleichzeitig verstärkte sich die zunächst allein vom Willen des Herrschers
legitimierte Hinwendung zum römischen Recht. Dies entsprach den praktischen Notwendigkeiten Friedrichs, aber auch der wissenschaftlichen Entwicklung des Zeitalters und der sozialen Situation des Juristenstandes. Wichtig für
die Zukunft von 1495 war, dass ein hohes Maß von Kaiserpolitik über das
zentrale Gerichtswesen verlief. Von den 202 zugänglich gemachten Urkunden
Friedrichs III., die beispielsweise mit dem heutigen Hessen zu tun hatten, be-
trafen mehr als 80 gerichtliche Vorgänge. Fern seines Machtbereiches ließ der
Kaiser auch Verhandlungen und die Zahlung von Abfindungen zu. Der Preis
für Hessen, den der König einforderte, war ein Bündnishandeln im Hinblick
auf die neuen Interessen der Habsburger am Niederrhein.

Wo Friedrich III. der eindeutig Stärkere war, bei sich zu Hause, ging es
nicht um Absprachen; vielmehr setzte er sich aufgrund des römisch-rechtli-
chen Vorwurfs des Majestätsverbrechens, der den Verzicht auf jegliche Verfahren zuließ, rücksichtslos bis zur Todesstrafe durch (P. Moraw, 1988, 9ff.).

Friedrichs Sohn und Nachfolger, Maximilian, änderte diese Politik, als der
französische König in Reichsitalien eingefallen war (1494). Da Maximilian die
Geldhilfe der Fürsten sowie der Städte, die als Reichsstände in eigenen Kolle-
gien zusammengeschlossen waren, benötigte, war er bereit, fast jeden Preis zu
zahlen. Dieser Preis lag vordergründig mit der Schaffung des Reichskammer-

gerichts in der Minderung von Königsrechten als dem einen Teil des Tausch-
geschäfts. Im Hinblick auf das Kammergericht wurde 1495 ein fester Sitz in
Frankfurt am Main vereinbart (also die Lösung vom auch künftig wandernden Königshof) sowie die Präsentation des größten Teils der Beisitzer durch
die Stände nach hierarchischem, regionalem Proporz. Die höchstrichterliche
Gewalt an sich, als Mitte der öffentlichen Gewalt, verblieb beim Herrscher.
Der Kammerrichter wurde vom König ernannt und sollte weiterhin in seinem Namen handeln. Eine andere oder auch nur zusätzliche Legitimierung
höchstrichterlicher Gewalt war nach dem Verlauf der mittelalterlichen Verfas-
sungsgeschichte noch ausgeschlossen.

II. Maximilians Wirken auf dem Reichstag zu Worms

Diese historische Sichtweise bringt jedoch nicht unbedingt die rechtsgeschicht-
liche Bedeutung dieses Aktes zum Ausdruck. Man ist geneigt zu verkennen,
dass die Trennung von Gericht und Hof eine fundamentale Bedingung für die
Entwicklung der Gewaltenteilung darstellt. Wichtig ist rechtsgeschichtlich
nicht das Motiv Maximilians, sondern der Akt an sich. Wie wir sehen werden,
legte Maximilian damit justizgeschichtlich die Grundlage für das Entstehen
der dritten Gewalt, der Judikative mit gesetzlichem Richter, Instanzenzug etc.
Damit kommt seiner Person meines Erachtens eine über die Reichsverfassung
hinausgehende rechtshistorische Bedeutung zu. Dafür gibt es im Wesentlichen
vier Gründe.

Die Reichskammergerichtsordnung entstand zum einen nicht plötzlich.
Der Prozess dauerte vielmehr über zehn Jahre und wäre ohne das Zutun Maximilians vielleicht nicht abgeschlossen worden. Die erste Forderung nach einem derartigen Gericht ist von den Reichsfürsten bereits auf dem Frankfurter Reichstag am 22. Februar 1486 vorgebracht worden. Danach forderten die
Fürsten die Wiedereröffnung des Kammergerichts an einem festen Ort, seinen
steten und von kaiserlichen Eingriffen ungestörten Gang mit einem vom Kaiser bevollmächtigten Kammerrichter an der Spitze und vom Kaiser unabhän-
gigen und teilweise gelehrten Beisitzern, die aus den Gerichtsgebühren bezahlt
werden sollten. Dieser Entwurf stieß wie auch nachfolgende, teilweise abge-
milderte Vorschläge bei Kaiser Friedrich III. auf Ablehnung. König Maximilian I. stand den Vorschlägen der Fürsten und Kurfürsten dagegen offener gegenüber und ging diese Fragen tatkräftiger an als sein Vater (M. Dressel, 1995,
84ff.).

Das Kernstück des Wormser Reformwerks bildete die Ordnung des
Reichskammergerichts. Den Vorschlägen lagen natürlich die in den Jahren
1486 bis 1487 erarbeiteten Kammergerichtsordnungen zugrunde, die damals
nicht weiter verfolgt worden waren. Das Reichskammergericht lief zwar mangels Bezahlung nach 1495 zeitweise wieder auseinander. Dies wurde aber mehr
von den Ständen selbst verursacht, um die Reichsregierung lahm zu legen.

Zum zweiten wird die Rolle des Mainzer Kurfürsten, Bischof Berthold von Henneberg, wohl überschätzt. Maximilian, nicht Berthold, fand nämlich in Graf Eitelfried II. von Zollern eine geeignete Persönlichkeit als Richter, die dem Reichskammergericht als erste vorstehen sollte. Eitelfried stand dabei schon mindestens seit Beginn des Jahres 1490 in unmittelbaren kaiserlichen bzw. königlichen Diensten, wobei er sich, wie auch später häufig, mit schiedsrichterlichen Aufgaben befasst hatte. Demgegenüber übernahm erst Mitte des Jahres 1494 Berthold von Henneberg, der am 18. Juli 1494 zum königlichen Gefolge auf dessen Zug in die Niederlande gestoßen war, die Leitung der Reichskanzlei und trat damit aktiv in die Reichsverwaltung ein. In dieser Stellung forcierte er sogleich wesentlich die Einrichtung des Gerichts und königlicher Rechtsprechung. Unterwegs sprach der König, selbst den Vorsitz führend, vor den anwesenden Kurfürsten, Fürsten, Grafen, Herren, Stadtboten und Rechtsgelehrten, die mitwirkten, Recht, beispielsweise im Streit der Stadt Köln mit dem Stift Kempten. Dies war jedoch nicht Tätigkeit einer gerichtlichen Institution, sondern direkter Ausfluss der königlichen Gerichtsbarkeit.

Eine ordentliche und ausdrücklich als solche bezeichnete Tätigkeit entwickelte das Kammergericht unter seinem Richter Eitelfried von Zollern hingegen in Utrecht, Antwerpen und Mecheln sowie während des Reichtags 1495 in Worms. Dazu wurden auf die Aufforderung des Königs hin von den Kurfürsten die Beisitzer bestellt. Diese Beisitzer finden sich dann bis auf wenige Ausnahmen auch auf der Vorschlagsliste der ersten Besetzung des Reichskammergerichts (M. Dressel, 1995, 84ff.).

Zum dritten unterbreitete Maximilian zwar selbst kaum Vorschläge, sondern beschränkte sich auf kluge Kritik an den ihm am 8. Juni vorgelegten Entwürfen der Kurfürsten und der anderen Fürsten und Städte. Aber erst unter dem Einfluss König Maximilians gelang es den Kurfürsten und anderen Ständen im Laufe des Monats Juli doch, eine Lösung der zwischen ihnen strittigen Fragen der Besetzung und des Antragsverfahrens zu erzielen, die der König dann auch im wesentlichen am 4. August akzeptierte. Bezüglich der Austräge sollten nun alle Reichsstände sofort vor dem Kammergericht beklagt werden können, falls dem nicht irgendwelche Privilegien entgegenständen. Die Anzahl der Urteiler wurde von 12 auf 16 erhöht, die zur Hälfte mindestens Ritter sein sollten, zur anderen Hälfte Gelehrte; bei der Ernennung behielt sich Maximilian eine Mitwirkung vor. Nicht durchsetzen ließ sich die Forderung, bei Abwesenheit des Königs im Reich das Gericht an den königlichen Hof zu ziehen. Weiterhin lehnte er die Verpflichtung des Gerichts auf Territorialrechte ab, so dass nun das römische Recht als Reichsrecht Geltung erlangte. Keine Einwände erhob der König gegen die Übertragung der Ächtungsbefugnis, die für Kaiser Friedrich III. noch unannehmbar schien, und deshalb bei den Ständen 1487 nicht mehr als conditio sine qua non erklärt wurde (M. Dressel, 1995, 90ff.).

Schließlich liegt der vierte und wohl wichtigste Grund in der Person Maximilians, der wie kein anderer, heute würden wir sagen Spitzenpolitiker, an der Schnitt- und Schaltstelle zwischen Mittelalter und Neuzeit stand. Maximilians Bild war dabei bis in die Zeiten Leopold Rankes (1824) ungebrochen positiv. Kleindeutsche Kritiker des 19. und 20. Jahrhunderts verwandelten es jedoch in sein Gegenteil. Aus dem Schöpfer eines Weltreiches wurde der Verderber des Reichs und der Reichsreform (H. Wiesflecker, 1974, 529). Nach dem Scheitern des extremen Nationalismus auf dem Boden des alten Europa lässt sich Maximilians Handeln heute differenzierter aus dem Reichsuniversalismus des Mittelalters (Habsburg), der Welt des Militarismus und intensiver – moderner – Staatlichkeit (Burgund) sowie römisch-humanistisch geprägtem Schöpfertums heraus interpretieren (zu den griechischen Bezügen des deutschen Humanismus: H. Oppermann, 1966, 520). Bereits im Februar 1486 war der Kaisersohn – nach schweren Kämpfen um das burgundische Erbe – in Frankfurt zum römischen König gewählt worden. Verschiedene Ereignisse machten Maximilian zeitlebens aber zum entschiedenen Gegner städtischer und ständischer Autonomien einerseits und Frankreichs andererseits. Denn seit seiner Wahl sah Maximilian in der Reichskrone, entsprechend der mittelalterlichen Gerichtsvorstellung von den gottgewollten Weltreichen, welche die Christenheit bis zur Wiederkunft des Erlösers zu lenken hätte, das Symbol des universalen Reichs der altrömischen Kaiser (zur politischen Wirkung der Antike im 15. Jahrhundert: H. Oppermann, 1966, 512), der Karolinger, der Ottonen und der Staufer. Als Stellvertreter Gottes auf Erden die christliche Welt zu einigen, darin erkannte er die Aufgabe seines künftigen Kaisertums, welches er schließlich erst 1508 antrat (H. Wiesflecker, 1974, 531f).

Zu beachten ist in diesem Zusammenhang die mittelalterliche juristische Fiktion der zwei Körper des Königs, welche für die Entstehungsgeschichte des modernen Staates als von fundamentaler Bedeutung angesehen wird (mit Bezügen zu Friedrich II. und Elisabeth I.: E. H. Kantorowicz, 1957, 207). Im Zeitalter der Jurispudenz nahm der souveräne Staat die Ewigkeit des Römischen Reiches an, als der König „Kaiser in seinem Reich" wurde.

In der völkerrechtlichen Vertragspraxis der Staaten zu dieser Zeit kommt indes der zweite Körper zum Ausdruck. In zahlreichen Verträgen wird ausdrücklich bestimmt, dass die vertragliche Bindung mit dem Tod des Partners oder in einer gewissen Zeit danach enden soll. Die Liga von Cambrai zum Beispiel – die 1508 zustande gekommene Koalition Maximilians mit Ludwig XII. gegen Venedig, der sich auch der Papst Julius II. und der König von Spanien anschlossen – wurde begründet „für Lebenszeit der beiden Fürsten und ein Jahr danach" (W. G. Grewe, 1984, 233).

Hieraus folgt: Auf der einen Seite wird die Loslösung des obersten Gerichts vom Königshof aus der öffentlichen Funktion des Königs staatsrechtlich für das Reich relevant, ohne dass es auf den Anspruch des habsburgischen Universaldominats und der Monarchie ankommt, welche eher der konkreten Person Maximilians zuzuordnen ist. Auf der anderen Seite war eben die Person des Königs mit seinem Willen zur Organisation und kein Gremium, wie der Reichstag, von Nöten, ein oberstes Gericht zu konstituieren. Für Maximilian schlossen sich Reichsherrschaft und Ordnung des Gerichtswesens und Sicherung des Landfriedens nicht aus; im Gegenteil. Das Reichskammergericht dürfte vielmehr als Kompromiss mit den reichsständischen Interessen zu sehen sein, nicht aber als dessen Vollzugsorgan. Dabei spielte nicht nur Berthold von Henneberg die Rolle des Vermittlers, sondern auch der Kaiser selbst. Schöpfer aber oder mit Wiesflecker (1991) gesprochen – politischer – „Durchbruchsmensch" konnte nur dieser Kaiser sein. Von daher ist es keineswegs gewagt, in Maximilian einen Mit-Urheber des modernen Staates in Deutschland zu sehen. Selbst wenn ihm das Reichskammergericht abgerungen werden musste, so war kein Kurfürst, einschließlich des Erzkanzlers Berthold von Mainz (1441-1504) seinerzeit im Stande, als Schöpfer einer neuen Institution aufzutreten, wie es das Reichsgericht ohne Zweifel darstellt. Scheiterte auch die Reichsreform, so stellte Maximilian in Deutschland, wie im Folgenden gezeigt werden kann, die Weichen hin zur Judikative des modernen Verfassungsstaates. Die viel zitierte Volkstümlichkeit dieses Kaisers bekommt daher durch diesen unmittelbaren Bezug zu den Grundfesten der Demokratie, wie ihn eine von der Exekutive losgelöste Judikative darstellt, eine neue, weitaus nachhaltigere Facette.

III. Die Reichskammergerichtsordnung Maximilians von 1495

Mit der neuen Reichskammergerichtsordnung gelang erstmals die Loslösung des obersten Gerichts vom königlichen Hof und seine dauernde Begründung an einem festen Ort. Zunächst war das Reichskammergericht auf vier Jahre befristet, danach stand es dem König zu, es auf eigene Kosten und an beliebigem Ort fortzuführen. Die Reichsstände schlugen die Beisitzer vor (erst 16, ab 1566 32, später bis zu 41), die der König dann ernannte, allein die Besetzung des Kammerrichters blieb ihm vorbehalten.

Die Besoldung erfolgte nicht mehr aus der kaiserlichen Kammer, sondern durch die Gerichtsgebühren und den Gemeinen Pfennig. Am 7. August 1495 wurde der Reichsabschied verkündet; gleichzeitig wurde die Reichskammergerichtsordnung, der ewige Landfriede, die Handhabung des Friedens und Rechts und die Ordnung des Gemeinen Pfennig ausgefertigt.

Das Reichskammergericht wurde am Vormittag des 31. Oktober 1495 von König Maximilian I. im Hause Groß-Braunfels zu Frankfurt feierlich eröffnet, nachdem es sich am 16. Oktober 1495 erstmals versammelt hatte. Kammerrichter Graf Eitelfriedrich II. von Zollern und die anwesenden sieben Beisitzer legten ihren Eid vor dem König ab. Sodann verlas Freiherr Veit von Wolkenstein eine Rede Maximilians I., der schließlich den Gerichtsstab an den Reichskammerrichter Eitelfriedrich übergab und diesem den Richterstuhl zuwies; der Zollerngraf vereidigte daraufhin das restliche Gerichtspersonal.

Die erste Gerichtssitzung folgte am 3. November 1495 nach einer feierlichen Ansprache Eitelfriedrichs, worin er die Einhaltung der Wormser Ordnung versprach, aber auch die Verbesserung möglicher Mängel, mit einem fiskalischen Prozess vor dem königlichen Prokurator Dr. Engelländer gegen den Grafen von Moers; das erste Urteil erging am 7. November, insgesamt fanden

1495 noch zwölf Audienzen statt. Am 26. Februar 1496 sprach das Reichskammergericht unter der Leitung Eitelfriedrichs erstmals die Reichsacht aus, analog dem Verfahren des Rottweiler Hofgerichts unter freiem Himmel.

Wie bereits erwähnt, blieb die Bestellung des Kammerrichters bis zum Ende des Alten Reichs dem König vorbehalten. Er war der Repräsentant des Königs und seiner oberrichterlichen Gewalt im Gericht. König Maximilian I. war sich seiner Stellung als oberster Gerichtsherr immer bewusst und griff auch am Reichskammergericht, wie schon beim bisherigen königlichen Kammergericht, öfters in laufende Verfahren des Gerichts ein.

Zudem nahm er neben dem Gericht selbständig Ächtungen vor und gebrauchte das Reichskammergericht für eigene politische Prozesse. Der Streit zwischen Herzog Albrecht von Bayern und der Stadt Regensburg sollte nach dem Scheitern des ersten Einigungsversuchs vor königlichen Räten im Oktober 1495 vor dem Reichskammergericht ausgetragen werden; Maximilian forderte am 21. November das Gericht auf, nach der Weihnachtspause am 6. Januar 1496 einen gültigen Vergleich anzustreben, da er zur Zeit verhindert wäre. Ebenso schaltete sich der König am 26. Februar 1496 in einen Streit der Stadt Köln und des Rottweiler Hofgerichts ein, den Maximilian vor der Reichsversammlung in Frankfurt mit einem Vergleich beenden wollte, weshalb Eitelfriedrich angewiesen wurde, jegliche Prozesse deswegen zu verbieten. Am 9. Dezember 1495 befahl König Maximilian seinem Kammerrichter Eitelfriedrich, Wilhelm Willprecht als Kammerprokurator und Advokat zu vereidigen. Eitelfriedrich von Zollern ging häufig auf solche Gesuche des Königs ein.

Allerdings zeigte sich auch bald das Streben nach materieller Unabhängigkeit des Gerichts. Am 13. Juni 1496 befahl Maximilian, Jakob Murner als neuen Beisitzer des Reichskammergerichts aufzunehmen, was das Gericht in bemerkenswerter Weise verweigerte, da hierfür alleine der Reichstag zuständig sei (M. Dressel, 1995, 98ff.).

Hinsichtlich der Frage nach der Wirksamkeit von Gerichtsstandsprivilegien gemäß der Goldenen Bulle von 1356 schweigt die Kammergerichtsordnung von 1495. Da aber gemäß der salvatorischen Klausel bestehende Privilegien und Freiheiten durch die Bestimmungen der Kammergerichtsordnung nicht berührt wurden, blieben die kurfürstlichen Appellationsprivilegien bestehen. Sie waren insoweit mit Blick auf die Zulässigkeit der Appellation natürlich auch für die Zuständigkeitsproblematik relevant (B. Schildt, 2006, 12).

Aus alledem ergibt sich für die Zuständigkeit des Reichskammergerichts gemäß der Gerichtsordnung von 1495 folgendes Gesamtbild:

In erster Instanz war das Gericht zuständig: erstens für Klagen gegen nicht fürstmäßige Reichsunmittelbare, *zweitens* ohne Rücksicht auf ständische Unterschiede im Fall der Rechtsverweigerung oder Rechtsverzögerung, *drittens* bei Fristversäumnissen im Rahmen der Austrägalgerichtsbarkeit der Kurfürsten, Fürsten und Fürstmäßigen (Schiedsgerichte für Streitigkeiten der Fürsten untereinander) sowie *viertens* bei Klagen von Landstädten und Städten gegen Kurfürsten und Fürsten im Falle der Nichteinhaltung der Frist von

einem halben bzw. einem Jahr und schließlich *fünftens* bei nicht mit Leibes-
strafe bedrohten Straftaten der Kameralen. Hinzu kam die nicht ausdrücklich
genannte, sondern eher beiläufig erwähnte erstinstanzliche Zuständigkeit in
Landfriedenssachen.

*In zweiter Instanz gehörten vor das Reichskammergericht Appellationen
gegen: erstens* Austräge der Kurfürsten und Fürsten, *zweitens* gegen Entscheidungen fürstlicher Räte bei Klagen der Landstädte und Städte gegen Kurfürsten, Fürsten und Fürstmäßige und *drittens* schließlich gegen vorinstanzliche
Urteile der territorialen Obergerichte, soweit dem für das betreffende Territorium kein Gerichtsstandsprivileg entgegenstand.

Im Ergebnis stellte die Etablierung des Reichskammergerichts und dessen
Ordnung durch „Unser und des Hailigen Reichs Cammergerichts" zweifellos
einen Kompromiss zwischen dem Kaiser und den fürstlichen Territorialgewal-
ten dar. Maximilian I. wählte offenbar bewusst diese Bezeichnung, um damit
seinen Anspruch als oberster Richter des Reiches zu betonen. Einerseits war
mit dem Reichskammergericht ein vom Kaiser und den Ständen gemeinsam
getragenes oberstes Reichsgericht geschaffen worden, andererseits war es nicht
gelungen, für dieses Gericht im Interesse einer umfassenden Friedenswahrung
eine allgemeine und ausschließliche erstinstanzliche Zuständigkeit zu begründen. Lediglich für den nicht fürstmäßigen Adel sowie die Frei- und Reichsstädte wurde es zum ordentlichen Gericht erster Instanz. Im Übrigen war das
Reichskammergericht, abgesehen von den genannten Sonderfällen, weithin
Appellationsinstanz (B. Schildt, 2006, 13f.; Köbler, 2005, 158).

IV. Die weitere Entwicklung der Judikative

Keinesfalls sollte man annehmen, dass die Zusagen auf dem Reichstag den
Charakter von konstitutionellen Dokumenten des 19. oder 20. Jahrhunderts
besaßen. Es handelte sich um königliche Gnaden, die im Zweifelsfall auch wieder entzogen werden konnten. Zweimal haben Kaiser dies auch versucht, einmal nach dem Sieg über die Schmalkaldner 1547 (Karl V.) und mitten im Dreißigjährigen Krieg 1629 (Ferdinand II.). In beiden Fällen versagten die eigenen
Anhänger die Gefolgschaft, weil sie vor der Übermacht der Großdynastie zu-
rückschraken. So dürfte auch die Gründung des Reichshofrates 1559 in Wien,
mit welchem ein oberstes Gericht gleichsam an den Hof zurückkehrte, insbesondere dem Hause Habsburg und nicht dem Reich als staatlichem Gebilde
gedient haben (s. Zweikörperlehre).

Der Wille und die Möglichkeit zu Reformen im Reich waren aufgrund
seiner Strukturen äußerst gering. Der Erfolg des Kammergerichts kam infolgedessen denen am meisten zugute, die an seiner Neuformierung unbeteiligt waren, und nicht so eindeutig denen, die sie betrieben: Das neu formierte Kammergericht nützte den daran beteiligten Juristen und ihrem Anhang, auch den
Prozessierenden aus dem Bürgertum und aus dem kleinen Adel, die hier ebenso intensiv tätig wurden wie schon am königlichen Kammergericht zuvor.

Das neu formierte Kammergericht schadete dem König im Augenblick politisch und half zwar, den Landfrieden zum Vorteil der Fürsten zu sichern, minderte aber deren gerichtliche Unabhängigkeit; schon für ihre Konflikte untereinander wollten sie nichts vom Kammergericht wissen (P. Moraw, 1988, 27).

In Individualrechtlicher Hinsicht fällt die Bilanz wesentlich günstiger aus. Die drei Jahrzehnte nach dem Jahr 1550 gelten als die wohl größten Erfolge des Kammergerichts. Die schon unter Maximilian spürbar gewesene Eigendynamik der am Kammergericht vereinten Personengruppen, die ein eigenes fachliches Profil mit relativ rationaler auch relativ unabhängiger Argumentation zu entwickeln verstanden, verfehlte ihre Wirkung nicht. Es bestand ansehnlicher Spielraum zur juristischen Fortentwicklung, auch weil sich die Rechtsmaterien vermehrten. Die erarbeiteten Zahlen zeigen, dass diese Tätigkeit von einem beträchtlichen Wachstum der angestrebten Prozesse ebenso angeregt wie auch honoriert wurde. Bis 1550 hat man im Durchschnitt jährlich 80 neue Verfahren ermittelt, von da an bis 1594 im Durchschnitt 438.

Ein sachliches Hauptproblem bildete die Eindämmung der Fehden, welche damals mit gutem Erfolg gelang; damit erfolgte der Vollzug des Fehdeverbots in Deutschland rund 180 Jahre später als in Frankreich. Auch die indirekten Wirkungen des Kammergerichts auf die territorialen Gerichtsorgane waren nicht weniger bedeutsam; es ging um relative Vereinheitlichung und noch mehr um Qualitätsverbesserung.

Als Frühpunkt reichsweiter Kodifikationen ist die „Carolina", also die Kodifikation des Strafrechts von 1532 zu nennen. Ähnlich umfassend waren die Regelungen in den Reichspolizeiordnungen, die ebenfalls dem ewigen Landfrieden dienen sollten. Für das ganze Reich geltende Bestimmungen wurden weiterhin mit dem Augsburger Religionsfrieden von 1555 und dem Westfälischem Frieden von 1648 getroffen, die als *Leges fundamentales* des Alten Reiches verstanden wurden. Im Übrigen blieb die Gesetzeslandschaft im Alten Reich extrem heterogen: Gewohnheitsrechte, Rechtsentscheidungen der Obrigkeit, römisches Recht, verschiedene Formen von Naturrecht und lokale Statuten wurden zur Rechtsfindung herangezogen.

Ebenso bemerkenswert wie die Festsetzung verbindlicher Normen war die Etablierung eines Instanzenzuges, der die praktische Umsetzung dieser Norm ermöglichte. An seiner Spitze standen im Alten Reich eben das 1495 gegründete Reichskammergericht und der 1559 mit einer Ordnung versehene Reichshofrat. Beide Gerichte betrieben ihre Rechtsfindung losgelöst von den Ansprüchen der Territorien. Wandten sich also Untertanen oder Stände an den Reichshofrat nach Wien und an das Reichskammergericht nach Speyer bzw. nach 1690 nach Wetzlar, dann reduzierten sich die Einwirkungsmöglichkeiten der eigenen Herrschaft.

Der Rechtsweg wurde zur bevorzugten Konfliktlösungsstrategie. Auch bot der sich herausbildende Instanzenzug die Möglichkeit, Urteile und Verfahren in die nächste Instanz zu bringen. Zunehmend wurde somit das Recht auch als Garant einer sich herausbildenden persönlichen Freiheit anerkannt (N. Grochowina, 2006, 47ff.; von Rhein/Cordes, 2006, 47ff.).

Seine größten Bewährungsproben erhielt das Reichskammergericht während der Religionsstreitigkeiten im 16. Jahrhundert. Diese wurden als weltliche Vergehung, etwa als Landfriedensbrüche, behandelt, so dass das Reichskammergericht in konfessionellen Fragen keine Entscheidungen fällen musste. Neben der Gewissensfreiheit etablierte sich vor allem die Freiheit des Eigentums. In der konfessionell aufgeladenen Situation der postreformatorischen Zeit zeigt sich die Zusammenführung von Gewissens- und Eigentumsfreiheit deutlich. Bereits im zeitlichen Umfeld des Augsburger Religionsfriedens von 1555 ist in der Rechtspraxis und im juristischen Diskurs eine entsprechende Verbindung festzustellen. So ermöglichte es das 1555 verabschiedete und damit auch einklagbare *Jus emigrandi*, das Eigentum zu schützen und es bei einem Konfessionswechsel und beim Verlassen des jeweiligen Territoriums mitzunehmen. Fortan konnte niemand mehr wegen seiner Glaubensentscheidung sein Hab und Gut verlieren. Eigentum zu besitzen und zu erhalten, wurde zur Grundfreiheit.

Im Jahre 1588 geriet die Rechtsprechung des Kammergerichts ins Stocken; entlang der dort aufgeworfenen Linien ist 1618 der Dreißigjährige Krieg ausgebrochen. Dieser Krieg hat dann Verfassungsänderungen zu Gunsten der Kaiserfeinde erzwungen. Bei der Unmöglichkeit einer Reform der Reichsverfassung blieb es auch in den weiteren Jahren, sie musste vielmehr überwältigt werden: Erst von der neuen Staatsräson Preußens und Österreichs, dann von Napoleon (P. Moraw, 1988, 35).

V. Fazit

Im Fokus der Politik Maximilians I. stand das Habsburger Universaldominat. Mit Maximilian I. begann sich aber auch der Grundsatz des Gleichgewichts der Mächte – noch nicht der Gewalten – durchzusetzen. Die Wiederherstellung des Römisch-Deutschen Reiches war weniger „modern" (H. Wiesflekker, 1998, 3). Der Wormser Reformreichstag (1495) brachte keine umfassende Reichsreform, sondern vielmehr eine Erstarrung der Reichspolitik mit der Einleitung eines Übergewichts der Fürsten über die Krone (Augsburger Regimentsordnung 1500). So begründete der Reichstag den Ewigen Landfrieden und das Reichskammergericht, zudem wurde der Reichspfennig als erste gemeinsame Steuer eingeführt. Viele meinen, dass eben diese drei staatsorganisationsrechtlichen Instrumente das Reich bis 1806 zusammenhielten.

Im Verhältnis zum restlichen Europa kann festgestellt werden, dass, was die Anzahl der Juristen betrifft, in Deutschland ein starker Rückstand bestanden hat. Zum Vergleich: Die Anzahl der studierten Juristen war im französischen Sprachraum um 1400 etwa zehn mal so hoch wie im deutschen Sprachraum, ganz zu schweigen von Italien. Frankreich ist im 14. und 15. Jahrhundert mehrfach militärisch katastrophal geschlagen worden, niemals aber kam die

Gruppe der Juristen in Frankreich bzw. in Paris zu Schaden, und so sei, um es mit Peter Moraw zu sagen, dem französischen Staat als Ganzem nichts Ernstliches zugestoßen (Moraw, 1997, 15). Zu einer ähnlichen, stabilisierenden Konzentration ist es in Deutschland nie gekommen. Auch die obersten Gerichte im Reich der frühen Neuzeit haben vergleichsweise nur winzige isolierte Inseln sozialen Beharrens und Interesses ausbilden können und stellten nie eine weit ausgreifende, das Reich mitformende Kraft dar. Das Reichskammergericht wird vielmehr oftmals als Beispiel für Prozessstau und Langsamkeit der Justiz angesehen (Goethe, Dichtung und Wahrheit, 575 ff., der als Ursache dafür die chronische Unterbesetzung des Gerichts ausmachte). Aus alldem folgt, dass die Reichskammergerichtsordnung Maximilians auf den ersten Blick in konstitutioneller Hinsicht keine zentrale historische Bedeutung erlangt hat.

Bedenkt man aber, dass die Judikative ausgehend von der klassischen Gewaltenteilungslehre ein Wesenselement des modernen Staatsrechts darstellt, wird deutlich, dass im Kern mit der Reichskammergerichtsverordnung von 1495 die von Maximilian vollzogene Trennung von Hof und oberstem Gericht auch in historischer Hinsicht wichtig war, setzte sie doch eine juristische Eigendynamik in Kraft, welche wenn nicht für das Reich selbst, so doch für seine Einwohner von größter Bedeutung wurde. Schaut man auf die Entwicklung der Rechtspflege als solche, so kann man in der Trennung von Hof und Gericht die Grundsteinlegung für die Judikative, d. h. der rechtsprechenden Gewalt sehen. Auch wenn es noch ein weiter Weg zum Rechtsstaat des Grundgesetzes war (zur Verfassungsgerichtsbarkeit vgl. Th. Maunz/R. Zippelius, 1985, 305ff.), so lassen sich seit dieser Zeit konkrete Anhaltspunkte für das Streben der Richter wie auch der übrigen beteiligten Juristen insbesondere der Anwaltschaft nach Unabhängigkeit von der Staatsmacht ausmachen.

Inhaltlich spannt sich ein Bogen vom Untertanenprozess der Anfänge bis hin zu Entscheidungen zur bürgerlichen Freiheit und zum Willkürverbot in der Spätzeit, die in den maßgebenden europäischen Gesetzeskodifikationen erst wesentlich später auftauchen.

Sucht man dies in gängigen Grundrissen zur deutschen Rechtsgeschichte (z. B. G. Köbler, 2005, 158), so muss man demgegenüber feststellen, dass die Bedeutung des Aktes Maximilians gar nicht bzw. nicht hinreichend deutlich zum Ausdruck kommt. Dies hängt womöglich mit dem fehlenden Verständnis für eine mittelalterliche Auffassung des königlichen Handelns in zwei Körpern und mit der über die Jahrhunderte wechselhaften historischen Interpretation seiner Person zusammen. Dass Maximilian 1495 als Person nicht ganz freiwillig handelte, schränkt die staatsrechtliche Relevanz seines Schöpfungsaktes in keiner Weise ein.

Interessant erscheint mir noch ein weiterer Gedanke: Lassen sich aus dem Scheitern der Reichsreform und des universellen Machtanspruchs Maximilians nicht auch Rückschlüsse auf den Ablauf der heute vorzufindenden Tendenz hin zu globalen Verfassungen finden, die sich anhand von Trends wie Digitalisierung, Privatisierung und globaler Vernetzung zeigen (vgl. G. Teubner, 2007, 30ff.; P. K. H. Lüders, 1984, 485ff.)?

Bibliographie

Martin Dressel: Graf Eitelfriedrich II. von Zollern (1452-1512). Kaiserlicher Rat Maximilians I. und erster Richter am Reichskammergericht, Gesellschaft für Reichskammergerichtsforschung, Wetzlar, 1995.

Johann Wolfgang von Goethe: Aus meinem Leben (Dichtung und Wahrheit), III. Teil, 12. Buch., Artemis Gedenkausgabe, zweite Auflage Zürich 1961 – 1966, Nachdruck dtv 1977 Bd. 10.

Wilhelm G. Grewe: Epochen der Völkerrechtsgeschichte, Baden-Baden, 1984.

Nicole Grochowina: Freiheit und Bürgerrechte im Alten Reich, in: Georg Schmidt-von Rhein und Albrecht Cordes (Hrsg.): Altes Reich und neues Recht. Von den Anfängen der bürgerlichen Freiheit [Katalog zur gleichnamigen Ausstellung vom 15.9.2006 bis 10.12.2006 im Reichskammergerichtsmuseum und im Stadt- und Industriemuseum Wetzlar], Wetzlar, 2006, S. 43-55.

Ernst H. Kantorowicz: Die zwei Körper des Königs – Eine Studie zur politischen Theologie des Mittelalters, Stuttgart, 1992. [Die Originalausgabe erschien unter dem Titel „The King's Two Bodies. A Study in Mediaeval Political Theology", Princeton, N. J., 1957. Die deutsche Originalausgabe erschien unter dem Titel „Die zwei Körper des Königs. Eine Studie zur politischen Theologie des Mittelalters", München, 1990].

Gerhard Köbler: Deutsche Rechtsgeschichte, München, 2005.

Alfred Kohler: Die Reichsreformbestrebungen Maximilians I. und Karls V., in: Damals 9/2006, S. 54-59.

Karl Kroeschell: Deutsche Rechtsgeschichte, Hamburg, 1981.

P. K. Hugo Lüders: Ökonomisches Weltsystem und transnationales Recht, in: Kindlers Enzyklopädie ‚Der Mensch'. Bd. 8, Zürich, 1984, S. 485-503.

Theodor Maunz u. Reinhold Zippelius: Deutsches Staatsrecht, München, 1985.

Peter Moraw: Rechtspflege und Reichsverfassung im 15. und 16. Jahrhundert. Vortrag, gehalten am 18.11.1988 im Stadthaus am Dom zu Wetzlar (Schriftenreihe der Gesellschaft für Reichskammergerichtsforschung 10), Wetzlar, 1997.

Hans Oppermann: Der europäische Humanismus und Deutschland, in: Hans Oppermann, Humanismus (Wege der Forschung 17), Darmstadt, 1970, S. 511-520.

Bernd Schildt: Die Entwicklung der Zuständigkeit des Reichskammergerichts (Schriftenreihe der Gesellschaft für Reichskammergerichtsforschung 32), Wetzlar, 2006.

Georg Schmidt-von Rhein u. Albrecht Cordes (Hrsg.): Altes Reich und Neues Recht – Von den Anfängen der bürgerlichen Freiheit, Wetzlar, 2006.

Georg Schmidt-von Rhein: Das Reichskammergericht – eine fortschrittliche Reichsinstitution, in: Damals 9/2006, S. 62-67.

Gunther Teubner: Globale Verfassungen jenseits des Nationalstaats. Wie Subsysteme der Weltgesellschaft ihre beigenen Rechtsnormen schaffen, in: Forschung Frankfurt 25 (2007), S. 30-37.

Hermann Wiesflecker: Maximilian I., in: Kurt Fassmann (Hrsg.): Die Großen der Weltgeschichte, Bd. 4, Zürich, 1974, S. 328-349.

Hermann Wiesflecker: Maximilian I. Die Fundamente des habsburgischen Weltreichs, Wien/München, 1991.

Hermann Wiesflecker: Maximilian I., in: Lexikon für Theologie und Kirche, Bd. 7, Freiburg 1998, S. 4-5.

Zippelius, Reinhold: Allgemeine Staatslehre, München, 1982.

Ra. Bernhard Schmitz
Usinger Str. 6
D-60389 Frankfurt am Main
E-Mail: kanzlei@schmitz-rechtsanwaelte.de

Manfred Hollegger

Lebenszeugnisse und Archivalien zur Rekonstruktion des Hoflebens Kaiser Maximilians I.

So ohne weiteres vom Hof und Hofleben[1] Maximilians I. zu sprechen, stellte eine Verkürzung und Vereinfachung der Verhältnisse dar, weshalb zunächst daran zu erinnern ist, dass er das Reich in der Tradition seiner Vorgänger vom Pferde, das heißt von einem wandernden Hof und nicht von einer ortsfesten Residenz aus regierte. Es gab zwar Ansätze zu einer Residenzbildung in Innsbruck, wo sich Maximilian mit Abstand am öftesten, mehrmals monatelang ununterbrochen aufhielt[2], wie das unter anderem an den von ihm dort angeordneten Baumaßnahmen abzulesen ist, die vom Ausbau und der künstlerischen Ausgestaltung des so genannten Mitterhofes, der maximilianeischen Hofburg (I. Wiesflecker-Friedhuber, 2005, 129-133), samt dem Ankauf und Umbau des Hufschmiedhauses und des Goldschmiedhauses, weil sie als angrenzende Häuser keine Zierde seien, d. h. die gewünschte Ensemblewirkung störten (vgl. RI XIV/4/1, 2002, Nr. 17802, 17803 und I. Wiesflecker-Friedhuber, 2005, 134), über den Bau eines feuersicheren Zentralarchivs im hinteren Teil des so genannten Neuhofs[3], dem Sitz der Rechen- und Hauskammer, bis zu allgemeinen städtebaulichen Anordnungen reichten, die in Innsbruck den Feuerschutz heben und die hygienischen Zustände in der Stadt verbessern sollten (vgl. I. Wiesflecker-Friedhuber, 2005, 133f., 135f.). Aber trotz dieser Tendenz zur wenigstens teilweisen Verfestigung seines Hofes blieb Maximilian zeitlebens beim Herrschaftsstil der persönlichen Präsenz und des persönlichen Regiments, und damit ein wandernder Herrscher, selbst als sich ab 1514/15 seine Krankheiten immer stärker meldeten, so dass er öfters nicht mehr reiten konnte und in einer Ross-Sänfte reisen musste (M. Hollegger, 2005, 216f.). Mit ihm blieben auch seine Hofleute lebenslang „Zigeuner", wie der Hofkammersekretär Blasius Hölzl es ausdrückte (H. Wiesflecker, 1986, 263).

Aber nicht nur diese Eigentümlichkeit ist zum Hofleben Maximilians I. vorauszuschicken, sondern auch die Zweiteilung in einen Hof Maximilians und in einen seiner zweiten Gemahlin Bianca Maria, die sich seit ihrer Heirat

---

1   Grundsätzlich und sofern im folgenden Beitrag nicht eigens zitiert vgl. dazu H. Wiesflecker, 1986, 380-490; ders., 1991, 214-224 und ders., 1999, 275-286.

2   Vgl. I. Wiesflecker-Friedhuber, 2005, 125 (dort in Anm. 1 auch eine Übersicht über die Literatur zum Thema „Maximilian und Innsbruck"), 128.

3   Zum Neuhof vgl. I. Wiesflecker-Friedhuber, 2005, 129, 132. Zum Bau der feuersicheren Archivgewölbe vgl. M. Hollegger, 1983, 31, 82f. Zur Aufbewahrung der „Schatztruhen" mit Messgewändern, Tapisserien, Tafelsilber und Büchern in der Innsbrucker Hofburg vgl. RI XIV/3/1, 1996, Nr. 11307.

mit Maximilian 1494 bis zu ihrem Tod am 31. Dezember 1510 hauptsächlich in
Innsbruck aufhielt[4]. In gewisser Weise setzte sich das auch ab 1517, zwei Jahre nach der habsburgisch-jagellonischen Doppelheirat von 1515 fort, als die
„Kaiserin", gemeint ist Anna von Ungarn, weil Maximilian sie stellvertretend
für einen seiner Enkel, Karl oder Ferdinand, geheiratet hatte, und die „Königin", gemeint ist die 1515 mit Ludwig von Ungarn vermählte Maria von Österreich, nach Innsbruck gebracht und für beide dort ein Hofstaat eingerichtet
wurde[5]. Wichtig sind diese Vorbemerkungen deshalb, weil die Überlieferungslage eine durchaus unterschiedliche ist und wir aus verschiedenen Archivalien
wesentlich mehr über die „Residenz" Innsbruck und die dortige Hofhaltung
für Bianca Maria bzw. Anna von Ungarn und Maria von Österreich wissen,
sowie einiges für das Hofleben daraus erfahren, als das bei Maximilian selbst
und seinem wandernden Hof der Fall ist. Die sogenannten Gedenkbücher der
Hofkammer, die uns laut ihrer Anlage in bis zu 12 nebeneinander laufenden
Büchern, wie wir aus den Hofregistratur- und Buchhaltungsordnungen wissen, viele Aufschlüsse auch zum Hofleben bieten könnten, sind nur sehr lü-
ckenhaft erhalten, und Hofabrechnungen fehlen uns bis auf die wenigstens in
einer Abschrift des 17. Jahrhunderts erhaltenen Tagzettel der Hofküche[6] überhaupt. In Innsbruck hingegen liegen nicht nur die zwei Serien der Kopialbü-
cher und die Kammerraitbücher fast geschlossen vor, sonder zusätzlich einige
aufschlussreiche Kodizes und Inventare, was auf die Ortsfestigkeit der dortigen Kanzlei samt angeschlossener Registratur und Buchhaltung sowie des
Archivs zurückzuführen ist. Es gab zwar die Weisung, vollgeschriebene Bücher der Hofregistratur und Buchhaltung zur Archivierung nach Innsbruck
zu schicken, aber in der Praxis wurde das dann doch nicht durchgehend so ge-
handhabt, sondern die Register, Urkunden, Briefe und Akten wie Privatbesitz
behandelt, wie uns das Beispiel des Hofkanzlers Zyprian von Serntein lehrt,
der sie in sein Schloss Fragenstein bringen ließ, von wo sie nach seinem Tod
als ungeordnete Masse in drei Wagen nach Innsbruck geführt wurden (vgl. M.
Hollegger, 1983, 36, 36 Anm. 4, 44, 46, 46 Anm. 1, 48).

Aus Maximilians Selbstzeugnissen[7], den Diktaten seiner lateinischen Autobiographie, dem *Weißkunig*, *Theuerdank* und *Freydal*, dem Triumphzug
und der Ehrenpforte, dem Jagd- und Fischereibuch, geht für die Rekonstruktion des Hoflebens wohl am meisten aus den Abbildungen hervor, sofern sie
uns unverdächtig z. B. Turnier-, Tanz und Jagdszenen, die dabei getragenen

---

4   Zu ihrer Biographie und ihrem Hof vgl. grundsätzlich H. Hochrinner, 1966.

5   Vgl. A. Gatt, 1943, 30ff., 157 ff., 195 ff.; I. Wiesflecker-Friedhuber, 2005, 143 und M. Hollegger, 1983, 202 Anm. 8 (dort der Monatsetat für ihren gemeinsamen Hofstaat: 1.200 Gulden),
213, 242.

6   Zu den Tagzetteln allgemein vgl. RI XIV/4/1, 2002, Nr. 16306b (Instruktion für den Kon-
trollor aller Hofämter, Johann Lucas); als Beispiele von ca. 40 in Bd. 4/1 darauf basierender
Regesten vgl. ebda., Nr. 18499, 18653-18655, 18671-18673, 19540-19541.

7   Grundsätzlich vgl. dazu W. Schulze, 1996; H. Tersch, 1998; K. Arnold / S. Schmolinsky /
U.-M. Zahnd, 1999 und K. von Greyerz / H. Medick / P. Veit, 2001.

Kleidung und, wie bei den beliebten Mummereien, Ver-Kleidung vermitteln[8]. Angemerkt sei an dieser Stelle, dass Mummereien nicht immer nur Spaß waren, wie etwa ein Auftritt und Tanz der Hofgesellschaft in Bauernkleidern (vgl. RI XIV/4/1, 2002, Nr. 18239), sondern diese Verkleidungen auch einen politischen Hintergrund haben konnten, z. B. bei einer Verkleidung in türkischen Gewändern oder bei einem gestellten Saalturnier (vgl. RI XIV/4/1, 2002, Nr. 15944) zwischen sieben Männern mit goldenen Helmen, die mit goldenen Waffen um eine verlassene Königin kämpfen, musikalisch begleitet von als „wilde Männer" verkleideten Hornisten, so dass sich eine Darstellung des Kampfes der europäischen Mächte um Italien geradezu aufdrängt, zumal auch noch „Barbaren" die Begleitmusik dazu machen.

Aber zurück zu den Bildern und Texten: soweit sie sich überhaupt mit dem Hofleben befassen bzw. nicht reine Fiktionen sind, wie die Darstellung Maximilians als Horapoll in der Kuppel der Ehrenpforte[9], können auch die Bilder mehr einen Idealzustand als das Tatsächliche beschwören, wie etwa die der Holzschnitt von Maximilian als gelehriger Schüler[10] oder im Kreise seiner Künstler[11], denn weder war er ein „braver" Schüler noch pflegte er einen besonderen persönlichen Umgang mit Literaten und Künstlern (K. Schütz, 1992, 157), die dementsprechend in den Hofstaatsverzeichnissen fehlen[12]. Man ist also in jedem Fall gut beraten, beides, Texte wie Bilder, an Hand der archivalischen Dokumente zu verifizieren bzw., methodisch richtiger, falsifizieren, denn wir alle kennen ja den Zweck der autobiographischen Texte und Abbildungen, nämlich Maximilian als glänzenden und weisen Herrscher darzustellen, als vollendeten tapferen Ritter, als Turnierheld und unübertroffenen Festgestalter, als großen Weidmann, als einen in allen Künsten bewanderten Herrscher, selbst in denen des Handwerks. Auch wenn Maximilian sich für vieles interessierte, wie die Einträge in seine persönlichen „Gedenkbücher" zeigen (vgl. RI XIV/4/1, 2002, Nr. 16338), darf wohl bezweifelt werden, dass er wirklich über fachmännisches Wissen als Musiker[13], Maler[14], Geschützgießer und

---

8   Vgl. die Abbildungen im Freydal, ed. Qu. von Leitner, 1880-1882, im Tiroler Jagdbuch, ed. M. Mayr, 1901, und im Tiroler Fischereibuch, ed. M. Mayr, 1901.

9   E. Chmelarz, 1886 und Nachdruck 1972, Übersichtstafel und Tafel 35. Vgl. dazu auch M. Hollegger, 2002, 228f.

10 Holzschnitt aus dem *Weißkunig* bei H. Wiesflecker, 1991, nach 26 und bei Ch.-M. Dreissiger, 1985, Abb. 11.

11 Holzschnitt aus dem *Weißkunig* bei H. Wiesflecker, 1991, nach 326.

12 Vgl. z. B. RI XIV/3/1, 1996, Nr. 11291, wo nur Josef Grünpeck als *poet* aufscheint. Im Hofstaatsverzeichnis von 1519 (vgl. Th. Fellner / H. Kretschmayr, 1907, 139-147) finden sich zwar daneben auch Jakob Mennel und Johann Stabius, aber bezeichnenderweise nur unter den *extraordinari parteien* (vgl. ebda., 146f.), die zwar versorgt wurden, wenn sie am Hof weilten, aber dem *ordinari* Hofstaat eben nicht angehörten.

13 Holzschnitt aus dem *Weißkunig* bei H. Wiesflecker, 1986, nach 352 und ders., 1991, nach 334.

14 Holzschnitt aus dem *Weißkunig* bei Ch.-M. Dreißiger, 1985, Abb. 20.

Artilleriesachverständiger[15], Baumeister und Zimmermann[16] verfügte, wie die
Bilder suggerieren wollen, denn das einzige, was wir zu handwerklichen Fähigkeiten Maximilians gesichert wissen, ist, dass er sich dem Drechseln widmete: als er die beiden bereits eingangs erwähnten Häuser bei der Innsbrucker
Hofburg zu einem repräsentativen Gebäude vereinigen ließ, befahl er, unter
dem Dach eine Stube mit einem Kamin einzubauen, damit er dort seine, heute
noch in der Sammlung der Grafen Wiltschek auf Burg Kreuzenstein erhaltene
Drechselbank (vgl. Katalog, 1969, Nr. 592 und Abb. 129) aufstellen und über
einen direkten Zugang von der Hofburg aus diskret seiner Liebhaberei nachgehen konnte (vgl. RI XIV/4/1, 2002, Nr. 17802, 17803 und I. Wiesflecker-
Friedhuber, 2005, 134). Maximilians Bildung war mehr breit und vielfältig als
solide und beruhte mehr auf dem zufälligen Gespräch als auf systematischer
Lektüre; er war Dilettant auf vielen Gebieten, aber nicht wirklich ein Fach-
mann (K. Schütz, 1992, 156).

Nicht alles lässt sich jedoch mit archivalischen Quellen verifizieren oder
besser falsifizieren, etwa ob Maximilian an seinem Hof tatsächlich einen solch
umfangreichen und prächtigen geistlichen und weltlichen Hausschatz mitführte, wie auf einem der Wagen des Triumphzuges abgebildet[17], denn einerseits sprechen die Quellen von zahlreichen Verpfändungen von Tafelsilber und
Kleinodien aus Geldnot, andererseits aber auch von Rücklösungen und dass
den Erben beim öffnen der Truhen die Augen übergegangen seien. Ein in Innsbruck erhaltenes Inventar (A. Gatt, 1943, 80) von Maximilians persönlichem
Nachlasses ist jedenfalls sehr bescheiden: ein Brusttuch aus rotem Samt mit
Perlen, ein Barett aus schwarzem Samt mit vier Rosetten aus Perlen um ein
Goldkreuz, zwei Ärmel aus schwarzem Samt mit 16 Perlenrosetten um Ru-
bine und 24 einfachen Perlenrosetten, vier mit verschiedenen Edelsteinen besetzte Goldringe, ein Löffel aus Jaspis mit vergoldetem Stil, eine Koralle mit
Zahnstocher und einem ausgehöhlten länglichen grauen Stein sowie ein oben
und unten vergoldeter runder Jaspis, auf dem eine vergoldete Bauernfigur mit
Dudelsack steht. Aber man weiß natürlich nicht, was nach seinem Tod möglicherweise verschwunden ist, um es einmal möglichst neutral auszudrücken.

Andere Lebenszeugnisse neben denen Maximilians sind eher spärlich:
Sigmund von Herbersteins Selbst-Biographie zeigt Spannungen zwischen
Aufsteigern im Hofdienst und altem Adel sowie manchmal wilde Debatten
unter den Hofräten (vgl. M. Hollegger, 1983, 112 Anm. 1 und 305 Anm. 8)
aber sonst eher wenig zum Hofleben. Johannes Tichtels Tagebuch bringt uns
die ein oder andere Nachricht über den Hof in Wien, z. B. die, dass der Einzug
Maximilians in die Stadt im Oktober 1493 nicht wie sonst üblich unter Pauken

---

15 Illustration des sogenannten Historienmeister bei H. Wiesflecker, 1991, nach 300 und
    Holzschnitt aus der Ehrenpforte bei H. Wiesflecker, 1991, nach 338.
16 Holzschnitte aus dem *Weißkunig* bei Ch.-M. Dreißiger, 1985, Abb. 21 und 22.
17 Vgl. F. Winzinger, 1972 (Kommentarband), Abb. 29 und ders., 1973 (Faksimileband), Abb.
    28 und 29.

und Trompeten erfolgte, sondern (wegen des Todes seines Vaters, Friedrich III.) still und in Trauerkleidung (vgl. RI XIV/1/1, 1990, Nr. 66). Von Johannes Cuspinian ist besonders sein Tagebuch über den Wiener Kongress 1515 und das damit zusammenhängen Treffen dreier Könige und ihrer Höfe interessant. Nicht unerwähnt bleiben dürfen auch die von verschiedenen Autoren stammenden Chroniken deutscher Städte mit ihren Schilderungen von Einzügen des Hofes, Belehnungen, Turnieren und Festen. Aber auch zu den weniger schönen Seiten des maximilianeischen Hofes gibt es einige Stimmen. So etwa charakterisiert Lukas Rem in seinem Tagebuch Maximilians Höflinge als „Lauerbuben" (Wegelagerer), einen Ausdruck, den Georg Kirchmair in seinen Denkwürdigkeiten ganz gleich gebraucht (M. Hollegger, 2005, 250). Tatsächlich erwarteten und nahmen viele am Hof Geschenke und Trinkgelder, wollte man ihre Hilfe und Fürsprache, so dass auch der spanische Gesandte Gutierre Gomez de Fuensalida von einer *quadrilla* (Räuberbande) sprach (M. Hollegger, 2005, 261), und der venezianische Gesandte Zaccaria Contarini von einer üblen *brigata* unangesehener Leute, die Maximilian an seinem Hof halte (M. Hollegger, 2005, 253). Kurfürst Friedrich von Sachsen pries den Mann selig, der an diesem Hof nichts zu schaffen hat, der steirische Herr Hans von Stubenberg äußerte, dass am Hof Maximilians kein ehrlicher Mann Platz habe, und ein bischöflich-bambergischer Gesandter erteilte den ironischen Rat, wer über die Ränke und Finten dieser Welt etwas lernen wolle, möge an den Hof Maximilians kommen (M. Hollegger, 2005, 254). Warum war das so? Weil an diesem Hof so gut wie ständig Geldnot herrschte.

Laut den Gossembrotverträgen[18] von 1501/02 – Georg Gossembrot finanzierte den ganzen Staatshaushalt mit fixen Monatsbeträgen vor, wofür ihm sämtliche Einkünfte der österreichischen Erbländer verschrieben waren – betrug der Jahresetat für Maximilians Hof 47.000 Gulden und für den Hofstaat Bianca Marias 13.000 Gulden, also insgesamt 60.000 Gulden, was gegenüber früheren Etats von rund 100.000 Gulden eine Einsparung von 40% bedeutete. Weil man einige *ordinari parteien*, nämlich Lichtkammer, Kantorei, Furier, Kaplan, Tapisserie, Wäscherei und Wagenstall mitzuberechnen vergessen hatte, musste man zwar um 7.100 Gulden nachbessern, so dass die 131 Personen am Hof Maximilians sicher etwas aufzurunden sind, aber zusammen mit den 128 Personen im Hofstaat der Königin kommt man höchsten auf 300 Personen insgesamt, das heißt auf mehr als die Hälfte weniger als im Jahr 1494, als die Zahl des gemeinsamen Hofgesindes 650 Personen betrug (vgl. RI XIV/1/1, 1990, Nr. 288), was obige Einsparung erklärt. Nach dem Auslaufen der Gossembrotverträge 1504 setzte sich jedoch die alte Finanznot fort, so dass sowohl am Hof Maximilians als auch an dem Bianca Marias so gut wie ständig das Geld fehlte, um den Unterhalt ohne Schulden zu machen zu decken. Die höchste Jahresausgabe für KMs Hofstaat mit 120.000 Gulden fällt im Zu-

---

18 Dazu und zum folgenden vgl. RI XIV/3/1, 1996, Nr. 12393 und RI XIV/4/1, 2002, Nr. 15842, 15863, 15907, 15989, 15990, 16017, 16023.

sammenhang mit dem Wiener Kongress und der habsburgisch-jagellonischen Doppelhochzeit in das Jahr 1515, eine Überschuldung, die den durch den Venezianerkrieg seit 1508 ohnehin zerrütteten Staatshaushalt an den Rand des Bankrotts trieb. Nicht nur Paul von Liechtenstein als Verantwortlicher für die Finanzen oder sein Nachfolger Jakob Villinger, der letzte Schatzmeister Maximilians, mussten dafür oft genug persönlich bürgen, sondern auch kleinere *officier* wie Hofschneider, Schenk oder Küchenmeister hatten unter dieser Schuldenwirtschaft zu leiden und teils hohe Ausstände. Als man 1506 in Innsbruck aus Geldmangel den Hofstaat Bianca Marias nicht mehr unterhalten konnte (A. Gatt, 1943, 57ff.), forderte Maximilian die dortigen Räte auf, wenigstens die Schulden beim Hofbäcker zu begleichen, damit er weiter zumindest Brot liefere.

Was bedeutete das für das Hofleben? Dass Teile des Hofes in Städten zurückgelassen werden mussten, wenn nicht genug Geld für die Bezahlung der offenen Quartier-, Stall- und Wirtsrechnungen aller vorhanden war, ein Schicksal, das öfter sogar die Königin Bianca Maria samt ihren Hofstaat ereilte, so dass der König von Frankreich vor den versammelten europäischen Gesandten öffentlich spotten konnte, um die Hand seiner Tochter werbe Maximilian nur deshalb, weil er nach dem Tod seiner Gemahlin wieder jemanden zum verpfänden brauche. Um die Ärmlichkeit des Hofsstaates Bianca Marias nicht vor den nach Innsbruck gerufenen europäischen Gesandten offenkundig werden zu lassen, wurden die Königin und ihre Damen nach Hall geschickt, also gleichsam versteckt, aber es kam auch vor, dass Maximilian einem persönlichen Zusammentreffen mit dem französischen König ausweichen musste, weil er aus Geldmangel seinen Hofstaat nicht entsprechend einzukleiden vermochte, oder dass sein Hofstaat diesbezüglich deutlich abfiel, wie etwa beim Zusammentreffen mit König Heinrich VIII. von England 1513. Der Hofkammersekretär Blasius Hölzl brachte die Misere auf den Punkt, wenn er schrieb: *wir verfachen uns grosser sach und haben doch ganz gar kein Geld* (M. Hollegger, 2007, 216); und gemeinsam mit dem Zahlschreiber Hans Zott wieder einmal mit der Auslösung eines Teiles des Hofstaates beschäftigt berichtete er resignierend, weil das Geld nicht für alle reichte: *vnnser closter ist arm vnd der brueder vil*[19]. Hofleben unter Maximilian bedeutete also für einen Großteil der Hofangehörigen häufigen Geldmangel, der sie zwang, ihre Pferde, Rüstungen oder persönliche Wertgegenstände zu verpfänden, um aus ihren Herbergen zu kommen. Bis auf die wenigen Jahre während der Gossembrotverträge, wo genug Geld vorhanden war, um rauschende Feste zu feiern und große Bankette zu geben (vgl. z. B. RI XIV/4/1, 2002, Nr. 15899, 17695, 17706, 18184, 18239), alle Hofangehörigen zweimal jährlich neu einzukleiden und wohl auch regelmäßig zu besolden, scheint das Hofleben also oft genug mühsam und bescheiden gewesen zu sein. Auf jeden Fall war es von Arbeit geprägt, wobei wir die

---

19 Vgl. den Bericht an Maximilian vom 22. August 1505 aus Köln in HHStA Wien, Maximiliana-Akten 15, fol. 142-145.

genaue Arbeitszeit nur von den Hofräten kennen, und zwar von 7-9 und 12-16 Uhr (vgl. RI XIV/2/1, 1993, Nr. 5610), also sechs Stunden, nicht aber die aller anderen bei Hofe. Wie zu vermuten und auch aus einigen Quellenstellen zu sehen ist, richtete sich ihre Arbeitszeit – von der Kanzlei bis hinunter zu den Stallknechten – nach den anfallenden Bedürfnissen und konnte durchaus bis tief in die Nacht dauern. Gearbeitet wurde natürlich sieben Tage in der Woche. Das Verhältnis untereinander war bestimmt vom Amtsrang, der über dem Geburtsrang stand (vgl. M. Hollegger, 2005, 260 und M. Hollegger, 1983, 294), aber die Sozialdisziplinierung war noch nicht so weit fortgeschritten, dass es nicht zu Handgreiflichkeiten gegenüber Vorgesetzten[20] kommen konnte.

Ähnlich wenig ausgeprägt erscheint das Zeremoniell am Hof Maximilians I.: Die Berichte über Einzüge, königliche Zusammenkünfte oder feierliche Belehnungen zeigen natürlich Zeremoniell und Rangordnung (vgl. z. B. RI XIV/1/1, 1990, Nr. 149) und die diesbezüglich ziemlich regelmäßig auftauchenden Streitigkeiten, ebenso die Reichstagsberichte und -akten, aber den Gesandtenberichten ist zu entnehmen, dass es im „Alltag" am Hof Maximilians erstaunlich wenig bis kein Zeremoniell gab. Die Audienzen (vgl. z. B. RI XIV/1/1, 1990, Nr. 216) verliefen nicht immer gleich: es gab sowohl die an allen Höfen der Zeit übliche Form, dass der Herrscher auf einem erhöhten Thron saß, seine Räte nach Rang an beiden Seiten und der oder die Gesandten auf einer Bank gegenüber in der Raummitte, als auch die Form, dass Maximilian Gesandten an seiner Seite Platz anbot (vgl. z. B. RI XIV/1/1, 1990, Nr. 157); manchmal empfing er sie sogar in seinem Schlafgemach (vgl. RI XIV/1/1, 1990, Nr. 156). Wozu er sich entschloss, hängt offensichtlich mit seinem jeweiligen politischen Anliegen zusammen, nämlich ob Wohlwollen oder Abstand signalisiert werden sollte.

Warum Maximilian auf ein Hofzeremoniell so wenig Wert legte, wird meist mit seinem Charakter erklärt, dessen Sprunghaftigkeit sich nicht dem Zwang streng geregelter Etikette habe unterwerfen wollen. Man muss aber gar nicht seinen Charakter bemühen: Maximilians ganzer Regierungsstil war autokratisch, er machte die Regeln und veränderte oder brach sie wieder, wenn sie ihn einschränkten, was ihn nicht nur in Gegensatz zu den Reichs- und Landständen, sondern oft genug auch zu seinen Räten brachte. So gab er in der Regel jedermann die Hand, so dass es vielmehr auffiel, wenn er es, wie etwa beim türkischen Gesandten, nicht tat. Vielfach bezeugt ist, dass er Gesandte am Arm zu Seite zog, um mit ihnen etwas vertraulich zu besprechen, wobei er ihnen nicht selten seinen Arm um die Schulter legte. Selbstverständlich heißt das nicht, dass jedermann freien Zugang zum Herrscher hatte, sondern auf Audienz warten musste oder bis er gerufen wurde. Aber selbst hier: ritt er zu Jagd aus oder gab es einen Tanz, konnte man die Gelegenheit nutzen und ihm schon einmal völlig formlos eine Bitte vorbringen; auch von sich aus suchte Maximilian auf der Jagd manchmal das Gespräch mit dem einfachen Volk, was

---

20 Der Schreiber Roman gegen Blasius Hölzl; vgl. M. Hollegger, 1983, 39 Anm. 11.

sich dann aktenmäßig etwa darin niederschlagen konnte, dass eine Schwangere ein kleines Geldgeschenk angewiesen erhielt.

Da es aus Gründen des begrenzte Umfanges nicht möglich ist, in diesem Beitrag alle in den Urkunden, Briefe und Akten sowie in den Kopial-, Gedenk- und Raitbücher sowie vor allem auch in den zahlreichen Gesandtenberichte enthaltenen Nachrichten zum Hofleben im einzelnen zu behandeln, möge hier der Verweis auf die Edition der Regesten Maximilians I. genügen, deren On-line-Version (www.regesta-imperii.de) z. B. mit dem trunkierten Suchbegriff „Hof*" tausende Treffer liefert. Als Einzelquellen am dichtesten an Informa-tion zum Thema Hofleben sind einschlägige Kodizes, Hofstaats- und Inven-tarlisten, welche die wissenschaftliche Literatur großteils bereits aufgefunden und benützt hat (vgl. v. a. A. Gatt, 1943; R. Lotz, 1969 und Ch. Niederkorn, 1985). Das Grundsätzliche sei hier kurz zusammengefasst: Darin findet sich Personengeschichte – die Größe des jeweiligen Hofstaates und die soziale und regionale Herkunft seiner Angehörigen etc. – ebenso wie die materielle Hof-kultur – Kleidung, Stoffe, Schuhe, Hüte, Hauben, Schmuck, Einrichtung bis hin zu Betten, Bettzeug, Badewannen und Badeöfen, Leuchter und der Ver-brauch von Unschlitt und Kerzen, Tafelsilber, Tischtücher, Küchengeschirr, Brotsorten, Fleischarten, Gewürze, Süßigkeiten, Südfrüchte, einheimisches Obst, Weinsorten und die je nach Rang täglich zugeteilten Mengen etc. Es fin-den sich aber auch Entlassungsgründe wie Trunksucht oder unsittliches Ver-halten von Kaplänen, Ungeschicklichkeit u. a. m., was so manches Schlaglicht auch auf die „kleinen Leute" am Hof wirft. Vieles lässt sich aus den Kopial-, Gedenk- und Raitbüchern ergänzen, wo sich die Anweisungen, Kosten und Abrechnungen für die Versorgung des Hofes z. B. mit Früchten, Lebensmit-teln, Ochsen, Wild etc. finden bis hinunter zur Verwendung der Häute für den Schuster, den Bau eines Küchenwagens oder die Anfertigung von Bergschuhen mit Steigeisen für die Gämsenjagd.

Abschließend noch ein Blick zum Umgang mit dem Frauenzimmer, weil sich auch hier, wie bereits bei dem oben erwähnten Zeremoniell, zeigt, dass man wohl nicht mit der Selbstverständlichkeit von einem burgundischen Vor-bild ausgehen darf, wie es der Großteil der älteren Literatur für Maximilian I. annahm (M. Hollegger, 2006, 92f.): Seine erste eigene Hofhaltung hatte Maxi-milian in Burgund. Was er dort sah, erstaunte und faszinierte ihn zwar, wie die Briefe an seinen Freund Sigmund Prüschenk zeigen, aber zum Vorbild für sei-ne spätere Hofhaltung im Reich und Österreich wurde dieses Erlebnis nicht. Abzulesen ist das nicht nur aus dem Fehlen jeglicher Hofordnung nach bur-gundischem Muster, sondern auch an kleinen Details, wie etwa dem Umgang mit dem Frauenzimmer: während dieses in Burgund Tag und Nacht unver-sperrt war, wie Maximilian offensichtlich im Gegensatz zum Hof seines Vaters, Friedrich III., auffiel, und seine Begleiter dort küssen und kosen lernen konn-ten, war dies beim Frauenzimmer seiner zweiten Gemahlin, Bianca Maria, und beim Frauenzimmer Annas von Ungarn und Marias von Österreich ganz an-ders: als sich Kurfürst Friedrich der Weise von Sachsen nach dem Tod Erzherzog Sigmunds von Tirol zum Fürsprecher der Hofdamen von dessen Gemahlin Katharina von Sachsen machte und bat, diese jetzt doch in das Frauenzimmer der Königin aufzunehmen, antwortete ihm Maximilian ablehnend: Es sei eine Unsitte, dass Jungfrauen *ain wollust* am Hofleben gewinnen, weil sie dann nicht mehr heiraten wollen. Das führe dazu, dass man sie mit der Zeit nicht als „Hofjung-", sondern als „Hofaltfrauen" unterhalten müsse, was gegen die Hofordnung – hier gemeint die „Planposten" im Frauenzimmer – sowie gegen Zier und Freude sei. Außerdem entwickelten sich *sbaczlieben* zu Männern, von denen die Fräulein wissen, dass sie sie nicht heiraten können; trotzdem veranstalteten sie diesen „öden Jahrmarkt" in ihren Herzen, in der närrischen Hoffnung, mit der Zeit ihren Liebsten doch heiraten zu können, was jedoch von zehn nicht einer gelänge. So komme es, dass sich diese Edelfräulein nicht mehr um eine standesgemäße Heirat bemühten. Trage man ihnen eine gute Heirat an, so rieten ihnen die alten Hofjungfrauen, ihre heimlichen Gespielinnen, davon ab, indem sie das sorglose Leben bei Hofe loben. Dies nicht nur deswegen, um nicht ihre Gespielinnen zu verlieren, sondern auch, um nicht alleine den Spott des Alterns – wer dächte hier nicht an die sprichwörtliche „alte Jungfer" – ertragen zu müssen; zudem fürchteten sie um ihre Kurzweil, weil die Jungen und Hübschen täglich Gesellschaft für das Frauenzimmer anlockten. Auch ihre Heiratskandidaten würden den Jüngeren schlecht gemacht, so dass selbst die heiratswilligen unter ihnen davon wieder Abstand nehmen. Die Folge sei, dass man die Jungfrauen schließlich nicht mehr achte und ihnen daher auch keine gute Heirat mehr vermittelt werden könne. Aus diesen Gründen scheuten sich Maximilian und andere Fürsten, zu viele Jungfrauen in das Frauenzimmer aufzunehmen[21].

Diese Antwort zeigt, neben dem deutlichen finanziellen Aspekt, eine weit weniger freizügige Grundhaltung wie am burgundischen Hof, auch wenn aus dem Briefwechsel des Kanzlers Zyprian von Serntein, dem „Prokurator aller Frauen und Jungfrauen beim König", mit der Hofmeisterin Paula von Firmian und den dort beiderseits immer wieder eingestreuten mehr als deutlichen sexuellen Anspielungen (R. Hyden, 1973, 20) zu schließen ist, dass es auch am deutschen Königs- bzw. später Kaiserhof nicht nur puritanisch zuging. Selbst Maximilian, der während seiner Ehe mit Bianca Maria zu ihrem Leidwesen und trotz ihrer flehentlichen brieflichen Bitten nur wenig Zeit gemeinsam mit ihr verbrachte, ja sie das ein oder andere Mal, wie bereits erwähnt, vor auswärtigen Gesandten geradezu versteckte, lebte nicht enthaltsam, wie seine zumindest elf unehelichen Kinder belegen – die längste Beziehung hatte er mit Anna von Helfenstein, die vier seiner sechs Töchter und drei seiner fünf Söhne gebar (M. Hollegger, 2005, 259) –, und erregte mit den über 2.000 Gulden jährlich für eine dieser Damen auch schon einmal den Ärger seiner Innsbrucker Räte, aber er hielt es sich zugute, zeitlebens keiner Jungfrau ihre Ehre, also ihre Unschuld genommen zu haben. Worauf er abgesehen davon natürlich schaute, war, die

---

21 Der originale Wortlaut bei Gatt, 1943, 44f.

Ansteckung mit venerischen Krankheiten, die sich damals rasch ausbreiteten, zu vermeiden, weshalb etwa sein Poet Joseph Grünpeck den Hof verlassen musste (H. Wiesflecker, 1986, 338). Dass er übrigens später dann trotzdem an Syphilis erkrankte, ist der Prinzipalabrechnung seines letzten Schatzmeisters Jakob Villinger zu entnehmen, in der sich ein großer Posten *yndianisch holtz* (Guyak) findet (vgl. ebda), aus dessen Absud man ein Syphilismittel herstellte.

Aber zurück zum Frauenzimmer Bianca Marias bzw. Annas von Ungarn und Marias von Österreich und der dort geltenden Ordnung: der Hofmeister musste den Zugang zu den Gemächern des Frauenzimmers täglich um acht Uhr abends versperren – für den Fall, dass etwas gebraucht wurde, gab es eine Glocke – und durfte, so er nicht verheiratet war, nicht einmal in den darunter liegenden Gemächern der Innsbrucker Hofburg schlafen, sondern musste diese verlassen. Morgens um sieben Uhr wurde das Frauenzimmer dem Kaplan aufgeschlossen, damit er den Damen die Messe lesen konnte, der sie ohne „greinen" und reden zu folgen hatten. Dann wurde das Frauenzimmer wieder versperrt gehalten, bis es Zeit war, die Tafel für das Mittagessen vorzubereiten. Auch bei Tisch war überflüssiges Reden und Kichern untersagt, vor und nach der Mahlzeit wurde gebetet. War die Herrin nicht über Land, auf einem Spaziergang oder einem Ausritt zu begleiten, wobei es kein Absondern gab, sollten die Damen nähen und sticken, wofür eine eigene Handarbeitslehrerin angestellt war. Von anderen Lehrern ist nicht die Rede, sondern nur noch von einem Tanzmeister, der ihnen Tanzen und gute Umgangsformen beibringen sollte, wobei von den Rundtänzen der „Kral" ausdrücklich ausgenommen war. Was genau gegen diesen Tanz sprach, vermag ich nicht zu sagen, denn die deutsche Art zu tanzen war an sich wesentlich „handgreiflicher" als die italienische, wie sich die italienischen Hofdamen beklagten. Die Schlafenszeit bestimmte die Hofmeisterin, ohne deren Erlaubnis die Zimmer nicht mehr verlassen werden durften. Ebenso wenig war es erlaubt, ohne ihr Wissen Briefe zu schreiben oder zu empfangen. Schließlich war der weibliche Hofstaat laut den zwei Ordnungen, auf die ich mich hier beziehe (vgl. A. Gatt, 1943, 40f.; vgl. dazu auch Bojcov, 2005, 199f., 202-211), gehalten, nicht untereinander zu streiten, sondern Freundschaft zu pflegen, und deswegen notwendige Bestrafungen widerspruchslos hinzunehmen. Dass dies freilich in der Praxis nicht so war, sondern Streitigkeiten und Intrigen, insbesondere unter den italienischen Hofdamen mehr oder minder an der Tagesordnung waren, zeigen die dazu erhaltenen brieflichen Beschwerden, wobei zwei uns namentlich bekannte Unruhestifterinnen auch tatsächlich entlassen wurden (vgl. dazu A. Gatt, 1943, 45f. und C. Niederkorn, 1985, 35-38).

Résumé

Hätten wir nur die Lebenszeugnisse Maximilians I., wäre unsere Vorstellung von seinem Hof wohl eine ganz andere, erschiene uns dieser doch weit prächtiger und repräsentativer sowie das Leben bei Hofe weit abenteuerlicher und lustiger, sprächen nur die Texte und Bilder aus Maximilians autobiographischen Werken sowie das, was uns Ehrenpforte und Triumphzug suggerieren wollen. Die Korrektur näher zur Wirklichkeit leisten die Urkunden und Akten, die Kopial-, Gedenk- und Raitbücher, die Kodizes und Inventare, die Briefe und Gesandtenberichte. Erst all diese Dokumente lassen die Struktur und Organisation samt den praktischen Abläufen sowie das teils spannungsgeladene personale Beziehungsgeflecht des maximilianeischen Hofes erkennen und ermöglichen damit auch seine vergleichende Einordnung in die vielgestaltige Landschaft der Welt der europäischen Höfe.

Bibliographie

I. Quellen

Eduard Chmelarz (Hrsg.): Die Ehrenpforte des Kaisers Maximilian I. In: JbKunsthist-Samml 4, Wien 1886, S. 88-101 und Anhang: 36 Tafeln. Nachdruck Unterschneidheim 1972.

Christa-Maria Dreissiger (Hrsg.): Der Weiß Kunig. Eine Erzehlung von den Thaten Kaiser Maximilian des Ersten. Von Marx Treitzsaurwein auf dessen Angaben zusammengetragen, nebst den von Hannsen Burgmair dazu verfertigten Holzschnitten. Herausgegeben aus dem Manuscripte der kaiserl. königl. Hofbibliothek. Wien 1775. Neudruck mit einem Kommentar und einem Bilderkatalog von Christa Maria Dreissiger. Mit den faksimilierten und dem Text der Ausgabe von 1775 zugeordneten Holzschnitte zum Weißkunig im Besitz der sächsischen Landesbibliothek Dresden. Weinheim 1995.

Thomas Fellner / Heinrich Kretschmayr: Die österreichische Zentralverwaltung. I. Abteilung: Von Maximilian I. bis zur Vereinigung der Österreichischen und Böhmischen Hofkanzlei (1749). Bd. 2: Aktenstücke 1491-1981. Wien 1907 (= Veröffentlichungen der Kommission für neuer Geschichte Österreichs 6).

Katalog der Ausstellung Maximilian I. Innsbruck 1969.

Quirin von Leitner (Hrsg.): Freydal. Des Kaisers Maximilian I. Turniere und Mummereien. Mit einer geschichtlichen Einleitung, einem facsimilirten Namensverzeichnisse und 255 Heliogravuren. Wien 1880-1882.

Michael Mayr (Hrsg.): Das Fischereibuch Kaiser Maximilians I. Innsbruck 1901.

Michael Mayr (Hrsg.): Das Jagdbuch Kaiser Maximilians I. Innsbruck 1901.

Regesta Imperii XIV: Ausgewählte Regesten des Kaiserreiches unter Maximilian I. 1493-1519. Bearbeitet von Hermann Wiesflecker u. a. Bd. 1,1 und 1,2, Wien / Köln 1990. Bd. 2,1 und 2,2, Wien / Köln / Weimar 1993. Bd. 3,1, Wien / Köln / Weimar 1996. Bd. 3,2, Wien / Köln / Weimar 1998. Bd. 4,1, Wien / Köln / Weimar 2002. Bd. 4,2, Wien / Köln / Weimar 2004. – Online: <www.regesta-imperii.de>.

Franz Winzinger: Die Miniaturen zum Triumphzug Kaiser Maximilians I. Faksimile-band und Kommentarband. Graz 1972, 1973 (= Veröffentlichungen der Albertina 5).

II. Sekundärliteratur

Klaus Arnold / Sabine Schmolinsky / Urs-Martin Zahnd (Hrsg.): Das dargestellte Ich. Studien zu Selbstzeugnissen des späteren Mittelalters und der frühen Neuzeit. Bo-chum 1999 (= Selbstzeugnisse des Mittelalters und der beginnenden Neuzeit 1).

Michail A. Bojcov: Zum Frauenzimmer am Innsbrucker Hof Erzherzog Sigmunds. In: Heinz Noflatscher / Jan Paul Niederkorn (Hrsg.): Der Innsbrucker Hof. Resi-denz und höfische Gesellschaft in Tirol vom 15. bis 19. Jahrhundert. Wien 2005 (= AfÖG 138), S. 197-211.

Anneliese Gatt: Der Innsbrucker Hof zur Zeit Kaiser Maximilians I. 1493-1519. Phil. Diss. [masch.] Innsbruck 1943.

Kaspar von Greyerz / Hans Medick / Patrice Veit (Hrsg.): Von der dargestellten Person zum erinnerten Ich. Europäische Selbstzeugnisse als historische Quellen (1500-1850). Wien / Köln / Weimar 2001 (= Selbstzeugnisse der Neuzeit 9).

Heidemarie Hochrinner: Bianca Maria Sforza. Versuch einer Biographie. Phil. Diss. [masch.] Graz 1966.

Manfred Hollegger: Maximilian I. und die Entwicklung der Zentralverwaltung am Hof und in den österreichischen Erbländern von 1510 bis 1519. Phil. Diss. [masch.] Graz 1983.

Manfred Hollegger: *Erwachen vnd aufsten als ein starcker stryter*. Zu Formen und In-halt der Propaganda Maximilians I. In: Propaganda, Kommunikation und Öffent-lichkeit (11.-16. Jahrhundert). Hrsg. v. Karel Hruza. Wien 2202 (= Forschungen zur Geschichte des Mittelalters 6), S. 223-234.

Manfred Hollegger: Maximilian I. (1459-1519). Herrscher und Mensch einer Zeiten-wende. Stuttgart 2005 (= Kohlhammer Urban Taschenbücher 442).

Manfred Hollegger: Burgundische Regierungs-, Verwaltungs- und Finanztechniken in Österreich? Zum Institutionentransfer um 1500. In: Publication du Centre Euro-peen d'etudes Bourguignonnes (XIVe-XVIe s.), N° 46 - 2006: Rencontres d'Inns-bruck (29 septembre au 2 octobre 2005). „Pays bourguignonnes et autrichiens (XIVe-XVIe siècles): une confrontation institutionnelle et culturelle". Hrsg. v. Jean-Marie Cauchies et Heinz Noflatscher. Neuchâtel 2006. S. 91-103.

Manfred Hollegger: Anlaßgesandtschaften – ständige Gesandtschaften – Sondergesandtschaften. Das Gesandtschaftswesen in der Zeit Maximilians I. In: Außenpolitisches Handeln im ausgehenden Mittelalter: Akteure und Ziele. Hrsg. v. Sonja Dünnebeil und Christine Ottner unter Mitarbeit von Ann-Katrin Kunde. Wien / Köln / Weimar 2007 (= Forschungen zur Kaiser- und Papstgeschichte des Mittelalters. Beihefte zu J. F. Böhmer, Regesta Imperii, 27), S. 213-225.

Rotraud Hyden: Zyprian von Serntein im Dienste Kaiser Maximilians I. in den Jahren 1490-1508. Phil. Diss. [masch.] Graz 1973.

Renate Lotz: Am Hofe Kaiser Maximilians I. Ein Beitrag zur Kulturgeschichte der Wende vom 15. zum 16. Jahrhundert. Phil. Diss. [masch.] Graz 1969.

Christine Niederkorn: Der Hof Maximilians I. und das höfische Leben. (Ein Beitrag zur höfischen Kulturgeschichte). Phil. Diss. [masch.] Graz 1985.

Winfried Schulze (Hrsg.): Ego-Dokumente. Annäherung an den Menschen in der Geschichte. Berlin 1996 (= Selbstzeugnisse der Neuzeit 2).

Karl Schütz: Maximilian I. und die Kunst. In: Katalog der Ausstellung Hispania – Austria. Kunst um 1492. Die Katholischen Könige, Maximilian I. und die Anfänge der Casa de Austria in Spanien. Innsbruck 1992, S. 155-181.

Harald Tersch: Österreichische Selbstzeugnisse des Spätmittelalters und der frühen Neuzeit (1400-1650). Wien 1998.

Hermann Wiesflecker: Kaiser Maximilian I. Das Reich, Österreich und Europa an der Wende zur Neuzeit. Bd. 5: Der Kaiser und seine Umwelt. Hof, Staat, Wirtschaft, Gesellschaft und Kultur. Wien 1986.

Hermann Wiesflecker: Maximilian I. Die Fundamente des habsburgischen Weltreiches. Wien / München 1991.

Hermann Wiesflecker: Österreich im Zeitalter Maximilians I. Die Vereinigung der Länder zum frühmodernen Staat. Der Aufstieg zur Weltmacht. Wien / München 1999.

Inge Wiesflecker-Friedhuber: Kaiser Maximilian I. und die Stadt Innsbruck. In: Heinz Noflatscher / Jan Paul Niederkorn (Hrsg.): Der Innsbrucker Hof. Residenz und höfische Gesellschaft in Tirol vom 15. bis 19. Jahrhundert. Wien 2005 (= AfÖG 138), S. 125-158.

Dr. Manfred Hollegger
ÖAW-Forschungszentrum Graz
Institut für Mittelalterforschung
Arbeitsstelle Maximilian Regesten
Schmiedlstraße 6 / II
A – 8042 Graz-Messendorf
E-Mail: manfred.hollegger@oeaw.ac.at

Wolfgang Beutin

„Der Kunst erhobst du wieder den halbverfallnen Altar."

Anastasius Grüns Romanzenkranz „Der letzte Ritter" (1829).

Teuerdank in Studentenhand und als Lektüre des sterbenden Kaisers

Graz, „in der freundlichen Hauptstadt der Steiermark", im Jahre 1827. Ein Mieter, namens Joseph Fellner, sowie ein einundzwanzigjähriger Student, „Tonerl" gerufen, aus Krain gebürtig, bewohnen nebeneinander zwei Zimmer. Fellner begegnet Tonerl immer einmal, wenn dieser, „mit einer Last von Chroniken und sonstigen Schweinslederbänden befrachtet", die enge, holperige Wendeltreppe hinankeucht. Von „friedlicher und ruhiger Nachbarschaft" beider kann nicht die Rede sein, denn nicht nur, dass der Studiosus „unaufhörlich in seinem Pulte herumtobte und bald langsam, bald schnell auf und nieder schritt, fing er bisweilen gar zu deklamieren, zu pfeifen und zu johlen an, und noch dazu entsetzlich falsch". Einstmals um Mitternacht entsteht im Zimmer des Studenten ein Geräusch wie Artilleriefeuer, so dass der aufgestörte Fellner vermuten muß, „die Kanone auf dem Schloßberge habe eine Feuersbrunst signalisiert". „Der Jüngling aber glaubte das Krachen des Weckauf und Purlepaus, dieses Patriarchenpaares aller Kartaunen, auf dem Schlachtfelde von Guinegate zu hören." (Weckauf und Purlepaus sind zwei der von Kaiser Maximilian geschätzten und mit Namen versehenen Geschütze.) Was ist geschehen? Dem Studenten, der seine Zeit nicht nur im Hörsaal zubringt, sondern auch dafür verwendet, sich in der Poesie zu üben, fiel in der Stille der Nacht „der gewaltige *Theuerdank*, in welchem er eben blätterte, aus den Händen und mit dröhnendem Donnergepolter auf den Boden". Welche der älteren Ausgaben er benutzte, läßt sich heute nicht mehr sagen; bloß dass sie schwergewichtig war... (LR, Widmungstext, 13)

Was in der Stube des Studiosus gedichtet wurde, ist ein „Romanzenkranz", insgesamt 51 Stücke umfassend („Romanze" hier in der älteren Bedeutung: 'Ballade'), betitelt: „Der letzte Ritter". Als Held figuriert natürlich Maximilian I. (1459-1519). Dessen Lebensgeschichte wird der Leserschaft in nicht weniger als 3036 Langversen vor Augen geführt. Das von dem Einundzwanzigjährigen 1827 begonnene Werk erscheint 1829, mit der Jahreszahl 1830. Der Verfasser ist damals 24.

In der Zueignung beschrieb er, wie er einstmals den Widmungsempfänger nächtlicher Weile erschreckte, dadurch, dass er den voluminösen Teuerdank aus den Händen gleiten ließ.

Am Schluss seines strophischen Epos nimmt noch einmal jemand den
Teuerdank zur Hand, und auch diesem Leser entgleitet er. Wie dies zugeht und
was dabei vorfällt, schildert der Verfasser in der 50. und letzten Ballade, der
nur noch ein „Epilog" folgt. Sie ist überschrieben: „Held Teuerdank". Also am
Anfang der Teuerdank, der Teuerdank am Ende.

Für sein Schlussstück (LR, 103 f.) fand der junge Poet ein glückliches Motiv. Im Volksglauben gibt es die Annahme, dass einem Sterbenden noch einmal
– sogar wenn der Tod ihn plötzlich ereilt – in Bildern sein ganzes Leben rasch
vorüberzieht. Kaiser Maximilian stirbt. Auch an ihm ziehen Bilder aus seiner
Vergangenheit in Kurzform vorüber, jedoch in dichterischer Gestalt – die letzte Aktivität seiner sechzig Jahre besteht darin, sich in Poesie zu versenken, in
die Dichtung seines eigenen Lebens, den Teuerdank.

> Schon strahlt auf alle Lande das Frührot hell und warm,
> Da lehnte Max im Samtstuhl, ein Buch hielt er im Arm;
> Das Buch war's seiner Taten, genannt der Teuerdank,
> Der Spiegel seines Lebens, sein eigner Schwanensang.

Nun geschieht ein Zwiefaches. Erstens, wie es in der nächsten Strophe
zweimal heißt: „Er liest in seinen Taten!" Zweitens: der Todesengel „schwebt
schon gen Östreichs Land". Während dessen rekapituliert Maximilian lesend
die Anschläge der bösen Drei: „Fürwitz", „Unfall" und „Neidhart". Ihrer aller
Tücke entging er, weil ihm zweierlei Kraft beistand:

> Er liest es, sieht nach oben und preist der Gottheit Kraft,
> Die Not, Gefahr und Drangsal so siegreich weggerafft ...

> Er liest's, greift an den Busen und preist des Menschen Kraft,
> Die herrlich sich bewährte im Kampf der Leidenschaft,
> Sie, die im Streit der Herzen sein großes Herz ließ siegen
> Und in dem Streit der Schwerter sein Schwert nicht unterliegen.

Das Motiv der Teuerdank-Lektüre bewirkt, dass die Sterbeszene nicht
durchweg in Dunkel getaucht ist, keineswegs in schwarzer Farbe gemalt, sondern im Gegenteil hell koloriert, der optimistischen Klänge nicht entbehrend,
wie sie durch die Lexeme „blühend, Jugend, froh, Morgenrot, Freiheit, Berges-
luft" evoziert werden:

> Fort liest er; blühend liegt nun vor ihm die ferne Zeit,
> Es nahn der Jugend Bilder, in Scharen dicht gereiht,
> Die alten Kampfgenossen entsteigen froh der Gruft,
> Und Morgenrot umhaucht sie, Freiheit und Bergesluft!

Zum Beschluss erscheint im „weißen Brautgewande, mit grünem Myr-
tenzweig" die Geliebte, Prinzessin Ehrenreich – das ist Maria von Burgund –,
als ob sie ihn holen wolle, eine sanfte ductrix. In diesem Augenblick tritt Maximilians Tod ein:

...
Es hat sich still zum Busen sein Haupt herabgebeugt,
Und zu den Knien mählich nun Buch und Hand geneigt.

So fanden ihn die Seinen; so saß er regungslos,
Das Denkbuch seiner Taten lag offen in seinem Schoß. ...

Für den Dichter ist bezeichnend, dass er die Sterbeschilderung von heroischem Ambiente freihält (der Herrscher fiel auf keinem ‚Feld der Ehre') und allem pompe funèbre absagt. Es ist zugleich die Absage an eine Epoche, die bei einem Kaisertod hatte Zeichen (signa) sehen wollen, nämlich Unheilsverkündigungen, dämonische Vorgänge, Abergläubisches. Nichts davon hier. Alles in allem eine symbolische Verabschiedung des Mittelalters, die bewusste Trennung von der mittelalterlichen Mentalität:

...
Seht, wie ein Fürstenleichnam so herrlich sich verklärt
Und leicht des Schlachtentodes und Trauerpomps entbehrt!

...
Und doch glüht kein Komete, kein Sturm verheert das Land,
Kein Totenvogel wimmert, kein Städtchen steht in Brand.

Nein! glänzend strahlt der Himmel, und Frühlingslüfte wehn,
Voll Reben glühn die Hügel, voll Segen die Felder stehn,
Frisch grünen Wald und Wiese, die Quellen sprudeln klar,
Im Äther jubeln Lerchen, zur Sonne steigt der Aar!

Bei Schilderung der glanzvoll heiteren Natur zum Todeszeitpunkt des Kaisers lässt der junge Dichter sich hinreißen, das mild Frühlinghafte und zugleich das üppig Herbstliche in ein- und dasselbe Gemälde einzutragen, die „Frühlingslüfte" und die Weinberge „Voll Reben". Mehrere Jahreszeiten synchron. Der letzte Halbvers der Strophe ist zudem von Symbolik geprägt: „zur Sonne steigt der Aar" – als herrscherlicher Seelenvogel deutbar, eine Verbildlichung der Seele des hingeschiedenen Kaisers, dabei aber auch als verklärendes Inbild des römisch-deutschen Kaisertums.

„Einer der Chorführer unter den nachromantischen Poeten"

Der mit dem strophischen Epos „Der letzte Ritter" sein erstes größeres Werk vorlegte, war der Dichter Anastasius Grün (1806-1876; Pseudonym für Anton Alexander Graf von Auersperg).

Aus literaturgeschichtlicher Perspektive ist er mit seinem dichterischen Gesamtwerk, so schrieb vor einem Jahrhundert ein Biograph, Eduard Castle, „einer der Chorführer unter den nachromantischen Poeten Deutschlands, nicht nur Österreichs". Er bezog sich auf das strophische Epos „Der letzte Ritter" sowie die beiden frühen Lyriksammlungen des jungen Dichters: „Spaziergänge eines Wiener Poeten" und „Schutt", vermerkend, sie „haben Epoche gemacht, Schule gebildet, den Reigen für zahllose Nachahmungen eröffnet, von denen keine an ihr Vorbild heranreichte. In den späteren Dichtungen, die, obwohl vielleicht ihrem Gehalte nach bedeutender, beim Publikum weniger Glück gemacht haben, ist ihm sein Kompositionstalent treu geblieben, sein Wirklichkeitssinn hat sich gesteigert, sein Ernst ist gewachsen, der Adel der Gesinnung tritt immer gediegener hervor." (Lebensbild, CXXXVIII) Was aber geschah hernach, was verzerrte das Renommee des Dichters, verzehrte seinen Dichterruhm? Über den „letzten Ritter" notiert Castle: „Das Gedicht ist als Ganzes, auch in Österreich, heute nicht mehr volkstümlich, aber durch die Aufnahme einzelner Romanzen in die Schullesebücher in seinen Teilen wohlbekannt." (Castle, Einleitung, 9) Damit dürfte es heutzutage, zu Beginn des 21. Jahrhunderts, ebenfalls vorbei sein.

Grün-Auersperg heißt in einem neueren Nachschlagewerk:

> „G., adliger Wortführer des bürgerlichen Liberalismus und bekannter Repräsentant der politischen Lyrik des österr. Vormärz, wurde als Dichter berühmt durch die anonym erschienenen ,Spaziergänge eines Wiener Poeten' ..." (Albrecht u. a., 1,296) Seine liberale Tendenz, so Castle (und andere Forscher) hätte „den dauernden Wert der Dichtungen Auerspergs geschädigt. Der Niedergang des Liberalismus wirkte ungünstig zurück auf die Einschätzung seines Sängers." (Castle, Lebensbild, CXXXVIII)

Richtig ist, dass sein Ruhm im 20. Jahrhundert stetig abnahm, und dies mag ein Grund dafür sein, dass Helga Unger, als sie mitteilte, wem von späteren Autoren „Gestalt und Historie Maximilians" noch „vertraut" gewesen seien, auf Goethe zu sprechen kam (welcher ihn in seinem „Götz" als handelnde Figur einführte) und auf Achim von Arnims unvollendeten Roman „Die Kronenwächter" (1817), aber keine Silbe über Grüns Romanzenkranz sagte, der doch als wichtigster dichterischer Rezeptionsbeleg nicht hätte unerwähnt bleiben dürfen (vgl. H. Unger, 1968, 315). Vor wenigen Jahren hat ein neuerer Literaturforscher die Ursachen dafür zu ermitteln gesucht, dass ein Dichter, der seitens seiner Zeitgenossen (Heine, Immermann, Willibald Alexis, Marie von Ebner-Eschenbach u. v. a.) höchste Wertschätzung erfuhr, gegenwärtig kaum noch eine Leserschaft hat und dass seine Werke in der Forschung lediglich spärliche Berücksichtigung finden (vgl. Beutin, 2003). Als Ursachen schied er aus: „die prinzipielle Unvereinbarkeit seines Standes und seiner Gedankenwelt; das Vorwalten der – unbestritten vorhandenen – liberalen Tendenz als künstlerisches Defizit; ein spezifischer Austriazismus; ein überschießender Kulturnationalismus; Renegatentum und Apostasie." (ebda., 36)

Die Behauptung, Grüns „Tendenz" sei für den Niedergang seines Ruhms verantwortlich, wäre gewiss in exorbitanter Weise ironisch:

Zu seiner Zeit mehrere seiner Dichtungen verboten und verfolgt, weil
– allzu aktuell, daher allzu tendenziös; hiernach umgekehrt, denn – so sehr
aktuell damals, so sehr gegenwärtig ohne Aktualität, wegen seiner Tendenz
‚überholt', die Dichtungen angeblich nicht mehr recht genießbar. Zur Rah-
mung durch die Teuerdank-Reminiszenzen am Beginn und am Schluss von
Grüns Epos kommt noch als Motto des Epilogs ein Teuerdank-Zitat hinzu:
„Dann alles in der welt zergeet, / Ausgenommen die Eer beleibt steet." (S. 32;
bei Grün orthographisch leicht modernisiert.) Ein Verspaar, das im Niedergang von Grüns (Dichter-)„Eer" seine Widerlegung fände!

Verbotsmaßnahmen trafen übrigens auch den „letzten Ritter": Nachdem Carl Spindler einzelne Balladen daraus 1829 in seiner „Damenzeitung"
gedruckt hatte, das Epos als ganzes 1829 (mit der Jahreszahl 1830) im Verlag
von F. G. Franckh in München erschienen war, verweigerte die oberste Zen-
surstelle die Genehmigung für den Druck in Österreich 1842/43 (vgl. Castle,
Einleitung, 8).

Dem vom Herausgeber Castle hervorgehobenen „Kompositionstalent"
Grüns verdankt bereits das Jugendwerk, das strophische Epos des ein- bis
dreiundzwanzigjährigen Dichters seinen exzellenten Aufbau. Außer den Teu-
erdank-Motiven gibt es weitere Elemente, die das Epos einrahmen. Das sind
zwei (bzw. drei) spezifische Eingangstexte sowie ein Ausgangstext („Epilog").
Die Eingangstexte sind: eine Widmung an Joseph Fellner in der 1. Auflage
(Prosa); in der 2. ergänzt durch eine *zusätzliche* Widmung an denselben (Rei-
me); es folgt in Form eines Visionsberichts oder Traumprotokolls die Veranschaulichung von Grüns eigener Initiation als Dichter, in einer Romanze, die
er „Weihe" betitelte. Die Dichtung als ganze im Umfang von 3036 Langversen ist nochmals durch ein besonderes Motiv eingefasst: das Schreiner-Motiv.
Ein- und derselbe Schreiner in Wiener Neustadt zimmert bei der Geburt Maximilians dem Neugeborenen die Wiege und erhält – da ist er selber schon ein
recht alter Mann – sechzig Jahre darauf den Auftrag, „das Trauergerüst" (den
Katafalk) für den verstorbenen Kaiser zu errichten, der angeordnet hatte, sein
Leichnam möge vom Sterbeort (Wels) nach dem Geburtsort überführt werden.

Der Ballade „Des Herrschers Wiege" folgt eine weitere: „Der Fürsten-
jüngling". Ihr setzt Grün sozusagen als nähere Gattungsbezeichnung hinzu
– in Klammern –: „Übergang". Darin summiert er eine Reihe von Fakten, die
dichterisch nicht gut verwertbar waren, aber dennoch wichtig zu erwähnen,
ehe er darangeht, das episch-balladeske Geschehen in einer Reihe von Romanzen-Zyklen zu entwickeln. Entsprechend zum Beschluss. Vor dem Zyklus, der
am Ende des erzählten Geschehens steht (Überschrift: „Heimkehr") und dem
bloß noch der Epilog folgt, ist wieder ein „Übergang" anzutreffen, diesmal betitelt: „Der Fürst" (Analogie zum Auftakt-„Übergang", wo vom Fürsten*jüngling* gehandelt wird). Also wiederum ein Text mit der Funktion, summarisch
einige Fakten vorzubringen, die nicht entbehrlich schienen, indessen dichterischer Bearbeitung kaum zugänglich.

In den so komplizierten Rahmen spannte der Dichter nicht weniger als elf Romanzen-Zyklen, untermischt mit drei abermals solitären Balladen, die keinem Zyklus angehören.

Diesen drein kommt dadurch ein spezifisches Gewicht zu. Es sind: „Maximilian, römischer König", mit hinzugesetzter Jahreszahl 1486; „Die Martinswand", die Bearbeitung eines legendären Stoffs aus Maximilians Biographie, hinzugesetzt: „Ostermontag 1490"; „Deutscher Brauch" (1495). Bei der Zahl 1495 denkt der instruierte Leser leicht an ein relevantes Ereignis dieses Jahres: den Reichstag zu Worms und den ‚Großen Landfrieden'. Daran erinnert der Dichter auch in einer seiner nachgetragenen Anmerkungen. Doch bildet das historische Ereignis ihm nur die Kulisse, vor welcher ein Zweikampf Maximilians mit einem tapferen französischen Streiter stattfindet.

Im übrigen bestehen die Zyklen, die das Erscheinungsbild der Dichtung wesentlich bestimmen, aus jeweils 2-7 Romanzen (2 x 2 Stücke; 2 x 3; 3 x 4; 3 x 5; 1 x 7).

Die Strophe ist die leicht modifizierte Nibelungenstrophe, die in der zeitgenössischen Lyrik insbesondere durch die ‚Schwäbische Schule' wieder in Aufnahme gebracht worden war. Eine Modifikation musste sich daraus ergeben, dass die ‚beschwerte Hebung' des Mittelhochdeutschen (ein Wort wie z. B. „mæren" am Ende des Halbverses) im Neuhochdeutschen schlecht nachzuahmen war. Die Sonderstellung der vierten Langzeile (im Nibelungenlied viertaktig) wurde nach dem Vorbild der ‚schwäbischen Schule' eliminiert. Sie ist an die vorangehenden Zeilen angeglichen, mit nur drei verwirklichten Takten: „Kein König starb auf Erden, / der gänzlich rein von Blut." (Vers 148; Schema: xXxXxXx / xXxXxX) Die Strophen werden von je zwei Verspaaren gebildet, die in der Folge aabb reimen. Die Kadenzen sind in der großen Überzahl ‚männlich' (wie in dem soeben zitierten Vers), ‚weibliche' selten – und dann am ehesten im zweiten Verspaar einer Strophe anzutreffen –: „Dem festen ernsten Urteil / der heil'gen Femgerichte / Ist dieses zu vergleichen, / das Buch der *Weltgeschichte!*" (Vers 47 f.; Schema: xXxXxXx / xXxXxXx)

Für die Bearbeitung von Episoden aus der sog. ‚vaterländischen' Geschichte, vor allem in Balladenform nach dem Muster von Schillers „Graf von Habsburg", existierten besonders die Veröffentlichungen von Hormayr als „unerschöpfliche Fundgrube" (Einleitung, 3). Von Joseph Freiherr von Hormayr (1782-1848) erschien „Österreichischer Plutarch, oder Leben und Bildnisse aller Regenten des österreichischen Kaiserstaates" (20 Bde., Wien 1807-1820); „Archiv für Geschichte, Statistik, Litteratur und Kunst" (18 Bde., Wien 1810-1828) und „Taschenbuch für vaterländische Geschichte" (38 Bde., Wien 1811-1848). Daneben benutzte der Dichter eine Vielzahl weiterer Quellen. Jedoch nicht alle Funde erwiesen sich als für ihn brauchbar. Darüber notierte er:

„Kenner der Geschichten des großen Kaisers werden wohl schon bemerkt haben, daß manche Taten und Feldzüge Maximilians mit Stillschweigen übergangen wurden, wodurch vielleicht eine scheinbare Lücke entstand.

Darauf habe ich nur folgendes zu entgegnen: daß meines Erachtens viele glücklich geführte Kriegszüge und ruhmvoll erkämpfte Siege, wenn sich nicht sonst eine poetische Deutung dazu gesellt, zur dichterischen Auffassung nicht geeignet seien; daß ich daher jene davon, in denen sich – wenigstens mir – keine poetische Idee erschloß (z. B. manches aus den vieljährigen Kriegen mit Frankreich, die Zwiste mit dem Papste, Venedig, die Einfälle der Türken, die Kriege mit Karln von Egmond, mit Lüttich, mit Philipp von Cleve usw.), nicht aufgenommen oder nur leise berührt habe. Ferner mache ich hier auf den Titel des Ganzen: *Der letzte Ritter* aufmerksam. Aus diesem Gesichtspunkte mußte manches, was bloß dem Regenten angehört und mithin in das Buch der Geschichte fällt (z. B. Maxens Verhältnis zu Luther und der Reformation, seine sonstigen Verdienste um Staat, Wissenschaft und Kunst usw.) bis zu einer gewissen Grenze ausgeschlossen bleiben. Auch so manche einzelne, interessante Anekdoten und Züge aus dem Leben meines Helden blieben unberücksichtigt, damit die durch das Ganze waltende größere Idee nicht in Einzelnheiten (!) zersplittert und dadurch der höhere, eben im Titel angedeutete Standpunkt verrückt werde. Ebensowenig durfte – wozu doch so viel Verlockung vorhanden war – der ausgezeichneten Zeitgenossen des Helden ausführlichere Erwähnung geschehen, um das Interesse von diesem nicht abzulenken. Daß der zweiten Vermählung Maxens mit Blanka Maria durchaus nicht gedacht ist, wird man aus poetischen Gründen wohl billigen." (Zit. in Castle, Einleitung, 4 f.)

So weit zu den Motiven, die er ausschied. Welche aber bezog er in seine Dichtung ein? In ihr würde der Widmungsempfänger vorfinden, so redet er diesen an:

„… verschiedenartige historische Bilder in der Art und Weise unseres wackern Malers Karl Ruß; hier bunte Schlachtstücke, dort eine Laube mit verliebten Leuten, einen Krönungseinzug und gleich daneben Maskenzüge und Mummereien, dann Triumphpforten mit jauchzendem Volk, flatternden Bannern, glänzenden Rüstungen und Friedhofgräber mit einfachen Kreuzen, lustige Jagdstücke und feierliche Kirchgänge, Königstafeln und Leichenfelder. Doch *eine* Gestalt geht durch all diese mannigfaltigen Bilder hindurch, durch die buntesten Umgebungen strahlt sie hervor, und auf jedem einzelnen Blatte ist sie zu finden, wie das Wort Liebe auf jeder Seite des Buches: Welt. Von dieser Gestalt gehn (!) all die mannigfachen Strahlen aus, die sich in den verschiedensten Richtungen brechen. Daher die verschiedenen bunten Bilderreihen …" (LR, 14)

Wie hier angedeutet, ließ Grün sich außer von schriftlichen Quellen zudem von Historienbildern zeitgenössischer Künstler anregen, am meisten von denen des genannten Malers Ruß, die 1822 durch die k. k. Akademie der bildenden Künste ausgestellt worden waren.

Bei aller rigorosen Abwägung der Stoffe blieb doch eine erhebliche Zahl historischer ebenso wie familiär-privater erhalten, denen Grün seine elf Zyklen widmete: die Beziehungen Österreichs zu Burgund unter Karl dem Kühnen; die schwierigen Auseinandersetzungen mit Frankreich; die flandrischen Kämpfe, die dortigen Bewegungen der Zünfte; die Ungarn als Eroberer Österreichs und Herren Wiens (1485/90); der Schweizerkrieg (1499); der Bayerische Erbfolgekrieg; der Kaiser in Augsburg (1517/18); die Ehe mit Maria von Burgund und frühes Hinscheiden der jungen Frau; Maximilians letzte Jahre, sein Tod.

„Die Gegenwart, die ernste, und die Vergangenheit" (Vers 89)

In seiner Initialvision schwebt dem Dichter eine Göttin zur Seite, die im Arm die Leier trägt. Er sieht sich zu einem Marmortisch geführt, auf dem zwei Bücher liegen, aufgeschlagen, so als müsste er sich entscheiden, aus welchem er schöpfen solle. Vielleicht aus beiden gleichzeitig? Das eine ist ein Sagenbuch, das andere das Buch der Weltgeschichte. In der Vision erscheint ihm nun ein „Ritter", oder ist es ein „Königsheld"? Jedenfalls trägt er eine Königskrone und – ungewöhnlich – darüber einen Lorbeerkranz. Hinweis auf den Herrscher zugleich wie auf den Dichter (sowie den Förderer der Künste). Ein Sturmwind erhebt sich – die Erscheinung muss Krone und Kranz mit der Hand packen; eine Geste, die vermuten lässt, sie würde eher noch die Krone fallen lassen als den Kranz (das Dichtertum im Vergleich zur Königswürde bevorzugt). Der Dichter möchte erfahren, was „der Sohn der Gegenwart" mit der Vergangenheit zu schaffen habe und welches beider Verhältnis zueinander sei. Seine Begleiterin erteilt die Antwort: „des Dichters Lied" verbinde sie beide, Gegenwart und Vergangenheit (LR, 17-20).

So auch in Grüns Dichtung, mit der Vergangenheit die Gegenwart, und um der Gegenwart willen beschwört der Dichter die Vergangenheit. Die Gegenwart ist die des Vormärz, und sie ist bedrückend über alles. Keine Aufbruchszeit. Kein Grünen. (Wenigstens mit seinem Pseudonym verrät er, dass der Trotz, dies eines Tages dennoch zu erleben, ihn aufrecht hält.) Klagend heißt es in der gereimten Widmung: „Ach, daß ein Herz von Frühlingswonne / Stets träumt, wenn ihrer es entbehrt!" (LR, 16) Grüns Enttäuschung nach dem Abschluss der Napoleonischen Kriege, es ist die Enttäuschung der österreichischen Liberalen so gut wie der preußischen. So spielt der Epilog auf den Frieden von 1815 an, dessen Ergebnisse nicht dem Volke zugute kamen: „Doch wo sind all die Blüten, die damals sich verjüngt? / Wo sind die reichen Früchte, die uns der Friede bringt?" (Vers 2971 f.) In dieser bedrängten Zeit kann der Teuerdank nützen (ebenso wie die Dichtung über das Leben von dessen Verfasser): „Taugt Winterabende zu kürzen / Der Jäger Teuerdank auch nicht, / Kann er uns doch die Lehren würzen, / Wie sich's mit wilden Bestien ficht …" Welches Fechten ist gemeint, wo stecken in Grüns Gegenwart die wilden Bestien? Es folgt die Erläuterung: „Die Ungetüme sind die alten …" Zur Erinnerung: Die zitierten Verse (in der neuerlichen Widmung, in der 2. Auflage) sind 1837 im Druck erschienen. Sie nehmen aber Ereignisse vorweg (sogar mit der korrekten Angabe des Monats!), die erst 1848 eintraten: „So rührt gewaltiger im Herzen, / Als weicher, üpp'ger, reicher Mai, / Vorfrühling mich im stürm'schen Märzen, / Wenn's Kampfzeit noch, waghaft und frei!" (LR, 15) Und der Gegner in der „Kampfzeit", jene „wilden Bestien", die „Ungetüme"? – Es sind die Unfreiheit und die Drangsalierung der Bevölkerung. In der damaligen Ära vom Metternich-Regime ausgehend, das vom Kaiserhaus bevollmächtigt war.

Insgesamt erweist sich Grüns Dichtung als durch schmerzliche Zwiespältigkeit, durch schroffe Ambivalenz geprägt. Die herrschenden Zustände sind unerträglich. Ihnen wird das Standbild eines Kaisers kontrastiert, der den feudal-absolutistischen Fürsten nach 1815 so gar nicht ähnelt. Österreichs und Habsburgs Lobpreis ertönen: „Mein Östreich, herrlich Östreich, wo gleicht dir noch ein Land? / Du trägst als Schild die Treue, halt fest den Schild von Demant!" (Vers 1397 f.) Galt denn *nach 1815* die Treue, entsprach der Mahnung, sie (oder den Schild von Demant) festzuhalten, die Wirklichkeit der Ära? Schon forderte der Dichter den Ausgleich mit Ungarn, ein allzu weites Vorpreschen; lag in der näheren Zukunft (1849!) doch erst einmal die ungarische Revolution –: „O kämpften einst vereint wir für *ein* Land und *ein* Recht!" (Vers 1460) Und in einer Anrede an das gepriesene Österreich wird der habsburgischen Dynastie das Lob zuteil – dessen Unwahrheit der flüchtigste Blick auf die Zustände der damaligen Epoche zu enthüllen vermochte –: „Dein Fürstenhaus ist edel und mild, wie keines mehr ..." (Vers 3021) Dass davon in Wahrheit keine Rede sein konnte, zeigten der Vormärz und die Jahre 1848/49.

Österreich und sein Kaiserhaus scheinen also ausgespart zu sein, wo die Ursachen für die misslichen Zustände der Epoche ermittelt werden. Dafür tritt das Abstraktum ein: ,das Königtum, die Könige, der König'. Insofern gibt *der Tod*, der personifiziert bei der Geburt Maximilians zugegen ist, zu bedenken, ob man die Prinzen nicht lieber töten solle, sobald sie zur Welt kommen: „Kein König starb auf Erden, der gänzlich rein von Blut." (Vers 148) *Das Leben* aber antwortet mit einer Zukunftshoffnung, der Monarch werde einst „Des Volkes Glück" befördern, und nichts anderes sei „das Kissen, drauf nachts er sänftlich ruht" (Vers 181). Das Bild dafür ist in der Ballade „Die Martinswand" der Bergmann, der auf seinen Schultern den verirrten Maximilian zu Tal trägt: „Wohl sind der Treue Schultern des Fürsten schönster Thron!" (Vers 1334) Dies ideale Verhältnis stört jeder Fürst, der nicht das Glück des Volkes fördert, und stört ein Volk, das trotzig auf seine Souveränität pocht wie das Volk der Niederlande (Vers 1020).

Den Zuständen des Vormärz setzt der Dichter im „letzten Ritter" drei Ideale entgegen: 1. das Bild der freien Schweiz, 2. eine groß angelegte, auf das Kaiserreich Maximilians projizierte Utopie, und 3. einen Tugend-Katalog.

Der Zyklus „Ritter und Freie" (beachtlich: das „und" im Titel ist adversativ, nicht additiv; also etwa: ,Ritter *gegen* Freie'!) beginnt mit einer höhni-

schen Anrede: „Was treibt euch wohl, ihr Fürsten, stets in die Schweizergau'n?
/ Wollt einmal doch im Leben ein freies Land ihr schaun?" (Vers 1515 f.) Hier
trifft nun Grüns Tadel ausnahmsweise auch seinen Helden: „Als König bringt
er Ketten dem freien Schweizerbund" (Vers 1599). Die 5. Ballade des Zyklus
trägt den programmatisch zu verstehenden Titel: „Freiheit". Es ist das Schlüs-
selwort dieses Texts. Die Zustände der freien Schweiz bilden insgesamt ein
„Freiheitsmonument" (Vers 1864).

Im Zyklus „Heimkehr" hält in der 2. Romanze „Abfahrt von Innsbruck"
der Kaiser Rückschau auf sein Lebenswerk, fragend: „ob glücklich mein Volk
auch sei durch mich" (Vers 2692). Die Antwort darauf ist das Gedicht als ganzes. Es zeigt ein blühendes Land und ein Volk, das darin glücklich lebt. Dies
ist die Utopie, welche der Dichter den Zuständen des Vormärz konfrontiert.
(LR, 98 f.)

Der Tugend-Katalog ist enthalten im 3. Stück desselben Zyklus. Maximilian, der sich aufs Sterben vorbereitet, trägt ihn seinem Nachfolger (Karl V.)
vor. Ihm empfiehlt er Stärke, Kraft, Milde, Weisheit und Liebe, doch vor allem
mahnt er, darin einem Marquis Posa gleich, Gedankenfreiheit an: „Frei wie der
Sonnenadler muß der Gedanke sein ..." (Vers 2803)

Unsterblichkeit

Waren Maximilians „Verhältnis zu Luther und der Reformation, seine sonstigen Verdienste um Staat, Wissenschaft und Kunst" im einzelnen nicht poetisch
ausführbar, klingen diese indessen in Grüns Epos immerhin an. Die Bedeutung
des Kaisers für das Geistesleben seiner Zeit hatte Grün gleich zu Beginn ja in
dem Gedicht „Weihe" angedeutet; dessen Griff, um die Krone und den Kranz
vor dem Sturmwind zu retten, aber den Kranz dringender als die Krone, symbolisiert sehr fein Maximilians – vom Dichter imaginierte – höhere Wertschätzung der Dichtkunst, überhaupt der Künste und Geistestätigkeiten. In der Begegnung mit Albrecht Dürer bringt der Kaiser sein Motiv dafür – sowie das
vermutliche des Malers – zur Sprache:

> Die Heere bunter Farben sind Untertanen dir,
> Wohl treuer dir ergeben, traun, als die meinen mir!
> Und Leben ist das Endziel, dem unsre Kraft geweiht,
> Und beider Müh' und Arbeit gilt der Unsterblichkeit. (Vers 2453 ff.)

Wie dem Kaiser in der Vision im Sturmwind Krone und Kranz abhan-
den zu kommen drohen, so in den Unwettern der Zeit dem Papst die Tiara:
„Doch – Bischof Roms! fest halte die eigne Tiar' am Haupt, / Denn sieh, schon
tost der Windstoß, der sie gar leicht dir raubt ..." (Vers 2533 f.) Wird hier auf
die Reformation angespielt, so Maximilians Bezug zu Luther etwas später verdeutlicht (unhistorisch, denn der Kaiser nahm dessen Auftreten kaum wahr),
er würde den „Mann aus Sachsenland" nicht als Ketzer verdammt haben. Luther heißt „der derbe Ritter der Wahrheit, der Held im Mönchsgewand", er

wird als Befreier der Christen aus „Romas Frone" bezeichnet. Dahingegen sei ein Papst niemals unfehlbar, mit Ausnahme eines einzigen Papsts, und dessen Name sei – Tod (Vers 2537 ff.). In der Ansprache Maximilians an Karl, seinen Nachfolger, kommt die Rede abermals auf Luther, die Reformation: „Ein Kampf wird's der Gedanken, der Geist wird Kämpfer sein"; und der reformatorische Funke gerate „Zur ries'gen Feuersäule, rotlodernd fast wie Blut!" (Verse 2790, 2798).

Für die eigene dichterische Leistung Maximilians steht der Teuerdank, dem eine ganze Romanze gewidmet ist. Dass der Kaiser ganz allgemein das künstlerische Schaffen förderte, wird, ihn zu ehren, ebenfalls ausgesagt: „Der Kunst erhobst du wieder den halbverfallnen Altar" (Vers 2547). In zwei Romanzen werden zwei künstlerische Persönlichkeiten der Zeit Maximilians im Dialog mit ihm vorgeführt und die unterschiedlichen Beziehungen ausgeleuchtet, eines Künstlers zum Herrscher, des Herrschers zu einem Künstler.

Ulrich von Hutten wird in der nach ihm benannten Romanze (LR, 88 ff.) durch ein Verspaar charakterisiert, das für den Mann und sein Schaffen eine rhetorisch verzwickte Doppelformel bietet: „Fürwahr, ein seltner Schreiber, der mit der Klinge schrieb! / Fürwahr, ein seltner Ritter, der mit dem Kiele hieb!" Der Kaiser belohnt diesen mit der „Lorbeerkrone" und zusätzlich mit einem Pergament, worauf ihm als „Kaisergabe" besondere Gnaden und Ehren zugesichert werden, ihm, dem armen Schlucker, der bisher nichts besaß außer Schwert und Feder. Angesichts der schönen Konstanze Peutinger sieht der Geehrte in diesem Augenblick in seiner Vorstellung ein verlockendes Idyll („sein künftig Dasein in rosigem Glanz verklärt"). Doch alsbald besinnt er sich auf seine kämpferische Berufung, seinen eigenen Ausspruch: „Ich hab's gewagt!" (Die Anfangswörter in seinem „neuen Lied".) Noch einmal in der Dichtung Grüns heischt die Ambivalenz ihr Recht. Hutten wendet sich jetzt ans Volk, das sich an den Schranken drängt, und sagt: „Mein deutsches Volk, dir will ich einst meine Kränze danken …" Abermals wird eine Geste zum Symbol: „Und seine Hand ließ fallen das Pergament der Gnaden." Grün fügt kommentierend hinzu, dass nicht jeder Dichter von herrscherlichen Gunstbeweisen zehre, und dass dieser bei seinem Tode als Habe nichts hinterließ als – Schwert und Feder.

Die Romanze „Max und Dürer" (LR, 90 f.) stellt dar, wie der Kaiser dem Künstler sitzt, der eine Zeichnung anfertigt, wonach Maximilians Porträt entstehen wird (nach dem Tod des Herrschers der Öffentlichkeit zugänglich gemacht). Die Lehre aus dieser kleinen Szene ist die Gleichrangigkeit beider, des Fürsten und des Künstlers, so zumindest aus Sicht des Kaisers.

> Leb' wohl nun, Bruder Albrecht! Ja, Bruder nenn' ich dich,
> Ein König' heiß ich, König bist du so gut als ich;
> Ein Stückchen Gold mein Zepter, mein Reich ein Stück grün Land,
> Dein Zepter Stift und Kohle, dein Reich die Leinewand. (Vers 2449 ff.)

Mamimilian vergisst in diesem Moment nicht, eines anderen Nürnbergers zu gedenken (der, genau betrachtet, zu diesem Zeitpunkt erst am Anfang seiner Künstlerlaufbahn stand): „So grüß' mir den Hans Sachse, den Mann mit Pfriem und Reim" (Vers 2462).

Im Epilog (LR, 105 ff.) steht noch einmal die Kunst im Mittelpunkt. Der Dichter spricht nun in der Ichform. Er weilt in der Hofkirche zu Innsbruck, wo er das Grabmal Maximilians betrachtet (das nicht des Kaisers wirkliche Grabstätte ist):

> Die Kunst, die mit Begeistrung und Liebe Max geschirmt,
> Sie hat zu seinem Denkmal die Säulenschar getürmt ...

Der Anblick der Skulpturen gibt dem Besucher allerlei Gedanken ein, darunter abermalig an die Zustände der eigenen Epoche: „Träg unterm Baum des Lebens liegt unsrer Zeit Geschlecht ..." Im Geiste ergeht sein ungeduldiges Rufen: „Flammt auf, ihr Sonnen des Lichtes, erhellt die Grabesnacht!" „Grabesnacht" ist doppelsinnig, eine poetische Chiffre für die Vormärz-Epoche auch. „Begeistrung, Himmelstochter" soll sich zur Erde niederlassen und den „Unhold, den Dämon unsrer Zeit, / Dies schläfriglahme Scheusal, genannt Gleichgültigkeit", verjagen. Erst dann könnte zwischen den deutschen Fürsten und dem Volke das Band erneuert werden, das „Vertrauen" heißt. All dies mahnen „die eh'rnen Kraftgestalten" an, die „Im Dome hier" versammelt sind.

Erst dann auch werden die Zeiten des Glücks zurückkehren, die Utopie zur Wirklichkeit umwandelnd, und auf Grundlage der neu errungenen „Eintracht" Wohlstand und Kultur erblühen:

> Auf Feldern blüht dann Segen, in Städten rauscht der Fleiß,
> Die Ström' und Straßen führen der Müh' und Arbeit Preis,
> Und drüberhin, als Zeichen der hohen Göttergunst,
> Wölbt sich der Regenbogen der Wissenschaft und Kunst.

Ein Vormärz-Epos als Rezeptionsbeleg

Die Gelehrsamkeit würde es vielleicht vorziehen, wenn die Entdeckung oder Wiederentdeckung und die Erforschung älterer Dichtung stets ,unvermischt' auf den Plan getreten wären, in schöner ,Reinheit' wie ein weißer Schwan.

Statt dessen findet sich meistens eine – manchmal nicht leicht zu überschauende – Gemengelage: dieselbe Dichtung in der Essayistik hervorgehoben, (zunächst dubiose) Versuche ihrer Übersetzung, (zunächst unvollkommene) Editionen, Nachschöpferisches (Dichtung, Veroperung, Malerei), wie es sich vorzüglich am ,Schicksal' des Nibelungenlieds seit Myllers Druck (18. Jh.) dartun lässt, bis endlich die Forschung sozusagen bei sich selbst anlangt.

Heidi und Wolfgang Beutin (1994) haben denselben Vorgang in einem Buch am Beispiel von Hartmanns „Iwein" nachgezeichnet: zum Auftakt neuerer Rezeption erscheint ein Essai von Martin Ernst von Schlieffen (dem nachweislich ersten Altgermanisten; 1787), im Folgejahr ein Versepos von Gerhard Anton von Halem („Ritter Twein" betitelt), ehe – geraume vierzig Jahre später! – die neuere Philologie (nämlich: die *Alt*germanistik) – nicht vorangehend, sondern nachziehend – sich Hartmanns annimmt (Benecke/Lachmann, 1827).

Wie bei hochmittelalterlichen Autoren und Werken, so nicht anders bei den spätmittelalterlichen und den frühneuzeitlichen. Der meistens herangezogene Beleg ist hier: Ulrich von Hutten.

Ein anderer, so erweist sich: Kaiser Maximilian. Analysiert man die Forschungsgeschichte – Aufarbeitung spezifisch seiner *literarischen*, überhaupt *kulturpolitischen* Leistung –, ergibt sich wiederum ein erwartbares Bild: Während die vermehrte philologische Befassung erst Jahrzehnte später kommt, setzt ein Dichter schon einmal einen gravierenden Akzent, inspiriert insonderheit von seiner Theuerdank-Lektüre: „Begeisterung! – Und dies war der erste Ton eines erwachenden Liedes." So versichert er in der Widmung der 1. Auflage (der Prosa-Widmung).

Dies „erwachende Lied" ist eben das Werk Grüns, eines Epikers und Lyrikers, welcher neben Lenau der bedeutendste Vormärz-Dichter Österreichs war, ist sein Maximilian-Epos. Es bleibt ein tragender Pfeiler der Literaturbrücke, die ein halbes Jahrtausend überspannt, die Epoche von ungefähr 1500 bis zur Gegenwart am Beginn des 21. Jahrhunderts.

Bibliographie

I. Quellen

Anastasius Grün: Der letzte Ritter. Romanzenkranz. In: Eduard Castle (Hrsg.): Anastasius Grüns Werke in sechs Teilen, 1. T.: Politische Dichtungen, Berlin u. a. 1909; hier: 1,1-112 (*zit.*: LR).

Helga Unger (Hrsg.): Kaiser Maximilian I.: Teuerdank. Die Geferlicheiten und eins Teils der Geschichten des loblichen streitbaren und hochberümbten Helds und Ritters Herr Teuerdanks. München 1968 (Die Fundgrube).

II. Literatur

Günter Albrecht u. a.: Grün, Anastasius (eigtl. Anton Alexander Graf von Auersperg). In: Günter Albrecht u. a. (Hrsg.): Lexikon deutschsprachiger Schriftsteller von den Anfängen bis zur Gegenwart, 2 Bde., 2. Aufl., Leipzig 1972; hier: 1,296.

Heidi und Wolfgang Beutin: Der Löwenritter in den Zeiten der Aufklärung. Gerhard Anton von Halems Iwein-Version „Ritter Twein", ein Beitrag zur dichterischen Mittelalter-Rezeption des 18. Jahrhunderts. Göppingen 1994 (= GAG 595).

Wolfgang Beutin: „Freiheit geb' ich euch und Gleichheit! Gleich beglückt sollt all ihr sein!" – Spazier- und Waffengänge eines Wiener Poeten: Anastasius Grün. In: Johann Dvořák (Hrsg.): Radikalismus, demokratische Strömungen und die Moderne in der österreichischen Literatur. Frankfurt/Main 2003 (= Bremer Beiträge zur Literatur- und Ideengeschichte 43), S. 19-39.

Eduard Castle: Anton Alexander Graf Auersperg (Anastasius Grün). Sein Leben und Wirken. In: Eduard Castle (Hrsg.): Anastasius Grüns Werke in sechs Teilen. Berlin u. a. 1909; 1. T.: Politische Dichtungen; hier: 1, XI-CLXI.

Eduard Castle: Einleitung des Herausgebers (zum Epos „Der letzte Ritter"). In: Eduard Castle (Hrsg.): Anastasius Grüns Werke in sechs Teilen, 1. T.: Politische Dichtungen, Berlin u. a. 1909, S. 3-9.

Helga Unger: Nachwort. In: Helga Unger (Hrsg.): Kaiser Maximilian I.: Teuerdank. Die Geferlicheiten und eins Teils der Geschichten des loblichen streitbaren und hochberümbten Helds und Ritters Herr Teuerdanks. München 1968, S. 315-342.

PD Dr. Wolfgang Beutin
Hohenfelder Str. 13
D – 22929 Köthel/Stormarn
E-Mail: huw.beutin@web.de

Gerold Hayer

Teuerdank auf der Bühne.

Maximilians Brautfahrt in Schauspiel und Oper des 19. Jahrhunderts.
Eine Bestandsaufnahme

Hinter der allegorisch verhüllenden Anfangssequenz aus dem *Teuerdank*, die
literarische Motive sowohl aus der Helden- und Spielmannsepik als auch aus
dem Artusroman variierend aufgreift und miteinander kombiniert, verbirgt
sich reales Geschehen – so jedenfalls will es uns die dem Versroman beige-
gebene Clavis Melchior Pfinzings glauben machen: Herzog Karl der Kühne
von Burgund, der alte König Romreich der Dichtung, habe testamentarisch
festgehalten, dass seine Tochter Maria alias Prinzessin Erenreich, Maximilian,
den Sohn Kaiser Friedrichs III., den *loblichen streytparen vnd hochberümbten held(en) vnd Ritter, herr(n) Tewrdanck* des Romans, zur Ehe nehmen soll.
Nicht der Habsburger habe sich um eine Verbindung mit Maria und damit um
das Erbe Karls des Kühnen bemüht, sondern der Burgunder selbst habe ihn
mit Zustimmung seiner Räte zu seinem Schwiegersohn und damit zum legitimen Nachfolger seines Reichs auserwählt. Die Botschaft des Herzogs musste
ihn, Maximilian, demnach gänzlich unvorbereitet und überraschend erreichen,
so dass es notwendig gewesen sei, sich des väterlichen Einverständnisses zu
vergewissern.

Dass diese Version von der burgundischen Hochzeit in keiner Weise mit
den realen, historisch belegbaren Ereignissen übereinstimmt, ist bekannt (zum
Folgenden vgl. H. Wiesflecker, 1971, 112-134). Tatsächlich war es ja Kaiser
Friedrich III., der beharrlich und unbeirrt den Plan verfolgte, das burgundische Erbe für seinen Sohn Maximilian zu gewinnen. Hatte Karl der Kühne bei
einem Treffen mit Friedrich 1473 in Trier für die Hand seiner Tochter noch die
Königskrone für seine Reichslehen verlangt, so war er nach seinen Niederlagen im Zuge des Kölner Bistumsstreits und gegen die Eidgenossen bereit, ohne
weitere Forderungen der Hochzeit zuzustimmen, sah er doch in der Allianz
mit dem Habsburger die einzige Chance, sein Land vor dem drohenden Zerfall zu retten. Vom November des Jahres 1476 datiert das entscheidende Dokument, in welchem Maria in einem Brief Maximilian versichert, „gerne alles
tun zu wollen, was ihr Vater wünsche". Karl der Kühne hat die Hochzeit nicht
mehr erlebt. Er wurde zu Beginn des Jahres 1477, noch nicht einmal 45-jährig,
in der Schlacht vor Nancy erschlagen.

Die sich nun überstürzenden Ereignisse sollten ihm post mortem Recht
geben, denn alsbald begann König Ludwig XI. die französischen Landschaften des Burgunderreichs zu besetzen. Zudem ließ er in den Niederlanden das
Gerücht verbreiten, dass er die Absicht habe, den Dauphin mit Maria zu ver-

heiraten. Dazu kam, dass die kurz zuvor von Karl dem Kühnen unterworfenen Länder Geldern, Lüttich und Utrecht ihre Selbstständigkeit wiederzuerlangen suchten, und sich die Stände in den Niederlanden gegen die drückende Steuerlast erhoben, die ihnen der Herzog auferlegt hatte, und ihre alten Privilegien einforderten. Eine Rebellion in Gent, der herzoglichen Residenzstadt, die in der Hinrichtung des burgundischen Kanzlers und anderer Vertrauenspersonen des Hofes ihren Höhepunkt fand, verschärfte die äußerst bedrohliche Situation, in der Maria sich jedoch nicht davon abbringen ließ, den letzten Willen ihres Vaters zu erfüllen. Obwohl die Generalstände eine Verbindung Marias mit dem Dauphin als beste Lösung für das Land sahen (Karl VIII. war zu diesem Zeitpunkt gerade einmal sieben Jahre alt, Maria immerhin 20), hielt sie – verständlicherweise – an der Wahl Maximilians fest. Die Stimmung im Land zugunsten der herzoglichen Familie schlug um, als die kaiserliche Gesandtschaft in Brügge eintraf und Pfalzgraf Ludwig von Veldenz in Vertretung Maximilians am 21. April 1477 die Ehe schloss. Zwar verstärkte nun König Ludwig noch seinen Druck auf Burgund, aber seine Truppen, die brennend und mordend durch das Land zogen, wurden nun entschlossen zurückgedrängt. Dennoch blieb die Situation höchst gefährlich, und es nimmt Wunder, wie gemächlich der designierte Gemahl der burgundischen Erbin, die seiner Hilfe dringend bedurfte, seine Brautfahrt anlegte. Ganze sechs Wochen benötigte er für die Reise, die ihn von Graz über Salzburg, Augsburg, Frankfurt nach Köln führte, wo er weitere vier Wochen verbrachte, ehe er nach Gent aufbrach, dort am 18. August mit 1.200 Berittenen eintraf und von der Stadt begeistert empfangen wurde. Strenges Hofzeremoniell bestimmt das erste Zusammentreffen von Maria und Maximilian, offizielle Begrüßungsreden lassen keine privaten Gespräche aufkommen; sie wären auch zwischen den Brautleuten nicht gut möglich gewesen: Maria sprach kein Wort deutsch, Maximilian weder französisch noch flämisch. Tags darauf fand in der Hofkapelle die Hochzeitszeremonie statt; nach Festmahl, Tanz und Ritterspielen wurde das Paar in das Brautgemach geleitet. Für den achtzehnjährigen Maximilian war die Reise nach Gent alles andere als gefahrvoll verlaufen; jede Stadt wollte ihn sehen und feierlich empfangen. So geriet seine Brautfahrt durch Deutschland nicht zu einer Aventiurenfahrt wie im *Teuerdank*, in der sich der Held seine Braut durch ritterliche Taten „verdienen" wollte, sondern zu einem problemlosen Triumphzug, der in einer Hochzeit mündete, die ihm, abgesehen von den Reisestrapazen, ohne eigene Anstrengung in den Schoß fiel. Seine Bewährungsprobe musste Maximilian erst in den darauf folgenden Jahren, insbesondere nach dem frühen Tod Marias ablegen, als es galt, das burgundische Erbe gegen die Begehrlichkeiten Frankreichs, aber auch gegen die auf ihre Privilegien und Freiheiten bedachten Städte in den Niederlanden für seine Familie zu verteidigen.

*

In den ersten Jahrzehnten des 19. Jahrhunderts überschwemmten unzählige dramatische Texte auf der Basis „historischer" Materialien die Theater, so dass das Geschichtsdrama zum dominierenden literarischen Genre der Zeit avancierte (vgl. W. Struck, 1997, 1). So überrascht es nicht, dass auch Kaiser Maximilian und seine burgundische Hochzeit ihren Weg auf die Bühne gefunden haben. Die verklärende Erinnerung an den „letzten Ritter", mit dem das Haus Habsburg zur Weltmacht aufsteigen sollte, dazu die zeitaktuellen Analogien der Kampfhandlungen gegen Frankreich um das Erbe Karls des Kühnen zu den gerade zu Ende gegangenen napoleonischen Kriegen oder der Aufstände holländischer und flandrischer Städte wegen der Unterdrückung ihrer verbrieften Rechte zu den vergeblichen bürgerlichen revolutionär-liberalen Emanzipationsbestrebungen in der Ära Metternich boten zusätzliche Anknüpfungspunkte. Die Autoren, die dabei sowohl auf den *Teuerdank* als auch auf historische Berichte und Quellen rekurrierten, waren aber nicht von der Art, dass sie die Geschichte „gegen den Strich gebürstet" und sich kritisch zu durchaus problematischen Geschehnissen geäußert hätten (vgl. J. Schröder, 1994, 7). Ihre Stücke stehen in der Tradition der damals so beliebten Ritterdramen, die das Mittelalter lediglich als Kulisse benutzen oder „die sich mittelalterlicher Ereignisse als Vorlage bedienen, um aktuelle politische Tendenzen zu vertreten" (M. Krause, 1987, 324). Und diese politischen Tendenzen standen, zumindest bei den österreichischen Autoren, ganz im Einklang mit dem restaurativen Gedankengut der Ära Metternich.

Der erste, der sein Stück *Erzherzog Maximilians Brautzug* in den Dienst der politischen Propaganda, der Glorifizierung des Hauses Habsburg und des Metternich-Regimes stellte, war Johann Ludwig Deinhardstein (1794-1859). Cornelia Fischer charakterisiert ihn als typischen Vertreter des altösterreichischen „Beamtenschriftstellertums" und als „anpassungsfähigen Kulturfunktionär des Metternich-Staates", dem er als ausgebildeter Jurist zuerst als Inhaber des Lehrstuhls für Ästhetik an der Universität Wien, daraufhin als Vizedirektor und Dramaturg des Burgtheaters und schließlich als Zensor an der Polizeihofstelle diente. Literarhistorikern wird er als verantwortlicher Redakteur der *Jahrbücher der Litteratur* bekannt sein, des wohl wichtigsten, freilich unter strenger staatlicher Kontrolle stehenden österreichischen Wissenschaftsorgans dieser Zeit. Von seinen Bühnenwerken erzielte sein *Hans Sachs* die nachhaltigste Wirkung, diente er doch der gleichnamigen Oper von Gustav Albert Lorzing als Vorlage und als Quelle für Richard Wagners *Meistersinger von Nürnberg* (C. Fischer, 1989, 19f.).

Sein in Blankversen verfasstes „dramatisches Gedicht in fünf Abtheilungen" wurde 1829 zuerst im k. k. Hofburgtheater aufgeführt, ehe es „auf den Hofbühnen in München, Kassel, Hannover, Karlsruhe u. a. so wie denen sämmtlichen Provinzen des Kaiserreichs" mit sichtlichem Erfolg gegeben wurde. Dies erfahren wir aus der Vorrede Deinhardsteins zum Textbuch, das drei Jahre später, versehen mit einer Widmung an den Großherzog Leopold von Baden, aufgelegt wurde. Darin nennt er auch die Quelle, aus der er seine Dich-

tung geschöpft hat: den *Teuerdank*, dessen Kenntnis er bei seinen Rezipienten gleichsam als selbstverständlich voraussetzt: „In der Behandlung wird man
leicht die allegorischen Personen des Teuerdanck herausfinden, und viel von
den Begebenheiten, deren in jenem Werke gedacht ist." Seine, des Dramatikers
Aufgabe sehe er darin, „die im Teuerdanck vorkommenden, lose an einander
gefügten Ereignisse zur Einheit und zur Nothwendigkeit der Handlung zu
verbinden, und dort eine Idee durchscheinen zu lassen, wo nur ein Gehen und
Kommen zu bemerken war." Um durch logische Verknüpfung ausgewählter
Episoden aus dem *Teuerdank* dramatische Spannung zu erzielen, habe er verändernd in seine Quelle eingegriffen und sich dazu umso mehr berechtigt gefühlt, als „der steife, allegorisierende, Teuerdanck in keiner Beziehung auf der
Kunststufe steht, dass wesentliche Veränderungen der künstlerischen Natur
jenes Werkes Schaden bringen konnten" (Deinhardstein, 1832, Vorrede, ohne
Seitenzählung).

Tatsächlich scheint an manchen Stellen des Dramas der *Teuerdank* durch,
so, wenn sich beispielsweise Maria bei der Wahl ihres Bräutigams auf das Testament ihres Vaters beruft oder der mit den Franzosen heimlich paktierende,
verräterische Rat Adrian von Rassinger, in dem man unschwer den Fürwittig
des Versromans erkennen kann, Maximilian nach dem Leben trachtet, indem
er ihn zu einer Gämsenjagd überredet und ihn in die unwegsame Martinswand
lockt, aus der ihn in höchster Not sein treuer Narr Kunz retten kann. Dieser
historisch belegte Hofnarr, Kunz von der Rosen, ist überhaupt der gute Geist
des Stücks. Denn noch ein zweites Mal ist er Hilfe in letzter Not. Unbedacht,
nur vom Gedanken getrieben, seine Braut in der vom Aufruhr erfassten Residenzstadt zu schützen, war Maximilian entgegen den hellsichtigen Warnungen des Narren nach Gent geeilt, dort aber, wenn auch nach natürlich tapferer
Gegenwehr, von den Bürgern gefangen genommen worden. Mit List gelingt
es dem Narren, seinem Herrn rechtzeitig zur Freiheit zu verhelfen; rechtzeitig, um mit heimlich herbeigeführten kaiserlichen Truppen die aufständische
Stadt zu unterwerfen und die Streitkräfte des Dauphins, die die Stadt belagern,
in die Flucht zu schlagen. Man sieht, dass es Deinhardstein mit historischen
Fakten nicht so genau nimmt, um die dramatische Spannung auf den Höhepunkt zu führen; der Genter Aufstand war schon Geschichte, als Maximilian im August 1477 in Gent eintraf, und seine kurzfristige Gefangennahme in
Brügge, nicht in Gent, datiert aus der Zeit nach Marias Tod; sie erfolgte im
Zuge der Erbschaftskriege. Zudem, das nur nebenbei, wird das französische
Belagerungsheer nicht vom siebenjährigen Dauphin angeführt worden sein.
Handlungsführung und Komposition des Stücks lassen so recht gut erkennen,
worauf es Deinhardstein primär ankam, nämlich: den Habsburger Maximilian
als überragende Retterfigur, als vorbildlichen Herrscher und liebenden Ehemann vorzuführen, der im Vertrauen auf Gott und sein göttliches Sendungsbewusstsein die größten Gefahren zum Wohl des Landes und seiner Untertanen
bestehen kann. Den äußeren Feind, die Franzosen, kann er vertreiben, den inneren Feind, die Stände, erfolgreich bekämpfen, Frieden und Ordnung wieder

herstellen. Zum idealen Herrscher, als den der kaiserliche Gesandte Diepold von Stein Maximilian stilisiert, gehören *Der Durst nach Ruhm und kriegerischer That* (22), *Muth und Kraft* (23), *Freundlichkeit* gegenüber *Jeden, welchen Stand's er sey* (23), das *milde Herz / Das jeden Kummer gleich zu heilen strebt* (23), *Die heiße Liebe zur Gerechtigkeit* (24; vgl. H. Denkler, 1973, 89). Dazu gehört zudem der Gnadenakt. Maximilian verzeiht den schließlich um Vergebung flehenden aufrührerischen Bürgern. Zu denen, die er in seiner Geiselhaft noch als *Rebellen* (82) und *verruchte Brut* (83) bezeichnet hatte, spricht er nun huldvoll: *Steht auf! Und kehrt zu Eurer Pflicht zurück; / Der Tag der Freude sey ein Tag der Gnade. / Genug des Blutes ist geflossen, Ihr / Seyd die Verführten nur – Euch sey vergeben!* (111). Das Volk ist einfältig und leicht zu verführen, aber im Grunde ein gutes Volk – wenn es ohne Aufbegehren seine Pflicht tut. Das Böse, die Einflüsterungen kommen von außen, von den Franzosen. Davor schützt sie der Herrscher, für dessen langes Leben der Narr betet: *dass er* (= Gott) *nicht brechen lasse vor der Zeit / Das milde Aug', das für uns Alle wacht, / Nicht still stehn lasse, von den Seinen fern, / Das Herz, das für uns schlägt!* (50). Mit einem *Hoch lebe Maximilian und Marie* und „unter dem Schwenken der Fahnen, und einem Tusch von Trompeten und Pauken fällt der Vorhang", so die Regieanweisung (114).

Die Restaurations-Ideologie, die durchschlägt, wenn den Untertanen eingeschärft wird, „der Obrigkeit widerspruchslos zu gehorchen, den Staatenlenkern demütig zu vertrauen und dankbar das Glück zu genießen, regiert zu werden" (H. Denkler, 1973, 89), trägt auch das „historische Schauspiel in fünf Akten" *Maximilian in Flandern, nebst einem Nachspiele: Der Kaiser* aus dem Jahr 1835 von Anton Pannasch (1789-1855), einem Militär, der es bis zum Oberstleutnant gebracht hatte und nach seinem Abschied aus der k. k. Armee zum Oberkommandierenden der Wiener Nationalgarde berufen wurde. Seinem Stück, das zwei Jahre nach Drucklegung des Werkes ebenfalls im k. k. Hofburgtheater aufgeführt wurde, war allerdings kein nachhaltiger Erfolg beschieden; nach drei Aufführungen wurde es vom Spielplan genommen (C. v. Wurzbach, 1870, 264). Pannasch behandelt in diesem, ebenfalls in Blankversen abgefassten Fünfakter die Geschehnisse in den Niederlanden um das Jahr 1482, jenem Jahr, in dem Maria von Burgund nach fünfjähriger Ehe nach einem tragischen Jagdunfall ums Leben kam und Maximilian gefordert war, das Erbe seiner Kinder gegen die Begehrlichkeiten Frankreichs und gegen Sezessionsbestrebungen insbesondere der flandrischen Städte zusammenzuhalten. Dass Pannasch, der mit einem österreichischen Kontingent an der Niederwerfung eines Aufstandes in Neapel beteiligt war, wenig Sympathien mit den aufständischen und um ihre Privilegien kämpfenden Niederländern empfinden würde, überrascht nicht. Das Bild hingegen, das er von Maximilian zeichnet, entspricht dem in Deinhardsteins Stück: Er ist *Der letzte Ritter (...), Schöpfer einer bessern Zeit, / Dem Deutschland seinen innern Frieden dankt* (Prolog, 99), *... ein König, einst / Ein großer Kaiser, der für's Große lebt, / Der Habsburgs Haus mit Glanz erfüllen wird* (198). Sein Amt versteht sich als ein Kampf des

Guten gegen das Böse, seine Tätigkeit ist die eines gerechten Landesvaters, der das *Glück* (seiner Untertanen) *wie seiner Kinder Glück / Im Herzen trägt* (194); diese wiederum haben die Pflicht, sich dem Fürsten gläubig und vertrauend zu unterwerfen (vgl. H. Denkler, 1973, 87).

Die wenig dezente, ja geradezu aufdringliche Art und Weise, wie Deinhardstein und Pannasch in ihre Maximilian-Stücke politische Propaganda verpackten, die der Reaktion und der Verherrlichung des Herrscherhauses galten, findet sich in den Bühnenwerken von Autoren deutscher Provenienz in geringerem Maße. In den drei Bühnenstücken, die die burgundische Hochzeit thematisieren, steht Maximilian für den Sohn des „deutschen Kaisers", der alles daran setzt, den Expansions- und Suprematiebestrebungen Frankreichs entschlossen entgegenzutreten. Die Gefahr, die dem burgundischen Reich nach dem Tod Karls des Kühnen droht, geht, so der Tenor der Stücke, primär von Frankreich aus; die Unruhen im eigenen Land, die Rebellion der Stände in den Städten werden, und das ist immerhin historisch belegt, durch gezielte Agitation von französischer Seite geschürt. Im fünfaktigen Schauspiel *Maria von Burgund* des aus Nordrhein-Westfalen stammenden Hermann Hersch (1821-1870) wird denn auch das Publikum mit nationalen Vorurteilen reichlich bedient: einmal ist es die Machtgier der Franzosen, wenn Maria klagt: *Nicht nur berauben will man mich, weil ich ehrlos bin, sondern geradezu alle meine Staaten verschlingen … Und Das thut Frankreich; dieses Frankreich, das sich das ritterliche nennt! … Kein Wort mehr davon!* (22), zum andern die Verschlagenheit der französischen Diplomatie, wenn der französische Gesandte Le Daim in einem Selbstgespräch seine Maske fallen lässt und seine eigene Verstellungskunst lobt (37), oder wenn Maximilian gegen die falsche, französische Art die aufrechte deutsche dagegenhält, wenn er dem Herzog von Cleve seine verräterischen Verbindungen mit Frankreich vorhält: *dass es doch recht erbärmlich von einem deutschen Herzog ist, sich mit dem Franzmann also zu verbinden. Aber auch so … kann ich Euch doch bedeuten, dass wir anderen Deutschen gegen alles Krumme und Schleichend = Wälsche ein gerades Schwert und gute Arme haben* (87). So kann auch den rebellierenden Bürgern von Gent verziehen werden: *Verirrt, verführt wart Ihr,– wirklich feind mir nie!* bescheinigt ihnen Maria und warnt sie vor künftigen möglichen Schachzügen der Franzosen: *Und merkt's Euch für alle Zeiten, was es zu bedeuten hat, wenn Frankreich kommt und für eines fremden Volkes Freiheit besorgt ist!* (102). Hersch ist übrigens der einzige der Autoren, der ein gewisses Verständnis für die revoltierenden Städter verbalisiert, wenn er den Kammerdiener im Gespräch mit der Frau von Hallwyn, einer Vertrauten Marias, sagen lässt: *Frankreich hätte es, mit aller List, doch nie dahin bringen können, wenn hier der Boden dazu nicht so eigenthümlich vorbereitet gewesen wäre.* Und weiter, indem er die Maßlosigkeit Karls des Kühnen anspricht: *Ein Königreich wollte er gründen, so groß und mächtig, wie nur eines in Europa blühte. Diesem Zwecke musste natürlich Alles dienen – und so wurde denn ein ungeheurer, vorher nie gekannter Druck auf das Land gelegt … Und die Niederländer … sind ein eigenthümliches Volk, wenn man ihre Freiheit antasten will!* ... *war's da wohl zu verwundern, wenn da mit einemmal auch hier Alles so drunter und drüber gehen, und also denn auch die französischen Aufhetzer ein so leichtes Werk finden konnten?* (10). Nicht die politisch-sozialen Probleme stehen jedoch im Vordergrund des Stücks, sondern, dem Titel des Schauspiels entsprechend, die Herzogin und Frau Maria von Burgund. Ihre Kraft und ihren Mut, sowohl den Franzosen als auch dem aufrührerischen Volk gegenüber standzuhalten, schöpft sie aus ihrem Gottvertrauen und ihrer Liebe zu Maximilian, mit dem sie, so motiviert es Hersch ahistorisch, seit ihrer Kindheit verlobt ist. Ihr starker Wille, darauf zu hoffen, *was sonst nur so höchst selten einer Fürstin beschieden ist, das höchste Erdenglück: den Gatten, den meine Seele wünscht* (27), macht sie zur überlegenen Gegnerin des mit allen Wassern gewaschenen französischen Unterhändlers Le Daim, dem es weder mit Drohungen noch mit Versprechungen gelingt, sie als Braut für den Dauphin zu gewinnen. Dieser muss schließlich unverrichteter Dinge abreisen, was selbst Ravenstein, der treue Ratgeber der Herzogin, neidlos anerkennt: *Ein Mädchen, – der Jugend kecke That hat alle List zu Schanden gemacht und unsere bedächtige Weisheit dazu! Wir alten Politiker dürfen uns begraben lassen ...* (103). Ihr persönliches Glück wird vollkommen, als Maximilian, hier mit der verkürzten Namensform Max, mit (Regieanweisung:) „Tusch und stürmische(m) Hochruf in der Vorhalle" erscheint. Maria begrüßt ihn mit den in der Chronik von Molinet überlieferten Worten (vgl. H. Wiesflecker, 1971, 132): *Willkommen sei mir das edelste deutsche Blut, nach dem ich so lange verlanget, und das ich nun mit tausend Freuden hier sehe und begrüße!* (110). Auch das Land wird befriedet, denn der französische König zeigt sich versöhnlich: Sein Hochzeitsgeschenk ist das Versprechen, die besetzten Gebiete zu räumen. Mit diesem politischen und privaten happy end hat sich das Schauspiel Herschs dem Lustspiel angenähert.

Als solches bezeichnet nun Gustav Freytag (1816-1895) seinen dramatischen Erstling *Die Brautfahrt oder Kunz von der Rosen*, mit dem er 1844 mit dem Preis der Hofbühne Berlin ausgezeichnet wurde. Der Titel des Werks weist, wenn auch nicht gleich auf den ersten Blick klar erkennbar, auf die Thematik des Lustspiels hin. Es geht um eine Brautfahrt, und bei der Popularität von Deinhardsteins Schauspiel scheint eine Anspielung auf dieses wahrscheinlich; der Untertitel nennt jedoch nicht Maximilian, sondern seinen Hofnarren Kunz von der Rosen. Nicht nur die Brautfahrt des Kaisersohnes wird in diesem Fünfakter abgehandelt, sondern, und das erschließt sich dem Publikum wie dem Betroffenen erst nach und nach, auch die seines Narren. Verkleidung bestimmt das Geschehen. Voll Ungeduld, weil sich die Verhandlungen um die bevorstehende Heirat in die Länge ziehen, will Maximilian schon vor der offiziellen Brautfahrt zu Maria in das von den Franzosen und inneren Unruhen bedrohte Gent. Sie reisen inkognito und unter falschem Namen (Maximilian nennt sich Junker Max Teuerdank), denn die Gefahr ist groß, von französischen Häschern erkannt und gefangen zu werden. Ein derartiges Abenteuer, und damit knüpft Freytag an den „historischen" *Teuerdank* an, ist das, was Maximilian sucht: *Kunz, so ein Abenteuer wünsch ich mir, wo das Herz lustig an die Rippen schlägt, und der Mann fühlt, dass er ein Mann ist. Ja, könnt' ich mir durch mein Schwert die Herrin von Burgund verdienen, nur einen Gruß ihres Auges erhaschen!* (124). Eine Spelunke, in der sie übernachten wollen, sollte denn auch tatsächlich ihr Gefängnis werden, hätte es nicht hier eine aufrechte Seele gegeben, die ihnen die Flucht ermöglicht. Es ist Kuni, die junge Nichte des verräterischen Wirts, die sich in der Hosenrolle eines Straßensängers ihren Lebensunterhalt verdient und die Gelegenheit benutzt, ihrem verhassten Onkel zu entkommen, indem sie sich ihnen kurzerhand anschließt. Ihre Worte an Kunz: *Seht, ich gehe mit euch* und *Ja, Herr, nehmt mich mit Euch, Ihr gefallt mir* (133) werden in ihrer Mehrdeutigkeit zu diesem Zeitpunkt weder von Kunz noch vom Publikum ermessen, ist sie es doch, die er schlussendlich heiraten wird. Der heimliche Brautzug Maximilians ist gleichzeitig der unbewusste gemeinsame Brautzug des Narren mit seiner künftigen Braut. – Was die offizielle Diplomatie nicht erreicht, schafft Maximilian alias Max Teuerdank in der Folge im Alleingang. Seine Konkurrenten um die Braut, das sind in Vertretung des Dauphins Raoul von Monsrepas und Philipps von Cleve, der Jugendfreund Marias, kann er sich durch ritterliches Handeln zu Freunden gewinnen. Als die offizielle Abordnung des Kaisers schlussendlich eintrifft, sind auch die letzten Bürger Gents überzeugt, dass sie es mit den Deutschen besser haben würden als mit den Franzosen. Die in den zuvor genannten Stücken überstrapazierte Schwarz-Weiß-Malerei, wenn es um den äußeren Feind, die Franzosen, oder um den inneren, die rebellierenden Bürger, ging, findet sich in diesem Lustspiel nicht. Zwar gibt es französische Schurken und es gibt den *fränkischen Wolf* (140), der das Land verschlingen möchte, aber es gibt auch einen edlen Raoul von Monsrepas, der einen feigen Hinterhalt seiner Leute auf Maximilian vereitelt und diesem in Bedrängnis beisteht, weil er solches Tun nicht mit seiner Ehre vereinbaren kann, und es gibt unter den Bürgern *die Armen und Schreier (die) hoffen von Frankreich, aber der Kern, wer fest und gesetzt ist, sieht nach dem deutschen Maximilian ...* (148), auch wenn die Sympathien in den Worten des Narren, auf zeitgenössische Ereignisse anspielend, eindeutig verteilt sind: *... die Trabanten; das sind die Besen und Bürsten der Könige, mit denen säubern sie ihre Wege von jeglichem Unrat. Manchmal aber wird der Unrat so stark, dass er die Besen wegfegt ... Hier kommen die Bürger, sieh, wie bescheiden ihre Kleider sind, und doch steckt hinter den schwarzen Wämsern ein so schlimmer Geist, dass vor ihm zuweilen selbst der Purpur bleich und fahl wird ...* (197f.). Unter diesen Purpurträgern gibt es aber auch Verräter, wie den Bischof von Lüttich, einen Rat der Herzogin, der das Volk aufwiegelt, um Maria zur Hochzeit mit dem Dauphin zu nötigen.

Maria ist in ihrer Gesinnung dem vorbildhaften Maximilian ebenbürtig. Sie hält an der Wahl Maximilians in größter Bedrängnis fest, da sie ihm als Kind verlobt wurde. Liebe wird hier freilich mit Vertragstreue gleichgesetzt. Der Ring, den sie damals von ihm bekommen hat, *er ist ins Fleisch gewachsen, geht nicht mehr herunter* (143). Unmotiviert ist dann freilich, wenn sie das

Recht jeder Frau auf freie Partnerwahl und auf das Recht auf Liebe einfordert, andernfalls sie ihrer Pflicht als Frau, ihren Mann bis zum Tode zu lieben, nicht nachkommen könne (138-140). Bange ist ihr allenfalls um das Aussehen ihres künftigen Gemahls – ihre Vertraute Halwyn hinterbringt ein Gerücht des französischen Gesandten, demzufolge Maximilian ein verwachsener Zwerg sei. Als die Herzogin-Mutter ihn heimlich in Augenschein nimmt, kann sie Maria verkünden und damit ihr Glück vollkommen machen: *Gott segne dich, Marie! Du bist glücklich, einen schöneren Mann hab' ich nie gesehen; der soll dein Mann werden und kein anderer. So adlig in seinem Wesen, so milde Augen und ein so herzliches Lachen. Und gerade gewachsen ist er wie eine Tanne* (199). Derartige Qualitäten lassen alle anderen Probleme vergessen – nun wird erst einmal geheiratet.

Der Vollständigkeit halber ist das romantischen Schauspiel *Teuerdank* zu erwähnen, das Gustav von Meyern (1820-1878) in den sechziger Jahren am Hoftheater in Coburg zur Aufführung brachte, als dessen Intendant er neben seiner Tätigkeit als Geheimer Cabinettsrat des Herzogs von Coburg fungierte. Josef Kürschner berichtet, dass er mit seinen Dramen wenig Erfolg hatte (was wir ihm gern glauben wollen), „weil ihnen ... der rechte dramatische Nerv fehlt", so dass sie jetzt – der Artikel stammt aus dem Jahr 1885 – „vollständig von der Bühne verschwunden" sind. Mehr Leser wird sein *Teuerdank* in der „Gartenlaube" gefunden haben, in der eine epische Bearbeitung seines Schauspiels abgedruckt wurde und die zudem in Buchform unter dem Titel *Teuerdank's Brautfahrt. Romantisches Zeitbild aus dem 15. Jahrhundert* 1878 in Leipzig erschienen ist. Freytags Lustspiel ist Meyerns Theaterstück Pate gestanden, wie Motivparallelen unschwer erkennen lassen, ohne freilich das Vorbild je zu erreichen. Die Protagonisten sind von vornherein auf bestimmte Bühnentypen festgelegt: Max, i. e. Erzherzog Maximilian, ist ein „jugendlicher Held und Liebhaber", Maria von Burgund „eine Liebhaberin (nicht ohne launige Beimischung)", Adelheid von Helwin, eine „Salondame", Hugo von Huy ein „Saloncharakter", Jeanne von Huy eine „Lustspielsoubrette", Graf Meulan, der französische Gesandte – wie könnte man in diesem Kontext anderes erwarten – ein „Parvenü (mit) niedrige(r) Gesinnung, verschlagen, feig", Don Alvarez, der spanische Gesandte, „hochmüthig, steif (mit) übertriebene(r) Grandezza" (4). Dass sich der Autor zu all den Trivialitäten nicht einmal um ein gewisses historisches Kolorit bemüht, nimmt man ohne Verwunderung zur Kenntnis.

Zuletzt möchte ich noch auf einen anderen *Teuerdank* hinweisen, der thematisch ganz andere Wege geht und in einem anderen Medium, der Oper, angesiedelt ist. Das Libretto zu dieser Oper von Ludwig Thuille (1861-1907) verfasste Alexander Ritter (1833-1896), und zwar nach dem „Romantische(n) Lustspiel in drei Akten *Der Theuerdank*" von Herman Th. Schmid (1815-1880), abermals einem Juristen, der neben seiner Tätigkeit am Münchener Stadtgericht als dramaturgischer Beirat am Hoftheater, und später als Direktor des Volks- und Aktientheaters am Gärtnerplatz wirkte. Mit seinen Volksstücken und historischen Romanen zur bayerischen Geschichte erreichte er ein großes Publikum und die Erhebung in den persönlichen Adelsstand durch König Ludwig II. (vgl. R. Witmann, 1991, 301f.).

Der *Theuerdank* war der Erstling im Opernschaffen des aus Bozen stammenden Ludwig Thuille, der nach seinem Musikstudium in München, wo ihn eine langjährige Freundschaft mit Richard Strauss verband, hier eine Professur für Komposition bekleidete. Seine Werke stehen, von der Musik Richard Wagners beeinflusst, ganz in der Tradition der Spätromantik. Neben Kammermusik, Liedern und einigen Orchesterwerken hat er drei Opern geschrieben; mit seiner letzten, *Lobetanz*, war ihm auch internationaler Erfolg beschieden; sie wurde auch an der Metropolitan Opera in New York aufgeführt.

Mit der Adaptierung des Schmid'schen Lustspiels für die Oper tat Alexander Ritter, ein glühender Verehrer Richard Wagners, selbst Musiker, Komponist und Autor (vgl. S. Hörner, 661f.), seinem Freund Ludwig Thuille nichts Gutes. Obwohl sein *Theuerdank* zusammen mit Opern von Alexander Zemlinski und Arthur Könnemann mit dem renommierten Prinzregent-Luitpold-Preis ausgezeichnet und am Geburtstag des Prinzregenten, am 12. März 1897, unter der Leitung von Richard Strauss uraufgeführt wurde, war ihr kein Erfolg beschieden, was zu einem Gutteil auch am Libretto gelegen haben mag; bereits nach vier Aufführungen wurde sie vom Spielplan genommen und seitdem nicht mehr aufgeführt (vgl. H. Rosendorfer, 28).

Mit dem mittelalterlichen Versroman hat dieser Theuerdank mit Ausnahme der Titelgestalt nun gar nichts mehr gemein. Die Handlung spielt im Jahr 1486, also neun Jahre nach dem Brautzug in die Niederlande und vier Jahre nach dem Tod Marias von Burgund. Maximilian ist wieder auf dem Weg nach Norden, diesmal jedoch auf dem Weg nach Aachen, wo er zum König gekrönt werden soll. Gekleidet wie „ein provenzalischer Troubadour" und ausgerüstet mit einer Zither zieht er durch die Lande, und streift gerade *Durch des Schwarzwalds Berg' und Thäler / Daß er Land und Leute / Unerkannt in Volkes Mitte / Recht getreulich kennen lern'* (17). Um an den Rhein zu gelangen, muss er durch die Teufelsschlucht, einen Ort, der sich für einen Überfall hervorragend eignet. Denn dort will ihm Graf Rüdiger von Eggstein, ein Parteigänger von Maximilians Konkurrenten, dem böhmischen König Wladislav, auflauern, und so lange gefangen halten, bis die Königswahl vorüber ist, denn: wer nicht vor Ort erscheint, kann nicht gewählt werden. Seine Tochter Editha, die in Theuerdank den Kaisersohn erkennt, will und kann dies verhindern, indem sie ihren heimlichen Liebsten, Heinrich von Zollern, überredet, sich an dessen Stelle gefangen nehmen zu lassen; das geschieht, und Maximilian kann ungehindert seinen Weg nach Aachen fortsetzen. Spät aber doch durchschaut Graf Rüdiger den Schwindel; seine Situation wird prekär, als ihn Maximilian, der in den Plan eingeweiht war, auf der Rückreise aus Aachen aufsucht. Er fordert Sühne für die schändliche Tat und Rüdiger muss in die Ehe seiner Tochter mit seinem falschen Gefangenen, Heinrich von Zollern, einwilligen. Den Schlusschor, dessen Text an Beethovens Fidelio erinnert (*Heil der Stunde /*

Heil dem Ort! / Heil dem König, / Unser'm Hort) wird man in München gern gehört haben, schließt er doch mit einem *Heil Dir! Heil, König Max!* (58).

Wenn auch der größte Gesangspart Theuerdank zukommt, ist nicht er, sondern Editha die Hauptperson der Oper. Sie ist die *Herrliche! Wonnige! / Leuchtende! Sonnige! / Segenvoll schaltende, / Zauberisch waltende / Tochter Germaniens!* (35) – so zumindest preist sie Theuerdank, als er erkennt, dass sie ihm den Weg zur Krönung frei gemacht hat. Sie zieht die Fäden, um ihr persönliches Glück zu finden, bleibt ihrem Heinrich in unerschütterlicher Treue verbunden und kann dem Liebeswerben Theuerdanks entschieden Grenzen setzen, ohne diesen zu desavouieren. Maximilian selbst ist nach seiner Krönung ein anderer geworden: sein alter ego, den feurigen Minnesänger, *Meister Theuerdank*, hat er mit rührseliger Wehmut in das *Schattenreich* verbannt: *Das ist vorbei! Der Meister hat gesungen / Die Weisen sind verklungen! / Das Leben naht mit ernstem Schritt, / Die Jugend floh – und nahm die Lieder mit!* (57), schwer und verantwortungsvoll lastet nun das Amt des Herrschers auf ihm, der nun großen Aufgaben zum Wohle seines Volkes entgegengeht. Dieses dankt es ihm wie Kinder ihrem Vater.

Das Jahr 1848 scheint vergessen, das Jahr 1918 ist noch fern: Die Diagnose von J. Schröder (1994, 25), wonach die Masse der Habsburgerdramen in Österreich (ich ergänze: wie auch in Deutschland), der Hohenstaufendramen in Deutschland, der Hohenzollerndramen in Preußen oder der Wittelsbacherdramen in Bayern affirmativ-reaktionär ausgerichtet ist, findet hier in den Bühnenwerken um Maximilian bzw. Teuerdank seine volle Bestätigung. So nimmt es nicht Wunder, dass sie heute so gut wie vergessen sind. Wir aber sollten nicht vergessen, dass zumindest die meisten von ihnen damals ihr Publikum gefunden und dazu beigetragen haben, mit der Verkündung von Herrscherlob und Staatspanegyrik systemstabilisierend zu wirken.

Bibliographie

I. Textausgaben

Deinhardstein, Johann Ludwig: Erzherzog Maximilians Brautzug. Dramatisches Gedicht in fünf Abtheilungen. Nach dem Teuerdanck. Wien 1832.

Ehm, W. (Pseudonym für Alexander Ritter): Theuerdank. Oper in drei Aufzügen. Mit teilweiser Benutzung des gleichnamigen Lustspiels von Hermann v. Schmid. Musik von Ludwig Thuille. München 1897.

Freytag, Gustav: Die Brautfahrt oder Kunz von der Rosen. Lustspiel in fünf Akten, in: G. Freytag: Dramatische Werke: Lustspiele – Trauerspiele – Schauspiele. Leipzig o. J. (G. Freytag: Gesammelte Werke, Erste Serie, Bd. 6), S. 113-202.

Hersch, Hermann: Maria von Burgund. Frankfurt 1860.

Kaiser Maximilian I. Teuerdank. Die Geferlicheiten und eins Teils der Geschichten des loblichen streitbaren und hochberümbten Helds und Ritters Herr Teurdanks. Hrsg. und mit einem Nachwort von Helga Unger. München 1968.

Kaiser Maximilian I. Die Abenteuer des Ritters Theuerdank. Kolorierter Nachdruck der Gesamtausgabe von 1517. Köln 2003.

Meyern, Gustav von: Teuerdank´s Brautfahrt. Romantisches Schauspiel in vier Acten. Coburg o. J. (vor 1878).

Meyern, Gustav von: Teuerdank´s Brautfahrt. Romantisches Zeitbild aus dem fünfzehnten Jahrhundert. Leipzig 1878.

Pannasch, Anton: Maximilian in Flandern, in: A. Pannasch: Alboin. Maximilian in Flandern. Dramatische Dichtungen. Güns 1835, S. 97-210.

Schmid, Herman Th.: Der Theuerdank. Romantisches Lustspiel in drei Akten, in: H. Th. Schmid: Dramatische Schriften, Bd. 2. Leipzig 1853, S. 293-444.

II. Sekundärliteratur

Denkler, Horst: Restauration und Revolution. Politische Tendenzen im deutschen Drama zwischen Wiener Kongreß und Märzrevolution. München 1973.

Edelmann, Bernd: Von Wagner zum Jugendstil. Ludwig Thuilles Opern, in: Ludwig Thuille. Tutzing 1993 (Komponisten in Bayern, Bd. 16), S. 61-80.

Fischer, Cornelia: Deinhardstein, in: Walther Killy (Hrsg.): Literaturlexikon, Bd. 3. Gütersloh / München 1989, S. 19f.

Hörner, Stephan: Ritter, Alexander (Ps. W. Ehm), in: NDB, Bd. 21. Berlin 2003, S. 661f.

Kelchner: Hersch, Hermann H., in: ADB, Bd. 12. Leipzig 1880, S. 222.

Krause, Markus: Trivialdramatik, in: Horst Albert Glaser (Hrsg.): Zwischen Revolution und Restauration: Klassik, Romantik. 1786-1815. Reinbek bei Hamburg 1987 (Deutsche Literatur. Eine Sozialgeschichte, Bd. 5 = rororo 6254), S. 313-326.

Kürschner, Joseph: Meyern-Hohenberg, Gustav von, in: ADB, Bd. 21, Leipzig 1885, S. 645.

Müller, Jan-Dirk: Gedechtnus. Literatur und Hofgesellschaft um Maximilian I. München 1982 (Forschungen zur Geschichte der älteren deutschen Literatur 2).

Rosendorfer, Herbert: Ludwig Thuille, Leben und Werk, in: Ludwig Thuille. Tutzing 1993 (Komponisten in Bayern, Bd. 16), S. 13-35.

Schröder, Jürgen: Geschichsdramen. Die „deutsche Misere" – von Goethes *Götz* bis Heiner Müllers *Germania*? Tübingen 1994 (Stauffenburg Colloquium 33).

Struck, Wolfgang: Konfigurationen der Vergangenheit. Deutsche Geschichtsdramen im Zeitalter der Restauration. Tübingen 1997 (Studien zur deutschen Literatur 143).

Wiesflecker, Hermann: Kaiser Maximilian I. Das Reich, Österreich und Europa an der Wende zur Neuzeit. Bd. 1. Wien 1971.

Wittmann, Reinhard: Schmid, Hermann von, in: Walther Killy (Hrsg.): Literaturlexikon, Bd. 10. Gütersloh / München 1991, S. 301f.

Wurzbach, Constant von: Pannasch, Anton, in: Biographisches Lexikon des Kaiserthums Österreich, Bd. 21. Wien 1870, S. 262-269.

Ao. Prof. Dr. Gerold Hayer
Universität Salzburg
Fachbereich Germanistik
Akademiestraße 20
A – 5020 Salzburg
E-Mail: gerold.hayer@sbg.ac.at

Siegrid Schmidt

Kaiser Maximilian im Museum.

Kulturdidaktische Vermittlung einer Herrscherfigur

„Kaiser Max – gewachsen und veredelt in Tirol. Kaiser Max der Aristokrat die köstliche Empfehlung für besondere Raclette, für feine Käseplatten, zu vollmundigen Weinen", (Maximilian I. Triumph eines Kaisers, 2005, 86) so ist Kaiser Maximilian, immerhin vor dem Schloss Ambras und im kaiserlichen Hofgarten, in ein Medium geraten, wo selbst er, als „Medienkaiser", gar nicht hin wollte, in ein Druckinserat für bodenständigen Tiroler Käse, der seinen Namen trägt.

Das schafft dem Kaiser eine Präsenz weit über die von ihm selbst benutzten Medien und damit weit über das Publikum hinaus, das ihn in historischfachlichen Publikationen wahrgenommen hätte. Diese deutlich erweiterte Personengruppe umfasst ein Publikum, das mit Sicherheit auch jenes Medium ansprechen möchte, das im vorliegenden Beitrag im Zusammenhang mit Maximilian thematisiert wird: Das Museum, die Ausstellung.

Die Auseinandersetzung mit „Maximilian im Museum" ist in vier Abschnitte untergliedert. Zunächst werden die Fragen nach der Medialität und der Geschichte von Museen und Ausstellungen gestellt. Im Anschluss ist zu klären, auf welche Weise, nach welchen Kriterien eine Ausstellung zu beschreiben, in einem Text wiederzugeben ist. Breiten Raum wird dann die tatsächliche Darstellung jener Ausstellungen bzw. Ausstellungsabteilungen einnehmen, in welchen Maximilian präsentiert wird. Die Zusammenschau soll Auskunft darüber geben, welche Geschichte Maximilians nun in welcher Schau erzählt wird, d. h. welche Exponate, welche Komposition dieser Exponate welches Gesamtbild entstehen lassen.

1. Das Museum: Begriff und Geschichte

Der bisherige Sprachgebrauch hätte das Museum nicht apriori unter der Kategorie ‚Medium' subsumiert, sondern eher ‚Institutionen' und ‚Gebäuden' zugeordnet. Thomas Dominik Meier beschreibt:

> Museen sind Medien. Bereits als Bauten senden sie architektonische Signale aus, die auf ihre Funktion und ihr Selbstverständnis verweisen. In ihrer Vermittlungsarbeit bedienen sich diese unterhaltenden und belehrenden Institutionen einer spezifischen Sprache, die von vielen BesucherInnen als übersetzungsbedürftige Fremdsprache wahrgenommen wird. Museen kommunizieren mit ihrem Publikum denn auch nicht mehr allein

Kaiser Max
gewachsen und veredelt in Tirol.

Abb. 1: Tiroler Käsewerbung
(für den Schnittkäse
„Kaiser Max")

durch die Präsentation von Objekten, sondern zunehmend auch durch ein immer reichhaltiger werdendes Angebot an personaler Vermittlung. Ihr kommt die Aufgabe zu, die Sprache des Museums in die Sprache der BesucherInnen zu übertragen. (Th. D. Meier / H. R. Reust, 2000, 9)

Von medientheoretischen Ansätzen her könnte man das Museum auch als Bündelung von einzelnen medialen Formen, Erscheinungsformen verstehen, also eine Kompilation von Text und Bild, von historischen und elektronischen Medien. Ohne diesen Diskurs weiter zu verfolgen, lässt sich vermuten, dass Maximilian das Museum als klassisches Medium der Memoria, des Gedächtnisses (vgl. D. Herles, 1990, 52 und Th. D. Meier / H. R. Reust, 2000, 8) sehr wohl für sich und seine Anliegen hätte nutzbar machen wollen.

In dieser Form stand diese Einrichtung „Museum" Maximilian noch nicht zur Verfügung, wiewohl etymologisch die Wortbedeutung weit vor ihn zurückreicht.

The Word museum has classical origins. In its Greek form, mouseion, it meant "seat of the Muses" and designated a philosophical institution or a place of contemplation. Use of the Latin derivation, museum, appears to have been restricted in Roman times mainly to places of philosophical discussion. (G. Lewis, 1998, 1)

Die begriffliche Weiterentwicklung zeichnet Herles nach bis zur Auffassung Treinens, dass es konstituierende Aufgabe des Museums sei, öffentliches Sammeln zu strukturieren, was in Herles' Sicht aber viele Aspekte und Fragen offen lässt (vgl. D. Herles, 1990,15). Das Museum im Sinne der Neuzeit, also ab dem 16. Jahrhundert, hat sich in seiner konkreten Präsentationsweise aus fürstlich adeligen Sammlungen jenes Jahrhunderts langsam entwickelt, über Kunst- und Wunderkammern u. ä., die allerdings im Wesentlichen nur den Besitzern und ihrem direkten Umfeld zugänglich waren (vgl. G. Fliedl, 2007, 21; G. Lewis, 2007, 5f.).[1] In größerem Rahmen öffneten erst die Aufklärung und die Französische Revolution die Tore der Schätze und Sammlungen für ein breiteres Publikum (vgl. G. Fliedl, 2007, 25; G. Lewis, 2007, 9-11). Im 19. Jahrhundert entwickelten sich diese Institutionen unter den Prämissen des Sammelns, Bewahrens/Erhaltens und Erforschens zu Bildungsstätten – allerdings zu elitären, die nicht nur alte Gegenstände, sondern auch alte Werte wahren wollten. Zeitströmungen bzw. der aktuelle Bildungskanon konnten auf die Institutionen vielfach direkten Einfluss nehmen (vgl. Th. D. Meier / H. R. Reust, 2000, 10). Dies gilt vor allem für die Momente der Entwicklung und Veränderung der Institution und ihrer historischen Kontexte. Zunächst aus der Idee der Aufklärung und der Verbürgerlichung bzw. Demokratisierung entstanden, wurde es besonders in der ersten Hälfte des 20. Jh.s von Seiten nationalistischen Gedankenguts propagandistisch eingesetzt (vgl. ebda.).[2]

Für die weiteren Schritte des Museumswesens ist zu beobachten, dass die Bewegungen in den späten 60er Jahren auch in den Museen ein Weiterdenken anstoßen konnten. In den davor liegenden zwei Dezennien waren die Synonyme für „museal" „verstaubt, langweilig, zurückblickend". Damit war vom Museum nicht allein eine andere Gestaltung, sondern auch darüber hinaus eine veränderte Vermittlung eingefordert. Dies führte zu einer neuen Qualität der Kommunikation im Museum, medial und personell. (vgl. ebda., 10f.).

Diese Vermittlung zielte immer noch auf Bildung ab. Dies sollte sich am Wendepunkt der Jahrhunderte noch einmal ändern. Freizeitgestaltung, der Spaß, die optimale Vermarktung rückt in den Museen zunehmend in den Fokus. Damit sind für die Auswahl des Themas und für die Gestaltung einer Ausstellung die zentralen Fragen nach den Erwartungen des Publikums und

---

1   Zur Geschichte der Museen vermerkt G. Fliedl allgemein: „Museumsgeschichte ist im Detail und für bestimmte regionale und typlogische Gelder gut, im Zusammenhang kaum dargestellt. Als Überblick empfehlenswert: Edward P. Alexander: Museums in Motion: An Introduction to the History and Functions of Museums. London 1979. ... Eilean Hooper-Greenhill geht der Museums- und Sammlungsgeschichte der Neuzeit an exemplarischen Beispielen nach: Museums and the Shaping of Knowledge. London 1992.", S. 10.
2   Dies zeigte sich u. a. in den Ausstellungen zur „Entarteten Kunst", die im Haus der Kunst in München neuerlich 1987 präsentiert wurde.

damit nach der Verkaufbarkeit der Ausstellung vom Ausstellungsobjekt bis zum Merchandising zu stellen.

2. Maximilian im Museum

2.1. Das mögliche Vorverständnis beim Publikum

„How does Maximilian sell?" (vgl. F. Crivellari / K. Kirchmann, 2004, 12) müsste man sich im Zusammenhang mit unserem Sujet fragen. Auch hier sind Beobachtungen aus der Mediengeschichte zu zitieren, die schon ganz allgemein feststellen: „History sells." (ebda.) Und Maximilian gehört neben Friedrich Barbarossa zu den bekannteren historischen Figuren, denn hauptsächlich als solche ist er wohl populär. Denn wenn man einen Blick darauf wirft, was populäre Textsorten, wie Lexikoneinträge, Internetseiten, Sagen über Maximilian bieten, so ist daraus zu schließen, mit welchem Vorverständnis und mit welchen Erwartungen BesucherInnen eine Schau zu bzw. mit Maximilian aufsuchen.

Lexikon und Internet (Brockhaus, 1971, bzw. wikipedia-Eintrag 17.9.07) bieten im Wesentlichen eine vergleichbare Information. Gewissermaßen im Zentrum steht der „letzte Ritter". Es ist von den Ehen, den Kindern, den literarischen Werken die Rede, die kriegerischen Auseinandersetzungen sind meist nur allgemein vermerkt. Am Ende stehen die Grabmäler. Es werden hier die Phänomene, den Medien entsprechend, nur genannt, ohne einen historischen, kulturellen u. a. Kontext zu entwerfen. Allerdings bieten beide Medien am Abschluss des Eintrags eine kleine Auswahl an Literatur zum Thema.

Die Sage beschäftigt sich vor allem mit der Vorliebe Maximilians für die Jagd. Es gibt einige sagenhafte Berichte, die Maximilians Mut bei der Überwindung von schwierigen, steilen Wegen bezeugen.[3] Diese Sage führt allerdings mehr oder weniger direkt zu einem musealen Erscheinen Maximilians, im „Wilderer-Museum", das noch Thema dieser Betrachtungen sein wird.

Also das Publikum denkt diese Herrscherfigur als letzte ritterliche, sportlich-mutige, evtl. göttlich geschützte. Diese Vorstellungen werden sich u. a. in den Museen wieder finden, allerdings gehen sie in unterschiedlicher Weise deutlich darüber hinaus, da neben der Publikumsorientierung der Bildungs-

---

3 Eine Sage erzählt ausführlich von dem Ereignis in der Martinswand (Tirol), wo der Kaiser im Jagdfieber auf einen Felsvorsprung geraten ist, von dem er nicht mehr entkommen kann. Aus dem Tal wird ihm schon das Sterbesakrament gespendet. Ein junger Mann (Wilddieb oder Jäger), der gerade eine Gämse erlegt hat, wagt den Abstieg zu der gefährlichen Stelle und kann den Kaiser retten. In einer Variante verschwindet der Retter und am Ende steht die Vermutung, dass es wohl Engel waren, die Maximilian zurückgebracht hätten. (Sagen aus Österreich, 1954, 267) In einer ausführlicheren Variante (Sagen aus aller Welt, 1965, 417/418) ist dieser Text als Gründungssage des Adelsgeschlechts der Hohenfelser zu verstehen, denn hier wird der Jüngling aufgefunden und mit dem Namen „Hollauer von Hohenfels" in den Adelsstand gehoben. Eine Adelsfamilie, die tatsächlich in Tirol zu finden ist.

auftrag u. a. Gestaltungs- und Vermittlungsanliegen nach wie vor relevant bleiben.

2.2. Beschreibung einer Ausstellung: Probleme und Möglichkeiten

Im Folgenden soll dargestellt werden, auf welche Weise und mit welchem Ziel Maximilian in Museen und Ausstellungen präsentiert wird. Hierbei ist einschränkend zu bemerken, dass der Versuch einer Ausstellungsbeschreibung und -analyse in ähnlicher Weise Schwierigkeiten mit sich bringt, wie das vergleichbare Unterfangen für ein Geschehen auf der Theater- oder Opernbühne. Die musealen Präsentationen sind in keinem Medium u. ä. systematisch quantitativ und/oder qualitativ verzeichnet; damit ist eine umfassende, vollständige Sammlung schwer zu erzielen. Die Bibliographie des Katalogs „Heiliges Römisches Reich Deutscher Nation" unternimmt es zwar, nicht allein die Maximilian-, sondern die Mittelalter-Ausstellungen nahezu weltweit aufzulisten, aber dies kann keinen Anspruch auf Vollständigkeit erheben. Schon bei einer ersten Lektüre dieser Nennungen tun sich allgemeine und maximilianische Lücken auf. Es handelt sich damit in beiden Fällen, der Schau am Theater und im Museum, um zeitlich instabile Phänomene, die lediglich mit Hilfe der Dokumentationen, die über sie vorliegen, zu behandeln sind. Nun ist aber jede Dokumentation in vielerlei Hinsicht auch schon Veränderung und Interpretation. Dennoch sei der Versuch hier unternommen, sich der musealen Darstellung Maximilians zu nähern.

Es werden hier die jeweils betrachteten Quellen für die Beschreibung genannt und Begriffe, die in der Folge von Bedeutung sein sollen, reflektiert. Für die exemplarisch ausgewählten Maximilian-Ausstellungen wurden die räumlichen Schauen, die Kataloge und die Informationen zu Rahmenprogrammen als Grundlagen der Betrachtung herangezogen.

Nun ist es aber, folgt man u. a. den Ausführungen Rainer Wirtz', mit der Benennung der Objekte einer Ausstellung nicht getan, um ihre gesamte inhaltliche Vermittlungsleistung darzustellen. Vielmehr seien die Objekte „Medien eigenen Rechts" (F. Crivellari / K. Kirchmann, 2004, 43). „Das bedeutet, dass sie die Reflexion über Auswahl und Wirkung von Objekten, Texten und Bildern, die Frage nach dem Ausmaß von Ästhetisierung und Medieneinsatz im Hinblick auf ein Zielpublikum und eine thematische Richtung einfordern. Ihr Vermittlungsleistung beschränke sich nicht nur auf die Illustration von Themen, sondern beziehe Sinnkanäle verschiedenster Art in den Diskurs mit ein." (ebda.) Wie andere populäre Geschichtsbilder, die in filmischen u. ä. Medien entworfen bzw. bestätigt werden, beruhen jene des Museums ebenfalls „auf der Kombination visueller, auditiver und haptischer Medien; sie sind also durch ihre Multi- und Hypermedialität gekennzeichnet und entwickeln vor diesem Hintergrund nicht nur andere Narrationsmuster..." (ebda., 42) andere als jene der geschichtswissenschaftlichen Forschung. Dort dominiert das geschriebene Wort, wird das Bild durch das Wort kritisch hinterfragt. Im Museum tritt auf jeden Fall die geschriebene Sprache hinter die anderen Medien zurück und damit wird die Grammatik der Sprache durch eine der anderen Medien ersetzt, was allerdings nicht zwingend die Preisgabe jeder Wissenschaftlichkeit bedingt.

Das führt zu kurzen Überlegungen zu der im hier vorhergehenden Zitat angesprochenen Terminologie: Grammatik und Semantik und Narrationsmuster (vgl. F. Crivellari / K. Kirchmann, 2004, 42f.) in Bezug auf die museale Präsentation von historischen Themen. Hier könnte der Versuch unternommen werden, solche quasi metaphorischen Begriffsübernahmen ernst zu nehmen und in Anlehnung an die Vorbilder der Sprache das System auf das andere kommunikative Medium „Museum" zu übertragen. Dies konsequent und ertragreich durchführen zu können, nähme sehr viel Raum in Anspruch. Damit bleibt für diese Überlegungen nur die terminologisch unveränderte Fragestellung, wie die Exponate in ihrer jeweiligen Zusammenstellung welches Bild von Maximilian entwerfen, welche Geschichte sie über ihn erzählen.

2.3. Die Ausstellungen

2.3.1. Die Präsentationsformen

Maximilian ist in sehr unterschiedlichen Museen und Ausstellungen in ungleichem Maße präsent. Grundsätzlich sind drei Erscheinungstypen zu unterscheiden: 1. Die einmalige Erwähnung des Herrschers (in Bild und/oder Text) in einer musealen Präsentation eines übergeordneten Themas; 2. Maximilian repräsentiert einen Abschnitt der Schau, die ein umfassenderes Thema ausstellt; oder er ist 3., gelegentlich mit spezifizierendem Bei- oder Untertitel, der Protagonist der Ausstellung. Die Recherchen zu diesen drei Varianten führen zu nicht vergleichbar verlässlichen quantitativen Ergebnissen. Eine Ausstellung, ein Museum, wo nur eine Nennung des Herrschers zu konstatieren ist, bleibt zumeist ein Zufallsfund. Anders ist die Situation bei den beiden anderen Ausstellungstypen bzw. Erscheinungsformen. Entweder legt das übergeordnete Thema die Mitpräsentation Maximilians nahe oder, im dritten Fall, nennt der Titel auf jeden Fall dessen Namen.

Das zufällige Auffinden der singulären Nennung führt z. B. in eine ursprüngliche Sonderschau der Oberösterreichischen Landesausstellung „Land der Hämmer – Heimat Eisenwurzen"; ihr Titel: „Wilderer im Alpenraum. Rebellen der Berge". Hier wird Maximilian zweimal auf der Jagd gezeigt.

Es wird allerdings nicht ganz deutlich, in welche signifikante Relation er zum Thema der Gesamtschau „Wilderer" gesetzt wird. Der erste Raum der Ausstellung zeigt neben den beiden Maximilian-Bildern lediglich die Ursprünge der Jagd an sich und jene ihrer rechtlichen Grundlagen. Es wäre nun eine

Abb. 2: Maximilian auf der Jagd. Ausschnitt aus der Abbildung in der Ausstellung „Wilderer im Alpenraum", St. Pankratz.

denkbare Verbindung gewesen, Jagd-, Fischerei- und Falkenbuch Maximilians hier zu thematisieren. Nichts davon ist zu sehen oder zu lesen.[4]

---

4   Eine weitere möglich Verknüpfung wäre auch noch jene Sage von der Martinswand gewesen, die in manchen Fassungen offen lässt, ob es nicht ursprünglich ein Wilderer war, der den Kaiser rettete, aber auch das ist nicht verbalisiert.

Eine zweite singuläre Nennung[5] Maximilians bzw. eines Gegenstandes aus Maximilians Lebenszusammenhang fand sich in einer Großausstellung, „Der Turmbau zu Babel" 2003, „Eine Ausstellung des Kunsthistorischen Museums Wien für die Europäische Kulturhauptstadt Graz" in Schloß Eggenberg. Sie thematisierte „Ursprung und Vielfalt von Sprache und Schrift". In der Abteilung „Schrift" wurde zwischen dem Notizbuch Friedrichs III. und dem „Professor am Kandelaber lehrend" ein Lehrbuch Maximilians I. präsentiert: „Im Auftrag des Wiener Bürgers Stephan Heuner schrieb der Kanzleischreiber Wolfgang Spitzweck drei Lehrbücher für den jungen Maximilian…" (Katalog IIB, 2003, 234).

Zwar zeigt dieser Katalog das Exponat nicht, es wird allerdings vergleichsweise ausführlich beschrieben. Diese Lehrbücher sind der Ausstellungsabteilung 3.5 zugeordnet, die die Schriften des christlichen Abendlandes von der Antike bis ins Spätmittelalter umfasst. So wird in der Beschreibung auch auf die Schriftarten des Lehrbuches eingegangen (Textualis formata, Cursiva formata, gotische Schrift, Kanzleiformen, Vorläufer der Fraktura) (ebda.), und anhand dieses Buches wird Historisches von Lehrer und Schüler berichtet. Dieses Exponat taucht in Innsbruck 2005 als Ausstellungsstück II/13 „ABC-Lehrbuch für Maximilian" [Abb. 3, s. Farbabb.] wieder auf, allerdings steht bei der verbalen Beschreibung nicht die Schrift, sondern das Geschriebene, also die Lehrinhalte des Werkes mit der buchmalerischen Gestaltung im Mittelpunkt (Maximilian I. Triumph eines Kaisers, 2005, 41).

Für die beiden anderen Varianten maximilianischer Ausstellungspräsenz, also Maximilian in einer Ausstellungsabteilung oder als Thema der gesamten Schau, fanden sich für die vergangenen 50 Jahre knapp 30 Beispiele. Die Angaben verdichten sich ab den 90er Jahren, was die Vermutung nahe legt, dass die Dezennien davor damit nicht lückenlos erfasst sind. Die früheste, mehrfach zitierte Ausstellung führt nach Wien in die Österreichische Nationalbibliothek, wo in Zusammenarbeit mit der Graphischen Sammlung Albertina und dem Kunsthistorischen Museum (Waffensammlung) die Ausstellung „Maximilian I. 1459-1519" im Jahre 1959, also zum 500. Geburtstag zu sehen war.[6] Ich will

---

5   Wenn man die Bibliographie der Mittelalter-Ausstellungen studiert, die im Katalog „Heiliges Römisches Reich Deutscher Nation" zu finden ist, so gibt es einige Titel, die vermuten lassen, dass bei der Ausstellung Maximilian Erwähnung fand. Als Beispiele wären zu nennen: „Kaiser Karl V. Macht und Ohnmacht Europas", Bonn/Wien 2000; „Kostbare Bücher und Dokumente aus Mittelalter und Neuzeit", Trier 1984; „Kaiser Friedrich III. – Kaiserresidenz Wiener Neustadt", Wien 1966 und „1495 – Kaiser, Reich, Reformen. Der Reichstag zu Worms", Worms 1995. Hier werden Herrscher, historische Ereignisse bzw. kulturelle Phänomene thematisiert, die mit Maximilian in enger Verbindung standen und damit wenigstens seine Nennung wahrscheinlich machen.

6   Eine weitere Auflistung der musealen Ereignisse lesen Sie bitte im Anhang. Sie greift auf Informationen der Kataloge „Heiliges Römisches Reich Deutscher Nation", Magdeburg 2006 und „Maximilian I. Triumph eines Kaisers", Innsbruck 2005/06 zurück. Sie sind ergänzt durch die Ergebnisse eigener Recherchen.

zur etwas detaillierteren Darstellung drei Ausstellungen aus den vergangenen fünf Jahren herausgreifen:

„Kaiser Maximilian I. – Bewahrer und Reformer", Wetzlar 2002
„Maximilian I. Triumph eines Kaisers", Innsbruck 2005/06
„Heiliges Römisches Reich Deutscher Nation 962-1806. Von Otto dem Großen bis zum Ausgang des Mittelalters", Magdeburg 2006

Wie den Titeln unschwer zu entnehmen ist, handelt es sich um zwei speziell auf Maximilian fokussierte Ausstellungen und eine mit einem übergreifenden Thema. Die Städte des Geschehens sind nicht ganz ohne Bedeutung. In Wetzlar wird zentral die Reichsgerichtskammer thematisiert, die zwar beim Reichstag 1495 in Worms installiert wurde, aber gut 100 Jahre später in Wetzlar ihren Sitz fand. In Innsbruck spielen die kulturellen, vor allem architektonischen Phänomene mit Maximilian-Bezug eine wesentliche Rolle. Der historische Anknüpfungspunkt in Magdeburg scheint zunächst ein etwas konstruierter zu sein, nimmt aber in der Ausstellung und im Katalog eine zentrale Rolle am Schluss des musealen Geschehens ein: Unter dem Titel „Träume vom Reich" werden der Traum, die Visionen des Hans Luppold von Hermannsgrün ausgebreitet, die schon im Klappentext zitiert sind:

> Mir kam es so vor, als ob ich irgendwie in den Magdeburger Dom des heiligen Mauritius versetzt wäre und alle Kurfürsten, Erzbischöfe, Erzherzöge, Bischöfe, Herzöge, Markgrafen, Botschafter der Gemeinwesen und Städte, und was es an Kraft und Macht des Römischen Reiches gibt, dort versammelt sähe... (Heiliges Römisches Reich Deutscher Nation, 2006, Klappe)

Die gesamte Schrift der „Pläne für eine Reichsreform" (Heiliges Römisches Reich Deutscher Nation, 2006, 588) widmet Hermannsgrün dem sächsischen Kurfürsten am und zum Reichstag in Worms 1495. Damit ist die Verbindung zum Ausstellungsort Magdeburg und, in unserem Fall, zu Maximilian gegeben.

Schon Meier (Th. D. Meier / H. R. Reust, 2000, 9) spricht von der Bedeutsamkeit der Architektur, in der sich das museale Geschehen ereignet. In Innsbruck und Wetzlar sind es die „historischen Räume", die die Ausstellungen beherbergen: die kaiserliche Hofburg zu Innsbruck bzw. das Reichskammergericht in Wetzlar. In Magdeburg ist das „Kunsthistorische Museum" Schauplatz der Präsentation des Reiches.

Das übergeordnete Thema einerseits und die Themenspezifizierung andererseits scheinen Maximilian in einen jeweils anderen Kontext zu stellen. Unter diesem Aspekt scheint es erstaunlich zu sein, dass die konkreten Exponate vielfach die gleichen sind: Die verschiedenen Porträts spielen überall eine wichtige Rolle, *Triumphzug* und *Ehrenpforte*, das Grabmal, der Kenotaph werden vor allem in Innsbruck und Wetzlar zentral thematisiert, Magdeburg zeigt nur die *Ehrenpforte*. Die Ehefrauen, die ganze Familie wird präsentiert.

Maximilians produktive Verbindungen zur Literatur und zur medialen Gedächtnispflege werden augenscheinlich gemacht. Jede Ausstellung hat zwar
seine außergewöhnlichen Exponate, selten gezeigte Porträts u. a. [Abb. 4 und
5, s. Farbabb.], was aber erzeugt die Differenz? Zunächst ist es die räumliche
Ausdehnung. Innsbruck und Wetzlar sind hier mit 8 bzw. 9 Themenräumen in
etwa identisch, allerdings nur numerisch, denn die jeweilige Raumgröße war
sehr unterschiedlich. In Magdeburg wurde das Reich am Ende des Mittelalters
mit den Habsburgern in einem Raum gebündelt.

Entscheidend für die Differenz ist allerdings ein qualitativer Aspekt,
das sind die Ordnung, die Aufstellung, die thematische Schwerpunktsetzung
durch die Ausstellungsgestalter. Nicht allein die Dinge konstituieren Gesamtbild und Sinn, sondern auch ihre Neukontextualisierung in der musealen Um-
gestaltung.

Um den Inhalt der Ausstellungen, die Kontextualisierung der einzelnen
Exponate und damit die Narrationsmuster der drei Geschichts-Schauen nach-
zeichnen bzw. entwickeln zu können, seien hier jeweils die Themen der Ausstellungs-Abteilungen wiedergegeben und die gezeigten Objekte in Gruppen
oder beispielhaft im Detail genannt. Ein Exponat, der *Theuerdank*, der in allen Schauen präsentiert war, soll exemplarisch darauf hin untersucht werden,
ob und wie dieses Werk durch seine spezifische Zuordnung zu einer Ausstellungs-Abteilung, durch die Detailpräsentation und Beschriftung für die Ge-
samtnarration der Ausstellung eine abweichende Funktion, eine andere Er-
zählvariante konstruiert.

2.3.2. Die konkreten Ausstellungen

2.3.2.1. Wetzlar: „Kaiser Maximilian I. Bewahrer und Reformer"

Die Ausstellungsabteilungen: Maximilian im Spiegel des *Weißkunig* – Maximilian, Habsburg und Europa – Maximilian I und seine Begegnung mit Burgund
– Der Kaiser und das Reich – Reichsreform: Ergebnisse und Perspektiven –
Maximilian I. im Porträt – Maximilian aus der Sicht der Zeitgenossen – Technik und Geld – Literatur und Kunst unter Maximilian I.

Die Exponate: Hier ist im Rahmen der besprochenen Ausstellungen die
breiteste Darstellung Maximilians vorzufinden. Sie beginnt mit der Abbildung
des Geburtsortes und schließt mit der „Apotheose Maximilians" (Holzschnitt,
Springinsklee 1519). Zwischen diesen Eckpunkten wird unter den genannten
Abteilungs-/Kapitelüberschriften sein Leben ausgebreitet. Was mit dem Blick
auf jene Themenformulierungen und die gezeigten Objekte auffällt, ist eine
starke Mischung von Text-Bild-Objekt-Sorten: Es werden Holzschnitte aus
der fiktionalen Literatur und Kunst (*Theuerdank, Freydal, Weißkunig*) zur Illustration von realen Lebensstationen genutzt bzw. der gesamte *Weißkunig*
wird zwar als „historisch-biographischer Roman" (Maximilian I. Bewahrer
und Reformer, 2006, 209) bezeichnet, aber zum Abbild der Historie instru-

mentalisiert. Erst im zweiten Abschnitt „Habsburg und Europa" wird Maximilian genealogisch und geographisch verortet. Dort geben Exponate wie Landkarten, Büsten, Ahnentafeln Auskunft über Maximilians Lebensdaten und Lebensumstände. Ähnliches lässt sich für die Darstellung von der Verbindung vom Kaiser und seinem Reich sagen, auch von den Geschehnissen um Worms, den Reichstag und dem Kammergericht. Hier dominieren Dokumente, Gesetzeswerke, Abbildungen der Ratszusammenkünfte und Stadtansichten die Schau.

Wiederum eine fiktional-urkundliche Mischung traf der Besucher unter den Abschnittsmottos der Ausstellung „Begegnung mit Burgund", z. T. bei „Technik und Geld" und bei dem Blick der Zeitgenossen auf Maximilian, an. Es werden zwar, wie der Katalog zeigt, „historische" Gegenstände wie Büsten und Münzen präsentiert, aber darüber hinaus Abbildungen aus *Theuerdank*, *Weißkunig* und dem *Narrenschiff*.

Scheinbar eindeutig, weil sehr knapp, fällt die Abteilung „Porträts" aus. Lediglich fünf aus der großen Zahl wurden ausgewählt. In den Begleittexten wird verbal auf andere Porträts (Holzschnitte) in der Ausstellung bzw. im Katalog verwiesen. An den fünf genannten soll pointiert die „Entwicklung vom idealisierten Herrscherbild zum ‚Herrscher als Privatmann'" (ebda., 286f.) gezeigt werden. Das scheint nicht ganz überzeugend zu sein, da es sich ausnahmslos um Darstellungen nach 1500 handelt, in einem Fall um die Abbildung am Totenbett und um ein posthumes Porträt [Abb. 6, s. Farbabb.].

Die Verbindung von Literatur und Kunst steht als Schlusspunkt im Ausstellungsprogramm. Unter diesem Titel wird Maximilian bildlich dargestellt, in verschiedenen religiösen und machtpolitischen Zusammenhängen. Dieser Zusammenhang wird u. a. visualisiert in der *Ehrenpforte*, wiederum mit Abbildungen aus dem *Theuerdank* und *Weißkunig*. Am Ende, wie gesagt, steht die Apotheose, die ihn in höchsten Heilszusammenhang stellt.[7]

2.3.2.2. Innsbruck: „Maximilian I. Triumph eines Kaisers. Herrscher mit europäischen Visionen"

Die Ausstellungs-Abteilungen: Innsbruck um 1500 – Kindheit und Burgund – Der Triumphzug (3D-Stereopräsentation) – Medien und Propaganda – Das Turnier um 1500 – Heiratspolitik mit europäischen Dimensionen – Die Familie – Grabmal und Gedechtnus.

Die Exponate: Wetzlar stellt die eigene Bedeutung im Zusammenhang mit Maximilian ins Zentrum seiner Schau (Mittelteil), während Innsbruck sich mit Stadtansichten und architektonischen Verweisen auf Maximilian an den An-

---

7 Hier sei der Text ergänzt: Der verstorbene Kaiser kniet vor Christus als Weltenherrscher. Er hat die Zeichen seiner Würde – Zepter, Reichsapfel und Schwert – ... Den Kaiser begleiten ... die Gottesmutter Maria, der Apostel Andreas ... und die Heiligen: Georg, Sebastian, Maximilian, Leopold und Barbara... (348).

fang seiner musealen Maximilian-Präsentation positioniert. Es folgt der chronologische Gang durch das Leben des Herrschers von dessen Geburt, über den zeitlich nicht ganz klar abgegrenzten Abschnitt „Kindheit und Burgund" bis zum Enkel Karl V. Allerdings vermischen sich auch hier die Objektsorten bzw. Fiktion und Historisches merklich: Vom ABC-Lehrbuch übers Turnierspielzeug, den Miniatur-Triumphzug zum Bildnis Maria von Burgunds, den literarischen Spiegelungen der Historie in *Weißkunig* und *Theuerdank* bis zu den versammelten Herrscherporträts dreier Generationen. Der Große Triumphzug wird 3D-animiert geboten. An diese medial neue Form schließen sich passender Weise „Medien und Propaganda" als Ausstellungs-Abteilung an. Hier findet sich Stilisierendes und Idealisierendes von baulichen Details wie der Wappenwand der Wiener Neustädter Burg über Flugblätter, die beispielsweise direkte politische Propagandaarbeit in Venedig leisten sollten, bis zum *Hercules Germanicus*. Darauf wird Maximilian mit dem Halbgott Herkules als dem „siegreichen und unbesiegbaren Kriegen, den Beherrscher von Königen, ein Friedensbringer für den gesamten Erdkreis, der Retter der Wissenschaft und Künste, sowie der Größte aller Helden" (Maximilian I. Triumph eines Kaisers, 2005, 55) gleichgesetzt.

„Das Turnier" und seine Darstellungen als nächste Abteilung implizieren ähnlich idealisierende Funktionen. Es wird Maximilians Harnisch und das entsprechende Porträt gezeigt, künstlerisch-literarisch ergänzt durch Turnier- und Zeugbuch. Im darauf folgenden Abschnitt „Heirat" öffnet sich der Blick auf eine weitere politische Dimension, nämlich auf die „Europäische Machtpolitik". Sie ist personell durch die Porträts der Brautleute dreier Generationen und durch eine Pergamentrolle mit 37 habsburgischen Herrschern repräsentiert. Was in der Konsequenz aus der Heirat erwächst, ist die Familie, die im darauf folgenden Abschnitt museal dokumentiert wird. Sie wird durch ein Familienbild, eine Ansicht von Mailand und noch einmal von einer Familien-Darstellung aus dem Miniatur-Triumphzug visualisiert.

Chronologisch schlüssig endet die Schau bei „Grabmal und Gedechtnus" auf der Empore der Hofkirche zu Innsbruck mit dem Blick auf den Kenotaph und sie schließt endgültig mit dem Verweis auf den Komponisten Paul Hofhaimer ab.

2.3.2.3. Magdeburg: „Heiliges Römisches Reich Deutscher Nation. 962 bis 1805. Von Otto dem Großen bis zum Ausgang des Mittelalters"

Wie erwähnt, ist hier Maximilians Lebensabschnitt als Herrscher aus dem zeitlichen Gesamtzusammenhang herausgegriffen. Eine Unterteilung ist hier nicht zu konstatieren; Maximilian ist hier dem Abschnitt „Die Habsburger und das Reich Deutscher Nation" eingefügt.[8] Als erstes Exponat wird der Entwurf

---

8   Nach den ersten Maximilian Exponaten tauchen die Unter-Abteilungen „Kaiser Maximilian und das Erbe von Burgund" (S. 532), „Kaiser Maximilians I. geplante Erinnerung" auf

von Maximilian und Bianca M. Sforza gezeigt und die Präsentation endet, untypisch, mit dem abgebildeten „Maximilian im Jagdkleid" und fließt gewissermaßen von der Herrscherperson auf andere reichsrelevante Fragen über, wie etwa auf die optische Reflexion über die Position der Reichsstädte etc. Am Schluss steht die bereits zitierte Vision von Hermannsgrün.

Dazwischen sind im Wesentlichen Urkunden zu sehen, die deutlich einen Zusammenhang mit dem Reich, mit der Reichsführung und -entwicklung aufweisen. Beispielsweise spielen die Erbdokumente im Zusammenhang mit Burgund eine wichtige Rolle. Die Porträts zeigen Maximilian und seine Gemahlinnen vorwiegend als Herrscher bzw. Herrscherin mit den Reichsinsignien. Das Schwert der St. Peter-Ritterschaft ist zu sehen. Die Verbindung zu Kunst und Literatur wird durch die *Ehrenpforte* und durch einzelne Blätter aus *Theuerdank* und *Weißkunig* bzw. *Historia Federici et Maximiliani* dokumentiert. Ein wenig erstaunlich ist, dass die intensive Darstellung Maximilians mit der Abbildung eines Grotesktanzes endet und das allerletzte Bild vor den Reichsvisionen Maximilian zwar als Jäger zeigt, der allerdings keinerlei kaiserlichen Attribute (mehr) aufweist [Abb. 7, s. Farbabb.].

Allein durch die oben genannten thematischen Schwerpunkte der drei Ausstellungen wird deutlich, in welcher Relation die tatsächlich gezeigten Objekte zum jeweiligen Titel stehen. Innsbruck betont zwar die „europäischen Visionen", bleibt aber mit den Themen, ihren Verknüpfungen und Exponaten stark in der Innenansicht der Region, der Figur, der Familie. Man könnte von einer umfassenden Individualisierung gegen den Anspruch der europäischen Perspektive sprechen. Der Reformer und Bewahrer Maximilian wird in Wetzlar nicht allein unter dem speziellen Aspekt des Veränderungspotentials von verschiedenen Seiten betrachtet, sondern die Figur wird machtpolitisch, kulturell, literarisch, subjektiv und ökonomisch aus mehreren Blickwinkeln beleuchtet. Darüber hinaus ist natürlich festzustellen, dass der regionale Anknüpfungspunkt, die Aspekte zum Reichskammergericht, auch in der Themenabfolge und damit räumlich im Mittelpunkt stehen.

Diese divergierenden Geschichten von Maximilian lassen sich exemplarisch an der Präsentation des *Theuerdank* nachvollziehen. Er war in allen Ausstellungen zu sehen, in Innsbruck in der Abteilung „Kindheit und Burgund". Dieser Titel impliziert bereits die genannte Individualisierung durch die Einbeziehung Burgunds in ersten Lebensabschnitt. Es werden zwei Blätter gezeigt: *Königin Ehrenreich mit ihren Hofdamen empfängt Theuerdank* (Kapitel 98) und *Theuerdank besiegt im Schwertkampf seinen Gegner* (Pergament Nr. 102). Den direkten musealen Kontext bilden das „Turnierbuch des Freiherren Caspar von Lamber", die Statuten des Ordens vom Goldenen Vlies und die Herrscherporträts der Habsburger, Maximilians bis Karls V., also Exponate,

---

und vor dem letzten Maximilian-Exponaten sind die Abteilungen „Die Wiederentdeckung der Germania des Tacitus und die Deutsche Nation" (S. 554) und „Das Heilige Römische Reich mit seinen Gliedern" (S. 569) eingeschoben.

die vorwiegend Historizität suggerieren. Damit soll offenbar auch der *Theuer-dank* in diese Reihe gestellt werden. Oder die Wahrnehmung bündelt all dies im Sinne des Individuellen, das nicht auf einen größeren Zusammenhang, sondern auf die eine Herrscherfigur fokussiert ist [Abb. 8, s. Farbabb.]. Der Schwertkampf von Pergament 102 ist auch im Katalog von Magdeburg zu sehen, allerdings in einem anderen Kontext, zwischen *Historia Friderici et Maximiliani* und der *Ehrenpforte*, in der Abteilung „Geplante Erinnerung" (Heiliges Römisches Reich, 548). Diese Umgebung definiert die Funktion des Werkes klar und stellt durch die textlich und bildlich dokumentierte personelle Verbindung (Friedrich und alle Protagonisten der *Ehrenpforte*) die Einbettung der Herrscherperson in den größeren Zusammenhang „Reich" dar. Die Verbindung von *Theuerdank* und *Ehrenpforte* ist auch im Katalog von Wetzlar so eng dokumentiert, unter dem Titel „Literatur und Kunst unter Maximilian I". Dies suggeriert, dass die hier gezeigten Bilder und Texte vorwiegend Fiktionales, zumindest Idealisiertes repräsentieren. Allerdings versuchen die beschreibenden Texte, die Funktion der historischen Dokumentation der Bilder und Texte über jene der fiktionalen zu stellen. Darüber hinaus ist hier zu beobachten, dass die Gesamtheit, z. B. der *Ehrenpforte*, gezeigt und genannt wird, dann aber die Detaildarstellung großen Raum einnimmt, während in Magdeburg das Gesamtgeschehen im Zentrum steht.

2.3.3. Begleitmedien – Rahmenprogramm

Das wohl wichtigste „Begleitmedien" zu einer Ausstellung ist der Katalog, der auch bei diesen musealen Ereignissen von hoher Relevanz ist. In erster Linie hat er die Funktion der nachhaltigen Erinnerung und der Zusatzinformation. Dieses Medium wurde, im Vergleich zu früheren Dezennien etwa Mitte des 20. Jh.s, zumindest quantitativ enorm weiterentwickelt. Das ist bereits für die erste große Mittelalter-Ausstellung in den 70er Jahren, „Die Staufer" zu konstatieren (R. Haussherr, 1977). Hier bildet Innsbruck für die betrachtete Ausstellung mit einem schmalen Heft die Ausnahme, wiewohl sich die Struktur von den Großbänden nicht grundsätzlich unterscheidet. Der Gesamtkatalog setzt sich jeweils aus einem Exponatenteil und den vorangestellten oder im gesonderten Band abgedruckten wissenschaftlichen Aufsätzen, die das Spektrum der wissenschaftlichen Auseinandersetzung mit dem Thema erweitern, zusammen. In Innsbruck wurde eine begleitende Vortragsreihe angeboten.[9] In

---

9   Die ergänzenden Themen für Innsbruck: Wie der junge Weisskunig lernet – Orient trifft Okzident – Der Hofmaler Jörg Kölderer – Die Ehrenpforte – Der Kenotaph – Musik am Hofe Maximilians I. – Maximilian aus heutiger Sicht. In: Maximilian I. Triumph eines Kaisers. Herrscher mit europäischen Visionen. Ausstellungskatalog. Hrsg. Burghauptmannschaft Österreich. Innsbruck 2005. S. 8-32.
Der Band der Vortragsreihe zur Innsbrucker Ausstellung. Maximilians dynastische Politik – Verwaltungsreformen unter Kaiser Maximilian I. um 1500 – Der „Triumph" des Kaisers – Die Ehrenpforte – Kaiser Maximilian im Bildnis – Rüstungen Maximilian I. – Zur Festkultur Maxi-

Magdeburg wurde im Vorfeld der Ausstellung ein wissenschaftliches Symposion zum Thema veranstaltet; dessen Vorträge wurden als 2. Band des Ausstellungskataloges publiziert.

Zu der Gesamtausstellung „Heiliges Römisches Reich deutscher Nation" erschien regelmäßig während der Ausstellungszeit ein Newsletter, elektronisch und in Papierform, in dem über die aktuellen Führungen und Ausstellungsevents informiert wurde. Was meines Wissens für die genannten musealen Ereignisse zu Maximilian fehlte, waren Juniorkataloge. Allerdings ist dem erwähnten Newsletter für Magdeburg und dem Internet für Wetzlar zu entnehmen, dass ein breites Veranstaltungs- und Vermittlungsangebot für alle Altersgruppen vorgesehen war. Themen und Informationen zu diesen Angeboten lassen vermuten, dass z. T. Bildung und Wissen vermehrt werden sollten, z. T. eher der Unterhaltungswert bei den Programmen im Vordergrund stand, etwa bei Familien- und Wochenendangeboten. Es sei hier nur erwähnt, dass diese begleitenden bzw. Inhalte vermittelnden Angebote vorhanden waren. Sie sind nach ihren Ansprüchen und den Inhalten zumeist schwer zu diskutieren, da sie als temporäre Ereignisse im Rahmen der Ausstellungen ein besonders flüchtiges Element darstellen, das regelmäßig noch weniger dokumentiert ist als die Ausstellung selbst.[10]

3. Synopsis

Insgesamt lässt sich an den drei musealen Präsentationen Maximilians beobachten, dass das gleiche Thema mit ähnlichen Exponaten noch nicht die gleiche Geschichte erzählen muss. Das konnte durch die Betrachtung der Elemente, ihrer Strukturierung und ihrer Kontextualisierung in den Ausstellungen nachvollzogen werden. In Magdeburg war die Fokussierung auf das Reichsthema vorgegeben. So werden dort alle Exponate auf das Reich, auf seine Gesamtheit, auf die Funktion der Herrscher hin gelesen. Die beiden anderen Ausstellungen entwickeln die verschiedenen Lebens- und Wirkungsräume und geben der Figur und ihren kulturellen Begleiterscheinungen nicht nur faktisch mehr Raum. Wetzlar berichtet dabei umfassender und etwas vielschichtiger als Innsbruck; dort scheint durch die Orientierung am historischen Ablauf und durch

---

milians I. – Die Moreskentänzer – Das Innsbrucker Zeughaus – Maximilian und die Musik. In: Maximilian I. Triumph eines Kaisers. Hrsg. von Tiroler Kunstkataster. (= Kulturgüter in Tirol Nr. 6). Innsbruck 2005.

Die vorangestellten Aufsätze im Katalog von Wetzlar: Maximilian, Bewahrer und Neuerer – Maximilian im Kreis der Habsburger – Maximilian und die burgundischen Niederlande – Maximilian und die Frauen – Maximilian I. und das Kaisertum – Maximilian I. und das Reich – Maximilian I. und die Schweizer – Maximilian und das Kriegswesen – Bergbau, Münzwesen und Gießerei zur Zeit Maximilians – Literatur und Kunst unter Maximilian I. – Maximilian und Wetzlar – Zeitenwende.

10 Zu ganz anderen Themen wurden solche „museumspädagogischen Dokumentationen" erstellt (Mozartausstellungen Salzburg 1991 und 2006), aber das ist nicht die Regel.

das Ineinandergreifen der Themen eine individualisierte, eine nahezu eindimensionale Geschichte der Herrscherfigur Maximilian zu entstehen. Diesem Eindruck wurde durch die erwähnten „Rahmentexte" und -programme etwas gegengesteuert. Dies macht deutlich, dass solche auch wichtige Elemente der Gesamtstruktur, des Gesamttextes „Ausstellung" sind.

Die Differenzen zwischen den konkreten Ausstellungen zeigen, dass das Medium „Museum" zumindest auf inhaltlicher Ebene noch nicht die Message ist, wie der Medienhistoriker MacLuhan (M. McLuhan, 1964, 22) allgemein postuliert. Es ist jedoch auch Verbindendes zu konstatieren: Alle drei Ausstellungen bieten mit leichten Abweichungen das, was inhaltlich den Publikums-Erwartungen entspricht und was Museen und Ausstellungen heute ganz allgemein zu ihren Zielen gemacht haben[11]: Repräsentation des Ortes/der Region, wirtschaftlicher Erfolg und Infotainment, also ein bisschen Bildung durch viel Vergnügen, oder auch umgekehrt.

---

11 Siehe Punkt 2.1. dieses Beitrages bzw. Kap. 1 zu Aspekten der historischen Entwicklung des Museums.

Bibliographie

I. Quellen

Kaiser Maximilian in der Martinswand. In: Sagen aus Österreich: Heidelberg / Wien 1954. S. 265-267.

Kaiser Maximilian auf der Martinswand. In: Sagen aus aller Welt. Für die Jugend ausgewählt und neu bearbeitet von Otto Wutzel. Linz 1965. S. 413-418.

II. Ausstellungskataloge

Heiliges Römisches Reich Deutscher Nation. 962 bis 1805. Von Otto dem Großen bis zum Ausgang des Mittelalters. 29. Ausstellung des Europarates in Magdeburg und Berlin und Landesausstellung Sachsen-Anhalt. Hrsg. von Matthias Puhle und Claus-Peter Hasse. Dresden 2006.

Kaiser Maximilian I. Bewahrer und Reformer. Katalog zur Ausstellung im Reichskammergerichtsmuseum Wetzlar. Hrsg. von Georg Schmidt-von Rhein. Ramstein 2002.

Maximilian I. Triumph eines Kaisers. Herrscher mit europäischen Visionen. Ausstellung in der Kaiserlichen Hofburg zu Innsbruck. Hrsg. Burghauptmannschaft Österreich Wolfgang Beer. Innsbruck 2005.

Der Turmbau zu Babel. Ursprung und Vielfalt von Sprache und Schrift. Hrsg. von Wilfried Seipel. Schloß Eggenberg, Graz 2003.

Wilderer im Alpenraum. Rebellen der Berge. Ausstellung im Rahmen der Oberösterreichischen Landesausstellung „Land der Hämmer – Heimat Eisenwurzen". Text und hrsg. von Roland Gürtler und Gerald Kohl. Steyr 1998.

III. Sekundärliteratur

Fabio Crivellari, Kay Kirchmann u. a. (Hrsg.): Die Medien der Geschichte. Historizität und Medialität in interdisziplinärer Perspektive. Konstanz 2004.

Gottfried Fliedl: Je näher man ein Wort ansieht, desto ferner sieht es zurück: Museum. Zur Geschichte des Museums. Wien / Graz 2007.

Reiner Haussherr u. a. (Hrsg.): Die Zeit der Staufer. Geschichte – Kultur – Kunst. Altes Schloss- und Kunstgebäude, 26. März bis 5. Juni 1977. Stuttgart 1977.

Diethard Herles: Das Museum und die Dinge. Wissenschaft, Präsentation, Pädagogik. München 1990.

Geoffrey Lewis: The History of Museums. In: Encyclopedia Britannica. London 1998.

Marshall MacLuhan: Understanding Media: The Extension of Man. New York 1964.

Thomas Dominik Meier und Hans Rudolf Reust (Hrsg.): Medium Museum. Kommunikation und Vermittlung in Museen für Kunst und Geschichte. Bern / Stuttgart / Wien 2000.

IV. Populär-Informationen

Brockhaus Enzyklopädie in zwanzig Bänden. Zwölfter Band. Wiesbaden 1975.

<http://de.wikipedia.org/wiki/Maximilian_I._(HRR)> 17.09.2007.

V. Abbildungen

Abb. 1: Maximilian I. Triumph eines Kaisers. Innsbruck 2005. S. 86.

Abb. 2: Maximilian auf der Jagd. Ausschnitt aus der Abbildung in der Ausstellung „Wilderer im Alpenraum", St. Pankratz. Übermittlung einer persönlichen Kopie.

Abb. 3: ABC-Lehrbuch, in: Maximilian I. Triumph eines Kaisers. Innsbruck 2005. S. 41.

Abb. 4: Maximilian und Maria von Burgund als verlobtes Paar, in: Maximilian I. Triumph eines Kaisers. Innsbruck 2005. S. 83.

Abb. 5: Maximilian I. und seine Gemahlin Bianca Maria Sforza. Giovan Ambrogio de' Predis, 1509. In: Heiliges Römisches Reich Deutscher Nation. Von Otto dem Großen bis zum Ausgang des Mittelalters. Katalog. Dresden 2006. S. 527.

Abb. 6: Maximilian auf dem Totenbett. Stadtmuseum Wels.

Abb. 7: Maximilian im Jagdkleid. Hans Holbein d. Ä., 1510-1513. In: Heiliges Römisches Reich Deutscher Nation. Von Otto dem Großen bis zum Ausgang des Mittelalters. Katalog. Dresden 2006. S. 585.

Abb. 8: Theuerdank, Blatt 102. in: Heiliges Römisches Reich Deutscher Nation. Von Otto dem Großen bis zum Ausgang des Mittelalters. Katalog. Dresden 2006. S. 548.

VI. Ausstellungen zu Maximilian (nach Orten gereiht)

Bonn/Wien, 2000:
„Kaiser Karl V. (1500-1558). Macht und Ohnmacht Europas". Ausstellungshalle der BRD. 25. Februar bis 21. Mai 2000; Wien, Kunsthistorisches Museum, 16. Juni bis 17. September 2000.

Göttingen, 2006:
„Göttinger Kostbarkeiten. Handschriften, Drucke und Einbände aus 10 Jahrhunderten" (u. a. Maximilian I. Melchior Pfintzing: Teuerdank). Paulinenkirche/ Niedersächsische Staats- und Universitätsbibliothek, 2. Oktober bis 22. Dezember 2006.

Graz, 2000:
„MAXIMILIAN & AlbRechT. Dürers Kunst für den Triumph Maximilians I." Ausstellung Universitätsbibliothek Graz (gestaltet von Teilnehmer/innen der Grundausbildung für den Bibliotheks-, Dokumentations- und Informationsdienst), 1. Februar bis 3. März 2000.

Graz, 2003:
„Der Turmbau zu Babel. Ursprung und Vielfalt von Sprache und Schrift". Kunsthistorisches Museum Wien / Schloss Eggenberg, Mai bis Oktober 2003.

Innsbruck, 1969:
„Maximilian I." Tiroler Landesausstellung Ferdinandeum, 1. Juni bis 15. Oktober 1969.

Innsbruck, 1992:
„Kunst um 1492. Hispania-Austria. Die katholischen Könige – Maximilian I. und die Anfänge der Casa de Austria in Spanien". Kunsthistorisches Museum / Schloss Ambras, 3. Juli bis 20. September 1992.

Innsbruck, 1996:
„Vom Codex zum Computer. 250 Jahre Universitätsbibliothek Innsbruck". Universität Innsbruck, 1996.

Innsbruck, 2000:
„Circa 1500. Leonhard und Paola. Ein ungleiches Paar". Landesausstellung Innsbruck, 2000.

Innsbruck, 2002:
„Werke für die Ewigkeit. Kaiser Maximilian I. und Erzherzog Ferdinand II." Kunsthistorisches Museum / Schloss Ambras, 7. Juli bis 31. Oktober 2002.

Innsbruck, 2005:
„Wir sind Helden. Habsburgische Feste in der Renaissance". Kunsthistorisches Museum / Schloss Ambras, 10. Juni bis 31. Oktober 2005.

Innsbruck, 2005/06:
„Maximilian I. Triumph eines Kaisers. Herrscher mit europäischen Visionen". Kaiserliche Hofburg, 26. Oktober 2005 bis 30. Juni 2006.

Karlsruhe, 2006:
„1966-2006 Kostbare Geschenke der Badischen Bibliotheksgesellschaft" (Maximilian I.: Theuerdank. Druck Nürnberg 1517). Badische Landesbibliothek, 24. Mai bis 29. Juli 2006.

Magdeburg, 2006:
„Heiliges Römisches Reich Deutscher Nation. Von Otto dem Großen bis zum Ausgang des Mittelalters". Kulturhistorisches Museum Magdeburg, 28. August bis 10. Dezember 2006.

Nürnberg, 1971:
„Dürer 1471-1971". Germanisches Nationalmuseum, Nürnberg, 1971.

Schwarz, 2007:
„Kostbarkeiten aus dem Franziskanerkloster. 500 Jahre Franziskanerkloster Schwarz" (Maximilian unterstützt die Gründung, mehrfache Erwähnung). Rabalderhaus, 3. Juni bis 29. Juli 2007.

St. Pankraz, 1998:
„Wilderer im Alpenraum. Rebellen der Berge". Ausstellung im Rahmen der Oberösterreichischen Landesausstellung „Land der Hämmer – Heimat Eisenwurzen", Frühjahr 1998.

Trier, 1984:
   „Kostbare Bücher und Dokumente aus Mittelalter und Neuzeit". Stadtbibliothek
   und Stadtarchiv Trier, 1984.

Wetzlar, 2002:
   „Kaiser Maximilian I. Bewahrer und Reformer". Reichskammergerichtsmuseum,
   2. August bis 31. Oktober 2002.

Wien, 1959:
   „Maximilian I. 1459-1519". Österreichische Nationalbibliothek / Graphische
   Sammlung Albertina / Kunsthistorisches Museum, 23. Mai bis 30. September
   1959.

Wien, 1976:
   „Porträtgalerie zur Geschichte Österreichs von 1400 bis 1800". Gemäldegalerie
   Wien, 1976.

Wien, 2002:
   „Werke für die Ewigkeit: Kaiser Maximilian und Erzherzog Ferdinand II." Ausstellung Kunsthistorisches Museum Wien, 2002.

Wiener Neustadt, 2000:
   „Der Aufstieg eines Kaisers: Maximilian I von seiner Geburt bis zur Alleinherrschaft 1459-1493". Stadtmuseum, 25. März bis 2. Juli 2000.

Worms, 1995:
   „1495 – Kaiser, Reich, Reform. Der Reichstag zu Worms" Museum Andreasstift,
   20. August bis 29. November 1995.

Dr. Siegrid Schmidt
Universität Salzburg
Akademiestr. 20
A – 5020 Salzburg
E-Mail: siegrid.schmidt@sbg.ac.at

Meinrad Pizzinini

Kaiser Maximilian I. – Ein Porträt

Für den Zeitpunkt von Maximilians Geburt am 22. März 1459 in der Burg zu Wiener Neustadt wurde hinterher von wundersamen Konstellationen der Gestirne gesprochen, womit die Besonderheit seiner Persönlichkeit betont werden sollte. Maximilian war der Sohn Kaiser Friedrichs III. und dessen Gemahlin Eleonore von Portugal[1].

Zu Maximilians Wesenszügen, von seinem Vater ererbt, zählten Zähigkeit im Verfolgen von vorgefassten Zielen, die Geduld im Ertragen von Leid und Schmerz, die Zuversicht, dass es nach erlebten Niederlagen wieder aufwärts gehen müsse, ein sehr starkes Autoritätsbewusstsein und der Glaube an eine geradezu mystische Sendung des Hauses Habsburg (M. Pizzinini, 1996). Damit zusammen hängt auch das Streben nach der „Gedechtnus" (Gedächtnis), das ihn ein Leben lang nicht losließ.

Noch zu Lebzeiten seines Vaters, Kaiser Friedrichs III. wurde Maximilian im Februar 1486 von den Kurfürsten in Frankfurt am Main zum Römischen König gewählt, was eine Anwartschaft auf die Kaiserkrone inkludierte. Trotz dieser nun besonderen Stellung des Sohnes verbat sich der Vater aber jede Art von Mitregierung bzw. Einmischung.

Pläne, nach eigenen Vorstellungen zu regieren, konnte Maximilian erst Jahre später umsetzen und zwar in Tirol. Hier hatte sich die Gelegenheit, ja die Notwendigkeit ergeben, die Regentschaft zu übernehmen, da der dortige Landesfürst, Erzherzog Sigmund der Münzreiche, in die massive Kritik der Landstände geraten war. Mit Wirkung vom 16. März 1490 übergab Sigmund die Herrschaftsrechte an seinen Verwandten Maximilian, dem die Stände gerne huldigten. Denn Maximilian ging der Ruf eines dynamischen, jungen Fürsten voraus.

Für Maximilians Persönlichkeitsbildung waren die Jugendjahre, die er in Burgund, bei seiner jungen Gattin Maria, Tochter Karls des Kühnen, verbracht hatte, ganz wesentlich. Hier lernte er die gehobene höfische Kultur und den Aufbau eines straff organisierten Staates kennen. Vieles versuchte er nun in Tirol umzusetzen.

Für Maximilian war die Grafschaft Tirol ein besonderes Land, in dem er sich gerne aufhielt ([Anonym], 1866; S. Wodenegg-Röck, 1959; H. Wiesflekker, 1982/83). Er sprach auch von einem rauen Bauernkittel, in dessen Falten man sich wohl fühle. Hier konnte der Landesfürst nach Herzenslust der Jagd und Fischerei nachgehen, was er als sportliche Ertüchtigung und Naturerlebnis

---

1 Über Maximilian I. siehe insgesamt die Publikationen von Hermann Wiesflecker (siehe Literaturverzeichnis), aus denen für diesen Beitrag nur die wichtigsten Passagen angeführt sind.

wahrnahm. Er erkannte die besondere Lage Tirols in Bezug auf die habsburgischen Erblande und innerhalb des Abendlandes. Für ihn war die „namhaft
grafschaft Tirol" ein „clausen, schilt und porten der Tewtschen gegen Welscher
nation", wie Maximilian dem Papst nach Rom berichtete (K. Schadelbauer,
1957). Doch war es nicht nur die strategisch günstige Lage, die Maximilian
veranlasste, hier ein Zeughaus als zentrales Waffenlager seiner Erbländer zu
errichten (J. Garber, 1928; M. Pizzinini, 1992). Er stellte auch fest, Tirol sei wie
eine Geldbörse, in die man nie umsonst greife, und meinte damit den ergie-
bigen Bergbau besonders auf Silber und Kupfer, der um 1500 seine Blütezeit
erlebte. In den knapp 30 Jahren von Maximilians Regentschaft in Tirol wurden allein am Falkenstein, dem berühmten „Silberberg" bei Schwaz, 332.000
kg Silber abgebaut. Maximilian räumte der Grafschaft Tirol Sonderrechte und
Freiheiten ein, einzig unter den habsburgischen Erbländern; dies sollte sich
auch wesentlich auf die Herausbildung einer gewissen Sonderstellung dieses
Landes auswirken.

Im Mittelpunkt aller seiner Bestrebungen auf geistigem, literarischem und
künstlerischem Gebiet stand für Maximilian die Propaganda für das Kaisertum, das Reich, sein Haus und seine persönliche „Gedechtnus". Dies drück-
te er auch im *Weißkunig* aus: Wer sich im Leben kein Gedächtnis schaffe, der
habe nach seinem Tod kein Gedächtnis; er werde mit dem letzten Schlag der
Totenglocke vergessen (H. Wiesflecker, 1991, 325).

Maximilian nützte besonders auch die bildende Kunst zur Umsetzung
seiner Absichten und Ideen in Richtung „Gedechtnus". Für ihn war die Kunst
sozusagen Mittel zum Zweck (Schätze & Visionen, Ausstellungskatalog, 1996,
80f.). So darf seine vielfältige Förderung der verschiedenen Künste nicht bloß
unter dem Aspekt des reinen Mäzenatentums gesehen werden. Die Kunst war
ihm nie Selbstzweck, sondern sie musste seinen Ideen dienen, vielfach in Verbindung mit dem Wort, um ein abgerundetes Bild zu erreichen wie bei den
autobiographischen Schriften *Weißkunig* und *Theuerdank*. Auch die aus zahlreichen Holzschnitten bestehenden Werke *Triumphzug* und *Ehrenpforte* ver-
herrlichen Kaiser Maximilian.

Überhaupt sah Maximilian einen wesentlichen Beitrag zur Erhaltung der
„Gedechtnus" in der Umsetzung und Widergabe seines Erscheinungsbildes.
Seit den Jugendjahren war Maximilian eine stattliche Erscheinung mit einem
markanten Kopf, leicht gewelltem langen Haar und der charakteristischen
schmalen Adlernase. Maximilian genoss eine allgemeine Verehrung, was sich
in sofern auswirkte, als auch dilettantische Künstler Maximilian-Porträts an-
fertigten. Und er soll gesagt haben, dass jeder, der eine große Nase zeichnen
könne, ihn auch gleich malen möchte. Besonders durch die weit verbreiteten
Holzschnitte als Einblattdrucke und die Münzen war Maximilian gleichsam
allgegenwärtig (H. Wiesflecker, 1991, 333), und jedermann konnte sich eine
Vorstellung vom Fürsten machen. Insofern dienten auch die zahlreichen Porträts der Pflege seines Gedächtnisses (H. Wiesflecker, 1986, 374).

Als eigentlicher Hofporträtist kann Bernhard Strigel (1460-1528) angesehen werden. Er stammte aus Memmingen in Schwaben (G. Otto, 1964; E. Rettich, 1965). Der Künstler gehörte einer Familie von Malern und Bildschnitzern an, von denen Hans Strigel d. Ä. als erster urkundlich fassbar ist. Aus seiner Werkstätte entwickelte sich unter dem Sohn Ivo Strigel ein Großbetrieb der Altarbaukunst. Auch dessen Bruder Hans Strigel d. J. unterhielt eine Werkstatt. Es war bisher nicht eindeutig festzustellen, ob Bernhard von Ivo oder Hans d. J. abstammt; er erlernte auf jeden Fall das Malerhandwerk. Bernhard betrieb in Memmingen eine eigene Werkstätte und engagierte sich sehr stark im städtischen Leben. In seinem Betrieb scheint er durch seinen Schwiegersohn und durch die Gesellen entlastet worden zu sein. Wie auch immer die Verbindung zum Habsburger Maximilian zustande gekommen ist, seine Stellung als Hofmaler hat sein Ansehen bedeutend gehoben. Er wurde selbst an den Hof nach Wien berufen. Wenn Bernhard Strigel auch nicht zu den ganz großen Meistern der Zeit wie Albrecht Dürer, Matthias Grünewald oder Hans Holbein d. J. zu rechnen ist, nimmt er dennoch unter den Malern der Übergangsphase von der Spätgotik zur Renaissance einen gewichtigen Platz ein.

König Maximilian legte größten Wert auf eine Rangerhöhung durch den Erwerb des Kaisertitels, der von der Krönung durch den Papst abhängig war. Bereits 1496 plante er einen Zug nach Rom, der zugleich der Wiederherstellung der Reichsrechte in Italien dienen sollte. Nach seinem Scheitern startete er einen neuerlichen Anlauf zu Jahresbeginn 1508. Während die Hilfe des Reiches weitgehend ausblieb, unterstützten ihn seine Erblande und darunter hauptsächlich Tirol (H. Wiesflecker, 1981, 3). Am 3. Februar zog Maximilian mit einem Gefolge von ungefähr 1000 Reitern in die Bischofsstadt Trient ein, als Pilger gekleidet, um das Unternehmen als fromme Kirchfahrt zu charakterisieren (H. Wiesflecker, 1981, 6-15; E. Egg u. W. Pfaundler, ²1992, 40); als symbolträchtig wirkte dabei, dass er anstelle des Reichsapfels in seiner Linken eine Bombardenkugel hielt. Am folgenden Tag führte – als großes Schauspiel von der Bevölkerung verfolgt – eine Prozession vom Kastell zum Dom. Der König, in schwarzem Samt gekleidet, ritt auf einem Schimmel. Entsprechend einem Reichsgesetz von 1338 konnte sich Maximilian auch ohne Krönung durch den Papst als Kaiser fühlen und ließ dies den Anwesenden mitteilen. Erzbischof Matthäus Lang verkündete, dass Maximilian willens sei, den Krönungszug nach Rom zu unternehmen und dass er daher nach alter Gewohnheit von nun an nicht mehr als „römischer König", sondern als „Erwählter Römischer Kaiser" anzusprechen sei. Kaiser-Zurufe, Beglückwünschungen und Musik vervollständigten die Szene. Die Betonung auf „erwählt" erfolgte mit Rücksicht auf den Papst, dem das Krönungsrecht nicht genommen werden sollte. Ganz unbewusst ist es Maximilian aber gelungen, den Kaisertitel von der Krönung durch das kirchliche Oberhaupt zu trennen.

Auf die Kaiserproklamation folgte der Einmarsch auf venezianisches Gebiet. Ein militärischer Erfolg zeichnete sich nicht ab, vielmehr nahm nun ein kriegerisches Geschehen seinen Anfang, das besonders Oberitalien acht Jahre lang in Mitleidenschaft zog und verwüstete.

Diese Rangerhöhung vom Römischen König zum Erwählten Römischen Kaiser ist in dem oben abgebildeten Gemälde des Hofmalers Bernhard Strigel festgehalten. Es wird für das bedeutendste Bildnis Kaiser Maximilians I. im Kaiserornat gehalten [Abb. 1, s. Farbabb.]. „Es ist die klarste Darstellung höchster Würde und zeitloser Erscheinung kaiserlicher Macht."[2]

Die Intentionen Maximilians zur Schaffung eines offiziellen Porträts, das die Würde eines Kaisers ausstrahlen sollte, gehen bereits auf das Jahr 1507 zurück. Am Reichstag zu Konstanz, der von Ende April bis in den Hochsommer hinein tagte, wurde u. a. die Krönungsfahrt nach Rom beschlossen. Gleichsam als Vorgriff auf die künftige Würde leitete Maximilian nun verschiedene Initiativen ein. Bereits jetzt kam es zur Schaffung seiner persönlichen Kaiserkrone, da die alten Reichskleinodien längst nicht mehr mitgeführt wurden, sondern in Nürnberg verwahrt blieben. Die bisher von Maximilian verwendete Königskrone bestand aus einem mit Perlen und Edelsteinen geschmückten Reif, auf dem blattartige Zacken angebracht waren. Mit der neuen Kaiserkrone wurde eine Verbindung von Bügelkrone und Mitra angestrebt, weltliche und geistliche Macht symbolisierend. Der Typus an sich geht weiter zurück; vielleicht hat Maximilian die Krone seines Vaters Friedrich III. übernommen und lediglich die Infel neu anfertigen lassen. Als solche werden die zwei am unteren Rand der Rückseite befestigten, herabfallenden Stoffbänder bezeichnet. Nach den im Tiroler Landesarchiv in Innsbruck erhaltenen Raitbüchern wurde der Seidensticker Leonhard Straßburger in Innsbruck beauftragt, Infelbänder anzufertigen. Wohl auch der für die Krönung vorgesehene Mantel dürfte auf Straßburger zurückgehen.

Da überdies der Hofmaler Bernhard Strigel von Maximilian nach Konstanz bestellt wurde, darf angenommen werden, dass das kaiserliche Porträt auf jeden Fall bereits 1507 begonnen worden ist. Dargestellt ist der Kaiser in Halbfigur und Dreiviertelprofil. Maximilians Gesichtszüge wirken edel, „majestätisch"; es scheint der unmittelbare Eindruck, den der Künstler erfahren hatte, wiedergegeben. Die ausgewogene Linienführung der Komposition und auch die qualitätvolle Maltechnik vermitteln eine große Ausstrahlung. Feierlich wirkt der rote Hintergrund.

Bei den Königsporträts, deren Typus von Strigel um 1500 geschaffen worden ist und in mehreren Repliken in unterschiedlicher Qualität besteht, wird Maximilian immer in goldenem Harnisch gezeigt. Beim Kaiserporträt jedoch ist er in einem stählern-blauen und nur mit goldenen Verzierungen geschmückten Harnisch dargestellt. Es ist konkret der Harnisch, den der berühmte Augsburger Plattner Lorenz Helmschmied angefertigt und bereits vor dem Reichstag geliefert hatte. Der Mantel ist lose über die Schultern gelegt. An

---

2 K. Honold, 1967, 39. Die folgenden Ausführungen, das Maximilian-Porträt betreffend, beziehen sich auf diesen Artikel.

die Stelle der sonst üblichen Schließe ist hier die Collane des Ordens vom Goldenen Vlies getreten. Detailgetreu wird die aufwändig gestaltete, mit goldgefassten Edelsteinen und reichen Perlenstickereien besetzte Borte am Saum des Mantels wiedergegeben. Maximilians rechte Hand hält das Laubszepter, die Linke umfasst den Griff des Schwerts, das der doppelköpfige Adler schmückt, der ihm nun als Kaiser zustand.

Das einzig bekannte Porträt Maximilians in vollem Kaiserornat, mehrfach nachgeahmt, ist ein begehrtes Ausstellungsobjekt bei Expositionen mit Themen der Zeit um 1500[3]. Bernhard Strigel schuf um 1510 einen weiteren Typus von Maximilian-Porträts, nämlich der Herrscher als Privatmann, ausgestattet mit Schaube, Barett und Vlies-Orden.

Maximilian beschäftigte noch weitere, beste Künstler seiner Zeit, Maler, Zeichner und Holzschneider (L. v. Baldass, 1913/14; Maximilian I., Ausstellungskatalog, 1969, 148ff.). Besonders hervorzuheben ist Albrecht Dürer mit dem Porträt Maximilians in Kohle, Studie zu einem Holzschnitt und einem Gemälde, das erst nach dem Tod des Kaisers fertig gestellt worden ist.

Am besten aber entspricht wohl das Strigel-Bild dem Propagandadenken und dem Wunsch nach ewiger „Gedechtnus" Kaiser Maximilians. Das für Menschen der Zeitströmung von Humanismus und Renaissance typische Bedürfnis nach Ruhm und Ehre war bei Maximilian besonders ausgeprägt. Dementsprechend schuf er sich Denkmäler, sei es in autobiographischen Werken, in „wissenschaftlichen" Arbeiten über das Kaisertum und seine Familie, verfasst durch Joseph Grünpeck, Konrad Celtis, Johannes Cuspinian oder Conrad Peutinger (H. Wiesflecker, 1991, 212). Den Höhepunkt der angestrebten „Gedechtnus" stellt wohl Maximilians Grabmal in der Innsbrucker Hofkirche dar. Bei diesem Monument, wenn auch kleiner ausgefallen als ursprünglich geplant, umstehen immerhin 28 lebensgroße Erzstandbilder von geistigen und echten Vorfahren den reliefgeschmückten Kenotaph mit der Figur des Kaisers (E. Egg, 1974).

Dass sich Maximilian I. der Endlichkeit seines Daseins bewusst war, geht aus einem Spruch hervor, den er nach der Überlieferung in einer Kammer auf Schloss Tratzberg im Unterinntal, wo er sich öfters aufhielt, an der Wand anbringen ließ (S. Enzenberg, 1958):

> „Ich leb waiß nit wie lang,
> und stürb, waiß nit wan,
> mueß fahren, waiß nit wohin,
> mich wundert, daß ich so frelich bin."

---

3   Frieden durch Recht. Das Reichskammergericht von 1495 bis 1806, Ausstellungskatalog, Mainz 1994, 56f., 243; Reyes y mecenas. Los reyes católicos – Maximiliano I y los inicios de la casa de Austria en Espania, Ausstellungskatalog, Toledo 1992, 281, 433f.; Hispania–Austria. Die Katholischen Könige, Maximilian I. und die Anfänge der Casa de Austria in Spanien, Ausstellungskatalog, Innsbruck 1992, 261f.; Circa 1500, Landesausstellung 2000, Leonhard und Paola. Ein ungleiches Paar (Ausstellungsteil Lienz, Schloss Bruck), 96, 205.

Bibliographie

I. Ausstellungskataloge

Das Bildnis Kaiser Maximilians I. auf Münzen und Medaillen. Ausstellungskatalog des Tiroler Landeskundlichen Museums (Ferdinandeum), Innsbruck 1992.

Circa 1500, Landesausstellung 2000, Leonhard und Paola. Ein ungleiches Paar (Ausstellungsteil Lienz, Schloss Bruck), Genève/Milano 2000.

Frieden durch Recht. Das Reichskammergericht von 1495 bis 1806, Ausstellungskatalog, Mainz 1994.

Hispania–Austria. Die Katholischen Könige, Maximilian I. und die Anfänge der Casa de Austria in Spanien, Ausstellungskatalog, Innsbruck 1992.

Massimiliano I 1508 – 2008 Cinquecento anni dalla proclamazione a „Imperatore Romano Eletto" – Maximilian I. 1508 – 2008 Fünfhundert Jahre seit der Proklamation zum "Erwählten Römischen Kaiser", Trento 2008.

Maximilian I. Ausstellungskatalog, Innsbruck 1969.

Maximilian I. Triumph eines Kaisers. Herrscher mit europäischen Visionen. Ausstellungskatalog, Innsbruck 2006.

Maximilianeum – Goldenes Dachl. Museumsführer, Innsbruck o. J. [1996].

Reyes y mecenas. Los reyes católicos – Maximiliano I y los inicios de la casa de Austria en Espania, Ausstellungskatalog, Toledo 1992.

Schätze & Visionen. 1000 Jahre Kunstsammler und Mäzene. Die Geschichte einer Leidenschaft. Ausstellungskatalog, Graz 1996.

II. Forschungsliteratur

[Anonym], Wie dachte Kaiser Maximilian von Tirol?, in: Der Geschichtsfreund 1 (1866), S. 2.

Herta Arnold (Hrsg.), Maximilian I. Triumph eines Kaisers. Herrscher mit europäischen Visionen (= Kulturgüter aus Tirol 6), Innsbruck 2005.

Ludwig von Baldass, Die Bildnisse Kaiser Maximilians I., in: Jahrbuch der kunsthistorischen Sammlungen des allerhöchsten Kaiserhauses, 31 (1913/1914), S. 247-334.

Erich Egg, Die Hofkirche in Innsbruck. Das Grabdenkmal Kaiser Maximilians I. und die Silberne Kapelle, Innsbruck/Wien/München 1974.

Erich Egg u. Wolfgang Pfaundler, Kaiser Maximilian I. und Tirol, Innsbruck ²1992.

Sighard Enzenberg, Schloß Tratzberg. Ein Beitrag zur Kulturgeschichte Tirols (= Schlern-Schriften 183), Innsbruck 1958, S. 51.

Josef Garber, Das Zeughaus Kaiser Maximilians I. in Innsbruck, in: Wiener Jahrbuch für Kunstgeschichte, Bd. V, Wien/Augsburg 1928, S. 142-160.

Christoph Haidacher u. Dorothea Diemer, Maximilian I. Der Kenotaph in der Hofkirche zu Innsbruck, Innsbruck 2004.

Konrad Honold, Ein unbekanntes Bildnis Kaiser Maximilians I. von Bernhard Strigel, in: Tiroler Heimatblätter 42 (1967), S. 33-39.

Franz Heinz Hye, Die heraldischen Denkmale Maximilians I. Versuch einer maximilianischen Heraldik, in: Der Schlern 43 (1969), S. 56–77.

Franz Heinz Hye, Die Stellung Innsbrucks in Leben und Politik Kaiser Maximilians I., in: Haller Münzblätter, Bd. V, Nr. 14/15 (Juni 1992), S. 294-322.

Otto Knitel, Die Gießer zum Maximiliangrab. Handwerk und Technik, Innsbruck o. J. [1987].

Alfred Kohler (Hrsg.), Maximilian I. Tiroler Ausstellungsstraßen, Mailand 1996.

Karl Mittermaier, Niccolò Macchiavelli – Seine Aussagen über Kaiser Maximilian I. und seine Eindrücke, die er am Hofe zu Innsbruck von den Deutschen gewann, in: Das Fenster, Tiroler Kulturzeitschrift 19 (1985), S. 3788-3792.

Gertrud Otto, Bernhard Strigel, München/Berlin 1964.

Meinrad Pizzinini, Maximilian I. und das Innsbrucker Zeughaus, in: Das Bildnis Kaiser Maximilians I. auf Münzen und Medaillen, Ausstellungskatalog des Tiroler Landeskundlichen Museums (Ferdinandeum), Innsbruck 1992, S. 9-14.

Meinrad Pizzinini, Maximilian I. als Mensch, in: Maximilianeum – Goldenes Dachl. Museumsführer, Innsbruck o. J. [1996], S. 17-20.

Edeltraud Rettich, Bernhard Strigel. Herkunft und Entfaltung seines Stils, Inaugural-Dissertation, Freiburg i. Br. 1965.

Karl Schadelbauer, Tirol – Klause, Schild und Pforte zwischen Deutschland und Italien, in: Dolomiten 34 (1957), S. 8.

Hermann Wiesflecker, Kaiser Maximilian I. Das Reich, Österreich und Europa an der Wende zur Neuzeit

Bd. I: Jugend, burgundisches Erbe und Römisches Königtum bis zur Alleinherrschaft 1459-1493, Wien 1971.

Bd. II: Reichsreform und Kaiserpolitik 1493-1500. Entmachtung des Königs im Reich und in Europa, Wien 1975.

Bd. III: Auf der Höhe des Lebens 1500-1508. Der große Systemwechsel. Politischer Wiederaufstieg, Wien 1977.

Bd. IV: Die Gründung des habsburgischen Weltreiches. Lebensabend und Tod 1508-1519, Wien 1981.

Bd. V: Der Kaiser und seine Umwelt. Hof, Staat, Wirtschaft, Gesellschaft und Kultur, Wien 1986.

Hermann Wiesflecker, Die Bedeutung des Landes Tirol für Kaiser Maximilian I., in: Tiroler Heimat, 46/47 (1982/83), S. 65-75.

Hermann Wiesflecker, Maximilian I. Die Fundamente des habsburgischen Weltreiches, Wien/München 1991.

Hermann Wiesflecker, Österreich im Zeitalter Maximilians I. Die Vereinigung der Länder zum frühmodernen Staat. Der Aufstieg zur Weltmacht, Wien/München 1999.

Selma Wodenegg-Röck, Kaiser Maximilian I. und sein Land Tirol, in: Tiroler Heimatblätter 34 (1959), S. 1-8.

Univ.-Doz. Dr. Meinrad Pizzinini
Tiroler Landesmuseum Ferdinandeum
Historische Sammlungen
Museumstraße 15
A - 6020 Innsbruck
E-Mail: m.pizzinini@tiroler-landesmuseen.at

Mitteilungen
der
Oswald von Wolkenstein-Gesellschaft

Sieglinde Hartmann

Chronicle of Events · Chronique des événements · Konzert-Chronik: 2006 – 2008

I. Till Eulenspiegel – A Medieval Fool on Stage. Play with Marionettes. Written by Rolf Landen. Performed by Cristian Costin and Ozana Costin, TEATRUL BON TON (Romania). International Medieval Congress, University of Leeds, 10 July 2005, St Chad's Church, Leeds. Organiser and Sponsor: Oswald von Wolkenstein Gesellschaft, International Medieval Congress, and Till Eulenspiegel-Museum Schoeppenstedt. Introduction and commentary: Alexander Schwarz, Université de Lausanne.

This performance was organised in connection with two sessions about "Medieval and Early Modern Fools: Gestures and Emotions", sponsored by the Oswald von Wolkenstein-Gesellschaft in collaboration with the Université de Lausanne, and organised by Alexander Schwarz [Lucy Perry and Alexander Schwarz are preparing the publication of selected papers].

Examining the role of medieval fools, one inevitably gets back to Till Eulenspiegel, who became the most popular comic figure in German culture. His literary afterlife has spread all over Europe, a fact that was documented in a strikingly vivid manner by the Romanian theatre company Teatrul Bon Ton and its original play with marionettes that were operated from underneath as is documented for medieval puppet shows. Alexander Schwarz presented the comic character and his literary context in the following words:

"Till Eulenspiegel (= Owl's Mirror) seems to have been a 14th-century northern German outcast whose hilariously funny jokes were transmitted orally and later in manuscript form. At least that is what the 16th-century printed books tell us. The person and his tricks were so popular with all kinds of audiences that Johannes Grüninger in Straßburg and other printers could not produce enough copies to satisfy book buyers in Germany and abroad. Dutch, English, French, Polish and Latin translations quickly followed.

"The fact that the book was put on the Index in 1529 explains why few copies of the oldest German editions have been passed down and why collectors who probably could not read them bought them as well. One of them was John Morris, a 16th-century bibliophile from London, whose widow sold his library to the King, including the only existing copy of the oldest complete Eulenspiegel, Grüninger 1515. Today this gem of European comic literature belongs to the British Library.

"The powerful dialogues and the largely comical situations have invited dramatization from Hans Sachs' 16th-century carnival plays to the Romanian marionette version by Teatrul Bon Ton. But, seriously, what is so funny about someone who in carrying out all professions simply does what he is told? Is it not obvious that a brewer should never call his dog Hops if he does not want his beer, brewed by Eulenspiegel according to his instructions, to smell odd while his pet cannot be found anywhere?"

These and other questions were raised by Alexander Schwarz. The answers given by the Romanian players turned out to be as 'overwhelmingly funny' as predicted – consequently the overbooked play ended in relaxed laughter and general merriment.

Contact: Ozana Ciubotaru Costin. General Manager. Bon Ton Theatre Iasi, Romania, www.teatrulbonton.ro.

II. Jenseits von Melusine – Au-delà de Mélusine. Musik des 14. und 15. Jahrhunderts aus Frankreich · Musique française des XIVe et XVe siècles – ENSEMBLE ALTA MUSICA, Berlin, Leitung: Rainer Böhm. Schloss Münchenwiler, 1. September, 2006.

Ausführende: Juliane Sprengel – Sopran; Anja Simon – Alt; Caroline Schneider – Schalmei, Alt; Dagmar Jaenicke – Pommer, Blockflöte; Petra Prieß – Fidel; Rainer Böhm – Schalmei, Blockflöte, Saitentambourin.

Konzert veranstaltet von der Oswald von Wolkenstein-Gesellschaft im Rahmen des Colloque « 550 ans de *Mélusine* allemande: Thüring von Ringoltingen, traducteur et adaptateur de Coudrette: les oeuvres — le contexte — la réception » in Zusammenarbeit mit der Faculté des Lettres, Université de Lausanne, sowie mit Unterstützung des Max und Elsa Beer-Brawand-Fonds der Universität Bern und der Schweizerischen Akademie der Geistes- und Sozialwissenschaften (SAGG) – siehe den deutschen und französischen Tagungsbericht von Maryvonne Hagby, in: *Jahrbuch der Oswald von Wolkenstein Gesellschaft*, Band 16, 2006/2007, 419-428.

Das Programm lieferte Klangbilder aus der Entstehungszeit der französischen Melusineversionen, ein musikalischer Kontrapunkt zum Vortragsprogramm, welcher die französische Musikkultur in exquisiten Beispielen ihrer neuartigen Polyphonie aufleuchten ließ.

Programm mit Auszügen aus dem französischen Text
der Moderatorin Sieglinde Hartmann

Quel était le grand apport de la France à l'histoire de la musique occidentale ? En un mot : c'était la création de la polyphonie, désignée dès le Moyen Âge par le terme latin de « Ars Nova ». En effet, ce genre de musique à plusieurs voix marque un renouveau aussi bien dans le domaine de la musique sacrée que dans la musique profane.

Comme c'est bien connu, ce nouvel art de composition polyphonique a été repris d'abord en Italie au XIVe siècle. C'était seulement au siècle suivant que l'influence de l'*Ars Nova* français et italien gagnait de l'importance sur les pays allemands du

Saint Empire. À cet égard, le chevalier, poète et chanteur courtois Oswald von Wolkenstein occupe une place de choix. Car c'est son œuvre poético-musicale qui comporte le premier répertoire de compositions polyphoniques reprenant ou remaniant des modèles français et italiens.

1) *La plus jolie et la plus belle* – Nicolas Grenon ~1385-1456 – Rondeau (composition polyphonique remaniée par Oswald von Wolkenstein dans sa chanson « Wer die ougen wil verschüren », Éd. KLEIN, 103).
Interprètes: Ensemble.
Source: Paris, Bibliothèque nationale de France, MS fonds nouv. acq. frç. 6771, *Codex Reina.*

2) *Lamento di Tristano* – anonyme, Italie, XIVᵉ siècle – Estampie.
Interprètes: P. Prieß (vièle), R. Böhm (tambourin).
Source: London, British Library, Ms. Additional 29987.
Ce manuscrit du British Museum est surtout réputé pour ses 15 estampies d'origine française. Les « estampies » nous sont parvenues depuis la fin du XIIᵉ siècle dans des manuscrits français, avec notation musicale, mais sans texte. D'après d'autres indices, les musicologues interprètent ces pièces comme mélodies à danser, et les traitent, par conséquent, de 'premiers témoignages indiscutables d'un répertoire instrumental'. Du point de vue littéraire, cette pièce musicale témoigne du rayonnement exceptionnel des légendes tristaniennes à travers les siècles et les pays de toute l'Europe. Interprétée par la vièle accompagnée d'un tambourin discret, la mélodie de cette estampie semble bien répercuter l'écho d'un mythe venu du loin des temps.

3) *Je veuil chanter de cuer joyeus* – Guillaume Dufay ~1398-1474 – Rondeau.
Interprètes: Ensemble.
Source: Paris, Bibliothèque nationale de France, MS fonds nouv. acq. frç. 6771, *Codex Reina.*
Originaire de Cambrai, Guillaume Dufay compte parmi les grands compositeurs franco-flamands du XVᵉ siècle. Sa production embrasse tous les genres de manière équilibrée: grandes messes polyphoniques ainsi qu'un nombre considérable de chansons profanes. L'exemple choisi démontre à quel point le chanoine Dufay savait exceller dans le domaine des plaisirs et des joies profanes de la cour. Dans son interprétation, l'ensemble suivit la transmission du *Codex Reina*: le ténor et le soprano étaient chantés tandis que la troisième voix était interprétée de façon instrumentale.

4) *Venés oir vrais amoureus* – anonyme, France XIVᵉ siècle, composition à 2 voies remaniée par Oswald von Wolkenstein dans sa chanson « Kom, liebster man », Éd. KLEIN, 107 – Rondeau.
Interprètes: C. Schneider (chalémie), R. Böhm (chalémie).
Source: Paris, Bibliothèque nationale de France, MS fonds nouv. acq. frç. 10660.
Cette chanson d'amour à deux voies illustre bien le cas de tant d'autres compositions devenues célèbres dont le compositeur est resté anonyme – malgré un succès incontestable en France, en Italie et en Allemagne. Aujourd'hui, c'est plutôt par

l'intermédiaire du grand Wolkenstein et par son adaptation séduisante de l'original français que l'éloge de son créateur anonyme se répand de nouveau au monde.

5) *Je vivroie liement* – Guillaume de Machaut ~1300-1377 – Virelai.
Interprètes: A. Simon (alto), P. Prieß (vièle), R. Böhm (tambourin).
Quelle/Source: Paris, Bibliothèque nationale de France, Ms. f. frç. 1584.
Longtemps méprisé par les historiens de la poésie médiévale, nul ne doute aujourd'hui que ce compositeur originaire de la Champagne compte parmi les grands innovateurs de la polyphonie nanti également d'une puissante inspiration poétique. Comparable à son homologue Guillaume Dufay, l'œuvre musicale de Machaut embrasse tous les genres de manière équilibrée. En outres ses compositions religieuses fonctionnelles, son œuvre comprend une partie profane aussi importante, principalement formée de lais, de ballades, de rondeaux, de virelais et de motets.

La dominance de compositions polyphoniques risque pourtant d'éclipser la beauté de bon nombre de ses compositions monodiques. Le virelai a été choisi pour redécouvrir la finesse de sa musique monodique.

6) *Je ne cesse de prier* – Guillaume de Machaut, « lay de la fonteinne » – Chace (= canon).
Interprètes: P. Prieß (vièle), R. Böhm (vielle à roue).
Source: Paris, Bibliothèque nationale de France, frç. 1584.
Dans presque tous les manuscrits transmettant l'œuvre de Guillaume de Machaut, les dix-huit lais mis en musique se trouvent en tête. Les lais doivent cette place de choix à l'estime qu'en escomptait l'auteur lui-même. Mais ce n'est que récemment que les musicologues ont découverts que Machaut use, dans ce genre pourtant traditionnellement monodique, de possibilités diverses de polyphonie. C'est ainsi grâce à quelques indications contenues dans les parties manuscrites qu'on a pu reconnaître que le célèbre « lay de la fonteinne » devrait être interprété comme une « chace », c'est-à-dire un canon. Pour donner une idée de cet art de composition très complexe que représente le lai, la première double strophe monodique du « lay de la fonteinne » a été présentée en une interprétation instrumentale.

7) *En ce gracieux tamps joly* – Jacob de Senleches ~1378 – 1395 – Virelai.
Interprètes: J. Sprengel (soprano), P. Prieß (vièle), R. Böhm (flûte).
Source: Paris, Bibliothèque nationale de France, MS fonds nouv. acq. frç. 6771, *Codex Reina*.
Parmi les compositeurs français de la période qui suivit la mort de Machaut trois d'entre eux méritent d'être présentés, à savoir: Jacob de Senleches, Jean Vaillant et Jehan Robert. Leurs dates de vie sont souvent incertaines et leurs activités peu précises. De grandes tendances toutefois se dégagent, qui vont toutes vers une complexité rythmique accrue et un style flamboyant maniéré, qui ont conduit des spécialistes à parler d'*ars subtilior* (Ursula Günther).

Ce qui pourra surprendre les non-spécialistes, cependant, c'est que cette graphie acérée puisse se lier à des éléments d'un naturalisme véridique. Le virelai de Jacob de Senleches en donne un exemple ravissant par l'imitation des chants d'oiseaux si appréciée à l'époque. D'après la notation au *Codex Reina*, c'est une composition à trois voix, avec pourtant une seule voie soulignée de texte interprétée par le soprano de Juliane Sprengel.

8) *Par droit je puis bien* – Guillaume Dufay ~1398-1474 – Rondeau.
Interprètes: R. Böhm (chalémie), C. Schneider (chalémie), D. Jaenicke (bombarde).
Source: Oxford, Bodleian Library, Cod. Canonici misc. 213.
L'œuvre de Guillaume Dufay nous permet de retrouver le grand maître du XVe siècle et de redécouvrir sa nouvelle simplicité. Simplicité ne veut pas toujours dire sans vigueur. Au contraire. L'interprétation de cette composition polyphonique par les instruments à vents démontait bien toute la puissance que Dufay a mis dans cette plainte d'amour.

9) *Tant con je vivraie* – Adam de la Halle ~1245 – 1287/1306 – Rondeau.
Interprètes: J. Sprengel (soprano), A. Simon (alto), C. Schneider (alto).
Quelle/Source: Paris, Bibliothèque nationale de France, f. frç. 25566.
Les débuts de la polyphonie ont surtout été marqués par l'œuvre et la personnalité de l'artésien Adam de la Halle. Puisque seize de ses pièces à trois voies nous sont parvenues groupées sous le titre « Li Rondel Adam », ces rondeaux passent pour les premières réalisations de ce type. Pour faire ressortir tout l'art ingénieux de ce pionnier de la polyphonie, les trois voies du rondeau « Tant con je vivraie » furent interprétées d'une façon purement vocale.

10) *Par maintes foys* – Jean Vaillant ~1360 – 1390 – Virelai, composition à 3 voies remaniée par Oswald von Wolkenstein dans sa chanson « Der mai mit lieber zal », Éd. KLEIN, 50.
Interprètes : R. Böhm (flûte), A. Simon (flûte), P. Prieß (vièle).
Quelle/Source : Chantilly, Museé Condé, Ms. 564.

11) *He tres doulz roussignol* – Jehan Robert (ou Borlet) ~1380 – 1409 – Virelai.
Interprètes: Ensemble.
Source: Chantilly, Museé Condé, Ms. 564.
Ces deux pièces ont été transmises dans un même manuscrit, le célèbre manuscrit du Musée de Condé, qui compte parmi les plus riches sources de l'*ars subtilior*. À chaque fois, il s'agit d'une chanson de mai en forme de virelai, très appréciée à l'époque par la vivacité de leurs imitations de chant d'oiseau.
La première composition a été reprise par Oswald von Wolkenstein dans une de ses plus belles chansons de mai. Les deux compositions, devenues très populaires, comptent parmi les chef-d'œuvres représentant l'*ars subtilior*.

12) *Benedicamus domino* – anonyme, France, XIIIe siècle – Motet.
Interprètes: Ensemble.
Source: Montpellier, Faculté de Médecine, MS. H 196.
Cette pièce ramène aux toutes premières sources de la polyphonie française, la musique sacrée telle quelle a été développée par le genre des motets.
Contact: Ensemble Alta Musica. Rainer Böhm. Joachim-Friedrich-Str. 41, D - 10711 Berlin, Germany, Tel. / Fax: +49 30 893-5295, E-Mail: rainerboehm.altamusica@t-online.de.

III. Medieval Cities in Music. Michel Beheim's 'Book of the Viennese' (Das Buch von den Wienern). Performed by Eberhard Kummer, Vienna, baritone, medieval harp and hurdy-gurdy. International Medieval Congress, University of Leeds, 10 July 2007, St Chad's Church, Leeds. Organizer: Oswald von Wolkenstein-Gesellschaft & International Medieval Congress, University of Leeds. Introduction and commentary: Sieglinde Hartmann.

The medieval verse chronicle about the Austrian city of Vienna (*Das Buch von den Wienern*) is one of the most remarkable of its kind, because the text is preserved with a melody written and composed by the author Michel Beheim (c. 1416/1421 - c. 1474/78). The manuscript belongs to the rare species of autographs (Heidelberg, Universitätsbibliothek, cpg 386 – Edited by Theodor G. von Karajan, Vienna 1843).

Beheim was a greatly admired singer who served various great lords, including Emperor Friedrich III (1415-1493), father of Emperor Maximilian the Great (1459-1519). Beheim composed more than 400 songs and three verse chronicles. While he was in the service of the Emperor the rebellious citizens of Vienna rose in arms against their lord and besieged the imperial entourage in their castle. The 'Book of the Viennese' describes this siege, which lasted from 1462 till 1465.

In comparison to many other medieval chronicles Beheim's report bears strikingly authentic witness because it is based on his own experiences. The author therefore depicts the historical events from a new personal perspective, describing emotional reactions as often as the military aspects of the siege. Since he served the imperial family, Beheim evokes the hardship they had to suffer in vivid detail. Thus the author recreates the anxious atmosphere of the three-year siege, when the Emperor himself was forced to lead the defence while his little son, Prince Maximilian, was suffering badly as a result of famine. Therefore, the Empress Eleonore desperately asked Beheim to bring her comfort with his songs. Nonetheless, Beheim calls the melody "angstweise", melody of anxiety, because everybody suffered great fear during the siege.

All these unique features turned the concert into a great musical event. In his recital, Eberhard Kummer mainly followed the recording on CD: *Das Buch von den Wienern aufgeschrieben von Michel Beheim, vorgetragen von Eberhard Kummer*, Preiser Records, Vienna 2004.

Contact: Dr. Eberhard Kummer, Klagbaumgasse 15/5, A - 1040 Wien; eberhard.kummer@inode.at; http://members.inode.at/204983/.

IV. Kaiser Maximilian I. und die Musik seiner Zeit – *Consortium Margaritari*, Ensemble für Alte Musik Wien. Leitung: Margaretha Novak. 28.09.2007, Cusanus Akademie Brixen, Südtirol. Ausführende: Ahram Kim – Sopran; Marcelo Okay – Tenor, Percussion; Béla Bátori – Renaissanceblockflöten, Gemshorn, Krummhorn, Rankett; Barbara Haider – Renaissanceblockflöten, Krummhorn, Glocken, Zymbeln; Friedrich Neubarth – Renaissanceblockflöten, Gemshorn, Krummhorn,

Rauschpfeife; Margaretha Novak – Renaissanceblockflöten, Krummhorn, Viola da Gamba, Schoßharfe; Alice Wang – Renaissanceblockflöten.
Konzert veranstaltet von der Oswald von Wolkenstein-Gesellschaft im Rahmen des interdisziplinären Symposiums „Kaiser Maximilian I. und die Hofkultur seiner Zeit", gefördert durch die Cusanus Akademie und die Gemeinde Brixen sowie das Forum austriaco di cultura in Mailand.

Das Konzert stellte den Höhepunkt eines ertragreichen Symposiums dar, zumal die Musik an den Höfen Kaiser Maximilians einen Schwerpunkt innerhalb des umfangreichen Tagungsprogramms bildete (siehe die Beiträge von R. Strohm, H. Green und Gregor M. Metzig in diesem Band). Dementsprechend hatte Margaretha Novak ein exquisites Programm zusammengestellt, das sowohl die kulturelle Vielfalt der maximilianeischen Hofmusik als auch die besonderen interpretatorischen Leistungen ihres international zusammengesetzten Ensembles brillieren ließen. Zudem hatte die Wiener Ensembleleiterin ein kenntnisreiches Programmheft mit ausführlichen Würdigungen der einzelnen Komponisten und detaillierten Vorstellungen der anonym überlieferten Stücke vorgelegt. Die Informationen waren für Spezialisten wie für Liebhaber alter Musik gleichermaßen willkommen, da die gebotenen Erläuterungen die einzelnen Programmstücke zu einem nachvollziehbaren Gesamtbild der Epoche verfugten. Die effektvolle Inszenierung des Konzerts in zeitgenössischen Kostümen und der wirkungsvolle Einsatz der beiden vorzüglichen Stimmen mit wechselnder Instrumentalbegleitung taten ein Übriges. So fügte sich die Aufführung zu Bildern einer Musikkultur von höfischer Pracht, wie man sie sich nicht leuchtender und lebendiger wünschen konnte. Die zahlreichen Zuhörer bedankten sich mit lang anhaltendem Applaus für dieses außergewöhnliche Musikereignis, ein Fest für alle Sinne, inszeniert mit der bewährten Professionalität der Leiterin des Wiener Ensembles für Alte Musik.

Programm

Thomas Crequillon (um 1490-1557) – *On ques Amor*, Canzona a cinque voci.
Heinrich Isaac (um 1450-1517) – *Innsbruck, ich muss dich lassen*.
Ludwig Senfl (1486-1543) – *Ach Elslein, liebes Eleselein*.
Paul Lütkeman (um 1555 - nach 1611) – Fantasia „Innsbruck ich muss dich lassen" [gedruckt 1597].
Pierre de la Rue (um 1460-1518) – *Fors seulement*, Verzweifelte Liebe [aus: Liber Fridolini Sicherey, Stiftsbibliothek St. Gallen, um 1500].
Notre Dame – Organa (1175-1250) – *Flos filius eius*.
Francesco Landini (1325-1397) – Gram *Piant' Agl' Occhi* – Ballata.
Arnolt Schlick (um 1455 - um 1525) – *Maria zart von edler Art* [Tabulatura].
Guillaume Dufay (vor 1400-1474) – *Flos florum, fons hortorum*.
Heinrich Isaac – Aus: *Missa Carminum: Kyrie, Sanctus, Benedictus*.
Jacob Obrecht (1450-1505) – *Helas mon bien* – O, weine, meine Liebe [Liber Fridolini Sicherey].

Anonymus (um 1500 - um 1563) – *Bittere Reue* – Pavane (*Mille regretz*) [Sammlung Tilman Susato: *Danserye*, 1551].

Josqin des Prez (um 1440-1521) – *Mille regretz*.

Jacob Obrecht – *Stat ein meskin was junck* [aus: Liber Fridolini Sicherey].

Anonymus (um 1500) – *T'Andernaken*.

Anonymus (1535) – *Ich armes Brüderlein* [Sammlung Christian Egenolf *Gassenhawerlin / Reutterliedlin*].

Anonymus (15. Jahrhundert) – *Pase el agua, ma Julieta*.

Ludwig Senfl – *Es taget vor dem Walde*.

Paul Hofhaimer (1459-1537) – *Freuntlicher trost* [Erhart Oeglins Liederbuch, 1512].

Anonymus (16. Jahrhundert) – Pavane et Gaillarde de la Bataille [Sammlung Pierre Phalèse, Antwerpen 1583].

Kontaktadresse:

Prof. Margaretha Novak, Wiengasse 6/5/12, A - 1140 WIEN, Tel.: +43 - (0)1 - 979 29 63.

V. Egenolf von Staufenberg: *Peter von Staufenberg*, eine Feengeschichte. Rezital mit Eberhard Kummer, Bariton und Schoßharfe. Université de Lausanne, 3. Oktober 2008. Organisation und Einführung im Namen der Oswald von Wolkenstein-Gesellschaft und der Université de Lausanne von Sieglinde Hartmann und André Schnyder im Rahmen der Tagung „Eulenspiegel trifft Melusine – Der frühneuhochdeutsche Prosaroman im Licht neuer Forschungen und neuer Methodenparadigmen" (siehe Tagungsbericht von Maryvonne Hagby in diesem Band).

Mit der neuzeitlichen Wieder- bzw. (Ur-)Aufführung der Verserzählung von einem Ritter namens Peter von Staufenberg und seiner unglücklichen Liebe zu einer Fee hat Eberhard Kummer seine Versuche, strophische und nicht-strophische Versepik aus dem deutschen Mittelalter konzertant vorzutragen, erfolgreich fortgesetzt. Thematisch fügte sich die Feengeschichte vorzüglich in den Tagungsrahmen, zumal der männliche Protagonist – ähnlich wie Melusine – als prominenter Vorfahre eines bekannten (Straßburger) Geschlechts verehrt worden ist. Die Rückbindung an eine verbürgte Genealogie scheint der rund 1200 Verse umfassenden Erzählung ihren lang anhaltenden Erfolg gesichert zu haben. Denn obwohl der Text lediglich in zwei Handschriften aus dem 14. Jahrhundert bezeugt ist, bewahrte sich das Werk dank mehrerer Drucke in Straßburg bis zum Ende des 16. Jahrhunderts seine Leserschaft. Von dem mutmaßlichen Autor, Egenolf von Staufenberg aus Straßburg, sind keine weiteren Werke bekannt. Aber sein flüssiger Erzählstil, die Anschaulichkeit seiner Sprache und die Lebendigkeit seiner Dialoge verraten einen rhetorisch versierten Autor, dessen Talent, wie vielfach zu bemerken ist, an der Verskunst Konrads von Würzburg geschult wirkt. Die Geschichte selbst birgt zudem ein Spannungsmoment, das bis heute nicht seine Wirkung verfehlt. Denn die Fee schenkt dem Helden zwar ihre unvergleichliche Liebe, dazu Gut und Vermögen im Überfluss, aber im Unterschied zur Melusinefabel verhängt sie ein Vermählungsverbot über ihren irdischen Geliebten. Wie bei einem jugendlichen Helden nicht anders zu erwarten, setzt der gesellschaftliche Druck, dieses Tabu zu brechen, rasch ein. Doch vermag sich der Titelheld zunächst noch in effektvoll inszenierten Ausweichmanövern zu retten, bis ihn die geschickt eingefädelte Intervention des Kaisers unausweichlich zur Verehelichung zwingt. Auf dem Höhepunkt des Brautfestes erscheint indes die Fee, indem sie ihr entblößtes Bein mit unsichtbarer Kraft durch die Decke des Festsaals stößt. Die Katastrophe tritt umgehend ein. Der Bräutigam erkennt das Zeichen, bricht in laute Klagen über seinen bevorstehenden Tod aus und vermag gerade noch sein Begräbnis anzuordnen. Denn, wie von der Fee angekündigt, bricht der Tod nach Ablauf von drei Tagen sein Herz.

Die erhebliche Handlungsspannung wusste Eberhard Kummer mittels der gewählten Melodie, dem *Winsbecke*-Ton aus der Kolmarer Liederhandschrift, zu höchster Faszinationskraft zu steigern. Die Wahl der Melodie erwies sich als kongenial. Denn der stolligen Bauform mit ihrem vierversigen Aufgesang und einem Abgesang aus zwei Waisenterzinen eignet ein stark rezitativischer Charakter, ideal für einen erzählenden Vortrag, zumal es dem Künstler gelang, die Wiederholung der einzelnen Bauteile wie zu einem fortlaufenden Gesangsmuster zu verschmelzen. So wusste Eberhard Kummer auch die retardierenden Momente einschließlich so mancher Kapitelüberschriften effektvoll zu nutzen, um die Spannung emotional aufzuladen. Folglich fühlten sich die Zuhörer bis zum Schluss in ein Wechselbad der Gefühle getaucht, zumal der Interpret mittels Gestik, Mimik und stimmlicher Darstellungskunst immer wieder die Hoffnung schürte, die Geschichte könnte doch noch glücklich enden. Umso größer war die Ergriffenheit, als das dramatische Finale eintrat.

Ein bühnenreifes Stück mittelalterlicher Literatur, eine künstlerische Meisterleistung, die noch am gleichen Abend professionell aufgezeichnet worden ist und, so bald wie möglich, als CD erhältlich sein soll.

Kontaktadresse: Dr. Eberhard Kummer, Klagbaumgasse 15/5, A - 1040 Wien, E-Mail: eberhard.kummer@inode.at; Homepage: http://members.inode.at/204983/.

Andrea Schindler

Kurzbericht über Eberhard Kummers Gesamtaufnahme des *Nibelungenlieds*

Nach seiner Einspielung einzelner Âventiuren des *Nibelungenliedes* hat Eberhard Kummer nun eine Komplettaufnahme des mittelhochdeutschen Heldenepos vorgelegt. Die CDs enthalten einen bearbeiteten Mitschnitt einer Aufführung aus dem Jahr 2006 in Wien. Dies war nach den Konzerten in Krems beim Donau-Festival (1986) und bei den Wiener Festwochen (1987) die dritte Darbietung des gesamten *Nibelungenlieds*. 2007 folgte eine weitere Aufführung in Bamberg: An fünf Abenden interpretierte Eberhard Kummer vor zahlreichen interessierten Hörern aus der universitären und städtischen Öffentlichkeit jeweils mehrere Stunden die Geschichte um Kriemhild und ihre Brüder.

Die vorliegende Aufnahme ermöglicht nun den dauerhaften (zumindest) auditiven Zugang zum wahrscheinlich wirkungsmächtigsten Werk der mittelhochdeutschen Literatur. Eberhard Kummer kann damit auch dem Hörer einen Eindruck von der wohl ursprünglich schon so intendierten Performativität des Textes vermitteln. Das *Nibelungenlied*, das – nach heutiger Gewohnheit – zumeist in stiller Lektüre rezipiert wird, erscheint so als Aufführungswerk, das sich im Zusammenspiel von Text, Melodie, Sänger und Publikum entwickelt und entfaltet. Gerade der Live-Mitschnitt lässt in über 18 Stunden die Beziehung zwischen Werk, Interpret und Hörergemeinschaft deutlich werden.

Als Melodie dient Eberhard Kummer dabei einmal mehr der Hildebrandston – eine Melodie, die dem *Nibelungenlied* wohl recht nahe steht und ihm mit nur geringfügigen Eingriffen angepasst werden kann. Eberhard Kummer nutzt die Freiheiten, die die Melodie ihm gibt, um die Geschichte dramatisch zu gestalten. Dynamik, Variation und Ausdruck geben den Protagonisten Gestalt und kommentieren das Geschehen. Das Miterleben des Sängers ist dabei so intensiv, dass man auch beim bloßen Hören der Aufnahme den Interpreten und seine Mimik vor Augen zu haben glaubt. Auch die Harfe, auf der sich der Künstler begleitet, wird in das dramatische Spiel einbezogen. Eberhard Kummer lässt sie lyrisch begleiten oder abgehackt und auch geradezu erbarmungslos das todbringende Geschehen illustrieren.

Durch die vorliegende Aufnahme wird einmal mehr deutlich, welch großen Anteil die Melodie und die Aufführung insgesamt an einem Text haben und wie wenig man darauf verzichten kann, wenn man sich mit Werken wie dem *Nibelungenlied* befasst, die für die (mehr oder weniger) öffentliche Darbietung konzipiert worden sind. Eberhard Kummer, der sich auch intensiv mit der Kunst der Epen-Sänger in Europa und Afrika auseinander gesetzt hat, gelingt es dabei, nicht als Sänger eines ‚Liedes‘ wahrgenommen zu werden, sondern als Erzähler eines Epos, als Musik-Erzähler. Diese Gesamt-Aufnahme des *Nibelungenliedes* ist nicht zuletzt deswegen ein weiterer wertvoller Beitrag Eberhard Kummers zum Verständnis der mittelalterlichen Literatur.

The Middle High German NIBELUNGENLIED on two MP3 CDs. Complete Recording by Eberhard Kummer (voice, harp). Recorded by the Phonogramm-Archiv of the Austrian Academy of Sciences, Vienna, October/November 2006. The Chaucer Studio 2007.

Dr. des. Andrea Schindler, M.A.
Otto-Friedrich-Universität Bamberg
Lehrstuhl für Deutsche Philologie des Mittelalters
An der Universität 5
D - 96047 Bamberg
E-Mail: andrea.schindler@uni-bamberg.de

Maryvonne Hagby

„Eulenspiegel trifft Melusine:

Der frühneuhochdeutsche Prosaroman im Licht neuer Forschungen und neuer Methodenparadigmen."

Tagung in Lausanne, 01.10.08 – 04.10.08.

Im Anschluss an die wissenschaftliche *Melusine*-Tagung vom August 2006 lud die Section d'Allemand der Universität Lausanne zu einer Tagung ein, die diesmal unter der Leitung von Prof. Dr. André Schnyder, Prof. Dr. Alexander Schwarz und lic. phil. Catherine Drittenbass der Frage nach der Genese und der Geschlossenheit der Gattung des deutschen Prosaromans als der erfolgreichsten Gattung der frühen Moderne gewidmet war. Durch ihre Vielfalt lieferten die Vorträge einen Beitrag zur einer „noch zu schreibenden Geschichte des Prosaromans" (so Jan-Dirk Müller) und unterstrichen die Notwendigkeit einer sowohl sprach- und literaturwissenschaftlichen als auch kultur- und medienwissenschaftlichen Erforschung der Prosaromane des 15. und 16. Jahrhunderts. Großzügig gefördert wurde die Tagung durch die Schweizerische Akademische Gesellschaft für Germanistik (SAGG), die Schweizerische Akademie der Geistes- und Sozialwissenschaften (SAGW), den Schweizer National Fond (SNF), die Faculté des Lettres de l'Université de Lausanne und die Oswald von Wolkenstein-Gesellschaft.

Danielle Buschinger (Amiens) eröffnete die Vortragsreihe mit einer Vorstellung der Gattung des deutschen Prosaromans („Zum Prosaroman in Deutschland um 1500") und legte den Schwerpunkt auf den Prosa-*Tristrant*, *Fortunatus* und *Magelone*. Sie unterstrich die gattungskonstituierenden inhaltlichen Merkmale dieser Werke (Sentimentalisierung der Liebe, ‚dekorative' Klagen, Ehe als Ziel der Liebe) und betrachtete sie als Ausdruck der erzieherischen Funktion der Prosaromane. Günther Rohr (Koblenz-Landau) untersuchte in seinem Beitrag („Minne im frühneuhochdeutschen Prosaroman") die Prosafassungen weiterer mittelalterlicher Versromane und stellte fest, dass in den frühneuzeitlichen Bearbeitungen die Liebe weitgehend marginalisiert werde bzw. lediglich auf der Handlungsebene wirksam sei. Ihre eindeutige Verlagerung in den Bereich der Ehe, die den zeitgenössischen Ehelehren deutlich verpflichtet sei, zwinge dazu, die Werke eher als Eheromane denn als Liebesromane zu definieren. In seinem Vortrag („Erlauben die Rahmentexte der Prosaromane Schlüsse auf deren intendiertes Publikum?") suchte Reinhard Hahn (Jena) in den Prologen zahlreicher Romane nach Hinweisen auf Adressaten und Funktionen der Prosaromane. Die aufgelisteten Stellen unterstrichen die Kontinuität der mittelalterlichen Gattung des Romans bis in die frühe Neuzeit hinein: Neben Formeln der Wahrheitsbeteuerung, der *brevitas* und der Bitte um Gehör, wurde traditionell nicht der *gemeine man* als Adressat angesprochen, sondern begrenzte Hörer/Leser-Gruppen (Männer, Frauen, Jugendliche usw.). Jean-Claude Mühletaler (Lausanne) brachte als Romanist in seinen Ausführungen unter dem Titel „Vers statt Prosa: Schreiben gegen den Stoff im Frankreich des ausgehenden Mittelalters" die anwesenden Germanisten dazu, aus einer neuen Perspektive über das Nebeneinander von Vers und Prosa im späten Mittelalter nachzudenken. Am Hof Philipps des Schönen vollzog sich im 14. Jh. ein Wechsel von der Prosa zum Vers, was die französischen Autoren mit dem höheren Überzeugungs- und Identifikationspotential der Versform, deren höherem Intellektualitätsgrad und deren Qualität als bevorzugtes Instrument zum Lob historischer Helden, begründeten.

Mit Fragen der Definition bzw. Eingrenzung der Gattung des Prosaromans beschäftigten sich drei Beiträge: Franz Simmler (Berlin) hielt in seinem Vortrag „Zur Verbindung sprachwissenschaftlicher und literaturwissenschaftlicher Methoden bei der Konstitution einer Textsorte ‚Frühneuhochdeutscher Prosaroman'" ein Plädoyer für eine systematische(re) Erforschung dieser Textsorte. Seine sprachwissenschaftliche Analyse, insbesondere der syntaktischen Strukturen in der *Melusine*, ergab eine Reihe fein austarierter Merkmale, die zur Präzisierung des literaturwissenschaftlichen Gattungskonzepts eingesetzt werden sollten. Johannes Klaus Kipf (München) versuchte in „Schwankroman – Prosaroman – Versroman. Zum Beitrag eines nicht nur prosaischen Buchtyps zur Entstehung des frühneuhochdeutschen Prosaromans" einige Defizite der literaturwissenschaftlichen Gattungseingrenzung des Prosaromans durch einen Vergleich dieser Gattung mit dem Schelmenroman zu beheben – unter anderem indem er die Folgen der Einteilung eines Werkes in Kapitel oder in sujethafte Schwänke analysierte. Auch Rupert Kalkofen (Sankt Gallen) fragte, „warum die *Historia von D. Johann Fausten* k/ein Schwankroman ist": Das Werk weise nämlich Charakteristika auf, die es sowohl der Gattung des Schwankromans als auch derjenigen des Prosaromans zuordnen ließen.

Die Mehrheit der Vorträge boten Einzelanalysen an. So zeigte Peter Hvilshøj Andersen (Straßburg) in seinem Beitrag über Meister Wichwolts *Alexanderbuch*, dass das Werk ursprünglich in mittelniederdeutscher Sprache verfasst wurde. Er stellte dann vorsichtig die Frage, ob der Autor nicht mit jenem ‚Magister Wigbold' (einem gelehrten, 1402 hingerichteten Seeräuber) identisch sein könnte. Walter Kofler (Vorchdorf, Österreich) zeigte in „Der Prosa-*Orendel* zwischen Heiltumsbericht und Ritterexempel: Funktionale Umorientierung der Werke", dass das Werk in seiner spätmittelalterlichen Rezeptionsphase nicht mehr als rein hagiographisch eingestuft wurde. Die Vorstellung, wonach es 1512 gedruckt wurde, um den Pilgertourismus nach Trier zu fördern bzw. zu begleiten, müsse also zugunsten anderer, der Gebrauchssituation des Prosaromans besser entsprechenden Möglichkeiten aufgegeben werden. Katharina Philipowski (Dresden) beschäftigte sich in ihrem Beitrag („...*aber vngestu(e)mikait der liebe zwinget mich nach zufolgen dem bo(e)sern.*

Gebundenes und prosaisches Begehren am Beispiel von *Eurialus und Lucretia*") mit dem zeitgenössischen Überlieferungskontext eines weiteren Werkes: Die in den *Translationen* des Niklas von Wyle mit zeitgenössischen Ehetraktaten unmittelbar verbundene Bearbeitung der lateinischen Novelle *Eurialus und Lucretia* sei erzähltechnisch und funktional als warnendes Exempel aufgefasst worden und dementsprechend nicht bzw. nur eingeschränkt als (Prosa-)Roman zu betrachten. Alexander Schwarz (Lausanne) beobachtete die unterschiedliche Verteilung der Zeichen der Redewiedergabe in einigen Drukken des *Eulenspiegel* und brachte sie mit der jeweils unterschiedlichen Gewichtung der Sprecherrolle und der Funktionalisierung der Holzschnitte zusammen: Die Redewiedergabe werde im Text genauso vielfältig als Mittel zur Kommunikation gestaltet wie der Körper des Helden selbst („Wer sagt das? Zum Kampf um die Sprecherrolle im *Eulenspiegel*-Buch"). Catherine Drittenbass (Lausanne) untersuchte das Zusammenspiel zwischen „Prolepsen und analytische(m) Gang der Handlung". Die in ihrem Beitrag geführten „Überlegungen zur Zeit-Regie in Thürings *Melusine*" (so der Untertitel) zeigten überzeugend, dass dieses Erzählmittel, anders als oft postuliert, keinen breit angelegten Abbau von Spannung verursacht (die epischen Vorausdeutungen lüften das Rätsel über die Herkunft und das Wesen der Heldin nie), sondern zur bewussten Lenkung der Leserperspektive durch geschickte Gewichtung, Akzentsetzung und Repetition eingesetzt wird. Wolfgang Haubrichs (Saarbrükken) analysierte in „Mahl und Krieg. Die Erzählung der Adelskultur in den Texten und Bildern des Hamburger *Huge Scheppel* der Elisabeth von Lothringen, Gräfin von Nassau-Saarbrücken" die konzeptionellen und ästhetischen Strategien, die der Gestaltung der Miniaturen in der Handschrift zugrunde liegen. Die Illustrationen seien vorrangig zur detailreichen Verdeutlichung von Ritualen eingesetzt worden und wiesen eine wesentlich höhere kontextuelle Verdichtung auf als der Text selbst. In ihrem Beitrag „Aufsteiger und Bankrotteure: Elisabeths von Nassau-Saarbrücken *Hug Schapler* und der *Fortunatus*" verglich Carmen Stange (Osnabrück) die Struktur und den Inhalt zweier Romane, die auf den ersten Blick nicht besonders verwandt sind. In beiden Werken sei die Konzeptualisierung der konstituierenden Motive (Genealogie, Tüchtigkeit des Helden, Folge von Glück und Unglück), aber auch der Aufbau von Spannung durch Kontrast und Wechsel ähnlich konzipiert worden. Yvonne Dellsperger (Bern) untersuchte in ihrem Vortrag „Die Jungfrau des Glücks im Wandel der Zeiten. Die Fortunakonzeption in den literarischen Bearbeitungen des *Fortunatus*" die Darstellung der Glücksjungfrau durch den englischen Dramatiker Thomas Dekker. In dessen 1599 aufgeführtem Stück werde Fortuna zwar als Glücksgöttin bezeichnet, doch sie verurteile Fortunatus' Wahl des Reichtums als falsch im Unterschied zu der Fortuna-Gestalt des Prosaromans, die die Wertung offen lasse. Karina Kellermann (Bonn) beschrieb in „Das ‚umständliche' Erzählen. Überlegungen zu den ästhetischen Prinzipien des Prosaromans *Tristrant und Ysalde*", wie die Leitkategorien des Prosaromans (Anonymität des Verfassers, Begriff der *hystorie*, Aufbau einer

geleiteten Rezeption der Werke) in der Prosafassung des Romans Eilhards von
Oberg der Konstitution eines neuen Sinnstiftungshorizontes dienen, wobei
selbst die Bearbeitung der Liebesthematik der zeitgenössischen literarischen
Kultur angepasst werde. Dorothee Ader (Mainz) führte diese Analyse durch
den Vergleich der *Tristrant*-Druckversionen weiter („Prosaversionen höfischer Epen in Text und Bild. Zur Rezeption des *Tristrant* im 15. und 16. Jh."):
Anders als der älteste erhaltene Druck, in dem versucht wurde, den Stoff zu
‚historisieren‘, nehmen die späteren Drucktexte die Handlung durch leichte
Veränderungen in den Prologen und Autorkommentaren bewusst aus diesem
geschichtlichen Kontext heraus, um sie jenseits der *Tristan*-Tradition verallge-
meinernd als lehrhaft zu legitimieren. Der „erste(n) deutsche(n) Übersetzung
von Boccaccios *Elegia di Madonna Fiametta* aus einer unbekannten Handschrift des 16./17. Jahrhunderts" war der Vortrag von Luisa Rubini (Lausanne) gewidmet. Diese weitgehend unerforschte Übersetzung der italienischen
Novelle ist die einzige Bearbeitung der *Fiametta* vor der Ausgabe von August
Wilhelm Schlegel. André Schnyder (Lausanne/Bern) beschäftigte sich in seinem Vortrag „‚Historische Wunder-Beschreibung von der sogenannten schönen Melusine‘. Zu einer neuen Version des *Melusine*-Romans" mit einer neuen
Fassung, die um 1650 bibliographisch fassbar wird. Ausgehend vom Titelblatt
und einigen Partien des Vorworts analysierte er deren Neuerungen, indem er
sie in einen zeitgenössischen Horizont des Wissens stellte, wie dieser anhand
von Artikeln aus dem Zedler'schen Universallexicon rekonstruierbar ist.

Schließlich behandelten vier Beiträge kunst- bzw. buchwissenschaftliche
Themen. Kristina Domanski (Basel) bewies in „Die *Melusine* als illustriertes
Buch. Zum Wechselspiel zwischen Text und Bild im frühen Buchdruck", wie
sehr die kultur- und kunsthistorische Betrachtung der Illustrationen in Handschriften und Drucken bei der Lösung interpretatorischer Schwierigkeiten
helfen kann: Die Darstellung Raymunds im Richel-Druck (1473/1474) zeige ihn eindeutiger als der Text als einen defizitären Charakter, der unpassend
und unhöfisch gekleidet sei. Außerdem verdeutlichen die Bilder, dass – parallel
zur Tatsache, dass die Fee Melusine seltener dargestellt wurde als die beiden
männlichen Hauptprotagonisten – die Entscheidungen der Illustratoren die
christliche Lesart des Textes erleichtern (Darstellung der Kirche als Spende-
rin von Sakramenten bei allen Hochzeiten, beim Tod Geoffroys usw.). Alfred Messerli (Zürich) beobachtete den Einsatz der Randleisten im Grüninger
Druck des *Eulenspiegel* („Zierleisten, ‚sinnfreie Auffüllung‘ oder was? Zu den
Holzschnitten der Straßburger *Eulenspiegel* von 1515"). Er betonte sowohl
die pragmatischen und ökonomischen Vorteile dieser Elemente als auch den
ästhetischen Hintergrund ihres Einsatzes (Einrahmung der Szene wie auf einer Bühne, Erweiterung der Blickrichtung durch die architektonischen Leisten, zusätzliche Perspektivierung durch eine zuschauende Figur am Rande
des Holzschnitts). Hans-Jörg Künast und Ursula Rautenberg (beide Erlangen) stellten Aspekte und Ergebnisse des Erlanger Forschungsprojektes „Die
Melusine des Thüring von Ringoltingen in der deutschen Drucküberlieferung

von ca. 1473/74 bis ins 19. Jahrhundert – Buch, Text und Bild" vor. Künast („Die Frankfurter *Melusine*-Ausgaben der 2. Hälfte des 16. Jhs. Eine Druck- und buchhandelsgeschichtliche Analyse") stellte die achtzig bekannten Ausgaben des Romans vor. Er skizzierte die materiellen Entstehungsbedingung der Drucke und die Universalität der Mittel, die den Verlagen zur Verfügung standen. Rautenberg („Überlegungen zu den *Melusine*-Ausgaben der Frankfurter Offizin Gülfferich / Weigand Han / Han Erben") analysierte das Verhältnis zwischen Typographie (Format, Schriftwahl, Anordnung der Schrift usw.) und Leseweisen am Beispiel der Frankfurter Ausgaben des 16. Jahrhunderts. Mechthild Habermann (Erlangen) wies in ihrer sprachgeschichtlichen Studie („Die textgeschichtliche Tradierung der *Melusine* aus sprachwissenschaftlicher Sicht. Die oberdeutschen Offizinen von 1474 bis 1516") anhand zahlreicher Textstellen, Statistiken und Schemata darauf hin, dass der Basler Druck Richels ein Beispiel mittelalterlicher alemannischer Sprache liefere, während die anderen frühen Drucke sich an das *gemeine deutsch* hielten (Bämler und Nachfolger). Sie beobachtete, dass die Vereinheitlichung der deutschen Sprache in den Drucken der *Melusine* allgemein die Koordination der Schreibprozesse zu begünstigen scheine.

Das Rahmenprogramm umfasste diesmal eine Kunstausstellung und ein Mittelalterkonzert. Beide Ereignisse boten Premieren ungewöhnlichster Art. Das Kunstereignis war vom Kunstatelier Lebenshilfe Braunschweig (Marlies Buhlmann / Dr. Gerhild Kaselow) in Verbindung mit der Universität Lausanne (Prof. Dr. Alexander Schwarz) und dem Till Eulenspiegel-Museum Schöppenstedt (Charlotte Papendorf) arrangiert und durch die STIFTUNG NORD/ LB.ÖFFENTLICHE gefördert worden. Zu sehen gab es eine Reihe von Arbeiten unterschiedlicher Technik auf Papier, worin nach dem Motto „Eulenspiegel trifft Melusine" Begegnungen des Paares nach dem teils ironisierten Muster einer ‚literarischen Text- und Bildreise in die Gutenbergzeit' inszeniert waren. Ein adäquat aufgemachter Begleitband aus der Feder von Alexander Schwarz und Gerhild Kaselow unterrichtete über die ungewöhnlichen Ideen zu dieser Thematik und lieferte Aufschlüsse über die Künstler und ihre Motivationen. Die musikalische Gestaltung des Rahmenprogramms lag wieder bei der Oswald von Wolkenstein-Gesellschaft. Diesmal gelang es der Ersten Vorsitzenden, Sieglinde Hartmann, Eberhard Kummer, den berühmten Konzertsänger und Interpreten mittelalterlicher Sangverskunst, für das Vorhaben zu gewinnen, seine Erarbeitung einer gesanglichen Aufführung der Feengeschichte *Peter von Staufenberg* vom Ende des 13. Jahrhunderts quasi als Weltpremiere in der Originalsprache darzubieten. Der Interpret hatte dafür die Melodie des *Winsbecke*-Tons gewählt (so wie sie in der Kolmarer Liederhandschrift von 1460 überliefert ist), als Textgrundlage die Edition von Eckhard Grunewald (*Der Ritter von Staufenberg*. Tübingen 1979) und als Begleitinstrument eine mittelalterliche Harfe. Dank seiner stimmlichen und mimetischen Interpretationskunst verschmolz der Künstler die zehnversige Strophenmelodie so vollkommen mit den mehr als 1000 Versen der Erzählung, dass die Tagungsteilnehmer, gänzlich verzaubert von der Aufführung, auch dieses Stück Literatur dank der Wiederbelebung mittelalterlicher Vortragsformen in einer bisher unerkannten Dimension neu entdeckten (Siehe den Konzertbericht von Sieglinde Hartmann in diesem Band).

Dr. Maryvonne Hagby
Westfälische Wilhelms-Universität Münster
Germanistisches Institut, Abteilung Literatur des Mittelalters
Hindenburgplatz 34, D - 48143 Münster
E-Mail: hagby@uni-muenster.de

Jahrbuch der Oswald von Wolkenstein-Gesellschaft
(JOWG)

HERAUSGEBER / EDITORS / ÉDITEURS:
SIEGLINDE HARTMANN · ULRICH MÜLLER

INTERNATIONALER UND INTERDISZIPLINÄRER BEIRAT
INTERNATIONAL AND INTERDISCIPLINARY COMMITTEE
COMITÉ INTERNATIONAL ET INTERDISCIPLINAIRE

Horst Brunner (Würzburg, Germany – Vorsitzender / Chairman / Président)
Peter Dinzelbacher (Augsburg / Werfen, Austria)
Stefanie Gropper (Tübingen, Germany)
Pierre Monnet (Paris, France)
Wolfgang Schild (Bielefeld, Germany)
Hans-Joachim Solms (Halle, Germany)
Reinhard Strohm (Oxford, Great Britain)
Loris Sturlese (Lecce, Italy)
Elisabeth Vavra (Krems, Austria)
Jarosław Wenta (Thorn, Poland).

REDAKTION / EDITING / RÉDACTION:
SIEGLINDE HARTMANN

GESCHÄFTSSTELLE / ADDRESS FOR CORRESPONDENCE / BUREAU:

OSWALD VON WOLKENSTEIN-GESELLSCHAFT E. V.
Myliusstr. 25, D - 60323 Frankfurt/Main
Tel.: +49 - (0)69 - 72 66 61, Fax: +49 - (0)69 - 17 44 16
E-Mail: Wolkenstein.Gesellschaft@t-online.de
http://www.wolkenstein-gesellschaft.com